Ein nach dem Pull-Prinzip gedrucktes Lehrbuch

Kapazitätsorientiertes Planungssystem

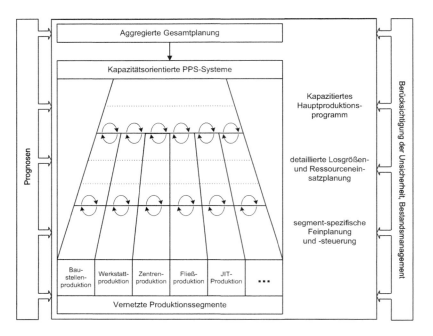

Rollende Planung mit fixierten Losgrößen

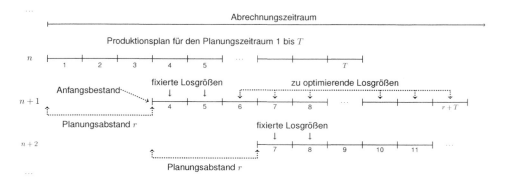

Horst Tempelmeier

Production Analytics

Modelle und Algorithmen zur Produktionsplanung

6., überarbeitete Auflage

Prof. Dr. Horst Tempelmeier

Universität zu Köln
Seminar für Supply Chain Management und Produktion
Albertus-Magnus-Platz
D-50923 Köln
Germany
tempelmeier@wiso.uni-koeln.de

Bibliografische Information Der Deutschen Bibliothek
Die Deutsche Bibliothek verzeichnet diese Publikation in der Deutschen Nationalbibliografie; detaillierte bibliografische Daten sind im Internet über <http://dnb.ddb.de> abrufbar.
Dieses Werk ist urheberrechtlich geschützt. Die dadurch begründeten Rechte, insbesondere die der Übersetzung, des Nachdrucks, des Vortrags, der Entnahme von Abbildungen und Tabellen, der Funksendung, der Mikroverfilmung oder der Vervielfältigung auf anderen Wegen und der Speicherung in Datenverarbeitungsanlagen, bleiben, auch bei nur auszugsweiser Verwertung, vorbehalten. Eine Vervielfältigung dieses Werkes oder von Teilen dieses Werkes ist auch im Einzelfall nur in den Grenzen der gesetzlichen Bestimmungen des Urheberrechtsgesetzes der Bundesrepublik Deutschland vom 9. September 1965 in der jeweils geltenden Fassung zulässig. Sie ist grundsätzlich vergütungspflichtig. Zuwiderhandlungen unterliegen den Strafbestimmungen des Urheberrechtsgesetzes. 6.1

Herstellung und Verlag: BoD- Books on Demand, Norderstedt

ISBN 9783750414785

© 2020 Horst Tempelmeier

Vorwort

In diesem Buch werden Probleme der *operativen Produktionsprogrammplanung* und der *Losgrößenplanung* behandelt. Probleme dieser Art und die damit zusammenhängende Datenbeschaffung sowie Datenanalyse bezeichnet man neuerdings auch als **Production Analytics**, ein Teilgebiet der allgemeineren *Business Analytics*. Diese unterteilt man gemeinhin in die Bereiche *Descriptive Analytics* (Datensammlung und -Analyse, Visualisierung, Statistik), *Predictive Analytics* (Identifizierung von Beziehungen zwischen Variablen, Prognose, etc.) und *Prescriptive Analytics* (Entscheidungsvorbereitung, Optimierung, etc.). Gegenstand der folgenden Ausführungen sind **Optimierungsmodelle und -Algorithmen** zur Produktionsplanung, also im coolen Analytics-Sprech Probleme aus dem Bereich der *Prescriptive* Analytics.

In vielen Softwaresystemen zum Advanced Planning (APS) sind mittlerweile Ansätze der linearen Optimierung implementiert, mit denen Probleme der aggregierten Produktionsprogrammplanung und der Hauptproduktionsprogrammplanung in logistischen Netzwerken gelöst werden können. Die formalen Strukturen der zugrundeliegenden Optimierungsmodelle werden im ersten Teil des Buches dargestellt.

Im zweiten Teil des Buches werden die derzeit verfügbaren Modellierungskonzepte (Optimierungsmodelle und Algorithmen) zur dynamischen *Losgrößenplanung* unter *deterministischen Bedingungen* präsentiert und eingehend erläutert. Im dritten Teil schließlich betrachten wir Konzepte zur *Berücksichtigung der Unsicherheit* in der dynamischen Losgrößenplanung. Dort werden dynamische stochastische Losgrößenmodelle behandelt. Dabei wird sowohl die Nachfrageunsicherheit als auch die Unsicherheit bezüglich der Produktionsausbeute eingegangen.

Die Lösung von Losgrößenproblemen wird in den Softwaresystemen zum Advanced Planning (APS) i. Allg. nur unzureichend mit einfachsten Konzepten aus den 1960er Jahren unterstützt. Ein Losgrößenproblem entsteht immer dann, wenn mit der Bereitstellung eines Produkts Rüstzeiten und/oder Rüstkosten verbunden sind. Viele Entscheidungsträger in der betrieblichen Praxis, die hohe Lagerbestände beklagen, haben anstelle des angenommenen Bestandsproblems ein Losgrößenproblem. Besonders in unternehmensinternen Supply Chains kommt der Abstimmung der Produktionsmengen über mehrere Stufen des Wertschöpfungsprozesses eine besondere Bedeutung zu. Dies zwingt zu einer integrierten Betrachtung von Losgrößenproblemen in mehrstufigen Erzeugnis- und Prozeßstrukturen.

Obwohl Losgrößenprobleme in der Praxis bei weitem noch nicht gelöst sind, ist dieses Thema aus den Tagungsprogrammen vieler internationaler Tagungen (z. B. INFORMS-Tagung) praktisch verschwunden. Auch in den meisten sogenannten A^+-Journalen findet man seit einigen Jahren keine Publikationen zur Losgrößenplanung mehr. Vermutlich sind diese Probleme nicht mit dem derzeitigen Forschungs-Mainstream kompatibel. Das ist sehr bedauerlich, da dies als Anzeichen einer zunehmenden Abkopplung der Wissenschaft von wichtigen Entscheidungsproblemen der Praxis gewertet werden kann.

Das Buch richtet sich an Studierende der Betriebswirtschaftslehre sowie des Wirtschaftsingenieurwesens und der Wirtschaftsinformatik, aber auch an interessierte Praktiker, die in ihrem beruflichen Umfeld mit Produktionsplanung und -steuerung, Advanced Planning-Systemen oder Logistik bzw. Supply Chain Management zu tun haben.

Bei der Anfertigung dieses Buches konnte ich auf umfangreiche Unterstützung zurückgreifen. Besonders hervorzuheben ist die Hilfe von Dr. Karina Copil, Dr. Johannes Antweiler, Dr. Sascha Herpers, Dr. Timo Hilger und Dr. Michael Kirste. In den vielen Jahren meiner Beschäftigung mit Problemen der Produktionsplanung, insb. auch mit Losgrößenproblemen, habe ich von den Diskussionsbeiträgen der Teilnehmer des seit 1989 jährlich stattfindenden Doktoranden-Workshops zur Quantitativen Betriebswirtschaftslehre (QBWL-Workshop, www.qbwl.de) profitiert. Allen teilnehmenden Personen (Teilnehmern, Teilnehmerinnen, ...) danke ich sehr herzlich.

Köln, im Januar 2020   Horst Tempelmeier

Begleitmaterial im Internet

Beginnend mit der 5. Auflage wurden die umfangreichen detaillierten Darstellungen der Rechenschritte einiger Lösungsverfahren in das Internet verlagert. Auf diese Textpassagen wird durch folgenden Platzhalter hingewiesen:

> 🔍 Beispiel: www.produktion-und-logistik.de/Beispiele

Inhaltsverzeichnis

Kapitel A Einführung   **1**

Kapitel B Produktionsprogrammplanung   **9**

B.1   Einstufige Produktions-, Transport- und Beschaffungsprogrammplanung .   11

     B.1.1   Basismodell   13
     B.1.2   Beschränkungen des Lagerbestands   14
     B.1.3   Mindest-Produktionsmengen und Mindest-Überstunden   15
     B.1.4   Fremdbezug   16
     B.1.5   Mehrere Produktionsstätten   17

B.2   Produktionsplanung in mehrstufigen Supply Chains   19

Kapitel C Losgrößenplanung unter deterministischen Bedingungen   **23**

C.1   Dynamische Einprodukt-Losgrößenplanung   29

     C.1.1   Modellformulierungen   29
     C.1.2   Lösungsverfahren   41

         C.1.2.1   Exakte Lösung mit dynamischer Optimierung   41
         C.1.2.2   Heuristische Lösungsverfahren   46

C.2   Dynamische einstufige Mehrprodukt-Losgrößenplanung   55

     C.2.1   Modellformulierungen   56

         C.2.1.1   Makroperioden-Modelle   57

             C.2.1.1.1   Das Capacitated Lotsizing Problem   57

C.2.1.1.1.1	Übertragung des Rüstzustands	65
C.2.1.1.1.2	Reihenfolgeabhängige Rüstzeiten und -kosten .	69
C.2.1.1.1.3	Weitere Modellierungsansätze	76

C.2.1.2 Mikroperioden-Modelle 78

    C.2.1.2.1 Das Proportional Lotsizing and Scheduling Problem . . 80
    C.2.1.2.2 Das General Lotsizing and Scheduling Problem 90

C.2.2 Lösungsverfahren 94

  C.2.2.1 Generische Lösungsverfahren – MIP-basierte Heuristiken . . 95
  C.2.2.2 Modellspezifische Lösungsverfahren 97

    C.2.2.2.1 Modellspezifische Lösungsverfahren für Makroperioden-Modelle 98

C.2.2.2.1.1	Das Verfahren von Dixon	98
C.2.2.2.1.2	Die ABC-Heuristik von Maes	106
C.2.2.2.1.3	Ein Spaltengenerierungsverfahren	109
C.2.2.2.1.4	Weitere Lösungsansätze	115

    C.2.2.2.2 Modellspezifische Lösungsverfahren für Mikroperioden-Modelle 118

C.3 Dynamische mehrstufige Mehrprodukt-Losgrößenplanung 123

  C.3.1 Modellformulierungen 125

    C.3.1.1 Generelle Erzeugnis- und Prozeßstruktur 125
    C.3.1.2 Konvergierende Erzeugnis- und Prozeßstruktur 146

  C.3.2 Lösungsverfahren für Probleme ohne Kapazitätsbeschränkungen . 154

    C.3.2.1 Die Praxis der Mengenplanung in Standard-PPS-Systemen . 154
    C.3.2.2 Einprodukt-Losgrößenverfahren mit Kostenanpassung 156

      C.3.2.2.1 Konvergierende Erzeugnisstrukturen 156
      C.3.2.2.2 Generelle Erzeugnisstrukturen 167

C.3.2.2.2.1	Das Verfahren von Heinrich	167
C.3.2.2.2.2	Das Verfahren von Graves	174
C.3.2.2.2.3	Stochastische Kostenanpassung	176
C.3.2.2.2.4	Lagrange-Heuristiken	177

	C.3.2.3 Periodenorientierte Dekomposition	178
	C.3.2.4 Das Verfahren von Simpson – Ein mehrstufiges globales Stückperiodenausgleichsverfahren	180
	C.3.2.5 Lokale Suche	181
C.3.3	Lösungsverfahren für Probleme mit Kapazitätsbeschränkungen	185
	C.3.3.1 Integration der Losgrößen- und Materialbedarfsplanung in ein PPS-System	186
	C.3.3.2 Verfahren für konvergierende Erzeugnis- und Prozeßstrukturen	194
	C.3.3.3 Verfahren für generelle Erzeugnis- und Prozeßstrukturen	201
	C.3.3.3.1 Das Verfahren von Helber – Ein Dekompositionsverfahren	201
	C.3.3.3.2 Das Verfahren von Derstroff – Eine Lagrange-Heuristik	213
	C.3.3.3.3 Ein LP-basiertes Verfahren mit Anpassung der Modellkoeffizienten	232
	C.3.3.3.4 Das Verfahren von Sahling – Die „Fix-and-Optimize"-Heuristik	240
	C.3.3.3.5 Weitere Lösungsansätze	244
	C.3.3.3.6 Anmerkungen	248
	C.3.3.4 Einsatz der Losgrößenplanung in einem rollenden Planungsansatz	249
C.3.4	Losgrößenplanung mit Produktsubstitution	255
C.4	**Bestellmengenplanung**	**260**
C.4.1	Modellformulierung	261
C.4.2	Lösungsverfahren	266
	C.4.2.1 Phase I: Konstruktion einer Startlösung	266
	C.4.2.2 Phase II: Verbesserungsschritte	268
	C.4.2.3 Gesamtstruktur des Verfahrens	269

Kapitel D Losgrößenplanung unter stochastischen Bedingungen   273

D.1 Einführung 273
D.2 Servicegrade und Reaktionsstrategien 275
D.3 Dynamische Einprodukt-Losgrößenmodelle mit stochastischer Nachfrage . 283

    D.3.1 Fixierte Produktionstermine, fixierte Produktionsmengen 285

D.3.1.1 Fehlbestandskosten 285
    D.3.1.1.1 Kürzeste-Wege-Modell 286
    D.3.1.1.2 Stückweise lineares Modell 289

D.3.1.2 Servicegrade 294
    D.3.1.2.1 α_c-Servicegrad 294
    D.3.1.2.2 β_t-Servicegrad – Stückweise lineares Modell 296
    D.3.1.2.3 β_c-Servicegrad 299
        D.3.1.2.3.1 Nichtlineare Modellformulierung 300
        D.3.1.2.3.2 Exakte Lösung 302
        D.3.1.2.3.3 Heuristische Lösung 307
        D.3.1.2.3.4 Stückweise lineares Modell 310

D.3.2 Fixierte Produktionstermine, variable Produktionsmengen 311
  D.3.2.1 Fehlbestandskosten 312
  D.3.2.2 β_c-Servicegrad 316

D.4 Dynamische Einprodukt-Losgrößenplanung mit stochastischer Ausbeute . 318
  D.4.1 Einführung 318
  D.4.2 Fixierte Produktionstermine und -mengen und binomialverteilte Ausbeute 321
  D.4.3 Lösungsverfahren 326

D.5 Stochastische dynamische Mehrprodukt-Losgrößenplanung mit beschränkten Kapazitäten 327
  D.5.1 Ein dynamisches Mehrprodukt-Losgrößenmodell mit stochastischer Nachfrage 328
  D.5.2 Lösungsverfahren 331
    D.5.2.1 Einsatz eines Standard-MIP-Solvers 331
    D.5.2.2 ABC_β-Heuristik 334
    D.5.2.3 Spaltengenerierungs-Heuristik 334
    D.5.2.4 Fix-and-Optimize-Heuristik 342
    D.5.2.5 Vorgehensweisen der Praxis 342
        D.5.2.5.1 MRP-Ansatz: Vernachlässigung der Kapazität und der Unsicherheit 342

        D.5.2.5.2 Modell CLSP mit Sicherheitsbestand 343

        D.5.2.5.3 Modell CLSP mit Ziel-Sicherheitsbestand und Fehlbestand 344

  D.5.3 Servicegrad und Kapazitätsbedarf 347

D.6 Rollende Planung 349

Literaturverzeichnis   361

Sachverzeichnis   381

Einführung — Kapitel A

Das vorliegende Buch behandelt Probleme der operativen Produktionsplanung. Probleme dieser Art und die damit zusammenhängende Datenbeschaffung sowie Datenanalyse bezeichnet man neuerdings auch als **Production Analytics** oder in einem weiteren Sinn als *Supply Chain Analytics*.[1] Production Analytics ist ein Teilgebiet der allgemeineren *Business Analytics*. Diese unterteilt man nach den eingesetzten Methoden und Techniken gemeinhin in die Bereiche *Descriptive Analytics* (Datensammlung und -Analyse, Visualisierung, Statistik), *Predictive Analytics* (Identifizierung von Beziehungen zwischen Variablen, Prognose, etc.) und *Prescriptive Analytics* (Entscheidungsvorbereitung, Optimierung, etc.).[2] Gegenstand der folgenden Ausführungen sind **Optimierungsmodelle und -Algorithmen** (bzw. quantitative Optimierungskonzepte), also Probleme aus dem Bereich der **Prescriptive Analytics**.[3]

Wir konzentrieren uns dabei auf die operativen Probleme der **Produktionsprogrammplanung** und der **Losgrößenplanung**. Operative Entscheidungen bilden das Bindeglied zwischen der Ressourcenbereitstellung und dem eigentlichen Produktionsgeschehen. Sie gehen der unmittelbaren Produktionsveranlassung voraus und sollen gewährleisten, daß die von den Abnehmern ausgehende Nachfrage mit dem vorhandenen Bestand an Produktions- und Logistikressourcen befriedigt werden kann. Die operative Produktionsprogramm- und Losgrößenplanung legt auf der Grundlage ge-

---

1 vgl. *Souza* (2014)
2 vgl. *Evans* (2017)
3 Zur Darstellung der *Descriptive Analytics* verweisen wir auf die Literatur, z. B. *Evans* (2017). Zur Prognose (*Predictive Analytics*) vgl. *Tempelmeier* (2018).

gebener produktpolitischer Entscheidungen über die am Absatzmarkt anzubietenden Produkte und unter Berücksichtigung gegebener Kapazitäten fest,

- wie die Produktionsmengen und die zugehörige Ressourcenbelastung auf die i. d. R. dynamisch schwankenden Nachfragemengen der Endprodukte abgestimmt werden sollen,
- welche Mengen an Verbrauchsfaktoren (Rohstoffe, fremdbezogene Vorprodukte, eigengefertigte Einzelteile und Baugruppen) in den einzelnen Perioden des Planungszeitraums dazu bereitzustellen sind und
- in welcher Form die Produktionsprozesse ablaufen sollen.

Verfügt ein Unternehmen über mehrere Produktionsstätten, dann ist zusätzlich zu klären,

- welche Produkte in welchen Mengen an den einzelnen Standorten zu produzieren sind.

Eng damit verbunden sind Entscheidungen über

- Transporte von Produktmengen zwischen den einzelnen Standorten.

Da Unternehmen i. d. R. in logistische Netzwerke (Supply Chains) eingebunden sind, stellt sich auch die Frage

- ob bestimmte Endprodukte oder Produktkomponenten von Zulieferern bezogen werden sollen.

Bild A.1 zeigt die Struktur eines kapazitätsorientierten hierarchischen Ansatzes zur operativen Produktionsplanung.[4] Dabei wird davon ausgegangen, daß der Produktionsbereich in mehrere **Produktionssegmente** (z. B. Zentrenproduktion, Fließproduktion, Werkstattproduktion) zerlegt worden ist, für die jeweils spezifische Planungsprobleme zu lösen sind.

Die operative Produktionsplanung läuft in mehreren Stufen ab. Die **aggregierte Gesamtplanung** (Master Planning[5]) umfaßt das gesamte Produktionsprogramm und die jeweiligen Produktionsstätten des Unternehmens mit ihren wechselseitigen logistischen Verflechtungen. Sie hat die Aufgabe, die erlös- und kostenwirksamen

---

4 vgl. *Drexl et al.* (1994); *Günther und Tempelmeier* (2020)
5 vgl. *Stadtler* (2005)

Entscheidungen unternehmensweit für einen mittelfristigen Zeitraum funktions- und standortübergreifend zu koordinieren. Dabei müssen insb. die Vorstellungen des Absatz-, des Beschaffungs- und des Personalbereichs sowie der Logistik mit den Möglichkeiten und Erfordernissen der Produktion abgestimmt werden.

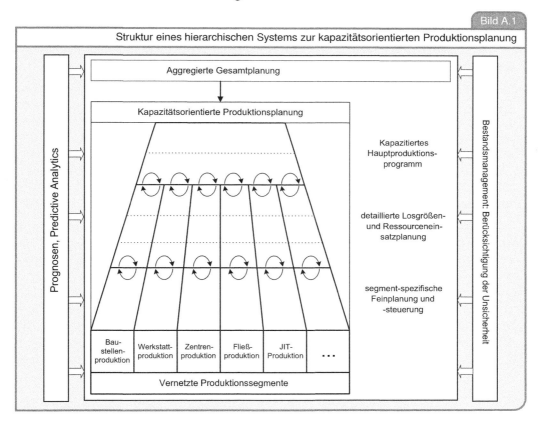

Bild A.1: Struktur eines hierarchischen Systems zur kapazitätsorientierten Produktionsplanung

Im Rahmen der aggregierten Gesamtplanung müssen prognostizierte Umweltentwicklungen, konjunkturelle Schwankungen und langfristige Absatztrends rechtzeitig berücksichtigt sowie der erforderliche Ausgleich von saisonalen Beschäftigungsschwankungen vorgenommen werden. Die aggregierte Gesamtplanung wird oft auch als *Beschäftigungsglättung* bezeichnet, da ein wichtiges Ziel die gleichmäßige Kapazitätsbelastung im Zeitablauf ist. Gerade qualifizierte Arbeitskräfte stellen für viele Unternehmen ein wichtige Ressource dar, die nicht durch kurzfristige Anpassungsmaßnahmen verändert wird, sondern die auch bei Schwankungen der Nachfrage möglichst gleichmäßig ausgelastet werden soll. Wir werden im Folgenden die in vielen amerikanischen Lehrbüchern berücksichtigten Entscheidungsvariablen „Entlassungen" und „Einstellungen" nicht betrachten.

Objekte der Planung sind nicht einzelne Produkte, sondern aggregierte *Produkttypen*, wobei ein Produkttyp eine Menge von Produkten mit ähnlichen Kosten- und Nachfragestrukturen sowie ähnlichen Produktionsprozessen repräsentiert. Die Ressourcen werden in Form aggregierter werks- oder produktionssegmentspezifischer Kapazitäten erfaßt. Als *Planungshorizont* kann ein Zeitraum von ein bis zwei Jahren mit einer Periodeneinteilung in Monaten angenommen werden.

Als *Ergebnis* der aggregierten Gesamtplanung erhält man standortspezifische Produktionsmengen für die Produkttypen sowie eine Vorausschau der zu erwartenden Transportströme zwischen den einzelnen Standorten. Hieraus läßt sich ableiten, welche logistischen Kapazitäten, z. B. durch Beauftragung von externen Logistik-Dienstleistern, bereitzustellen sind, inwieweit vorübergehende Anpassungen der Produktionskapazitäten, z. B. durch *Überstunden*, vorgenommen werden müssen und in welchem Umfang für den Aufbau *saisonal bedingter Lagerbestände* zusätzliche *Lagerkapazität*, z. B. durch Anmietung, eingeplant werden muß.

An die aggregierte Gesamtplanung schließt sich die **Hauptproduktionsprogrammplanung** an. Diese erfaßt alle *Produktionssegmente* innerhalb einer Produktionsstätte – und bei entsprechender logistischer Verflechtung auch über deren Grenzen hinaus – mit ihren Haupterzeugnissen und ihren aggregierten Kapazitätsbeanspruchungen und stellt die jeweiligen dezentralen Produktionsprogramme auf. Potentielle Engpaßbereiche sollen rechtzeitig als solche erkannt und die notwendigen Kapazitätsanpassungen (soweit kurzfristig realisierbar) eingeleitet werden. Im Gegensatz zur aggregierten Gesamtplanung wird hierbei nicht von langfristigen Markttrends und mittelfristigen Absatzprognosen ausgegangen, sondern es wird auf die aktuell eingegangenen *Kundenaufträge*, *kurzfristige Absatzprognosen* sowie die daraus ableitbare Entwicklung der hauptproduktspezifischen *Lagerbestände* zurückgegriffen.

Die Entscheidungen dieser Planungsebene betreffen in erster Linie Maßnahmen zur *Abstimmung der Produktionsmengen mit den vorhandenen Kapazitäten*. Dies kann sowohl die *kurzfristige Anpassung der Kapazität* an den aktuellen Bedarf (z. B. durch Inanspruchnahme von Überstunden) als auch die *zeitliche Veränderung des Kapazitätsbedarfs* (z. B. durch Vorausproduktion und Aufbau von Lagerbeständen) geschehen. Kapazitätsbeschränkungen können dabei vom Personal, den Maschinen und Werkzeugen, aber auch von den innerbetrieblichen Lager- und Transporteinrichtungen ausgehen.

Der *Detaillierungsgrad* der Planung nimmt gegenüber der aggregierten Gesamtplanung zu. Nun werden nicht mehr Produkttypen, sondern einzelne *Hauptprodukte* mit ihren wichtigsten Vorprodukten und den jeweiligen Arbeitsgangfolgen (Arbeitsplänen) in den einzelnen Produktionssegmenten betrachtet. Der Planungshorizont wird - in Abhängigkeit von der maximalen geplanten Durchlaufzeit - wenige Monate betragen, die z. B. in Wochenperioden unterteilt sind. Wie bei der aggregierten Gesamtplanung besteht das Ziel der Hauptproduktionsprogrammplanung darin, einen Ausgleich zwischen den Lagerkosten und den Kosten flexibler Produktionskapazitäten zu erreichen. Der wesentliche Unterschied liegt vor allem im Detaillierungsgrad der Daten und der Entscheidungsvariablen.

Viele Produktionsvorgänge können erst beginnen, wenn die benötigten Ressourcen durch einen (Um-)Rüstvorgang für die Produktion vorbereitet worden sind. Rüsten ist üblicherweise mit einem unproduktiven Zeitverlust, manchmal auch mit Rüstkosten, verbunden. Es stellt sich somit das Problem der **Losgrößenplanung**, das bereits vor ca. 100 Jahren durch die Frage: „How many parts to make at once" beschrieben wurde[6]. Demnach ist zu entscheiden, ob man eher prognosebasiert die zukünftigen Bedarfsmengen eines Produkts auf Vorrat produziert, um Rüstvorgänge einzusparen, oder ob man eher „just-in-time" die Bedarfe so spät wie möglich erfüllt.

Ausgangspunkte der Losgrößenplanung sind ein vorgegebenes *Hauptproduktionsprogramm* und i. d. R. eine Beschreibung der *Erzeugnis- und Prozeßstruktur*, welche die Input-Output-Beziehungen zwischen den Endprodukten und ihren Komponenten auf der Ebene von Arbeitsgängen wiedergibt.[7] Ihre Aufgabe besteht darin, für die einzelnen Produktionssegmente und die darin enthaltenen Ressourcen konkrete Produktionspläne aufzustellen, die die Grundlage für die Entscheidungen zur Ressourceneinsatzplanung bilden können. In Abhängigkeit von der Art des Produktionssegments kann der Planungshorizont mehrere Wochen bis Monate betragen, wobei die Periodeneinteilung von Wochen bis hin zu einer nahezu kontinuierlichen Zeitachse reichen kann. Wie wir später sehen werden, erlauben die Ergebnisse einiger Modellierungskonzepte zur Losgrößenplanung (Modelle zur Losgrößen- und Reihenfolgeplanung, Mikroperiodenmodelle) bereits, detaillierte Produktionsabläufe festzulegen, aus denen ressourcenspezifische Start- und Endzeitpunkte der Produktion abgeleitet werden können. Andere, nicht so detaillierte Losgrößenmodelle (Makroperiodenmodelle) dagegen legen nur periodenbezogene Produktionsmengen fest und überlassen die weitere Detaillierung der Produktionsterminplanung und der segmentspezifischen Feinplanung und -steuerung.

Losgrößenplanung bedeutet, daß Bedarfsmengen vor ihrem Bedarfszeitpunkt produziert und eingelagert werden. Dies setzt voraus, daß zukünftige Bedarfsmengen (vorhandene Lieferabrufe oder Prognosewerte) bekannt sind. Die meisten Planungsansätze in der Literatur basieren auf der Vorstellung einer deterministischen Planungssituation. Zufällige Abweichungen der Bedarfsmengen von ihren prognostizierten Werten (Prognosefeh-

---

6 *Harris* (1913)
7 Siehe hierzu Abschnitt C.3 auf S. 123

ler) werden aus der Betrachtung ausgeschlossen. Da in der Realität jedoch stochastische Einflußgrößen wirksam sind und folglich Prognosefehler auftreten, werden Konzepte benötigt, die in der Lage sind, Unsicherheit bei der Planung und Steuerung der Wertschöpfungsprozesse zu berücksichtigen.

Während die *Dynamik der Nachfrage* in der betrieblichen Praxis weitgehend berücksichtigt wird, wird ihre *Stochastik* nur unzureichend erfaßt. Üblicherweise bevorratet man einen sog. Sicherheitsbestand, dessen Höhe i. d. R. mit ungeeigneten Methoden festgelegt wird. Im günstigsten Fall wird zur Bestimmung des Sicherheitsbestands auf Konzepte zurückgegriffen, die aus der Lagerhaltungstheorie für stationäre Nachfragebedingungen entliehen worden sind. In beiden Fällen wird der Sicherheitsbestand mit Verfahren bestimmt, die in der abgebildeten Planungsstruktur einen Fremdkörper darstellen. Dies wird in Bild A.1 durch die Positionierung der Unsicherheitsproblematik an der Peripherie zum Ausdruck ausgebracht.

Erst in den letzten Jahren wurden Ansätze zur **stochastischen Losgrößenplanung** entwickelt, die explizit die Dynamik und die Unsicherheit der Nachfrage simultan berücksichtigen. Dabei hat man verschiedene Optionen bezüglich des Zeitpunkts, an dem die Produktionstermine und die Produktionsmengen endgültig festgelegt werden:

- *Fixierte Produktionstermine, fixierte Produktionsmengen*
  Hier fixiert man zu Beginn des Planungszeitraums auf der Basis von Annahmen über die Stochastik der Nachfrageentwicklung den gesamten Produktionsplan, d. h. alle Losgrößen und die entsprechenden Produktionsperioden, und behält diese Entscheidungen unabhängig von den eintretenden Nachfragen bei (starre Planung, *Static Uncertainty Strategy*).[8]

- *Fixierte Produktionstermine, variable Produktionsmengen*
  Etwas flexibler kann auf unvorhergesehene Nachfrageschwankungen reagiert werden, wenn man zu Beginn des Planungszeitraums nur die Produktionstermine festlegt, die Entscheidungen über die Produktionsmengen aber so weit wie möglich hinauszögert. Dies kann man dadurch erreichen, daß man zum Beginn des Planungszeitraums für jeden festgelegten Produktionstermin einen Ziel-Lagerbestand (Bestellniveau) bestimmt, der die Grundlage für die Berechnung der aktuellen Bestellmenge bildet (*Static-Dynamic Uncertainty Strategy*).

- *Variable Produktionstermine, variable Produktionsmengen*
  Man kann beide Entscheidungen, d. h. ob in einer bestimmten Periode ein Los aufgelegt wird oder nicht, und wenn ja, wieviel produziert werden soll, aber auch soweit wie möglich hinausschieben. Dies entspricht einer *Pull-Strategie*, mit der man flexibel auf die Entwicklung der Nachfrage reagieren kann (*Dynamic Uncertainty*

---

8   vgl. *Bookbinder und Tan* (1988)

Strategy). Abgesehen davon, daß die optimalen Werte der Entscheidungsvariablen dieser Strategie nur sehr aufwendig zu bestimmen sind, hat sie den Nachteil, daß weder die Produktionstermine noch die Produktionsmengen ex ante bekannt sind und daher eine kapazitätsorientierte Planung nahezu unmöglich ist.

- *Rollende Planung mit überlappenden Planungszeiträumen*
  Besonders bei der oben erwähnten starren Planung (*Static Uncertainty Strategy*) wird es in der praktischen Umsetzung angebracht sein, nicht immer bis zum Ende des Planungszeitraums abzuwarten und erst dann einen neuen Plan aufzustellen (sog. Anschlußplanung). Vielmehr wird man schon nach einigen Perioden unter Berücksichtigung der bis dahin eingetroffenen neuen Informationen einen neuen Produktionsplan aufstellen. Diese Vorgehensweise ist unabhängig davon, ob man für die Planung ein deterministisches oder ein stochastisches Modell einsetzt.

Die **Feinplanung** (Ablaufplanung) als unterste Stufe des dargestellten hierarchischen Planungssystems bildet die Grundlage für die Veranlassung der Produktionsprozesse. Hier wird bestimmt, wann und in welcher *Reihenfolge* die einzelnen einer Ressource für eine Periode, z. B. einen Tag, zugeordneten Aufträge bearbeitet werden sollen. Unter Beachtung des Rüst- und Betriebszustands der Arbeitssysteme und der Verfügbarkeit von Werkzeugen, Transportmitteln usw. erfolgt nun die Planung der *Ressourcenbelegung* durch die einzelnen Aufträge auf der Basis einer stunden- bis minutengenauen Zeiteinteilung. Auch die erforderlichen Transportzeiten zwischen den einzelnen Produktionsstellen müssen nun explizit berücksichtigt werden.

Die Feinplanung ist die Nahtstelle zwischen der Planung und der Durchführung der Produktion. Sie kann mit Hilfe eines elektronischen *Leitstands* realisiert werden. Hierbei werden dem Planer die Ressourcenbelegungen sowie die Bearbeitungszustände der einzelnen Aufträge in graphischer Form, z. B. mit Hilfe von *Gantt-Charts* dargestellt. In neuerer Zeit werden Leitstand-Systeme um weitere Funktionen an der Grenze zwischen Planung und Durchführung erweitert, z. B. Auftragsdatenerfassung, Maschinendatenerfassung, Qualitätsmanagement oder Personalzeiterfassung. Man spricht in diesem Fall von einem *Manufacturing Execution System* (MES).

In diesem Buch werden Aspekte der Feinplanung nur insoweit angesprochen, als sie direkt mit Entscheidungen zur Losgrößenplanung verbunden sind. Für eine detaillierte Darstellung der Feinplanung sei auf das Lehrbuch von *Jaehn und Pesch* verwiesen.[9]

Ergänzende Literatur zu Kapitel A:
Drexl et al. (1994)
Günther und Tempelmeier (2020)
Jaehn und Pesch (2019)

---

9 vgl. hierzu *Jaehn und Pesch* (2019)

Stadtler et al. (2015)
Tempelmeier (2018)

Kapitel B: Produktionsprogrammplanung

Im diesem Kapitel werden lineare Planungsmodelle für typische Situationen der Produktionsprogrammplanung dargestellt. In den in der betrieblichen Praxis eingesetzten Softwaresystemen zum „Advanced Planning" (sog. Advanced Planning Systems, APS) ist die in Bild A.1 auf S. 3 getroffene Unterscheidung zwischen aggregierter Gesamtplanung und Hauptproduktionsprogrammplanung fließend. Für beide Planungsebenen kann auf lineare Optimierungsansätze zurückgegriffen werden. Im Advanced Planning System der SAP AG bspw. werden beide Problembereiche in dem Modul „Supply Network Planning (SNP)" unterstützt. Die konkrete Planungsebene wird dabei durch den Detaillierungsgrad der Zeitachse und der Planungsobjekte (Produkte, Ressourcen) sowie durch die Entscheidungsbefugnisse des Planers bestimmt.

Um Wiederholungen zu vermeiden, stellen wir im Folgenden nur Planungsmodelle zur *aggregierten Produktionsprogrammplanung* dar. Diese können bei geeigneter Interpretation der Entscheidungsvariablen und Planungsdaten auch zur Hauptproduktionsprogrammplanung eingesetzt werden.

In beiden Fällen gilt, daß die *Kapazitäten* zwar nicht über einen längeren Zeitraum, aber für den betrachteten Planungshorizont *beschränkt* sind. Es wird dabei angenommen, daß die verfügbare Kapazität ausreicht, um die gesamte innerhalb des Planungszeitraums eintreffende Nachfrage zu befriedigen. Diese Annahme können wir treffen, wenn durch vorgelagerte Maßnahmen der Kapazitätsplanung im Rahmen der Gestaltung der Infrastruktur des Produktionssystems eine insgesamt ausreichende Kapazität bereitgestellt worden ist. Kapazitätsengpässe können hier in einzelnen Teilperioden des Planungszeitraums entstehen, wenn überdurchschnittlich hohe Nachfrage vorliegt oder wenn die

Personalkapazität aufgrund von Urlaub oder der üblichen Fluktuation schwankt. Auch die Anzahl von Arbeitstagen pro Periode wirkt sich auf die Kapazität aus.

Die Planungssituation ist durch folgende **Daten** gekennzeichnet:

- Prognosewerte für *Nachfragemengen* pro Produkttyp und Periode.
- Periodenspezifische *Kapazitäten* der Ressourcen sind deterministisch bekannt.
- Produktspezifische *Ressourcenbelastungen* (Zeiteinheit pro Mengeneinheit) für alle betrachteten Ressourcen.

Zur Abstimmung von Kapazitätsbedarf und Kapazitätsangebot werden folgende formalen **Entscheidungsvariablen** berücksichtigt:

- *Produktionsmengen* in eigenen Produktionsstätten
- *Transportmengen* zwischen Produktionsstätten
- *Beschaffungsmengen* von Fremdlieferanten

Sachlich kann ein resultierender **Produktions-, Transport- und Beschaffungsplan** durch folgende Maßnahmen umgesetzt werden:

- *Kurzfristige Stillegung von Betriebseinheiten* oder Anlagen einschl. der damit verbundenen innerbetrieblichen *Umsetzungen des Personals* von einer Betriebseinheit in eine andere.
- Verlagerung von Produktionsmengen auf *andere Produktionsstätten* desselben Unternehmens. Dabei sind die entstehenden logistischen Auswirkungen zu berücksichtigen.
- *Veränderung der Arbeitszeit* pro Periode durch Überstunden, Sonderschichten, Kurzarbeit sowie Änderungen des Schichtplans.
- *Fremdvergabe von Aufträgen*. In Perioden mit absehbaren Spitzenbelastungen werden einzelne Aufträge an Fremdlieferanten vergeben.

Als entscheidungsrelevante Komponenten der **Zielsetzung** betrachten wir folgende Kosten:

- *Variable Produktionskosten*: Hierzu zählen Fertigungslöhne für Normalarbeitszeit, Fertigungslöhne für Überstunden sowie Materialkosten. Wir gehen der Einfachheit halber davon aus, daß der Personalbestand und damit auch die Fertigungslöhne für Normalarbeitszeit konstant sind und mithin nicht in der Zielfunktion berücksichtigt werden müssen. Daher werden nur die Überstundenlöhne in der Zielfunktion erfaßt.

- *Variable Beschaffungskosten*: Dies sind die Kosten, die für die Beschaffung der Produkte von Fremdlieferanten anfallen.
- *Transportkosten*: Werden Mengen zwischen Produktionsstätten transportiert, dann entstehen Transportkosten, die in Abhängigkeit von den eingesetzten Transportmitteln aus fixen und variablen Komponenten bestehen können.
- *Lagerkosten*: Diese Kosten entstehen dann, wenn Nachfragemengen vor ihrer Nachfrageperiode produziert und zunächst eingelagert werden. In den Lagerbeständen ist Kapital gebunden, das verzinst werden muß. Erfolgt die Lagerung bei einem Logistik-Dienstleister, dann müssen die von der Lagermenge abhängigen variablen Logistikkosten den Lagerkosten zugerechnet werden. Insbesondere bei längeren Teilperioden des Planungszeitraums kommt es darauf an, daß man einen sinnvollen Zusammenhang zwischen den Lagerkosten und den am Ende einer solchen Teilperiode vorhandenen Lagerbestand herstellen kann. Eine Möglichkeit, den durchschnittlichen Lagerbestand in einer solchen Teilperiode zu schätzen, besteht darin, daß man den Mittelwert aus Anfangs- und Endbestand der betrachteten Periode verwendet. Der Anfangsbestand ist naturgemäß der Endbestand der Vorperiode.
Wir werden in den weiter unten dargestellten Modellen den Endbestand einer Periode als Grundlage für die Berechnung der Lagerkosten verwenden.

Im folgenden werden verschiedene Planungssituationen der aggregierten Gesamtplanung beschrieben, die mit Modellen der linearen Programmierung (LP) bearbeitet werden können. Zunächst werden *einstufige Probleme* betrachtet. Ausgehend von gegebenen Nachfrageprognosen geht es zunächst nur um Entscheidungen über die Zuordnung von Produktionsmengen auf möglicherweise mehrere vorhandene Produktionsstandorte und evtl. auch um die Frage, ob anstelle der Eigenproduktion in einzelnen Perioden auf einen Lieferanten ausgewichen werden soll. Danach wird die Modellierung auf mehrstufige Wertschöpfungsketten ausgedehnt. Dabei werden mehrere Produktionsstätten betrachtet, die z. T. Vorprodukte und z. T. Endprodukte produzieren. Bei der Entscheidung über die periodenbezogenen Produktionsmengen in einem Standort, der Endprodukte produziert, muß dann berücksichtigt werden, daß rechtzeitig ausreichende Mengen der benötigten Vorprodukte bereitstehen, die in anderen Standorten produziert werden.

B.1 Einstufige Produktions-, Transport- und Beschaffungsprogrammplanung

Wir beschreiben zunächst verschiedene LP-Modelle zur simultanen Produktions-, Transport- und Beschaffungsplanung, bei denen eine Produktionsstufe mit evtl. mehreren Produktionsstandorten und den dazwischen stattfindenden Transporten sowie

Lieferanten betrachtet wird. Tabelle B.1 zeigt eine Übersicht über die jeweils betrachteten Entscheidungsvariablen.

Tabelle B.1
Entscheidungsvariablen

	Ein Produktionsstandort	Mehrere Produktionsstandorte
Ohne Lieferanten	• Lagerbestand • Überstunden	• Lagerbestand • Überstunden • Transportmengen zwischen den Produktionsstandorten
Mit Lieferanten	• Lagerbestand • Überstunden • Beschaffungsmengen	• Lagerbestand • Überstunden • Transportmengen zwischen den Produktionsstandorten • Beschaffungsmengen

Die nachfolgend dargestellten LP-Modelle basieren auf folgender **Problemsicht**. Ein Unternehmen produziert in einer oder mehreren Fabriken $s \in \mathcal{S}$[1] verschiedene Produkttypen $k \in \mathcal{K}_s$.[2] Wir nehmen an, daß jede Fabrik eine Menge von Abnehmern (ihren Einzugsbereich) versorgt. Dies können Großabnehmer oder auch ein oder mehrere Zentrallager bzw. Regionallager sein. Die konkreten Standorte der Abnehmer werden nicht explizit modelliert. Die Modellierung kann aber problemlos um diesen Aspekt erweitert werden. Die betrachtete Problemstellung endet daher mit der Einlagerung der Produkte im Endproduktlager der Fabrik.

Die Planungssituation ist dadurch gekennzeichnet, daß über einen längeren Zeitraum *Nachfrageprognosen* für die Produkttypen vorliegen. Aus der Prognose der Nachfragemengen ergibt sich oft eine innerhalb eines Jahres variierende und auch *räumlich* unterschiedlich verlaufende Nachfrageentwicklung, z. B. saisonal schwankende Nachfrage. Aber auch das *Kapazitätsangebot* an den einzelnen Produktionsstandorten kann wegen der von dem jeweiligen Kalendermonat abhängigen Anzahl von Werktagen sowie aufgrund von Betriebsferien oder geplanten Instandhaltungsmaßnahmen erheblich schwanken. Als Kapazitätsarten werden die technische und die personelle Kapazität betrachtet. Während die technische Kapazität pro Periode unveränderbar ist, kann die personelle Kapazität (Normalarbeitszeit) um eine variable Komponente (Überstunden), allerdings zu erhöhten Kosten, erweitert werden.

---

[1] $\mathcal{S}$ bezeichnet die Indexmenge der Fabriken, z. B. bei zwei Fabriken $\mathcal{S} = \{1, 2\}$.
[2] $\mathcal{K}_s$ bezeichnet die Indexmenge der Produkttypen, die in Fabrik s produziert werden, z. B. $\mathcal{K}_1 = \{1, 2, 3\}$.

B.1.1 Basismodell

Wir beginnen mit einer sehr einfachen Problemstellung, die den grundlegenden Konflikt zwischen dem Ziel einer gleichmäßigen Belastung der Ressourcen und einer flexiblen Anpassung der Produktion an die Schwankungen der Nachfrage veranschaulicht. Die Optimierungsaufgabe besteht darin, den Produktionsplan zu bestimmen, der die Summe aus Lagerkosten und Überstundenkosten minimiert. Das Entscheidungsmodell lautet:

Modell SNP[3]

$$\text{Minimiere } Z = \sum_{s \in \mathcal{S}} \sum_{k \in \mathcal{K}_s} \sum_{t=1}^{T} [h_k^s \cdot y_{kt}^s + cm_k^s \cdot x_{kt}^s] + \sum_{s \in \mathcal{S}} \sum_{t=1}^{T} co^s \cdot o_t^s \quad \text{(B.1)}$$

u. B. d. R.

$$y_{k,t-1}^s + x_{kt}^s - y_{kt}^s = d_{kt}^s \qquad s \in \mathcal{S}; k \in \mathcal{K}_s; t = 1, 2, \ldots, T \quad \text{(B.2)}$$

$$\sum_{k \in \mathcal{K}_s} tc_k^s \cdot x_{kt}^s \leqslant b_t^s \qquad s \in \mathcal{S}; t = 1, 2, \ldots, T \quad \text{(B.3)}$$

$$\sum_{k \in \mathcal{K}_s} tb_k^s \cdot x_{kt}^s - o_t^s \leqslant n_t^s \qquad s \in \mathcal{S}; t = 1, 2, \ldots, T \quad \text{(B.4)}$$

$$o_t^s \leqslant o_t^{s,\max} \qquad s \in \mathcal{S}; t = 1, 2, \ldots, T \quad \text{(B.5)}$$

$$x_{kt}^s, y_{kt}^s, o_t^s \geq 0 \qquad s \in \mathcal{S}; k \in \mathcal{K}_s; t = 1, 2, \ldots, T \quad \text{(B.6)}$$

Symbole

b_t^s	technische Kapazität in Periode t am Standort s
cm_k^s	Materialkosten für Produkttyp k pro Mengeneinheit am Standort s
co^s	Kosten für eine Einheit Überstunden am Standort s
d_{kt}^s	Nachfrage für Produkttyp k in Periode t am Standort s
h_k^s	Lagerkostensatz für Produkttyp k pro Mengeneinheit und Periode am Standort s
$\mathcal{K}_s$	Indexmenge der Produkttypen, die am Standort s produziert werden können
n_t^s	personelle Kapazität am Standort s in Periode t
$o_t^{s,\max}$	maximale Überstunden am Standort s in Periode t
s	Standortindex
$\mathcal{S}$	Indexmenge der Fabriken (im aktuellen Modell nur eine Fabrik $\mathcal{S} = \{1\}$)
tb_k^s	Zeitliche Beanspruchung der personellen Kapazität am Standort s pro Mengeneinheit des Produkttyps k

---

[3] SNP = **S**upply **N**etwork **P**lanning

Symbole (Fortsetzung)	
tc_k^s	Zeitliche Beanspruchung der technischen Kapazität am Standort s pro Mengeneinheit des Produkttyps k
T	Anzahl Perioden
y_{kt}^s	Lagerbestand für Produkttyp k am Standort s am Ende von Periode t
o_t^s	Überstunden am Standort s in Periode t
x_{kt}^s	Produktionsmenge von Produkttyp k am Standort s in Periode t

Die Zielfunktion umfaßt die gesamten Material-, Lager- und Überstundenkosten. Kosten für Normalarbeitszeit sind von dem gegebenen Personalbestand abhängig und damit nicht entscheidungsrelevant. Die Nebenbedingungen (B.2) schreiben die Lagerbestände fort. Mit (B.3) und (B.4) wird sichergestellt, daß die vorhandenen technischen und personellen Kapazitäten nicht überschritten werden. Die Beziehungen (B.5) sorgen dafür, daß die Überstunden eine gegebene Obergrenze nicht überschreiten. Sowohl die Materialkosten als auch die Lagerkostensätze h_k^s und die Überstundenkostensätze co^s können auch periodenabhängig definiert werden. Letzteres ist bei zu einem erwartenden Anstieg der Lohnkosten im Planungszeitraum sinnvoll.

B.1.2 Beschränkungen des Lagerbestands

Im obigen LP-Modell wird der Aufbau von Lagerbestand vor allem durch das Verhältnis der Lagerkosten zu den Überstundenkosten beeinflußt. Der Lagerbestand kann in dreierlei Hinsicht beschränkt werden:

- Für jedes Produkt und jede Periode kann ein *Mindestbestand* vorgegeben werden. Dieser wird oft dadurch gerechtfertigt, daß die Planung von deterministischen Nachfragemengen ausgeht, die Nachfrage aber stochastisch ist. Der Mindestbestand dient dann zur Erfüllung überdurchschnittlich hoher Nachfragemengen.
- Für den gesamten Lagerbestand kann eine *Obergrenze* vorgegeben werden.
- Die *maximale Lagerdauer* der Produkte kann begrenzt werden. Dies ist bei verderblichen Lebensmittel sowie bei Produkten sinnvoll, die schnell unmodern werden (Kleidung) oder die technisch-physikalischen Alterungsprozessen unterliegen (z. B. Reifen, Gummi, Kunststoff).

Um diese Aspekte zu berücksichtigen, werden folgende Nebenbedingungen eingesetzt:

$$y_{kt}^s \geq y_{kt}^{s,\min} \qquad s \in \mathcal{S}; k \in \mathcal{K}_s; t = 1, 2, \ldots, T \qquad (B.7)$$

$$\sum_{k \in \mathcal{K}_s} y_{kt}^s \leq y_t^{s,\max} \qquad s \in \mathcal{S}; t = 1, 2, \ldots, T \qquad (B.8)$$

$$y^s_{kt} \leq \sum_{j=t+1}^{t+w_k} d_{kj} \qquad\qquad s \in \mathcal{S}; k \in \mathcal{K}_s; t = 1, 2, \ldots, T - w_k \qquad \text{(B.9)}$$

Symbole – Ergänzung zu Modell SNP

$y^{s,\min}_{kt}$ Mindestbestand für Produkttyp k am Standort s am Ende von Periode t
$y^{s,\max}_{t}$ maximaler Lagerbestand am Standort s am Ende von Periode t
w_k maximale Lagerdauer des Produkttyps k

Die Beziehungen (B.7) stellen sicher, daß der Mindestbestand nicht unterschritten wird.[4]. Mit (B.8) wird der Gesamtbestand beschränkt. Unterschiedliche Werte oder Volumina der Produkte kann man auf der linken Seite durch Gewichtungsfaktoren berücksichtigen. Die Nebenbedingungen (B.9) besagen Folgendes: Der Lagerbestand am Ende der Periode t darf nicht größer sein als die Nachfrage der Perioden $t+1, t+2, \ldots, t+w_k$. Wäre er größer, dann würde er noch zur Deckung von Nachfragen aus später liegenden Perioden dienen. Das ist aber nicht gestattet.

B.1.3 Mindest-Produktionsmengen und Mindest-Überstunden

Manche Produktionsprozesse, z. B. in der Lebensmittelindustrie, der Stahlindustrie oder in der chemischen Industrie, lassen sich erst ab einer Mindest-Produktionsmenge technisch realisieren. Diese Bedingung kann wie folgt erfaßt werden. Man führt eine *binäre Variable* δ^s_{kt} ein, die den Wert 1 annimmt, wenn Produkttyp k im Standort s in Periode t produziert wird. Mit dieser Variablen kann man dann die produktbezogenen Mindest-Produktionsmengen verknüpfen. Damit die Variable δ^s_{kt} auch den Wert 1 annimmt, wenn in Fabrik s das Produkt k in Periode t produziert wird, werden folgende Restriktionen eingeführt:

$$x^s_{kt} \leq b^s_t \cdot \delta^s_{kt} \qquad\qquad s \in \mathcal{S}; k \in \mathcal{K}_s; t = 1, 2, \ldots, T \qquad \text{(B.10)}$$

Damit ist zunächst sichergestellt, daß die logische Variable δ^s_{kt} immer dann 1 wird, wenn eine positive Produktionsmenge des Produkttyps k im Standort s in der Periode t eingeplant wird. Die Beschränkung aller positiven Produktionsmengen auf die gewünschte Mindestmenge erreicht man durch folgende Bedingungen:

$$x^s_{kt} \geq x^{s,\min}_{kt} \cdot \delta^s_{kt} \qquad\qquad s \in \mathcal{S}; k \in \mathcal{K}_s; t = 1, 2, \ldots, T \qquad \text{(B.11)}$$

---

[4] Siehe hierzu auch Abschnitt D.5.2.5.2

Symbole – Ergänzung zu Modell SNP
$x_{kt}^{s,\min}$ Mindest-Produktionsmenge für Produkttyp k am Standort s in Periode t
δ_{kt}^{s} Binärvariable, die den Wert 1 annimmt, wenn für Produkttyp k am Standort s in Periode t produziert wird

Auch für die Überstunden pro Periode gilt oft eine Untergrenze, die man formal in derselben Weise wie die Mindest-Produktionsmenge berücksichtigen kann:

$$o_t^s \leqslant o_t^{s,\max} \cdot \nu_t^s \qquad\qquad s \in \mathcal{S}; t = 1, 2, \ldots, T \qquad (B.12)$$

$$o_t^s \geq o_t^{s,\min} \cdot \nu_t^s \qquad\qquad s \in \mathcal{S}; t = 1, 2, \ldots, T \qquad (B.13)$$

Symbole – Ergänzung zu Modell SNP
$o_t^{s,\min}$ Mindest-Überstunden am Standort s in Periode t
ν_t^s Binärvariable, die den Wert 1 annimmt, wenn am Standort s in Periode t Überstunden genutzt werden

Durch die Binärvariablen wird das LP-Modell zur einem MIP-Modell. Daher kann zur Lösung des resultierenden Optimierungsmodells nicht mehr das Simplex-Verfahren eingesetzt werden, sondern es muß auf Methoden zur Lösung gemischt-ganzzahliger linearer Optimierungsprobleme zurückgegriffen werden. Die Produktionsmengen- bzw. Überstunden-Variablen x_{kt}^s und o_t^s sind dann sog. *semikontinuierliche Variablen*. Zahlreiche MIP-Solver unterstützen diesen Variablentyp direkt, so daß man durch einfache Deklaration ihres Wertebereichs auf die Verwendung der logischen Variablen δ und ν verzichten kann. Dies ändert jedoch nichts am MIP-Charakter des zu lösenden Modells.

Obwohl alle auf Standard-MIP-Solver zurückgreifenden Advanced-Planning-Systeme prinzipiell in der Lage sind, binäre Variablen zu berücksichtigen, kann es in praktischen Anwendungsfällen zu erheblichen Rechenzeitproblemen kommen, wenn man die exakt optimale Lösung sucht. Daher ist von einer zu großzügigen Verwendung dieser Option abzuraten. In der Praxis wird man sich i. d. R. mit einer heuristischen Lösung zufriedengeben müssen, von der nur gesagt werden kann, daß sie z. B. nicht mehr als 20% bis 30% über der theoretischen unteren Schranke liegt. Die Akzeptanz einer solchen Aussage erfordert vom Anwender allerdings ein gewisses Grundverständnis der Komplexität gemischt-ganzzahliger Optimierungsprobleme.

B.1.4 Fremdbezug

Es wird nun angenommen, daß es einen oder mehrere Fremdlieferanten gibt, von denen die Produkte – anstelle der Eigenproduktion – bezogen werden können. Neben der

Einführung entsprechender Entscheidungsvariablen wird die Zielfunktion um die Beschaffungskosten erweitert. Damit erhält man folgendes Modell:

Modell SNP$_F$

$$\text{Minimiere } Z = \sum_{s \in \mathcal{S}} \sum_{k \in \mathcal{K}_s} \sum_{t=1}^{T} \left[h_k^s \cdot y_{kt}^s + cm_k^s \cdot x_{kt}^s + cf_k^s \cdot f_{kt}^s \right]$$
$$+ \sum_{s \in \mathcal{S}} \sum_{t=1}^{T} co_t^s \cdot o_t^s \quad (B.14)$$

u. B. d. R.

$$y_{k,t-1}^s + x_{kt}^s + f_{kt}^s - y_{kt}^s = d_{kt}^s \qquad s \in \mathcal{S}; k \in \mathcal{K}_s; t = 1, 2, \ldots, T \quad (B.15)$$

(B.3) – (B.6)

(B.7) – (B.13), soweit erforderlich

$$f_{kt}^s \geq 0 \qquad s \in \mathcal{S}; k \in \mathcal{K}_s; t = 1, 2, \ldots, T \quad (B.16)$$

Symbole – Ergänzung zu Modell SNP	
cf_k^s	Beschaffungskostensatz für eine fremdbezogene Mengeneinheit des Produkttyps k am Standort s
f_{kt}^s	Beschaffungsmenge am Standort s für Produkt k in Periode t

Der Fremdbezug wirkt also wie eine Erhöhung der Produktionsmenge. Ob diese Option genutzt wird, hängt von ihren Kosten ab. Die Berücksichtigung des Fremdbezugs erhöht die Komplexität des Modells nur unwesentlich. Man könnte wie oben auch noch Mindest-Beschaffungsmengen oder auch maximale Beschaffungsmengen einführen. Die optimale Lösung des Modells ergibt sich aus dem Zielkonflikt zwischen Lagerkosten, Überstundenkosten und Fremdbezugkosten. Die Beschaffungskostensätze können bei Bedarf auch periodenabhängig definiert werden.

B.1.5 Mehrere Produktionsstätten

In manchen Unternehmen ist die Produktion geographisch verteilt, so daß einzelne Produkte in mehreren Standorten hergestellt werden. So kann z. B. eine Fabrik in *Bremen* und die andere in *Bratislava* stehen. Jeder Fabrik ist ein Einzugsbereich zugeordnet, dessen produktbezogene Nachfragen von dieser Fabrik aus gedeckt werden sollen. In dieser Situation kann es sinnvoll sein, eine hohe Periodennachfrage in der Fabrik A anstelle durch Überstunden oder Fremdbezug durch Produktion in der Fabrik B zu decken.

Dabei müssen die Transportkosten zwischen den beiden Standorten mit berücksichtigt werden.

Zur Abbildung der Transporte zwischen den Fabriken führen wir produkttyp- und periodenbezogene Transportmengenvariablen t_{kt}^{ij} ein. Diese werden in der Zielfunktion und in der Lagerbilanzgleichung berücksichtigt. Um die Notation nicht zu unübersichtlich werden zu lassen, nehmen wir an, daß alle Produkttypen in allen Standorten produziert werden. Das Optimierungsmodell lautet:

Modell SNP$_P$

$$\text{Minimiere } Z = \sum_{s \in \mathcal{S}} \sum_{k \in \mathcal{K}} \sum_{t=1}^{T} [h_k^s \cdot y_{kt}^s + cm_k^s \cdot x_{kt}^s] + \sum_{s \in \mathcal{S}} \sum_{t=1}^{T} co^s \cdot o_t^s \\ + \sum_{k \in \mathcal{K}} \sum_{i \in \mathcal{S}} \sum_{j \in \mathcal{S}} \sum_{t=1}^{T} ct_k^{ij} \cdot t_{kt}^{ij} \quad (\text{B.17})$$

u. B. d. R.

$$y_{k,t-1}^s + \sum_{i \in \mathcal{S}} t_{kt}^{is} - \sum_{j \in \mathcal{S}} t_{kt}^{sj} + x_{kt}^s - y_{kt}^s = d_{kt}^s \qquad \begin{aligned} s &\in \mathcal{S}; k \in \mathcal{K}; \\ t &= 1, 2, \ldots, T \end{aligned} \quad (\text{B.18})$$

(B.3) – (B.6)

(B.7) – (B.13), soweit erforderlich

$$t_{kt}^{ij} \geq 0 \qquad k \in \mathcal{K}; i, j \in \mathcal{S}; t = 1, 2, \ldots, T \quad (\text{B.19})$$

Symbole – Ergänzung zu Modell SNP

ct_k^{ij}	Transportkosten für eine Mengeneinheit des Produkttyps k vom Standort i zum Standort j
t_{kt}^{ij}	Transportmenge des Produkttyps k vom Standort i zum Standort j in Perioden t

Die Indexmenge $\mathcal{K}$ enthält die Indizes aller Produkte. Der dritte Summand in der Zielfunktion (B.17) beschreibt die Transportkosten des Produkttyps k zwischen allen Standorten. In den Lagerbilanzgleichungen (B.18) werden die Zu- und Abflüsse in den einzelnen Standorten berücksichtigt. Die optimale Lösung dieses Modells ergibt sich aus dem Zielkonflikt zwischen den Lagerkosten, den Kosten für Überstunden und den Transportkosten zwischen allen Fabriken.[5]

---

[5] Ein numerisches Beispiel einschl. einer AMPL-Implementierung findet sich in *Tempelmeier* (2018), Aufgabe B1.4.

B.2 Produktionsplanung in mehrstufigen Supply Chains

In vielen Unternehmen sind die einzelnen Phasen des Wertschöpfungsprozesses für ein Produkt auf mehrere Standorte verteilt. In der Halbleiterindustrie z. B. ist die Aufteilung des Wertschöpfungsprozesses in die Stufen Frontend und Backend üblich, wobei beide Stufen in unterschiedlichen Fabriken, i. d. R. sogar in unterschiedlichen Ländern ausgeführt werden. Auch in der Automobilindustrie sind die Wertschöpfungsprozesse auf mehrere Standorte verteilt. In diesen Fällen müssen bei der Planung der Produktionsmengen auf einer nachgelagerten Produktionsstufe die Kapazitäten auf den vorgelagerten Produktionsstufen berücksichtigt werden. So muß bei der Produktionsplanung in einer Fabrik, die Klebestreifen herstellt, die Kapazität der Fabrik mit berücksichtigt werden, welche die Folien produziert, auf denen der Klebstoff aufgebracht wird.

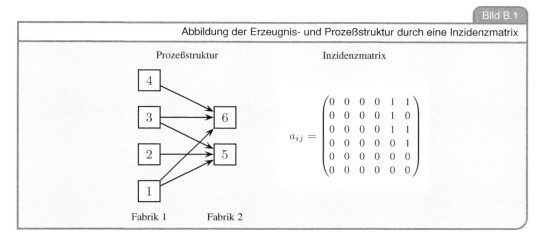

Bild B.1: Abbildung der Erzeugnis- und Prozeßstruktur durch eine Inzidenzmatrix

Zur aggregierten Planung in derartigen mehrstufigen Supply Chains muß die Struktur des Wertschöpfungsprozesses eines Produkttyps abgebildet werden. Hierzu kann man auf die auch in der Losgrößenplanung verwendete Erzeugnis- und Prozeßstruktur[6] in aggregierter Form zurückgreifen. Dabei handelt es sich um einen Graphen, in dem jeder Knoten einen Produktionsschritt repräsentiert, wobei die Vorgänger-/Nachfolgerbeziehungen zwischen den Produktionsschritten durch Pfeile dargestellt werden. Zur Beschreibung der Erzeugnis- und Prozeßstruktur verwenden wir im Folgenden die auf der rechten Seite in Bild B.1 dargestellte aus der Graphentheorie bekannte Inzidenzmatrix $\underline{A}$.[7] Ein

---

6 Im Advanced-Planning-System der SAP AG wird diese durch das sog. Produktionsprozeß-Modell (PPM) definiert.

7 vgl. *Briskorn* (2020), Kapitel 2. Die Matrix $\underline{A}$ ist eine aggregierte Form der aus der Materialbedarfs- und Losgrößenplanung bekannten Direktbedarfsmatrix. vgl. *Günther und Tempelmeier* (2020), Abschn. 10.1.2, sowie Modell MLCLSP auf S. 126

Element a_{ij} dieser Matrix beschreibt die Anzahl Einheiten des Produkttyps i, die zur Produktion einer Einheit des Produkttyps j benötigt werden. Dabei wird davon ausgegangen, daß *jedes Produkt jeweils nur in einer Fabrik produziert* wird.

Die Zeilen markieren den Startort des Materialflusses. Die Spalten geben den Zielort an. Die verfügbare Menge des Produkttyps k in Periode t muß ausreichen, um sowohl den „Primärbedarf" für dieses Produkt k als auch die (aggregierten) „Sekundärbedarfsmengen",[8] die sich aus der Produktion übergeordneter Produkttypen j (in einer anderen Fabrik) ergeben, bereitzustellen. Nimmt man an, daß jeder Produkttyp nur in einer Fabrik produziert wird, dann lautet das Optimierungsmodell in seiner einfachsten Form:

Modell SNP$_{ML}$

Minimiere $$Z = \sum_{s \in \mathcal{S}} \sum_{k \in \mathcal{K}_s} \sum_{t=1}^{T} [h_k^s \cdot y_{kt}^s + cm_k^s \cdot x_{kt}^s] + \sum_{s \in \mathcal{S}} \sum_{t=1}^{T} co_t^s \cdot o_t^s \qquad (B.20)$$

u. B. d. R.

$$y_{k,t-1}^s + x_{kt}^s - \sum_{j \in \mathcal{K}} a_{kj} \cdot x_{jt} - y_{kt}^s = d_{kt}^s \qquad s \in \mathcal{S}; k \in \mathcal{K}_s; t = 1, 2, \ldots, T \qquad (B.21)$$

(B.3) – (B.6)

(B.7) – (B.13), soweit erforderlich

Symbole – Ergänzung zu Modell SNP	
a_{kj}	Menge des Produkttyps k, der für die Produktion einer Einheit des Produkttyps j benötigtwird
$\mathcal{K}$	Indexmenge aller Produkttypen aus allen Standorten
x_{jt}	Produktionsmenge des Produkttyps j in Periode t

Der Sekundärbedarf (Summand auf der linken Seite) eines Produkts $k \in \mathcal{K}_s$ in einer Periode t ergibt sich aus den Produktionsmengen aller Nachfolgeprodukte in den anderen Fabriken. Daher wird in dem Summanden $\sum_{j \in \mathcal{K}} a_{kj} \cdot x_{jt}$ der Index s weggelassen und die gesamte Matrix aller Produktionsmengen betrachtet. Die um den Sekundärbedarf erweiterten Lagerbilanzgleichungen (B.21) berücksichtigen auch den allgemeinen Fall, daß Vorprodukte direkt, z. B. als Ersatzteile, am Absatzmarkt verkauft werden. In diesem Fall ist ein d_{kt}^s-Wert größer als Null. Transportkosten zwischen den Standorten werden vernachlässigt, da sie unabhängig von der zeitlichen Struktur des Produktionsplans sind. Die optimale Lösung dieses Modells ergibt sich nun aus dem Zielkonflikt zwischen Lagerkosten und Kosten für Überstunden *an allen Standorten*. Das Modell kann leicht um die Option Fremdbezug erweitert werden.

---

8 siehe *Günther und Tempelmeier* (2020), Abschn. 10.1.2

In den in der Praxis verfügbaren Advanced-Planning-Systemen ist ein lineares Optimierungsmodell als generisches Modell implementiert, dessen Struktur dem Planer weitgehend verborgen bleibt. Dem Planer wird eine Menge von Optionen angeboten, nach deren Auswahl systemintern das resultierende LP- oder MIP-Modell erzeugt und dann von einem Standard-Solver gelöst wird.

Ergänzende Literatur zu Kapitel B:
Mula et al. (2010)
Stadtler et al. (2012)
Tempelmeier (2018)

Losgrößenplanung unter deterministischen Bedingungen

Kapitel C

Grundlage der Losgrößenplanung bilden Prognosen der zukünftigen Nachfragemengen eines Produkts. Diese werden mit den noch verfügbaren Lagerbeständen abgeglichen und führen zu periodenbezogenen Nettobedarfsmengen.[1] Sind diese bekannt, dann stellt sich die Frage, zu welchen Terminen sie produziert bzw. zum Verbrauch bereitgestellt werden sollen. Grundsätzlich bestehen hierzu folgende Möglichkeiten:

- Man beschafft bzw. produziert in jeder Periode genau die Nettobedarfsmenge eines Produkts. Dies entspricht den Prinzipien der **Materialbereitstellung im Bedarfsfall** bzw. der einsatzsynchronen Materialbereitstellung. Die Losgröße ist dabei jeweils gleich dem Nettobedarf.
- Man faßt mehrere Nettobedarfsmengen eines Produkts aus (im Extremfall allen) aufeinanderfolgenden Perioden zu größeren Produktions- bzw. Beschaffungslosen zusammen. Dies entspricht dem Materialbereitstellungsprinzip der **Vorratshaltung**.

Nach welchem der beiden genannten Prinzipien nun in einem konkreten Anwendungsfall vorzugehen ist, hängt – vernachlässigt man einmal die technischen Voraussetzungen, z. B. die notwendige Lagerfähigkeit der Produkte – von den damit verbundenen Wirkungen auf die Kosten und die Nutzung von Produktions- und Lagerkapazitäten sowie von den angestrebten bzw. erlaubten Lieferzeiten ab. Wird primär das Prinzip der **Materialbereitstellung im Bedarfsfall** (MTO, make to order) verfolgt, dann stehen niedrigen Lagerkosten (wegen eines geringen durchschnittlichen Lagerbestands) hohe

---

1 vgl. *Günther und Tempelmeier* (2020)

Beschaffungs- bzw. Rüstkosten sowie Rüstzeitverluste (aufgrund einer großen Anzahl von Beschaffungs- bzw. Rüstvorgängen) gegenüber. Umgekehrt ist es im Fall der **Vorratshaltung** (MTS, make to stock): Hier stehen hohen Lagerkosten (große Beschaffungs- bzw. Produktionsaufträge) vergleichsweise niedrige Rüstkosten (geringe Anzahl von Rüstvorgängen) und geringe Rüstzeitverluste gegenüber.

Damit stellt sich das **Optimierungsproblem** der Bestimmung der optimalen Produktionslosgrößen bzw. Bestellmengen in den einzelnen Perioden des Planungszeitraums. Danach sind die Nettobedarfsmengen der Produkte in der Weise zu Losen zusammenzufassen, daß die gesamten davon abhängigen (relevanten) Kosten minimiert werden, wobei die verfügbare **Produktionskapazität** nicht überschritten werden darf.

Als relevante Kosten werden vor allem die **Lagerkosten** und die **Rüstkosten** berücksichtigt, wie sie aus dem klassischen Losgrößenmodell bekannt sind.[2] Die Quantifizierung der Rüstkosten bereitet in der Praxis erhebliche Schwierigkeiten. Ökonomisch betrachtet sollen die Rüstkosten als **Opportunitätskosten** den entgangenen Nutzen quantifizieren, der mit einem Rüstvorgang verbunden ist. Ein Nutzenentgang wird vor allem dadurch verursacht, daß produktive Kapazität der Produktionsfaktoren nicht zur Produktion eingesetzt, sondern unproduktiv durch den Rüstvorgang gebunden wird. Ist die Kapazität einer Ressource knapp, dann entsprechen die Rüstkosten dem entgangenen Deckungsbeitrag der mangels Kapazität nicht produzierten Produktionsmenge (zuzügl. evtl. entstehender direkt zurechenbarer Kosten, z. B. für Reinigungsmittel). Sind die Kapazitäten der Produktionsfaktoren nicht knapp, dann ist der Opportunitätskostenanteil der Rüstkosten Null und es kann „Just In Time" produziert werden.

Ein Problem ergibt sich nun daraus, daß bei mehrstufigen Erzeugnisstrukturen die Bedarfsmengen der einzelnen **Produkte voneinander abhängig** sind. Beziehungen zwischen den Erzeugnissen bestehen einmal aufgrund der Tatsache, daß Endprodukte aus Baugruppen und Einzelteilen zusammengesetzt werden. Dies wirkt sich auch auf die Nettobedarfsrechnung aus. Soll z. B. in einer Periode mit der Produktion eines Endprodukts begonnen werden, dann muß spätestens zu Beginn dieser Periode der aus der geplanten Produktionsmenge des Endprodukts abgeleitete Bedarf an untergeordneten Baugruppen und Einzelteilen (Sekundärbedarf) fertiggestellt sein.

Die Zusammenfassung mehrerer Periodenbedarfsmengen eines Endprodukts (bzw. allgemein: eines übergeordneten Produkts) zu einem Produktionsauftrag und damit die frühzeitige Fertigstellung und Einlagerung dieser Produktmengen bedingt, daß auch bestimmte Mengen an untergeordneten Erzeugnissen früher produziert und gelagert werden. Diese aus der **Mehrstufigkeit der Erzeugnisstruktur** resultierenden Interdepen-

---

2 Wenn die variablen Produktionskosten (z. B. Fertigungslöhne, Materialkosten) zeitabhängig oder von der Losgröße abhängig sind, dann müssen auch sie in die Betrachtung einbezogen werden.

denzen sind bei der im Rahmen der Losgrößenbestimmung vorzunehmenden Abwägung der Lagerkostenzuwächse gegenüber den Rüstkosteneinsparungen zu berücksichtigen.

Eine weitere Ursache für die Existenz von Beziehungen zwischen den Produkten in mehrstufigen Erzeugnisstrukturen liegt in der gemeinsamen Nutzung knapper Ressourcen (z. B. Maschinen, Arbeitssysteme) durch die Produktion der Einzelteile, Baugruppen und Endprodukte (**Ressourcenkonkurrenz**). In vielen Fällen konkurrieren mehrere Erzeugnisse zu einem bestimmten Zeitpunkt um dieselben Ressourcen. Eine solche Situation ist dadurch gekennzeichnet, daß nicht mehr allein Kostengesichtspunkte für die Losgrößenbestimmung maßgebend sind, sondern daß Kapazitätsüberlegungen dazu zwingen, von den kostenminimalen (aber kapazitätsmäßig nicht zulässigen) Losgrößen abzuweichen und mehr auf Vorrat zu produzieren, als bei unbegrenzter Kapazität optimal wäre.

Tabelle C.1
Charakterisierung von Losgrößenproblemen

Grad der Abhängigkeit	Bedarfsverlauf	
	gleichbleibend	schwankend
unabhängig	statische Losgrößenprobleme mit unabhängigem Bedarf (*Fall I*)	dynamische Losgrößenprobleme mit unabhängigem Bedarf (*Fall II*)
abhängig	[statische Losgrößenprobleme mit abhängigem Bedarf (*Fall III*)]	dynamische Losgrößenprobleme mit abhängigem Bedarf (*Fall IV*)

Zur Bestimmung optimaler Losgrößen stehen zahlreiche quantitative Entscheidungsmodelle zur Verfügung. Diese Modelle unterscheiden sich in vielfacher Hinsicht, u. a. auch durch die ihnen zugrundeliegenden Annahmen über den **Bedarfsverlauf** und durch die Berücksichtigung von **Kapazitäten** der Ressourcen.

Der Bedarfsverlauf eines Produkts kann entweder stark schwankend oder relativ gleichbleibend sein. In engem Zusammenhang damit steht die für die Durchführung der Losgrößen- und Materialbedarfsplanung bedeutsame Frage, ob der Bedarf eines Produkts vom Bedarfsverlauf übergeordneter Erzeugnisse unabhängig oder abhängig ist. Kombiniert man die Ausprägungen dieser beiden Merkmale, dann lassen sich die in Tabelle C.1 zusammengefaßten Problemsituationen unterscheiden.

Im *Fall I* ist der Bedarf unabhängig und im Durchschnitt gleichbleibend bzw. angenähert konstant. Ein derartiger Bedarfsverlauf ist oft bei Baugruppen und Einzelteilen festzustellen, die in sehr viele übergeordnete Produkte eingebaut werden. Durch die vielfältige

Verwendung der Erzeugnisse ergibt sich ein annähernd regelmäßiger Bedarf, der durch statistische Prognoseverfahren vorhergesagt werden kann. Zur Bestimmung der optimalen Auftragsgröße wird in der Literatur das klassische Losgrößenmodell oder eine daraus abgeleitete Variante empfohlen.[3]

Es ist allerdings zu berücksichtigen, daß die Annahme eines stationären Bedarfs in vielen Fällen eine zu *grobe Vereinfachung der Realität* darstellt. Mit stationären Losgrößenmodellen kann man lediglich Aussagen über durchschnittliche Auftragsgrößen machen. Zur Unterstützung *operativer Entscheidungen*, bei denen konkrete terminierte Bedarfsmengen zu decken sind, eignen sich stationäre Losgrößenmodelle i. d. R. nicht.

Fall II ist dadurch gekennzeichnet, daß der Bedarf zwar unabhängig, aber im Zeitablauf nicht konstant ist. Hier liegt ein dynamisches Losgrößenproblem vor. Zur Behandlung dieses Problemtyps kann das dynamische Losgrößenmodell für isolierte Produkte eingesetzt werden. Einige der zahlreichen verfügbaren Verfahren zur Lösung dieses Modells werden weiter unten dargestellt.

Fall III ist eingeklammert, weil diese Situation in der Praxis kaum vorkommt. Denn wenn die Periodenbedarfsmengen eines untergeordneten Produkts von den Produktionsmengen (Losgrößen) eines übergeordneten Produkts abhängen, dann ist der Periodenbedarf dieses Produkts nicht mehr gleichbleibend, sondern er weist dynamische Schwankungen auf.

Bedarfsschwankungen treten einmal dann auf, wenn die Produktionsgeschwindigkeiten aufeinanderfolgender Produktionsstufen (Produkte) unterschiedlich sind. Am Beispiel einer linearen Produktionsstruktur läßt sich zeigen, daß bei unterschiedlichen Produktionsgeschwindigkeiten die Produktion des schneller produzierten Produkts zeitweise eingestellt werden muß, damit sich keine überhöhten Lagerbestände anhäufen.

Die zweite wesentliche Ursache dafür, daß die Periodenbedarfsmengen für das abhängige Produkt schwanken, liegt in der geschlossenen Produktweitergabe, die häufig in der Praxis verwendet wird. Das heißt, ein Produktionsauftrag wird erst dann zur nächsten Bearbeitungsstufe weitertransportiert, wenn alle dazugehörenden Werkstücke fertig bearbeitet worden sind. Dies veranschaulicht Bild C.1, in dem die gemeinsame Entwicklung der Lagerbestände zweier Erzeugnisse im Zeitablauf dargestellt ist.

Das Endprodukt 1 steht einer kontinuierlichen Nachfrage gegenüber. Die Auftragsgrößen werden z. B. nach der klassischen Losgrößenformel unter der Annahme unendlicher Fertigungsgeschwindigkeit gebildet. Die Produktweitergabe ist geschlossen, d. h. zu Beginn der Produktion eines Loses des Endprodukts wird der gesamte dazu benötigte Sekundärbedarf des Einzelteils 2 vom Lager entnommen.

---

[3] vgl. *Günther und Tempelmeier* (2020), Abschnitt 9.2.1

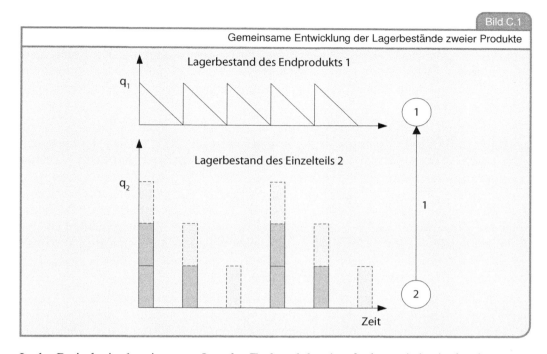

Bild C.1
Gemeinsame Entwicklung der Lagerbestände zweier Produkte

In der Periode, in der ein neues Los des Endprodukts 1 aufgelegt wird, tritt für das untergeordnete Produkt 2 ein Bedarf in Höhe der Losgröße des Endprodukts 1 auf. In allen anderen Perioden dagegen ist der Bedarf für das untergeordnete Produkt gleich Null. Selbst wenn auf der übergeordneten Erzeugnisebene gleichbleibende Bedarfe auftreten, entstehen durch die dort vorgenommene Losbildung Schwankungen des Periodenbedarfs auf der untergeordneten Erzeugnisebene, so daß der Bedarf dort einen sporadischen Charakter annimmt. Dies ist auch eine Ursache des sog. *Bullwhip-Effekts*, deren in mehrstufigen Supply Chains auftreten kann.[4] Wegen dieser zwischen den verschiedenen Erzeugnisstufen bestehenden Interdependenzen dürfen die Produkte bei der Losgrößenplanung nicht isoliert betrachtet werden, sondern man muß die Auswirkungen der Losgröße auf einer übergeordneten Produktionsstufe auf alle untergeordneten Produkte beachten.

Der für abhängigen Bedarf und geschlossene Produktweitergabe typische Fall ist nun der *Fall IV*, bei dem der Bedarfsverlauf eines untergeordneten Produkts sowohl von den Losgrößenentscheidungen auf den übergeordneten Erzeugnisstufen abhängig als auch dynamisch ist.

Außer im Hinblick auf die unterstellten Eigenschaften des Bedarfsverlaufs und den Grad der Abhängigkeit (Mehrstufigkeit) des Bedarfs lassen sich die vorliegenden Entschei-

---

[4] vgl. *Tempelmeier* (2018)

dungsmodelle zur Losgrößenbestimmung danach differenzieren, ob die **Kapazitäten** der Ressourcen als knapp oder unbeschränkt angesehen werden und schließlich ob lediglich ein Produkt oder ob mehrere Produkte betrachtet werden (Produktanzahl). Bei mehrstufigen Ansätzen kann darüber hinaus nach der Form der Erzeugnis- und Prozeßstruktur unterschieden werden (lineare, konvergierende, divergierende oder generelle Erzeugnis- und Prozeßstruktur).

Es ist nicht das Ziel des vorliegenden Buches, einen umfassenden Überblick über die gesamte Losgrößentheorie zu vermitteln. Vielmehr wollen wir uns auf die Diskussion von Lösungsansätzen beschränken, die zur Behandlung des Problems der **Losgrößenbestimmung bei mehreren Produkten, mehrstufiger Erzeugnisstruktur und dynamischem Bedarf** (Fall IV) vorgeschlagen wurden. Derartige Lösungsansätze werden vor allem zur Unterstützung der Auftragsbildung in Softwaresystemen zur Produktionsplanung und -steuerung (PPS-Systeme, APS-Systeme) bei Werkstattproduktion und z. T. auch bei Sortenproduktion benötigt. Losgrößenmodelle für stationären Bedarf dagegen eignen sich kaum zur Unterstützung operativer, terminbezogener Entscheidungen und werden daher nicht behandelt.

Werden die terminierten Nettobedarfsmengen eines übergeordneten Produkts zu Produktionslosen zusammengefaßt, dann hat dies zur Folge, daß sich auch die Nettobedarfsmengen der untergeordneten Erzeugnisse verändern. Die Veränderung der Periodenbedarfsmengen eines Produkts hat aber einen Einfluß auf dessen optimale Losgrößen bzw. Bestellmengen. Es bestehen damit Interdependenzen zwischen den für ein übergeordnetes Produkt festgelegten Losgrößen und den auf den untergeordneten Stufen entstehenden Losgrößenproblemen. Andererseits wirkt sich die Struktur der resultierenden untergeordneten Losgrößenprobleme auf die Gesamtkosten und damit auf die Optimierung des übergeordneten Produkts aus. Wegen dieser wechselseitigen Interdependenzen kann die Losgröße eines übergeordneten Produkts **nicht unabhängig** von den Losgrößen der untergeordneten Produkte bestimmt werden.

Die weiteren Ausführungen dieses Kapitels sind wie folgt strukturiert. Zunächst wird das dynamische Einprodukt-Losgrößenproblem behandelt (Abschnitt C.1), da dieses Problem u. a. die Grundlage der in der betrieblichen Praxis eingesetzten heuristischen Losgrößenverfahren darstellt. Im Anschluß daran wird die Betrachtung auf das einstufige Mehrprodukt-Losgrößenproblem bei knapper Produktionskapazität ausgeweitet (Abschnitt C.2), d. h. auf den Fall, daß mehrere Produkte um dieselben Ressourcen konkurrieren. Dabei wird die einstufige Betrachtungsweise beibehalten. Schließlich untersuchen wir im letzten Teil dieses Abschnitts die in der betrieblichen Praxis i. d. R. vorherrschenden mehrstufigen Mehrprodukt-Losgrößenprobleme (Abschnitt C.3).

C.1 Dynamische Einprodukt-Losgrößenplanung

Die einfachste Form der Reduzierung der Komplexität des mehrstufigen Mehrprodukt-Losgrößenproblems mit dynamischem Bedarfsverlauf besteht darin, sämtliche Interdependenzen zwischen den Produkten zu vernachlässigen und jedes Produkt isoliert zu behandeln. Berücksichtigt man dabei den Umstand, daß die Periodennettobedarfsmengen der Produkte von Periode zu Periode unterschiedlich sein können, dann kann das resultierende Problem als ein dynamisches Einprodukt-Losgrößenproblem dargestellt werden. Dieses bildet die Grundlage, auf der viele der in den folgenden Abschnitten diskutierten Ansätze zur Lösung des dynamischen Mehrprodukt-Losgrößenproblems aufbauen.

C.1.1 Modellformulierungen

Das dynamische Einprodukt-Losgrößenproblem läßt sich wie folgt beschreiben. Für einen Planungszeitraum von T Perioden liegen geplante Nettobedarfsmengen eines isoliert betrachteten Produkts vor, die jeweils zum Beginn einer Periode bereitzustellen sind. Der Lagerbestand des Produkts zu Beginn der Periode 1 bzw. am Ende der Periode 0, y_0, sei Null. Denn evtl. vorhandene Bestandsmengen werden bereits bei der Nettobedarfsrechnung berücksichtigt. Der Lagerbestand am Ende des Planungszeitraums, y_T, soll ebenfalls Null betragen. Soll am Ende des Planungszeitraums ein positiver Lagerbestand bestehen, dann ist der Bedarf der letzten Periode um diesen Ziellagerbestand zu erhöhen.

Die Beschaffungs- bzw. Produktionszeit des Erzeugnisses wird vernachlässigt.[5] Fehlmengen sind nicht erlaubt, d. h. der Bedarf einer Periode muß vollständig und rechtzeitig, d. h. zum Beginn einer Periode, befriedigt werden. Das Produkt wird auf einer Maschine (Ressource) mit unbeschränkter Kapazität produziert. Damit werden Wartezeiten vor dem Produktionsbeginn ausgeschlossen. Im Folgenden wird nur noch auf Produktionsvorgänge Bezug genommen. Die Problemstellung kann jedoch sinngemäß auf Beschaffungsvorgänge übertragen werden. Jede Auflage eines Produktionsloses verursacht fixe Rüstkosten in Höhe von s GE. Lagerkosten in Höhe von h GE je ME und Periode werden immer auf die am Ende einer Periode gelagerte Produktmenge berechnet.

---

5   Die Beschaffungs- bzw. Produktionszeit kann Werte größer als Null annehmen, sofern sie von der Losgröße unabhängig ist. In diesem Fall sind die Lose lediglich entsprechend früher aufzulegen, so daß sie rechtzeitig zu Beginn ihrer ersten Bedarfsperiode bereitstehen. Diese einfache Form der Berücksichtigung der Produktionszeit ist allerdings nur anwendbar, wenn keine Kapazitätsbeschränkungen bestehen.

Zusätzlich können variable Produktionskosten mit p_t GE je ME berücksichtigt werden.[6] Es ist die kostenminimale Folge von Losen q_t $(t = 1, 2, \ldots, T)$ (d. h. ein Produktionsplan für das betrachtete Produkt) zu bestimmen. Das beschriebene Problem kann durch folgendes Entscheidungsmodell dargestellt werden:

Modell SIULSP[7]

Minimiere $Z = \sum_{t=1}^{T} (\underbrace{s \cdot \gamma_t}_{\text{Rüstkosten in Periode } t} + \underbrace{h \cdot y_t}_{\text{Lagerkosten am Ende der Periode } t} + \underbrace{p_t \cdot q_t}_{\text{variable Produktionskosten}})$ \hfill (C.1)

u. B. d. R.

$y_{t-1} + q_t - y_t = d_t$ \hfill $t = 1, 2, \ldots, T$ \hfill (C.2)

$q_t - M \cdot \gamma_t \leq 0$ \hfill $t = 1, 2, \ldots, T$ \hfill (C.3)

$q_t \geq 0$ \hfill $t = 1, 2, \ldots, T$ \hfill (C.4)

$y_t \geq 0$ \hfill $t = 1, 2, \ldots, T$ \hfill (C.5)

$y_0, y_T = 0$ \hfill (C.6)

$\gamma_t \in \{0, 1\}$ \hfill $t = 1, 2, \ldots, T$ \hfill (C.7)

Symbole

d_t	Nettobedarfsmenge in Periode t
h	Lagerkostensatz
M	große Zahl
p_t	variable Produktionskosten in Periode t
s	Rüstkostensatz
T	Länge des Planungszeitraums
y_t	Lagerbestand am Ende der Periode t
q_t	Losgröße in Periode t
γ_t	binäre Rüstvariable

---

6   Sind die variablen Produktionskosten im Zeitablauf konstant, dann können sie als nicht entscheidungsrelevant vernachlässigt werden.

7   SIULSP = **S**ingle-**I**tem **U**ncapacitated **L**ot **S**izing **P**roblem. Dieses Problem wird auch als Wagner-Whitin-Problem bezeichnet. Vgl. *Wagner und Whitin* (1958); *Lee und Nahmias* (1993).

C.1.1 Modellformulierungen – Standardformulierung

Die Zielfunktion setzt sich zusammen aus den von der Anzahl der aufgelegten Lose abhängigen Rüstkosten, den Kosten für die Lagerung der Erzeugnismengen und den variablen Produktionskosten. Die Größe γ_t ist eine Binärvariable, die nur dann den Wert 1 annimmt, wenn in Periode t ein Los aufgelegt wird. Dies wird durch die Nebenbedingungen (C.3) in Verbindung mit der Minimierungsvorschrift der Zielfunktion erreicht. Sie erzwingen für die Binärvariablen γ_t den Wert 1, falls die Losgröße q_t größer als Null ist.

M ist eine große Zahl, die so groß sein muß, daß sie die Losgröße einer Periode niemals beschränkt. Definiert man die kumulierten Bedarfsmengen der Perioden t bis i nach Gleichung (C.8), dann beschreibt D_{tT} die maximal sinnvolle Losgröße der Periode t.

$$D_{ti} = \sum_{j=t}^{i} d_j \qquad t, i = 1, 2, \ldots, T; i \geq t \qquad \text{(C.8)}$$

Die Nebenbedingung (C.3) kann damit auch wie folgt ersetzt werden:

$$q_t - D_{tT} \cdot \gamma_t \leq 0 \qquad t = 1, 2, \ldots, T \qquad \text{(C.9)}$$

Die Beziehungen (C.2) stellen den Zusammenhang zwischen der Bedarfsmenge einer Periode, den Lagerbeständen am Periodenanfang und -ende und der Produktionsmenge her. Die Bedingung $y_T = 0$ ist redundant, da es aufgrund der Minimierungsvorschrift der Zielfunktion ohnehin nicht optimal sein kann, am Ende des Planungszeitraums einen Lagerbestand einzuplanen, dem keine bekannte Nachfrage gegenübersteht. Die beiden Nebenbedingungen (C.6) sollen hier nur betonen, daß wir ein klar definiertes Planungsintervall betrachten.

Löst man die **LP-Relaxation** des Modells SIULSP, d. h. ersetzt man die Ganzzahligkeitsbedingungen für die Rüstvariablen durch $\gamma_t \geq 0$ ($t = 1, 2, \ldots, T$), dann enthält die optimale Lösung normalerweise *nicht-binäre* Werte der Rüstvariablen γ_t. Der optimale (nicht-ganzzahlige) Wert von γ_t wird wegen der Ungleichung (C.9) durch $\gamma_t \geq \frac{q_t}{D_{tT}}$ beschränkt. Für die letzte Periode T gilt wegen $D_{TT} = d_T$ entsprechend $\gamma_T \geq \frac{q_T}{d_T}$. Daraus folgt $q_T \leq \gamma_T \cdot d_T$. Da in der letzten Periode kein Lagerbestand übrigbleibt, muß die Rüstvariable γ_T, falls sie in der LP-Relaxation größer als Null ist, den Wert 1 annehmen. Andernfalls würde die Nachfrage der letzten Periode durch das in dieser Periode aufgelegte Los nicht gedeckt. Die Nachfragemenge d_T ist daher eine *obere Schranke* für die Losgröße der letzten Periode, q_T.

Betrachtet man nun eine beliebige andere Periode $t < T$ und nimmt man an, in dieser Periode t dürfte kein Lagerbestand übrigbleiben, dann könnte man in gleicher Weise die obere Schranke für die Losgröße, $q_t \leq \gamma_t \cdot d_t$, definieren. Da in t aber i. d. R. Lagerbestand vorkommen kann, erhalten wir $q_t \leq \gamma_t \cdot d_t + y_t$.

Ein ähnlicher Zusammenhang gilt, wenn man annimmt, daß in Periode t mindestens der Bedarf bis zur Periode $\ell = t+1$, $D_{t\ell}$, produziert wird. In diesem Fall bleibt am Ende der Periode ℓ der Lagerbestand y_ℓ übrig und die Losgröße in t ist höchstens $q_t \leq \gamma_t \cdot D_{t\ell} + y_\ell$. Diese Nebenbedingung kann man für jede Kombination von t und ℓ, $t \leq \ell$ definieren, so daß man folgende Nebenbedigungen erhält, mit denen der Lösungsraum des LP verkleinert wird, ohne daß die optimalen Werte der binären γ_t-Variablen ausgeschlossen werden:

$$q_t \leq \gamma_t \cdot D_{t\ell} + y_\ell \qquad t = 1, 2, \ldots, T; \ell = t, t+1, \ldots, T \qquad \text{(C.10)}$$

Die Nebenbedingungen (C.10) kann man zum Modell SIULSP und auch zu anderen dynamischen Losgrößenmodellen hinzufügen, um die Schärfe der Modellformulierung zu erhöhen. Ideal wäre es allerdings, wenn man Nebenbedingungen formulieren könnte, die dazu führen, daß die optimale Lösung der LP-Relaxation des Modell zu ganzzahligen Werten der Rüstvariablen führt. In diesem Fall könnte man das Modell SIULSP mit einem LP-Solver (ohne Einsatz eines Branch&Bound-Verfahrens) lösen.

Eine solche Gruppe von Nebenbedingungen, mit denen man den Lösungsraum des Modells SIULSP wie gewünscht vollständig beschreiben kann, sind die sog. (ℓ, S)-Ungleichungen.[8] Diese lauten für die Periode ℓ und einen beliebigen Zeitraum $S \subseteq \{1, 2, \ldots, \ell\}$, an dessen Ende der Lagerbestand y_ℓ beträgt, wie folgt:

$$\sum_{j \in S} q_j \leq \sum_{j \in S} D_{j\ell} \cdot \gamma_j + y_\ell \qquad \ell = 1, 2, \ldots, T; S \subseteq \{1, 2, \ldots, \ell\} \qquad \text{(C.11)}$$

Zur Erläuterung betrachten wir eine Lösung für den Zeitraum S, dargestellt durch die Rüstvariablen und die Lagerbestandsvariablen (γ, y). Wenn in S nicht gerüstet wird, d. h. wenn $\sum_{j \in S} \gamma_j = 0$, dann sind auch alle Losgrößen $\sum_{j \in S} q_j = 0$ und die Ungleichung (C.11) is wegen $y_\ell \geq 0$ erfüllt.

Andererseits, wenn t die erste Periode im Zeitraum S ist, in der gerüstet und produziert wird, dann gilt zunächst:

$$\sum_{j \in S} q_j \leq \sum_{j=t}^{\ell} q_j \qquad \text{(C.12)}$$

Auf der linken Seite von (C.12) steht die Summe der Losgrößen aus allen Perioden im Zeitraum S. Auf der rechten Seite steht die Summe einer Auswahl dieser Losgrößen. Daher kann die rechte Seite kann niemals größer sein als die linke Seite. Weiterhin gilt:

$$\sum_{j=t}^{\ell} q_j \leq D_{t\ell} + y_\ell \qquad \text{(C.13)}$$

---

[8] vgl. *Barany et al.* (1984)

D. h. die Losgrößen in $\mathcal{S}$ decken die Nachfrage aus den Perioden t bis ℓ, und gegebenenfalls bleibt noch ein Lagerbestand am Ende der Periode ℓ übrig. Schließlich gilt:

$$D_{t\ell} + y_\ell \leq \sum_{j \in \mathcal{S}} D_{j\ell} \cdot \gamma_j + y_\ell \tag{C.14}$$

Die Summanden auf der rechten Seite von (C.14), $D_{j\ell} \cdot \gamma_j$, sind die jeweiligen Losgrößen. Deren Summe kann bei gegebenem Lagerbestand y_ℓ nicht kleiner sein als die Nachfrage der Perioden t bis ℓ. Faßt man (C.12) bis (C.14) durch sukzessives Einsetzen zusammen, dann erhält man die (ℓ, S)-Ungleichungen (C.11).

Falls alle Periodennachfragemengen positiv sind, dann beschreiben die Nebenbedingungen des SIULSP mit (C.9) anstatt (C.3), sowie (C.11) und $\gamma_t \geq 0$ anstatt (C.7) und $\gamma_t \leq 1$ ($t = 1, 2, \ldots, T$) den Lösungsraum in der Weise, daß ein LP-Solver eine binäre optimale Lösung findet.

Wir betrachten folgendes Beispiel mit $T = 3$ Perioden und den Nachfragemengen $d_1 = 5$, $d_2 = 7$ und $d_3 = 2$. Die Rüstkosten betragen $s = 10$ und der Lagerkostensatz ist $h = 1$. Die (ℓ, S)-Ungleichungen lauten dann:

$\ell = 1$
$$q_1 \leq 5 \cdot \gamma_1 + y_1$$

$\ell = 2$
$$q_1 \leq 12 \cdot \gamma_1 + y_2$$
$$q_2 \leq 7 \cdot \gamma_2 + y_2$$
$$q_1 + q_2 \leq 12 \cdot \gamma_1 + 7 \cdot \gamma_2 + y_2$$

$\ell = 3$
$$q_1 \leq 14 \cdot \gamma_1 + y_3$$
$$q_2 \leq 9 \cdot \gamma_2 + y_3$$
$$q_3 \leq 2 \cdot \gamma_3 + y_3$$
$$q_1 + q_2 \leq 14 \cdot \gamma_1 + 9 \cdot \gamma_2 + y_3$$
$$q_1 + q_3 \leq 14 \cdot \gamma_1 + 2 \cdot \gamma_3 + y_3$$
$$q_2 + q_3 \leq 9 \cdot \gamma_2 + 2 \cdot \gamma_3 + y_3$$
$$q_1 + q_2 + q_3 \leq 14 \cdot \gamma_1 + 9 \cdot \gamma_2 + 2 \cdot \gamma_3 + y_3$$

Die optimale Lösung beträgt $q_1 = 14$ und $q_2 = q_3 = 0$. In Problemen mit praxisrelevanten Größenordnungen wird die Anzahl dieser Nebenbedingungen (C.11) allerdings so groß, daß ihre Erzeugung vor dem Start des Lösungsverfahrens ausgeschlossen ist. Daher empfiehlt es sich, diese Nebenbedingungen innerhalb des Lösungsverfahren bei Bedarf zu erzeugen.[9]

---

[9] vgl. *Barany et al.* (1984); *Pochet und Wolsey* (2006)

Ressourcen und deren Kapazitäten werden in der Modellformulierung (C.1)–(C.7) nicht berücksichtigt. So kann der Fall eintreten, daß eine im Hinblick auf die verfolgte Zielsetzung (C.1) optimale Folge von Losen nicht produzierbar ist. Dies ist insb. dann der Fall, wenn das betrachtete Erzeugnis neben anderen Produkten auf einer Maschine in der gleichen Periode bearbeitet werden soll. Wegen der Grobheit des verwendeten Periodenrasters – eine Periode t entspricht oft einem Zeitraum von einer bis mehreren Wochen – besteht für die Ablaufplanung aber noch die Möglichkeit, innerhalb einer solchen Teilperiode Freiheitsgrade der Produktionssteuerung auszunutzen, z. B. durch Änderung der Produktionsreihenfolge der einzelnen Aufträge an einer Maschine die Rüstzeitensumme zu vermindern.[10]

Eine auch für das Verständnis anderer Modellformulierungen des dynamischen Losgrößenproblems wichtige Eigenschaft der optimalen Lösung wurde von *Wagner und Whitin* bewiesen: Optimal kann nur eine Losgrößenpolitik sein, in der immer nur dann ein Los aufgelegt wird, wenn der Lagerbestand am Ende der Vorperiode erschöpft ist. Es muß also gelten:

$$q_t \cdot y_{t-1} = 0 \qquad\qquad t = 1, 2, \ldots, T \qquad (\text{C.15})$$

Aus dieser Optimalitätsbedingung kann abgeleitet werden, daß ein Los jeweils eine **ganzzahlige Anzahl von Periodenbedarfen** umfassen muß. Andernfalls bleibt am Ende einer Periode ein Lagerbestand übrig, der nicht zur vollständigen Deckung des Bedarfs der nächsten Periode ausreicht und der überflüssig ist, da ja in der nächsten Periode ohnehin produziert werden müßte. Die Bedingung (C.15) und ihre beschriebene Konsequenz erlauben die Abbildung des Problems durch verschiedene Modellierungsansätze. So kann das dynamische Losgrößenproblem auch als Problem der Bestimmung des **kürzesten Weges in einem Netzwerk**[11] dargestellt werden.

Für jeden Periodenbedarf führt man einen Knoten ein. Die Periodenknoten werden durch Pfeile miteinander verbunden, die die Reichweiten der Lose (ganzzahlige Anzahl von Periodenbedarfen) zum Ausdruck bringen. Ein Pfeil zwischen den Knoten τ und t bedeutet: es wird am Ende der Periode τ (zu Beginn der Periode $\tau + 1$) ein Los produziert, das die Bedarfsmengen der Perioden $\tau + 1$ bis t umfaßt. Bild C.2 zeigt ein solches Netzwerk für einen Planungszeitraum von $T = 3$ Perioden. Die Numerierung der Knoten kann auch bei 1 beginnen und bei $T + 1$ enden.

---

10 Dies ist dann möglich, wenn die Rüstzeiten zwischen den Aufträgen an einer Maschine reihenfolgeabhängig sind.

11 vgl. z. B. *Evans* (1985), S. 231. Eine andere graphentheoretische Darstellung verwendet *Zangwill*. Vgl. *Zangwill* (1969).

C.1.1 Modellformulierungen – Kürzeste-Wege-Netzwerk

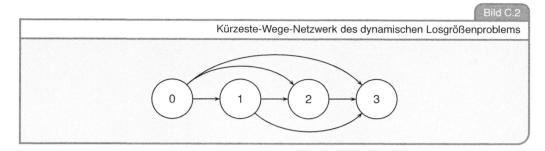

Bild C.2: Kürzeste-Wege-Netzwerk des dynamischen Losgrößenproblems

Die Pfeile dienen zur Abbildung der Losgrößen, die jeweils die vollständigen Bedarfsmengen einer ganzzahligen Anzahl von Perioden umfassen. Die einem Pfeil vom Knoten τ zum Knoten t zugeordneten Kosten, d. h. die Kosten eines Loses[12], das den Bedarf der Perioden $\tau + 1$ bis t abdeckt, betragen:

$$w_{\tau t} = s + h \cdot \sum_{j=\tau+1}^{t} (j - \tau - 1) \cdot d_j \qquad (C.16)$$

mit:
- d_j: Bedarfsmenge der Periode j
- $(j-\tau-1)$: Lagerdauer des Bedarfs der Periode j
- h: Lagerkostensatz
- s: Rüstkostensatz

Der Pfeil vom Knoten 0 zum Knoten 3 in Bild C.2 erhält z. B. die Bewertung $w_{03} = s + h \cdot 0 \cdot d_1 + h \cdot 1 \cdot d_2 + h \cdot 2 \cdot d_3$, da die Produktion am Ende der Periode 0 erfolgt und der Bedarf der Periode 2 eine Periode und der Bedarf der Periode 3 zwei Perioden gelagert werden muß. Damit ist das betrachtete dynamische Losgrößenproblem in ein Kürzeste-Wege-Problem überführt worden. Eine zulässige Lösung des Problems entspricht einem geschlossenen Weg durch das Netzwerk vom Knoten 0 zum Knoten T. Die einem Pfeil zugeordneten Kosten sind die Summe aus Rüstkosten, Lagerkosten und evtl. variablen Produktionskosten. Das dynamische Einprodukt-Losgrößenmodell ohne Kapazitätsbeschränkungen lautet dann:

__Modell SRP[13]__

$$\text{Minimiere } Z = \sum_{\tau=0}^{T} \sum_{t=\tau+1}^{T} w_{\tau t} \cdot \theta_{\tau t} \qquad (C.17)$$

mit $\theta_{\tau t}$: Auswahl des Pfeils vom Knoten τ zum Knoten t

---
12 Periodenabhängige lineare variable Produktionskosten lassen sich ebenfalls berücksichtigen.
13 SRP = **S**hortest **R**oute **P**roblem

u. B. d. R.

$$\sum_{t=1}^{T} \theta_{0t} = 1 \qquad (C.18)$$

$$-\sum_{l=0}^{\tau} \theta_{l\tau} + \sum_{t=\tau}^{T} \theta_{\tau t} = 0 \qquad \tau = 1, 2, \ldots, T-1 \quad (C.19)$$

$$\theta_{\tau t} \geq 0 \qquad \tau = 0, 1, \ldots, T-1; t = 1, 2, \ldots, T \quad (C.20)$$

Symbole	
$w_{\tau t}$	Summe aus den Rüstkosten am Ende der Periode τ bzw. zu Beginn der Periode $\tau + 1$ und den Kosten für die Lagerung der kumulierten Bedarfsmengen der Perioden $\tau + 2$ bis t, falls sie bereits in Periode $\tau + 1$ produziert werden
T	Länge des Planungszeitraums
$\theta_{\tau t}$	Auswahlvariable für den Pfeil vom Knoten τ zum Knoten t; sie nimmt den Wert 1 an, wenn der gesamte Bedarf der Perioden $\tau + 1$ bis t durch Produktion zu Beginn der Periode $\tau + 1$ (am Ende der Periode τ) gedeckt wird

Gleichung (C.18) sichert, daß der Weg im Knoten 0 beginnt. Gleichung (C.19) garantiert, daß der Weg erst im Zielknoten T – und nicht vorher – endet. Durch diese graphentheoretische Interpretation des Losgrößenproblems kann man auf effiziente Algorithmen zur Bestimmung kostenminimaler Wege in Netzwerken zurückgreifen.[14] Die Struktur des Problems führt dazu, daß die Variablen $\theta_{\tau t}$ in der optimalen Lösung des Modells immer ganzzahlige Werte (0 oder 1) annehmen. Das bedeutet, daß in jedem Knoten höchstens ein eintreffender Pfeil ausgewählt wird. Oder anders ausgedrückt: der Bedarf einer Periode wird vollständig aus *einem* Produktionslos gedeckt[15]. Daher kann man die Rüstkosten den Pfeilen eindeutig zuordnen.

Das Modell SRP kann leicht für den Fall erweitert werden, daß mehrere Ressourcen mit unterschiedlichen fixen und variablen Kosten zur Verfügung stehen. So können z. B. eine hochautomatisierte Maschine mit hohen fixen und niedrigen variablen Kosten und eine wenige automatisierte Maschine mit niedrigen fixen Kosten, dafür aber hohen (variablen) Personalkosten alternativ einsetzbar sein. Sofern die Kapazitäten keine Rolle spielen, besitzt die optimale Lösung weiterhin die Eigenschaft, daß nur ganzzahlige Periodendedarfe produziert werden. Man konstruiert das Kürzeste-Wege-Netz dann in gleicher Weise wie oben beschrieben. Allerdings setzt man als Pfeilbewertung jeweils die *niedrigsten Kosten* über alle betrachteten Ressourcen an. Nach Berechnung des kürzesten Weges durch das Netzwerk lassen sich dann die optimalen Losgrößen und die einzusetzenden Ressourcen bestimmen.

---

14 vgl. *Domschke und Drexl* (2007)
15 Siehe Gleichung (C.15)

C.1.1 Modellformulierungen – Kürzeste-Wege-Netzwerk

In einer allgemeineren Netzwerkfluß-Modellierung des dynamischen Losgrößenproblems kann man auch die Möglichkeit vorsehen, daß der Bedarf einer Periode aus mehreren Produktionsperioden gedeckt wird. Dieser Fall tritt dann auf, wenn die Kapazitäten knapp sind. Verzichtet man auf den Knoten 0 und modelliert man die Möglichkeit, daß das in Periode τ produzierte Los nur den Bedarf dieser Periode deckt, durch einen Pfeil, der vom Knoten τ zu diesem zurück führt (d. h. eine Schlinge), dann erhält man das folgende Modell, in dem Rüstvariablen berücksichtigt sowie die Rüstkosten und die Lagerkosten getrennt ausgewiesen werden:[16]

Modell SRP$_G$

$$\text{Minimiere } Z = \sum_{\tau=1}^{T} \underbrace{s \cdot \gamma_\tau}_{\text{Rüstkosten in Periode } \tau} + \sum_{\tau=1}^{T} \sum_{t=\tau+1}^{T} \underbrace{g_{\tau t} \cdot \theta_{\tau t}}_{\substack{\text{Lagerkosten für die in Periode } \tau \\ \text{produzierte Menge}}} \quad \text{(C.21)}$$

u. B. d. R.

$$\sum_{t=1}^{T} \theta_{1t} = 1 \quad \text{(C.22)}$$

$$-\sum_{l=1}^{\tau-1} \theta_{l,\tau-1} + \sum_{t=\tau}^{T} \theta_{\tau t} = 0 \qquad \tau = 2, 3, \ldots, T \quad \text{(C.23)}$$

$$\theta_{\tau t} \leq \gamma_\tau \qquad \tau = 1, 2, \ldots, T; t = \tau, \tau+1, \ldots, T \quad \text{(C.24)}$$

$$\theta_{\tau t} \geq 0 \qquad \tau = 1, 2, \ldots, T; t = 1, 2, \ldots, T \quad \text{(C.25)}$$

Symbole	
$g_{\tau t}$	Kosten für die Lagerung der kumulierten Bedarfsmengen der Perioden τ bis t, falls sie bereits in Periode τ produziert werden
s	Rüstkostensatz
T	Länge des Planungszeitraums
γ_τ	binäre Rüstvariable
$\theta_{\tau t}$	Flußvariable des Pfeils von τ nach t; Anteil der Gesamtnachfrage der Perioden τ bis t, der durch den Pfeil von τ nach t „fließt"

Da die Rüstkosten jetzt von den Pfeilbewertungen getrennt sind, wird durch die Nebenbedingungen (C.24) die Verbindung zwischen den binären Rüstvariablen und den kontinuierlichen Produktionsmengenvariablen hergestellt.

---

16 vgl. *Eppen und Martin* (1987)

Bild C.3 zeigt die dem Modell SRP$_G$ entsprechende Netzwerkdarstellung, wobei der Startknoten eines Pfeils die Produktionsperiode und der Zielknoten die letzte Periode bezeichnet, deren Bedarf – u. U. nur teilweise – durch das Los gedeckt wird. Das Modell SRP$_G$ führt bei gleichen Daten zu demselben Ergebnis wie das Modell SRP. Es kann leicht in übergeordnete Modellbetrachtungen, in denen mehrere Produkte sowie Kapazitätsbeschränkungen zu berücksichtigen sind, integriert werden. Die Variablendefinition und die Struktur der Nebenbedingungen wirken sich günstig auf die Rechenzeit aus.[17]

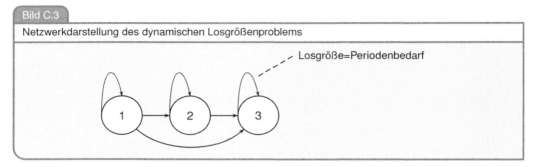

Bild C.3

Netzwerkdarstellung des dynamischen Losgrößenproblems

Die Losgrößen der einzelnen Perioden können aus den Werten der Flußvariablen $\theta_{\tau t}$ abgeleitet werden. Die Losgröße in Periode τ beträgt:

$$q_\tau = \sum_{t=\tau}^{T} \left(\theta_{\tau t} \cdot \sum_{\ell=\tau}^{t} d_\ell \right) \qquad \tau = 1, 2, \ldots, T \qquad \text{(C.26)}$$

Betrachten wir zwei Perioden mit den Bedarfsmengen 100 und 150. Die Lösung des obigen Modells sei $\theta_{11} = 0.8$ und $\theta_{12} = 0.2$. Dann beträgt die Losgröße in Periode 1 $q_1 = 0.8 \cdot 100 + 0.2 \cdot (100 + 150) = 130$.

Eine andere Formulierung des dynamischen Losgrößenproblems wird von *Krarup und Bilde*[18] vorgeschlagen. Sie interpretieren das Problem als ein multiples **Standortproblem** ohne Kapazitätsbeschränkungen mit einer speziellen Struktur der möglichen Transportverbindungen. Die möglichen Produktionszeitpunkte werden als potentielle Standorte und die Bedarfszeitpunkte als Nachfrageorte dargestellt. Ein Rüstvorgang (zu Beginn der Periode τ) entspricht dann der Wahl eines Standorts (Knoten τ). Lagerung bedeutet Transport der Produktmenge über die Zeit (von Produktionsperiode τ bis zur Bedarfsperiode t, d. h. vom Standort τ zum Nachfrageort t). Das dynamische Einprodukt-Losgrößenmodell lautet in dieser Interpretation:

---

17 Siehe Modell MLCLSP$_{\text{Helber}}$, S. 139
18 vgl. *Krarup und Bilde* (1977); *Rosling* (1986)

C.1.1 Modellformulierungen – Standortmodell

Modell SPLP[19]

$$\text{Minimiere } Z = \sum_{\tau=1}^{T} s \cdot \gamma_\tau + \sum_{\tau=1}^{T} \sum_{t=\tau}^{T} h_{\tau t} \cdot \delta_{\tau t} \qquad \text{(C.27)}$$

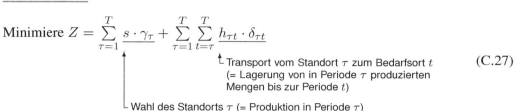

u. B. d. R.

$$\sum_{\tau=1}^{t} \delta_{\tau t} = 1 \qquad\qquad t = 1, 2, \ldots, T \qquad \text{(C.28)}$$

$$\delta_{\tau t} \leq \gamma_\tau \qquad\qquad \tau = 1, 2, \ldots, T; t = \tau, \tau+1, \ldots, T \qquad \text{(C.29)}$$

$$\delta_{\tau t}, \gamma_\tau \in \{0, 1\} \qquad\qquad \tau = 1, 2, \ldots, T; t = \tau, \tau+1, \ldots, T \qquad \text{(C.30)}$$

Symbole	
$h_{\tau t}$	Kosten für die Lagerung der Bedarfsmenge der Periode t, falls sie bereits in Periode τ hergestellt wird
s	Rüstkostensatz
T	Länge des Planungszeitraums
γ_τ	binäre Rüstvariable
$\delta_{\tau t}$	binäre Variable, die den Wert 1 annimmt, wenn der Bedarf der Periode t durch Produktion in der Periode τ gedeckt wird

Die Größe $\delta_{\tau t}$ bezeichnet den Anteil der Bedarfsmenge der Periode t, der in Periode τ produziert und demzufolge von Periode τ bis zur Periode t gelagert wird. Die Beschränkung dieser Variablen auf die Werte 0 oder 1 in Nebenbedingung (C.30) bedeutet, daß ein Periodenbedarf nicht aus mehreren, in unterschiedlichen Perioden produzierten Losen gedeckt wird. Diese Bedingung ergibt sich unmittelbar aus der Optimalitätsbedingung (C.15). Da die Produktionskapazität in den einzelnen Perioden, d. h. die Kapazität der einzelnen „Standorte", nicht beschränkt ist, führt auch die Lösung einer LP-Relaxation des Modells SPLP bezüglich $\delta_{\tau t}$ für gegebene Werte von γ_τ (Produktionsperioden) immer zu ganzzahligen Werten der Variablen $\delta_{\tau t}$.[20] Dies ist offensichtlich, da jede Bedarfsperiode dann vollständig aus der für sie kostengünstigsten Produktionsperiode versorgt werden kann.

Die spezielle Struktur der Transportverbindungen ergibt sich aus Beziehung (C.28). Im „normalen" diskreten Standortproblem läuft der Summationsindex bis T. Da Bedarfe

---

19 SPLP = **S**imple **P**lant **L**ocation **P**roblem
20 vgl. *Krarup und Bilde* (1977)

nicht aus zeitlich nachgelagerten Produktionsperioden versorgt werden können, ergibt sich als Summationsgrenze die Bedarfsperiode t. Die Lagerkosten[21] für die in Periode τ produzierte Bedarfsmenge der Periode t, $h_{\tau t}$, sind durch Gleichung (C.31) definiert.

$$h_{\tau t} = h \cdot d_t \cdot (t - \tau) \qquad \tau = 1, 2, \ldots, T; t = \tau, \tau + 1, \ldots, T \tag{C.31}$$

- h: Lagerkostensatz
- d_t: Bedarfsmenge der Periode t
- $(t-\tau)$: Lagerdauer

Die Nebenbedingungen (C.28) stellen sicher, daß der Bedarf der Periode t spätestens durch eine Produktion in dieser Periode gedeckt wird. Auf diese Weise werden geplante Fehlmengen verhindert. Durch die Beziehungen (C.29) wird erzwungen, daß immer dann, wenn in einer Periode t produziert wird, die damit verbundenen Rüst- bzw. Produktionskosten in der Zielfunktion berücksichtigt werden. Die Formulierung des Modells SPLP unterstellt, daß in jeder Periode ein positiver Bedarf ($d_t > 0$) auftritt. Ist dies nicht der Fall ($d_t = 0$), dann sind die auf diese Periode bezogenen Variablen zu löschen und die Berechnung der Lagerkosten entsprechend anzupassen.

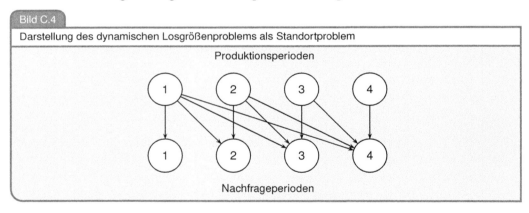

Bild C.4 Darstellung des dynamischen Losgrößenproblems als Standortproblem

Bild C.4 veranschaulicht die Struktur des Modells SPLP. Ein heuristisches Lösungsverfahren auf der Grundlage dieser Modellvorstellung wird von *Bahl und Zionts*[22] vorgeschlagen. Während das multiple Standortproblem ein relativ schwer zu lösendes kombinatorisches Optimierungsproblem darstellt, ist aufgrund der durch Gleichung (C.31) gegebenen speziellen Kostenstruktur eine sehr einfache Lösung des Modells SPLP möglich.[23] In Abschnitt C.2.1, S. 63ff. wird das Modell SPLP zu einem Mehrprodukt-Losgrößenmodell mit Kapazitätsbeschränkungen erweitert.

---

21 Auch hier lassen sich wieder periodenabhängige lineare variable Produktionskosten einbeziehen.
22 Vgl. *Bahl und Zionts* (1986). Die Heuristik entspricht der von Khumawala für die Standortplanung entwickelten „largest-omega-rule". Vgl. *Khumawala* (1973).
23 vgl. *Rosling* (1984)

Lee, Çetinkaya und Wagelmans[24] formulieren eine Variante des SIULSP, in der für die Nachfragemengen Lieferfenster zugelassen sind. *Hwang und Jaruphongsa*[25] erweitern dieses Modell, indem sie zwei Kundenklassen betrachten. Für die Kundenklasse 1 sind die Nachfragemengen auf Lieferfenster bezogen, während für die Kundenklasse 2 die Nachfrage – wie in der Standardformulierung des SIULSP üblich – periodenspezifisch definiert sind.

C.1.2 Lösungsverfahren

Zur Lösung des dynamischen Einprodukt-Losgrößenproblems sind einige exakte und eine Vielzahl heuristischer Verfahren vorgeschlagen worden.

C.1.2.1 Exakte Lösung mit dynamischer Optimierung

Das klassische Verfahren zur Lösung des dynamischen Einprodukt-Losgrößenproblems geht auf *Wagner und Whitin*[26] zurück. Sie schlagen einen Ansatz der dynamischen Optimierung vor. Ein Beispiel soll den Lösungsweg der dynamischen Programmierung für die vorliegende Problemstellung verdeutlichen. Für einen Planungszeitraum von 6 Perioden werden die in Tabelle C.2 wiedergegebenen Bedarfsmengen eines Produkts prognostiziert. Die Rüstkosten betragen $s = 500$ GE pro Rüstvorgang. Der Lagerkostensatz beträgt $h = 1$ GE pro ME und Periode. Variable Produktionskosten werden vernachlässigt.

Tabelle C.2						
Bedarfsmengen eines Produkts						
t	1	2	3	4	5	6
d_t	20	80	160	85	120	100

Eine mögliche Lösung dieses Problems besteht darin, daß der Bedarf jeder Periode jeweils zu Periodenbeginn durch ein Los gedeckt wird. In diesem Fall entstehen zwar keine Lagerkosten, da alle Produktionsmengen sofort verbraucht werden. Dafür fallen aber in jeder Periode Rüstkosten in Höhe von $s = 500$ GE an. Es können aber auch die Bedarfe mehrerer aufeinanderfolgender Perioden durch ein Los gedeckt werden. Dann entstehen für diesen Zeitraum zwar nur einmal losfixe Kosten in Höhe von s GE. Hinzu kommen aber Kosten für die Lagerung der Mengen, die nicht in der Produktionsperiode,

---

24 vgl. *Lee et al.* (2001)
25 vgl. *Hwang und Jaruphongsa* (2008)
26 vgl. *Wagner und Whitin* (1958)

sondern erst in den darauffolgenden Perioden verbraucht werden. So können z. B. zu Beginn der ersten Periode 100 ME produziert bzw. beschafft werden, wovon 20 ME sofort verbraucht und die restlichen 80 ME bis zum Verbrauch in Periode 2 gelagert werden.

Eine zulässige Lösung des betrachteten Problems nennen wir Folgenden **Losgrößenpolitik**. Jede Losgrößenpolitik kann sich aus mehreren zeitraumbezogenen Teilpolitiken zusammensetzen. Wir bezeichnen eine **Teilpolitik**, die den Bedarfszeitraum von Periode τ bis zur Periode j abdeckt, mit $p_{\tau j}$. In der netzwerkorientierten Problemdarstellung entspricht eine solche Teilpolitik einem Pfeil im Netzwerk vom Knoten $(\tau - 1)$ zum Knoten j. Das heißt, es wird zu Beginn der Periode τ die Menge bereitgestellt, die ausreicht, um den Bedarf bis zur Periode j zu decken. Ein solches Los deckt aber noch nicht den gesamten Planungszeitraum von Periode 0 bis Periode T ab. Um dies zu erreichen, könnte man z. B. eine Teilpolitik p_{12} durch die Teilpolitik p_{36} ergänzen. Eine Kombination von Teilpolitiken, die den gesamten Planungszeitraum abdecken, ist eine zulässige Lösung des Problems. Offenbar gibt es nun so viele zulässige Lösungen, wie es Kombinationsmöglichkeiten der Teilpolitiken $p_{\tau j}$ gibt. Das Problem besteht damit darin, die beste Losgrößenpolitik als optimale Kombination dieser Teilpolitiken zu finden.

Jede Teilpolitik ist mit bestimmten **Kosten** verbunden. Wir bezeichnen die Kosten der Teilpolitik $p_{\tau j}$ als $c_{\tau j}$. Sie werden wie folgt errechnet:

$$c_{\tau j} = s + h \cdot \sum_{t=\tau+1}^{j} \underbrace{(t - \tau)}_{\text{Lagerdauer des Bedarfs der Periode } t, d_t, \text{ wenn er schon in Periode } \tau \text{ bereitgestellt wird}} \cdot d_t \qquad \tau \leq j \qquad (C.32)$$

Tabelle C.3

Tabelle der Kosten für alle Teilpolitiken

Bereitstellungsperiode (τ)	letzte Verbrauchsperiode (j)					
	1	2	3	4	5	6
1	500	580	900	1155	1635	2135
2	–	500	660	830	1190	1590
3	–	–	500	585	825	1125
4	–	–	–	500	620	820
5	–	–	–	–	500	600
6	–	–	–	–	–	500

Im obigen Beispiel erhalten wir die in Tabelle C.3 zusammengefaßten Kosten $c_{\tau j}$ ($j = 1, 2, \ldots, 6; \tau = 1, 2, \ldots, j$) der Teilpolitiken. Anhand dieser Daten kann nun die optimale Lösung bestimmt werden. Dabei können folgende Eigenschaften des Problems genutzt werden: Eine zulässige Lösung des Problems ist eine Kombination von Teilpolitiken, die den gesamten Planungshorizont abdecken. Jede dieser Teilpolitiken deckt

C.1.2.1 Exakte Lösung mit dynamischer Optimierung

jeweils einen bestimmten Ausschnitt des Planungszeitraums ab. Eine zulässige Lösung für den Planungszeitraum T bezeichnen wir als P_T. So kann eine zulässige Lösung für den Planungszeitraum $T = 6$ in dem obigen Beispiel lauten:

$$P_6 = (P_5, p_{66}) \tag{C.33}$$

↑ Produktion in Periode 6 und Verbrauch in Periode 6
└ eine noch nicht näher spezifizierte Politik für die ersten fünf Perioden ($T = 5$)

Andere zulässige Losgrößenpolitiken für den Planungszeitraum $T = 6$ lauten:

$$\begin{aligned} P_6 &= (P_4, p_{56}) \\ P_6 &= (P_3, p_{46}) \\ P_6 &= (P_2, p_{36}) \\ P_6 &= (P_1, p_{26}) \\ P_6 &= (p_{16}) \end{aligned} \tag{C.34}$$

Man beachte, daß jede der Politiken P_i sich wiederum aus Teilpolitiken zusammensetzen kann. So könnte P_5 z. B. lauten:

$$P_5 = (P_2, p_{35}) \tag{C.35}$$

↑ Produktion in Periode 3 und Verbrauch in den Perioden 3 bis 5
└ eine noch nicht näher spezifizierte Politik für die ersten beiden Perioden ($T = 2$)

Es läßt sich nun folgende Aussage treffen: Wenn die Politik P_6 die optimale Politik für den Zeitraum $T = 6$ ist, und diese die Politik P_i ($i = 1, \ldots, 5$) enthält, dann muß die Politik P_i auch die optimale Politik für den Zeitraum i sein. Die Kosten dieser Politik P_6 betragen:

$$C_6 = C_i + c_{i+1,6} \qquad\qquad i = 1, 2, \ldots, 5 \tag{C.36}$$

Betrachten wir z. B. $C_6 = C_5 + c_{66}$. Die Größe c_{66} ist eine Konstante. Die Kosten C_6 sind daher nur dann minimal, wenn auch C_5 minimal ist. Das bedeutet, daß die minimalen Kosten einer Losgrößenpolitik $P_6 = (P_5, p_{66})$ nur dann erreicht werden, wenn für die ersten $i = 5$ Perioden des Planungszeitraums ebenfalls die kostenminimale Politik betrieben wird. Ist das nicht der Fall, dann kann auch P_6 nicht die beste Politik für den Zeitraum von $T = 6$ Perioden sein.[27] Bezeichnen wir die minimalen Kosten einer Losgrößenpolitik, die die ersten i Perioden des Planungszeitraums abdeckt, mit f_i, dann kann man diese Kosten durch folgende rekursive Beziehung beschreiben:

$$f_i = \min_{1 \leq \tau \leq i} \{f_{\tau-1} + c_{\tau i}\} \qquad\qquad i = 1, 2, \ldots, T \tag{C.37}$$

---

27 Diese Aussage entspricht dem Bellman'schen Optimalitätsprinzip. Vgl. *Bellman* (1957), S. 83.

mit $f_0 = 0$. Die Kosten für eine Losgrößenpolitik, die den Zeitraum von Periode 0 bis Periode i abdeckt, setzen sich damit aus zwei Komponenten zusammen: zum einen den Kosten einer (nicht näher spezifizierten) Losgrößenpolitik, die den Zeitraum von Periode 0 bis Periode $\tau - 1$ abdeckt, und zum anderen den Kosten der (genau spezifizierten) Teilpolitik, die den gesamten Bedarf der Perioden τ bis i durch ein in Periode τ produziertes Los abdeckt. Anders ausgedrückt: der Bedarf der Periode i wird entweder durch ein neu in Periode i aufgelegtes Los gedeckt oder durch das letzte Los, das in der optimalen Politik für den Zeitraum τ vorkommt. Gleichung (C.37) kann nun schrittweise ausgewertet werden, indem man der Reihe nach die minimalen Kosten $f_1, f_2, \ldots, f_T$ und die damit verbundenen Losgrößenpolitiken ausrechnet. Die optimale Losgrößenpolitik ist dann diejenige, bei der die minimalen Kosten f_T entstehen. Für das betrachtete Beispiel wird diese Vorgehensweise anhand der Tabelle C.4 demonstriert. Die optimalen Losgrößen betragen damit $q_1 = 100$ und $q_3 = 465$. Die minimalen Kosten betragen 1705.

Tabelle C.4

Lösungsweg der dynamischen Optimierung – Teil A

Berechnung von f_1:		
Politik-Kombination	Kosten	
(p_{11})	500	✓
$f_1 = 500$; $P_{1\text{opt}} = (p_{11})$		
Berechnung von f_2:		
Politik-Kombination	Kosten	
(p_{12})	580	✓
$(P_{1\text{opt}}, p_{22})$	500+500=1000	
$f_2 = 580$; $P_{2\text{opt}} = (p_{12})$		
Berechnung von f_3:		
Politik-Kombination	Kosten	
(p_{13})	900	✓
$(P_{1\text{opt}}, p_{23})$	500+660=1160	
$(P_{2\text{opt}}, p_{33})$	580+500=1080	
$f_3 = 900$; $P_{3\text{opt}} = (p_{13})$		
Berechnung von f_4:		
Politik-Kombination	Kosten	
(p_{14})	1155	✓
$(P_{1\text{opt}}, p_{24})$	500+830=1330	
$(P_{2\text{opt}}, p_{34})$	580+585=1165	
$(P_{3\text{opt}}, p_{44})$	900+500=1400	
$f_4 = 1155$; $P_{4\text{opt}} = (p_{14})$		

C.1.2.1 Exakte Lösung mit dynamischer Optimierung

Tabelle C.4 Lösungsweg der dynamischen Optimierung – Teil B

Berechnung von f_5:	
Politik-Kombination	Kosten
(p_{15})	1635
$(P_{1\mathrm{opt}}, p_{25})$	500+1190=1690
$(P_{2\mathrm{opt}}, p_{35})$	580+825=1405 ✓
$(P_{3\mathrm{opt}}, p_{45})$	900+620=1520
$(P_{4\mathrm{opt}}, p_{55})$	1155+500=1655
$f_5=1405;\ P_{5\mathrm{opt}} = (P_{2\mathrm{opt}}, p_{35}) = (p_{12}, p_{35})$	
Berechnung von f_6:	
Politik-Kombination	Kosten
(p_{16})	2135
$(P_{1\mathrm{opt}}, p_{26})$	500+1590=2090
$(P_{2\mathrm{opt}}, p_{36})$	580+1125=1705 ✓
$(P_{3\mathrm{opt}}, p_{46})$	900+820=1720
$(P_{4\mathrm{opt}}, p_{56})$	1155+600=1755
$(P_{5\mathrm{opt}}, p_{66})$	1405+500=1905
$f_6=1705;\ P_{6\mathrm{opt}} = (P_{2\mathrm{opt}}, p_{36}) = (p_{12}, p_{36})$	

Das beschriebene Verfahren ermittelt die optimalen Losgrößen unter der Voraussetzung, daß der Lagerbestand am Ende des Planungszeitraums eine zum Planungszeitpunkt bereits bekannte, fest vorgegebene Höhe erreichen soll. Setzt man – was in der betrieblichen Praxis unvermeidbar ist – dieses Verfahren in einem Konzept der **rollenden Planung** mit einem zeitlich sich verschiebenden Planungsfenster ein, dann ist die ermittelte Losgrößenpolitik nur dann optimal, wenn auch der als Datum vorzugebende Endlagerbestand optimal ist. Da dieser aber i. d. R. nicht bekannt ist, ist die Anwendung des exakten Verfahrens zur Lösung des Modells SIULSP in einem rollenden Planungskonzept oft nicht optimal. Dies liegt an dem begrenzten Horizont des Modells und an der expliziten Annahme über die Schnittstellen zur zeitlichen Umwelt. Das exakte Verfahren zur Lösung des Modells SIULSP kann daher nicht a priori als das Verfahren angesehen werden, das auch unter praxisnahen Einsatzbedingungen zu den besten Ergebnissen führt.

Zur Beseitigung dieses Mangels schlägt *Stadtler*[28] vor, zunächst für jede potentielle Produktionsperiode τ die mögliche Reichweite n_τ eines in dieser Periode aufgelegten Loses abzuschätzen. Für alle Perioden, deren geschätzte Reichweite über den Planungshorizont T hinausragt, werden die Kostenkoeffizienten $c_{\tau T}$ um den Faktor $\frac{T-\tau+1}{n_\tau}$, der kleiner als 1 ist, verringert. Dies hat zur Folge, daß die Produktion in späteren Perioden

---

[28] vgl. *Stadtler* (2000); siehe auch *van den Heuvel und Wagelmans* (2005)

des Planungszeitraums vorteilhafter wird. In einem umfangreichen numerischen Experiment weist *Stadtler* nach, daß diese Modifikation dazu führt, daß die exakte Lösung des Modells SIULSP der heuristischen Lösung auch unter den Einsatzbedingungen der rollenden Planung überlegen ist.

Das beschriebene, auf der dynamischen Optimierung basierende Verfahren zur Lösung des Modells SIULSP verursacht einen Rechenaufwand, der eine Funktion $O(T^2)$ ist. *Wagelmans, Van Hoesel und Kolen*[29] sowie *Federgruen und Tzur*[30] entwickeln Verfahren, bei denen durch Ausnutzung der Problemstruktur sowie durch eine geeignete Datenstrukturierung der Rechenaufwand nur noch eine Funktion $O(T \log T)$ ist. Für den Spezialfall zeitunabhängiger variabler Produktionskosten $p_t = p$ $(t = 1, 2, \ldots, T)$ reduziert sich der Rechenaufwand sogar auf $O(T)$. Dies ist bei großen Problemen mit vielen Perioden vorteilhaft. *Federgruen und Tzur* berichten, daß ihr Verfahren für $T = 500$ etwa 3-mal so schnell ist wie die Implementation von *Evans*. Für $T = 5000$ ist ihr Verfahren etwa 70-mal so schnell. Sie berichten weiterhin, daß ein Rechenzeitvorteil ab $T = 20$ eintritt. Es wird deutlich, daß offensichtlich der von der Problemgröße T unabhängige („fixe") Aufwand höher ist als in der Implementation von *Evans*.

Die Bedeutung schneller Verfahren zur exakten Lösung des *Wagner-Whitin*-Problems wird offensichtlich, wenn das für sich allein betrachtet recht restriktiv erscheinende *Wagner-Whitin*-Modell im Rahmen eines übergeordneten Lösungskonzepts eingesetzt wird. So zerlegt *Derstroff* das mehrstufige Mehrprodukt-Losgrößenproblem mit Kapazitätsbeschränkungen nach dem Konzept der Lagrange-Relaxation in mehrere voneinander unabhängige dynamische Einprodukt-Losgrößenprobleme vom *Wagner-Whitin*-Typ. Diese müssen jeweils mehrmals im Rahmen eines iterativen Verfahrens exakt gelöst werden.[31]

C.1.2.2 Heuristische Lösungsverfahren

Mit dem im vorangegangenen Abschnitt dargestellten Lösungsverfahren werden die optimalen Losgrößen für ein isoliert betrachtetes Erzeugnis in einem abgegrenzten Planungszeitraum mit einer vordefinierten Schnittstelle zum vorhergehenden und zum nachfolgenden Planungszeitraum gefunden. Allerdings wurde bislang vielfach der mit diesem Verfahren verbundene Rechenaufwand als zu hoch angesehen. Es sind daher eine Reihe heuristischer Lösungsverfahren entwickelt worden.[32] Einige dieser Verfahren sollen im Folgenden beschrieben werden.

---

29 vgl. *Wagelmans et al.* (1992); vgl. auch *Domschke et al.* (1997)
30 vgl. *Federgruen und Tzur* (1991)
31 vgl. *Tempelmeier und Derstroff* (1993); *Derstroff* (1995); *Tempelmeier und Derstroff* (1996)
32 Zu einem zusammenfassenden Überblick über heuristische Verfahren zur Lösung des dynamischen Einprodukt-Losgrößenproblems vgl. *Zoller und Robrade* (1987); *Robrade* (1991).

Stückkostenverfahren. Die grundlegende Idee bei der Entwicklung des Stückkostenverfahrens („least unit cost"-Verfahren) war die Tatsache, daß im klassischen stationären Losgrößenmodell [33] die Funktion der durchschnittlichen Kosten (bezogen auf eine Mengeneinheit) an der Stelle der optimalen Losgröße ihr Minimum aufweist. Das Stückkostenverfahren resultiert durch Übertragung dieser Eigenschaft auf die dynamische Situation. Die Produktionsmenge in einer Periode τ wird solange um zukünftige Bedarfsmengen erhöht, wie dadurch die durchschnittlichen Kosten je Mengeneinheit verringert werden.

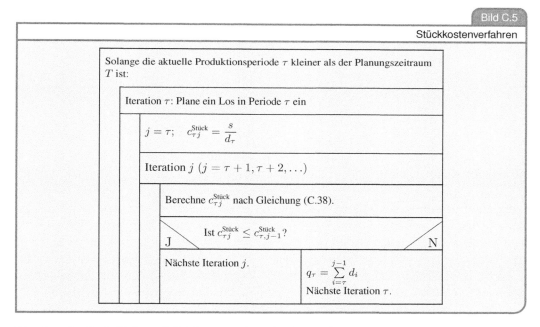

Bild C.5 Stückkostenverfahren

Die **durchschnittlichen Stückkosten** eines in der Periode τ aufgelegten Loses, das den Bedarf bis zur Periode j deckt, sind wie folgt definiert:

$$c_{\tau j}^{\text{Stück}} = \frac{s + h \cdot \sum_{t=\tau+1}^{j} (t-\tau) \cdot d_t}{\sum_{t=\tau}^{j} d_t} \qquad \tau \leq j \qquad (C.38)$$

Es ist jeweils die Losgröße eines in Periode τ fertigzustellenden Loses zu bestimmen, bei der die in Gleichung (C.38) angegebene Durchschnittskostenfunktion ihr Minimum an-

---

[33] vgl. *Günther und Tempelmeier* (2020)

nimmt. Für die betrachtete Produktionsperiode τ ist damit folgendes Problem zu lösen:

$$\text{Maximiere} \left\{ j \mid c_{\tau j}^{\text{Stück}} \leq c_{\tau, j-1}^{\text{Stück}} \right\} \qquad \tau < j \qquad \text{(C.39)}$$

Tabelle C.5
Rechenbeispiel zum Stückkostenverfahren

$\tau = 1$	$j=1$	$c_{\tau j}^{\text{Stück}} = \frac{500}{20}$	$= 25.00$	
	$j=2$	$c_{\tau j}^{\text{Stück}} = \frac{580}{100}$	$= 5.80$	
	$j=3$	$c_{\tau j}^{\text{Stück}} = \frac{900}{260}$	$= 3.46$	
	$j=4$	$c_{\tau j}^{\text{Stück}} = \frac{1155}{345}$	$= 3.35$	✓
	$j=5$	$c_{\tau j}^{\text{Stück}} = \frac{1635}{465}$	$= 3.52$	
	$q_1 = 345$			
$\tau = 5$	$j=5$	$c_{\tau j}^{\text{Stück}} = \frac{500}{120}$	$= 4.17$	
	$j=6$	$c_{\tau j}^{\text{Stück}} = \frac{600}{220}$	$= 2.72$	✓
	$q_5 = 220$			
Kosten = 1755				

Bei der Ermittlung der optimalen Losgröße eines in Periode τ aufzulegenden Loses erhöht man j, beginnend mit $(\tau + 1)$, schrittweise solange, wie dadurch die Lösung im Sinne des Optimalitätskriteriums (C.39) verbessert werden kann. Das Verfahren zur Bestimmung der optimalen Größe q_τ eines in Periode τ aufzulegenden Loses kann damit durch Bild C.5 beschrieben werden. Tabelle C.5 zeigt die Anwendung des Verfahrens auf das auf S. 41 eingeführte Beispiel. Die optimale Lösung wird hier nicht gefunden.

Stückperiodenausgleichsverfahren. Das Stückperiodenausgleichsverfahren[34] (Part-Period-Verfahren; Kostenausgleichsverfahren) basiert auf der Tatsache, daß im klassischen stationären Losgrößenmodell an der Stelle der optimalen Losgröße die Rüstkosten gleich den infolge der Losvergrößerung ansteigenden Lagerkosten sind. Bei diesem Verfahren werden Bedarfsmengen so vieler aufeinanderfolgender Perioden zu einem Los zusammengefaßt, bis die Rüstkosten annähernd gleich den Lagerkosten sind.

Zu einem Zeitpunkt τ, an dem ein neues Los q_τ aufgelegt wird, ist damit das in Gleichung (C.40) gegebene Problem zu betrachten:

$$\text{Maximiere} \left\{ j \mid h \cdot \sum_{t=\tau+1}^{j} (t - \tau) \cdot d_t \leq s \right\} \qquad \tau < j \qquad \text{(C.40)}$$

---

34 vgl. *DeMatteis* (1968)

C.1.2.2 Heuristische Lösungsverfahren – Stückperiodenausgleichsverfahren

Nach einer Umformung erhält man:

$$\text{Maximiere} \left\{ j \;\middle|\; \underbrace{\sum_{t=\tau+1}^{j} (t-\tau) \cdot d_t}_{\text{Stückperioden}} \leq \frac{s}{h} \right\} \qquad \tau < j \qquad \text{(C.41)}$$

Die Summe auf der linken Seite der Ungleichung in (C.41) hat die Dimension Mengeneinheiten mal Zeiteinheiten (**Stückperioden**). Daraus leitet sich der Name des Verfahrens ab.

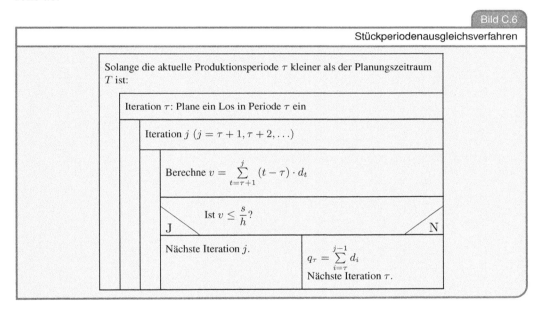

Bild C.6 Stückperiodenausgleichsverfahren

Beim Stückperiodenausgleichsverfahren geht man wieder in der Weise vor, daß man ein in einer Periode τ aufzulegendes Los sukzessive jeweils um den Bedarf einer weiteren Periode erhöht, bis das Optimalitätskriterium (C.41) erfüllt ist. Bild C.6 zeigt den Verfahrensablauf. In Tabelle C.6 ist die Anwendung des Stückperiodenausgleichsverfahrens auf das betrachtete Beispiel wiedergegeben. Auch hier wird das exakte Optimum verfehlt.

Tabelle C.6
Rechenbeispiel zum Stückperiodenausgleichsverfahren

$\tau = 1$	$j = 1$	$v =$	0		< 500	
	$j = 2$	$v =$	80		< 500	
	$j = 3$	$v =$	400		< 500	✓
	$j = 4$	$v =$	655		> 500	
	$q_1 = 260$					
$\tau = 4$	$j = 4$	$v =$	0		< 500	
	$j = 5$	$v =$	120		< 500	
	$j = 6$	$v =$	320		< 500	✓
	$q_4 = 305$					
Kosten = 1720						

Silver-Meal-Verfahren. Das Verfahren von *Silver und Meal*[35] basiert auf der Eigenschaft des klassischen Losgrößenmodells, daß bei der optimalen Losgröße die durchschnittlichen Kosten pro Zeiteinheit ihr Minimum annehmen. Nach dem *Silver-Meal*-Verfahren wird nun versucht, dieses Ergebnis auch in der dynamischen Situation zu erreichen. Wird in Periode τ der Bedarf der Perioden τ bis j produziert, dann betragen die **durchschnittlichen Kosten pro Zeiteinheit**:

$$c^{\text{Per}}_{\tau j} = \frac{s + h \cdot \sum_{t=\tau+1}^{j} (t - \tau) \cdot d_t}{j - \tau + 1} \qquad \tau \leq j \qquad \text{(C.42)}$$

↳ Anzahl der Perioden, für die ein Los aufgelegt wird (einschl. der ersten Periode, für die nicht gelagert wird)

Auf dieses Kriterium wird auch im Verfahren von *Dixon*[36] im Zusammenhang mit der Lösung eines einstufigen Mehrprodukt-Losgrößenproblems mit Kapazitätsbeschränkungen zurückgegriffen. Bei der Bestimmung der Größe des in Periode τ aufzulegenden Loses wird damit die Zielfunktion (C.43) verfolgt.

$$\text{Maximiere } \left\{ j \,\middle|\, c^{\text{Per}}_{\tau j} \leq c^{\text{Per}}_{\tau, j-1} \right\} \qquad \tau < j \qquad \text{(C.43)}$$

In Bild C.7 ist der Verfahrensablauf dargestellt. Tabelle C.7 zeigt die Anwendung des *Silver-Meal*-Verfahrens auf das Beispiel. Auch mit diesem Verfahren wird für das betrachtete Beispiel das globale Optimum nicht erreicht. Der Vergleich mit der optimalen Lösung zeigt, daß das in Periode 1 aufgelegte Los die richtige Größe hat. Allerdings

---
35 vgl. *Silver und Meal* (1969, 1973)
36 siehe Abschnitt C.2.1, S. 56 ff.

führt das *Silver-Meal*-Kriterium in Periode 6 zur Auflage eines dritten Loses, was im vorliegenden Fall nicht optimal ist.

Bei **stark schwankenden Bedarfsmengen** können die durchschnittlichen Kosten pro Zeiteinheit als Funktion der Reichweite mehrere lokale Minima aufweisen. Der Abbruch des Verfahrens in einem solchen lokalen Minimum läßt sich dadurch vermeiden, daß man die Berechnung der Gleichung (C.42) mit Reichweiten bis zum Ende des Planungszeitraums T durchführt und dann das globale Minimum auswählt.

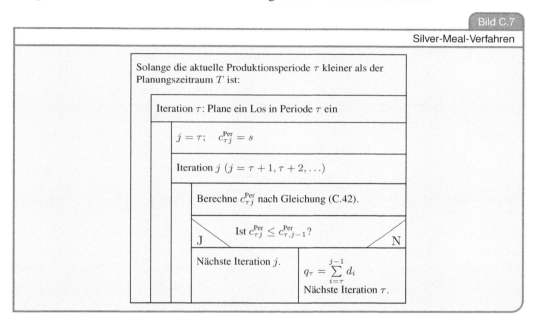

Bild C.7
Silver-Meal-Verfahren

Numerische Untersuchungen haben ergeben, daß die Lösungsqualität des *Silver-Meal*-Verfahrens insbesondere dann abnimmt, wenn der Bedarf einen fallenden Trend aufweist[37] oder wenn der Anteil von Perioden ohne Bedarf relativ hoch ist, d. h. bei sporadischem Bedarf. Für beide Situationen entwickeln *Silver und Miltenburg*[38] Modifikationen des Verfahrens, die – wie sich in Testrechnungen erwiesen hat – bessere Ergebnisse als die ursprüngliche *Silver-Meal*-Heuristik erwarten lassen. *Kiran*[39] schlägt zur Lösung von Problemen dieser Art vor, zusätzlich zur *Silver-Meal*-Heuristik ein Verfahren einzusetzen, in dessen Verlauf die Losgrößen rückwärts – beginnend mit der Periode T – aufgebaut werden, und dann die beste gefundene Lösung auszuwählen. Eine einfache

---

37 Dies ist z. B. bei auslaufenden Produkten der Fall.
38 vgl. *Silver und Miltenburg* (1984)
39 vgl. *Kiran* (1989)

Anpassung des *Silver-Meal*-Verfahrens für sporadischen Bedarf schlägt *Knolmayer*[40] vor.

Tabelle C.7 Rechenbeispiel zum Silver-Meal-Verfahren

$\tau = 1$	$j=1$	$c_{\tau j}^{\text{Per}} = \frac{500}{1}$	= 500	
	$j=2$	$c_{\tau j}^{\text{Per}} = \frac{580}{2}$	= 290	✓
	$j=3$	$c_{\tau j}^{\text{Per}} = \frac{900}{3}$	= 300	
	$q_1 = 100$			
$\tau = 3$	$j=3$	$c_{\tau j}^{\text{Per}} = \frac{500}{1}$	= 500	
	$j=4$	$c_{\tau j}^{\text{Per}} = \frac{585}{2}$	= 292.50	
	$j=5$	$c_{\tau j}^{\text{Per}} = \frac{825}{3}$	= 275	✓
	$j=6$	$c_{\tau j}^{\text{Per}} = \frac{1125}{4}$	= 281.25	
	$q_3 = 365$			
$\tau = 6$	$j=6$	$c_{\tau j}^{\text{Per}} = \frac{500}{1}$	= 500	✓
	$q_6 = 100$			
Kosten = 1905				

Groff-Verfahren. Auch das Verfahren von *Groff*[41] basiert auf einer Eigenschaft des klassischen Losgrößenmodells, und zwar darauf, daß bei der optimalen Losgröße die marginale Verringerung der durchschnittlichen Rüstkosten pro Periode gleich dem marginalen Anstieg der durchschnittlichen Lagerkosten pro Periode ist. Das heißt, Grenz-Rüstkosten und Grenz-Lagerkosten sind an der Stelle der optimalen Losgröße gleich.

Wird eine gegebene Losgröße, die die Bedarfsmengen aus den Perioden 1 bis t abdeckt, um die Bedarfsmenge der Periode $(t+1)$ vergrößert, dann sinken die durchschnittlichen Rüstkosten pro Periode um den Betrag:

$$\underbrace{\frac{s}{t} - \frac{s}{t+1}}_{\text{marginale Verringerung der durchschnittlichen Rüstkosten pro Periode}} = \frac{s}{t \cdot (t+1)} \qquad t = 1, 2, \ldots, T-1 \tag{C.44}$$

Der marginale Anstieg der durchschnittlichen Lagerkosten pro Periode wird auf der Basis der Bestandsentwicklung im klassischen Bestellmengenmodell wie folgt angenähert:

---

40 vgl. *Knolmayer* (1987)
41 vgl. *Groff* (1979)

C.1.2.2 Heuristische Lösungsverfahren – Groff-Verfahren

$$\underset{\text{Approximation des marginalen Anstiegs der durchschnittlichen Lagerkosten pro Periode}}{\frac{d_{t+1}}{2} \cdot h} \qquad t = 1, 2, \ldots, T-1 \quad \text{(C.45)}$$

Groff schlägt vor, ausgehend von einer bestimmten Periode τ die Losgröße dieser Periode, q_τ, solange um Bedarfsmengen zukünftiger Perioden zu vergrößern, bis der Anstieg der durchschnittlichen Lagerkosten pro Periode größer ist als die Verringerung der durchschnittlichen Rüstkosten pro Periode. Die Entscheidungsregel nach diesem Verfahren lautet damit, wenn wir uns in Periode τ befinden:

$$\text{Maximiere}\ \left\{ j \,\middle|\, d_{\tau+j} \cdot j \cdot (j+1) \leq 2 \cdot \frac{s}{h} \right\} \qquad j = 0, 1, \ldots \quad \text{(C.46)}$$

In Bild C.8 ist die Struktur des Verfahrens von *Groff* wiedergegeben. Tabelle C.8 zeigt die Anwendung des Verfahrens auf das obige Beispiel. Auch diese Lösung ist mit Kosten von 1720 nicht optimal.

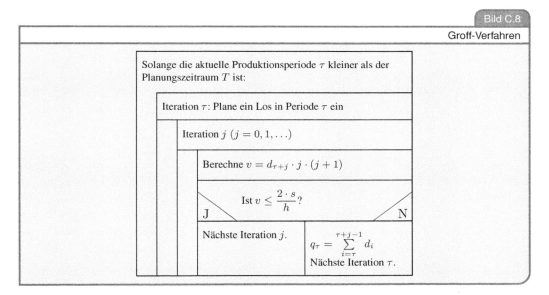

Bild C.8 Groff-Verfahren

In einem numerischen Experiment hat *Wemmerlöv* verschiedene heuristische Verfahren im Hinblick auf ihre Lösungsqualität miteinander verglichen.[42] Dabei lagen die Kosten bei Einsatz des *Silver-Meal*-Verfahrens und des Verfahrens von *Groff* im Durchschnitt nur um etwa 1% über den mit dem exakten Verfahren von *Wagner und Whitin* errechneten Kosten, während im Vergleich dazu das in der Praxis favorisierte Stückkostenverfahren und das Stückperiodenausgleichsverfahren erheblich schlechtere Lösungen ergaben.

---

42 vgl. *Wemmerlöv* (1981, 1982)

Tabelle C.8

Rechenbeispiel zum Groff-Verfahren

$\tau = 1$	$j=0$	$d_1 \cdot 0 \cdot 1$ =	0		<1000	
	$j=1$	$d_2 \cdot 1 \cdot 2$ =	160		<1000	
	$j=2$	$d_3 \cdot 2 \cdot 3$ =	960		<1000	✓
	$j=3$	$d_4 \cdot 3 \cdot 4$ =	1020		>1000	
	$q_1 = 260$					
$\tau = 4$	$j=0$	$d_4 \cdot 0 \cdot 1$ =	0		<1000	
	$j=1$	$d_5 \cdot 1 \cdot 2$ =	240		<1000	
	$j=2$	$d_6 \cdot 2 \cdot 3$ =	600		<1000	✓
	$q_4 = 305$					
Kosten = 1720						

Zoller und Robrade[43] untersuchen den Einsatz der verschiedenen Verfahren zur exakten und heuristischen Lösung des dynamischen Einprodukt-Losgrößenproblems in einem rollenden Planungshorizont. Sie kommen aufgrund einer umfangreichen numerischen Untersuchung zu dem Ergebnis, daß für regelmäßigen Bedarf insb. das Verfahren von *Groff* zu empfehlen ist, während sie für sporadischen Bedarf eine Kombination aus dem Verfahren von *Groff* und dem *Silver-Meal*-Verfahren vorschlagen. Insgesamt ist festzustellen, daß vor allem die Verfahren von *Groff* sowie von *Silver und Meal* unter deterministischen dynamischen Bedarfsbedingungen im Durchschnitt besser geeignet sind als die anderen in der Praxis eingesetzten heuristischen Verfahren.

Die aus vielen numerischen Tests abgeleitete Beurteilung der genannten heuristischen Lösungsverfahren ist für die betriebliche Praxis jedoch nur von geringer Bedeutung, da diese Verfahren in den Standard-Softwaresystemen zur Produktionsplanung und -steuerung (PPS-, MRP-, ERP-, APS-Systeme) in nicht problemadäquater Weise für die Bestimmung von Losgrößen in **mehrstufigen Erzeugnisstrukturen** eingesetzt werden. Hierdurch entstehen systematische Planungsfehler, die weit über den in den numerischen Untersuchungen genannten relativen Kostenunterschieden liegen können.[44]

Ein weiteres Problem, das die praktische Anwendbarkeit einschränkt, ergibt sich schließlich aus der formalen Struktur des zugrundeliegenden Entscheidungsmodells SIULSP. Dieses Modell vernachlässigt bekanntlich die in der Praxis regelmäßig vorliegenden **Kapazitätsbeschränkungen**. Die erzeugten Produktionspläne sind folglich i. d. R. nicht umsetzbar. Aus der Sicht des Operations Research handelt es sich um nicht zulässige Lösungen, d. h. um Lösungen, die außerhalb des Lösungsraums liegen. **Die Diskussion der Kostenwirkungen von Lösungsverfahren, die nicht realisierbare Produktionspläne erzeugen, hat jedoch nur wenig Sinn.** Auch das Argument, man könne durch

---

43 vgl. *Zoller und Robrade* (1987); *Robrade* (1991)
44 vgl. insb. *Blackburn und Millen* (1982); *Afentakis* (1987)

den Einsatz der Rüstkosten im Sinne von Lenkkosten die Häufigkeit des Rüstens beeinflussen, trifft nur „im Durchschnitt" zu. In einzelnen Perioden wird es dennoch zu Kapazitätsüberschreitungen kommen, deren Nichtbeachtung die Umsetzbarkeit des gesamten Produktionsplan zerstören kann. Auf die Probleme der Berücksichtigung von Kapazitäten wird in den folgenden Abschnitten eingegangen.

Ergänzende Literatur zu Abschnitt C.1:
Brahimi et al. (2006)
Domschke et al. (1997)
Simpson (2001)

C.2 Dynamische einstufige Mehrprodukt-Losgrößenplanung

Wie oben erwähnt, werden im SIULSP die Kapazitätsbeschränkungen vernachlässigt. Man könnte nun versuchen, eine Lösung des SIULSP nachträglich im Hinblick auf die Kapazitätsbelastung manuell zu modifizieren. Dies hätte aber zur Folge, daß der durch den Einsatz eines systematischen Lösungsverfahrens erreichte Kompromiß zwischen Rüstkosten und Lagerkosten zerstört würde. Das Problem wird noch gravierender, wenn das SIULSP im Rahmen des MRP-Sukzessivplanungskonzepts eingesetzt wird.[45] In diesem Fall wird es oft nicht einmal gelingen, einen kapazitätsmäßig zulässigen Plan zu erzeugen. Versuche von Softwareanbietern in dieser Richtung sind daher auch gescheitert und wieder eingestellt worden.

Im Folgenden betrachten wir nun dynamische Losgrößenmodelle, mit denen die Belastung der Ressourcen, die für einen Produktionsschritt (Arbeitsgang) benötigt werden, explizit bei der Erzeugung eines Produktionsplans berücksichtigt wird. Während in einem unkapazitierten Losgrößenmodell Entscheidungen über die Losgrößen eines *Produkts* getroffen werden, zwingt die Betrachtung der Ressourcen dazu, jeden einzelnen *Arbeitsgang*, der zur Herstellung des Produkts erforderlich ist, als Planungsobjekt zu definieren. Denn ein Produkt belegt i. d. R. hintereinander mehrere Ressourcen, wobei jeder Arbeitsgang eine Ressource mit arbeitsgangspezifischen Rüstzeiten und Stückbearbeitungszeiten in Anspruch nimmt. Im Folgenden bezeichnen wir diese produktspezifischen Arbeitsgänge der Einfachheit halber aber weiterhin als Produkte.[46]

---
45 vgl. Abschnitt C.3.3.1 auf S. 186
46 Siehe hierzu ausführlicher Abschnitt C.3, S. 123.

C.2.1 Modellformulierungen

Die mit einer Losgrößenentscheidung verbundene Belastung der Ressourcen kann mit unterschiedlicher Genauigkeit abgebildet werden. Von besonderer Bedeutung ist hierbei die Periodenlänge und die damit verbundene maximale Anzahl von Produkten, die in einer Periode produziert werden können. Sind die Perioden so kurz, daß höchstens zwei unterschiedliche Produkte – verbunden mit einem Rüstvorgang – in einer Periode produziert werden können, dann spricht man von einem **Mikroperioden-Modell** (Small-Bucket-Modell). In einem derartigen Losgrößenmodell wird mit der Losgröße bzw. Produktionsmenge in einer Periode auch über die Produktionsreihenfolge entschieden. Ein Mikroperioden-Modell ist somit ein Modell zur *simultanen Losgrößen- und Reihenfolgeplanung*.[47]. Die genaue Kenntnis der Produktionsreihenfolge ermöglicht die exakte Erfassung der Rüstzeiten und -kosten insb. auch dann, wenn ein Produkt über die Periodengrenze hinaus produziert wird und daher in der Folgeperiode auf den am Ende der Vorperiode bestehenden Rüstzustand der Ressource zurückgegriffen werden kann.

Ist die Länge einer Periode dagegen so groß, daß mehr als zwei Produkte produziert werden können, dann spricht man von einem **Makroperioden-Modell** (Big-Bucket-Modell). In einem Makroperioden-Modell wird nur über die produktspezifischen Produktionsmengen (Losgrößen) pro Periode entschieden. Ihre *Produktionsreihenfolge* wird nicht festgelegt. Daher ist aus einer Lösung nicht erkennbar, ob die Produktion eines Produkts auf einem vorhandenen Rüstvorgang aufbauen kann oder ob neu gerüstet werden muß. Daher muß unterstellt werden, daß immer dann, wenn eine positive Produktionsmenge eines Produkts geplant ist, es auch zu einem Rüstvorgang mit den damit verbundenen Rüstzeiten und Rüstkosten kommt.

Ein Sonderfall liegt vor, wenn zwar beliebig viele Produkte pro Makroperiode produziert werden können, aber die Identität der Produkte, die am *Anfang* bzw. am *Ende* einer Periode produziert werden, modellintern festgelegt wird. Ein solches Modell, das die Übertragung des Rüstzustands einer Ressource von einer Periode in die nächste abbildet, stellt einen Kompromiß zwischen der Flexibilität eines Makroperioden-Modells und der Abbildungsgenauigkeit eines Mikroperioden-Modells dar.

Schließlich existieren noch Modellierungsvorschläge, bei denen sowohl mit Makroperioden als auch mit Mikroperioden gearbeitet wird. In einem derartigen **Hybrid-Modell** werden die Nachfragen und die Lagerbestandsentwicklung (externe Dynamik) auf die Makroperioden bezogen. Zur genauen Erfassung der Rüstvorgänge und Produktionsmengen (interne Dynamik) dagegen wird eine feinere Zeiteinteilung mit Mikroperioden eingesetzt.

---

[47] Einen Literaturüberblick über Probleme der Losgrößen- und Reihenfolgeplanung geben *Copil et al.* (2017)

C.2.1.1 Makroperioden-Modelle

Im Folgenden werden einige Makro-Modelle zur dynamischen Mehrprodukt-Losgrößenplanung beschrieben. Wir beginnen mit einem einfachen Basismodell und erweitern dieses nach und nach um weitere Problemaspekte.

C.2.1.1.1 Das Capacitated Lotsizing Problem

Das bekannteste Makroperioden-Modell entsteht durch Erweiterung des dynamischen Losgrößenmodells SIULSP auf mehrere Produkte, die um knappe **Ressourcen** konkurrieren. Durch die Berücksichtigung der Ressourcen müssen die Losgrößen der einzelnen Produkte nun aufeinander abgestimmt werden. Man erhält dann das folgende Modell:

Modell CLSP[48]

$$\text{Minimiere } Z = \sum_{k=1}^{K} \sum_{t=1}^{T} \left(\underbrace{s_k \cdot \gamma_{kt}}_{\text{Rüstkosten für Produkt } k \text{ in Periode } t} + \underbrace{h_k \cdot y_{kt}}_{\text{Lagerkosten für Produkt } k \text{ am Ende der Periode } t} + \underbrace{p_{kt} \cdot q_{kt}}_{\substack{\text{variable Produktionskosten für} \\ \text{Produkt } k \text{ in Periode } t}} \right) \quad \text{(C.47)}$$

u. B. d. R.

$$y_{k,t-1} + q_{kt} - y_{kt} = d_{kt} \qquad k = 1, 2, \ldots, K;\ t = 1, 2, \ldots, T \quad \text{(C.48)}$$

$$q_{kt} - M \cdot \gamma_{kt} \leq 0 \qquad k = 1, 2, \ldots, K;\ t = 1, 2, \ldots, T \quad \text{(C.49)}$$

$$\sum_{k=1}^{K} \Big(\underbrace{tb_{jk} \cdot q_{kt}}_{\text{Produktionsdauer des Produkts } k \text{ in Periode } t \text{ auf Ressource } j} + \underbrace{tr_{jk} \cdot \gamma_{kt}}_{\text{Rüstzeit des Produkts } k \text{ in Periode } t \text{ auf Ressource } j} \Big) \leq b_{jt} \qquad j = 1, 2, \ldots, J;\ t = 1, 2, \ldots, T \quad \text{(C.50)}$$

$$q_{kt} \geq 0 \qquad k = 1, 2, \ldots, K;\ t = 1, 2, \ldots, T \quad \text{(C.51)}$$

$$y_{k0} = 0;\ y_{kT} = 0 \qquad k = 1, 2, \ldots, K \quad \text{(C.52)}$$

$$y_{kt} \geq 0 \qquad k = 1, 2, \ldots, K;\ t = 1, 2, \ldots, T \quad \text{(C.53)}$$

$$\gamma_{kt} \in \{0, 1\} \qquad k = 1, 2, \ldots, K;\ t = 1, 2, \ldots, T \quad \text{(C.54)}$$

---

48 CLSP = **C**apacitated **L**ot **S**izing **P**roblem

Symbole	
b_{jt}	Kapazität der Ressource j in Periode t (in Zeiteinheiten)
d_{kt}	Bedarfsmenge des Produkts k in Periode t
h_k	Lagerkostensatz für Produkt k
J	Anzahl der Ressourcen
K	Anzahl der Produkte
M	große Zahl
p_{kt}	Produktionskostensatz für Produkt k in Periode t
s_k	Rüstkostensatz für Produkt k
T	Länge des Planungszeitraums
tb_{jk}	Stückbearbeitungszeit für Produkt k an Ressource j
tr_{jk}	Rüstzeit für Produkt k an Ressource j
q_{kt}	Losgröße für Produkt k in Periode t
y_{kt}	Lagerbestand für Produkt k am Ende der Periode t
γ_{kt}	binäre Rüstvariable für Produkt k in Periode t

Dabei werden die Symbole für die aus dem Einprodukt-Losgrößenproblem bekannten Entscheidungsvariablen und Parameter nun produktbezogen – ergänzt um den Index k – definiert. Zusätzlich werden J Ressourcen ($j = 1, 2, \ldots, J$) mit den perioden- und ressourcenspezifischen Kapazitäten b_{jt} betrachtet. Die Produktion der Produkte beansprucht diese Ressourcen simultan mit den **Rüstzeiten** tr_{jk} und den **Stückbearbeitungszeiten** tb_{jk}. Man könnte sich z. B. eine Maschine und einen Mitarbeiter vorstellen, die gleichzeitig zur Durchführung eines Arbeitsgangs benötigt werden. Die Vorlaufzeiten (z_k) werden für alle Produkte gleich Null gesetzt. Daher sind die in einer Periode t eingeplanten Produktionsmengen bereits in derselben Periode zur Bedarfsdeckung verfügbar.

Die große Zahl M in den Restriktionen (C.49) kann ähnlich wie beim SIULSP auf S. 31 auch periodenspezifisch (und produktspezifisch) definiert werden:

$$M_{kt} = \min\left\{\frac{b_t - tr_k}{tb_k}, D_{ktT}\right\} \qquad k = 1, 2, \ldots, K; \ t = 1, 2, \ldots, T \qquad \text{(C.55)}$$

Der erste Ausdruck in der Klammer ist die maximale Produktionsmenge des Produkts k, wenn dieses in Periode t allein produziert wird. $D_{ktT} = \sum_{j=t}^{T} d_{kj}$ ist die gesamte Nachfrage des Produkts k von Periode t bis zum Ende des Planungszeitraums.

Die *Rüstzeiten* werden oft aus der Modellformulierung eliminiert, indem man die insgesamt benötigte Rüstzeit in einer Periode schätzt und von der verfügbaren Periodenkapazität abzieht. Die genaue Bestimmung der Gesamtrüstzeit je Periode setzt allerdings die Kenntnis der Perioden voraus, in denen gerüstet wird. Diese sind jedoch erst nach der Lösung des Problems bekannt.

Wenn man im Modell CLSP die Rüstzeiten vernachlässigt, dann kann man sehr einfach feststellen, ob es für eine gegebene Datensituation eine zulässige Lösung gibt, indem man für alle Zeiträume von 1 bis t ($t = 1, 2, \ldots, T$) prüft, ob die kumulierte verfügbare Kapazität größer oder gleich der kumulierten benötigten Kapazität ist. Dies ist nicht mehr so einfach, wenn *Rüstzeiten zu berücksichtigen* sind. Um in diesem Fall die tatsächlichen Kapazitätsbedarfe feststellen zu können, muß man wissen, in welchen Perioden gerüstet wird und in welchen nicht. Dazu muß man aber die Lösung des Problems bereits kennen. D. h. festzustellen, ob es für ein CLSP *mit* Rüstzeiten eine zulässige Lösung gibt, ist ebenso schwierig wie die Bestimmung der optimalen Lösung für ein CLSP *ohne* Rüstzeiten.

Insbesondere dann, wenn das Modell CLSP (mit Rüstzeiten) in einem übergeordneten Planungsansatz (z. B. in einer MIP-basierten Heuristik[49]) mit einem Standard-Solver gelöst wird, dann empfiehlt es sich, die Modellformulierung so robust zu machen, daß der Solver immer eine zulässige Lösung findet. Hierzu bieten sich zwei Möglichkeiten:

- *Überstunden*

  In diesem Fall ergänzt man die Nebenbedingungen (C.50) um Überstunden-Variablen o_{jt} wie folgt:

  $$\sum_{k=1}^{K} \left(tb_{jk} \cdot q_{kt} + tr_{jk} \cdot \gamma_{kt} \right) - o_{jt} \leq b_{jt} \qquad \begin{array}{l} j = 1, 2, \ldots, J \\ t = 1, 2, \ldots, T \end{array} \qquad \text{(C.56)}$$

  Die Überstunden werden in der Zielfunktion mit prohibitiv hohen Kosten bewertet. Falls in der optimalen Lösung dieses modifizierten Modells Überstunden enthalten sind, dann wurde für das ursprüngliche Problem keine zulässige Lösung gefunden.

- *Fehlbestände*

  Alternativ kann man auch zulassen, daß ein Teil der Nachfrage verspätet erfüllt wird. In diesem Fall führt man Fehlbestands-Variablen y_{kt}^f ein und modifiziert die Lagerbilanzgleichungen (C.48) wie folgt:

  $$y_{k,t-1} - y_{k,t-1}^f + q_{kt} - y_{kt} + y_{kt}^f = d_{kt} \qquad \begin{array}{l} k = 1, 2, \ldots, K \\ t = 1, 2, \ldots, T \end{array} \qquad \text{(C.57)}$$

  Auch hier bewertet man die Fehlbestände in der Zielfunktion mit prohibitiv hohen Kosten.

---

[49] siehe Abschnitt C.2.2.1, S. 95

In beiden Fällen kann man natürlich anstelle prohibitiv hoher Kosten auch „echte" Kostensätze verwenden, sofern man diese kennt. Insbesondere Fehlbestandskosten lassen sich allerdings in der Praxis kaum quantifizieren.

Oft besteht ein im Modell berücksichtigter Ressourcentyp j nicht nur aus einer Maschine, sondern aus einer Gruppe funktionsgleicher Maschinen (Werkstatt), deren Gesamtkapazität pro Periode dann als Produkt aus der Maschinenanzahl und der Einsatzdauer pro Periode berechnet wird. In diesem Fall werden mit dem Losgrößenmodell nur die Produktionsmengen pro Periode festgelegt. Die genaue Verteilung der sich aus der Losgrößenplanung ergebenden Arbeitslast wird dann erst im Rahmen der segmentspezifischen Feinplanung und Steuerung festgelegt. Der Verzicht auf die Berücksichtigung der Rüstzeiten in der Losgrößenplanung kann hier noch eher vertreten werden als im Fall einer Ressource, da der Schätzfehler der gesamten Rüstzeit pro Periode bei mehreren Ressourcen relativ niedriger sein wird als bei einer Ressource.

Ist die aggregierte Betrachtung einer Gruppe gleichartiger Ressourcen zu ungenau, dann muß jede einzelne Ressource getrennt modelliert werden. Prinzipiell kann die obige Formulierung des CLSP um die Erfassung paralleler Ressourcen bzw. Maschinen erweitert werden.[50] Betrachtet man einen Ressourcentyp mit M identischen Ressourcen, dann erhält man das folgende Modell:

Modell CLSP-PM[51]

$$\text{Minimiere } Z = \sum_{k=1}^{K} \sum_{m=1}^{M} \sum_{t=1}^{T} \left(s_k \cdot \gamma_{kt}^m + p_{kt} \cdot q_{kt}^m \right) + \sum_{k=1}^{K} \sum_{t=1}^{T} h_k \cdot y_{kt} \qquad \text{(C.58)}$$

u. B. d. R.

$$y_{k,t-1} + \sum_{m=1}^{M} q_{kt}^m - y_{kt} = d_{kt} \qquad k = 1, 2, \ldots, K;\ t = 1, 2, \ldots, T \qquad \text{(C.59)}$$

$$q_{kt}^m - M \cdot \gamma_{kt}^m \leq 0 \qquad k = 1, 2, \ldots, K;\ m = 1, 2, \ldots, M;\ t = 1, 2, \ldots, T \qquad \text{(C.60)}$$

$$\sum_{k=1}^{K} \left(tb_k \cdot q_{kt}^m + tr_k \cdot \gamma_{kt}^m \right) \leq b_t^m \qquad m = 1, 2, \ldots, M;\ t = 1, 2, \ldots, T \qquad \text{(C.61)}$$

$$q_{kt}^m \geq 0 \qquad k = 1, 2, \ldots, K;\ m = 1, 2, \ldots, M;\ t = 1, 2, \ldots, T \qquad \text{(C.62)}$$

$$y_{k0} = 0;\ y_{kT} = 0 \qquad k = 1, 2, \ldots, K \qquad \text{(C.63)}$$

$$y_{kt} \geq 0 \qquad k = 1, 2, \ldots, K;\ t = 1, 2, \ldots, T \qquad \text{(C.64)}$$

---

50 vgl. *Toledo und Armentano* (2006)

51 PM = **P**arallel **M**achines

C.2.1.1 Makroperioden-Modelle – CLSP

$$\gamma_{kt}^m \in \{0,1\} \qquad k = 1, 2, \ldots, K;\; m = 1, 2, \ldots, M;\; t = 1, 2, \ldots, T \qquad (C.65)$$

Symbole – Änderung gegenüber Modell CLSP	
b_t^m	Kapazität der Maschine m in Periode t
q_{kt}^m	Losgröße für Produkt k an Maschine m in Periode t
γ_{kt}^m	binäre Rüstvariable für Produkt k an Maschine m in Periode t

Neben der Erweiterung einiger Variablen um das Superskript m wird die **Lagerbilanzgleichung** so modifiziert, das der Lagerzugang nun aus den Produktionsmengen mehrerer funktionsgleicher Ressourcen gespeist wird. Diese detaillierte Modellierung eignet sich insbesondere zur genauen Erfassung der Rüstzeiten. Falls die Maschinen sich hinsichtlich der Rüst- und Produktionskosten oder der Rüstzeiten bzw. Stückbearbeitungszeiten unterscheiden, können diese Parameter auch maschinenspezifisch definiert werden.

Das CLSP mit parallelen Maschinen ist ein Spezialfall des CLSP mit Transporten zwischen mehreren Produktionsstandorten, die über identische Ressourcen verfügen.[52] Dieses Modell bildet folgende Situation ab. Ein Unternehmen verfügt über mehrere räumlich getrennte Produktionsstandorte bzw. Ressourcen mit begrenzten Kapazitäten. Jedem Standort ist für jedes Produkt eine Nachfragezeitreihe zugeordnet. Diese kann durch Produktion an dem betreffenden Standort oder durch Produktion an einem anderen Standort gedeckt werden. Im letzteren Fall allerdings muß die produzierte Menge noch zu dem „Nachfragestandort" transportiert werden, wodurch Kosten entstehen.

Zu entscheiden ist nun für jeden Standort, mit welchen Losgrößen die Produkte produziert werden sollen und in welchem Umfang produzierte Mengen an die anderen Standorte abgegeben werden oder von diesen bezogen werden sollen. Da dies Transportkosten verursacht, aber möglicherweise Lager- oder Rüstkosten und Rüstzeiten einspart, entsteht ein Problem der simultanen Losgrößen- und Transportplanung. Wie im Modell CLSP-PM mit parallelen Maschinen kann es in dieser Situation sinnvoll sein, anstelle eines Rüstvorgangs an einem Standort A auf Produktionskapazität an einem anderen Standort B zurückzugreifen.

Aus rechentechnischen Gründen ist es sinnvoll, die Kapazitätsrestriktionen (C.50) um Schlupfvariablen („Überstunden") zu erweitern, die in der Zielfunktion prohibitiv bestraft werden. Dann erhält man immer eine formal zulässige Lösung. In den obigen Modellen wurde darauf jedoch verzichtet.

Bei dem Versuch, das Modell CLSP mit einem Standard-Solver exakt zu lösen, wird man feststellen, daß die Formulierung des Modells mit sehr schlechten (d. h., niedrigen) unte-

---
52 vgl. *Sambasivan und Yahya* (2005).

ren Schranken des optimalen Zielwertes verbunden ist. Das wirkt sich sehr ungünstig auf die zur Bestimmung der exakten Lösung benötigte Rechenzeit aus. Es bieten sich nun zwei Wege an, das Modell CLSP so zu transformieren, daß es sich schneller lösen läßt. Eine Möglichkeit besteht darin, auf die im Modell SRP_G verwendete Modellierungstechnik als **Netzwerk-Modell** zurückzugreifen und diese um Kapazitätsbeschränkungen zu ergänzen.[53] Für den Fall, daß ein Produkt mit der Stückbearbeitungszeit tb und der Rüstzeit tr sowie eine Ressource mit der Periodenkapazität b_t betrachtet werden, muß das Modell SRP_G lediglich um folgende Kapazitätsrestriktion ergänzt werden, wobei $D_{t\tau}$ den gesamten Bedarf der Perioden t bis τ bezeichnet:

$$\sum_{\tau=t}^{T} tb \cdot D_{t\tau} \cdot \theta_{t\tau} + tr \cdot \gamma_t \leq b_t \qquad t = 1, 2, \ldots, T \qquad (C.66)$$

Tabelle C.9

Lösung des Modells SRP_G

$\theta_{\tau t}$			t				Los-
τ	1	2	3	4	5	6	größe
1	0	0.73469	0	0.26531	0	0	165
2	–	0	0	0	0	0	0
3	–	–	0	0.64379	0	0.09091	200
4	–	–	–	0	0	0	0
5	–	–	–	–	0	0.90909	200
6	–	–	–	–	–	0	0

 Nimmt man für das Beispiel aus Abschnitt C.1.2.1, S. 41, an, daß die Maschine pro Periode nur 200 Einheiten des Produkts produzieren kann, dann erhält man bei Vernachlässigung der Rüstzeiten die in Tabelle C.9 angegebene Lösung. Die Losgrößen lassen sich aus den $\theta_{\tau t}$-Werten und den dazugehörigen kumulierten Bedarfsmengen ableiten. So ergibt sich die Losgröße in Periode 1 als $0.73469 \cdot (20 + 80) + 0.26531 \cdot (20 + 80 + 160 + 85) = 165$. Die Kosten dieser Lösung sind wegen der zusätzlichen Kapazitätsrestriktionen von 1705 auf 1935 angestiegen.

Anstelle der obigen konventionellen Formulierung des CLSP kann man auch auf die im Modell SPLP[54] verwendete Analogie zum **Standortmodell** zurückgreifen.[55] In diesem Fall erhält man folgendes Modell:

---

53 vgl. *Eppen und Martin* (1987). Siehe auch Modell MLCLSP$_{\text{Helber}}$, S. 139.
54 siehe S. 39
55 vgl. *Suerie und Stadtler* (2003)

C.2.1.1 Makroperioden-Modelle – CLSP

Modell CLSP$_{SPL}$

$$\text{Minimiere } Z = \sum_{k=1}^{K} \sum_{t=1}^{T} s_k \cdot \gamma_{kt} + \sum_{k=1}^{K} \sum_{t=1}^{T} \sum_{\tau=t}^{T} h_{kt\tau} \cdot \delta_{kt\tau} \qquad \text{(C.67)}$$

u. B. d. R.

$$\sum_{t=1}^{\tau} \delta_{kt\tau} = 1 \qquad k = 1, 2, \ldots, K; \tau = 1, 2, \ldots, T \qquad \text{(C.68)}$$

$$\delta_{kt\tau} \leq \gamma_{kt} \qquad \begin{aligned} & k = 1, 2, \ldots, K; t = 1, 2, \ldots, T; \\ & \tau = t, t+1, \ldots, T; d_{k\tau} > 0 \end{aligned} \qquad \text{(C.69)}$$

$$\sum_{k \in \mathcal{K}_j} \left[\underbrace{\sum_{\tau=t}^{T} tb_k \cdot d_{k\tau} \cdot \delta_{kt\tau}}_{\text{benötigte Produktionszeit für Produkt } k \text{ in Periode } t} + tr_k \cdot \gamma_{kt} \right] \leq b_{jt} \qquad \begin{aligned} & j = 1, 2, \ldots, J; \\ & t = 1, 2, \ldots, T \end{aligned} \qquad \text{(C.70)}$$

$$\delta_{kt\tau} \geq 0 \qquad k = 1, 2, \ldots, K; t = 1, 2, \ldots, T; \tau = t, t+1, \ldots, T \qquad \text{(C.71)}$$

$$\gamma_{kt} \in \{0, 1\} \qquad k = 1, 2, \ldots, K; t = 1, 2, \ldots, T \qquad \text{(C.72)}$$

Symbole

b_{jt}	Periodenkapazität der Ressource j in Periode t
$d_{k\tau}$	Bedarfsmenge des Produkts k in Periode τ
$h_{kt\tau}$	Kosten für die Lagerung der Bedarfsmenge des Produkts k aus Periode τ von Periode t bis Periode τ
s_k	Rüstkostensatz für Produkt k
tb_k	Stückbearbeitungszeit für Produkt k
tr_k	Rüstzeit für Produkt k
T	Länge des Planungszeitraums
γ_{kt}	binäre Rüstvariable für Produkt k in Periode t
$\delta_{kt\tau}$	Anteil des Bedarfs des Produkts k aus Periode τ, der durch Produktion in der Periode t gedeckt wird

Die Lagerkosten $h_{kt\tau}$ sind in gleicher Weise wie im Einproduktfall ohne Kapazitätsbeschränkungen definiert: $h_{kt\tau} = h_k \cdot d_{k\tau} \cdot (\tau - t)$. Diese Modellformulierung ermöglicht die exakte Lösung von wesentlich größeren Probleminstanzen als das Modell CLSP.

Manne[56] schlägt bereits im Jahre 1958 ein **Set-Partitioning-Modell** zur Abbildung des dynamischen Mehrprodukt-Losgrößenproblems vor. Die Grundidee des Modells besteht darin, eine **endliche Menge** $\mathcal{P}_k$ **von produktbezogenen Produktionsplänen** mit jeweils

---
56 vgl. *Manne* (1958)

unterschiedlichen Produktionszyklen zu erzeugen und diese als Entscheidungsalternativen in einem binären Optimierungsmodell zusammenzufassen. Für jedes Produkt k werden mehrere sich gegenseitig ausschließende Produktionspläne i ($i \in \mathcal{P}_k$) definiert. Ist ein Produktionsplan für den gesamten Planungshorizont festgelegt, dann lassen sich die damit verbundenen Kosten sowie die Belastung der Ressourcen in den einzelnen Planungsperioden leicht ermitteln, da dann bekannt ist, in welchen Perioden welche Mengen produziert und gelagert werden. Die Nebenbedingungen des Modells enthalten die Kapazitätsrestriktionen der Ressourcen – bei nur einer Ressource entspricht jede Zeile einer Periode. Das resultierende Set-Partitioning-Modell lautet:[57]

Modell CLSP$_{SPP}$[58]

$$\text{Minimiere } Z = \sum_{k=1}^{K} \sum_{i \in \mathcal{P}_k} c_i \cdot \gamma_i \tag{C.73}$$

↑ Kosten des Produktionsplans i für Produkt k
↳ Menge der für Produkt k definierten Produktionspläne

u. B. d. R.

$$\sum_{k=1}^{K} \sum_{i \in \mathcal{P}_k} \kappa_{ijt} \cdot \gamma_i \leq b_{jt} \qquad j = 1, 2, \ldots, J; \ t = 1, 2, \ldots, T \tag{C.74}$$

↑ Kapazitätsbelastung der Ressource j durch den Produktionsplan i (des Produkts k) in Periode t

$$\sum_{i \in \mathcal{P}_k} \gamma_i = 1 \qquad k = 1, 2, \ldots, K \tag{C.75}$$

$$\gamma_i \in \{0, 1\} \qquad i \in \mathcal{P}_k; \ k = 1, 2, \ldots, K \tag{C.76}$$

Symbole	
b_{jt}	Kapazität der Ressource j in Periode t (in Zeiteinheiten)
c_i	Kosten des Produktionsplans i (dieser ist eindeutig einem Produkt k zugeordnet)
$\mathcal{P}_k$	Menge der für Produkt k betrachteten Produktionsplanalternativen
κ_{ijt}	Kapazitätsbelastung der Ressource j in Periode t durch den Produktionsplan i
γ_i	binäre Variable, die den Wert 1 annimmt, wenn Produktionsplan i (für Produkt k) gewählt wird

Das Problem (C.73)–(C.76) ist ein binäres Optimierungsproblem mit den Entscheidungsvariablen γ_i. **Rüstvorgänge** (insb. Rüstzeiten), Losgrößen und Lagermengen werden implizit durch die Zuordnung zu einer spezifizierten Produktionsplanalternative

---
57 vgl. auch *Bahl und Ritzman* (1984a,b)
58 SPP = **S**et **P**artitioning **P**roblem

erfaßt. Die Nebenbedingungen (C.74) stellen sicher, daß die in Periode t verfügbare Kapazität der Ressourcen nicht überschritten wird. Die Gleichungen (C.75) gewährleisten, daß für jedes Produkt k genau ein Produktionsplan ausgewählt wird.

Theoretisch gibt es für jedes Produkt unendlich viele Produktionspläne. Daher wird i. Allg. die zusätzliche Beschränkung gesetzt, daß nur solche Produktionspläne definiert werden, die auch die für Probleme ohne Kapazitätsrestriktionen geltende Optimalitätsbedingung $y_{k,t-1} \cdot q_{kt} = 0$ erfüllen.[59] Da es bei beschränkten Kapazitäten auch optimal sein kann, nur eine Teilmenge einer Periodennachfrage vorzuproduzieren, besteht insb. bei einer geringen Anzahl von Produkten das Risiko, daß das Modell die optimalen Produktionspläne nicht erfaßt.

C.2.1.1.1.1 Übertragung des Rüstzustands

In einem Makroperioden-Modell sind die Perioden i. d. R. so lang, daß eine größere Anzahl von Produkten in einer Periode produziert werden kann. Aus der Modellformulierung ergibt sich, daß jede positive Produktionsmenge eines Produkts in einer Periode mit einem Rüstvorgang verbunden sein muß. Das gilt auch dann, wenn das letzte in der Periode t durch die Ressource produzierte Produkt identisch ist mit dem ersten in der nächsten Periode $t+1$ produzierten Produkt. Dies ist z. B. der Fall, wenn die Produktion eines Produkts am Ende einer Woche unterbrochen und zu Beginn der nächsten Woche ohne einen neuen Rüstvorgang auf derselben Maschine fortgesetzt wird. Die dabei mögliche Einsparung von Rüstzeit bzw. kosten wird vom Modell CLSP nicht erfaßt und daher bei der Aufstellung eines Produktionsplans auch nicht ausgenutzt.

Der Verzicht auf eine genauere Abbildung der Rüstvorgänge im CLSP hat jedoch auch Vorteile. So kann die betrachtete Ressource eine Werkstatt darstellen, die aus mehreren identischen Maschinen besteht, welche alternativ zur Bearbeitung der Produkte eingesetzt werden können. In diesem Fall kann man bei Verwendung des CLSP sämtliche Maschinen als einen Ressourcentyp mit einer aggregierten Periodenkapazität betrachten. Sollen die Rüstvorgänge detailliert erfaßt werden, dann muß man jede einzelne Maschine – wie im Modell CLSP-PM auf S. 60 gezeigt – als Planungsobjekt modellieren.

Dillenberger et al.[60] schlagen vor, das Modell CLSP so zu erweitern, daß auch die periodenüberschreitende Produktion erfaßt wird. Dies wird möglich, wenn man den **Rüstzustand** jeder einzelnen Ressource in die Modellformulierung einbezieht und von Periode zu Periode fortschreibt. Wird zur Produktion nur eine Einzelmaschine einge-

---

59 Siehe auch Gleichung (C.15) auf S. 34.
60 vgl. *Dillenberger et al.* (1993); *Haase* (1994); *Gopalakrishnan et al.* (1995); *Gopalakrishnan et al.* (2001); *Porkka et al.* (2003)

setzt, dann kann der Rüstzustand dieser Ressource unter folgenden Bedingungen von einer Periode t in die Periode $t+1$ übertragen werden:

a) Ein Produkt wird als letztes in Periode t und als erstes in Periode $t+1$ produziert.

b) Am Ende der Periode t wird Leerzeit der Ressource genutzt, um für das erste in Periode $t+1$ zu produzierende Produkt umzurüsten.

Falls in der Periode t kein Produkt produziert wird,

c) kann für das nächste Produkt gerüstet und der Rüstzustand in die Periode $t+1$ übertragen werden.

d) kann der aus der Vorperiode $t-1$ übernommene Rüstzustand in die Periode $t+1$ übertragen werden.

Zur Berücksichtigung dieser Situationen erweitern wir das Modell CLSP$_{SPL}$, wobei wir die Darstellung auf *eine Maschine* beschränken. Wir führen die Binärvariable ω_{kt} ein, die den Wert 1 annimmt, wenn die Maschine zu Beginn der Periode t bereits für das Produkt k gerüstet ist. Weiterhin benötigen wir eine Indikatorvariable v_t, die den Wert 1 annimmt, wenn nur ein Produkt in Periode t produziert wird und daher der Rüstzustand aus der Vorperiode $t-1$ in die Folgeperiode $t+1$ übertragen wird. Wir erhalten dann folgendes Modell[61]:

Modell CLSP-L$_{SPL}$[62]

$$\text{Minimiere } Z = \sum_{k=1}^{K} \sum_{t=1}^{T} s_k \cdot \gamma_{kt} + \sum_{k=1}^{K} \sum_{t=1}^{T} \sum_{\tau=t}^{T} h_{kt\tau} \cdot \delta_{kt\tau} \tag{C.77}$$

u. B. d. R.

$$\sum_{t=1}^{\tau} \delta_{kt\tau} = 1 \qquad k=1,2,\ldots,K; \tau=1,2,\ldots,T \tag{C.78}$$

$$\delta_{kt\tau} \leq \gamma_{kt} + \omega_{kt} \qquad \begin{aligned} k &= 1,2,\ldots,K; t=1,2,\ldots,T \\ \tau &= t, t+1, \ldots, T; d_{k\tau} > 0 \end{aligned} \tag{C.79}$$

$$\sum_{k=1}^{K} \left[\sum_{\tau=t}^{T} tb_k \cdot d_{k\tau} \cdot \delta_{kt\tau} + tr_k \cdot \gamma_{kt} \right] \leq b_t \qquad t=1,2,\ldots,T \tag{C.80}$$

---

61 vgl. *Suerie und Stadtler* (2003); *Suerie* (2005b).

62 CLSP-L = **C**apacitated **L**ot **S**izing **P**roblem with **L**inked **L**otsizes. Vgl. *Haase* (1994). Anstatt „Linked Lotsizes" (L) wird auch der Zusatz „Setup Carry-over" (SC) verwendet. Vgl. *Gopalakrishnan et al.* (1995); *Sox und Gao* (1999).

C.2.1.1 Makroperioden-Modelle – CLSP mit Übertragung des Rüstzustands

$$\sum_{k=1}^{K} \omega_{kt} \leq 1 \qquad t = 1, 2, \ldots, T \qquad (C.81)$$

$$\omega_{kt} \leq \gamma_{k,t-1} + \omega_{k,t-1} \qquad k = 1, 2, \ldots, K; t = 2, \ldots, T \qquad (C.82)$$

$$\omega_{kt} + \omega_{k,t+1} \leq 1 + v_t \qquad k = 1, 2, \ldots, K; t = 1, 2, \ldots, T-1 \qquad (C.83)$$

$$v_t + \gamma_{kt} \leq 1 \qquad k = 1, 2, \ldots, K; t = 1, 2, \ldots, T \qquad (C.84)$$

$$\omega_{\hat{k}1} = 1, \omega_{k1} = 0 \qquad k = 1, 2, \ldots, K; k \neq \hat{k} \qquad (C.85)$$

$$\delta_{kt\tau} \geq 0 \qquad k = 1, 2, \ldots, K; t = 1, 2, \ldots, T; \tau = t, t+1, \ldots, T \qquad (C.86)$$

$$\gamma_{kt}, \omega_{kt} \in \{0, 1\} \qquad k = 1, 2, \ldots, K; t = 1, 2, \ldots, T \qquad (C.87)$$

$$v_t \geq 0 \qquad k = 1, 2, \ldots, K; t = 1, 2, \ldots, T-1 \qquad (C.88)$$

Symbole – Ergänzung zu Modell CLSP$_{SPL}$	
v_t	Indikatorvariable, die den Wert 1 annimmt, wenn in Periode t nicht gerüstet wird
$\hat{k}$	Nummer des Produkts, für das die Maschine zu Beginn der Periode 1 gerüstet ist
ω_{kt}	binäre *Rüstzustandsvariable* für Produkt k zu Beginn der Periode t

Die Nebenbedingungen (C.79) erfassen anders als die Restriktionen (C.69) im Modell CLSP$_{SPL}$ nun auch, daß produziert werden kann, wenn der Rüstzustand aus der Vorperiode übernommen wird. Mit (C.81) wird gesichert, daß zu Beginn jeder Periode höchstens für ein Produkt ein Rüstzustand definiert ist. Laut den Nebenbedingungen (C.82) kann ein Rüstzustand für das Produkt k nur dann in die Periode t übertragen werden, wenn entweder in Periode $t-1$ neu gerüstet wurde ($\gamma_{k,t-1}$) oder wenn dieser Rüstzustand bereits in die Periode $t-1$ übernommen wurde ($\omega_{k,t-1}$).

Die Nebenbedingungen (C.83) dienen zur Erfassung der Möglichkeit, daß ein Rüstzustand über zwei Periodengrenzen hinweg, also von Periode $t-1$ nach t und dann von t nach $t+1$ übertragen wird. In diesem Fall ist $\omega_{kt} + \omega_{k,t+1} = 2$. Das ist allerdings nur möglich, wenn in der betrachteten Periode nicht für ein anderes Produkt gerüstet wird – andernfalls würde der Rüstzustand für Produkt k zerstört.

Man führt nun eine Hilfsvariable v_t ein, um anzuzeigen, daß in Periode t ein Produkt produziert wird, ohne daß dafür gerüstet worden ist. Mit den Nebenbedingungen (C.84) erzwingt man, daß v_t nur dann den Wert 1 annimmt, wenn in der betrachteten Periode t nicht gerüstet wird, d. h. wenn alle γ_{kt} Null sind. Setzt man nun in (C.83) $v_t = 1$, dann können ω_{kt} und $\omega_{k,t+1}$ den Wert 1 annehmen und durch die Nebenbedingungen (C.84) wird verhindert, daß für irgendein anderes Produkt in dieser Periode gerüstet wird. Andersherum betrachtet: ω_{kt} und $\omega_{k,t+1}$ können nur dann gleichzeitig den Wert

1 annehmen, wenn $v_t = 1$, alle $\gamma_{kt} = 0$ und folglich der Rüstzustand für Produkt k nicht verändert wird. Die Modellformulierung berücksichtigt auch den Fall, daß für ein Produkt in einer Periode gerüstet wird, obwohl die Produktion erst in der Folgeperiode beginnt.

Tabelle C.10
Daten

		Bedarfsmengen d_{kt}							
$k\backslash t$	1	2	3	4	5	6	h_k	s_k	tb_k	tr_k
1	30	–	80	–	40	–	4	400	1	10
2	–	–	30	–	70	–	3	150	1	10
3	–	–	40	–	60	–	2	100	1	10
4	–	–	20	–	–	10	2	100	1	10
5	–	–	60	–	50	–	1	100	1	10

Betrachten wir ein Beispiel mit den in Tabelle C.10 angegebenen Daten. Die Periodenkapazität der Ressource wird mit $b_t = 200$ ($t = 1, 2, \ldots, 6$) angenommen.

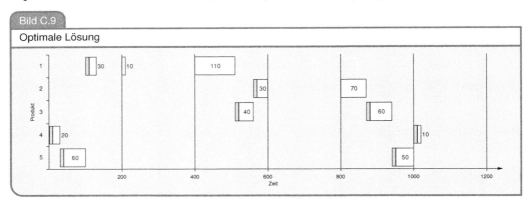

Bild C.9
Optimale Lösung

Bild C.9 zeigt die optimale Lösung. Die Rüstvorgänge sind grau markiert. Die Beschriftungen geben die Produktnummern und die Produktionsmengen an. Für Produkt 1 wird in Periode 1 gerüstet und der Rüstzustand in die Perioden 2 und 3 übernommen. Das bedeutet, daß die Produkte 4 und 5 in Periode 1 *vor* dem Produkt 1 produziert werden müssen. Weiterhin wird für das Produkt 2 in Periode 3 gerüstet. Dann folgt eine Periode ohne Produktion mit Erhaltung des Rüstzustands über zwei Periodengrenzen hinweg. Im Anschluß daran wird die Produktion des Produkts 2 in Periode 5 fortgesetzt.

Haase[63] schlägt auch ein – von ihm als CLSP-L$_A$[64] bezeichnetes – Modell vor, in dem

---

63 vgl. *Haase* (1998)
64 CLSP-L with „**A**djacent periods"

der Rüstzustand nur *einmal* in eine Folgeperiode übernommen werden darf. Diese zusätzliche Restriktion hat in vielen Fällen – vor allem bei vielen Produkten und hoher Auslastung – nur einen vernachlässigbaren Einfluß auf die Lösung, vereinfacht aber die Modellformulierung beträchtlich. Dies belegt das unten auf S. 145 dargestellte Modell MLCLSP-L, mit dem das Modell CLSP-L für eine mehrstufige Erzeugnis- und Prozeßstruktur für den Fall einer einmaligen Rüstzustandsübertragung erweitert wird.

Die optimale Lösung des obigen Beispiels ist für diesen Fall in Bild C.10 wiedergegeben. Infolge der Beschränkung der Möglichkeit, einen Rüstzustand über mehrere Perioden fortzuschreiben, hat sich ein in seiner Struktur stark veränderter Produktionsplan ergeben. Es tritt nun auch der Fall auf, daß in einer Periode (4) für ein Produkt (5) gerüstet wird, obwohl die Produktion erst in der Folgeperiode (5) beginnt. Die in Periode 5 verfügbare Kapazität (200) wird durch die Bearbeitungszeiten für die Produkte 2, 3 und 5 (180) und die Rüstzeiten für die Produkte 2 und 5 (20) vollständig verbraucht. Aus diesem Grund wird der Rüstvorgang für das Produkt 5 in die Periode 4 vorgezogen.

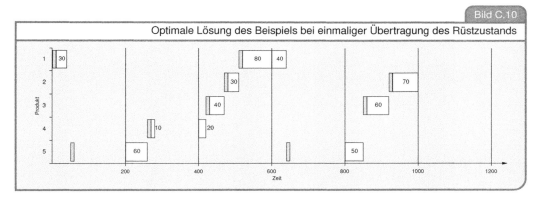

Bild C.10: Optimale Lösung des Beispiels bei einmaliger Übertragung des Rüstzustands

C.2.1.1.1.2 Reihenfolgeabhängige Rüstzeiten und -kosten

Das Modell CLSP-L$_{SPL}$ kann auch um **reihenfolgeabhängige Rüstzeiten und/oder -kosten** erweitert werden. Dabei sei angenommen, daß die *Dreiecksungleichung* bezüglich der Rüstkosten und der Rüstzeiten erfüllt ist. Diese besagt, daß das direkte Umrüsten zwischen zwei Produkten i und j nicht ungünstiger sein darf als der Umweg über ein drittes Produkt k. Es gilt also: $s_{ij} \leq s_{ik} + s_{kj}$ sowie $t_{ij} \leq t_{ik} + t_{kj}$ für alle Kombinationen der Produkte i, j und k. So kann es in manchen Produktionsprozessen sinnvoll und technisch möglich sein, daß man zwischen zwei Produkten ein drittes Produkt produziert, anstatt die Produktionsanlage aufwendig und teuer zu reinigen. Allerdings wird der Reinigungseffekt nur dann erzielt, wenn die Produktionsmenge groß genug ist.[65] Ohne die Gültigkeit der Dreiecksungleichung und die Vorgabe einer Mindestproduktionsmenge könnte eine Lösung des Modells vorsehen, daß aus dem Rüstzustand i ohne Produktion unendlich schnell über einen günstigen Rüstzustand k in den Ziel-Rüstzustand j gesprungen wird. Das schließen wir im Folgenden aus.

Zur Erfassung von reihenfolgeabhängigen Rüstzeiten und/oder -kosten führen wir binäre Umrüstvariablen χ_{ikt} ein, die angeben, ob in Periode t vom Rüstzustand (Produkt) i zum Rüstzustand (Produkt) k umgerüstet wird. Außerdem werden die Umrüstzeiten tr_{ik} und die Umrüstkosten s_{ik} als reihenfolgeabhängig definiert. Das modifizierte Losgrößenmodell sieht dann wie folgt aus:

Modell CLSP-L-SD$_{SPL}$[66]

$$\text{Minimiere } Z = \sum_{t=1}^{T} \sum_{i=1}^{K} \sum_{k=1}^{K} s_{ik} \cdot \chi_{ikt} + \sum_{k=1}^{K} \sum_{t=1}^{T} \sum_{\tau=t}^{T} h_{kt\tau} \cdot \delta_{kt\tau} \qquad \text{(C.89)}$$

u. B. d. R.

$$\sum_{t=1}^{\tau} \delta_{kt\tau} = 1 \qquad k=1,2,\ldots,K; \tau=1,2,\ldots,T \qquad \text{(C.90)}$$

$$\delta_{kt\tau} \leq \underbrace{\sum_{i=1}^{K} \chi_{ikt} + \omega_{kt}}_{\text{Rüsten für Produkt } k} \qquad \begin{array}{l} k=1,2,\ldots,K; t=1,2,\ldots,T \\ \tau = t, t+1, \ldots, T; d_{k\tau} > 0 \end{array} \qquad \text{(C.91)}$$

$$\sum_{k=1}^{K} \left[\sum_{\tau=t}^{T} tb_k \cdot d_{k\tau} \cdot \delta_{kt\tau} + \sum_{i=1}^{K} tr_{ik} \cdot \chi_{ikt} \right] \leq b_t \qquad t=1,2,\ldots,T \qquad \text{(C.92)}$$

$$\sum_{k=1}^{K} \omega_{kt} = 1 \qquad t=1,2,\ldots,T \qquad \text{(C.93)}$$

$$\omega_{k,t+1} = \omega_{kt} + \sum_{i=1}^{K} \chi_{ikt} - \sum_{i=1}^{K} \chi_{kit} \qquad \begin{array}{l} k=1,2,\ldots,K \\ t=1,2,\ldots,T \end{array} \qquad \text{(C.94)}$$

- Rüstwechsel von Produkt k nach einem anderen Produkt (= 0 oder 1)
- Rüsten von einem anderen Produkt nach Produkt k (= 0 oder 1)
- Rüstzustand für Produkt k am Anfang von Periode t
- Rüstzustand für Produkt k am Anfang von Periode $t+1$

---

[65] vgl. *Clark et al.* (2010)
[66] SD = **S**equence-**D**ependent Setups.

C.2.1.1 Makroperioden-Modelle – CLSP mit reihenfolgeabhängigen Rüstzeiten/-kosten

$$F_{kt} \geq F_{it} + 1 - K \cdot (1 - \chi_{ikt}) \qquad \begin{array}{l} i = 1, 2, \ldots, K \\ k = 1, 2, \ldots, K; k \neq i \\ t = 1, 2, \ldots, T \end{array} \qquad \text{(C.95)}$$

$$\omega_{\hat{k}1} = 1, \omega_{k1} = 0 \qquad k = 1, 2, \ldots, K; k \neq \hat{k} \qquad \text{(C.96)}$$

$$\delta_{kt\tau} \geq 0 \qquad k = 1, 2, \ldots, K; t = 1, 2, \ldots, T; \tau = t, t+1, \ldots, T \qquad \text{(C.97)}$$

$$\omega_{kt} \geq 0 \qquad k = 1, 2, \ldots, K; t = 1, 2, \ldots, T+1 \qquad \text{(C.98)}$$

$$F_{kt} \geq 0 \qquad k = 1, 2, \ldots, K; t = 1, 2, \ldots, T \qquad \text{(C.99)}$$

$$\chi_{ikt} \in \{0, 1\} \qquad i = 1, 2, \ldots, K; k = 1, 2, \ldots, K; t = 1, 2, \ldots, T \qquad \text{(C.100)}$$

Symbole – Ergänzung zu Modell CLSP-L$_{SPL}$

F_{kt}	Position des Produkts k in der Rüstfolge der Periode t
$\hat{k}$	Index des Produkts, für das zu Beginn des Planungszeitraums gerüstet worden ist
s_{ik}	Rüstkostensatz für das Umrüsten vom Rüstzustand i zum Rüstzustand k
χ_{ikt}	binäre Umrüstvariable vom Rüstzustand i zum Rüstzustand k in Periode t

Abgesehen davon, daß die Rüstvariable γ_{kt} durch $\sum_{i=1}^{K} \chi_{ikt}$ ersetzt wurde, sind zwei Typen von Nebenbedingungen hinzugekommen. Die Restriktionen (C.94) beschreiben die Entwicklung des Rüstzustands der Ressource aus der Sicht des Produkts k. Der Rüstzustand zu Beginn der Periode $(t+1)$ ergibt sich aus dem Rüstzustand am Anfang der Vorperiode t zuzüglich einem Rüstvorgang für das Produkt k abzüglich einem Rüstvorgang zu einem anderen Produkt.

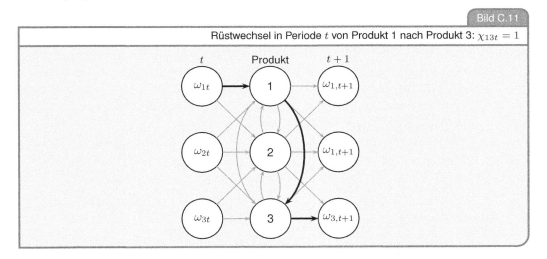

Bild C.11: Rüstwechsel in Periode t von Produkt 1 nach Produkt 3: $\chi_{13t} = 1$

Eine mögliche Abfolge von Rüstzuständen (Knoten) und Rüstwechseln (Pfeile) für ein Beispiel mit drei Produkten zeigt Bild C.11. Am Periodenanfang befindet sich die Ressource im Rüstzustand 1. Dann wird für das Produkt 3 umgerüstet und dieser Rüstzustand in die nächste Periode übernommen.

Auf die v_t-Variablen und die entsprechenden Nebenbedingungen (C.83) und (C.84) des Modells CLSP-L$_{SPL}$ kann verzichtet werden. Diese wurden benötigt, um die Übertragung eines Rüstzustands über mehrere Perioden hinweg zu erfassen. Die genaue Abfolge der Rüstvorgänge in einer Periode wird nun durch die Gleichungen (C.94) beschrieben. Diese Bedingungen sichern zusammen mit (C.93) auch, daß die Rüstzustandsvariablen ω_t immer den Wert 1 oder 0 annehmen.

Die Restriktionen (C.95) sind sog. Subtour-Eliminationsbedingungen.[67] Sie stellen sicher, daß eine Rüstfolge nicht zu einem Produkt zurückführt. Im Bild C.11 darf z. B. kein ausgewählter Pfad vom Knoten 3 zum Knoten 1 zurückführen. Dies kann wie folgt erreicht werden. Man interpretiert F_{kt} als die Position des Produkts k in der Umrüstfolge der Periode t.[68] Jede Umrüstfolge beginnt mit irgendeinem Rüstzustand i. Wenn von i nach k umgerüstet wird, dann muß $F_{kt} \geq F_{it} + 1$ sein, d. h.

$$\chi_{ikt} = 1 \Rightarrow F_{kt} \geq F_{it} + 1 \qquad \begin{array}{l} i = 1, 2, \ldots, K \\ k = 1, 2, \ldots, K; k \neq i \\ t = 1, 2, \ldots, T \end{array} \qquad \text{(C.101)}$$

Diese logische Bedingung wird wie folgt linearisiert:

$$F_{kt} \geq F_{it} + 1 - K \cdot (1 - \chi_{ikt}) \qquad \begin{array}{l} i = 1, 2, \ldots, K \\ k = 1, 2, \ldots, K; k \neq i \\ t = 1, 2, \ldots, T \end{array} \qquad \text{(C.102)}$$

Wird von i nach k gerüstet ($\chi_{ikt} = 1$), dann wird der Ausdruck in der Klammer Null und $F_{kt} \geq F_{it} + 1$. Wird *nicht* von i nach k gerüstet ($\chi_{ikt} = 0$), dann ist die Restriktion mit $F_{kt} \geq F_{it} + 1 - K$ ebenfalls erfüllt und die Lösung wird nicht beeinflußt.

Der Rechenaufwand zur Lösung des Modells CLSP-L-SD$_{SPL}$ ist beträchtlich. Allgemeine Aussagen über die maximale Größe lösbarer Probleminstanzen sind schwer zu treffen. Denn die Rechenzeit hängt sehr stark von den Daten, insb. von der Auslastung der Maschine ab. Zur routinemäßigen Lösung von Problemen mit praxisrelevanten Größenordnungen werden daher heuristische Lösungsansätze benötigt.

Wendet man das Modell CLSP-L auf den Fall einer Werkstatt mit **mehreren funktionsgleichen Maschinen** an, dann muß für jede Maschine der Rüstzustand getrennt verwaltet werden. Bei M zu berücksichtigenden Maschinen erhält man folgendes Modell[69]:

---

67 vgl. *Haase* (1996), *Miller et al.* (1960). Zu weiteren Formulierungen solcher Bedingungen siehe *Guimaraes et al.* (2014)
68 In Bild C.11 gilt: $F_{1t} = 1, F_{2t} = 0, F_{3t} = 2$.
69 vgl. *Kimms* (1997)

C.2.1.1 Makroperioden-Modelle – CLSP mit reihenfolgeabhängigen Rüstzeiten/-kosten

Modell CLSP-L-PM$_{SPL}$[70]

$$\text{Minimiere } Z = \sum_{k=1}^{K}\sum_{m=1}^{M}\sum_{t=1}^{T} s_k \cdot \gamma_{kt}^m + \sum_{k=1}^{K}\sum_{m=1}^{M}\sum_{t=1}^{T}\sum_{\tau=t}^{T} h_{kt\tau} \cdot \delta_{kt\tau}^m \qquad (C.103)$$

u. B. d. R.

$$\sum_{m=1}^{M}\sum_{t=1}^{\tau}\delta_{kt\tau}^m = 1 \qquad k=1,2,\ldots,K; \tau=1,2,\ldots,T \qquad (C.104)$$

$$\delta_{kt\tau}^m \leq \gamma_{kt}^m + \omega_{kt}^m \qquad \begin{array}{l} k=1,2,\ldots,K; m=1,2,\ldots,M \\ t=1,2,\ldots,T; \tau=t,t+1,\ldots,T; d_{k\tau}>0 \end{array} \qquad (C.105)$$

$$\sum_{k=1}^{K}\left[\sum_{\tau=t}^{T} tb_k \cdot d_{k\tau} \cdot \delta_{kt\tau}^m + tr_k \cdot \gamma_{kt}^m\right] \leq b_t^m \qquad \begin{array}{l} m=1,2,\ldots,M \\ t=1,2,\ldots,T \end{array} \qquad (C.106)$$

$$\sum_{k=1}^{K}\omega_{kt}^m \leq 1 \qquad m=1,2,\ldots,M; t=1,2,\ldots,T \qquad (C.107)$$

$$\omega_{kt}^m \leq \gamma_{k,t-1}^m + \omega_{k,t-1}^m \qquad \begin{array}{l} k=1,2,\ldots,K; m=1,2,\ldots,M \\ t=1,2,\ldots,T \end{array} \qquad (C.108)$$

$$\omega_{kt}^m + \omega_{k,t+1}^m \leq 1 + v_t^m \qquad \begin{array}{l} k=1,2,\ldots,K; m=1,2,\ldots,M \\ t=1,2,\ldots,T-1 \end{array} \qquad (C.109)$$

$$v_t^m + \gamma_{kt}^m \leq 1 \qquad \begin{array}{l} k=1,2,\ldots,K; m=1,2,\ldots,M \\ t=1,2,\ldots,T \end{array} \qquad (C.110)$$

$$\omega_{\hat{k}_m 1}^m = 1, \omega_{k1}^m = 0 \qquad k=1,2,\ldots,K; k\neq \hat{k}_m; m=1,2,\ldots,M \qquad (C.111)$$

$$\delta_{kt\tau}^m \geq 0 \qquad \begin{array}{l} k=1,2,\ldots,K; m=1,2,\ldots,M \\ t=1,2,\ldots,T; \tau=t,t+1,\ldots,T \end{array} \qquad (C.112)$$

$$\gamma_{kt}^m, \omega_{kt}^m \in \{0,1\} \qquad \begin{array}{l} k=1,2,\ldots,K; m=1,2,\ldots,M \\ t=1,2,\ldots,T \end{array} \qquad (C.113)$$

Die Variablen haben nun einen zusätzlichen Index m, der die Maschinen identifiziert. Außerdem wird durch zusätzliche Summationen über m berücksichtigt, daß ein Periodenbedarf nun nicht nur in mehreren Perioden, sondern auch durch mehrere Maschinen produziert werden kann. Mit $\hat{k}_m$ bezeichnen wir den Index des Produkts, für das die Maschine m zum Planungszeitpunkt gerüstet ist.

Die Möglichkeit des Einsatzes mehrerer Maschinen zur Produktion desselben Produkts führt dazu, daß nun neben der Losgröße auch noch über die *Zuordnung von Losen zu*

---

[70] PM = **P**arallel **M**achines.

den Maschinen zu entscheiden ist. Dabei bestehen Interdependenzen zwischen der Zuordnungsentscheidung und der Losgrößenentscheidung.

Tabelle C.11
Daten des Beispiels

Produkt k	Bedarfsmengen Periode t						Kosten und Zeiten			
	1	2	3	4	5	6	h_k	s_k	tb_k	tr_k
1	30	–	80	110	40	–	4	100	1	10
2	–	10	50	60	70	10	3	100	1	10
3	–	50	40	–	60	30	2	100	1	10

Wir veranschaulichen das Modell CLSP-L-PM$_{\text{SPL}}$ anhand eines Beispiels mit $T = 6$ Perioden, $K = 3$ Produkten und $M = 2$ Maschinen, die jeweils identische Periodenkapazitäten von $b_t^1 = b_t^2 = 100$ $(t = 1, 2, \ldots, 6)$ haben. Die weiteren Daten sind in Tabelle C.11 zusammengestellt.

Bild C.12
Optimaler Produktionsplan

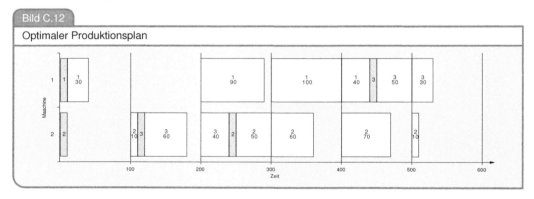

Bild C.12 zeigt den optimalen Produktionsplan für die beiden Maschinen. Die Rüstvorgänge sind grau markiert. Die Zahlen bezeichnen die Produktnummern und die Produktionsmengen. Jedes Produkt wird möglichst vollständig durch eine Maschine bearbeitet, wenn dadurch die kontinuierliche Nutzung eines Rüstzustands erreicht wird. Das ist z. B. für Produkt 1 auf Maschine 1 der Fall. Produkt 3 wird teilweise auf der Maschine 1 und teilweise auf der Maschine 2 produziert. Für Produkt 2 wird an Maschine 2 bereits in Periode 1 gerüstet, obwohl die Produktion erst in Periode 2 beginnt und die Kapazität dieser Periode auch noch für den Rüstvorgang ausreichen würde. Da sich die Verschiebung des Rüstvorganges nicht auf den Zielwert auswirkt, kommt es zu der angegebenen Terminierung, die man leicht manuell modifizieren kann.

C.2.1.1 Makroperioden-Modelle – CLSP mit reihenfolgeabhängigen Rüstzeiten/-kosten

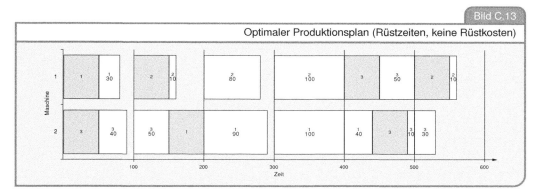

Bild C.13: Optimaler Produktionsplan (Rüstzeiten, keine Rüstkosten)

Betrachten wir nun noch die Situation, daß die **Rüstkosten Null** sind, aber auf beiden Maschinen für alle Produkte Rüstzeiten von 50 zu berücksichtigen sind. In diesem Fall erhalten wir den in Bild C.13 dargestellten optimalen Produktionsplan. Hier kommt es zu der Situation, daß der Bedarf für Produkt 3 aus Periode 5 durch gleichzeitige Produktion auf beiden Maschinen – mit zwei Rüstvorgängen – gedeckt wird.

Erweitert man das Modell CLSP-L-SD$_{SPL}$ mit reihenfolgeabhängigen Rüstkosten und -zeiten auf den Fall mit **mehreren funktionsgleichen Maschinen**, dann erhält man folgendes Modell:

Modell CLSP-L-SD-PM$_{SPL}$

$$\text{Minimiere } Z = \sum_{m=1}^{M} \sum_{t=1}^{T} \sum_{i=1}^{K} \sum_{k=1}^{K} s_{ik} \cdot \chi_{ikt}^{m} + \sum_{m=1}^{M} \sum_{k=1}^{K} \sum_{t=1}^{T} \sum_{\tau=t}^{T} h_{kt\tau} \cdot \delta_{kt\tau}^{m} \quad \text{(C.114)}$$

u. B. d. R.

$$\sum_{m=1}^{M} \sum_{t=1}^{\tau} \delta_{kt\tau}^{m} = 1 \qquad k=1,2,\ldots,K; \tau=1,2,\ldots,T \quad \text{(C.115)}$$

$$\delta_{kt\tau}^{m} \leq \sum_{i=1}^{K} \chi_{ikt}^{m} + \omega_{kt}^{m} \qquad \begin{array}{l} k=1,2,\ldots,K; m=1,2,\ldots,M \\ t=1,2,\ldots,T; \tau=t,t+1,\ldots,T; d_{k\tau}>0 \end{array} \quad \text{(C.116)}$$

$$\sum_{k=1}^{K} \left[\sum_{\tau=t}^{T} tb_k \cdot d_{k\tau} \cdot \delta_{kt\tau}^{m} + \sum_{i=1}^{K} tr_{ik} \cdot \chi_{ikt}^{m} \right] \leq b_t^m \qquad \begin{array}{l} m=1,2,\ldots,M \\ t=1,2,\ldots,T \end{array} \quad \text{(C.117)}$$

$$\sum_{k=1}^{K} \omega_{kt}^{m} \leq 1 \qquad m=1,2,\ldots,M; t=1,2,\ldots,T \quad \text{(C.118)}$$

$$\omega_{kt}^{m} \leq \sum_{i=1}^{K} \chi_{ik,t-1}^{m} + \omega_{k,t-1}^{m} \qquad \begin{array}{l} k=1,2,\ldots,K; m=1,2,\ldots,M \\ t=2,3,\ldots,T \end{array} \quad \text{(C.119)}$$

$$\omega_{k,t+1}^m = \omega_{kt}^m + \sum_{i=1}^{K} \chi_{ikt}^m - \sum_{i=1}^{K} \chi_{kit}^m \qquad \begin{array}{l} k = 1, 2, \ldots, K \\ m = 1, 2, \ldots, M \\ t = 1, 2, \ldots, T-1 \end{array} \quad \text{(C.120)}$$

$$F_{kt}^m \geq F_{it}^m + 1 - K \cdot (1 - \chi_{ikt}^m) \qquad \begin{array}{l} k = 1, 2, \ldots, K; m = 1, 2, \ldots, M \\ t = 1, 2, \ldots, T \end{array} \quad \text{(C.121)}$$

$$\omega_{\hat{k}_m 1}^m = 1, \omega_{k1}^m = 0 \qquad k = 1, 2, \ldots, K; k \neq \hat{k}_m; m = 1, 2, \ldots, M \quad \text{(C.122)}$$

$$\delta_{kt\tau}^m \geq 0 \qquad \begin{array}{l} k = 1, 2, \ldots, K; m = 1, 2, \ldots, M \\ t = 1, 2, \ldots, T; \tau = t, t+1, \ldots, T \end{array} \quad \text{(C.123)}$$

$$\omega_{kt}^m \geq 0 \qquad \begin{array}{l} k = 1, 2, \ldots, K; m = 1, 2, \ldots, M \\ t = 1, 2, \ldots, T+1 \end{array} \quad \text{(C.124)}$$

$$\chi_{ikt}^m \in \{0, 1\} \qquad \begin{array}{l} i = 1, 2, \ldots, K; k = 1, 2, \ldots, K \\ t = 1, 2, \ldots, T \end{array} \quad \text{(C.125)}$$

Die Anpassungen entsprechen denen des Modells CLSP-L-PM$_{SPL}$: Die Variablen haben nun wieder einen zusätzlichen Index m, der die Maschinen identifiziert. Außerdem wird durch zusätzliche Summationen über m berücksichtigt, daß ein Periodenbedarf nicht nur in mehreren Perioden, sondern auch durch mehrere Maschinen produziert werden kann. Die Gleichungen (C.122) legen wieder die Rüstzustände der Maschinen zu Beginn der Periode 1 fest. Sind diese nicht bekannt, dann kann man ein Dummy-Produkt einführen und die Rüstzustände aller Maschinen auf dieses Produkt setzen.

Das Modell CLSP-L-SD-PM$_{SPL}$ bildet viele wichtige Merkmale praktischer Losgrößenprobleme ab. Allerdings wird dies mit einer hohen Komplexität erkauft. Optimale Lösungen lassen sich oft nur für sehr kleine Probleminstanzen bestimmen. In einem praktischen Fall mit 3 Maschinen, 50 Produkten und 4 Perioden benötigte ein Standard-Solver zum Auffinden der ersten zulässigen Lösung bereits 15 Minuten. Deswegen bieten sich für das Modell CLSP-L-PM$_{SPL}$ vor allem heuristische Lösungsansätze an.

C.2.1.1.1.3 Weitere Modellierungsansätze

Haase und Kimms[71] entwickeln ein Losgrößenmodell mit reihenfolgeabhängigen Rüstzeiten und Rüstkosten, das auf der Definition von sog. *effizienten Produktreihenfolgen* basiert. Eine Produktreihenfolge ist effizient, wenn sie mit geringeren Rüstkosten verbunden ist als alle anderen Produktreihenfolgen der betrachteten Periode, die dieselbe Menge von Produkten enthält. Dabei werden die Rüstkosten als lineare Funktion der Rüstzeiten abgebildet. Die effizienten Produktreihenfolgen werden vorab durch Lösung

---

71 vgl. *Haase und Kimms* (2000)

von Rundreise-Problemen berechnet. Zur Bestimmung der optimalen Produktreihenfolgen und der dazugehörigen Losgrößen schlagen *Haase und Kimms* ein Branch&Bound-Verfahren vor. *Kovacs, Brown und Tarim*[72] greifen das Modell auf und verbessern das Verfahren zur Erzeugung der effizienten Produktreihenfolgen durch Einsatz eines Verfahrens der dynamischen Programmierung.

Weitere Modellformulierungen des CLSP mit Rüstübertragung und reihenfolgeabhängigen Rüstzeiten (CLSP-L-SD) werden von *Almada-Lobo et al.*[73] vorgeschlagen. Diese Autoren entwerfen auch ein heuristisches Lösungsverfahren.

Karimi, Ghomi und Wilson[74] ergänzen das Modell CLSP-L um die Option, Fehlbestände auf- und abzubauen. Zur Lösung des Problems schlagen sie eine Tabu-Suche vor.

Gruson, Cordeau und Jans[75] erweitern das deterministische CLSP um Fehlmengen, deren Höhe durch Servicegrad-Nebenbedingungen beschränkt werd.

Özdamar und Bozyel[76] erweitern das Modell CLSP um die Möglichkeit, Überstunden zu nutzen, wobei sie Rüstzeiten berücksichtigen und auf den Ansatz von Rüstkosten verzichten. Rüstvorgänge sind in diesem Modell nur dann mit Kosten verbunden, wenn durch das Rüsten Überstunden erforderlich werden. Zur Lösung des Problems schlagen *Özdamar, Birbil und Portmann*[77] eine Kombination aus genetischem Algorithmus, Tabu-Suche und simulierter Abkühlung vor. *Özdamar und Birbil*[78] erweitern die Betrachtung auf den Fall mehrerer paralleler Maschinen.

Quadt und Kuhn[79] entwickeln eine Variante des CLSP-L-PM für Produktfamilien, in der parallele Ressourcen, Fehlmengen und reihenfolgeabhängige Rüstzeiten erfaßt werden. Für einen praktischen Anwendungsfall aus der Halbleiterindustrie entwerfen sie ein heuristisches Lösungskonzept, das in der Praxis mit Erfolg eingesetzt wird.

Brahimi, Dauzere-Peres und Najid[80] betrachten das CLSP unter der Annahme, daß für die Nachfragemengen Zeitfenster spezifiziert sind, die angeben, wann frühestens mit der Produktion begonnen werden kann und wann die Produktion spätestens abgeschlossen sein muß.

Während die obigen Modelle davon ausgehen, daß zur Bearbeitung und zum Rüsten dieselben knappen Ressourcen eingesetzt werden, findet man in der Praxis oft die Si-

---

72 vgl. *Kovacs et al.* (2009)
73 vgl. *Almada-Lobo et al.* (2007)
74 vgl. *Karimi et al.* (2006)
75 vgl. *Gruson et al.* (2016)
76 vgl. *Özdamar und Bozyel* (2000); *Suerie und Stadtler* (2003)
77 vgl. *Özdamar et al.* (2002)
78 vgl. *Özdamar und Birbil* (1998)
79 vgl. *Quadt* (2004); *Quadt und Kuhn* (2005a); *Quadt und Kuhn* (2005b); *Quadt und Kuhn* (2008)
80 vgl. *Brahimi et al.* (2006)

tuation vor, daß die Rüstvorgänge von spezialisierten Mitarbeitern oder Robotern durchgeführt werden, die nichts anderes tun als Rüsten (Common Setup Operator). Da diese Rüstressourcen üblicherweise ebenfalls nur begrenzt verfügbar sind, konkurrieren die einzelnen Bearbeitungsressourcen um deren knappe Kapazität. Dies erzwingt jedoch eine maschinenübergreifende zeitliche Abstimmung der Rüstvorgänge und damit auch der Losgrößen und der Produktionsreihenfolgen an den einzelnen Bearbeitungsressourcen.

Motiviert durch mehrere Praxisfälle aus der Automobilzuliefererindustrie und der Lebensmittelindustrie formulieren *Tempelmeier und Copil*[81] ein auf dem CLSP-L mit reihenfolgeabhängigen Umrüstvorgängen basierendes Losgrößenmodell, in dem die zeitliche Inanspruchnahme der Rüstressource durch kontinuierliche Zeitachsen innerhalb der Makroperioden abgebildet wird.[82] Das Modell berücksichtigt auch die in der Lebensmittelproduktion wichtige begrenzte Haltbarkeit der Produkte und die Tatsache, daß während der Produktion eines Loses eine Bearbeitungsressource mehrfach gereinigt werden muß. Darüberhinaus wird die Produktion eines Produktes auf mehreren identischen (parallelen) Ressourcen mit Hilfe von Dummy-Produkten erfaßt. Schließlich berücksichtigt das Modell, daß es wegen der begrenzten Kapazität der Rüstressource notwendig sein kann, die gesamte Produktionsmenge eines Produkts in einer Periode auf mehrere Lose zu verteilen, d. h. die Produktion eines Produkts zu unterbrechen, für ein anderes Produkt umzurüsten, dieses zu produzieren und schließlich nach einem erneuten Rüstvorgang die Produktion des ersten Produkts fortzusetzen.[83] Auch dieser Problemaspekt wird durch die Einführung von Dummy-Produkten berücksichtigt.

Günther[84] überträgt das Modell CLSP auf den Beschaffungsbereich. Er betrachtet das Problem der Bestimmung optimaler Liefermengen für mehrere Produkte, die um knappe Lagerkapazitäten konkurrieren. Dieses Problem unterscheidet sich vom bislang behandelten Losgrößenproblem dadurch, daß mit der Anlieferung von Produktmengen in einer Periode nicht nur Kapazität aus derselben Periode, sondern auch in den nachfolgenden Perioden in Anspruch genommen wird. Zur Lösung dieses Problems schlägt *Günther* ein Verfahren vor, in dessen Verlauf auf das Kriterium von *Groff* zurückgegriffen wird.

C.2.1.2 Mikroperioden-Modelle

Eng verwandt mit den oben beschriebenen Varianten des Modells CLSP sind verschiedene Modellformulierungen, bei denen die Zeit in sehr kurze Perioden (Mikroperioden) zerlegt wird. Man bezeichnet diese Modelle treffend auch als *Small-Bucket-Modelle*.

---

81 vgl. *Tempelmeier und Copil* (2016)
82 vgl. hierzu auch die Erweiterung des PLSP-Modells von *Tempelmeier und Buschkühl* (2008)
83 Dies kann in den obigen Modellen dann nicht optimal sein, wenn Rüstkosten entstehen.
84 vgl. *Günther* (1991); siehe auch *Dixon und Poh* (1990) sowie *Minner* (2009)

C.2.1.2 Mikroperioden-Modelle

Beim **Discrete Lotsizing and Scheduling Problem** (DLSP) wird eine so kleine Periodeneinteilung vorgegeben, daß immer nur ein (oder kein) Produkt pro Periode hergestellt werden kann. Dadurch wird es möglich, für die betrachtete Ressource einen eindeutigen periodenbezogenen Rüstzustand zu erfassen und fortzuschreiben. Wird in zwei aufeinanderfolgenden Perioden t und $(t+1)$ dasselbe Produkt bearbeitet, dann wird – ähnlich wie im Modell CLSP-L – berücksichtigt, daß in der Periode $(t+1)$ kein Rüstvorgang mehr notwendig ist, da die Ressource sich bereits im richtigen Rüstzustand befindet. *Fleischmann*[85] entwickelt ein Verfahren zur exakten Lösung dieses diskreten Losgrößen- und Losreihenfolgeproblems und erweitert es in einer anschließenden Arbeit um reihenfolgeabhängige Rüstkosten.[86] *Catrysse, Salomon, Kuik und Van Wasssenhove* erweitern das DLSP um Rüstzeiten, deren Länge ein ganzzahliges Vielfaches der Periodenlänge sein muß.[87] *Jans und Degraeve* entwickeln eine Formulierung des DLSP mit Rüstzeiten, die kürzer als eine Periode sein können. Außerdem berücksichtigen sie die Möglichkeit von Fehlmengen sowie alternative, nicht-identische Maschinentypen mit jeweils mehreren Maschinen. Sie schlagen ein heuristisches Lösungsverfahren vor und berichten über eine praktische Anwendung des Modells in einem Unternehmen der Reifenindustrie.[88] Eine Anwendung des DLSP in der Glasindustrie beschreibt *Gicquel*[89].

Im **Continuous Setup Lotsizing Problem** (CSLP) besteht zusätzlich die Möglichkeit, den Rüstzustand der Ressource über mehrere Perioden hinweg fortzuschreiben. Wird z. B. in den Perioden t und $(t+2)$ das Produkt k produziert, während in Periode $(t+1)$ die Ressource ungenutzt bleibt, dann wird in Periode $(t+2)$ auf den Rüstvorgang verzichtet und unmittelbar mit der Produktion begonnen.

Drexl und Haase[90] schlagen ein Modell für das sog. **Proportional Lotsizing and Scheduling Problem** (PLSP) als Verfeinerung der genannten Ansätze vor. Dabei wird *eine* Ressource betrachtet und angenommen, daß in einer Periode *maximal einmal umgerüstet* werden kann. Das bedeutet, daß in einer Periode maximal zwei unterschiedliche Produkte produziert werden. Dabei wird zunächst die bereits in einer (unmittelbar vorgelagerten oder weiter zurückliegenden) Vorperiode begonnene Produktion eines Produkts mit dem vorhandenen Rüstzustand der Ressource fortgesetzt und bei Bedarf – nach einem Umrüstvorgang – mit der Produktion eines anderen Produkts fortgefahren. Der Rüstzustand wird auch dann aus der Vorperiode übernommen, wenn die Ressource zwischenzeitlich unbeschäftigt war.

---

85 vgl. *Fleischmann* (1990); *Salomon et al.* (1991)
86 vgl. *Fleischmann* (1994)
87 vgl. *Catrysse et al.* (1993)
88 vgl. *Jans und Degraeve* (2004); *Jans* (2002)
89 vgl. *Gicquel* (2008)
90 vgl. *Haase* (1994); *Drexl und Haase* (1995)

Fleischmann und Meyr[91] schlagen das **General Lotsizing and Scheduling Problem** (GLSP) vor, in dem sie zwei unterschiedliche Periodenraster einführen. In diesem Hybrid-Modell werden die dynamische Nachfrage und die Lagerbestände auf der Basis von Makroperioden abgebildet. Für jede Makroperiode wird eine ex modellextern festzulegende Anzahl von Mikroperioden definiert, die eine detaillierte Abbildung der aus den Rüstvorgängen resultierenden Zustandsentwicklung der Ressource erlauben. Im Folgenden werden das PLSP und das GLSP erläutert.

C.2.1.2.1 Das Proportional Lotsizing and Scheduling Problem

Im Folgenden wollen wir zunächst das Proportional Lotsizing and Scheduling Problem (PLSP) genauer betrachten. Es wird angenommen, daß in einer Periode maximal zwei Produkte hergestellt werden können, d. h. daß *höchstens ein Produktwechsel* erfolgt. Zur Verwaltung des **Rüstzustands** der Ressource verwenden wir wieder eine binäre Variable ω_{kt}, die nun den Rüstzustand der Ressource für Produkt k *am Ende der Periode t* beschreibt. Ist $\omega_{kt} = 1$, dann kann das Produkt k am Ende der Periode t und damit auch zu Beginn der Periode $(t+1)$ produziert werden. Der **Rüstvorgang** wird weiterhin durch die Variable γ_{kt} abgebildet. Nimmt man an, daß die Mikroperioden mindestens so lang sind, daß *jeder Rüstvorgang innerhalb einer Periode* abgeschlossen werden kann, dann erhält man folgendes Modell:

Modell PLSP[92]

$$\text{Minimiere } Z = \sum_{k=1}^{K} \sum_{t=1}^{T} (s_k \cdot \gamma_{kt} + h_k \cdot y_{kt}) \tag{C.126}$$

u. B. d. R.

$$y_{k,t-1} + x_{kt} - y_{kt} = d_{kt} \qquad k = 1, 2, \ldots, K;\ t = 1, 2, \ldots, T \tag{C.127}$$

$$\sum_{k=1}^{K} (tb_k \cdot x_{kt} + tr_k \cdot \gamma_{kt}) \leq b_t \qquad t = 1, 2, \ldots, T \tag{C.128}$$

$$\sum_{k=1}^{K} \omega_{kt} = 1 \qquad t = 1, 2, \ldots, T \tag{C.129}$$

$$x_{kt} \leq M_{kt} \cdot (\omega_{k,t-1} + \omega_{kt}) \qquad k = 1, 2, \ldots, K;\ t = 1, 2, \ldots, T \tag{C.130}$$

$$\gamma_{kt} \geq \omega_{kt} - \omega_{k,t-1} \qquad k = 1, 2, \ldots, K;\ t = 1, 2, \ldots, T \tag{C.131}$$

---

91 vgl. *Fleischmann und Meyr* (1997); *Meyr* (1999, 2002)
92 PLSP = **P**roportional **L**otsizing and **S**cheduling **P**roblem. Vgl. *Haase* (1994)

$$\omega_{k0} = 0 \qquad\qquad k = 1, 2, \ldots, K \qquad (C.132)$$

$$x_{kt}, y_{kt} \geq 0 \qquad\qquad k = 1, 2, \ldots, K;\ t = 1, 2, \ldots, T \qquad (C.133)$$

$$\omega_{kt}, \gamma_{kt} \in \{0, 1\} \qquad\qquad k = 1, 2, \ldots, K;\ t = 1, 2, \ldots, T \qquad (C.134)$$

Symbole – Geändert gegenüber Modell CLSP	
ω_{kt}	Rüstzustand für Produkt k *am Ende der Periode t*
x_{kt}	Produktionsmenge für Produkt k in Periode t (kann sich von der Losgröße unterscheiden)

Allerdings müssen die Lagerkostensätze (h_k) an die feinere Periodeneinteilung angepaßt werden. Die Variable x_{kt} ersetzt die Losgrößenvariable q_{kt} des CLSP und bezeichnet die *Produktionsmenge* des Produkts k in der Mikroperiode t. Weiter unten wird gezeigt, wie diese mit der *Losgröße* zusammenhängt. Die Beziehungen (C.127) schreiben den Lagerbestand fort. Die Ungleichungen (C.128) sind die Kapazitätsrestriktionen, die verlangen, daß sämtliche Rüst- und Produktionszeiten in einer Periode Platz finden. Die Kapazität b_t entspricht der Länge der Mikroperiode t. Die Gleichungen (C.129) erzwingen, daß die Ressource am Ende einer Periode genau für ein Produkt gerüstet ist. Mit den Gleichungen (C.132) wird der Rüstzustand der Maschine am Beginn des Planungszeitraums initialisiert. Man könnte hier auch für *ein* ausgewähltes Produkt den Wert 1 vorgegeben. In diesem Fall würde für dieses Produkt der Rüstvorgang entfallen. Die Restriktionen (C.131) schreiben den Rüstzustand der Ressource fort. Dieser ändert sich nur, wenn in Periode t ein Rüstvorgang erfolgt. Laut (C.130) ist eine Produktion für Produkt k in Periode t nur dann möglich, wenn die Ressource sich entweder zu Beginn der Periode ($\omega_{k,t-1} = 1$) oder – nach einem Rüstvorgang – am Periodenende ($\omega_{kt} = 1$) im passenden Rüstzustand befindet. M_{kt} ist eine Zahl, die so groß sein muß, daß Restriktion (C.130) die Losgrößen, sofern diese positiv sind, niemals in ihrer Höhe beschränkt. Ein sinnvoller Wert für M_{kt} ist das Minimum aus der in Mengeneinheiten ausgedrückten Periodenkapazität und der in einer Periode verbleibenden Restnachfragemenge bis zum Ende des Planungszeitraums:[93]

$$M_{kt} = \min\left\{\frac{b_t}{tb_k}, \sum_{j=t}^{T} d_{kj}\right\} \qquad k = 1, 2, \ldots, K;\ t = 1, 2, \ldots, T \qquad (C.135)$$

Anstelle (C.132) kann auch ein Rüstzustand zu Beginn des Planungszeitraums (Ende der Periode 0) vorgegeben werden. Befindet sich die Maschine im Rüstzustand für das Produkt i, dann setzt man

$$\omega_{k0} = 0 \qquad\qquad k = 1, 2, \ldots, K, k \neq i \qquad (C.136)$$

---

[93] Siehe auch Gleichung (C.9) auf S. 31 bzw. Gleichung (C.55) auf S. 58.

und

$$\omega_{i0} = 1 \qquad (C.137)$$

Zur Veranschaulichung betrachten wir ein Beispiel mit den in Tabelle C.12 angegebenen Daten. Die Periodenkapazität der Ressource wird mit $b_t = 100$ $(t = 1, 2, \ldots, 5)$ angenommen.

Tabelle C.12
Daten des Beispiels

Produkt k	Bedarfsmengen Periode t					Kosten und Zeiten			
	1	2	3	4	5	h_k	s_k	tb_k	tr_k
1	30	–	80	–	40	1	100	1	10
2	–	–	30	–	70	1	100	1	10
3	–	–	40	–	60	1	100	1	10

Die optimale Lösung zeigt Bild C.14. Man erkennt, daß in jeder Periode höchstens zwei Produkte produziert werden. Es gibt also höchstens *einen Rüstvorgang pro Periode*. Die Möglichkeit der Übernahme des Rüstzustands aus der Vorperiode wird in jeder Periode genutzt. Dabei wird in Periode 2 für das Produkt 2 nicht produziert, sondern am Periodenende nur gerüstet, um die Produktion in Periode 3 vorzubereiten. Dieser Rüstvorgang könnte auch kostenneutral in die Periode 3 verschoben werden.

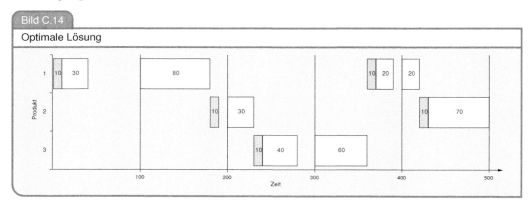

Bild C.14 Optimale Lösung

Bei der Interpretation einer PLSP-Lösung muß berücksichtigt werden, daß im Unterschied zum CLSP die Produktionsmenge einer Periode nicht mit der Losgröße identisch ist. Im PLSP setzt sich ein Los i. d. R. aus den Produktionsmengen mehrerer aufeinan-

C.2.1.2 Mikroperioden-Modelle – PLSP

derfolgender Perioden zusammen.[94] Die Losgrößen werden im PLSP – anders als im CLSP – nicht direkt abgebildet.

Um die tatsächlichen **Losgrößen** zu bestimmen, kann man wie folgt vorgehen. Wir führen Hilfsvariablen x_{kt}^c ($k = 1, 2, \ldots, K; t = 1, 2, \ldots, T$) zur *Kumulation der Produktionsmengen* ein.[95] Wir starten mit

$$x_{k0}^c = 0 \qquad\qquad k = 1, 2, \ldots, K \qquad (C.138)$$

Die Kumulation der Produktionmengen geschieht wie folgt:

$$x_{kt}^c \leq x_{k,t-1}^c + x_{kt} \qquad\qquad k = 1, 2, \ldots, K;\ t = 1, 2, \ldots, T \qquad (C.139)$$

Die $\leq$-Bedingung ist erforderlich, da auch berücksichtigt werden muß, daß im Fall eines neuen Rüstvorgangs die kumulierte Produktionsmenge wieder auf Null zurückgesetzt wird. Wird das Produkt k nicht produziert, dann ändert sich x_{kt}^c nicht. Erst in der letzten Periode vor dem nächsten Rüstvorgang wird x_{kt}^c wieder auf Null gesetzt. Dies geschieht durch die folgende Bedingung:

$$x_{kt}^c \leq M \cdot (1 - \gamma_{k,t+1}) \qquad\qquad k = 1, 2, \ldots, K;\ t = 1, 2, \ldots, T-1 \qquad (C.140)$$

Falls in Periode $t+1$ für das Produkt k gerüstet wird, wird die rechte Seite von (C.140) gleich Null und es folgt $x_{kt}^c = 0$. Andernfalls wird x_{kt}^c nicht beeinflußt.

Solange x_{kt} positiv wird, also das Produkt k produziert ist, müssen wir dafür sorgen, daß Beziehung (C.139) als Gleichung erfüllt ist. Denn die Bedingung (C.139) ist auch dann erfüllt, wenn wir x_{kt}^c immer gleich Null setzen. Wir benötigen noch eine Beziehung, mit der die tatsächliche Kumulation der Produktionsmengen erzwungen wird. Dies geschieht durch folgende untere Schranke für x_{kt}^c:

$$x_{kt}^c \geq x_{k,t-1}^c + x_{kt} - M \cdot \gamma_{k,t+1} \qquad\qquad k = 1, 2, \ldots, K;\ t = 1, 2, \ldots, T-1 \qquad (C.141)$$

Falls in Periode $t+1$ *nicht gerüstet* wird, d. h. wenn $M \cdot \gamma_{k,t+1} = 0$, wird erzwungen, daß x_{kt} zur aktuellen kumulierten Produktionsmenge hinzuaddiert wird. Andernfalls, wenn in Periode $t + 1$ *gerüstet wird*, wird die gesamte rechte Seite von (C.141) < 0 und hat keinen Einfluß auf die Lösung.

---

94 Man spricht dann auch von einer *Kampagne*.
95 Zum Folgenden vgl. *Suerie* (2005b), S. 95ff.; *Suerie* (2005a)

Tabelle C.13

Rüstvariablen, Produktionsmengen und kumulierte Mengen

	γ_{kt}			x_{kt}			x^c_{kt}			Losgrößen		
$t \setminus k$	1	2	3	1	2	3	1	2	3			
1	1	0	0	30	0	0	30	0	0	110	0	0
2	0	1	0	80	0	0	110	0	0	0	0	0
3	0	0	1	0	30	40	0	30	40	0	30	100
4	1	0	0	20	0	60	20	0	100	40	0	0
5	0	1	0	20	70	0	0	0	0	0	70	0

Die aktuelle **Losgröße** des letzten Loses des Produkts k, das vor dem Ende der Periode t aufgelegt wurde, ist $x^c_{k,t-1} + x_{kt}$. Für das obige *Beispiel* erhält man die in Tabelle (C.13) angegebenen Werte. Wegen (C.140) werden die x^c_{kt}-Werte in der letzten Periode vor einem neuen Rüstvorgang bereits auf Null gesetzt. Für Produkt 1 ist z. B. $x^c_{12} = 110$. Da in Periode 4 für Produkt 1 neu gerüstet wird, wird $x^c_{13} = 0$ gesetzt. Würde in Periode 4 nicht gerüstet, dann wäre $x^c_{13} = 110$.

Tabelle C.14

Lagerbestände

	$\sum_{i=1}^{t} d_{ki}$			$\sum_{i=1}^{t} x_{ki}$			Bestand		
$t \setminus k$	1	2	3	1	2	3	1	2	3
1	30	0	0	30	0	0	0	0	0
2	30	0	0	110	0	0	80	0	0
3	110	30	40	110	30	40	0	0	0
4	110	30	40	130	30	100	20	0	60
5	150	100	100	150	100	100	0	0	0

Die Lagerbestände lassen sich – mit Hilfe von Tabelle C.14 – durch Vergleich der kumulierten x_{kt}-Werte mit den kumulierten Bedarfsmengen ermitteln. Wir erhalten Lagerkosten in Höhe von 160, die zusammen mit den Rüstkosten (fünf Rüstvorgänge) zu Gesamtkosten von 660 führen.

Da die tatsächlichen **Losgrößen** nun bestimmt werden können, bieten sich verschiedene Möglichkeiten zur Erweiterung des Modells PLSP an. Zum einen kann man die Losgröße auf die **maximale Größe** $x^{\max}_{kt}$ beschränken. Dies kann erforderlich sein, wenn aufgrund technischer Restriktionen nach einer bestimmten Produktionsmenge ein Rüstvorgang (z. B. ein Reinigungsvorgang) erforderlich ist. Man erreicht das durch folgende Restriktionen:

$$x^c_{k,t-1} + x_{kt} \leq x^{\max}_{kt} \qquad k = 1, 2, \ldots, K; t = 2, \ldots, T \qquad \text{(C.142)}$$

Zusätzlich ersetzt man die Konstante M in (C.140) und (C.141) durch $x^{\max}_{kt}$. Wenn in dem obigen Beispiel die maximale Losgröße für alle Produkte und Periode 75 beträgt, dann erhält man die in Tabelle C.15 und Bild C.15 wiedergegebene optimale Lösung.

Tabelle C.15
Optimale Lösung bei maximalen Losgrößen $x_{kt}^{max} = 75$

	γ_{kt}			x_{kt}			x_{kt}^c			Losgrößen		
$t \setminus k$	1	2	3	1	2	3	1	2	3	1	2	3
1	1	0	0	35	0	0	0	0	0	35	0	0
2	1	1	0	75	0	0	75	0	0	75	0	0
3	0	0	1	0	30	40	75	0	0	0	30	40
4	0	1	1	0	20	60	0	20	60	0	70	60
5	1	0	0	40	50	0	0	0	0	40	0	0

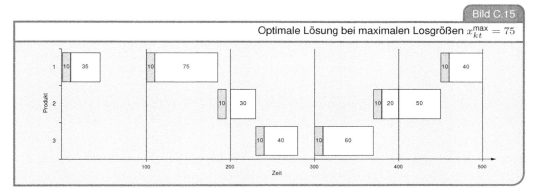

Bild C.15 Optimale Lösung bei maximalen Losgrößen $x_{kt}^{max} = 75$

Die Losgrößenbeschränkung hat u. a. hat dazu geführt, daß in Periode 2 für Produkt 1 erneut gerüstet wird, obwohl dieses Produkt in Periode 2 als Letztes produziert wurde und der Rüstzustand am Ende der Periode 1 paßt. Diese Lösung ist mit (höheren) Kosten in Höhe von 865 verbunden. Zu den Lagerkosten (siehe Tabelle C.16) kommen Rüstkosten in Höhe von 700 für sieben Lose.

Tabelle C.16
Lagerbestände bei maximalen Losgrößen $x_{kt}^{max} = 75$

	$\sum_{i=1}^{t} d_{ki}$			$\sum_{i=1}^{t} x_{ki}$			Bestand		
$t \setminus k$	1	2	3	1	2	3	1	2	3
1	30	0	0	35	0	0	5	0	0
2	30	0	0	110	0	0	80	0	0
3	110	30	40	110	30	40	0	0	0
4	110	30	40	110	50	100	0	20	60
5	150	100	100	150	100	100	0	0	0

Auch die Berücksichtigung einer **Mindestlosgröße** $x_{kt}^{\min}$ ist mit Hilfe der Variablen x_{kt}^c möglich. Nehmen wir an, es würde gerade das Produkt k produziert. Bevor nun für ein anderes Produkt umgerüstet wird, muß bei Gültigkeit einer Mindestlosgröße die kumulierte Produktionsmenge mindestens $x_{kt}^{\min}$ erreicht haben. Dies kann wie folgt erfaßt werden:

$$x_{k,t-1}^c + x_{kt} \geq x_{kt}^{\min} \cdot \sum_{\substack{i=1 \\ i \neq k}}^{K} \gamma_{it} \qquad k = 1, 2, \ldots, K;\ t = 1, 2, \ldots, T \quad \text{(C.143)}$$

Außerdem wird die Startbedingung (C.138) wie folgt ersetzt.

$$x_{k0}^c \leq x_{kt}^{\min} \cdot (1 - \gamma_{k1}) \qquad k = 1, 2, \ldots, K \quad \text{(C.144)}$$

Warum kann man nicht einfach $x_{k0}^c = 0$ als Startbedingung setzen? Der Startwert x_{k0}^c muß so gesetzt werden, daß die Ungleichung (C.143) niemals verletzt wird, unabhängig davon, ob das Produkt k in der Periode 1 produziert wird oder nicht.

Wenn das Produkt k in Periode 1 *produziert* wird ($\gamma_{k1} = 1$), dann wird (C.144) zu $x_{k0}^c = 0$. Auf der rechte Seite von (C.143) steht dann entweder $x_{kt}^{\min} \cdot 1$ oder 0, je nachdem, ob für ein anderes Produkt gerüstet wird oder nicht.[96] In beiden Fällen kann Beziehung (C.143) durch einen geeigneten Wert von x_{k1} erfüllt werden.

Wird das Produkt k in Periode 1 *nicht produziert* ($\gamma_{k1} = 0$), dann ist $x_{k1} = 0$. Wenn für irgendein anderes Produkt in der ersten Periode gerüstet wird, dann steht auf der rechten Seite von (C.143) $x_{kt}^{\min} \cdot 1$. In diesem Fall ist Beziehung (C.143) nur dann erfüllt, wenn x_{k0}^c mindestens den Wert $x_{kt}^{\min}$ annimmt. Dies wird durch die Bedingung (C.144) zugelassen, die dann den Wert $x_{k0}^c = x_{kt}^{\min} \cdot 1$ annimmt. Würde man stattdessen als Startbedingung $x_{k0}^c = 0$ setzen, dann wäre die Bedingung (C.143) verletzt.[97]

Nehmen wir für das obige Beispiel eine minimale Losgröße $x_{kt}^{\min} = 50$ an, dann erhalten wir die in in Tabelle C.17 und Bild C.16 dargestellte Lösung. Die Losgröße des zuletzt aufgelegten Loses ist kleiner als die geforderte minimale Losgröße. Dies liegt daran, daß die Restriktion (C.143) die Losgröße des letzten im Planungszeitraum produzierten Produkts nicht erfaßt, da die Summe der Rüstvariablen auf der rechten Seite von (C.143) in diesem Fall Null ist.

---

[96] Falls die Ressource zu Beginn der Periode 1 bereits für ein bestimmtes Produkt gerüstet *ist*, wird die Summe auf der rechten Seite von (C.143) gleich 0.

[97] Falls in der ersten Periode ein anderes Produkt produziert wird, ohne daß dafür gerüstet wird – d. h. Übernahme des Rüstzustands als Startbedingung –, dann ist (C.143) auch mit $x_{k0}^c = 0$ erfüllt.

C.2.1.2 Mikroperioden-Modelle – PLSP

Tabelle C.17 Optimale Lösung bei minimalen Losgrößen $x_{kt}^{\min} = 50$

	γ_{kt}			x_{kt}			x_{kt}^c			Losgrößen		
$t \setminus k$	1	2	3	1	2	3	1	2	3	1	2	3
0	0	0	0	0	0	0	0	50	50	0	0	0
1	1	0	0	30	0	0	30	50	0	110	0	0
2	0	0	1	80	0	0	110	0	0	0	0	50
3	0	1	0	0	30	50	110	30	0	0	100	0
4	0	0	1	0	70	0	0	100	0	0	0	50
5	1	0	0	40	0	50	0	0	0	40	0	0

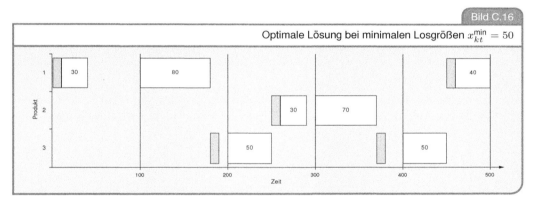

Bild C.16 Optimale Lösung bei minimalen Losgrößen $x_{kt}^{\min} = 50$

Die Bestandsentwicklung zeigt Tabelle C.18. Die Kosten dieser Lösung sind 670.

Tabelle C.18 Lagerbestände bei minimalen Losgrößen $x_{kt}^{\min} = 50$

	$\sum_{i=1}^{t} d_{ki}$			$\sum_{i=1}^{t} x_{ki}$			Bestand		
$t \setminus k$	1	2	3	1	2	3	1	2	3
1	30	0	0	30	0	0	5	0	0
2	30	0	0	110	0	0	80	0	0
3	110	30	40	110	30	50	0	0	10
4	110	30	40	110	100	50	0	70	10
5	150	100	100	150	100	100	0	0	0

Auch das Modell PLSP kann um **reihenfolgeabhängige Rüstzeiten** erweitert werden. In diesem Fall führt man Umrüstvariablen $\chi_{ikt} \geq 0$ ein. Dabei soll χ_{ikt} den Wert 1 annehmen, wenn die Ressource in Periode t von Produkt i nach Produkt k umgerüstet wird. Ersetzt man γ_{kt} durch $\sum_{i=1}^{K} \chi_{ikt}$, dann dann wird aus (C.131):

$$\sum_{i=1}^{K} \chi_{ikt} \geq \omega_{kt} - \omega_{k,t-1} \qquad k = 1, 2, \ldots, K;\ t = 1, 2, \ldots, T \quad \text{(C.145)}$$

Damit nur von einem *bestehenden* Rüstzustand k aus umgerüstet wird, führen wir folgende Restriktionen ein:

$$\sum_{i=1}^{K} \chi_{kit} \leq \omega_{k,t-1} \qquad k = 1, 2, \ldots, K;\ t = 1, 2, \ldots, T \quad \text{(C.146)}$$

Die Formulierung setzt voraus, daß die Dreiecksungleichung für die Rüstzeiten erfüllt ist. D. h. das direkte Umrüsten zwischen den Produkten i und j darf nicht mehr Zeit beanspruchen als die Umrüstfolge $i \to k \to j$. In diesem Fall würde das Modell einen deratigen Umweg wählen, ohne daß für das Produkt k produziert würde. In der Realität gelten solche Umrüstzeiten i. d. R. aber nur, wenn das Zwischenprodukt k tatsächlich auch produziert wird.

Auch hier ist der Rüstzustand zu Beginn des Planungszeitraums (Ende der Periode 0) zu definieren. Befindet sich die Maschine im Rüstzustand für das Produkt i, dann setzen wir

$$\omega_{k0} = 0 \qquad k = 1, 2, \ldots, K, k \neq i \quad \text{(C.147)}$$

und

$$\omega_{i0} = 1 \quad \text{(C.148)}$$

Ist die Maschine für keines der Produkte gerüstet – z. B. nach einem Reinigungsvorgang – dann kann dies durch Einführung eines Dummy-Produkts erfaßt werden. Wir erweitern das Beispiel von Seite 82 um die in Tabelle C.19 angegebenen Umrüstzeiten. Die Umrüstkosten seien weiterhin reihenfolgenunabhängig. Außerdem wird angenommen, daß die Maschine amEnde der Periode 0 in keinem produktspezifischen Rüstzustand ist und daß die Rüstzeit für das erstmalige Rüsten (aus dem ungerüsteten Zustand) für alle Produkte 50 Zeiteinheiten beträgt.

Tabelle C.19
Umrüstzeiten

von \ nach	0	1	2	3
0	–	50	50	50
1	–	–	30	50
2	–	20	–	40
3	–	30	10	–

Die optimale Lösung für diese Datensituation zeigt Bild C.17.

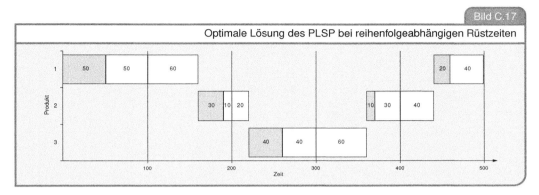

Bild C.17: Optimale Lösung des PLSP bei reihenfolgeabhängigen Rüstzeiten

Ähnlich wie beim CLSP kann auch hier die Analogie zum Standortproblem genutzt werden. In diesem Fall erhält man folgende Reformulierung:[98]

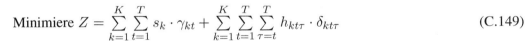

Modell PLSP$_{SPL}$

$$\text{Minimiere } Z = \sum_{k=1}^{K}\sum_{t=1}^{T} s_k \cdot \gamma_{kt} + \sum_{k=1}^{K}\sum_{t=1}^{T}\sum_{\tau=t}^{T} h_{kt\tau} \cdot \delta_{kt\tau} \quad (C.149)$$

u. B. d. R.

$$\sum_{t=1}^{\tau} \delta_{kt\tau} = 1 \qquad k=1,2,\ldots,K; \tau=1,2,\ldots,T \quad (C.150)$$

$$\sum_{k=1}^{K}\left[\sum_{\tau=t}^{T} tb_k \cdot d_{k\tau} \cdot \delta_{kt\tau} + tr_k \cdot \gamma_{kt}\right] \leq b_t \qquad t=1,2,\ldots,T \quad (C.151)$$

$$\delta_{kt\tau} \leq \omega_{kt} + \omega_{k,t-1} \qquad \begin{array}{c} k=1,2,\ldots,K; t=1,2,\ldots,T \\ \tau=t,t+1,\ldots,T \end{array} \quad (C.152)$$

$$\gamma_{kt} \geq \omega_{kt} - \omega_{k,t-1} \qquad \begin{array}{c} k=1,2,\ldots,K; \tau=1,2,\ldots,T \\ t=\tau,\tau+1,\ldots,T \end{array} \quad (C.153)$$

$$\sum_{k=1}^{K} \omega_{kt} = 1 \qquad t=1,2,\ldots,T \quad (C.154)$$

$$\delta_{kt\tau} \geq 0 \qquad k=1,2,\ldots,K; t=1,2,\ldots,T; \tau=t,t+1,\ldots,T \quad (C.155)$$

$$\gamma_{k\tau}, \omega_{k\tau} \in \{0,1\} \qquad k=1,2,\ldots,K; \tau=1,2,\ldots,T \quad (C.156)$$

---

98 vgl. auch *Kimms* (1997), Abschnitt 5.1.1

Symbole	
b_t	Periodenkapazität in Periode t
$d_{k\tau}$	Bedarfsmenge des Produkts k in Periode τ
$h_{kt\tau}$	Kosten für die Lagerung der Bedarfsmenge des Produkts k aus Periode τ von Periode t bis τ: $h_{kt\tau} = h_k \cdot d_{k\tau} \cdot (\tau - t)$
s_k	Rüstkostensatz für Produkt k
tb_k	Stückbearbeitungszeit für Produkt k
tr_k	Rüstzeit für Produkt k
T	Länge des Planungszeitraums
γ_{kt}	binäre Rüstvariable für Produkt k in Periode t
$\delta_{kt\tau}$	Anteil des Bedarfs des Produkts k aus Periode τ, der durch Produktion in der Periode t gedeckt wird
ω_{kt}	binäre Rüstzustandsvariable für Produkt k am Ende der Periode t

Drexl und Haase diskutieren die Beziehungen zwischen den Modellformulierungen CLSP, DLSP, CSLP und PLSP und zeigen, daß für eine konkrete Datensituation die optimale Lösung des Modells DLSP niemals besser sein kann als die optimale Lösung des Modells CSLP, welche wiederum niemals besser sein kann als die optimale Lösung des Modells PLSP. *Haase*[99] gibt auch Erweiterungen des PLSP zur Berücksichtigung von Rüstzeiten, reihenfolgeabhängigen Rüstkosten, Überstunden, mehreren parallelen Maschinen und Fehlmengen an. *Suerie*[100] sowie *Kaczmarczyk*[101] erweitern das PLSP um die Möglichkeit der Erfassung von periodenübergreifenden Rüstzeiten. Dies ist besonders wichtig, wenn die Rüstzeiten länger als eine Mikroperiode sind.

C.2.1.2.2 Das General Lotsizing and Scheduling Problem

Die feine Periodeneinteilung des PSLP führt dazu, daß Lose i. d. R. aus Produktionsmengen mehrerer aufeinanderfolgender Mikroperioden bestehen. Diese Abbildung kann man in gewisser Weise als Redundanz ansehen. *Meyr*[102] schlägt eine Modellformulierung vor, bei der Makroperioden t ($t = 1, 2, \ldots, T$) aus einer *extern vorgegebenen Anzahl* von Mikroperioden s ($s = 1, 2, \ldots, S_t$) mit variabler Länge bestehen. Die Gesamtanzahl der Mikroperioden über alle Makroperioden ist dann $S = \sum_{t=1}^{T} S_t$. Die Makroperioden dienen zur Erfassung der Nachfragen (externe Dynamik), während die Mikroperioden die Produktionsvorgänge abbilden (interne Dynamik). Während die *Anzahl* der Mikroperioden fixiert ist, ist ihre jeweilige *Länge* eine Entscheidungsvariable. Falls in einer Mikroperiode produziert wird, dann geschieht dies für genau ein Produkt

---

[99] vgl. *Haase* (1994); *Kimms* (1997)
[100] vgl. *Suerie* (2005a); *Suerie* (2005b)
[101] vgl. *Kaczmarczyk* (2009)
[102] vgl. *Meyr* (1999)

(All-or-Nothing). Die Produktion eines Produkts kann über das Ende einer Makroperiode hinaus fortgesetzt werden. Sowohl die Umrüstkosten als auch die Umrüstzeiten werden als reihenfolgeabhängig angenommen. Das resultierende Losgrößenmodell sieht dann wie folgt aus:

Modell GLSP$_{ST}$[103]

$$\text{Minimiere } Z = \sum_{k=1}^{K} \sum_{t=1}^{T} h_k \cdot y_{kt} + \sum_{i=1}^{K} \sum_{j=1}^{K} \sum_{s=1}^{S} s_{ij} \cdot \chi_{ijs} \tag{C.157}$$

u. B. d. R.

$$y_{k,t-1} + \sum_{s=1}^{S_t} x_{ks} - y_{kt} = d_{kt} \qquad k = 1, 2, \ldots, K; \ t = 1, 2, \ldots, T \tag{C.158}$$

$$\sum_{k=1}^{K} \sum_{s=1}^{S_t} tb_k \cdot x_{ks} + \sum_{i=1}^{K} \sum_{j=1}^{K} \sum_{s=1}^{S_t} tr_{ij} \cdot \chi_{ijs} \leq b_t \qquad t = 1, 2, \ldots, T \tag{C.159}$$

$$tb_k \cdot x_{ks} \leq b_t \cdot \omega_{ks} \qquad k = 1, 2, \ldots, K; \ s = 1, 2, \ldots, S \tag{C.160}$$

$$\sum_{k=1}^{K} \omega_{ks} = 1 \qquad s = 1, 2, \ldots, S \tag{C.161}$$

$$\chi_{ijs} \geq \omega_{i,s-1} + \omega_{js} - 1 \qquad \begin{aligned} i &= 1, 2, \ldots, K; \ j = 1, 2, \ldots, K \\ s &= 1, 2, \ldots, S \end{aligned} \tag{C.162}$$

$$x_{ks} \geq x_k^{\min} \cdot (\omega_{ks} - \omega_{k,s-1}) \qquad k = 1, 2, \ldots, K; \ s = 1, 2, \ldots, S \tag{C.163}$$

$$x_{ks} \geq 0 \qquad k = 1, 2, \ldots, K; \ s = 1, 2, \ldots, S \tag{C.164}$$

$$y_{kt} \geq 0 \qquad k = 1, 2, \ldots, K; \ t = 1, 2, \ldots, T \tag{C.165}$$

$$\omega_{ks} \in \{0, 1\} \qquad k = 1, 2, \ldots, K; \ s = 1, 2, \ldots, S \tag{C.166}$$

$$\chi_{ijs} \geq 0 \qquad \begin{aligned} i &= 1, 2, \ldots, K; \ j = 1, 2, \ldots, K \\ s &= 1, 2, \ldots, S \end{aligned} \tag{C.167}$$

Symbole

b_t	Kapazität in der Makroperiode t
d_{kt}	Bedarfsmenge des Produkts k in Makroperiode t

---

[103] GLSP = **G**eneral **L**otsizing and **S**cheduling **P**roblem with **S**etup **T**imes. Vgl. *Meyr* (1999); *Fleischmann und Meyr* (1997)

Symbole (Fortsetzung)	
h_{kt}	Lagerkostensatz für Produkt k
S	Gesamtlänge des Planungszeitraums in Mikroperioden
s_{ij}	Umrüstkostensatz von Produkt i nach j
tb_k	Stückbearbeitungszeit für Produkt k
tr_{ij}	Umrüstzeit zwischen den Produkten i und j
T	Länge des Planungszeitraums in Makroperioden
$x_k^{\min}$	Mindest-Produktionsmenge für Produkt k
x_{ks}	Produktionsmenge des Produkts k in Mikroperiode s
χ_{ijs}	binäre Umrüstvariable von Produkt i nach Produkt j vor Beginn der Mikroperiode s
ω_{ks}	binäre Rüstzustandsvariable für Produkt k in der Mikroperiode s

Die Zielfunktion (C.157) enthält die auf die Makroperioden bezogenen Lagerkosten sowie die reihenfolgeabhängigen Umrüstkosten in allen Mikroperioden. In der Lagerbilanzgleichung (C.158) wird der Lagerzugang der Makroperiode t als Summe der Produktionsmengen der entsprechenden Mikroperioden s dargestellt. Die Kapazitätsrestriktion (C.159) beschreibt auf der linken Seite für jede Makroperiode t die gesamte Zeit, die durch Produktion und Rüsten in den einzelnen Mikroperioden verbraucht wird. Es können maximal so viele Produkte in einer Makroperiode produziert werden, wie vom Planer durch die Anzahl Mikroperioden S_t festgelegt wurde. Wurden mehr Mikroperioden festgelegt, als unterschiedliche Produkte produziert werden, dann nehmen die entsprechenden Produktionsmengenvariablen x_{ks} den Wert Null an. Der Rüstzustand verändert sich in diesen Mikroperioden ohne Produktion nicht. Es ist allerdings zu zweckmäßig, die Zahl der Mikroperioden zu großzügig festzulegen, da diese einen starken Einfluß auf die benötigte Rechenzeit hat. Die Bedingung (C.160) erzwingt, daß in einer Mikroperiode s das Produkt k nur dann produziert wird, wenn die Ressource sich im passenden Rüstzustand befindet. Gleichung (C.161) stellt sicher, daß es in jeder Mikroperiode einen eindeutigen produktbezogenen Rüstzustand gibt.

Gleichung (C.162) stellt den Zusammenhang zwischen den Rüstzuständen und den Rüstvorgängen her. Falls zwischen Produkt i und j in der Mikroperiode s umgerüstet wird, dann ist $\omega_{i,s-1} = 1$ und $\omega_{js} = 1$, d. h. $\omega_{i,s-1} + \omega_{js} = 2$. Die rechte Seite wird in diesem Fall 1 und die Umrüstvariable wird $\chi_{ijs} = 1$.

Falls nicht von i nach j umgerüstet wird, dann ist entweder $\omega_{js} = 0$ oder $\omega_{i,s-1} = 0$, d. h. $\omega_{js} + \omega_{i,s-1} < 2$ bzw. $\omega_{js} + \omega_{i,s-1} - 1 < 1$. Da das Umrüsten Kosten verursacht, wird χ_{ijs} in diesem Fall Null. Es sei darauf hingewiesen, daß χ_{ijs} immer ganzzahlig ist (0 oder 1), obwohl dies in der Modellformulierung nicht explizit gefordert wird.

Beziehung (C.163) definiert Mindestproduktionsmengen. Dadurch wird verhindert, daß in einer Mikroperiode für ein Produkt gerüstet wird, ohne daß dieses Produkt produziert wird. Eine solche Situation könnte in der optimalen Lösung des Modells auftreten, wenn die Umrüstzeiten die Dreiecksungleichung verletzen. In diesem Fall könnte die Lösung vorsehen, daß aus einem Rüstzustand i *ohne Produktion* unendlich schnell auf dem Umweg über einen günstigen Zwischen-Rüstzustand k in den Ziel-Rüstzustand j gesprungen wird. In der Praxis wäre das aber nur bei einer tatsächlichen Produktion im Rüstzustand k plausibel. Die Vorgabe eine Mindestproduktionsmenge erzwingt dies.[104] Falls die Dreiecksungleichung immer erfüllt ist, kann die Beziehung (C.163) entfallen.

Setzt man das Modell GLSP mit jeweils fünf Mikroperioden pro Makroperiode zur Lösung des Beispiels aus Tabelle C.10 und Bild C.9 auf S. 68 ein, dann erhält man mit OPL/CPLEX auf einem sehr gut ausgestatteten PC nach 15 Minuten CPU-Zeit die in Bild C.18 dargestellte Lösung. Die Dualitätslücke beträgt immer noch 19%.

Bereits dieses Miniaturbeispiel zeigt, daß die Lösung eines Losgrößenproblems auf der Basis des GLSP mit einem Standard-Verfahren in der Praxis vermutlich mit einem hohen Rechenaufwand verbunden ist. Daher hat *Meyr* neben einigen praxisrelevanten Modell-erweiterungen auch einige heuristische Lösungsverfahren vorgeschlagen, auf die wir aber nicht weiter eingehen wollen.[105]

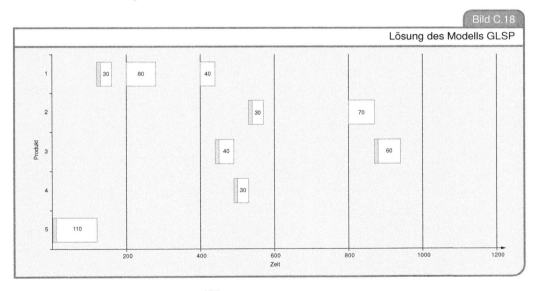

Bild C.18 Lösung des Modells GLSP

de Araujo, Arenales und Clark[106] setzen die Zeitstruktur des GLSP in einem MIP-Modell mit Fehlmengen ein. *Ferreira, Morabito und Rangel*[107] entwickeln ein GLSP für einen zweistufigen Produktions- und Abfüllprozeß von Softdrinks. In beiden Arbei-

---

104 Siehe hierzu auch *Koçlar und Süral* (2005).
105 vgl. *Meyr* (1999); *Meyr* (2002)
106 vgl. *de Araujo et al.* (2007)
107 vgl. *Ferreira et al.* (2009)

ten wird zur Lösung eine Relax-and-Fix-Heuristik[108] eingesetzt. *Seeanner*[109] erweitert das GLSP für einen mehrstufigen Produktionsprozeß und schlägt ein leistungsfähiges heuristisches Lösungsverfahren vor.

C.2.2 Lösungsverfahren

Die dargestellten Modellvarianten des dynamischen einstufigen Mehrprodukt-Losgrößenproblems beschreiben äußerst schwierige kombinatorische Optimierungsprobleme.[110] Einige der kommerziell verfügbaren Softwaresysteme zur mathematischen Optimierung besitzen leistungsfähige Funktionen zur Voranalyse der formalen Struktur eine Optimierungsproblems. Selbst wenn man z. B. ein CLSP in der ungünstigen Standardform definiert, erkennt das Optimierungssystem, daß das Losgrößenmodell mit den oben beschriebenen Reformulierungstechniken effizienter gelöst werden kann.

Allerdings ist für die etwas komplizierteren Losgrößenmodelle nach wie vor davon auszugehen, daß Probleminstanzen mit praxisrelevanten Größenordnungen im Normalfall nicht in akzeptabler Rechenzeit *exakt* gelöst werden können. Es sind daher zahlreiche *heuristische* Lösungsansätze entwickelt worden. Hierbei lassen sich zwei Gruppen unterscheiden.

- **MIP-basierte Heuristiken**
  Diese Heuristiken gehen von der Formulierung eines dynamischen Losgrößenproblems als gemischt-ganzzahliges lineares Optimierungsmodell aus. Sie zerlegen das komplexe Losgrößenproblem in eine Folge von einfacheren Subproblemen, die nacheinander iterativ gelöst werden. Ein Subproblem entsteht dadurch, daß die Ganzzahligkeitsbedingungen einiger Binärvariablen fallengelassen (relaxiert) werden und/oder daß die Werte einiger Binärvariablen fixiert werden. Die Lösung eines Subproblems erfolgt dann mit Standard-Software zur mathematischen Optimierung.

- **Problemspezifische Heuristiken**
  Während man MIP-basierte Heuristiken prinzipiell für jedes beliebige gemischt-ganzzahlige Optimierungsproblem einsetzen kann, nutzt die zweite Gruppe heuristischer Lösungsverfahren die spezifische Struktur eines dynamischen Losgrößenproblems. Hier werden Lösungen auf der Basis von Erkenntnissen über die ökonomische Struktur des Problems, z. B. aufgrund von Kosten- oder Kapazitätsbetrachtungen, erzeugt. Auch die in dem betrachteten Losgrößenproblems erfaßten charakteristischen Merkmale spielen für die Ausgestaltung einer derartigen Heuristik eine wichtige Rolle.

---

108 vgl. Abschnitt C.2.2.1
109 vgl. *Seeanner* (2013)
110 Zur Problemkomplexität siehe *Florian et al.* (1980).

Im Folgenden werden zunächst einige MIP-basierte Heuristiken diskutiert. Im Anschluß daran gehen wir auf problemspezifische Heuristiken für Makroperioden-Modelle und für Mikroperioden-Modelle ein.

C.2.2.1 Generische Lösungsverfahren – MIP-basierte Heuristiken

Die einfachste Vorgehensweise zur Lösung eines Losgrößenmodells besteht darin, zunächst alle Ganzzahligkeitsrestriktionen fallenzulassen, das resultierende lineare Optimierungsmodell exakt zu lösen, und dann die nicht-ganzzahligen Werte der Binärvariablen auf- oder abzurunden. Abgesehen davon, daß man dabei oft Schwierigkeiten hat, überhaupt eine zulässige Lösung zu finden, ist die Lösungsqualität einer solchen **Rundungsheuristik** i. d. R. sehr begrenzt.

Erfolgversprechender sind Verfahren, die das Losgrößenproblem in eine Folge einfacher zu lösender Subprobleme zerlegen und diese nacheinander lösen. Eine häufig vorgeschlagene Lösungsstrategie für dynamische Losgrößenmodelle ist das Konzept des „**Relax-and-Fix**".[111] Hier entsteht ein Subproblem durch die Zerlegen der Menge der binären Variablen in drei Teilmengen. Für eine Teilmenge werden die Werte auf 0 oder 1 fixiert. Für die zweite Teilmenge werden die Ganzzahligkeitsbedingungen durch $\geq$–Bedingungen ersetzt. Und schließlich werden für die dritte Teilmenge die Ganzzahligkeitsbedingungen aufrechterhalten. Man löst dann das resultierende MIP-Modell (des Subproblems) exakt und fixiert im nächsten Schritt die zuvor gefundenen optimalen Werte der ganzzahligen Variablen.

Bild C.19
Relax-and-Fix Strategie

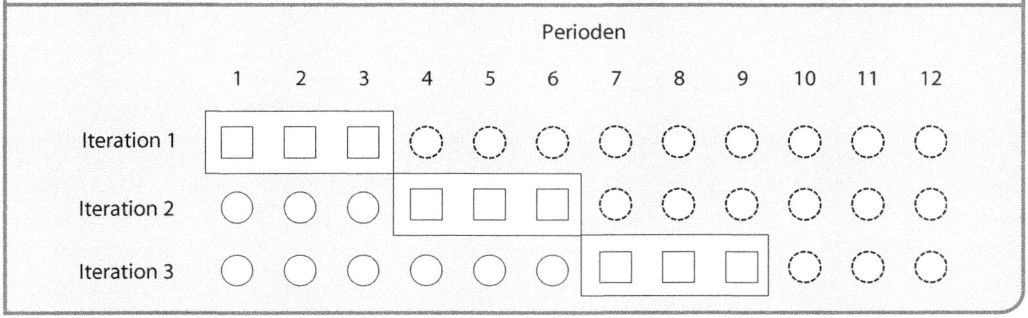

Bild C.19 veranschaulicht die iterative Vorgehensweise, wobei die Binärvariablen im Hinblick auf ihren Zeitbezug in Gruppen zerlegt werden. Der Planungszeitraum ist hier

---
111 vgl. *Pochet und Wolsey* (2006), Abschnitt 3.6.1

in drei sich nicht überschneidende Planungsfenster zerlegt worden. Die Quadrate symbolisieren die Binärvariablen, die im aktuellen Planungslauf ganzzahlige Werte annehmen müssen. Die Kreise stellen die Binärvariablen dar, die in einem vorangegangenen Planungslauf optimiert wurden und deren ganzzahlige Werte in der aktuellen Iteration fixiert werden. Schließlich markieren die gestrichelten Kreise die Binärvariablen, die in der aktuellen Iteration relaxiert werden und kontinuierliche Werte annehmen können.

Nach einigen (im Beispiel 4) Iterationen haben alle Binärvariablen ganzzahlige Werte und eine Lösung ist gefunden. Je kürzer die Planungsfenster sind, umso geringer wird die Lösungsqualität sein, da in diesem Fall weniger Beziehungen zwischen den Rüstvariablen der verschiedenen Perioden simultan erfaßt werden. Gleichzeitig sinkt aber tendenziell die Rechenzeit zur Lösung eines Subproblems. Es besteht folglich ein Konflikt zwischen Lösungsgüte und Rechenaufwand.

Stadtler[112] schlägt eine Modifikation der Fix-and-Relax-Strategie mit überlappenden Planungsfenstern vor. In diesem Fall werden die Losgrößenentscheidungen in den Überlappungsperioden erneut getroffen und u. U. revidiert. Dies ist in Bild C.20 dargestellt. Hier werden die Rüstvariablen der Perioden 4 und 5 (bzw. 7 und 8) in der Iterationen 1 und 2 (bzw. 2 und 3) optimiert.

Bild C.20 Relax-and-Fix-Strategie mit überlappenden Planungsfenstern

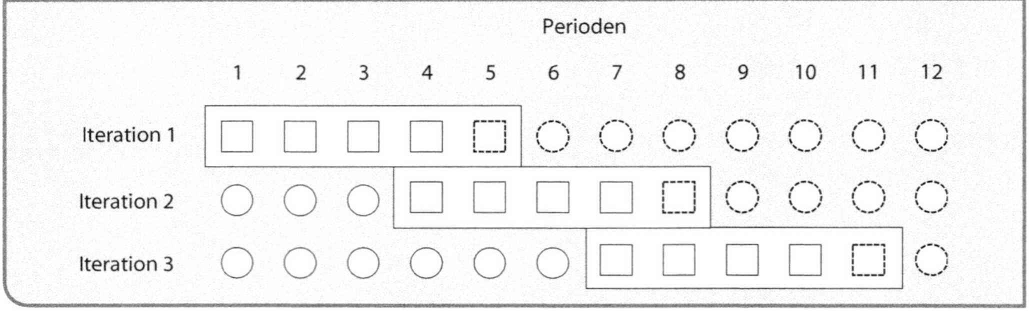

Außerdem kann festgelegt werden, für wie viele Perioden am Ende eines Planungsfensters die Ganzzahligkeitsbedingungen der Rüstvariablen relaxiert werden sollen. Dies wird durch die gestrichelten markierten Quadrate in Bild C.20 angedeutet. Nur die nicht-relaxierten Rüstvariablen werden dann für die nächste Iteration fixiert. Das Verfahren kann somit durch drei Parameter Δ (Länge der Planungsfenster), Ψ (Anzahl Überlappungsperioden) und Φ (Anzahl der Perioden mit relaxierten Ganzzahligkeitsbedingungen) gesteuert werden.

Dem bei der exakten Lösung eines dynamischen Losgrößenmodells auftretenden Ef-

---

112 vgl. *Stadtler* (2003); *Suerie und Stadtler* (2003)

fekt, daß die Produktion am Ende des Planungshorizontes unattraktiv wird, weil die Rüstkosten nicht durch ausreichende Einsparungen an Lagerkosten aus Folgeperioden kompensiert werden können,[113] begegnet *Stadtler* durch die gezielte Anpassung der Rüst- und Lagerkosten in den letzten Perioden eines Planungsfensters. Die Tatsache, daß es bei Kapazitätsbeschränkungen notwendig werden kann, fehlende Produktionskapazität in späteren Perioden, z. B. Periode 11, durch Nutzung freier Kapazität in früheren Perioden des Planungszeitraums, z. B. Periode 4, auszugleichen, berücksichtigt er dadurch, daß er die Lagerbilanzgleichungen und Kapazitätsrestriktionen (einschl. Überstundenvariablen, aber ohne Binärvariablen für die Rüstvorgänge) für alle Produkte und alle zukünftigen Perioden von der ersten einem Planungsfenster folgenden Periode bis zum Ende des Planungshorizontes (Periode T) in die Formulierung des Losgrößenmodells für das aktuelle Planungsfenster einbezieht.

Weitere Varianten der Relax-and-Fix-Strategie werden von *Federgruen, Meissner und Tzur*, *Akartunali und Miller* sowie *Wu, Shi und Song*[114] vorgeschlagen.

Während bei der Relax-and-Fix-Strategie eine zulässige Lösung mit ganzzahligen Werten der Binärvariablen erst nach Abschluß der letzten Iteration vorliegt, wird nach der von *Helber und Sahling*[115] vorgeschlagenen „**Fix-and-Optimize-Heuristik**" nur noch zwischen fixierten und zu optimierenden Binärvariablen unterschieden. Auf diese Heuristik wird in Abschnitt C.3.3.3.4 ausführlich eingegangen.

Prinzipiell können die MIP-basierten Heuristiken mit einigen problemspezifischen Anpassungen auf alle dynamischen Losgrößenmodelle (Makroperiodenmodelle oder Mikroperiodenmodelle, einstufige oder mehrstufige Modelle) angewandt werden. Gut einsetzbar sind sie vor allem für Probleminstanzen, in denen die Anzahl der Planungsperioden relativ groß ist und bei denen vergleichsweise wenige Produkte in einem Planungsfenster zu berücksichtigen sind.

C.2.2.2 Modellspezifische Lösungsverfahren

Neben den sehr flexiblen MIP-basierten Heuristiken gibt es zahlreiche modellspezifische Lösungsverfahren. Diese sind teilweise in einer Zeit entstanden, als es noch keine generell verfügbaren MIP-Solver gab.

---

113 siehe S. 45; *Stadtler* (2000)
114 vgl. *Federgruen et al.* (2007); *Akartunali und Miller* (2009); *Wu et al.* (2012)
115 vgl. *Helber und Sahling* (2010)

C.2.2.2.1 Modellspezifische Lösungsverfahren für Makroperioden-Modelle

Die meisten modellspezifischen Heuristiken zur Lösung von Makroperioden-Modellen beziehen sich auf die mittlerweile als klassisch zu bezeichnende Modellvariante CLSP.[116]

C.2.2.2.1.1 Das Verfahren von Dixon

Dixon[117] betrachtet die Formulierung des Modells CLSP mit der Beschränkung auf **eine Ressource** und unter **Vernachlässigung der Rüstzeiten**. Er baut bei der Losgrößenbestimmung auf dem *Silver-Meal*-Verfahren[118] auf. Diese Heuristik versucht bekanntlich, für ein isoliertes Produkt Bedarfsmengen aus einer ganzzahligen Anzahl aufeinanderfolgender Perioden zu einem in der Periode τ zu produzierenden Los zusammenzufassen, so daß die durchschnittlichen Kosten pro Periode minimal werden. Nach dem *Silver-Meal*-Kriterium (C.42) werden in der Periode τ die Bedarfsmengen für die Perioden $(\tau, \tau+1, \ldots, j)$ produziert.

Ist die **Kapazität** der Ressource beschränkt, dann kann es zu Konflikten kommen, wenn mehrere Produkte in derselben Periode auf dieser Ressource bearbeitet werden sollen. In einer derartigen Situation kann nicht immer sichergestellt werden, daß für jedes Produkt der Produktionsplan realisiert wird, für den die durchschnittlichen Kosten pro Periode ihr Minimum annehmen. Vielmehr kann es notwendig werden, die Produktion für einzelne oder mehrere Produkte in frühere Perioden mit nicht voll ausgelasteter Produktionskapazität vorzuziehen, damit überhaupt ein zulässiger Produktionsplan erreicht wird. Dabei kann es auch optimal sein, daß nur ein Teil einer Periodenbedarfsmenge früher produziert wird. Im Vergleich mit einem bezüglich der Kapazitäten unbeschränkten Produktionsplan entstehen dann zwangsläufig höhere Kosten.

Das Problem besteht nun darin, festzulegen, welche Produkte man früher produzieren soll, um eine unzulässige Kapazitätsüberlastung zu vermeiden. Sinnvollerweise sollten bei der Beantwortung dieser Frage Rüst- und Lagerkosten sowie die Stückbearbeitungszeiten (Kapazitätsinanspruchnahmefaktoren) der Produkte berücksichtigt werden. Tendenziell wird es vorteilhaft sein, die Produktion solcher Erzeugnisse vorzuziehen, die geringe Lagerkosten verursachen und hohe Stückbearbeitungszeiten haben. Denn deren Verschiebung bewirkt eine vergleichsweise große Entlastung der Kapazitätsbelastung der kritischen Ressource.

---

116 siehe S. 57
117 vgl. *Dixon und Silver* (1981)
118 siehe Abschnitt C.1.2.2, S. 46 ff.

C.2.2.2 Modellspezifische Lösungsverfahren – Das Verfahren von Dixon

Dixon schlägt nun vor, für die Bestimmung der Reihenfolge, in welcher die Produkte beim Aufbau eines zulässigen Produktionsplanes zu betrachten sind, Prioritätsziffern zu verwenden, die einerseits auf das *Silver-Meal*-Kriterium (C.42)[119] zurückgreifen und andererseits die Stückbearbeitungszeiten der Produkte berücksichtigen. Geht man von einem Planungsstand aus, in dem für die einzelnen Produkte bereits die Bedarfsmengen d_{kj} zur Produktion in Periode τ eingeplant worden sind, dann ergibt sich die Prioritätsziffer $\Delta_{k\tau}$ des Produkts k nach Gleichung (C.168).

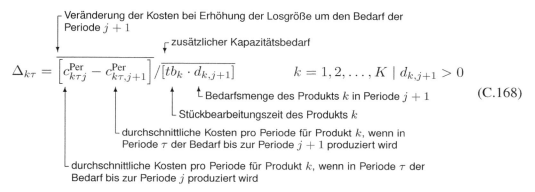

$$\Delta_{k\tau} = \left[c^{\text{Per}}_{k\tau j} - c^{\text{Per}}_{k\tau, j+1} \right] / \left[tb_k \cdot d_{k,j+1} \right] \qquad k = 1, 2, \ldots, K \mid d_{k,j+1} > 0 \qquad \text{(C.168)}$$

Der Ausdruck im Zähler beschreibt die Veränderung der periodenbezogenen Durchschnittskosten bei Vergrößerung der Produktionsmenge für Produkt k in Periode τ um den Bedarf der nächsten Periode $(j+1)$, für die noch nicht produziert wird. Der Ausdruck im Nenner gibt die damit verbundene Erhöhung der Inanspruchnahme der knappen Ressource (zusätzlicher Kapazitätsbedarf) an. Durch die Verknüpfung beider Größen bezeichnet $\Delta_{k\tau}$ damit die **marginale Veränderung der periodenbezogenen Durchschnittskosten pro zusätzlich eingesetzter Kapazitätseinheit** (z. B. Maschinenstunde). Ist diese Größe negativ, dann steigen die periodenbezogenen Durchschnittskosten bei Verwendung der nächsten Kapazitätseinheit zur Produktion des Produkts k an, d. h. die Produktion weiterer Mengeneinheiten des betrachteten Produkts ist dann unvorteilhaft.

Die grundsätzliche Vorgehensweise des Verfahrens von *Dixon* (siehe Bild C.21) besteht darin, daß der Produktionsplan zeitlich nach Produktionsperioden geordnet aufgebaut wird. Zunächst werden die Produktionsmengen aller Produkte in Periode $\tau = 1$ festgelegt, dann die Produktionsmengen in Periode $\tau = 2$, usw. Die Produktionsmengen werden ähnlich wie im *Silver-Meal*-Verfahren bestimmt.

---
119 Günther schlägt in einem ähnlichen Verfahren die Verwendung des Marginalkostenkriteriums von Groff vor. Vgl. *Günther* (1987).

> **Bild C.21**
>
> Struktur des Verfahrens von Dixon
>
> > Solange die aktuelle Produktionsperiode τ kleiner als der Planungszeitraum T ist:
> >
> > > Iteration τ: Plane Lose in Periode τ ein
> > >
> > > Solange Kostenersparnisse eintreten und noch genügend Kapazität der Ressource vorhanden ist:
> > >
> > > > Vergrößere die Produktionsmenge des Produkts mit der jeweils größten marginalen Verringerung der durchschnittlichen Kosten pro Periode gemäß (C.168) um den Bedarf der nächsten, noch nicht berücksichtigten Periode. Beachte dabei, daß evtl. auftretende Unzulässigkeiten in späteren Perioden durch ausreichendes Vorziehen von Produktionsmengen in die aktuell betrachtete Periode vermieden werden.

Die Reihenfolge, in der die einzelnen Produkte betrachtet werden, wird durch die in Beziehung (C.168) angegebenen Prioritätsziffern bestimmt. Es werden für ein gegebenes Produkt k, für das zum Zeitpunkt $\tau(k)$ ein neues Produktionslos aufzulegen ist, die Bedarfsmengen aus den Perioden $[\tau(k), \tau(k)+1, \ldots, j(k)]$ zu dem Produktionslos in Periode $\tau(k)$ zusammengefaßt. Dieser Prozeß wird beendet, wenn die Durchschnittskosten des Produkts pro Periode wieder ansteigen oder wenn die verfügbare Kapazität der Ressource nicht mehr ausreicht, um die Bedarfsmenge aus der gerade betrachteten Periode zu produzieren.

Wird die Kapazität der Ressource in einer Periode überschritten, dann muß die Produktion einzelner produktbezogener Periodenbedarfsmengen zeitlich vorgezogen werden, d. h., es müssen Kapazitätsanforderungen in frühere Perioden verlagert werden, da ansonsten eine unzulässige Lösung auftritt. Dies wird durch die am *Silver-Meal*-Kriterium ausgerichtete Vorgehensweise zur Bestimmung der Losgrößen jedoch noch nicht berücksichtigt.

Damit die **Zulässigkeit** einer Lösung, d. h. einer geplanten Kombination von produktbezogenen Losgrößen in einer Periode τ, gesichert ist, müssen zusätzliche Bedingungen eingehalten werden. Betrachten wir eine (vorläufige) Kombination von Losen der Produkte in der Periode τ, für die in einer bestimmten Stufe des Verfahrens gerade ein Produktionsplan aufgestellt wird. Diese Produktionsmengen enthalten Bedarfsmengen der Periode τ sowie evtl. zukünftiger Perioden j ($j = \tau+1, \tau+2, \ldots$). Wir bezeichnen die bereits in Periode τ produzierte Bedarfsmenge der Periode j für das Produkt k mit $n_{\tau j k}$. Der sich aus der Bedarfsmenge der Periode j ableitende **Kapazitätsverbrauch** in der Produktionsperiode τ, $CV_{\tau j}$, kann nun mit Gleichung (C.169) beschrieben werden.

C.2.2.2 Modellspezifische Lösungsverfahren – Das Verfahren von Dixon

$$CV_{\tau j} = \sum_{k=1}^{K} tb_k \cdot n_{\tau j k} \qquad \tau = 1, 2, \ldots, T; \ j = \tau, \tau+1, \ldots, T \tag{C.169}$$

↑ in Periode τ produzierte Bedarfsmenge des Produkts k in Periode j
↑ Kapazitätsverbrauch in Periode τ für Periode j

Diese Größe entspricht der Produktionskapazität in Periode τ, die durch die – evtl. vorgezogene – Produktion von Bedarfsmengen der Bedarfsperiode j mit der gerade betrachteten Kombination von produktbezogenen Losgrößen bereits verbraucht wird. Summiert man über alle zukünftigen Bedarfsperioden (einschl. der Periode τ), dann erhält man mit Beziehung (C.170) die insgesamt bereits verbrauchte bzw. **reservierte Kapazität** der Periode τ.

$$CV_\tau = \sum_{j=\tau}^{T} CV_{\tau j} \qquad \tau = 1, 2, \ldots, T \tag{C.170}$$

↑ verbrauchte bzw. reservierte Kapazität der Periode τ

Weiterhin bezeichnen wir die in Kapazitätseinheiten ausgedrückte gesamte Bedarfsmenge aller Produkte der Periode j mit CB_j. Dieser **Kapazitätsbedarf** der Periode j wird durch Gleichung (C.171) beschrieben.

$$CB_j = \sum_{k=1}^{K} tb_k \cdot d_{kj} \qquad j = 1, 2, \ldots, T \tag{C.171}$$

↑ Kapazitätsbedarf der Periode j

Schließlich berücksichtigen wir, daß für einige Produkte u. U. bereits Bedarfsmengen der Perioden $(j = \tau, \tau+1, \ldots)$ in einer früher betrachteten Planungsperiode $t < \tau$ produziert werden. Dadurch reduziert sich die bei Betrachtung der Periode τ für Periode j noch **bereitzustellende Kapazität** auf:

$$CN_{\tau j} = CB_j - \sum_{t=1}^{\tau-1} \sum_{k=1}^{K} tb_k \cdot n_{tjk} \qquad \tau = 1, 2, \ldots, T; \ j = \tau, \tau+1, \ldots, T \tag{C.172}$$

↑ Netto-Kapazitätsbedarf der Periode j aus der Sicht der Planungsperiode τ

Da die Kapazität der Ressource in Periode j b_j Einheiten beträgt, ergibt sich bei Betrachtung der Produktionsperiode τ für Periode j folgender **Kapazitätsfehlbedarf**:

$$CF_{\tau j} = CN_{\tau j} - b_j \qquad \tau = 1, 2, \ldots, T; \ j = \tau, \tau+1, \ldots, T \tag{C.173}$$

↑ fehlende Kapazität in Periode j, die noch in Periode τ bereitgestellt werden muß

Ein Kapazitätsfehlbedarf in Periode j (d. h. $CF_{\tau j} > 0$) kann nur durch Produktion in früheren Perioden $(\tau, \tau+1, \ldots, j-1)$ beseitigt werden, da Fehlmengen annahmegemäß nicht erlaubt sind. Eine Produktion vor der gerade betrachteten Produktionsperiode τ ist nicht möglich, da in dem Verfahren von *Dixon* aufgrund der periodenbezogenen Vorgehensweise die Produktionsmengen, die in den vor der aktuellen Periode τ liegenden Perioden eingeplant worden sind, nicht mehr verändert werden.

Bild C.22 zeigt eine Situation, in der durch die rechtzeitige Produktion von Bedarfsmengen der Periode j in Periode τ das Auftreten einer Unzulässigkeit in der Periode j vermieden wird. Aus den produktspezifischen Periodenbedarfsmengen für die zukünftige Periode j ergibt sich ein Kapazitätsbedarf CB_j, der in der abgebildeten Situation die verfügbare Kapazität b_j weit überschreitet. Ein Teil der in Periode j bereitzustellenden Bedarfsmengen (dargestellt durch das dunkelgraue Kästchen) wurde bereits in einem vorangegangenen Planungsschritt (Iteration t) für die Periode $t < \tau$ eingeplant. Denn bei der Betrachtung dieser Produktionsperiode wurde bereits durch eine antizipierende Zulässigkeitsprüfung erkannt, daß auch die Kapazität der Periode τ nicht ausreichen würde, um den gesamten Kapazitätsfehlbedarf der Periode j zu decken.

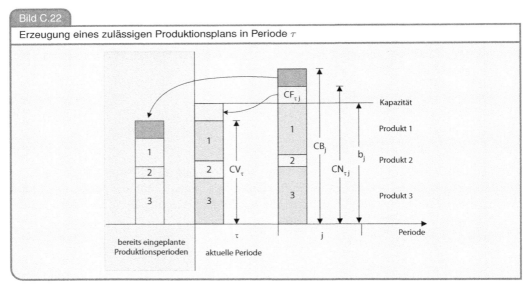

Bild C.22 — Erzeugung eines zulässigen Produktionsplans in Periode τ

Daher muß nur noch der verbleibende Kapazitätsfehlbedarf $CF_{\tau j}$ in einer vor j liegenden Periode produziert werden. Nehmen wir an, in Periode $\tau = j - 1$ seien bereits CV_τ Kapazitätseinheiten (in diesem Fall nur zur Produktion der Bedarfsmengen der Periode τ) verplant worden. Dann stehen noch $(b_\tau - CV_\tau)$ Kapazitätseinheiten zur vorgezogenen Produktion des Kapazitätsfehlbedarfs der Periode j zur Verfügung. Diese werden nun eingesetzt, um den Kapazitätsfehlbedarf der Periode j zu decken. Treten weitere Kapazitätsfehlbedarfe in späteren Perioden $(j+1, j+2, \ldots)$ auf, dann ist entsprechend zu verfahren.

In einer betrachteten Produktionsperiode τ ist also mindestens der Kapazitätsfehlbedarf der Periode j abzudecken, der nicht mehr zu einem späteren Zeitpunkt $[\tau + 1, \tau + 2, \ldots, j - 1]$ erfüllt werden kann. Ein Produktionsplan für Periode τ ist somit nur dann realisierbar, wenn für alle Zeitspannen von Periode τ bis zu einer zukünftigen Periode t ($t = \tau + 1, \tau + 2, \ldots, T$) folgende **Zulässigkeitsbedingung** erfüllt ist:

$$\underbrace{\sum_{j=\tau+1}^{t} CV_{\tau j}}_{\text{in Periode } \tau \text{ für den Bedarfszeitraum } [\tau+1, t] \text{ produzierte Mengen}} \geq \underbrace{\sum_{j=\tau+1}^{t} CF_{\tau j}}_{\substack{\text{gesamter Kapazitätsfehlbedarf im Zeitraum } [\tau+1, t], \text{ der} \\ \text{bereits in Periode } \tau \text{ gedeckt werden muß}}} \quad \tau = 1, 2, \ldots, T-1; \ t = \tau+1, \tau+2, \ldots, T \quad \text{(C.174)}$$

Die Beziehungen (C.174) fordern, daß in der betrachteten aktuellen Produktionsperiode τ, für die die Produktionsmengen endgültig festgelegt werden, so viel zukünftiger Kapazitätsfehlbedarf durch Vorausproduktion gedeckt wird, daß in keiner der folgenden Periode eine Unzulässigkeit auftreten kann. Sind die Bedingungen (C.174) für mindestens einen zukünftigen Zeitraum $[\tau + 1, t]$ *nicht* erfüllt, dann wird in der Periode τ nicht genug produziert. Denn die in den folgenden Perioden noch verbleibende Kapazität reicht dann nicht mehr zur Deckung des gesamten Bedarfs dieser Perioden aus. Es ist demnach notwendig, Teile dieses Bedarfs durch Produktion in der aktuellen Periode τ zu decken. Damit eine Kombination von Losgrößen der Produkte in der aktuellen Periode τ zulässig ist, muß also in Periode τ mindestens der Kapazitätsfehlbedarf zukünftiger Perioden ($j = \tau + 1, \ldots, t$) im voraus produziert werden. Geschieht das nicht, dann treten Fehlmengen auf und der ermittelte Produktionsplan ist nicht zulässig. Die beschriebenen Bedingungen zur Beurteilung der Zulässigkeit einer Kombination von Losgrößen in Periode τ werden in dem heuristischen Verfahren von *Dixon* berücksichtigt. Der Verfahrensablauf wird im Folgenden beschrieben.

Verfahren von Dixon

Iteration τ ($\tau = 1, 2, \ldots, T$)

Schritt 1: Initialisierung

Prüfe durch Vergleich der kumulierten Kapazitätsbedarfe mit den kumulierten Kapazitäten, ob das Problem eine zulässige Lösung besitzt:

Falls $\sum_{j=1}^{t} CB_j > \sum_{j=1}^{t} b_j$ ($t = 1, 2, \ldots, T$), STOP.

Setze die Reichweite[120] des Produkts k, $r_{k\tau} = 0$ ($k = 1, 2, \ldots, K$);

Setze die Produktionsmenge des Produkts k, $q_{k\tau} = d_{k\tau}$ ($k = 1, 2, \ldots, K$);

Berechne die in Periode τ verbleibende freie Kapazität, die zur vorgezogenen Produktion zukünftiger Bedarfsmengen verwendet werden kann:

---

[120] Die Reichweite eines Produkts ist hier die Anzahl aufeinanderfolgender Perioden, für deren Bedarf die aktuelle Losgröße ausreicht, die aktuelle Produktionsperiode nicht eingeschlossen.

$$RC_\tau = b_\tau - \sum_{k=1}^{K} tb_k \cdot q_{k\tau}$$

Schritt 2:

Bestimme die früheste Periode t_c, in der die aktuelle, für Periode τ betrachtete Kombination von Losgrößen im Hinblick auf die Kapazitätsbedingung (C.174) unzulässig wird.

Falls $t_c > T$, setze $t_c = T + 1$

Schritt 3: Vergrößerung der Produktionsmengen

Betrachte die Menge $\mathcal{M}$ der Produkte, deren Reichweite $r_{k\tau}$ nicht[121] die Periode t_c umfaßt, und deren nächste noch nicht für die Produktion eingeplante Bedarfsmenge noch in Periode τ produziert werden kann:

$$\mathcal{M} = \{k \,|\, r_{k\tau} < t_c - \tau \text{ und } d_{k,\tau+r_{k\tau}+1} \cdot tb_k \leq RC_\tau \}$$

Falls die Menge $\mathcal{M}$ leer ist, gehe zu Schritt 4;

andernfalls bestimme aus der Menge $\mathcal{M}$ das Produkt l mit der höchsten Prioritätsziffer $\Delta_{l\tau}$ gemäß Beziehung (C.168):

- Ist die Prioritätsziffer $\Delta_{l\tau} \geq 0$, dann ist die Vergrößerung der Reichweite des Produkts l in Periode τ, $r_{l\tau}$, um eine Periode vorteilhaft:

    Setze $r_{l\tau} = r_{l\tau} + 1$,   neue Reichweite

    setze $q_{l\tau} = q_{l\tau} + d_{l,\tau+r_{l\tau}}$,   neue Losgröße

    setze $RC_\tau = RC_\tau - tb_l \cdot d_{l,\tau+r_{l\tau}}$,   verbleibende Kapazität

    setze $d_{l,\tau+r_{l\tau}} = 0$,   Bedarfsmenge

    gehe zu Schritt 2;[122]

- ist die Prioritätsziffer $\Delta_{l\tau} < 0$, dann lohnt sich die Vergrößerung der Reichweite nicht, gehe zu Schritt 4.

Schritt 4: Ist der Produktionsplan für Periode τ zulässig?

Falls $t_c > T$, dann liegt eine zulässige Kombination von Produktionsmengen für Periode τ vor, führe die nächste Iteration durch.

Falls $t_c \leq T$, dann liegt noch keine zulässige Kombination von Produktionsmengen für Periode τ vor; daher muß für mindestens eines der Produkte die Produktionsmenge in Periode τ erhöht werden[123], gehe zu Schritt 5.

---

[121] Nur für Produkte mit einer Reichweite r_{kt}, die nicht die Periode t_c umfaßt, können noch zukünftige Bedarfsmengen vorgezogen produziert werden.

[122] Der Sprung zu Schritt 2 wird notwendig, da sich durch Verlängerung der Reichweite des gerade betrachteten Produkts l und die damit verbundene Änderung des Produktionsplans der Periode τ der Wert von t_c verändert haben kann.

[123] Das heißt, es müssen Bedarfsmengen aus späteren Perioden in der Periode t auf Vorrat produziert werden.

Schritt 5:

Bestimme mit Beziehung (C.174) den Kapazitätsbedarf Q, der in Periode τ noch für zukünftige Perioden bereitzustellen ist, damit der Produktionsplan der Periode τ im Hinblick auf alle zukünftigen Perioden $(t_c, t_c+1, \ldots, T)$ zulässig ist.

Der Kapazitätsbedarf ergibt sich als maximale Differenz zwischen der kumulierten fehlenden Kapazität und den kumulierten bereits in Periode τ produzierten Mengen. Bei der Berechnung der fehlenden Kapazität $CF_{\tau j}$ ist zu berücksichtigen, daß ein Teil des Bedarfs einer zukünftigen Periode bereits in einer vorangegangenen Iteration (Periode $t < \tau$) produziert worden sein kann:

$$Q = \max_{t_c \leq t \leq T} \left\{ \sum_{j=\tau+1}^{t} CF_{\tau j} - CV_{\tau j} \right\}$$

Schritt 6:

Betrachte die Produkte, deren Reichweite nicht bis zur Periode t_c reicht:

Erhöhe probeweise für das Produkt k die Reichweite entweder um eine Periode oder um soviel, wie der Kapazitätsbedarf Q in Periode τ erzwingt:

$$r_{k\tau\text{neu}} = \min \left\{ r_{k\tau} + 1, r_{k\tau} + \frac{Q}{tb_k \cdot d_{k,\tau+r_{k\tau}+1}} \right\}$$

Berechne unter Verwendung der Reichweiten $r_{k\tau\text{neu}}$ für jedes Produkt jeweils den marginalen Anstieg[124] der Kosten pro zusätzlich eingesetzter Kapazitätseinheit gemäß Beziehung (C.168), wobei die Berechnung davon abhängt, ob die neue Reichweite ganzzahlig ist oder nicht.

Falls die neue Reichweite $r_{k\tau\text{neu}}$ ganzzahlig ist, gilt:

$$\Delta_{k\tau} = \frac{\left[c^{\text{Per}}_{k\tau,\tau+r_{k\tau}} - c^{\text{Per}}_{k\tau,\tau+r_{k\tau\text{neu}}} \right]}{tb_k \cdot d_{k,\tau+r_{k\tau\text{neu}}}}$$

Falls die neue Reichweite $r_{k\tau\text{neu}}$ nicht ganzzahlig ist, wird nur die dem Kapazitätsfehlbedarf entsprechende Menge früher produziert, wobei bei der Berechnung der durchschnittlichen Kosten pro Periode zu berücksichtigen ist, daß auch nur diese Menge früher eingelagert wird:

$$\Delta_{k\tau} = \frac{\left[c^{\text{Per}}_{k\tau,\tau+r_{k\tau}} - c^{\text{Per}}_{k\tau,\tau+r_{k\tau\text{neu}}} \right]}{Q}$$

Erhöhe die Produktionsmenge für das Produkt k mit dem geringsten marginalen Kostenanstieg (d. h. mit dem größten Wert $\Delta_{k\tau}$); dabei werden W zusätzliche Kapazitätseinheiten der Periode τ verbraucht; errechne die noch bereitzustellende Kapazität: $Q = Q - W$

Aktualisiere die Periodenbedarfsmenge der betreffenden Periode.

Falls $Q > 0$, wiederhole Schritt 6; andernfalls führe die nächste Iteration durch.

☐ Ende Iteration τ

---

[124] In Schritt 4 wurde festgestellt, daß die Vergrößerung der Reichweiten der jetzt noch betrachteten Produkte nur noch zu Kostenerhöhungen führt.

Nach Beendigung des Verfahrens liegt eine zulässige Lösung des dynamischen Mehrprodukt-Losgrößenproblems mit Kapazitätsbeschränkungen vor – falls diese existiert. Durch zusätzliche Maßnahmen (z. B. Eliminierung eines Loses, Zusammenfassung zweier Lose) kann versucht werden, die Lösung weiter zu verbessern.[125]

> Beispiel: www.produktion-und-logistik.de/Beispiele

Günther beschreibt eine Anwendung des Verfahrens von *Dixon*, in der die Kapazität der Ressource als Entscheidungsparameter verwendet wird, mit dem Ziel, eine möglichst gleichmäßige Auslastung der Kapazität zu erreichen.[126]

Die publizierten Ergebnisse von numerischen Untersuchungen verschiedener heuristischer Verfahren zur Lösung des betrachteten Mehrprodukt-Losgrößenproblems mit Kapazitätsbeschränkungen (einschl. des Verfahrens von *Dixon*) zeigen, daß mit dem Verfahren von *Dixon* i. d. R. eine sehr gute Lösungsqualität erreichbar ist.[127]

In Abschnitt C.3.3.3, S. 201 ff., werden wir ein Verfahren zur Lösung eines mehrstufigen Mehrprodukt-Losgrößenproblems mit beschränkten Kapazitäten beschreiben, in dessen Verlauf das Verfahren von *Dixon* zur Bearbeitung von einstufigen Teilproblemen eingesetzt wird.

C.2.2.2.1.2 Die ABC-Heuristik von Maes

Bei der Darstellung des Verfahrens von *Dixon* wurde bereits deutlich, daß man eine Lösung des einstufigen Mehrprodukt-Losgrößenproblems anschaulich in einer Tabelle darstellen kann, die für jede Periode eine Spalte und für jedes Produkt eine Zeile enthält.[128] Eine Lösung des CLSP kann dann in der Weise erzeugt werden, daß man eine Tabelle mit Nettobedarfsmengen nach und nach von links (Periode 1) nach rechts (Periode T) in eine Tabelle mit Produktionsmengen umformt, indem man zukünftige – noch nicht eingeplante – Bedarfsmengen des Produkts k unter Beachtung der Kapazitätsrestriktionen zu dem im Aufbau befindlichen Los in der Produktionsperiode τ hinzufügt. Im Prinzip sind bei einer derartigen heuristischen Vorgehensweise drei *Fragen* zu beantworten, die den Ablauf des Lösungsverfahrens und damit auch die Lösungsqualität beeinflussen.

A   In welcher Reihenfolge sollen die Produkte betrachtet werden? In Abhängigkeit davon, für welches Produkt man die verfügbare Kapazität einer Periode zuerst ver-

---

125 vgl. *Dixon und Silver* (1981), S. 25–26
126 vgl. *Günther* (1987)
127 vgl. z. B. die Ergebnisse von *Thizy und Van Wassenhove* (1985); *Günther* (1988)
128 vgl. das Beispiel zum Dixon-Verfahren: http://www.produktion-und-logistik.de/Beispiele/

plant, ergeben sich unterschiedliche Freiheitsgrade in nachfolgenden Verfahrensschritten und damit auch unterschiedliche Lösungen. Alternative Kriterien: laufende Produktnummer; Kosten; Kapazitätsbeanspruchungen, etc.

B̲ Nach welchem Kriterium soll über die Vergrößerung der Produktionsmenge eines Produkts in einer betrachteten Periode entschieden werden? Alternativen: Silver-Meal-Kriterium; Stückkostenkriterium, etc.

C̲ In welcher Reihenfolge sollen die noch nicht in ein Los aufgenommenen Bedarfsmengen betrachtet werden? Alternativen: erst die ganze Bedarfszeitreihe eines Produkts abarbeiten, bevor zum nächsten Produkt übergegangen wird („Ost-Richtung"); immer nur einen Bedarf vorziehen und dann zum nächsten Produkt übergehen („Süd-Richtung"); jeweils mehrere Bedarfe desselben Produkts vorziehen und dann zum nächsten Produkt übergehen („Süd-Ost-Richtung").

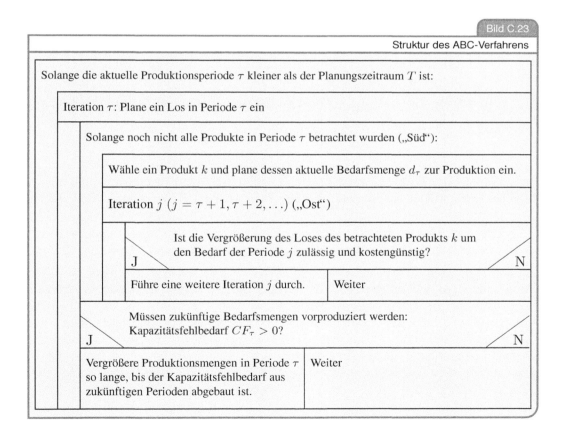

Bild C.23 Struktur des ABC-Verfahrens

Maes und Van Wassenhove[129] schlagen vor, die Losgrößenplanung mit unterschiedlichen Kombinationen von Antworten auf die o. g. Fragen durchzuführen und dann die beste gefundene Lösung auszuwählen. Die Struktur des Verfahrens ist für den Fall der Variante „Süd-Ost-Richtung" in Bild C.23 wiedergegeben.

Unabhängig davon, wie ein derart vorwärtsschreitendes Lösungsverfahren im Detail ausgestaltet wird, ist in jedem Verfahrensschritt auf die Zulässigkeit der Lösung im Hinblick auf zukünftige Entscheidungen zu achten. Bei jeder Fixierung der Produktionsmengen einer Periode und dem Übergang zur nächsten Produktionsperiode muß sichergestellt sein, daß die gesamte Kapazität der nachfolgenden Perioden ausreicht, um den gesamten verbleibenden noch nicht produzierten Bedarf dieser Perioden zu decken. Den bereits in Periode t zu deckenden (Rest-)Bedarf aus späteren Perioden, CF_t, berechnen *Maes und Van Wassenhove* rekursiv nach Gleichung (C.175).

$$CF_T = 0$$
$$CF_t = \max\left\{0, \underbrace{\sum_{k=1}^{K} tb_k \cdot d_{k,t+1} - b_{t+1}}_{\text{fehlende Kapazität in Periode } t+1} + CF_{t+1}\right\} \quad t = T-1, T-2, \ldots, 1 \quad \text{(C.175)}$$

Bei jeder Veränderung des Produktionsplanes müssen diese Größen aktualisiert werden.

Beispiel: www.produktion-und-logistik.de/Beispiele

Maes und Van Wassenhove schlagen vor, im konkreten Fall mehrere Kombinationen von Produktauswahlregeln (A), Losgrößenkriterien (B) und Bearbeitungsreihenfolgen der Bedarfe (C) einzusetzen und die beste gefundene Lösung auszuwählen. Sie haben in einem numerischen Experiment die Qualität dieses Lösungskonzepts mit der Lösungsgüte anderer Verfahren verglichen und festgestellt, daß dieser einfache Ansatz konkurrenzfähige, teilweise sogar bessere Lösungen bei geringerer Rechenzeit liefert.

In der dargestellten Form kann das ABC-Verfahren nur für Probleme ohne Rüstzeiten eingesetzt werden. Sind Rüstzeiten zu berücksichtigen, dann muß bei der Bestimmung des zukünftigen Kapazitätsbedarfs der Perioden τ bis T bekannt sein, in welchen Perioden gerüstet wird. Diese Informationen liegen aber bei Betrachtung der Periode τ noch nicht vor. Deshalb schlägt *Kirste* vor, die Einplanungsstrategie so abzuwandeln, daß auch bereits fixierte Produktionsmengen der vergangenen Perioden $(\tau-1, \tau-2, \ldots)$ bei Bedarf noch einmal verändert werden können.[130] Auf die obige Zulässigkeitsprüfung wird verzichtet. Stattdessen wird nach jeder Veränderung einer Losgröße geprüft, ob dadurch in der aktuellen Planungsperiode die Kapazität der Ressource überschritten wird. Ist

---

129 vgl. *Maes und Van Wassenhove* (1986); *Maes* (1987)
130 vgl. *Kirste* (2017)

C.2.2.2.1.3 Ein Spaltengenerierungsverfahren

dies der Fall, dann werden – im Unterschied zur Originalversion der ABC-Heuristik – Produktionsmengen *in frühere Perioden* verschoben. Mit dieser Variante des Verfahrens kann man auch Rüstzeiten und stochastische Produktionsmengen berücksichtigen. Hierauf wird in Abschnitt D.5.2.2 eingegangen.

Zur Lösung des Set-Partitioning-Modells $CLSP_{SPP}$[131] könnten prinzipiell Standardalgorithmen der binären Optimierung eingesetzt werden. Wegen der hohen Anzahl von Produktionsplänen bzw. Binärvariablen ist dies jedoch in der praktischen Anwendung zu aufwendig. Deshalb vernachlässigen *Bahl und Ritzman*[132] die Ganzzahligkeitsbedingungen und lösen das Problem durch Einsatz eines Standardverfahrens der linearen (kontinuierlichen) Optimierung. Die Binärvariablen werden dann auf- bzw. abgerundet. Die mit diesem Verfahren erreichbare Lösungsqualität wird vor allem durch die Qualität der generierten und im LP-Ansatz zur Auswahl gestellten Produktionsplanalternativen beeinflußt. Deren Anzahl kann offensichtlich so groß sein, daß bereits ihre Definition und Zusammenstellung in einer LP-Matrix ein erhebliches Problem darstellt. Für jedes Produkt gibt es bereits $2^T - 1$ verschiedene Produktionspläne, die die Wagner-Whitin-Eigenschaft ($q_t \cdot y_{t-1} = 0$) haben. Bei einem Planungshorizont von 16 Wochen und 5 Produkten erhält man z. B. 163840 unterschiedliche Produktionspläne. Bei Kapazitätsbeschränkungen kommt hinzu, daß auch ein Plan, der diese Eigenschaft nicht hat, optimal sein kann.

Eine Reihe weiterer Autoren schlägt heuristische Verfahren zur Lösung des **Set-Partitioning-Modells** $CLSP_{SPP}$ vor.[133] Hierbei wird vor allem das Konzept der **Spaltengenerierung** eingesetzt. Dies ist eine Technik zur Lösung von Optimierungsproblemen, die eine so große Anzahl von Variablen haben, daß es unmöglich oder nicht sinnvoll ist, alle Variablen vor Beginn der Optimierung explizit zu definieren. Wie oben ausgeführt, ist dies im Modell $CLSP_{SPP}$ der Fall. Ungeachtet der großen Anzahl theoretisch möglicher Planalternativen kann die optimale Lösung des Modells $CLSP_{SPP}$ nur K Produktionspläne (für jedes Produkt einen) enthalten.

Zur Darstellung des Konzepts der Spaltengenerierung betrachten wir eine vereinfachte Version des Modells $CLSP_{SPP}$ mit nur einer Ressource. Das relaxierte Modell, in dem die Ganzzahligkeitsbedingungen der Auswahlvariablen γ_{kn} durch $\geq$-Bedingungen ersetzt worden sind, hat folgende Struktur:

---

[131] vgl. S. 64
[132] vgl. *Bahl und Ritzman* (1984a,b).
[133] vgl. *Dzielinski und Gomory* (1965); *Lasdon und Terjung* (1971); *Bradley et al.* (1977); *Cattrysse et al.* (1990); *Salomon et al.* (1993); *Vanderbeck* (1998); *Haase* (2005)

Modell SPP$_{LP}$

Minimiere $Z = \sum_{k=1}^{K} \sum_{n=1}^{P_k} c_{kn} \cdot \gamma_{kn}$ (C.176)

u. B. d. R.

$\sum_{k=1}^{K} \sum_{n=1}^{P_k} \kappa_{knt} \cdot \gamma_{kn} \leq b_t$ $\qquad t = 1, 2, \ldots, T \quad (\pi_t)$ (C.177)

$\sum_{n=1}^{P_k} \gamma_{kn} = 1$ $\qquad k = 1, 2, \ldots, K \quad (\sigma_k)$ (C.178)

$\gamma_{kn} \geq 0$ $\qquad k = 1, 2, \ldots, K; n = 1, 2, \ldots, P_k$ (C.179)

Symbole	
b_t	Kapazität der Ressource in Periode t
c_{kn}	Kosten der Planalternative n des Produkts k
P_k	Anzahl definierter Planalternativen für Produkt k
κ_{knt}	Kapazitätsbedarf der Planalternative n des Produkts k in Periode t
π_t	Dualvariable der Kapazitätsrestriktion in Periode t
σ_k	Dualvariable der Planauswahlrestriktion des Produkts k
γ_{kn}	binäre Auswahlvariable für Planalternative n des Produkts k

Dabei ist P_k die Anzahl der definierten Planalternativen für das Produkt k. Zur Vorbereitung der weiteren Überlegungen sind den Nebenbedingungen (C.177) und (C.178) Dualvariablen π_t bzw. σ_k zugeordnet worden.

Man geht nun wie folgt vor.[134] In einem ersten Verfahrensschritt definiert man zunächst für jedes Produkt einen Dummy-Produktionsplan mit prohibitiv hohen Kosten und einem Kapazitätsbedarf von Null. Nach Lösung dieses stark vereinfachten Modells SPP$_{LP}$ erzeugt man mit Hilfe der optimalen Werte der Dualvariablen σ_k und π_t weitere Planalternativen (Spalten des LP-Modells) und löst das Modell SPP$_{LP}$ erneut. Daraus ergeben sich geänderte Werte der Dualvariablen, die wiederum zu neuen in das Modell SPP$_{LP}$ aufzunehmenden Planalternativen führen. Diese Prozedur wird so lange wiederholt, bis keine Planalternativen mehr erzeugt werden können, die eine Verbesserung der Lösung des Modells SPP$_{LP}$ ergeben. Aufgrund der zuletzt ermittelten optimalen Lösung des Modells SPP$_{LP}$ wird dann in einem zweiten Schritt eine zulässige Lösung für das Modell CLSP$_{SPP}$ erzeugt.

---

134 vgl. *Haase* (2005)

C.2.2.2 Modellspezifische Lösungsverfahren – Ein Spaltengenerierungsverfahren

Betrachten wir das folgende Beispiel mit 4 Produkten und 5 Perioden. Die Nachfragemengen sowie die Rüstkostensätze (s_k), Lagerkostensätze (h_k) und Stückbearbeitungszeiten (tb_k) zeigt Tabelle C.20.

Tabelle C.20
Daten des Beispiels

$k \backslash t$	1	2	3	4	5	s_k	h_k	tb_k
1	20	10	30	20	10	200	1	1
2	30	10	30	30	20	150	1	1
3	0	30	10	60	10	100	1	1
4	20	20	0	10	10	150	1	1

Tabelle C.21
LP-Tableau (Start)

	γ_{11}	γ_{21}	γ_{31}	γ_{41}	
c_{kn}	100000	100000	100000	100000	
	1				$\sigma_1 = 100000$
		1			$\sigma_2 = 100000$
			1		$\sigma_3 = 100000$
				1	$\sigma_4 = 100000$
	0	0	0	0	$\pi_1 = 0$
	0	0	0	0	$\pi_2 = 0$
	0	0	0	0	$\pi_3 = 0$
	0	0	0	0	$\pi_4 = 0$
	0	0	0	0	$\pi_5 = 0$

Wir beginnen, indem wir für jedes Produkt einen leeren Produktionsplan mit Kosten von 100000 definieren und das Modell SPP$_{LP}$ exakt lösen. Die Datenstruktur dieses linearen Optimierunsmodells zeigt Tabelle C.21. Jeder Plan wird ausgewählt. Die optimalen Werte der Dualvariablen sind in der rechten Spalte angegeben.

Aus der Theorie der linearen Optimierung ist bekannt, daß die Vorteilhaftigkeit der Aufnahme einer Nicht-Basis-Variablen j in die Basis von der Differenz ihres Zielfunktionskoeffizienten und dem Gesamtwert aller durch diese Variable verbrauchten Ressourcen (Nebenbedingungen) abhängt. Ist y_i ($i = 1, 2, \ldots, m$) der Wert der Nebenbedingung i (Dualvariable i) und ist a_{ij} ein Element der Koeffizientenmatrix, dann kann in einem Minimierungsproblem der Zielwert durch Aufnahme der Variablen j in die Lösung verbessert werden, wenn die reduzierten Kosten $\bar{c}_j = c_j - \sum_{i=1}^{m} a_{ij} \cdot y_i$ negativ sind. Im relaxierten Modell CLSP$_{SPP}$ bedeutet dies für den n-ten Produktionsplan des Produkts k, d. h. für die Variable γ_{kn} bei bekannten Werten der Dualvariablen σ_k und π_t:

$$\overline{c}_{kn} = c_{kn} - \sigma_k - \sum_{t=1}^{T} \kappa_{knt} \cdot \pi_t \qquad (C.180)$$

Dieses Kriterium verwendet man im Rahmen des Spaltengenerierungsansatzes, um zu entscheiden, ob man einen weiteren Produktionsplan des Produkts k in die Formulierung des LP-Modells SPP$_{LP}$ aufnimmt. Dabei ist es am günstigsten, wenn man den Produktionsplan des Produkts k mit dem niedrigsten negativen $\overline{c}_{kn}$-Wert als potentiellen Kandidaten in das LP-Modell aufnimmt.

Diesen Plan kann man bestimmen, indem man für das Produkt k ein dynamisches Einprodukt-Losgrößenproblem ohne Kapazitätsbeschränkungen (Wagner-Whitin-Problem) löst. Hierzu greifen wir auf das Kürzeste-Wege-Modell SRP[135] zurück. Dort wurden die Kosten für die Produktion der Nachfragemengen aus den Perioden $\tau + 1$ bis t zu Beginn der Periode $\tau + 1$ wie folgt definiert:

$$w_{k\tau t} = s_k + h_k \cdot \sum_{j=\tau+1}^{t} (j - \tau - 1) \cdot d_{kj} \qquad (C.181)$$

Definiert man nun die Kantenbewertung des Kürzesten-Wege-Netzes für Produkt k als

$$\overline{w}_{k\tau t} = w_{k\tau t} - tb_k \cdot q_{k\tau t} \cdot \pi_\tau, \qquad (C.182)$$

wobei $q_{k\tau t}$ die zugehörige Losgröße ist, dann erhält man den optimalen Produktionsplan des Produkts k durch Bestimmung des kürzesten Weges in dem betrachteten Netzwerk. Bezeichnet man mit $\overline{c}_k^{opt}$ die Länge dieses kürzesten Weges, dann betragen die minimalen reduzierten Kosten für den nächsten in das Modell SPP$_{LP}$ aufzunehmenden Produktionsplan des Produkts k:

$$\overline{c}_k = \overline{c}_k^{opt} - \sigma_k \qquad (C.183)$$

Nach Lösung des Modells SPP$_{LP}$ wird also für jedes Produkt mit Hilfe des Kürzeste-Wege-Modells der Produktionsplan mit den minimalen reduzierten Kosten $\overline{c}_k$ bestimmt. Ist $\overline{c}_k < 0$, dann wird dieser als nächster Produktionsplan n des Produkts k in das Modell SPP$_{LP}$ aufgenommen. Die Lösung dieses Modells ergibt neue Werte der Dualvariablen π_t und σ_k, die dann zur Erzeugung weiterer Produktionspläne verwendet werden. Das Verfahren endet, wenn für alle Produkte die minimalen reduzierten Kosten nicht-negativ sind ($\overline{c}_k \geq 0$, $k = 1, 2, \ldots, K$). Ist dann noch einer der Dummy-Produktionspläne in der Lösung enthalten, dann wurde keine zulässige Lösung gefunden.

Im betrachteten Beispiel werden jetzt für jedes Produkt die minimalen reduzierten Kosten bestimmt. Die Kantenbewertungen des entsprechenden Kürzeste-Wege-Modell für Produkt 1 zeigt Tabelle C.22. Bei genauerer Betrachtung wird man feststellen, daß es

---

135 siehe S. 35

C.2.2.2 Modellspezifische Lösungsverfahren – Ein Spaltengenerierungsverfahren

sich hierbei um die ursprünglichen Rüst- und Lagerkosten handelt, da der Summenterm auf der rechten Seite von Gleichung (C.182) Null ist.

Tabelle C.22
$\overline{\omega}_{1\tau t}$-Werte: Kantenbewertungen (Produkt 1)

$\tau \backslash t$	1	2	3	4	5
0	200	210	270	330	370
1	0	200	230	270	300
2	0	0	200	220	240
3	0	0	0	200	210
4	0	0	0	0	200

Die optimale Lösung für Produkt 1 lautet: $q_1 = 90$, $\overline{c}_1^{\text{opt}} = 370$. Daraus folgt $\overline{c}_1 = 370 - 100000 = -99630$. Tabelle C.23 zeigt die Berechnung der minimalen reduzierten Kosten für alle Produkte. In der rechten Spalte sind die Rüst- und Lagerkosten angegeben, die als Zielfunktionskoeffizienten im Modell SPP$_{\text{LP}}$ verwendet werden.

Tabelle C.23
Reduzierte Kosten (Start)

k	Losgrößen	$\overline{c}_k^{\text{opt}}$	$\overline{c}_k$	Kosten
1	$q_1 = 90$	370	-99630	370
2	$q_1 = 40, q_3 = 80$	380	-99620	380
3	$q_2 = 40, q_4 = 70$	220	-99780	220
4	$q_1 = 60$	240	-99760	240

Tabelle C.24
LP-Tableau (Iteration 1)

γ_{11}	γ_{12}	γ_{21}	γ_{22}	γ_{31}	γ_{32}	γ_{41}	γ_{42}	
100000	370	100000	380	100000	220	100000	240	
1	1							$\sigma_1 = 100000$
		1	1					$\sigma_2 = 66886.7$
				1	1			$\sigma_3 = 220$
						1	1	$\sigma_4 = 100000$
0	90	0	40	0	0	0	60	$\pi_1 = -1662.67$
0	0	0	0	0	40	0	0	$\pi_2 = 0$
0	0	0	80	0	0	0	0	$\pi_3 = 0$
0	0	0	0	0	70	0	0	$\pi_4 = 0$
0	0	0	0	0	0	0	0	$\pi_5 = 0$

Da alle reduzierten Kosten negativ sind, werden die vier Produktionspläne als neue Variablen dem Modell SPP$_{LP}$ hinzugefügt. Die Datenstruktur und die optimalen Werte der Dualvariablen zeigt Tabelle C.24. Die neuen minimalen reduzierten Kosten sind in Tabelle C.25 zusammengefaßt.

Tabelle C.25

Reduzierte Kosten (Iteration 1)

k	Losgrößen	$\bar{c}_k^{opt}$	$\bar{c}_k$	Kosten
1	$q_1 = 20, q_2 = 70$	33753	-66247	500
2	$q_1 = 30, q_2 = 90$	50330	-16556.7	380
3	$q_2 = 40, q_4 = 70$	220	0	–
4	$q_1 = 20, q_2 = 40$	33603	-66397	350

Jetzt wird nur noch für die Produkte 1, 2 und 4 je ein neuer Produktionsplan in das Modell SPP$_{LP}$ angenommen. Nach einigen weiteren Iterationen liegt dann die in Tabelle C.26 angebene Lösung des LP-Modells vor.

Tabelle C.26

Lösung: γ_{kn}-Variablen

$k\backslash n$	1	2	3	4	5
1	0	0	0.4	0.6	0
2	0	0.8	0	0.2	–
3	0	1	0	0	–
4	0	0.2	0.8	0	–

Da keiner der Dummy-Pläne in der optimalen Lösung enthalten ist (Spalte 1), wurde eine zulässige Lösung des Modells SPP$_{LP}$ gefunden. Diese Lösung ist allerdings für das Modell CLSP$_{SPP}$ noch nicht zulässig, da einige der γ-Variablen nicht-ganzzahlig sind.

Haase schlägt nun vor, nach dem ersten Verfahrensschritt alle Produktionspläne mit $\gamma_i = 1$ zu fixieren, die zugehörigen Kapazitätsbedarfe von den Periodenkapazitäten abzuziehen und für die verbleibende Restmenge von Produkten das Modell CLSP$_{SPL}$ exakt oder heuristisch zu lösen. Im Beispiel würde man den Produktionsplan für Produkt 3 ($\gamma_{32} = 1$) fixieren und für die Produkte 1, 2 und 3 das Modell CLSP$_{SPL}$ mit reduzierten Periodenkapazitäten lösen.

Im vorliegenden Beispiel haben wir damit noch nicht viel gewonnen. Für Probleme mit realitätsnaher Größenordnung, wenn die Anzahl der Produkte wesentlich größer als die Anzahl der Perioden ist, sind aber sehr viele γ-Variablen nach Abschluß der Spaltengenerierung ganzzahlig. Die Ergebnisse numerischer Tests zeigen, daß man mit dem vorgeschlagenen Ansatz Probleme mit bis zu 200 Produkten und 20 Perioden in wenigen Sekunden mit sehr hoher Qualität lösen kann. Die Lösungsgüte wird dabei umso besser, je mehr Produkte in die Betrachtung einbezogen werden. Gerade in einer Planungssituation, die durch das CLSP abgebildet wird, wenn z. B. ein Planungszeitraum von 12 Wochen mit Hunderten aktiver Produkte betrachtet wird, kann das Konzept erfolgreich eingesetzt werden.

In Abschnitt D.5.2.3 wird das Konzept der Spaltengenerierung auf ein CLSP mit *stochastischen Periodennachfragemengen* angewendet.

C.2.2.2.1.4 Weitere Lösungsansätze

Lambrecht und Vanderveken[136] sowie *Günther*[137] entwickeln Heuristiken für das CLSP ohne Rüstzeiten mit einer Ressource, bei denen der Produktionsplan **periodenorientiert vorwärtsschreitend**, d. h. ähnlich wie im Verfahren von *Dixon* aufgebaut wird. Im Gegensatz dazu baut *Haase*[138] in einem heuristischen Verfahren für das CLSP-L ohne Rüstzeiten den Produktionsplan periodenorientiert **rückwärtsschreitend**, beginnend mit der Produktionsperiode T, auf. In jeder Produktionsperiode erfolgt die Auswahl des Produkts, das als nächstes eingeplant wird, mit Hilfe einer konfigurierbaren Prioritätsregel. Auf dieses Lösungsprinzip wird im folgenden Abschnitt C.2.2.2.2 genauer eingegangen.

Kirca und Kökten[139] gehen nicht perioden- sondern **produktorientiert** vor. Die Produkte werden nach einem Kostenkriterium sortiert und dann der Reihe nach unter Berücksichtigung der jeweils verbliebenen Periodenkapazitäten eingeplant. Für jedes Produkt wird dabei ein Einprodukt-Losgrößenproblem mit Kapazitätsbeschränkungen gelöst.[140]

Özdamar und Bozyel[141] untersuchen das CLSP mit Rüstzeiten und Überstunden und schlagen u. a. einen genetischen Algorithmus sowie das Verfahren der simulierten Abkühlung vor.

Gopalakrishnan, Ding, Bourjolly und Mohan[142] betrachten das CLSP-L mit Rüstzeiten und entwickeln ein heuristisches Verfahren, in dem zunächst eine Menge von einfach konstruierten Startlösungen generiert wird, die anschließend mit einem Ansatz der Tabu-Suche iterativ verbessert werden.

Während die bisher genannten Verfahren bisweilen auch als „common sense"-Ansätze bezeichnet werden, setzen die folgenden Lösungsansätze Konzepte der mathematischen

---

136 vgl. *Lambrecht und Vanderveken* (1979)
137 vgl. *Günther* (1987)
138 vgl. *Haase* (1994). Siehe auch *Haase* (1998)
139 vgl. *Kirca und Kökten* (1994)
140 vgl. *Kirca* (1990)
141 vgl. *Özdamar und Bozyel* (2000); *Özdamar et al.* (2002)
142 vgl. *Gopalakrishnan et al.* (2001)

Optimierung ein. Die Gruppe der **Primal-Dual-Verfahren** greift auf das in anderen Problembereichen bewährte Konzept der *Lagrange-Relaxation* zurück.[143] Dabei werden die Kapazitätsrestriktionen relaxiert und – mit Lagrange-Multiplikatoren gewichtet – in die Zielfunktion aufgenommen. Das relaxierte Problem zerfällt dann in voneinander unabhängige produktspezifische Teilprobleme *ohne* Kapazitätsbeschränkungen, die effizient gelöst werden können. Im Rahmen eines iterativen Lösungsansatzes werden obere und untere Schranken des optimalen Zielwertes aktualisiert. Die einzelnen Lösungsansätze unterscheiden sich durch die Modellformulierung (Berücksichtigung von Rüstzeiten), durch die Form der entstehenden produktbezogenen Teilmodelle sowie durch die Form der Aktualisierung der Lagrange-Multiplikatoren.

Sox und Gao[144] verwenden eine Kürzeste-Wege-Formulierung des CLSP-L ohne Rüstzeiten. Sie schlagen zur Lösung des Modells CLSP-L_A eine Lagrange-Heuristik vor. Dabei werden die Kapazitätsrestriktionen und die Rüstzustandsrestriktionen mit Lagrange-Multiplikatoren gewichtet und in die Zielfunktion aufgenommen. Dadurch entstehen K voneinander unabhängige Einprodukt-Losgrößenprobleme vom Typ SIULSP mit periodenspezifischen variablen Produktionskosten und zusätzlichen Restriktionen zur Fortschreibung des Rüstzustands der Ressource. Diese modifizierten dynamischen Losgrößenprobleme können wie das Modell SIULSP mit einem Verfahren der dynamischen Optimierung exakt gelöst werden. Dabei ist allerdings zu berücksichtigen, daß der Bedarf der Periode t nicht nur durch Produktion in Periode t oder durch ein Los in einer früheren Periode $\tau < t$ gedeckt werden kann, das in dieser Periode τ auch zu einem Rüstvorgang geführt hat. Vielmehr kann für dieses Los in einer früheren, vor τ liegenden Periode gerüstet und der Rüstzustand in die Periode τ übertragen worden sein. Schließlich kann das Los in Periode t ebenfalls ohne erneutes Rüsten in Periode t nach der Übertragung des Rüstzustands aus einer Vorperiode produziert werden.[145]

Gupta und Magnusson[146] schlagen eine dreistufige Heuristik für das CLSP-L mit reihenfolgeunabhängigen Rüstzeiten und reihenfolgeabhängigen Rüstkosten vor.

Infolge der dramatisch gestiegenen Leistungsfähigkeit kommerziell verfügbarer Standard-Solver der gemischt-ganzzahligen linearen Optimierung wurden in den vergangenen Jahren auch Versuche unternommen, das CLSP so umzuformulieren, daß die LP-Relaxation zu höheren unteren Schranken führt. Damit ist die Hoffnung verbunden, daß irgendwann auch Probleminstanzen mit praxisrelevanten Größenordnungen exakt

---

[143] vgl. *Thizy und Van Wassenhove* (1985); *Trigeiro* (1987); *Chen und Thizy* (1990); *Lozano et al.* (1991); *Diaby et al.* (1992a,b)
[144] vgl. *Sox und Gao* (1999)
[145] vgl. *Briskorn* (2006); *Tempelmeier und Buschkühl* (2009)
[146] vgl. *Gupta und Magnusson* (2005) sowie *Almada-Lobo et al.* (2008)

oder wenigstens gut gelöst werden können. *Eppen und Martin*[147] schlagen die Verwendung des Kürzeste-Wege-Modells SRP_G[148] zur Beschreibung der im CLSP eingebetteten Einprodukt-Losgrößenprobleme vor. *Alfieri, Brandimarte und D'Orazio*[149] sowie *Denizel und Süral*[150] untersuchen einfache Rundungsheuristiken auf des Basis dieser Reformulierung des CLSP und des Modells $CLSP_{SPL}$.

Belvaux und Wolsey schränken mit Hilfe zusätzlicher problembezogener Ungleichungen den Lösungsraum eines Losgrößenmodells weiter ein und nutzen dies bei der Lösung mit einem Standard-Solver.[151] So gilt z. B. in einem CLSP, daß der Bestand eines Produkts am Ende der Periode $t-1$ ausreichen muß, um den Bedarf der Periode t zu decken, *wenn in der Periode t nicht produziert wird*. Man kann also dem Modell CLSP die Ungleichungen (C.184) hinzufügen.

$$y_{k,t-1} \geq d_{kt} \cdot (1 - \gamma_{kt}) \qquad k = 1, 2, \ldots, K;\ t = 1, 2, \ldots, T \qquad \text{(C.184)}$$

Um den Effekt dieser Ungleichungen zu testen, setzen wir das Modell CLSP zur Lösung einer Testprobleminstanz mit 4 Produkten, 15 Perioden und Rüstzeiten ein. Der Standard-Solver CPLEX 7.1 benötigte ohne die Ungleichungen (C.184) 35 CPU-Sekunden und mit den Ungleichungen (C.184) 24 CPU-Sekunden.

Suerie und Stadtler[152] erreichen durch einige Substitutionen von Variablen im Modell $CLSP-L_{SPL}$ sowie durch Einführung weiterer Ungleichungen – u. a. auch Ungleichungen der Form (C.184) – eine Modellformulierung, die zu größeren unteren Schranken und zu besseren Zielwerten führt. Dessenungeachtet ist festzustellen, daß Probleme mit praxisrelevanten Größenordnungen weiterhin nicht exakt lösbar sind.

Karimi, Fatemi Ghomi und Wilson[153] betrachten ein CLSP-L ohne Rüstzeiten, in dem aber Fehlmengen zugelassen sind. Sie entwickeln ein auf der Tabu-Suche basierendes Verfahren.

Eine umfassende Übersicht über Ansätze zur Lösung von Makroperiodenmodellen (Stand: 2008) findet sich bei *Buschkühl, Sahling, Helber und Tempelmeier.*[154]

Anzumerken ist noch, daß bei einer LP-Relaxation der Standardformulierung des CLSP sehr niedrige untere Schranken des optimalen Zielwertes berechnet werden. Jedoch wird

---

147 vgl. *Eppen und Martin* (1987)
148 vgl. S. 37
149 vgl. *Alfieri et al.* (2002)
150 vgl. *Denizel und Süral* (2006)
151 vgl. *Belvaux und Wolsey* (2001); *Belvaux und Wolsey* (2000); *Pochet und Wolsey* (1991); *Barany et al.* (1984)
152 vgl. *Suerie und Stadtler* (2003)
153 vgl. *Karimi et al.* (2006)
154 vgl. *Buschkühl et al.* (2008)

i. d. R. bereits nach kurzer Zeit eine zulässige Lösung gefunden. Die Reformulierungen, z. B. das CLSP$_{SPL}$, benötigen dagegen oft wesentlich mehr Zeit, bis die erste zulässige Lösung gefunden wird. Diese ist dann allerdings i. d. R. wesentlich besser. Das liegt vor allem auch daran, daß die LP-Relaxation dieser Modelle zu höheren unteren Schranken führt.

C.2.2.2.2 Modellspezifische Lösungsverfahren für Mikroperioden-Modelle

Zur Lösung von Mikroperioden-Modellen sind verschiedene Heuristiken vorgeschlagen worden, deren Struktur durch die jeweiligen Modellannahmen bestimmt wird. Die folgenden Ausführungen konzentrieren sich auf das PLSP. Eine Möglichkeit zur heuristischen Lösung des PLSP besteht im vorzeitigen Abbruch eines Branch&Bound-Verfahrens, z. B. wenn die Differenz zwischen der oberen und der unteren Schranke einen vorgegebenen Prozentsatz der oberen Schranke nicht mehr überschreitet. Für die Lösung von Problemen mit praxisrelevanten Größenordnungen führt diese Vorgehensweise allerdings oft nicht zum Erfolg, da man sich nicht selten auch nach mehreren Stunden Rechenzeit mit einer Lösung zufriedengeben muß, die noch eine Differenz zwischen oberer und unterer Schranke des Zielwertes im Bereich von $10 - 20\%$ aufweist. Es werden daher leistungsfähige spezialisierte Heuristiken für das PLSP benötigt.

Haase[155] schlägt zur Lösung des PLSP (ohne Rüstzeiten) ein Prioritätsregelverfahren vor. In diesem Verfahren werden die Produktionsmengen beginnend mit der letzten Planungsperiode *rückwärts eingeplant*. Dabei wird in jeder Periode – wie im PLSP angenommen – die Produktion von höchstens zwei unterschiedlichen Produkten (mit einem Rüstvorgang dazwischen) vorgesehen. Die Auswahl der in einer Periode τ einzuplanenden Produkte orientiert sich an einer Prioritätsziffer, welche die Kosten wiederspiegeln soll, die mit dem **Verzicht** auf die Einplanung des Produkts in der betrachteten Periode τ verbunden sind. Ein Teil dieser Kosten sind die zusätzlichen Lagerkosten, die entstehen, wenn man auf die Einplanung in τ verzichtet und stattdessen früher (z. B. in Periode $\tau - 1$) produziert. Ob bei der Einplanung des Produkts k in Periode τ Rüstkosten entstehen, die die Lagerkostenersparnis reduzieren, hängt von dem aktuellen Rüstzustand i in Periode τ ab. Falls bei der Einplanung des Produkts k in Periode τ umgerüstet werden muß ($k \neq i$), wird der Lagerkostenanstieg um die Rüstkosten vermindert. Die Verschiebung der Produktion des Produkts k von Periode τ in die Vorperiode ($\tau - 1$) ist dann mit zusätzlichen Kosten in Höhe der Differenz aus Lagerkostenanstieg und Rüstkosten verbunden. Anders ausgedrückt: die Einplanung des Produkts k in Periode τ anstatt in Periode ($\tau - 1$) führt zu einer Kostenersparnis in Höhe der Lagerkosten abzüglich

---

155 vgl. *Haase* (1994)

der evtl. erforderlich werdenden Rüstkosten. Je größer diese Kostenersparnis ist, umso vorteilhafter ist es, das Produkt so spät wie möglich zu produzieren. Da man die Kostenersparnis nicht exakt quantifizieren kann, schlägt *Haase* vor, eine *Linearkombination* aus Lagerkostenersparnis und Rüstkostenanstieg zu bilden.

Zur detaillierten Beschreibung des Verfahrens benötigen wir einige Hilfsgrößen. Angenommen, wir befinden uns in der Einplanungsperiode $\tau < T$ und einige Produktionsmengen q_{kt} seien in den Perioden $(t = \tau, \ldots, T-1, T)$ bereits eingeplant worden. Dann ist die insgesamt für Produkt k in den Perioden 1 bis τ noch zu produzierende Nachfragemenge aus den Perioden τ bis T:

$$D_{k\tau} = \max\left\{0, \sum_{t=\tau}^{T}(d_{kt} - q_{kt})\right\} \qquad k = 1, 2, \ldots, K; \tau = 1, 2, \ldots, T \quad \text{(C.185)}$$

Sind die Nachfragemengen für Produkt 1 in den Perioden 1 bis 4 z. B. $\{0, 10, 0, 30\}$, dann sind die $D_{1\tau}$-Werte für $q_{14} = 10$: $\{30, 30, 20, 20\}$. Für $q_{14} = 30$ erhält man die $D_{1\tau}$-Werte $\{10, 10, 0, 0\}$. Bezogen auf Periode 1 definieren wir:

$$TD = \sum_{k=1}^{K} D_{k1} \quad \text{(C.186)}$$

Die Größe TD beschreibt *für einen gegebenen Produktionsplan* die insgesamt noch in Periode 1 zu deckende Gesamtnachfragemenge. Während des Verfahrensablaufs wird TD immer kleiner, da nach und nach immer mehr Nachfragemengen durch geplante Produktionsmengen gedeckt werden. Ist TD nach Beendigung des Verfahrens immer noch größer als Null, dann wird nicht die gesamte Nachfragemenge produziert und es liegt keine zulässige Lösung vor. Weiterhin sei n_{kt} die letzte Periode mit positiver Nachfrage des Produkts k bis zur Periode t:

$$n_{kt} = \begin{cases} t, & d_{kt} > 0 \\ n_{k,t-1}, & \text{sonst} \end{cases} \qquad k = 1, 2, \ldots, K; t = 1, 2, \ldots, T \quad \text{(C.187)}$$

mit $n_{k0} = 0$. Im Beispiel mit den Periodennachfragemengen $\{0, 10, 0, 30\}$ betragen die n_{1t}-Werte: $\{0, 2, 2, 4\}$. Schließlich bezeichnen wir mit $\widehat{C}_t = \sum_{\tau=1}^{t} b_\tau$ die kumulierte Kapazität der Ressource in den Perioden 1 bis t.

Die Einplanung von Produktionsmengen erfolgt rückwärts, beginnend mit Periode T, wobei eine einmal festgelegte Produktionsmenge q_{kt} in späteren Planungsschritten – bei Betrachtung der Einplanungsperioden $(\tau < t)$ – nicht mehr revidiert wird. In jeder Einplanungsperiode τ wird das Produkt bestimmt, dessen Rüstzustand die Ressource am Periodenende haben soll. Wird ein Produkt zu Beginn einer Periode τ produziert, dann ist dies gleichbedeutend mit dem Setzen des Rüstzustands am Ende der Vorperiode $(\tau - 1)$.

Zur Auswahl der in einer Einplanungsperiode zu produzierenden Produkte werden **Prioritätsziffern** verwendet. Diese sollen die Kosteneinsparung quantifizieren, die entsteht, wenn man eine Nachfragemenge in Periode τ und nicht in Periode $(\tau - 1)$ produziert. Bei der Berechnung dieser Prioritätsziffern für einen *gegebenen Rüstzustand* i am Ende einer Periode τ wird wie folgt vorgegangen.[156] Betrachten wir zunächst ein Produkt k, für das der aktuelle Rüstzustand i nicht paßt und für das spätestens in Periode τ noch Bedarfe aus den Perioden τ bis T, $D_{k\tau}$, gedeckt werden müssen. Plant man die Menge $D_{k\tau}$ dieses Produkts erst in τ – und nicht früher – ein, dann entfallen Lagerkosten, man muß aber zusätzliche Rüstkosten für Produkt k in Periode τ in Kauf nehmen. Die Prioritätsziffer dieses Produkts beträgt dann:

$$p_k = (1 - \gamma) \cdot h_k \cdot D_{k\tau} - \gamma \cdot s_k \qquad k = 1, 2, \ldots, K; k \neq i; D_{k\tau} > 0 \quad \text{(C.188)}$$

Die Größe $0 \leq \gamma \leq 1$ ist ein Gewichtungsfaktor, mit dem man das Verfahren steuern kann.

Für das Produkt i hingegen, für das in Periode τ bereits gerüstet ist, fallen keine zusätzlichen Rüstkosten an. Die Alternative zur Erhöhung der Produktionsmenge in τ besteht hier darin, in einer Vorperiode zu produzieren (und den Rüstzustand i in die Periode τ zu übertragen). Die Menge, die noch zu produzieren ist, beträgt wieder $D_{k\tau}$. Sinnvollerweise wird als **mögliche Produktionsperiode** die nächstgelegene frühere Periode mit positivem Bedarf für das Produkt i, $n_{i\tau}$, betrachtet. Die Einplanung des Produkts i in dieser Periode bedeutet gleichzeitig, daß in den Perioden $n_{i\tau}$ bis τ kein anderes Produkt mehr produziert wird. Daraus folgt wiederum, daß die kumulierte Kapazität bis zur Periode $n_{i,\tau-1}$, $\widehat{C}_{n_{i,\tau-1}}$, ausreichen muß, um die Menge TD zu decken. Für diesen Fall, d. h. bei Produktion der Menge $D_{k\tau}$ bereits in Periode $n_{k,\tau-1}$ mit Übernahme des Rüstzustands in die Periode τ, wird die Prioritätsziffer des Produkts k wie folgt berechnet, wobei wir vereinfachend davon ausgehen, daß die Stückbearbeitungszeiten der Produkte jeweils eine Zeiteinheit betragen:

$$p_k = (1 - \gamma) \cdot h_k \cdot D_{k,n_{k,\tau-1}} \qquad k = 1, 2, \ldots, K; k = i; TD \leq \widehat{C}_{n_{k,\tau-1}} \quad \text{(C.189)}$$

In allen anderen Fällen wird $p_k = -\infty$ gesetzt. Die Prioritätsziffern p_k bilden die Basis für eine **zufällige Auswahl** der Produkte. Dabei wird folgende Transformation vorgenommen:

---

156 Zu Beginn des Verfahrens ist $i=0$.

$$\rho_k = \begin{cases} 0, & p_k = -\infty \\ \left(p_k - \min_{i=1,2,\ldots,K}\{p_i\} + \epsilon \right)^\delta & \text{sonst} \end{cases} \qquad (C.190)$$

Auch die Größen $\epsilon > 0$ und $\delta \geq 0$ sind Parameter, mit denen das Verfahren gesteuert werden kann. ϵ sichert, daß für jedes Produkt ein positiver ρ-Wert ermittelt wird. δ kann zum Glätten oder verstärken der Differenzen zwischen den Prioritätswerten verwendet werden. Aus den ρ_k-Werten werden schließlich Auswahlwahrscheinlichkeiten wie folgt abgeleitet:

$$\pi_k = \frac{\rho_k}{\sum\limits_{i=1}^{K} \rho_i} \qquad k = 1, 2, \ldots, K \qquad (C.191)$$

Die resultierenden kumulierten Wahrscheinlichkeiten vergleicht man dann mit einer zwischen 0 und 1 gleichverteilten Zufallszahl, woraus sich die gesuchte Nummer des als nächstes einzuplanenden Produkts ergibt.

Das Verfahren von *Haase* hat folgende Struktur:

Verfahren von Haase

Initialisierung

Produktspezifische Rüstzustände: $\omega_{kt} = 0$ $\qquad k = 1, 2, \ldots, K;\ t = 1, 2, \ldots, T$
Produktionsmengen: $q_{kt} = 0$ $\qquad k = 1, 2, \ldots, K;\ t = 1, 2, \ldots, T$
Periodenkapazitäten: $C_t =$ gegeben $\qquad t = 1, 2, \ldots, T$
Kumulierte Nachfragemengen: $D_{kt} = \sum\limits_{\tau=t}^{T} d_{k\tau}$ $\qquad k = 1, 2, \ldots, K;\ t = 1, 2, \ldots, T$
Aktueller Rüstzustand: $i = 0$
Aktuelle Einplanungsperiode: $\tau = T$
Setze $TD = \sum\limits_{k=1}^{K} D_{k1}$

Schritt 1: Auswahl des in Periode τ einzuplanenden Produkts

Falls $\tau = 0$ oder $TD = 0$, gehe zu Schritt 4.
Bestimme Auswahlwahrscheinlichkeiten π_k $\qquad k = 1, 2, \ldots, K$
Falls $\sum\limits_{k=1}^{K} \pi_k = 0$, setze $\tau = \tau - 1$ und gehe zu Schritt 1.

Bestimme das aktuell einzuplanende Produkt i mit den π_k-Werten als Auswahlwahrscheinlichkeiten. Falls Produkt i in Periode τ bereits produziert wird ($\omega_{i\tau} = 1$) schreibe den Rüstzustand der Ressource bis zur letzten Periode vor Periode τ mit positiver Nachfrage für Produkt i fort ($\omega_{i,\tau-1}, \omega_{i,\tau-2}, \ldots, \omega_{i,n_{i,\tau-1}+1} = 1$) und setze die aktuelle Einplanungsperiode $\tau = n_{i,\tau-1}$.

Schritt 2: Einplanung des Produkts i in den Perioden $\tau, \tau-1, \ldots$

Falls $D_{i\tau} = 0$ gehe zu Schritt 3.

Falls $\sum_{\substack{k=1 \\ k \neq i}}^{K} \omega_{k\tau} = 0$, setze $\omega_{i\tau} = 1$,

andernfalls setze $\omega_{i\tau-1} = 1$.

Falls noch keine Produktion eines anderen Produkts in Periode τ geplant ist, Produkt i am Periodenende einplanen.

Ein anderes Produkt wird bereits in Periode τ produziert. Daher Produkt i als erstes Produkt in τ einplanen.

Falls $D_{i\tau} \geq C_\tau$, setze $\omega_{i\tau-1} = 1$.

Falls durch die Einplanung des Produkts i die gesamte (Rest-)Kapazität der Periode τ erschöpft ist, wird der Rüstzustand am Ende der Vorperiode auf i gesetzt.

$q_{i\tau} = \min\{C_\tau, D_{i\tau}\}$ Produktionsmenge Produkt i in Periode τ.

$C_\tau = C_\tau - q_{i\tau}$ Verbleibende Restkapazität in Periode τ.

$TD = TD - q_{i\tau}$ In Periode 1 noch zu produzierende Menge.

$D_{it} = D_{it} - q_{i\tau} \quad (t = 1, 2, \ldots, \tau)$

In Periode τ noch zu produzierende Nachfragemenge aus den Perioden τ bis T. Ist $D_{i\tau} = 0$, dann kann die Einplanung des Produkts i vorerst beendet werden.

Falls $C_\tau = 0$, setze $\tau = \tau - 1$ und gehe zu Schritt 2.

Eine Periode zurückgehen und gegebenenfalls weitere Mengen des Produkts i einplanen.

Schritt 3: Ende der Einplanung des Produkts i in den Perioden $\tau, \tau-1, \ldots$

Falls $\sum_{k=1}^{K} \omega_{k,\tau-1} = 1$ setze $\tau = \tau - 1$ und gehe zu Schritt 1.

In diesem Fall sind in Periode τ bereits zwei Produkte eingeplant worden. Das erste Produkt wird durch $\omega_{k,\tau-1}$ und das zweite wird durch $\omega_{k\tau}$ identifiziert.

Schritt 4: Ende

Falls $TD > 0$, wurde keine zulässige Lösung gefunden.

☐ Ende des Verfahrens

Da die Produktauswahl zufällig geschieht, empfiehlt *Haase*, das Verfahren mehrfach mit unterschiedlichen Zufallszahlen anzuwenden und die beste gefundene Lösung zu implementieren.

> Beispiel: www.produktion-und-logistik.de/Beispiele

Haase beschreibt auch Modifikationen der Prioritätsziffern für die Lösung des PLSP mit Rüstzeiten und für den Fall paralleler Maschinen.[157] Insbesondere bei der Berücksichtigung von **Rüstzeiten** ist auch die Zulässigkeitsprüfung zu modifizieren. In Gleichung (C.189) wird bei einem Vorziehen des Produktionszeitpunktes lediglich geprüft, ob in den davorliegenden Perioden noch genügend Kapazität zur Deckung des gesamten Bedarfs an Produktionszeit verfügbar ist. Da Rüstzeiten nicht betrachtet werden, ist

---

157 vgl. *Haase* (1994)

dieser Kapazitätsbedarf unabhängig von den Losgrößen. Bei der Berücksichtigung von Rüstzeiten hängt der Kapazitätsbedarf aber von den Losgrößen ab. Man muß dann bei der Zulässigkeitsprüfung streng genommen den optimalen Produktionsplan mit dem genauen Rüstmuster kennen. Da dies aber nicht möglich ist, müssen geeignete Annahmen getroffen werden.

Prinzipiell können auch die in Abschnitt C.2.2.1 angesprochenen MIP-basierten Heuristiken, einschl. der in Abschnitt C.3.3.3.4 dargestellten „Fix-and-Optimize"-Heuristik, zur Lösung des PLSP eingesetzt werden.[158]

Zur Lösung verschiedener Varianten des GLSP sind ebenfalls mehrere Heuristiken entwickelt worden. Hierzu verweisen wir insb. auf die Arbeiten von *Meyr*[159].

Eine umfassende Übersicht über die Literatur zur Losgrößen- und Reihenfolgeplanung vermitteln *Copil, Wörbelauer, Meyr und Tempelmeier*[160].

Ergänzende Literatur zu Abschnitt C.2:
Copil et al. (2017)
Jans und Degraeve (2007)
Karimi et al. (2003)
Kimms (1997)
Meyr (1999), *Meyr* (2002)
Zhu und Wilhelm (2006)

C.3 Dynamische mehrstufige Mehrprodukt-Losgrößenplanung

Die bisherigen Ausführungen waren auf einstufige Erzeugnis- und Prozeßstrukturen beschränkt. In der betrieblichen Praxis sind jedoch mehrstufige und mehrteilige Erzeugnis- und Prozeßstrukturen vorherrschend. Während wir bei der Darstellung des Erzeugniszusammenhangs vor allem auf die mengenmäßige Zusammensetzung der Endprodukte aus Baugruppen und Einzelteilen abgestellt haben, sind nun auch die **Strukturen der Produktionsprozesse** zu berücksichtigen. Die im Zusammenhang mit der Materialbedarfsplanung verwendete produktbezogene Darstellung des Erzeugniszusammenhangs dient vor allem der mengenmäßigen Ermittlung der Sekundärbedarfe.

Für die Produktionsplanung (Losgrößenbestimmung und Terminplanung) ist diese Darstellungsweise aber i. Allg. zu hoch aggregiert. Vielmehr ist es notwendig, als kleinste

---

158 vgl. *Suerie* (2005b)
159 vgl. *Meyr* (1999), *Meyr* (2002); siehe auch *de Araujo et al.* (2007)
160 vgl. *Copil et al.* (2017)

Planungseinheiten die an den Produkten auszuführenden Arbeitsgänge zu betrachten.[161] Denn nicht ein Produkt, wie es im Gozintographen abgebildet wird, sondern ein **Arbeitsgang** bzw. ein arbeitsgangbezogener Auftrag nimmt Ressourcen in Anspruch. Setzt sich der Arbeitsplan eines Produkts aus mehreren Arbeitsgängen zusammen, dann werden diese normalerweise durch unterschiedliche Ressourcen ausgeführt.[162]

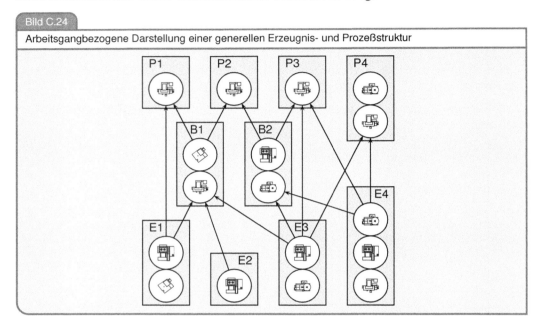

Bild C.24: Arbeitsgangbezogene Darstellung einer generellen Erzeugnis- und Prozeßstruktur

Da bei der Bestimmung von Fertigungsauftragsgrößen (Losgrößen) aber immer an einer Ressource entstehende Rüstkosten bzw. Rüstzeiten gegenüber Lagerkosten abgewogen werden, *kann nur in einer arbeitsgangbezogenen Darstellung* eine detaillierte Kapazitätsbelegung berücksichtigt werden. Eine solche arbeitsgangbezogene Darstellung der Erzeugnis- und Prozeßstruktur ist in Bild C.24 wiedergegeben. Diese Darstellung, die in dem ehemals als „Advanced Planner and Optimizer" vermarkteten Planungsmodul der von der SAP AG angebotenen Supply Chain Management Software als „Production Process Model" (PPM) bezeichnet wird, ergibt sich durch Kombination des Gozintographen mit den produktbezogenen Arbeitsplänen. Rechtecke stellen die **Produkte** dar. Ein Pfeil zwischen zwei Rechtecken symbolisiert die direkten Input-Output-Beziehungen zwischen den Produkten. Die Symbole innerhalb eines Rechtecks repräsentieren die zur

---

[161] vgl. *Aquilano und Smith* (1980); *Smith* (1980)

[162] Wir gehen im Folgenden – im Unterschied zum Modell CLSP, Beziehung (C.50), S. 57 – i. d. R. davon aus, daß jeder Arbeitsgang genau eine Ressource beansprucht. Die Arbeitsgänge, die durch die Ressource j ausgeführt werden, werden durch die Indexmenge $\mathcal{K}_j$ beschrieben.

Produktion eines Produkts notwendigen **Arbeitsgänge** bzw. Ressourcen. Die Menge und Anordnung der Symbole in einem Rechteck beschreiben den Arbeitsplan dieses Produkts. Stehen für einen Arbeitsgang alternative Ressourcen zur Verfügung, dann kann die Darstellung um parallele Arbeitsgänge erweitert werden. In dem Bild ist auch Situation dargestellt, daß eine Ressource durch Produkte (bzw. Arbeitsgänge) auf unterschiedlichen Dispositionsstufen beansprucht wird.[163]

Im Folgenden werden wir die Begriffe „Produkt" und „Arbeitsgang" synonym verwenden. In den mehrstufigen Losgrößenmodellen blenden wir die Rechtecke aus Bild C.24 aus und betrachten als relevante Erzeugnisstruktur nur das durch die Kreise und deren Verbindungen gebildete Netzwerk. Definiert man nun das Ergebnis eines jeden Arbeitsgangs als virtuelles Zwischenprodukt, dann entspricht die resultierende Darstellung dem bekannten Gozintographen.

Die durch die dargestellte Erzeugnis- und Prozeßstruktur betroffenen Ressourcen befinden sich üblicherweise in mehreren Werkstätten. Ein Modell zur Losgrößenplanung muß diese Werkstätten gemeinsam berücksichtigen, da die dort stattfindenden Produktionsprozesse aufgrund der sich aus der Erzeugnis- und Prozeßstruktur ergebenden Materialflußbeziehungen zwischen den Erzeugnissen interdependent sind.

C.3.1 Modellformulierungen

In der Literatur sind zahlreiche Modellformulierungen des dynamischen mehrstufigen Losgrößenproblems vorgeschlagen worden. Im Folgenden werden Formulierungen für unterschiedliche Erzeugnis- und Prozeßstrukturen dargestellt. Wir beschränken uns dabei auf Makroperioden-Modelle.[164]

C.3.1.1 Generelle Erzeugnis- und Prozeßstruktur

Erweitert man das Modell CLSP für den Fall einer mehrstufigen, generellen Erzeugnis- und Prozeßstruktur, dann erhält man das Makroperiodenmodell ("big-bucket"-Modell) MLCLSP. Planungsobjekte sind – aus den oben genannten Gründen – die in Bild C.24 als Kreise dargestellten Outputprodukte der verschiedenen Ressourcen bzw. von Zulieferern bezogene Einzelteile.

---

163 vgl. *Maes et al.* (1991); *Tempelmeier und Helber* (1994); *Tempelmeier und Derstroff* (1996)
164 Zu Mikroperioden-Modellen für mehrstufige Erzeugnis- und Prozeßstrukturen vgl. z. B. *Kimms* (1997); *Stadtler* (2011)

Modell MLCLSP[165]

$$\text{Minimiere } Z = \sum_{k=1}^{K} \sum_{t=1}^{T} \left(\underbrace{s_k \cdot \gamma_{kt}}_{\text{Rüstkosten für Produkt } k \text{ in Periode } t} + \underbrace{h_k \cdot y_{kt}}_{\text{Lagerkosten für Produkt } k \text{ am Ende der Periode } t} + \underbrace{p_{kt} \cdot q_{kt}}_{\substack{\text{variable Produktionskosten für} \\ \text{Produkt } k \text{ in Periode } t}} \right) \quad \text{(C.192)}$$

u. B. d. R.

$$y_{k,t-1} + q_{k,t-z_k} - \underbrace{\sum_{i \in \mathcal{N}_k} a_{ki} \cdot q_{it}}_{\text{Sekundärbedarf für Produkt } k \text{ in Periode } t} - y_{kt} = d_{kt} \qquad \begin{array}{l} k = 1, 2, ..., K \\ t = 1, 2, ..., T \end{array} \quad \text{(C.193)}$$

$$\sum_{k \in \mathcal{K}_j} \left(\underbrace{tb_k \cdot q_{kt}}_{\text{Stückbearbeitungszeit für Arbeitsgang } k} + \underbrace{tr_k \cdot \gamma_{kt}}_{\text{Rüstzeit für Arbeitsgang } k} \right) \leq \underbrace{b_{jt}}_{\text{Kapazität der Ressource } j \text{ in Periode } t} \qquad j = 1, 2, ..., J; \ t = 1, 2, ..., T \quad \text{(C.194)}$$

$$q_{kt} - M \cdot \gamma_{kt} \leq 0 \qquad k = 1, 2, ..., K; \ t = 1, 2, ..., T \quad \text{(C.195)}$$

$$q_{kt} \geq 0 \qquad k = 1, 2, ..., K; \ t = 1, 2, ..., T \quad \text{(C.196)}$$

$$y_{k0} = 0; \ y_{kT} = 0 \qquad k = 1, 2, ..., K \quad \text{(C.197)}$$

$$y_{kt} \geq 0 \qquad k = 1, 2, ..., K; \ t = 1, 2, ..., T \quad \text{(C.198)}$$

$$\gamma_{kt} \in \{0, 1\} \qquad k = 1, 2, ..., K; \ t = 1, 2, ..., T \quad \text{(C.199)}$$

Symbole

a_{ki}	Direktbedarfskoeffizient bezüglich Produkt k und i
b_{jt}	verfügbare Kapazität der Ressource j in Periode t
d_{kt}	Primärbedarf für Produkt k in Periode t
h_k	voller Lagerkostensatz des Produkts k (dieser kann auch periodenabhängig definiert werden)
J	Anzahl der Ressourcen ($j = 1, 2, ..., J$)
K	Anzahl der Produkte bzw. Arbeitsgänge ($k = 1, 2, ..., K$)
$\mathcal{K}_j$	Indexmenge der Arbeitsgänge, die durch die Ressource j vollzogen werden
M	große Zahl

---

165 MLCLSP = **M**ulti-**L**evel **C**apacitated **L**ot **S**izing **P**roblem

C.3.1 Modellformulierungen – Generelle Erzeugnis- und Prozeßstruktur

Symbole (Fortsetzung)

$\mathcal{N}_k$	Indexmenge der Nachfolger des Produkts k (direkt übergeordnete Produkte bzw. nachfolgende Arbeitsgänge)
p_{kt}	variable Produktionskosten für Produkt k in Periode t
s_k	Rüstkostensatz des Produkts k (dieser kann auch periodenabhängig definiert werden)
T	Länge des Planungszeitraums in Perioden ($t = 1, 2, ..., T$)
tb_k	Stückbearbeitungszeit für Arbeitsgang k
tr_k	Rüstzeit für Arbeitsgang k
z_k	Mindestvorlaufzeit eines Auftrags für Produkt k
y_{kt}	Lagerbestand für Produkt k am Ende der Periode t
q_{kt}	Losgröße für Arbeitsgang k in Periode t
γ_{kt}	binäre Rüstvariable für Arbeitsgang bzw. Produkt k in Periode t

Der Aufbau des Modells entspricht dem des Modells CLSP. Neu ist lediglich die Berücksichtigung des Sekundärbedarfs in den Lagerbilanzgleichungen (C.193). Die Kapazitätsrestriktionen (C.194) könnte man auch noch um Überstunden erweitern. Die Größe z_k bezeichnet die Mindestvorlaufzeit eines Produktionsauftrags für Arbeitsgang k. Sie wird benötigt, damit aus einer zulässigen Lösung des Modells MLCLSP ein Produktionsplan erzeugt werden kann, der auch die zeitliche Reihenfolge der Produktionsvorgänge berücksichtigt. Die Einhaltung der Kapazitätsrestriktionen (C.194) allein garantiert nur, daß die insgesamt verfügbare Periodenkapazität einer Ressource nicht überschritten wird. In einer mehrstufigen Erzeugnisstruktur muß aber zunächst ein Arbeitsgang an einem Vorprodukt abgeschlossen sein, bevor mit der Bearbeitung des nachfolgenden Arbeitsgangs bzw. Produkts begonnen werden kann. Werden beide Arbeitsgänge in derselben Periode durchgeführt, dann dürfen sie insgesamt nicht mehr Zeit verbrauchen, als in der Periode zur Verfügung steht. Dies ist eine Folge der in den dynamischen Losgrößenmodellen angenommenen geschlossenen Produktweitergabe.

Betrachten wir die in Bild C.25 dargestellte Erzeugnisstruktur. Der Arbeitsgang 1 wird auf der Ressource A bearbeitet. Arbeitsgang 2 wird auf Ressource B durchgeführt. Nehmen wir nun an, daß die Periodenkapazitäten der Ressourcen jeweils 480 Minuten betragen und daß Arbeitsgang 1 insgesamt 270 Minuten dauert. Ressource B wird durch Arbeitsgang 2 insgesamt während 240 Minuten belegt. Die Durchführung aller Arbeitsgänge in derselben Periode ist im Hinblick auf die verfügbaren Kapazitäten der beiden Ressourcen zulässig. Allerdings tritt das Problem auf, daß der Arbeitsgang 1 erst nach Abschluß des Arbeitsgangs 2 begonnen werden kann. Die dann noch verbleibende Zeit von 210 Minuten reicht nicht aus, um den Arbeitsgang 1 auf der Ressource A in der laufenden Periode zu vollenden. Dieses Problem kann beseitigt werden, wenn man eine Mindestvorlaufzeit von $z_2 = 1$ vorsieht.

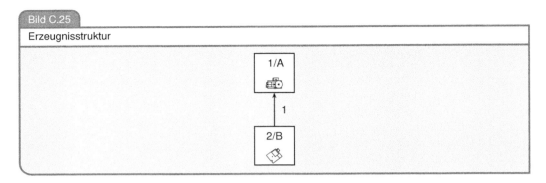

Bild C.25 Erzeugnisstruktur

Neben den im Modell MLCLSP erfaßten Rüst- und Bearbeitungsvorgängen treten bei der Auftragsbearbeitung weitere zeitverbrauchende Prozesse auf, die nicht im Modell MLCLSP berücksichtigt werden. So müssen die Werkstücke nach Abschluß eines Arbeitsgangs zur nächsten Ressource transportiert werden. Im obigen Beispiel fallen z. B. zwei Transportvorgänge an. Die Mindestvorlaufzeit z_k kann man einsetzen, um Zeit für derartige Prozesse einzuplanen. In vielen Fällen wird ein zulässiger Produktionsplan erreicht, wenn man die Periodenlänge ausreichend groß wählt und $z_k = 1$ setzt.

Almeder, Klabjan, Traxler und Almada-Lobo weisen darauf hin, daß die Einführung einer solchen Mindestvorlaufzeit zu überhöhten Lagerbeständen führen kann. Sie schlagen Erweiterungen des Modells MLCLSP vor, die eine genauere Abstimmung des Materialflusses zwischen unter- und übergeordneten Produkten erlauben.[166]

Es sei noch einmal betont, daß z_k nicht mit der geschätzten Durchlaufzeit eines Auftrags gleichgesetzt werden darf, die im MRP-Sukzessivplanungskonzept in der programmorientierten Materialbedarfsplanung verwendet wird. Erfolgt die Losgrößenplanung mit Hilfe des Modells MLCLSP, dann wird die Durchlaufzeit eines Arbeitsgangs i. d. R. nur eine Periode betragen. Die Gesamtdurchlaufzeit für ein Endprodukt vom ersten bis zum letzten Arbeitsgang wird dann der Anzahl von Dispositionsstufen entsprechen.

Verlängerungen der Gesamtdurchlaufzeit entstehen nur noch dadurch, daß aufgrund mangelnder Bearbeitungskapazität in einer Periode t Verschiebungen des Produktionsbeginns eines Auftrags in eine frühere Periode τ notwendig werden, wodurch eine Wartezeit der Zwischenprodukte nach Beendigung der Produktion entsteht. Derartige Vorverlegungen der Produktionstermine werden durch die Kapazitätsrestriktionen (C.194) des Modells MLCLSP modellintern ermittelt.[167] Dabei kann es auch vorkommen, daß die Periodenbedarfsmenge eines Produkts durch Produktion in mehreren Perioden – evtl. mit zusätzlichen Rüstzeitverlusten – bereitgestellt wird. Eine vom Planer anzugebende und i. d. R. falsche Schätzung der Durchlaufzeit eines Auftrags wird nicht mehr benötigt.

---

166 vgl. *Almeder et al.* (2015)
167 vgl. *Billington et al.* (1983)

Werden arbeitsgangbezogene **Rüstzeiten** bei der Losgrößenplanung berücksichtigt, dann kann in vielen Fällen auf die Angabe von **Rüstkosten** in der Zielfunktion verzichtet werden. Rüstkosten haben in der Losgrößenplanung vor allem den Charakter von Opportunitätskosten. Sie sollen den Wert der durch einen Rüstvorgang entgangenen Ressourcennutzung quantifizieren. Dieser Wert hängt aber von der zeitlichen Entwicklung der Ressourcenbelastung ab, die wiederum ein Ergebnis der Losgrößenplanung ist. Ein zusätzlicher Rüstvorgang in einer Periode, in der eine Ressource nicht ausgelastet ist, verursacht keine Rüstkosten. Bei dynamischem Bedarf ist i. d. R. zu beobachten, daß nicht immer dieselbe Ressource in allen Perioden kritisch ist. Das betriebliche Rechnungswesen ist daher mit der Quantifizierung von Rüstkosten für die operative Losgrößenplanung überfordert.

Bei positiven Mindestvorlaufzeiten kann das Problem auftreten, daß man zu Beginn des Planungszeitraums auf Anfangsbestände bzw. noch ausstehende Auftragsmengen zurückgreifen können muß, damit überhaupt ein zulässiger Produktionsplan ohne Fehlmengen generiert werden kann. Ist z. B. für Produkt 1 in der in Bild C.25 dargestellten Erzeugnisstruktur eine Produktion in Periode 1 vorgesehen, dann ist dies bei einer Mindestvorlaufzeit von $z_2 = 1$ nur dann möglich, wenn die benötigte Menge des Vorprodukts 2 zu Beginn der Periode 1 für die Weiterverarbeitung zur Verfügung steht. Da der Zeitindex t im Modell MLCLSP bei Eins beginnt, kann der Zeitindex einer Losgrößenvariablen q_{kt} bei positiven Mindestvorlaufzeiten Null oder negativ werden. Wir wollen uns vorerst damit behelfen, daß wir solche Variablen als Planungsdaten betrachten, deren Werte in der Vergangenheit festgelegt worden sind. Man könnte diese Mengen als externe Zugangsmengen interpretieren. Alternativ kann auch angenommen werden, daß die Primärbedarfsmengen in den ersten Perioden des Planungszeitraums Null sind. Zeitliche Abstimmungsprobleme dieser Art kommen bei rollender Planung vor. Wir werden hierauf gesondert in Abschnitt C.3.3.4, S. 249 ff., eingehen.

Die obige Formulierung des Modells MLCLSP bezieht sich auf Arbeitsgänge bzw. deren Ergebnisse, die Zwischen- und Endprodukte. Denn nur auf dieser Aggregationsebene läßt sich ein Bezug zur periodenbezogenen Kapazitätsbeanspruchung der einzelnen Ressourcen herstellen. In der Literatur zur Losgrößenplanung wird jedoch vorwiegend eine Darstellung des Problems gewählt, in der die Kapazitätsbeschränkungen der Ressourcen unbeachtet bleiben.[168] Dadurch wird es möglich, die linear aneinandergereihten Arbeitsgänge eines (Zwischen-)Produkts zu einer komplexeren Einheit zu aggregieren und das Losgrößenproblem auf der Basis von Produkten zu behandeln.

Maes, McClain und Van Wassenhove[169] zeigen, daß bereits das Problem der Bestimmung einer zulässigen Lösung des Modells MLCLSP NP-vollständig ist, wenn Rüstzeiten berücksichtigt werden müssen.

---

168 Derartige Formulierungen des Problems finden sich z. B. in *McLaren* (1977); *Jacobs und Khumawala* (1982); *McClain et al.* (1982); *Billington* (1983); *DeBodt et al.* (1984); *Heinrich* (1987).
169 vgl. *Maes et al.* (1991)

Zur **Bewertung der Lagerbestände** in einer mehrstufigen Erzeugnisstruktur bieten sich zwei Möglichkeiten an. Die erste Möglichkeit baut auf den physischen Lagerbeständen nach den einzelnen Arbeitsgängen auf. Alle Lagerbestände werden mit ihren vollen Lagerkostensätzen bewertet. Die isoliert betrachtete zusätzliche Produktion einer Mengeneinheit eines Produkts führt in diesem Fall c. p. zu einer Erhöhung des mit dem vollen Lagerkostensatz dieses Produkts bewerteten Lagerbestands. Gleichzeitig reduziert sich der mit dem vollen Lagerkostensatz bewertete Lagerbestand eines direkt untergeordneten Vorprodukts. Diese Form der Bewertung wurde auch in der obigen Modellformulierung MLCLSP eingesetzt.

Die zweite Möglichkeit besteht darin, nach jedem Arbeitsgang (bzw. nach jeder Wertsteigerungsstufe) nur den Wertzuwachs auf der betreffenden Produktionsstufe zu betrachten. Als Mengengerüst der Kostenberechnung dient dann der systemweite Lagerbestand (echelon stock).

$$E_{kt} = y_{kt} + \sum_{j \in \mathcal{N}_k^*} v_{kj} \cdot y_{jt} \qquad k = 1, 2, ..., K; \ t = 1, 2, ..., T \tag{C.200}$$

wobei $\sum_{j \in \mathcal{N}_k^*} v_{kj} \cdot y_{jt}$ der Verflechtungsbedarf zwischen den Produkten k und j ist,
- Menge des Produkts k, die in übergeordnete Produkte eingebaut worden ist
- Menge des Produkts k, die in Periode t noch nicht in übergeordnete Produkte eingegangen ist (physischer Lagerbestand)

Der **systemweite Lagerbestand** eines Produkts k in Periode t, E_{kt}, ist nach Gleichung (C.200) die Gesamtmenge dieses Produkts, die sich noch im Lagersystem der betrachteten Unternehmung befindet, d. h. die noch nicht an Abnehmer weiterverkauft worden ist. Dabei ist es unerheblich, ob die einzelnen Mengeneinheiten noch physisch als identifizierbare Exemplare des Produkts k (z. B. ein Festplattenlaufwerk) vorliegen oder ob sie schon in übergeordnete Produkte (z. B. einen Personal-Computer) eingebaut worden sind und damit ihre Identität verloren haben.

Die Größe $\mathcal{N}_k^*$ bezeichnet die Indexmenge **aller** (direkt oder indirekt) dem Produkt k übergeordneten Produkte. Mit v_{kj} wird der Verflechtungsbedarf[170] zwischen den Erzeugnissen k und j bezeichnet. Der mit Gleichung (C.200) beschriebene systemweite Lagerbestand des Produkts k ist gleich der gesamten Menge dieses Produkts, die an irgendeiner Stelle im betrachteten Lagersystem noch vorhanden ist.

Der **marginale Lagerkostensatz** eines Produkts, mit dem der systemweite Lagerbestand bewertet wird, ergibt sich nach Gleichung (C.201), wobei die Größe $\mathcal{V}_k$ die Menge der Indizes der direkten Vorgänger des Produkts k bezeichnet.

---

170 vgl. *Günther und Tempelmeier* (2020), Abschnitt 9.1.2

$$e_k = h_k - \sum_{j \in \mathcal{V}_k} a_{jk} \cdot h_j \qquad\qquad k = 1, 2, ..., K \tag{C.201}$$

↑ Lagerkostensatz bezogen auf den physischen Lagerbestand
└ marginaler Lagerkostensatz

Auf das Konzept des systemweiten Lagerbestands wird weiter unten ausführlich eingegangen. Die beiden Methoden zur Lagerkostenberechnung sollen aber bereits hier anhand eines einfachen Beispiel mit einem Endprodukt $P1$ und einem Einzelteil $E1$ dargestellt werden. Zu Beginn einer Periode beträgt der Lagerbestand des Endprodukts 0 ME und der Lagerbestand des Einzelteils 1 ME. Die vollen Lagerkostensätze seien für $P1$ 10 GE und für $E1$ 6 GE. In der betrachteten Periode wird eine Einheit von $P1$ produziert und auf Lager gelegt. Zur Produktion von $P1$ wird eine Einheit von $E1$ vom Lager entnommen. Tabelle C.27 zeigt die Berechnung der Lagerkostenveränderung bei Bewertung der Bestände mit vollen Lagerkostensätzen.

Tabelle C.27
Bewertung der Lagerbestandsveränderung mit vollen Lagerkostensätzen

k	h_k	Bestand am Periodenanfang	Lagerkosten	Bestand am Periodenende (physisch)	Lagerkosten	Anstieg der Lagerkosten
$P1$	10	0	0	1	10	10
$E1$	6	1	6	0	0	-6
					Summe:	4

Tabelle C.28
Bewertung der Lagerbestandsveränderung mit marginalen Lagerkostensätzen

k	e_k	Bestand am Periodenanfang	Lagerkosten	Bestand am Periodenende (systemweit)	Lagerkosten	Anstieg der Lagerkosten
$P1$	4	0	0	1	4	4
$E1$	6	1	6	1	6	0
					Summe:	4

In Tabelle C.28 wird der gleiche Vorgang mit Hilfe von marginalen Lagerkostensätzen bewertet. Bei Verwendung des systemweiten Lagerbestands lautet das dynamische mehrstufige Mehrprodukt-Losgrößenproblem[171] (unter Vernachlässigung der variablen Produktionskosten) wie folgt:

---

171 vgl. ähnlich *Afentakis und Gavish* (1986), S. 239

Modell MLCLSP$_e$

$$\text{Minimiere } Z = \sum_{k=1}^{K} \sum_{t=1}^{T} (\underbrace{s_k \cdot \gamma_{kt}}_{\text{Rüstkosten für Produkt } k \text{ in Periode } t} + \underbrace{e_k \cdot E_{kt}}_{\substack{\text{Lagerkosten für Produkt } k \text{ am Ende der Periode } t, \\ \text{bezogen auf den systemweiten Lagerbestand}}}) \quad \text{(C.202)}$$

u. B. d. R.

$$E_{k,t-1} + q_{k,t-z_k} - \underbrace{\sum_{i \in \mathcal{N}_k^*} v_{ki} \cdot d_{it}}_{\substack{\text{Menge des Produkts } k, \text{ die in Periode } t \text{ als Bestandteil von} \\ \text{übergeordneten Produkten das Lagersystem verläßt}}} - E_{kt} = \overbrace{d_{kt}}^{\text{systemweite Abgangsmenge des Produkts } k \text{ in Periode } t} \qquad k = 1, 2, ..., K \atop t = 1, 2, ..., T \quad \text{(C.203)}$$

$$E_{kt} - \sum_{i \in \mathcal{N}_k} a_{ki} \cdot E_{it} \geq 0 \qquad k = 1, 2, ..., K;\ t = 1, 2, ..., T \quad \text{(C.204)}$$

$$\sum_{k \in \mathcal{K}_j} (tb_k \cdot q_{kt} + tr_k \cdot \gamma_{kt}) \leq b_{jt} \qquad j = 1, 2, ..., J;\ t = 1, 2, ..., T \quad \text{(C.205)}$$

$$q_{kt} - M \cdot \gamma_{kt} \leq 0 \qquad k = 1, 2, ..., K;\ t = 1, 2, ..., T \quad \text{(C.206)}$$

$$q_{kt},\ E_{kt} \geq 0 \qquad k = 1, 2, ..., K;\ t = 1, 2, ..., T \quad \text{(C.207)}$$

$$\gamma_{kt} \in \{0, 1\} \qquad k = 1, 2, ..., K;\ t = 1, 2, ..., T \quad \text{(C.208)}$$

Symbole

a_{ki}	Direktbedarfskoeffizient bezüglich Produkt k und i
b_{jt}	verfügbare Kapazität der Ressource j in Periode t
d_{kt}	Primärbedarf für Produkt k in Periode t
e_k	marginaler Lagerkostensatz des Produkts k
J	Anzahl der Ressourcen ($j = 1, 2, \ldots, J$)
K	Anzahl der Produkte ($k = 1, 2, \ldots, K$)
$\mathcal{K}_j$	Indexmenge der Arbeitsgänge, die durch die Ressource j vollzogen werden
M	große Zahl
$\mathcal{N}_k$	Indexmenge der direkten Nachfolger des Produkts k (direkt übergeordnete Produkte bzw. nachfolgende Arbeitsgänge)
s_k	Rüstkosten für Produkt k
T	Länge des Planungszeitraums in Perioden ($t = 1, 2, \ldots, T$)
tb_k	Stückbearbeitungszeit für Arbeitsgang k

C.3.1 Modellformulierungen – Generelle Erzeugnis- und Prozeßstruktur

Symbole (Fortsetzung)

tr_k	Rüstzeit für Arbeitsgang k
v_{ki}	Verflechtungsbedarfskoeffizient bezüglich Produkt k und i
z_k	Mindestvorlaufzeit eines Auftrags für Produkt k
$\mathcal{N}_k^*$	Indexmenge aller dem Produkt k direkt oder indirekt übergeordneten Erzeugnisse
E_{kt}	systemweiter Lagerbestand des Produkts k am Ende der Periode t
q_{kt}	Losgröße des Produkts k in Periode t
γ_{kt}	binäre Rüstvariable

Die Nebenbedingung (C.203) beschreibt die Komponenten des systemweiten Lagerbestands eines Produkts. Dieser wird in ähnlicher Weise wie im Modell MLCLSP errechnet. Ein Unterschied besteht nur in der Erfassung der Input-Output-Beziehungen zu den übergeordneten Produkten. Anstelle der Subtraktion des Sekundärbedarfs – wie im Modell MLCLSP – wird mit der Summe in Gleichung (C.203) der gesamte systemweite Abfluß eines Produkts aus dem System erfaßt. Hierdurch wird beschrieben, daß der systemweite Lagerbestand c. p. sinkt, wenn für irgendeines der Produkte, in die das Produkt k eingebaut worden ist, ein Primärbedarf auftritt.

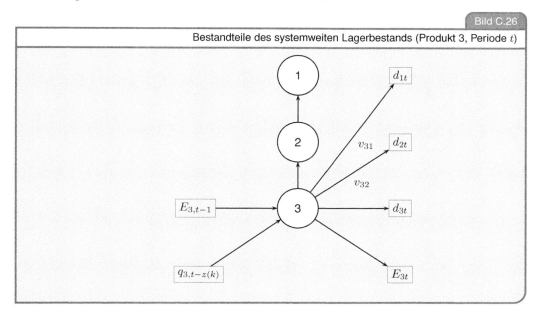

Bild C.26 Bestandteile des systemweiten Lagerbestands (Produkt 3, Periode t)

Bild C.26 veranschaulicht die Zusammensetzung des systemweiten Lagerbestands eines Produkts mit zwei übergeordneten Produkten in einer linearen Erzeugnisstruktur.

Im Modell MLCLSP wurde das Auftreten einer Fehlmenge (negativer physischer Lagerbestand) durch Beschränkung der Lagerbestandsvariablen y_{kt} auf nicht-negative Werte verhindert. Eine unmittelbare Übertragung dieser Bedingung auf den systemweiten Lagerbestand ist nicht möglich, da der physische Lagerbestand eines Erzeugnisses negativ sein kann, obwohl der systemweite Lagerbestand positiv ist. Dies ist dann der Fall, wenn in einer Periode die Gesamtmenge der bereits in nachfolgende Erzeugnisse eingebauten (und noch nicht aus dem Lagersystem abgegangenen) Einheiten eines Produkts größer ist als die Fehlmenge. Nur für Endprodukte verhindert die Beschränkung des systemweiten Lagerbestands auf nicht-negative Werte das Auftreten von Fehlmengen. Für untergeordnete Erzeugnisse wird dies durch die Ungleichungen (C.204) erreicht. Sie beschreiben den physischen Lagerbestand eines Erzeugnisses k als Funktion des systemweiten Lagerbestands dieses Erzeugnisses und der systemweiten Lagerbestände seiner direkten Nachfolger. Zusammen mit den Gleichungen (C.203) stellen die Beziehungen (C.204) die termingerechte Übertragung der Primärbedarfsmengen auf die untergeordneten Erzeugnisse sicher (Materialbedarfsrechnung).

 Der Unterschied zwischen den Lagerbilanzgleichungen (C.193) und (C.203) sowie (C.204) wird anhand der in Bild C.27 dargestellten Erzeugnisstruktur mit vier Produkten erläutert, wobei ein Planungshorizont von $T = 2$ Perioden angenommen wird. Die Bedarfsmengen der beiden Endprodukte betragen $d_{11} = 10$, $d_{12} = 20$, $d_{21} = 25$ und $d_{22} = 30$. Es wird unterstellt, daß für beide Endprodukte in Periode 1 jeweils ein Los aufgelegt wird. Die Losgrößen betragen damit $q_{11} = 30$ und $q_{21} = 55$. Die Vorlaufzeiten z_k der Produkte seien Null.

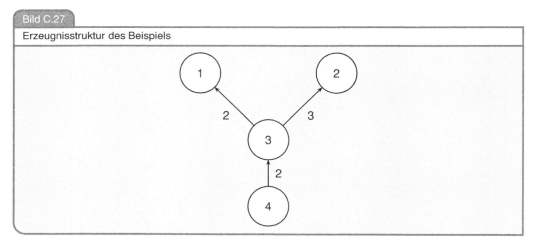

Bild C.27 Erzeugnisstruktur des Beispiels

Die Bilder C.28 und C.29 zeigen die resultierenden Gleichungssysteme für das Beispiel.

C.3.1 Modellformulierungen – Generelle Erzeugnis- und Prozeßstruktur

Bild C.28 Lagerbilanzgleichungen aus Modell MLCLSP

$$
\begin{aligned}
q_{11} - y_{11} &= 10 \\
y_{11} + q_{12} - y_{12} &= 20 \\
q_{21} - y_{21} &= 25 \\
y_{21} + q_{22} - y_{22} &= 30 \\
q_{31} - 2 \cdot q_{11} - 3 \cdot q_{21} - y_{31} &= 0 \\
y_{31} + q_{32} - 2 \cdot q_{12} - 3 \cdot q_{22} - y_{32} &= 0 \\
q_{41} - 2 \cdot q_{31} - y_{41} &= 0 \\
y_{41} + q_{42} - 2 \cdot q_{32} - y_{42} &= 0 \\
q_{11} &= 30 \\
q_{12} &= 0 \\
q_{21} &= 55 \\
q_{22} &= 0
\end{aligned}
$$

Bild C.29 Lagerbilanzgleichungen nach dem Modell MLCLSP$_e$

$$
\begin{aligned}
q_{11} - E_{11} &= 10 \\
E_{11} + q_{12} - E_{12} &= 20 \\
q_{21} - E_{21} &= 25 \\
E_{21} + q_{22} - E_{22} &= 30 \\
q_{31} - 2 \cdot d_{11} - 3 \cdot d_{21} - E_{31} &= 0 \\
E_{31} + q_{32} - 2 \cdot d_{12} - 3 \cdot d_{22} - E_{32} &= 0 \\
q_{41} - 4 \cdot d_{11} - 6 \cdot d_{21} - E_{41} &= 0 \\
E_{41} + q_{42} - 4 \cdot d_{12} - 6 \cdot d_{22} - E_{42} &= 0 \\
2 \cdot E_{11} + 3 \cdot E_{21} - E_{31} &\leq 0 \\
2 \cdot E_{12} + 3 \cdot E_{22} - E_{32} &\leq 0 \\
2 \cdot E_{31} - E_{41} &\leq 0 \\
2 \cdot E_{32} - E_{42} &\leq 0 \\
q_{11} &= 30 \\
q_{12} &= 0 \\
q_{21} &= 55 \\
q_{22} &= 0
\end{aligned}
$$

Nach dem Modell MLCLSP erhält man die in Tabelle C.29 angegebene Lösung. Physische Lagerbestände treten hier nur für die beiden Endprodukte auf. Der Gesamtbedarf für die untergeordneten Produkte 3 und 4 wird bereits in Periode 1 bereitgestellt und direkt an die nachfolgenden Produkte weitergegeben. Daher tritt hier kein physischer Lagerbestand auf.

Tabelle C.29

Ergebnisse nach Modell MLCLSP

Variable	q_{11}	q_{21}	q_{31}	q_{41}	y_{11}	y_{21}
Wert	30	55	225	450	20	30

Nach dem Modell MLCLSP$_e$ ergibt sich die in Tabelle C.30 dargestellte Lösung. Hier sind die systemweiten Lagerbestände der Produkte 3 und 4 positiv. Es handelt sich dabei um die Mengen, die bereits in übergeordnete Produkte eingegangen sind und dort auf Lager liegen. So setzt sich z. B. der Wert $E_{31} = 130$ aus dem Anteil des Produkts 3 am Lagerbestand des Endprodukts 1 ($2 \cdot 20$) und am Lagerbestand des Endprodukts 2 ($3 \cdot 30$) zusammen.

Tabelle C.30

Ergebnisse nach Modell MLCLSP$_e$

Variable	q_{11}	q_{21}	q_{31}	q_{41}	E_{11}	E_{21}	E_{31}	E_{41}
Wert	30	55	225	450	20	30	130	260

Billington[172] entwickelt folgende Formulierung des Modells MLCLSP. Zunächst eliminiert er die Lagerbestandsvariablen y_{kt} aus der Zielfunktion. Hierzu wird der Lagerbestand des Produkts k am Ende der Periode t mit Gleichung (C.209) als **Differenz zwischen kumulierter Produktionsmenge und kumulierter Bedarfsmenge** beschrieben.

$$y_{kt} = \sum_{\tau=1}^{t} \left[q_{k,\tau-z_k} - d_{k\tau} - \sum_{i \in \mathcal{N}_k} a_{ki} \cdot q_{i\tau} \right] + y_{k0} \qquad \begin{array}{l} k = 1, 2, ..., K \\ t = 1, 2, ..., T \end{array} \quad \text{(C.209)}$$

Die Lagerkosten in der Zielfunktion (C.192) des Modells MLCLSP werden durch Gleichung

$$Z_L = \sum_{k=1}^{K} \sum_{t=1}^{T} h_k \cdot y_{kt} \qquad \text{(C.210)}$$

wiedergegeben. Ersetzen wir die Größe y_{kt} durch Beziehung (C.209), wobei die Konstanten d_{kt} und y_{k0} vernachlässigt werden können, dann erhalten wir:

$$Z_L^* = \sum_{k=1}^{K} \sum_{t=1}^{T} \sum_{\tau=1}^{t} h_k \cdot \left[q_{k,\tau-z_k} - \sum_{i \in \mathcal{N}_k} a_{ki} \cdot q_{i\tau} \right] \qquad \text{(C.211)}$$

---
172 vgl. *Billington* (1983); *Billington et al.* (1986)

Eine Vereinfachung wird erkennbar, wenn man die aus der Lagerbilanzgleichung übernommene Teileverwendungsbetrachtung (Produkt k und seine Nachfolger $\mathcal{N}_k$) in eine Stücklistenbetrachtung (Produkt k und seine Vorgänger $\mathcal{V}_k$) umkehrt. Setzt man vereinfachend alle Vorlaufzeiten $z_k = 0$, dann gilt für Periode τ:

$$\sum_{k=1}^{K} h_k \cdot \left[q_{k\tau} - \sum_{\substack{i \in \mathcal{N}_k \\ \uparrow \text{Indexmenge der direkten Nachfolger des Produkts } k}} a_{ki} \cdot q_{i\tau} \right]$$

$$= \sum_{k=1}^{K} \left[h_k \cdot q_{k\tau} - \sum_{i \in \mathcal{N}_k} h_k \cdot a_{ki} \cdot q_{i\tau} \right] \qquad (C.212)$$

$$= \sum_{k=1}^{K} \left[h_k \cdot q_{k\tau} - \sum_{\substack{j \in \mathcal{V}_k \\ \uparrow \text{Indexmenge der direkten Vorgänger des Produkts } k}} h_j \cdot a_{jk} \cdot q_{k\tau} \right] \qquad (C.213)$$

$$= \sum_{k=1}^{K} q_{k\tau} \cdot \underbrace{\left[h_k - \sum_{j \in \mathcal{V}_k} h_j \cdot a_{jk} \right]}_{\uparrow \text{marginaler Lagerkostensatz } e_k} \qquad (C.214)$$

$$= \sum_{k=1}^{K} e_k \cdot q_{k\tau} \qquad \tau = 1, 2, ..., T \quad (C.215)$$

Für die in Bild C.27 dargestellte Erzeugnisstruktur erhalten wir z. B.

Nachfolgerorientierte Schreibweise (C.212)	Vorgängerorientierte Schreibweise (C.213)
$h_1 \cdot q_{1\tau}$	$h_1 \cdot q_{1\tau} - 2 \cdot h_3 \cdot q_{1\tau}$
$+ h_2 \cdot q_{2\tau}$	$+ h_2 \cdot q_{2\tau} - 3 \cdot h_3 \cdot q_{2\tau}$
$+ h_3 \cdot q_{3\tau} - 2 \cdot h_3 \cdot q_{1\tau} - 3 \cdot h_3 \cdot q_{2\tau}$	$+ h_3 \cdot q_{3\tau} - 2 \cdot h_4 \cdot q_{3\tau}$
$+ h_4 \cdot q_{4\tau} - 2 \cdot h_4 \cdot q_{3\tau}$	$+ h_4 \cdot q_{4\tau}$
	$= e_1 \cdot q_{1\tau} + e_2 \cdot q_{2\tau} + e_3 \cdot q_{3\tau} + e_4 \cdot q_{4\tau}$

Damit beträgt die Lagerkostenkomponente der Zielfunktion:

$$Z_L^* = \sum_{k=1}^{K} \sum_{t=1}^{T} \sum_{\tau=1}^{t} e_k \cdot q_{k\tau} \qquad (C.216)$$

Durch Änderung der Indizierung kann man die kumulierten Produktionsmengen des Produkts k auch wie folgt beschreiben:

$$\sum_{t=1}^{T} \sum_{\tau=1}^{t} q_{k\tau} = q_{k1}$$
$$+ q_{k1} + q_{k2}$$
$$\vdots$$
$$+ q_{k1} + q_{k2} + \cdots + q_{kT}$$
$$= \sum_{t=1}^{T} (T - t + 1) \cdot q_{kt} \qquad k = 1, 2, ..., K \qquad (C.217)$$

Diese Umformung der Lagerkostenkomponente des Produkts k bewirkt, daß die benötigten Produktmengen **so spät wie möglich** produziert werden. Damit ist dem Ziel der Lagerkostenminimierung genüge getan, ohne daß die Lagerbestandsvariablen explizit in die Zielfunktion aufgenommen werden müssen. Schreibt man die Lagerbilanzgleichung in der Form (C.209) und berücksichtigt man die Forderung, daß der Lagerbestand niemals negativ werden darf (keine Fehlmengen), dann kann das Modell MLCLSP (unter Vernachlässigung der variablen Produktionskosten p_{kt} und bei Beschränkung auf eine Ressource) wie folgt dargestellt werden.

Modell MLCLSP$_{\text{Billington}}$

$$\text{Minimiere } Z = \sum_{k=1}^{K} \sum_{t=1}^{T} \left[s_k \cdot \gamma_{kt} + e_k \cdot (T - t + 1) \cdot q_{kt} \right] \qquad (C.218)$$

u. B. d. R.

$$\sum_{\tau=1}^{t} \left[q_{k,\tau-z_k} - \sum_{i \in \mathcal{N}_k} a_{ki} \cdot q_{i\tau} \right] \geq \sum_{\tau=1}^{t} d_{k\tau} - y_{k0} \qquad \begin{array}{l} k = 1, 2, ..., K \\ t = 1, 2, ..., T \end{array} \quad (C.219)$$

$$\sum_{k \in \mathcal{K}} (tb_k \cdot q_{kt} + tr_k \cdot \gamma_{kt}) \leq b_t \qquad t = 1, 2, ..., T \qquad (C.220)$$

$$q_{kt} - M \cdot \gamma_{kt} \leq 0 \qquad k = 1, 2, ..., K;\ t = 1, 2, ..., T \qquad (C.221)$$

$$q_{kt} \geq 0 \qquad k = 1, 2, ..., K;\ t = 1, 2, ..., T \qquad (C.222)$$

$$\gamma_{kt} \in \{0, 1\} \qquad k = 1, 2, ..., K;\ t = 1, 2, ..., T \qquad (C.223)$$

Das Modell MLCLSP$_{\text{Billington}}$ bildet die Grundlage für ein von *Billington* entwickeltes Lösungsverfahren, in dessen Verlauf die Lagerbestands-Restriktionen (C.219) und die

Kapazitäts-Restriktionen (C.220) unter Verwendung von Lagrange-Multiplikatoren w_{kt} bzw. u_t relaxiert werden. Dadurch entstehen dynamische Einprodukt-Losgrößenprobleme vom Typ des Modells SIULSP, deren Lösungen mit Hilfe der Lagrange-Multiplikatoren aufeinander abgestimmt werden müssen. Wir werden in Abschnitt C.3.3.3, S. 201 ff., auf diese Formulierung noch einmal zurückkommen.

Eine ähnliche Formulierung wird von *Salomon*[173] für das mehrstufige Mehrprodukt-Losgrößenproblem ohne Kapazitätsbeschränkungen eingesetzt.

Die Lösung des Modells MLCLSP mit Hilfe eines Standard-Verfahrens der gemischt-ganzzahligen linearen Optimierung, z. B. mit einem Branch-and-Bound-Verfahren, ist bereits für sehr kleine Probleme äußerst rechenaufwendig. Dies liegt z. T. daran, daß die LP-Relaxationen des Modells so niedrige untere Schranken liefern, daß diese im Enumerationsprozeß keine Anhaltspunkte für das Ausloten eines Astes bieten.[174] *Tempelmeier und Helber*[175] schlagen folgende, auf das Kürzeste-Wege-Modell Modell SRP_G[176] zurückgreifende Formulierung vor. Bezeichnen wir mit $\mathcal{E}$ die Indexmenge der Endprodukte, dann beträgt der Gesamtbedarf für Erzeugnis k in Periode t:

$$D_{kt} = d_{kt} + \sum_{j \in \mathcal{E}} v_{kj} \cdot d_{jt} \qquad k = 1, 2, ..., K;\ t = 1, 2, ..., T \qquad (C.224)$$

Kumulieren wir diesen Bedarf über den Zeitraum $[t, \tau]$, dann erhalten wir

$$D_{kt\tau} = \sum_{l=t}^{\tau} D_{kl} \qquad k = 1, 2, ..., K;\ t = 1, 2, ..., T;\ \tau = t, t+1, ..., T \qquad (C.225)$$

Bezeichnen wir nun mit $\theta_{kt\tau}$ den Anteil des kumulierten Bedarfs des Produkts k aus den Perioden t bis τ, $D_{kt\tau}$, der bereits in Periode t produziert wird, dann erhalten wir bei Vernachlässigung der Vorlaufzeiten z_k folgende Formulierung mit wesentlich mehr Variablen, deren LP-Relaxation aber untere Schranken liefert, die um eine ganze Größenordnung besser sind als die unteren Schranken, die mit der LP-Relaxation des Modells MLCLSP erzeugt werden können:

$$\text{Minimiere } Z = \sum_{k=1}^{K} \sum_{t=1}^{T} s_k \cdot \gamma_{kt} + \sum_{k=1}^{K} \sum_{t=1}^{T} \sum_{\tau=1}^{T} e_{kt\tau} \cdot \theta_{kt\tau} \qquad (C.226)$$

u. B. d. R.

---

173 vgl. *Salomon* (1991), S. 109–113
174 Zum Branch-and-Bound-Verfahren vgl. *Domschke und Drexl* (2007).
175 vgl. *Tempelmeier und Helber* (1994); *Helber* (1994)
176 siehe S. 37

$$\sum_{\tau=1}^{T} \theta_{k1\tau} = 1 \qquad k = 1, 2, ..., K \qquad \text{(C.227)}$$

$$-\sum_{l=1}^{t-1} \theta_{kl,t-1} + \sum_{\tau=t}^{T} \theta_{kt\tau} = 0 \qquad k = 1, 2, ..., K;\ t = 2, 3, ..., T \qquad \text{(C.228)}$$

$$\sum_{\substack{\tau=t \\ D_{kt\tau}>0}}^{T} \theta_{kt\tau} \leq \gamma_{kt} \qquad k = 1, 2, ..., K;\ t = 1, 2, ..., T \qquad \text{(C.229)}$$

$$\sum_{k \in \mathcal{K}_j} \underbrace{\left[\sum_{\tau=t}^{T} tb_k \cdot D_{kt\tau} \cdot \theta_{kt\tau} + tr_k \cdot \gamma_{kt} \right]}_{\text{benötigte Produktionszeit für Produkt } k \text{ in Periode } t} \leq b_{jt} \qquad \begin{array}{l} j = 1, 2, ..., J \\ t = 1, 2, ..., T \end{array} \qquad \text{(C.230)}$$

$$\sum_{l=1}^{t} \sum_{\tau=l}^{T} D_{kl\tau} \cdot \theta_{kl\tau} - \sum_{i \in \mathcal{N}_k} a_{ki} \cdot \sum_{l=1}^{t} \sum_{\tau=l}^{T} D_{il\tau} \cdot \theta_{il\tau} \geq 0$$
$$k = 1, 2, \ldots, K;\ k \notin \mathcal{E};\ t = 1, 2, \ldots, T-1 \qquad \text{(C.231)}$$

$$\gamma_{kt} \in \{0, 1\} \qquad k = 1, 2, ..., K;\ t = 1, 2, ..., T \qquad \text{(C.232)}$$

$$\theta_{kt\tau} \geq 0 \qquad k = 1, 2, ..., K;\ t = 1, 2, ..., T;\ \tau = t, t+1, ..., T \qquad \text{(C.233)}$$

Symbole

a_{ki}	Direktbedarfskoeffizient bezüglich Produkt k und i
b_{jt}	verfügbare Kapazität der Ressource j in Periode t
d_{kt}	Primärbedarf für Produkt k in Periode t
D_{kt}	Gesamtbedarf für Produkt k in Periode t
$D_{kt\tau}$	kumulierter Gesamtbedarf für Produkt k in den Perioden t bis τ
$e_{kt\tau}$	marginaler Lagerkostensatz für die Lagerung des in Periode t produzierten kumulierten Bedarfs des Produkts k für die Perioden t bis τ
$\mathcal{E}$	Indexmenge der Endprodukte
J	Anzahl der Ressourcen ($j = 1, 2, ..., J$)
K	Anzahl der Produkte bzw. Arbeitsgänge ($k = 1, 2, ..., K$)
$\mathcal{K}_j$	Indexmenge der Arbeitsgänge, die durch die Ressource j vollzogen werden
$\mathcal{N}_k$	Indexmenge der Nachfolger des Produkts k (direkt übergeordnete Produkte bzw. nachfolgende Arbeitsgänge)
s_k	Rüstkostensatz des Produkts k (dieser kann auch periodenabhängig definiert werden)
T	Länge des Planungszeitraums in Perioden ($t = 1, 2, ..., T$)
tb_k	Stückbearbeitungszeit für Arbeitsgang k
tr_k	Rüstzeit für Arbeitsgang k

C.3.1 Modellformulierungen – Generelle Erzeugnis- und Prozeßstruktur

$\theta_{kt\tau}$ Flußvariable des Pfeils für Produkt k von τ nach t; Anteil der Gesamtnachfrage der Perioden τ bis t für Produkt k, der durch den Pfeil von τ nach t „fließt"

γ_{kt} binäre Rüstvariable für Arbeitsgang bzw. Produkt k in Periode t

Die Zielfunktion (C.226) minimiert die Rüstkosten und die Lagerkosten. Die Lagerkosten eines Produkts k, die infolge der Produktion in Periode t entstehen, hängen davon ab, für welche zukünftigen Perioden $\tau > t$ bereits in Periode t produziert wird. Die Gleichungen (C.227) und (C.228) beschreiben für jedes Produkt k das Einprodukt-Losgrößenproblem als ein Kürzeste-Wege-Problem.[177] Mit Beziehung (C.227) wird erreicht, daß für jedes Produkt eine Produktion in Periode 1 stattfindet. Gleichung (C.228) sichert, daß sich die „Versorgungsintervalle" $[l, t-1]$ und $[t, \tau]$ benachbarter Produktionstermine l und t nicht überschneiden. Die Ungleichung (C.229) stellt den Zusammenhang zwischen den Produktions- und den Rüstvariablen her. Aufgrund der Gleichung (C.227) wird die Variable θ_{k11} auch dann gleich 1 gesetzt, wenn für das Produkt k in der Periode 1 überhaupt kein Bedarf auftritt. Die Summationsbedingung $D_{kt\tau} > 0$ in (C.229) verhindert für diesen Fall die Erfassung von Rüstkosten in der Zielfunktion.

Die Kapazitätsrestriktionen werden durch Beziehung (C.230) erfaßt. Restriktion (C.231) stellt sicher, daß zu jedem Zeitpunkt die kumulierte Produktionsmenge eines Produkts zur Deckung des kumulierten Gesamtbedarfs ausreicht. Mit dieser Bedingung wird die Mehrstufigkeit der Erzeugnisstruktur berücksichtigt.

Mit dem Modell MLCLSP$_{\text{Helber}}$ können im Rahmen der LP-Relaxation wesentlich höhere untere Schranken (LB) als mit dem Modell MLCLSP erreicht werden. In einer numerischen Untersuchung ergab sich bei sehr kleinen Problemen (10 Produkte, 4 Perioden) eine Verringerung der Ganzzahligkeitslücke $\frac{Z_{opt}-LB}{Z_{opt}}$ von durchschnittlich 64% bei Anwendung des Modells MLCLSP auf durchschnittlich 7% bei Verwendung des Modells MLCLSP$_{\text{Helber}}$. Bei größeren Problemen ist die Reduktion nicht so dramatisch, aber immer noch bemerkenswert. So sank die Ganzzahligkeitslücke $\frac{UB-LB}{UB}$ für eine andere Gruppe von Problemen (40 Produkte, 16 Perioden) von durchschnittlich 80% auf 12%.

Die Lösung des relaxierten LP-Modells ist jedoch sehr aufwendig. Die Ursache dafür liegt einmal in der im Vergleich zur Formulierung MLCLSP erheblich vergrößerten Anzahl von Variablen und Restriktionen. Zum anderen hat die Restriktionenmatrix eine sehr hohe Besetzungsdichte, wobei der weitaus größte Anteil der von Null verschiedenen Koeffizienten der Restriktionenmatrix auf die Nebenbedingung (C.231) entfällt. Für ein Problem mit 40 Produkten und 16 Perioden z. B. entfallen ca. 75% aller Koeffizienten auf diese Lagerbestandsrestriktion.

Schauen wir uns Beziehung (C.231) einmal genauer an. Sie soll sicherstellen, daß die

---

[177] vgl. *Eppen und Martin* (1987), S. 842

insgesamt vorhandene Menge des Produkts k in der Periode t ausreicht, um den gesamten Bedarf dieses Produkts in der Periode t zu decken. Quellen der Bedarfsdeckung sind einmal die Produktionsmenge des Produkts k in der Periode t und der am Ende der Vorperiode $(t-1)$ evtl. noch vorhandene Lagerbestand des Produkts k. Lagerbestandsvariablen kommen im Modell MLCLSP$_{\text{Helber}}$ aber nicht vor. Der Lagerbestand des Produkts k am Ende einer Periode wird in Beziehung (C.231) lediglich implizit als Differenz zwischen den kumulierten Produktionsmengen und der kumulierten Bedarfsmengen (jeweils dargestellt mit Hilfe der Variablen $\theta_{kt\tau}$) beschrieben. Da der Lagerbestand am Ende der Periode $(t-1)$ aber in irgendeiner Periode im Intervall $[1,...,t-1]$ produziert worden sein kann, müssen alle $\theta_{kt\tau}$-Variablen mit ihren Koeffizienten in der Nebenbedingung berücksichtigt werden.

Stadtler[178] schlägt nun vor, die Lagerbestandsvariablen $y_{kt} \geq 0$ aus dem Modell MLCLSP wie folgt wieder einzuführen:

$$y_{k,t-1} - y_{kt} + \underbrace{\sum_{\tau=t}^{T} D_{kt\tau} \cdot \theta_{kt\tau}}_{\text{Losgröße für Produkt } k \text{ in Periode } t} - \sum_{i \in \mathcal{N}_k} a_{ki} \cdot \underbrace{\sum_{\tau=t}^{T} D_{it\tau} \cdot \theta_{it\tau}}_{\text{Losgröße für Produkt } i \text{ in Periode } t} \geq 0 \quad \text{(C.234)}$$

$$k = 1, 2, ..., K;\ k \notin \mathcal{E};\ t = 1, 2, ..., T-1$$

Im Vergleich zur Lagerbilanzgleichung (C.193) des Modells MLCLSP werden hier nur die Losgrößen in der von *Helber* vorgeschlagenen Form beschrieben. Durch diese Umformulierung der Nebenbedingung (C.231) kann die Anzahl der nicht-negativen Koeffizienten der Restriktionenmatrix um ca. 90% reduziert werden. Dies wiederum wirkt sich positiv auf den Rechenaufwand zur Lösung der LP-Relaxation des Modells aus. Darüber hinaus kann die Zielfunktion durch Einbeziehung der Lagerbestandsvariablen vereinfacht werden.

Eine auf dem Standort-Modell SPLP basierende Variante des Modells MLCLSP wird von *Stadtler*[179] vorgeschlagen.

Aus einer ganz anderen, eher formalen Perspektive nähern sich *Katok, Lewis und Harrison*[180] dem mehrstufigen Losgrößenproblem. Sie stellen fest, daß das Modell MLCLSP einen für gemischt-ganzzahlige Optimierungsprobleme **typischen formalen Aufbau** besitzt. Dieser besteht zum einen darin, daß es mehrere Gruppen von Variablen mit unterschiedlichen Wertebereichen gibt. So findet man einerseits die Gruppe der binären (Rüst-)Variablen γ mit der Indexmenge $\mathcal{V}_\gamma$. Daneben gibt es kontinuierliche Variablen

---

[178] vgl. *Stadtler* (1997)
[179] vgl. *Stadtler* (1996)
[180] vgl. *Katok et al.* (1998); *Harrison und Lewis* (1996)

C.3.1 Modellformulierungen – Generelle Erzeugnis- und Prozeßstruktur

x mit der Indexmenge $\mathcal{V}_x$, die den Lagerbestandsvariablen y (Indexmenge $\mathcal{V}_y$) und den Losgrößenvariablen q (Indexmenge $\mathcal{V}_q$) des Modells MLCLSP entsprechen.

Zum anderen fallen drei Typen von Nebenbedingungen auf. Zunächst gibt es eine Gruppe von Restriktionen mit der Indexmenge $\mathcal{NB}^{(1)}$, die sowohl kontinuierliche als auch binäre Variablen enthalten (die Kapazitätsrestriktionen). Weiterhin finden wir eine Gruppe von Restriktionen, die nur kontinuierliche Variablen enthalten (die Lagerbilanzgleichungen). Diese fassen wir in der Indexmenge $\mathcal{NB}^{(2)}$ zusammen. Schließlich gibt es eine dritte Gruppe von Nebenbedingungen, die eine Teilmenge der kontinuierlichen Variablen (die Produktionsmengen) mit den Binärvariablen $\mathcal{V}_\gamma$ koppeln. Diese Nebenbedingungen beschreiben formal obere Schranken $\overline{x}$ für die kontinuierlichen Variablen. Wir fassen sie in der Indexmenge $\mathcal{NB}^{(3)}$ zusammen. Die allgemeine Struktur des gemischt-ganzzahligen linearen Optimierungsmodells ist in Tabelle C.31 wiedergegeben. Dabei bezeichnet $I = K \cdot T$ die Anzahl der Produktionsmengenvariablen.

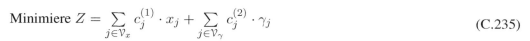

Tabelle C.31: Formale Struktur des Modells MLCLSP

	$\mathcal{V}_x$	$\mathcal{V}_\gamma$	RS	
	$\mathbf{c}^{(1)}$	$\mathbf{c}^{(2)}$	Z	Zielfunktion
	$\mathbf{A}^{(11)}$	$\mathbf{A}^{(12)}$	$\mathbf{b}^{(1)}$	Restriktionen $\mathcal{NB}^{(1)}$
	$\mathbf{A}^{(21)}$	$\mathbf{0}$	$\mathbf{b}^{(2)}$	Restriktionen $\mathcal{NB}^{(2)}$
	$1\,0\cdots0\,0\cdots0$	$-\overline{x}_1\ 0\ \cdots\ 0$	0	
	$0\,1\cdots0\,0\cdots0$	$0\ -\overline{x}_2\cdots\ 0$	0	Restriktionen $\mathcal{NB}^{(3)}$
	$\vdots\ \ \vdots\ \ddots\ \vdots\ \ \vdots\ \ddots\ \vdots$	$\vdots\ \ \vdots\ \ddots\ \vdots$	$\vdots$	
	$0\,0\cdots1\,0\cdots0$	$0\ \ 0\ \cdots-\overline{x}_I$	0	

Damit läßt sich das Modell MLCLSP in allgemeiner Form als gemischt-ganzzahliges lineares Optimierungsmodell wie folgt formulieren:

Modell MIP

Minimiere $Z = \sum\limits_{j \in \mathcal{V}_x} c_j^{(1)} \cdot x_j + \sum\limits_{j \in \mathcal{V}_\gamma} c_j^{(2)} \cdot \gamma_j$ \hfill (C.235)

u. B. d. R.

$\sum\limits_{j \in \mathcal{V}_x} a_{ij}^{(11)} \cdot x_j + \sum\limits_{j \in \mathcal{V}_\gamma} a_{ij}^{(12)} \cdot \gamma_j \leq b_i^{(1)}$ \hfill $i \in \mathcal{NB}^{(1)}$ \hfill (C.236)

$$\sum_{j \in \mathcal{V}_x} a_{ij}^{(21)} \cdot x_j = b_i^{(2)} \qquad\qquad i \in \mathcal{NB}^{(2)} \quad \text{(C.237)}$$

$$x_j - \overline{x}_j \cdot \gamma_j \leq 0 \qquad\qquad j \in \mathcal{NB}^{(3)} \quad \text{(C.238)}$$

$$x_j \geq 0 \qquad\qquad j \in \mathcal{V}_x \quad \text{(C.239)}$$

$$\gamma_j \in \{0,1\} \qquad\qquad j \in \mathcal{V}_\gamma \quad \text{(C.240)}$$

Symbole	
$a_{ij}^{(\cdot)}$	(gruppierte) Koeffizienten der Nebenbedingungen
$b_i^{(\cdot)}$	(gruppierte) Koeffizienten der rechten Seite
$c_j^{(\cdot)}$	(gruppierte) Zielfunktionskoeffizienten
$\mathcal{NB}^{(\cdot)}$	(gruppierte) Mengen der Nebenbedingungen
$\mathcal{V}_i$	(gruppierte) Variablenmengen
$\overline{x}_j$	obere Schranke der Variablen x_j
x_j	kontinuierliche Variablen
γ_j	binäre Variablen

Diese formale Struktur des Problems bildet die Grundlage für ein von *Katok, Lewis und Harrison* vorgeschlagenes heuristisches Lösungsverfahren. Für dieses Verfahren ist von besonderer Bedeutung, daß sich das Modell MIP durch Vorgabe eines Rüstmusters, d. h. durch die willkürliche oder sinnvolle Fixierung der γ-Variablen in ein lineares Optimierungsmodell (mit ausschließlich kontinuierlichen Variablen) transformieren läßt. In dem heuristischen Verfahren wird ein Vorschlag zur iterativen Bestimmung der optimalen Werte der Binärvariablen gemacht.[181]

Weitere Formulierungen des mehrstufigen dynamischen Losgrößenproblems, die auf der Analogie zwischen dem Einprodukt-Losgrößenproblem und dem Standortproblem[182] basieren, wurden von *Stadtler*[183] und *Ingold*[184] vorgeschlagen.

Man kann das oben in verschiedenen Modellversionen betrachtete dynamische mehrstufige Losgrößenmodell auch um die im Modell CLSP-L$_{SPL}$ auf S. 66 eingeführte Möglichkeit der Rüstzustandsübertragung erweitern. Greift man auf die Modellformulierung MLCSLP zurück, dann erhält man für den Fall, daß ein Rüstzustand höchstens einmal übertragen werden darf, folgendes Modell:

---

181 Das Verfahren wird in Abschnitt C.3.3.3.3, S. 232 ff., ausführlich erläutert.
182 Modell SPLP, S. 39
183 vgl. *Stadtler* (1996)
184 vgl. *Ingold* (1998)

Modell MLCLSP-L

$$\text{Minimiere } Z = \sum_{k=1}^{K} \sum_{t=1}^{T} \left(s_k \cdot \gamma_{kt} + h_k \cdot y_{kt} + p_{kt} \cdot q_{kt} \right) \tag{C.241}$$

u. B. d. R.

$$y_{k,t-1} + q_{k,t-z_k} - \sum_{i \in \mathcal{N}_k} a_{ki} \cdot q_{it} - y_{kt} = d_{kt} \qquad \begin{array}{l} k = 1, 2, \ldots, K \\ t = 1, 2, \ldots, T \end{array} \tag{C.242}$$

$$\sum_{k \in \mathcal{K}_j} (tb_k \cdot q_{kt} + tr_k \cdot \gamma_{kt}) \leq b_{jt} \qquad \begin{array}{l} j = 1, 2, \ldots, J \\ t = 1, 2, \ldots, T \end{array} \tag{C.243}$$

$$q_{kt} \leq (\gamma_{kt} + \omega_{kt}) \cdot M \qquad k = 1, 2, \ldots, K; t = 1, 2, \ldots, T \tag{C.244}$$

$$\sum_{k \in \mathcal{K}_j} \omega_{kt} \leq 1 \qquad j = 1, 2, \ldots, J; t = 1, 2, \ldots, T \tag{C.245}$$

$$\omega_{kt} \leq \gamma_{k,t-1} \qquad k = 1, 2, \ldots, K; t = 2, 3, \ldots, T \tag{C.246}$$

$$q_{kt} \geq 0, y_{kt} \geq 0 \qquad k = 1, 2, \ldots, K; t = 1, 2, \ldots, T \tag{C.247}$$

$$\gamma_{kt}, \omega_{kt} \in \{0, 1\} \qquad k = 1, 2, \ldots, K; t = 1, 2, \ldots, T \tag{C.248}$$

$$y_{k0} = 0; y_{kT} = 0 \qquad k = 1, 2, \ldots, K \tag{C.249}$$

Zu den im Modell MLCLSP verwendeten Symbolen ist die im Modell CLSP-L$_{SPL}$ eingeführte Binärvariable ω_{kt} hinzugekommen. Sie gibt an, ob die Ressource, auf der das Produkt k produziert wird, am Beginn der Periode t für das Produkt k gerüstet ist oder nicht. Als Mindestvorlaufzeit wird sinnvollerweise eine Periode, d. h. $z_k = 1$ angenommen. Die Nebenbedingungen (C.244) ermöglichen nun die Produktion des Produkts k in Periode t, wenn in t entweder gerüstet wird oder wenn die Ressource am Periodenanfang bereits im passenden Rüstzustand ist. Die Restriktionen (C.245) besagen, daß eine Ressource am Periodenanfang nur in *einem* Rüstzustand sein kann. Schließlich beschreibt (C.246) den Tatbestand, daß ein Rüstzustand am Periodenbeginn nur durch einen Rüstvorgang in der Vorperiode hergestellt worden sein kann.

Die Erfassung der Rüstzustandsübertragung im Modell MLCLSP-L bringt einige Vorteile im Vergleich zum Modell MLCLSP mit sich. So wird man i. d. R. kostengünstigere Pläne finden, da die tatsächlich entstehenden Rüstkosten genauer abgebildet werden als im Modell MLCLSP. Darüberhinaus ist insb. bei hoch ausgelasteten Ressourcen und signifikanten Rüstzeiten zu erwarten, daß mit dem Modell MLCLSP-L noch ein zulässiger Plan gefunden wird, während das mit dem Modell MLCLSP wegen der Überschätzung der Rüstzeiten nicht mehr gelingt.

Tempelmeier und Buschkühl[185] erweitern das oben auf S. 138 beschriebene Modell MLCLSP$_{\text{Billington}}$ um die Möglichkeit der Rüstzustandsübertragung.

C.3.1.2 Konvergierende Erzeugnis- und Prozeßstruktur

Eine konvergierende Erzeugnis- und Prozeßstruktur ist dadurch gekennzeichnet, daß jedes Erzeugnis **nur einen Nachfolger**, d. h. ein übergeordnetes Produkt, hat. Die Indexmenge $\mathcal{N}_k$ reduziert sich damit auf einen Index $n(k)$. Eine solche Erzeugnisstruktur ist für reine **Montageprozesse** typisch. Das mehrstufige dynamische Losgrößenproblem für eine konvergierende Erzeugnisstruktur kann (unter Vernachlässigung der variablen Produktionskosten, der Kapazitätsbeschränkungen und der Vorlaufzeiten) wie folgt dargestellt werden:[186]

Modell MLULSP$_{\text{KONV}}$

$$\text{Minimiere } Z = \sum_{k=1}^{K} \sum_{t=1}^{T} \left(s_k \cdot \gamma_{kt} + h_k \cdot y_{kt} \right) \tag{C.250}$$

- $s_k \cdot \gamma_{kt}$: Rüstkosten für Produkt k in Periode t
- $h_k \cdot y_{kt}$: Lagerkosten für Produkt k am Ende der Periode t

u. B. d. R.

$$y_{1,t-1} + q_{1t} - y_{1t} = d_{1t} \qquad t = 1, 2, \ldots, T \tag{C.251}$$

- Primärbedarf für das (einzige) Endprodukt in Periode t

$$y_{k,t-1} + q_{kt} - a_{k,n(k)} \cdot q_{n(k),t} - y_{kt} = 0 \qquad k = 2, \ldots, K; \ t = 1, 2, \ldots, T \tag{C.252}$$

- aus dem Bedarf des direkten Nachfolgers abgeleiteter Sekundärbedarf des Produkts k in Periode t

$$q_{kt} - M \cdot \gamma_{kt} \leq 0 \qquad k = 1, 2, \ldots, K; \ t = 1, 2, \ldots, T \tag{C.253}$$

$$q_{kt}, y_{kt} \geq 0 \qquad k = 1, 2, \ldots, K; \ t = 1, 2, \ldots, T \tag{C.254}$$

$$\gamma_{kt} \in \{0, 1\} \qquad k = 1, 2, \ldots, K; \ t = 1, 2, \ldots, T \tag{C.255}$$

---

185 vgl. *Tempelmeier und Buschkühl* (2009); *Buschkühl* (2008)
186 vgl. *Crowston und Wagner* (1973); *Afentakis et al.* (1984)

C.3.1 Modellformulierungen – Konvergierende Erzeugnis- und Prozeßstruktur

Symbole

a_{ki}	Direktbedarfskoeffizient bezüglich Produkt k und i
d_{1t}	Primärbedarf für das Endprodukt in Periode t
h_k	voller Lagerkostensatz des Produkts k
K	Anzahl der Produkte ($k = 1, 2, ..., K$)
M	große Zahl
$n(k)$	Index des einzigen Nachfolgers des Produkts k (direkt übergeordnetes Produkt)
s_k	Rüstkostensatz des Produkts k
T	Länge des Planungszeitraums in Perioden ($t = 1, 2, ..., T$)
y_{kt}	physischer Lagerbestand für Produkt k am Ende der Periode t
q_{kt}	Losgröße für Produkt k in Periode t
γ_{kt}	binäre Rüstvariable für Produkt k in Periode t

Primärbedarf tritt – so wird angenommen – nur für das Endprodukt auf. Auf die Berücksichtigung von Vorlaufzeiten wird verzichtet, da die zeitliche Struktur des Produktionsprozesses nach Ermittlung der optimalen Lösung problemlos durch entsprechende Rückwärtsterminierung der Lose erfaßt werden kann.

Verwendet man den **systemweiten Lagerbestand**, dann lautet das dynamische Mehrprodukt-Losgrößenproblem für eine konvergierende Erzeugnisstruktur:

Modell MLULSP$_{KONV_e}$

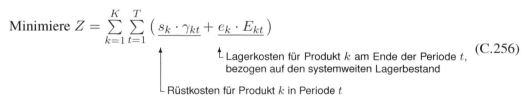

$$\text{Minimiere } Z = \sum_{k=1}^{K} \sum_{t=1}^{T} \left(s_k \cdot \gamma_{kt} + e_k \cdot E_{kt} \right) \quad \text{(C.256)}$$

wobei $s_k \cdot \gamma_{kt}$ die Rüstkosten für Produkt k in Periode t und $e_k \cdot E_{kt}$ die Lagerkosten für Produkt k am Ende der Periode t, bezogen auf den systemweiten Lagerbestand, sind.

u. B. d. R.

$$E_{k,t-1} + q_{kt} - E_{kt} = v_{k1} \cdot d_{1t} \quad k = 1, 2, ..., K;\ t = 1, 2, ..., T \quad \text{(C.257)}$$

wobei $v_{k1} \cdot d_{1t}$ den Gesamtbedarf für das Produkt k in Periode t (Primärbedarf für das Endprodukt in Periode t) darstellt.

$$E_{kt} - a_{k,n(k)} \cdot E_{n(k),t} \geq 0 \quad k = 2, ..., K;\ t = 1, 2, ..., T \quad \text{(C.258)}$$

(physischer Lagerbestand des Produkts k am Ende der Periode t)

$$q_{kt} - M \cdot \gamma_{kt} \leq 0 \quad k = 1, 2, ..., K;\ t = 1, 2, ..., T \quad \text{(C.259)}$$

$$q_{kt},\ E_{kt} \geq 0 \quad k = 1, 2, ..., K;\ t = 1, 2, ..., T \quad \text{(C.260)}$$

$$\gamma_{kt} \in \{0,1\} \qquad\qquad k=1,2,...,K;\ t=1,2,...,T \qquad \text{(C.261)}$$

Symbole	
a_{ki}	Direktbedarfskoeffizient bezüglich Produkt k und i
d_{1t}	Primärbedarf für das Endprodukt in Periode t
e_k	marginaler Lagerkostensatz des Produkts k
K	Anzahl der Produkte ($k=1,2,...,K$)
M	große Zahl
$n(k)$	Index des einzigen Nachfolgers des Produkts k (direkt übergeordnetes Produkt)
s_k	Rüstkostensatz des Produkts k
T	Länge des Planungszeitraums in Perioden ($t=1,2,...,T$)
v_{k1}	Verflechtungsbedarfskoeffizient zwischen dem Produkt k und dem Endprodukt
E_{kt}	systemweiter Lagerbestand für Produkt k am Ende der Periode t
q_{kt}	Losgröße für Produkt k in Periode t
γ_{kt}	binäre Rüstvariable für Produkt k in Periode t

Da es nur ein Produkt gibt, für das Primärbedarf auftritt (Endprodukt 1), kann der Sekundärbedarf eines jeden untergeordneten Produkts mit Hilfe des Verflechtungsbedarfskoeffizienten v_{k1} direkt aus dem Primärbedarf d_{1t} des Endprodukts abgeleitet werden. Soll der Primärbedarf des Endprodukts 1 in Periode t erfüllt werden, dann muß die Menge des untergeordneten Erzeugnisses k zu Beginn der Periode t entweder im Lager k vorrätig sein oder in der Periode t neu produziert werden oder schon in übergeordnete Erzeugnisse eingebaut sein.

Die beiden dargestellten Formulierungen des Mehrprodukt-Losgrößenproblems für konvergierende Erzeugnisstrukturen sind äquivalent, d. h. sie führen zu denselben optimalen Lösungen. Für die **optimale Lösung** beider Modellformulierungen gelten folgende **Eigenschaften**:

1. Produkt k wird nur dann produziert, wenn sein Lagerbestand auf Null gesunken ist, d. h. es muß gelten:[187]

$$q_{kt} \cdot E_{k,t-1} = 0 \qquad\qquad k=1,2,...,K;\ t=1,2,...,T \qquad \text{(C.262)}$$

2. Produkt k wird in Periode t nur dann produziert, wenn auch sein direkter Nachfolger $n(k)$ in Periode t produziert wird. Das bedeutet:

$$\text{wenn } q_{kt} > 0, \text{ dann } q_{n(k),t} > 0 \qquad k=2,...,K;\ t=1,2,...,T \qquad \text{(C.263)}$$

---

[187] Diese Bedingung wurde von Zangwill für eine lineare Erzeugnis- und Prozeßstruktur auf der Grundlage einer graphentheoretischen Problemdarstellung formuliert. Vgl. *Zangwill* (1969); *Crowston und Wagner* (1973).

Wegen der Eigenschaft (1.) kann das Problem in K Probleme der Bestimmung des kostengünstigsten Weges in einem Netzwerk zerlegt werden,[188] zwischen deren zulässigen Lösungen bestimmte Beziehungen bestehen müssen. Diese Beziehungen werden durch die Eigenschaft (2.)[189] beschrieben.

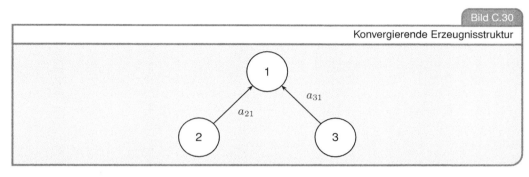

Bild C.30: Konvergierende Erzeugnisstruktur

Zur Erklärung dieser Eigenschaften betrachten wir die in Bild C.30 dargestellte Erzeugnisstruktur mit einem Endprodukt und zwei Einzelteilen. Vernachlässigen wir zunächst die Beziehungen zwischen den Produkten, dann kann für jedes Produkt k ein dynamisches Einprodukt-Losgrößenproblem identifiziert werden, das auch als Problem der Bestimmung des kostengünstigsten Weges von einem Startknoten 0 zu einem Endknoten T darstellbar ist. Für das Produkt 3 erhält man z. B. bei einem Planungshorizont von $T = 3$ das in Bild C.31 wiedergegebene Netzwerk.

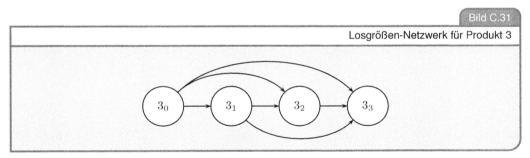

Bild C.31: Losgrößen-Netzwerk für Produkt 3

Die Pfeile beschreiben die Reichweiten der Losgrößen. Die „Benutzung" eines Pfeils verursacht Rüstkosten und Lagerkosten. Allgemein gilt für den Pfeil von Knoten k_t zum Knoten k_{t+j}: Die Losgröße entspricht der Zusammenfassung der Bedarfsmengen der

---

188 vgl. *Afentakis et al.* (1984), S. 227
189 Diese Eigenschaft wird „nested schedule property" genannt. Bei generellen Erzeugnisstrukturen gilt diese Eigenschaft nur noch im Hinblick auf mindestens ein Nachfolgeprodukt. Vgl. *Afentakis* (1982). Heinrich verwendet diese Eigenschaft in seinem heuristischen Verfahren zur Erzeugung einer Basisproduktionspolitik. Siehe Abschnitt C.3.2.2.2.1, S. 167 ff.

Perioden $t+1, t+2, ..., t+j$ zu einem Los, das zu Beginn der Periode $(t+1)$ (am Ende der Periode t) produziert wird.

Ein solches Netzwerk kann für jedes Erzeugnis k formuliert werden. Die optimale Lösung des dynamischen Losgrößenproblems entspricht dann dem kostenminimalen (kürzesten) Weg zwischen dem Knoten k_0 und dem Knoten k_T. Eine zulässige Lösung eines solchen isolierten Einprodukt-Problems wird durch die sortierte (Index-)Menge der Knoten beschrieben, die auf dem kostengünstigsten Weg vom Knoten k_0 zum Knoten k_T liegen. Wir bezeichnen diese erzeugnisbezogenen Indexmengen mit $\mathcal{H}^k(T)$. So bedeutet z. B. die Indexmenge $\mathcal{H}^3(T) = (0, 2, 3)$, daß für Erzeugnis 3 zu Beginn der Periode 1 (am Ende der Periode 0) ein Los produziert wird, das den Bedarf bis zur Periode 2 abdeckt und daß zu Beginn der Periode 3 (am Ende der Periode 2) ein Los produziert wird, das den Bedarf der Periode 3 umfaßt. Für jedes Erzeugnis k kann die Lösung des isolierten dynamischen Losgrößenproblems durch eine solche Indexmenge dargestellt werden.

Die Erzeugnisse sind nun aber nicht unabhängig voneinander. So kann aufgrund der Eigenschaft (2.) festgestellt werden, daß nur ein Teil der erzeugnisbezogenen – isoliert betrachtet – zulässigen Lösungen auch hinsichtlich des Modells MLCLSP$_{KONV_e}$ zulässig ist. Insbesondere muß aufgrund der Eigenschaft (2.) zwischen den Lösungen der Teilprobleme für zwei benachbarte Erzeugnisse die Beziehung

$$\mathcal{H}^k(T) \subset \mathcal{H}^{n(k)}(T) \qquad\qquad k = 2, ..., K \quad \text{(C.264)}$$

gelten. Das heißt, die Menge der Knoten auf dem kostengünstigsten Weg für das untergeordnete Produkt k muß eine Teilmenge der Knoten auf dem kostengünstigsten Weg für das (einzige) direkt übergeordnete Erzeugnis $n(k)$ sein. So sind die folgenden beiden Lösungen für $k = 1$ und $k = 3$ auch bezüglich des Gesamtproblems zulässig:

$$\begin{aligned}\mathcal{H}^1 &= \{0, 1, 2, 3\} \\ \mathcal{H}^3 &= \{0, 2, 3\}\end{aligned} \qquad\qquad \text{(C.265)}$$

Die Lösungen

$$\begin{aligned}\mathcal{H}^1 &= \{0, 2, 3\} \\ \mathcal{H}^3 &= \{0, 1, 2, 3\}\end{aligned} \qquad\qquad \text{(C.266)}$$

dagegen verletzen die Eigenschaft (2.) und sind somit nicht zulässig. Denn hier wird für Erzeugnis 3 ein Los in Periode 1 produziert, obwohl kein Los des übergeordneten Erzeugnisses 1 produziert wird und damit auch kein Sekundärbedarf in der Periode 1 für das Erzeugnis 3 auftritt. Die Eigenschaft (2.) bezieht sich also insbesondere auf die zeitliche Abstimmung zwischen den Produktionsterminen.

Aus der Nichtnegativitätsbedingung für den physischen Lagerbestand ergeben sich – wie bereits in Modell MLCLSP$_e$ dargestellt wurde – Beziehungen zwischen den systemweiten Lagerbeständen der Produkte k und $n(k)$. Diese Beziehungen lassen sich durch die Ungleichungen (C.267) beschreiben.

$$a_{k,n(k)} \cdot E_{n(k),t} - E_{kt} \leq 0 \qquad k = 2, ..., K;\ t = 1, 2, ..., T \quad \text{(C.267)}$$

Die Bedingungen (C.267) verhindern, daß das Mehrprodukt-Losgrößenproblem in mehrere voneinander unabhängige, einfachere Einprodukt-Probleme zerlegt werden kann. Eine gebräuchliche Methode zur Behandlung solcher „schwierigen" Nebenbedingungen besteht darin, daß man sie mit Lagrange-Multiplikatoren $\underline{W} = \{w_{kt}\}$ multipliziert und in die Zielfunktion aufnimmt.[190] Die Lagrange-Multiplikatoren bestrafen die Verletzungen der Nebenbedingungen durch eine Lösung des Modells MLCLSP$_{\text{KONV}_e}$. Es wird eine Lösung gesucht, bei der entweder die Nebenbedingungen als Gleichungen erfüllt oder die Lagrange-Multiplikatoren Null sind. Die Zielfunktion lautet nun:

$$\text{Minimiere } Z = \sum_{k=1}^{K} \sum_{t=1}^{T} \left(s_k \cdot \gamma_{kt} + e_k \cdot E_{kt} \right)$$
$$+ \sum_{k=1}^{K} \sum_{t=1}^{T} \left[a_{k,n(k)} \cdot E_{n(k),t} - E_{kt} \right] \cdot w_{kt} \quad \text{(C.268)}$$

↰ Lagrange-Multiplikator

Den zweiten Term der Zielfunktion kann man noch weiter umformen:

$$\sum_{k=1}^{K} \sum_{t=1}^{T} \left[a_{k,n(k)} \cdot E_{n(k),t} - E_{kt} \right] \cdot w_{kt}$$
$$= \sum_{k=1}^{K} \sum_{t=1}^{T} \left[\sum_{j \in \mathcal{V}_k} a_{jk} \cdot E_{kt} \cdot w_{jt} - E_{kt} \cdot w_{kt} \right] \quad \text{(C.269)}$$

↰ Indexmenge der direkten Vorgänger des Produkts k

$$= \sum_{k=1}^{K} \sum_{t=1}^{T} \left[\sum_{j \in \mathcal{V}_k} a_{jk} \cdot w_{jt} - w_{kt} \right] \cdot E_{kt}$$

Damit kann das Modell MLCLSP$_{\text{KONV}_e}$ nun wie folgt formuliert werden:

---

[190] vgl. auch *Billington* (1983); *Billington et al.* (1983); *Domschke und Drexl* (2007)

Modell MLCLSP$_{KONV_{eLR}}$

$$\text{Minimiere } Z(\underline{W}) = \sum_{k=1}^{K}\sum_{t=1}^{T}\left[s_k \cdot \gamma_{kt} + \underbrace{\left(e_k + \sum_{j\in\mathcal{V}_k}a_{jk}\cdot w_{jt} - w_{kt}\right)\cdot E_{kt}}_{\text{modifizierte Lagerkosten für Produkt }k}\right] \quad \text{(C.270)}$$

u. B. d. R.

$$E_{k,t-1} + q_{kt} - E_{kt} = v_{k1}\cdot d_{1t} \qquad k=1,2,...,K;\ t=1,2,...,T \quad \text{(C.271)}$$

$$q_{kt} - M\cdot\gamma_{kt} \leq 0 \qquad k=1,2,...,K;\ t=1,2,...,T \quad \text{(C.272)}$$

$$q_{kt},\ E_{kt} \geq 0 \qquad k=1,2,...,K;\ t=1,2,...,T \quad \text{(C.273)}$$

$$\gamma_{kt} \in \{0,1\} \qquad k=1,2,...,K;\ t=1,2,...,T \quad \text{(C.274)}$$

Für gegebene Werte von $\underline{W} = \{w_{kt}\}$ kann das obige Problem in K voneinander unabhängige Teilprobleme zerlegt werden, zu deren Lösung effiziente Verfahren verfügbar sind. Das Problem besteht jedoch nun darin, die optimalen Werte der Lagrange-Multiplikatoren zu bestimmen. Hierzu schlagen *Afentakis, Gavish und Karmarkar* ein Verfahren vor, auf dessen Einzelheiten nicht weiter eingegangen werden soll.[191]

Maes[192] formuliert ein Losgrößenmodell, in dem auch beschränkte **Kapazitäten** der Ressourcen berücksichtigt werden. Dieses Modell kann für konvergierende Erzeugnisstrukturen (mit einem Endprodukt) und für den Fall eingesetzt werden, daß mehrere parallele lineare Erzeugnisstrukturen (mit mehrere Endprodukten) aufgrund gemeinsamer Ressourcenbeanspruchungen miteinander verbunden sind. Das Modell lautet:[193]

Modell MLCLSP$_{KONV_{Maes}}$

$$\text{Minimiere } Z = \sum_{k=1}^{K}\left[\sum_{\tau=1}^{T}\sum_{t=\tau}^{T}h_{k\tau t}\cdot\delta_{k\tau t} + \sum_{\tau=1}^{T}s_k\cdot\gamma_{k\tau}\right] \quad \text{(C.275)}$$

- Rüstkosten für Produkt k in Periode τ
- Anteil des Bedarfs für Produkt k in Periode t, der in Periode τ produziert wird
- Lagerkosten für den gesamten Bedarf des Produkts k in Periode t, wenn dieser bereits in Periode τ produziert wird

u. B. d. R.

---

191 vgl. hierzu *Afentakis et al.* (1984)
192 vgl. *Maes* (1987), S. 131; *Maes et al.* (1991)
193 vgl. auch *Salomon* (1991); *Kuik et al.* (1993)

C.3.1 Modellformulierungen – Konvergierende Erzeugnis- und Prozeßstruktur

$$\sum_{\tau=1}^{t} \delta_{k\tau t} = 1 \qquad k = 1, 2, ..., K; \; \mathcal{N}_k = \emptyset; \; t = 1, 2, ..., T \qquad \text{(C.276)}$$

$$\sum_{\tau=1}^{t} \delta_{k\tau i} \geq \sum_{\tau=1}^{t} \delta_{n(k)\tau i} \qquad \begin{array}{l} i = 1, 2, ..., T; \; t = 1, 2, ..., i \\ k = 1, 2, ..., K; \; \mathcal{N}_k \neq \emptyset \end{array} \qquad \text{(C.277)}$$

$$\sum_{k \in \mathcal{K}_j} \sum_{t=\tau}^{T} tb_k \cdot r_{kt} \cdot \delta_{k\tau t} \leq b_{j\tau} \qquad j = 1, 2, ..., J; \; \tau = 1, 2, ..., T \qquad \text{(C.278)}$$

↑ Arbeitsbelastung der Ressource j durch den Bedarf des Produkts k in Periode t

└ Indexmenge der Produkte, die durch Ressource j bearbeitet werden

$$\delta_{k\tau t} \leq \gamma_{k\tau} \qquad \begin{array}{l} k = 1, 2, ..., K \\ \tau = 1, 2, ..., T; \; t = \tau, \tau+1, ..., T \end{array} \qquad \text{(C.279)}$$

$$\delta_{k\tau t} \geq 0 \qquad \begin{array}{l} k = 1, 2, ..., K \\ \tau = 1, 2, ..., T; \; t = \tau, \tau+1, ..., T \end{array} \qquad \text{(C.280)}$$

$$\gamma_{k\tau} \in \{0, 1\} \qquad k = 1, 2, ..., K; \; t = 1, 2, ..., T \qquad \text{(C.281)}$$

Symbole

b_{jt}	Kapazität der Maschine (Ressource) j in Periode t
$h_{k\tau t}$	Lagerkosten für den Bedarf des Produkts k in Periode t, wenn dieser bereits in Periode τ produziert wird
$\mathcal{K}_j$	Indexmenge der Produkte, die durch Ressource j bearbeitet werden
$\mathcal{N}_k$	Indexmenge der direkten Nachfolger des Produkts k
r_{kt}	Gesamtbedarf des Produkts k in Periode t
s_k	Rüstkostensatz für Produkt k
tb_k	Stückbearbeitungszeit für Produkt k
$\delta_{k\tau t}$	Anteil des Bedarfs für Produkt k in Periode t, der in Periode τ produziert wird
γ_{kt}	binäre Rüstvariable

Beziehung (C.276) stellt sicher, daß der gesamte Bedarf des Produkts k in Periode t spätestens in dieser Periode produziert wird. Dieser Typ von Nebenbedingungen ist nur für die Endprodukte erforderlich. Da in dieser Formulierung alle Produktionsmengen zu 1 standardisiert worden sind, müssen die Lagerkostensätze $h_{k\tau t}$ in der Zielfunktion (C.275) entsprechend angepaßt werden. Der Zielfunktionskoeffizient $h_{k\tau t}$ ist gleich dem Produkt aus dem marginalen Lagerkostensatz des Produkts k, der Gesamtbedarfsmenge der Periode t und der Lagerdauer $(t - \tau)$.

Die Ungleichungen (C.277) stellen die Beziehungen zwischen den Produkten in der betrachteten konvergierenden Erzeugnisstruktur her. Für jede Periode t ($t = 1, 2, ..., i$) muß gesichert sein, daß die in den Vorperioden τ ($\tau = 1, 2, ..., t$) produzierten Mengen eines untergeordneten Produkts k, die für die Periode i bestimmt sind, mindestens so groß sind wie die in demselben Zeitraum kumulierten Produktionsmengen des Nachfolgerprodukts $n(k)$. Ist dies nicht gesichert, dann kann das Nachfolgerprodukt aufgrund von Materialmangel nicht produziert werden. Die Nebenbedingungen (C.278) beschreiben die Kapazitätsrestriktionen der Ressourcen. Sie können bewirken, daß die Bedarfsmenge einer Periode aus mehreren Produktionsperioden bereitgestellt werden muß. Die Formulierung MLCLSP$_{KONV_{Maes}}$ kann im Vergleich zum Modell MLCLSP$_{KONV}$ als disaggregierte Formulierung bezeichnet werden.

Das Modell MLCLSP$_{KONV_{Maes}}$ bildet die Grundlage für verschiedene von *Maes* vorgeschlagene heuristische Lösungsverfahren, auf die in Abschnitt C.3.3.2, S. 194 ff., eingegangen wird. Eine Erweiterung dieses Modells für generelle Erzeugnisstrukturen schlägt *Stadtler* vor.[194] *Helber*[195] erweitert das Modell MLCLSP um die Möglichkeit, für unterschiedliche Ressourcen unterschiedlich feine Periodenraster zu verwenden. Diese Option ist insb. im Hinblick auf die Verstetigung des Materialflusses von großer Bedeutung.

C.3.2 Lösungsverfahren für Probleme ohne Kapazitätsbeschränkungen

Grundsätzlich besteht die Möglichkeit, zur Lösung der im vorangegangenen Abschnitt formulierten Losgrößenmodelle Standard-Solver zur gemischt-ganzzahligen linearen Optimierung einzusetzen. Wegen der – insb. bei generellen Erzeugnisstrukturen – hohen Problemkomplexität ist diese Vorgehensweise jedoch selbst dann nicht praktikabel, wenn nur wenige Produkte und wenige Planungsperioden betrachtet werden. Vorhersagen über die zur Lösung einer konkreten Probleminstanz benötigten Rechenzeit sind schwierig, da diese in hohem Maße durch die konkrete Datenkonstellation, z. B. die Kapazitätsauslastung oder die Höhe der Rüstkosten, beeinflußt wird. Im Folgenden konzentrieren wir uns auf die Darstellung einiger heuristischer Lösungsansätze.

C.3.2.1 Die Praxis der Mengenplanung in Standard-PPS-Systemen

Die in der betrieblichen Praxis übliche Methode der Losgrößenplanung in PPS-Systemen nach dem MRP- bzw. MRP II-Konzept besteht darin, daß für jedes Produkt im Anschluß an die Bestimmung seines periodenbezogenen Nettobedarfs Produktions- bzw. Beschaffungsaufträge gebildet werden. Als Konsequenz dieser Vorgehensweise ergibt sich eine zeitliche **Trennung von Materialbedarfsrechnung und Losgrößenplanung**. Bei Einsatz des Dispositionsstufenverfahrens zur Bedarfsrechnung werden zunächst für die

---

[194] vgl. *Stadtler* (1996)
[195] vgl. *Helber* (1995)

einer Dispositionsstufe zugeordneten Produkte die periodenspezifischen Nettobedarfsmengen ermittelt. Bevor man dann zur nächsten Dispositionsstufe übergeht, werden die Bedarfsmengen aus mehreren Perioden zu einem Auftrag zusammengefaßt.

Dabei wird den Anwendern die Wahl zwischen verschiedenen Verfahren zur Losbildung gelassen.[196] Einige dieser Losgrößenalgorithmen haben wir in Abschnitt C.1, S. 29 ff., dargestellt. Diese Verfahren sind jedoch nur für Produkte mit unabhängigem Bedarfsverlauf geeignet. Denn sie berücksichtigen nicht die zwischen den Produkten der verschiedenen Erzeugnisstufen bestehenden Interdependenzen. Bei Anwendung dieser Verfahren wird somit implizit unterstellt, die Losgrößenentscheidung für ein übergeordnetes Produkt könne unabhängig von den für die untergeordneten Baugruppen und Einzelteile zu bestimmenden Losgrößen getroffen werden. Wie bereits weiter oben erläutert wurde, bestehen zwischen den Erzeugnissen aber Interdependenzen sowohl bezüglich der Kosten als auch im Hinblick auf die gemeinsame Nutzung von Ressourcen. Vernachlässigt man die kostenmäßigen Interdependenzen bei der Losgrößenbestimmung, dann kann das zur Folge haben, daß die minimalen **Gesamtkosten**, die bei sachlich korrekter Losgrößenbestimmung erreicht werden könnten, **erheblich überschritten** werden. Die Lösungsqualität nimmt dabei mit zunehmender Tiefe der Erzeugnisstruktur ab. In den veröffentlichten numerischen Untersuchungen wurden Kostenerhöhungen im Bereich zwischen 2% und 37% (abhängig von der Erzeugnisstruktur) festgestellt.[197]

Vernachlässigt man die kapazitätsmäßigen Interdependenzen zwischen den Produkten, dann erhält man zudem i. d. R. nicht zulässige, d. h. **undurchführbare Produktionspläne**. Dieser Tatbestand ist wesentlich gravierender als die Abweichung vom Kostenminimum. Die Undurchführbarkeit äußert sich bei der Umsetzung eines Produktionsplans darin, daß es zu Verspätungen und Nichteinhaltungen von Kundenauftragsterminen kommt.

Das mehrstufige Losgrößenproblem für K Produkte bei abhängigem Bedarf wird in der Praxis also in K voneinander unabhängig behandelte Einprodukt-Losgrößenprobleme für unabhängigen Bedarf zerlegt (**produktorientierte Dekomposition**). Kritisch zu untersuchen ist in diesem Zusammenhang, welche Kostensätze dabei zu verwenden sind. Hier wird in der Praxis wohl allgemein mit Vollkostensätzen gerechnet, in denen die Lagerkosten für ein Endprodukt oder eine Baugruppe auf der Grundlage der gesamten Kosten aller vorhergehenden Produktionsstufen berechnet werden. Eine Alternative zu dieser Vorgehensweise besteht darin, mit produktionsstufenbezogenen Grenzlagerkosten zu rechnen.

---

196 Häufig werden in PPS-Systemen lediglich die klassische Losgrößenformel, die gleitende wirtschaftliche Losgröße oder das Stückperiodenausgleichsverfahren zur Auswahl angeboten.

197 vgl. *Graves* (1981); *Blackburn und Millen* (1982); *Afentakis* (1987); *Heinrich* (1987)

C.3.2.2 Einprodukt-Losgrößenverfahren mit Kostenanpassung

Während die in der betrieblichen Praxis übliche produktbezogene Dekomposition des Planungsproblems die Beziehungen zwischen den Erzeugnissen nur unvollkommen erfaßt, versuchen die im Folgenden darzustellenden Konzepte, durch die Modifikation der Lager- und Rüstkostensätze eine Abstimmung zwischen den auf unterschiedlichen Erzeugnisstufen zu treffenden Losgrößenentscheidungen herbeizuführen. Die Kostenanpassung ist leicht zu implementieren, da sie lediglich die Eingabedaten eines Losgrößenverfahrens betrifft. Sie ist daher einsetzbar, ohne daß die PPS-Software umprogrammiert werden muß.

In diesem Abschnitt werden verschiedene in den letzten Jahren vorgeschlagene Methoden zur Bestimmung der „optimalen" Werte der in Einprodukt-Losgrößenverfahren zu verwendenden Lager- und Rüstkostensätze dargestellt. Im Prinzip versucht man mit diesen Verfahren, das Ausmaß abzuschätzen, in dem sich die Rüst- und Lagerkosten auf untergeordneten Erzeugnisstufen verändern, wenn auf einer übergeordneten Erzeugnisstufe die Losgröße vergrößert oder verkleinert wird.

C.3.2.2.1 Konvergierende Erzeugnisstrukturen

Bei der Losgrößenplanung versucht man üblicherweise, einen optimalen Kompromiß zwischen Lagerkosten und Rüstkosten zu finden. Als **Lagerkostensatz** wird dabei i. Allg. eine Größe verwendet, die sich nach Gleichung (C.282) multiplikativ aus dem Wert des Produkts, w_k, und einem Lagerkostenfaktor v zusammensetzt.

$$h_k = w_k \cdot v \qquad\qquad k = 1, 2, ..., K \qquad (C.282)$$

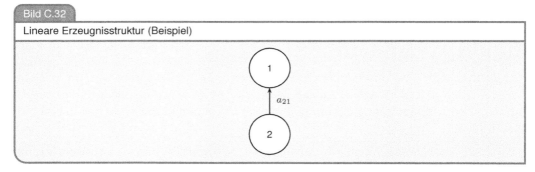

Bild C.32
Lineare Erzeugnisstruktur (Beispiel)

 Betrachten wir die in Bild C.32 dargestellte lineare Erzeugnisstruktur. Der Einfachheit halber gehen wir weiterhin davon aus, daß für das Endprodukt 1 kontinuierlicher Bedarf

C.3.2 Lösungsverfahren – Kostenanpassung

vorliegt und das klassische Losgrößenmodell angewandt wird, während die Bestellmenge q_2 für das untergeordnete Einzelteil 2 als ein ganzzahliges Vielfaches der Losgröße q_1 des Endprodukts festgelegt wird.

Wird nun eine Bestellung für das Einzelteil bei einem Fremdlieferanten aufgegeben, dann beträgt nach Eintreffen der Bestellmenge q_2 im Beschaffungslager der Anstieg der durchschnittlichen Lagerkosten in der Unternehmung, d. h. im betrachteten Lagersystem, $h_2 \cdot \frac{q_2}{2} = w_2 \cdot v \cdot \frac{q_2}{2}$, wobei w_2 nun den Beschaffungspreis des Einzelteils darstellt. Die Größe $w_2 \cdot v$ gibt die Kosten der Lagerung einer im Rahmen dieser externen Beschaffungsmaßnahme zusätzlich eingelagerten Mengeneinheit korrekt wieder.

Fragen wir nun nach der **Veränderung der Lagerkosten**, wenn ein Produktionsauftrag für das Endprodukt aufgelegt werden soll. Welcher Lagerkostensatz ist hier zu berücksichtigen? Wie verändern sich die gesamten Lagerkosten für beide Produkte, wenn die Losgröße q_1 beträgt? Zunächst steigen die durchschnittlichen Lagerkosten für das Endprodukt um den Betrag $h_1 \cdot \frac{q_1}{2} = w_1 \cdot v \cdot \frac{q_1}{2}$ an, wobei w_1 nun die gesamten Herstellkosten des Endprodukts, also die Summe aus den Materialkosten (einschl. der Kosten für das Einzelteil) und den Fertigungskosten darstellt. Andererseits hat die Produktion von q_1 ME des Endprodukts zur Folge, daß insgesamt $a_{21} \cdot q_1$ ME des Einzelteils aus dessen Lagerbestand entnommen werden und in die Produktion des Endprodukts eingehen. Dadurch sinken die durchschnittlichen Lagerkosten für das Einzelteil um den Betrag $\frac{a_{21} \cdot w_2 \cdot q_1}{2}$.

Insgesamt ergibt sich somit als Anstieg der Lagerkosten für beide Produkte infolge der Entscheidung, ein Los der Größe q_1 aufzulegen:

$$\frac{w_1 \cdot v \cdot q_1}{2} - \frac{a_{21} \cdot w_2 \cdot v \cdot q_1}{2} = (w_1 - a_{21} \cdot w_2) \cdot v \cdot \frac{q_1}{2} \qquad \text{(C.283)}$$

Die bisherigen Überlegungen führen zu dem Ergebnis, daß bei der Entscheidung über die Losgröße des übergeordneten Produkts 1 als Lagerkostensatz die Größe $(w_1 - a_{21} \cdot w_2) \cdot v = h_1 - a_{21} \cdot h_2$ entscheidungsrelevant ist. Allgemein kann man auch schreiben:

$$e_k = \underbrace{h_k}_{\text{voller Lagerkostensatz des Produkts } k} - \underbrace{\sum_{j \in \mathcal{V}_k} a_{jk} \cdot h_j}_{\text{volle Lagerkosten aller direkten Vorgänger des Produkts } k} \qquad k = 1, 2, ..., K \qquad \text{(C.284)}$$

Diese Größe ist der **marginale Lagerkostensatz**[198] des Produkts k. Bei der Entscheidung über die Losgröße eines übergeordneten Produkts ist also auch die Verringerung der Lagerkosten für die untergeordneten Produkte zu beachten. Als entscheidungsrele-

---
[198] vgl. Abschnitt C.3.1.1, S. 131

vante Lagerkosten sind somit die zusätzlichen Kosten (Grenzkosten) aus der Gesamtlagerperspektive anzusetzen.

Zur Bestimmung der aus einer Losgrößenentscheidung resultierenden Lagerkosten wird der Lagerkostensatz mit dem durchschnittlichen Lagerbestand eines Erzeugnisses multipliziert. Das wirft die Frage nach der Höhe des durchschnittlichen Lagerbestands für ein untergeordnetes Produkt, im obigen Beispiel für das Einzelteil, auf. Betrachtet man die zeitliche Entwicklung des physischen Lagerbestands dieses Produkts, dann ist ein ausgeprägter stufenförmiger Verlauf festzustellen, obwohl die Endproduktnachfrage annahmegemäß kontinuierlich verläuft.

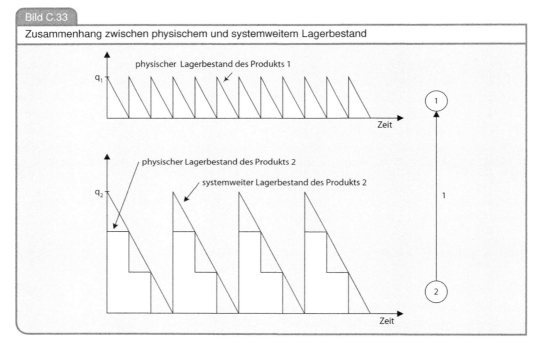

Bild C.33 Zusammenhang zwischen physischem und systemweitem Lagerbestand

Trifft man nun die Entscheidung, ein Los der Größe q_2 aufzulegen, dann erhöht sich der Bestand im gesamten Lagersystem durchschnittlich um $\frac{q_2}{2}$. Denn das Einzelteil bleibt bis zum endgültigen Verkauf im Lagersystem, und zwar entweder in reiner (unverarbeiteter) Form, d. h. als physisch erkennbares Produkt 2, oder als in den gelagerten Endprodukt-Einheiten eingebaute und u. U. nicht mehr sichtbare Komponente. Diese Form des Lagerbestands wurde in Abschnitt C.3.1.1, S. 130, bereits als **systemweiter Lagerbestand** eingeführt.

Bild C.33 verdeutlicht den Zusammenhang zwischen dem physischen Lagerbestand des Einzelteils und seinem systemweiten Lagerbestand unter der Annahme, daß die Nachfrage nach dem Endprodukt mit einem Mittelwert D_1 kontinuierlich verläuft und daß die Bestellmenge q_2 des Einzelteils das Dreifache der Losgröße q_1 des Endprodukts beträgt. Der durchschnittliche physische Lagerbestand des Erzeugnisses 1, B_1, beträgt:

$$B_1 = \frac{q_1}{2} = \frac{D_1 \cdot t_1}{2} \tag{C.285}$$

Die Größe t_1 bezeichnet die Länge des Produktionszyklus des Endprodukts. Der durchschnittliche physische Lagerbestand des Einzelteils, B_2, beträgt für den Fall, daß der Direktbedarfskoeffizient den Wert $a_{21} = 1$ annimmt:

$$B_2 = \frac{D_1 \cdot t_1 \cdot m_2 - D_1 \cdot t_1}{2} \tag{C.286}$$

Die Größe m_2 ist das (ganzzahlige) Verhältnis zwischen der Losgröße des untergeordneten Einzelteils und der Losgröße des Endprodukts, im vorliegenden Fall also: $m_2 = 3$. Der physische Lagerbestand des Einzelteils weist in Bild C.33 einen stufenförmigen Verlauf auf. Der systemweite Lagerbestand des Einzelteils ist gleich dem physischen Lagerbestand zuzüglich der schon in das Endprodukt eingebauten Menge, die im Lagerbestand des Endprodukts enthalten sind. Die durchschnittlichen systemweiten Lagerbestände beider Produkte betragen:

$$E_1 = B_1 \tag{C.287}$$

↑ physischer Lagerbestand des Produkts 1
↳ systemweiter Lagerbestand des Produkts 1

$$E_2 = B_2 + E_1 \tag{C.288}$$

↑ ↑ ↳ systemweiter Lagerbestand des Produkts 1
   ↳ physischer Lagerbestand des Produkts 2
↳ systemweiter Lagerbestand des Produkts 2

Bezeichnet man mit $n(k)$ den Index des (einzigen) direkten Nachfolgers des Produkts k in der konvergierenden Erzeugnisstruktur, dann gilt allgemein:

$$E_k = B_k + E_{n(k)} \tag{C.289}$$

Für das in Bild C.33 dargestellte Beispiel erhalten wir:

$$E_2 = \frac{D_1 \cdot t_1 \cdot m_2 - D_1 \cdot t_1}{2} + \frac{D_1 \cdot t_1}{2} = \frac{D_1 \cdot t_1 \cdot m_2}{2} \tag{C.290}$$

Wenn zwischen den Losgrößen bzw. Produktionszyklen der beiden Produkte, wie im betrachteten Beispiel angenommen, ein im Zeitablauf konstantes, ganzzahliges Verhältnis $m_2 = \frac{t_2}{t_1}$ besteht, dann kann der systemweite Lagerbestand des untergeordneten Erzeugnisses auch nach Gleichung (C.291) ermittelt werden.

$$E_2 = \frac{D_1 \cdot t_1 \cdot \frac{t_2}{t_1}}{2} = \frac{D_1 \cdot t_2}{2} \tag{C.291}$$

Beziehung (C.291) beschreibt den durchschnittlichen systemweiten Lagerbestand des Einzelteils, der – bewertet mit dem marginalen Lagerkostensatz – die Lagerkosten als Funktion der Losgröße bzw. der Länge des Produktionszyklus dieses Produkts angibt. Die Menge des Einzelteils, die bereits in das Endprodukt eingebaut worden ist, muß hier als entscheidungsrelevant mit berücksichtigt werden, da die Losgrößenentscheidungen auf den nachfolgenden Erzeugnisstufen nur noch den Wertzuwachs erfassen.

Fragen wir uns nun, was geschieht, wenn man sich an den obigen Überlegungen orientiert und diese systembezogenen (Grenz-)Kostensätze als Lagerkosten in einem der beschriebenen Einprodukt-Losgrößenmodelle einsetzt. Zur Beantwortung dieser Frage sei folgende Situation betrachtet, die so einfach gehalten ist, daß die Problemstruktur klar erkennbar ist:

- konvergierende Erzeugnisstruktur
- Primärbedarf tritt nur für das Endprodukt auf
- der Verlauf des Primärbedarfs ist kontinuierlich und im Durchschnitt konstant
- unendlich hohe Lagerzugangsgeschwindigkeit
- alle Direktbedarfskoeffizienten sind 1
- Durchlaufzeiten werden nicht berücksichtigt

Die Zielfunktion des Problems der simultanen Bestimmung der Losgrößen für alle Produkte kann unter diesen Annahmen wie folgt formuliert werden:

$$\text{Minimiere } Z = \sum_{k=1}^{K} \left[s_k \cdot \frac{D_k}{q_k} + e_k \cdot \frac{q_k}{2} \right] \tag{C.292}$$

e_k: marginaler Lagerkostensatz des Produkts k
s_k: Rüstkostensatz des Produkts k

Der Quotient $\frac{D_k}{q_k}$ ist die mittlere Anzahl von Losen pro Periode, für die die Nachfrage D_k gilt. Der Kehrwert $t_k = \frac{q_k}{D_k}$ bezeichnet dann genau die Länge eines Produktionszyklus des Erzeugnisses k. Gleichung (C.292) kann damit äquivalent auch wie folgt geschrieben werden:

$$\text{Minimiere } Z = \sum_{k=1}^{K} \left[\frac{s_k}{t_k} + e_k \cdot \frac{D_k \cdot t_k}{2} \right] \quad (C.293)$$

Zur weiteren Vereinfachung des Problems sei unterstellt, daß zwischen den Produktionszyklen der einzelnen Erzeugnisse im Zeitablauf konstante, ganzzahlige Verhältnisse m_k bestehen. Für ein Erzeugnis k und seinen einzigen Nachfolger $n(k)$ gilt dann:

$$m_k = \frac{t_k}{t_{n(k)}} \qquad\qquad k = 1, 2, ..., K \quad (C.294)$$

Das heißt, der Produktionszyklus des untergeordneten Produkts ist ein Vielfaches des Produktionszyklus des übergeordneten Produkts. Für das Endprodukt setzen wir $t_{n(1)} = 1^{199}$. Da die Direktbedarfskoeffizienten annahmegemäß gleich 1 sind, sind die durchschnittlichen Periodenbedarfsmengen aller Produkte identisch, d.h. $D_k = D_1$ ($k = 1, 2, ..., K$). Damit kann das Problem wie folgt beschrieben werden:

<u>Modell BM</u>

$$\text{Minimiere } Z = \sum_{k=1}^{K} \left[\frac{s_k}{m_k \cdot t_{n(k)}} + \frac{e_k \cdot D_1 \cdot m_k \cdot t_{n(k)}}{2} \right] \quad (C.295)$$

u. B. d. R.

$$t_k = m_k \cdot t_{n(k)} \qquad\qquad k = 1, 2, ..., K \quad (C.296)$$

$$m_k \geq 1 \quad \text{und ganzzahlig} \qquad\qquad k = 1, 2, ..., K \quad (C.297)$$

Schreibt man die Zielfunktion (C.295) für die in Bild C.34 dargestellte konvergierende Erzeugnisstruktur vollständig auf, dann ergibt sich:

$$\begin{aligned} Z = & \frac{s_1}{m_1 \cdot 1} + \frac{s_2}{m_2 \cdot t_1} + \frac{s_3}{m_3 \cdot t_1} + \frac{s_4}{m_4 \cdot t_3} + \frac{s_5}{m_5 \cdot t_3} \\ & + \frac{e_1 \cdot D_1 \cdot m_1 \cdot 1}{2} + \frac{e_2 \cdot D_1 \cdot m_2 \cdot t_1}{2} + \frac{e_3 \cdot D_1 \cdot m_3 \cdot t_1}{2} \\ & + \frac{e_4 \cdot D_1 \cdot m_4 \cdot t_3}{2} + \frac{e_5 \cdot D_1 \cdot m_5 \cdot t_3}{2} \end{aligned} \quad (C.298)$$

---

199 Diese Größe ist die Länge der Basisperiode, auf die sich die Bedarfsmengenangabe bezieht.

Bild C.34
Konvergierende Erzeugnisstruktur (Beispiel)

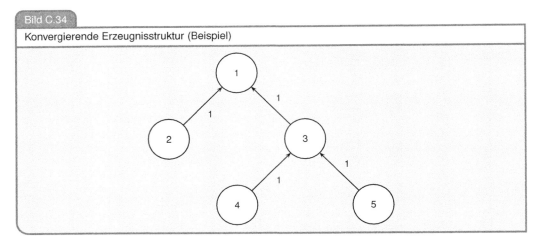

Wegen $m_1 = t_1$ und $t_3 = m_3 \cdot t_1$ kann Beziehung (C.298) wie folgt umgeformt werden:

$$Z = \frac{s_1}{t_1} + \frac{\left[\frac{s_2}{m_2}\right]}{t_1} + \frac{\left[\frac{s_3}{m_3}\right]}{t_1} + \frac{\left[\frac{s_4}{m_4 \cdot m_3}\right]}{t_1} + \frac{\left[\frac{s_5}{m_5 \cdot m_3}\right]}{t_1}$$

$$+ e_1 \cdot \frac{D_1 \cdot t_1}{2} + e_2 \cdot m_2 \cdot \frac{D_1 \cdot t_1}{2} + e_3 \cdot m_3 \cdot \frac{D_1 \cdot t_1}{2} \quad \text{(C.299)}$$

$$+ e_4 \cdot m_4 \cdot m_3 \cdot \frac{D_1 \cdot t_1}{2} + e_5 \cdot m_5 \cdot m_3 \cdot \frac{D_1 \cdot t_1}{2}$$

Eine Umgruppierung der Terme in (C.299) ergibt dann:

$$Z = \frac{\overbrace{\left[s_1 + \frac{s_2}{m_2} + \frac{s_3}{m_3} + \frac{s_4}{m_4 \cdot m_3} + \frac{s_5}{m_5 \cdot m_3}\right]}^{\text{modifizierter Rüstkostensatz des Produkts 1}}}{t_1}$$

$$+ \underbrace{\left[e_1 + e_2 \cdot m_2 + e_3 \cdot m_3 + e_4 \cdot m_4 \cdot m_3 + e_5 \cdot m_5 \cdot m_3\right]}_{\text{modifizierter Lagerkostensatz des Produkts 1}} \cdot \frac{D_1 \cdot t_1}{2} \quad \text{(C.300)}$$

Gleichung (C.300), bei der die Beziehungen zwischen den Produktionszyklen benachbarter Produkte implizit berücksichtigt worden sind, kann weiter umgeformt werden, indem man die modifizierten Kostensätze bei gegebenen Werten der Faktoren m_k ($k = 1, 2, ..., K$) rekursiv errechnet. Man erhält dann:

C.3.2 Lösungsverfahren – Kostenanpassung

$$S_k = s_k + \sum_{i \in \mathcal{V}_k} \frac{S_i}{m_i} \qquad \text{(C.301)}$$

- modifizierter Rüstkostensatz des Produkts i
- Rüstkostensatz des Produkts k
- modifizierter Rüstkostensatz des Produkts k

und

$$H_k = e_k + \sum_{i \in \mathcal{V}_k} H_i \cdot m_i \qquad \text{(C.302)}$$

- modifizierter Lagerkostensatz des Produkts i
- marginaler Lagerkostensatz des Produkts k
- modifizierter Lagerkostensatz des Produkts k

Dem Produkt k werden auf diese Weise Anteile an den Rüstkosten aller (direkt und indirekt) untergeordneten Produkte zugeordnet.[200] Dies geschieht zeitproportional entsprechend dem Anteil des Produktionszyklus des Produkts k an der Länge des Produktionszyklus des untergeordneten Produkts $i \in \mathcal{V}_k$. Für Produkte ohne direkte Vorgänger (Einzelteile), gilt: $S_k = s_k$ und $H_k = e_k = h_k$.

Nach der Bestimmung der relevanten Kosten können nun die optimalen Losgrößen ermittelt werden. Für das Endprodukt 1 lautet die Zielfunktion zur Bestimmung des kostenminimalen Produktionszyklus t_1 unter Verwendung der modifizierten Kostensätze:

$$Z_1 = \frac{S_1}{t_1} + \frac{H_1 \cdot t_1 \cdot D_1}{2} \qquad \text{(C.303)}$$

Sind die **optimalen Werte der Faktoren** m_k für alle Erzeugnisse bekannt, dann kann man den optimalen Produktionszyklus für das Endprodukt 1 berechnen und im Anschluß daran auch die Produktionszyklen für alle anderen Produkte, d. h. für die Baugruppen und Einzelteile. Bei gegebenen – nicht notwendigerweise optimalen – Werten der Faktoren m_k ($k = 2, ..., K$) betragen die minimalen Kosten für das Endprodukt 1:

$$\text{Min } \{Z_1 | m_k(k = 2, 3, ...K)\} = \sqrt{2 \cdot D_1 \cdot S_1 \cdot H_1} \qquad \text{(C.304)}$$

wobei die optimale Losgröße mit Gleichung (C.305) und die Länge des Produktionszyklus durch Beziehung (C.306) definiert sind:[201]

---

[200] Vgl. auch *Moily* (1982); *Moily* (1986), S. 119. Moily betrachtet eine Situation mit endlicher Produktionsgeschwindigkeit, in der die Faktoren m_k kleiner als 1 sein können (Losteilung).

[201] vgl. *Chakravarty* (1984); *Moily* (1986)

$$\text{Opt } \{q_1 \,|\, m_k(k=2,3,...K)\} = \sqrt{\frac{2 \cdot D_1 \cdot S_1}{H_1}} \qquad \text{(C.305)}$$

$$\text{Opt } \{t_1 \,|\, m_k(k=2,3,...K)\} = \sqrt{\frac{2 \cdot S_1}{D_1 \cdot H_1}} \qquad \text{(C.306)}$$

Die **modifizierten Kostensätze** haben die Aufgabe, bei der Entscheidung über die Losgröße für ein bestimmtes Erzeugnis die sich daraus ergebenden Konsequenzen für alle diesem Erzeugnis direkt oder indirekt untergeordneten Produkte implizit mit zu berücksichtigen. Vergleicht man die modifizierten Kostensätze mit den marginalen Lagerkostensätzen, dann ist festzustellen, daß die modifizierten Kostensätze höher sind. Leider sind die optimalen Faktoren m_k der Produkte aber nicht bekannt. Man könnte nun alle möglichen m_k-Werte enumerieren und dabei jeweils den optimalen Produktionszyklus des Produkts 1 bestimmen. Wegen des damit verbundenen hohen Rechenaufwands ist diese Lösungsstrategie jedoch bei realistischen Problemgrößen undurchführbar.

Eine exakte Vorgehensweise zur Bestimmung der Faktoren unter Zugrundelegung einer geringfügig geänderten Modellformulierung beschreibt *Moily*[202]. Er bestimmt obere und untere Schranken für die Werte von m_k und schlägt eine Vollenumeration aller m_k-Werte innerhalb dieser Schranken vor. Eine heuristische Vorgehensweise besteht darin, die Faktoren m_k zu schätzen. Dies kann wie folgt geschehen.[203]

Betrachten wir den Ast des Erzeugnisbaums, dessen Wurzelknoten dem Erzeugnis j entspricht. Für diesen Ast kann folgende Zielfunktion aufgestellt werden, wobei $\mathcal{V}_j^\circ$ die Indexmenge der Erzeugnisse repräsentiert, die dem Teilbaum mit dem Wurzelknoten j angehören.[204]

$$Z_j = \sum_{k \in \mathcal{V}_j^\circ} \left[\frac{s_k}{t_k} + \frac{e_k \cdot D_k \cdot t_k}{2} \right] \qquad \text{(C.307)}$$

Beziehung (C.307) wird nach den Variablen t_k ($k \in \mathcal{V}_j^\circ$), d. h. nach den Längen der produktspezifischen Produktionszyklen, partiell differenziert. Dabei wird zunächst jedes Produkt isoliert betrachtet. Die partiellen Ableitungen lauten:

$$\frac{\partial Z_j}{\partial t_k} = -\frac{s_k}{t_k^2} + e_k \cdot \frac{D_k}{2} \qquad k \in \mathcal{V}_j^\circ \qquad \text{(C.308)}$$

Nullsetzen und Auflösen von Gleichung (C.308) nach t_k ergibt:

---

[202] vgl. *Moily* (1986)
[203] vgl. *Brown* (1967); *Blackburn und Millen* (1982, 1985)
[204] In der in Bild C.34 angegebenen Erzeugnisstruktur gilt z. B. $\mathcal{V}_3^\circ = \{3, 4, 5\}$.

C.3.2 Lösungsverfahren – Kostenanpassung

$$t_k = \sqrt{\frac{2 \cdot s_k}{D_k \cdot e_k}} \qquad k \in \mathcal{V}_j^\circ \qquad \text{(C.309)}$$

Entsprechend erhält man für das dem Erzeugnis k direkt übergeordnete Erzeugnis $n(k)$:

$$t_{n(k)} = \sqrt{\frac{2 \cdot s_{n(k)}}{D_{n(k)} \cdot e_{n(k)}}} \qquad k = j+1, j+2, ..., K \qquad \text{(C.310)}$$

Damit liegt der – isoliert betrachtet – optimale Produktionszyklus des Produkts k fest. Nimmt man nun weiter an, daß der Produktionszyklus des untergeordneten Produkts k genau m_k-mal so lang ist wie der Produktionszyklus des (einzigen) direkt übergeordneten Produkts $n(k)$, dann gilt:

$$m_k = \frac{t_k}{t_{n(k)}} \qquad k = j+1, j+2, ..., K \qquad \text{(C.311)}$$

Ersetzt man nun die Produktionszyklen t_k und $t_{n(k)}$ in Gleichung (C.311) durch (C.309) und (C.310), dann erhält man als optimales Verhältnis zwischen den Produktionszyklen zweier direkt miteinander in Verbindung stehender Produkte den Ausdruck (C.312).[205]

$$m_k = \sqrt{\frac{s_k \cdot e_{n(k)}}{s_{n(k)} \cdot e_k}} \qquad k = j+1, j+2, ..., K \qquad \text{(C.312)}$$

Diese Konzeption wurde wohl erstmals von *Brown*[206] für eine serielle Erzeugnisstruktur mit zwei Produkten beschrieben, ohne daß dabei eine Kostenanpassung beabsichtigt war. Man geht nun so vor, daß man zunächst alle m_k-Werte und t_1, den Produktionszyklus des Endprodukts 1, berechnet und daraus dann unter Rückgriff auf die m_k-Werte die Produktionszyklen der übrigen Produkte ableitet.

Blackburn und Millen[207] schlagen eine **rekursive Berechnung der modifizierten Kostensätze** unter Verwendung der Faktoren m_k vor. Sie formulieren für jedes Produkt k eine modifizierte Zielfunktion der Form (C.300). So erhält man z. B. für die in Bild C.34 dargestellte Erzeugnisstruktur für das Einzelteil 5:

$$Z_5 = \frac{S_5}{t_5} + \frac{H_5 \cdot t_5 \cdot D_1}{2} \qquad \text{(C.313)}$$

Aus Gleichung (C.313) läßt sich durch Differentiation und Auflösung nach t_5 folgende Gleichung ermitteln:

---

205 Dabei ist zu beachten, daß die getroffene Annahme identischer Direktbedarfskoeffizienten $D_k = D_{n(k)}$ ($k = 2, ..., K$) weiterhin gilt.
206 vgl. *Brown* (1967), S. 59
207 vgl. *Blackburn und Millen* (1982); vgl. auch *McLaren* (1977)

$$t_5 = \sqrt{\frac{2 \cdot S_5}{H_5 \cdot D_1}} \tag{C.314}$$

Zur Berechnung des optimalen Produktionszyklus des Produkts 5 werden hier also die modifizierten Rüst- und Lagerkostensätze verwendet. Da das Produkt 5 auf der untersten Ebene der Erzeugnisstruktur steht, stimmen für dieses Erzeugnis die modifizierten Kostensätze mit den unmodifizierten Kostensätzen überein. In dieser Gleichung kommt nur D_1, die durchschnittliche Periodenbedarfsmenge für das Endprodukt, vor, weil alle Direktbedarfskoeffizienten gleich 1 sind und damit $D_k = D_1$ $(k = 2, ..., K)$ gilt. Bei nicht-identischen Direktbedarfskoeffizienten müssen die Verflechtungsbedarfskoeffizienten mit in die Betrachtung einbezogen werden (z. B. $D_k = D_1 \cdot v_{k1}$).

Gleichungen der Form (C.314) können auch für die Produktionszyklen der anderen Produkte (t_4, t_3 usw.) aufgestellt werden. Zu ihrer Lösung werden aber – wie bereits in bezug auf das Endprodukt 1 erläutert – die optimalen Werte der Faktoren m_k benötigt. Da diese Werte aber nicht bekannt sind, ist nach Wegen zu ihrer Schätzung zu suchen. *Blackburn und Millen* schlagen hierzu nun folgende Berechnungsweise vor. Sie beginnen mit den Produkten auf der untersten Ebene der Erzeugnisstruktur – im betrachteten Beispiel also mit den Einzelteilen 5 und 4 – und berechnen für diese Produkte die optimalen t_k-Werte (Produktionszyklen). Zur Berechnung dieser Werte liegen alle benötigten Informationen vor.[208] Dabei werden die Produktionszyklen t_4 und t_5 aufgrund der Zielfunktion mit den modifizierten Kosten abgeleitet[209], während bei der Bestimmung des Produktionszyklus des übergeordneten Produkts, t_3, nur auf unmodifizierte Kosten zurückgegriffen werden kann. Denn zur Kostenmodifikation werden die Faktoren m_4 und m_5 benötigt, die beim gegenwärtigen Stand der Berechnung noch nicht bekannt sind. Nach Berechnung der Produktionszyklen der Produkte 4, 5 und 3 erhält man mit Hilfe der Gleichung (C.294) die Faktoren $m_4 = \frac{t_4}{t_3}$ und $m_5 = \frac{t_5}{t_3}$.

Im Anschluß daran können die modifizierten Kostensätze für das Produkt 3 bestimmt und die Berechnungen mit dem nächsthöheren Produkt in der Erzeugnisstruktur fortgesetzt werden.

Die Vorgehensweise der Kostenanpassung ist in Bild C.35 zusammengefaßt, wobei $\mathcal{V}_k$ die Indexmenge der direkten Vorgänger des Produkts k beschreibt. Die Erzeugnisstruktur wird rückwärts, beginnend mit Produkt K bis zum Endprodukt 1 abgearbeitet. Für Produkt k wird das optimale Verhältnis seines Produktionszyklus t_k zum Produktionszyklus des direkt übergeordneten Produkts $t_{n(k)}$ berechnet. Dabei wird angenommen, daß die Produkte so indiziert sind, daß der Index eines Produkts größer ist als der Index seines unmittelbaren Nachfolgers, d. h. $k > n(k)$.

---

[208] Die Erzeugnisse 5 und 4 haben keine Vorgänger. Daher stimmen die modifizierten Kostensätze mit den unmodifizierten Kostensätzen überein.
[209] Für Erzeugnis 5 ist das die Beziehung (C.313).

C.3.2 Lösungsverfahren – Verfahren von Heinrich

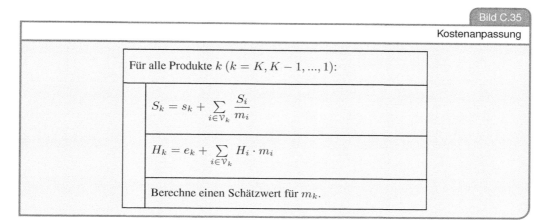

Bild C.35
Kostenanpassung

Für alle Produkte k $(k = K, K-1, ..., 1)$:

$$S_k = s_k + \sum_{i \in \mathcal{V}_k} \frac{S_i}{m_i}$$

$$H_k = e_k + \sum_{i \in \mathcal{V}_k} H_i \cdot m_i$$

Berechne einen Schätzwert für m_k.

Dürfen die Faktoren m_k beliebige Werte annehmen, dann ergibt sich aus (C.311) nach Einsetzen von t_k und $t_{n(k)}$ die Gleichung (C.315):

$$m_k = \frac{\sqrt{\dfrac{2 \cdot S_k}{H_k \cdot D_1}}}{\sqrt{\dfrac{2 \cdot s_{n(k)}}{e_{n(k)} \cdot D_1}}} = \sqrt{\frac{S_k \cdot e_{n(k)}}{s_{n(k)} \cdot H_k}} \qquad k = 2, 3, ..., K \qquad \text{(C.315)}$$

Beispiel: www.produktion-und-logistik.de/Beispiele

C.3.2.2.2 Generelle Erzeugnisstrukturen

Bei der Anwendung der Kostenanpassung auf generelle Erzeugnisstrukturen ist zu beachten, daß ein Produkt nun nicht mehr nur einen eindeutigen Nachfolger in der Erzeugnisstruktur haben kann. Für diese Situation wurden verschiedene Verfahren konzipiert.

C.3.2.2.2.1 Das Verfahren von Heinrich

Ein auf generelle Erzeugnisstrukturen anwendbares heuristisches Verfahren zur Lösung von dynamischen Losgrößenproblemen ohne Kapazitätsbeschränkungen wird von *Heinrich*[210] vorgeschlagen. Den Aufbau dieses Verfahrens zeigt Bild C.36.

---

[210] vgl. *Heinrich* (1987); *Heinrich und Schneeweiß* (1986)

Bild C.36
Struktur des Verfahrens von Heinrich

- **Phase I: Lösung eines stationären Mehrprodukt-Losgrößenproblems**
  - Stufe 1: Bestimmung einer Basisproduktionspolitik (mit Koppelung der Produktionspläne)
    - Schritt A: Bestimmung einer Startlösung
    - Schritt B: Verlängerung der Produktionszyklen
    - Schritt C: Verkürzung der Produktionszyklen
  - Stufe 2: Verbesserung der Basisproduktionspolitik (ohne Koppelung der Produktionspläne)
- **Phase II: Erzeugung eines Produktionsplans**
  - Alternativen:
    - a) direkte Übernahme der stationären Produktionszyklen
    - b) Kostenanpassung

Heinrich geht davon aus, daß weniger der dynamische Charakter der Bedarfsmengen, als vielmehr die **Mehrstufigkeit des Erzeugniszusammenhangs** die Struktur der optimalen Lösung des mehrstufigen dynamischen Mehrprodukt-Losgrößenproblems bestimmen. Ausgehend von dieser Annahme schlägt er ein heuristisches Verfahren vor, in dessen Mittelpunkt die Lösung eines mehrstufigen stationären Losgrößenproblems steht.

Das Verfahren besteht aus zwei Phasen, in denen jeweils mehrere Rechenschritte durchlaufen werden. In Phase I wird die Lösung eines der ursprünglichen dynamischen Problemstellung angenäherten stationären mehrstufigen Mehrprodukt-Losgrößenproblems mit Hilfe eines heuristischen Verfahrens ermittelt. Die Lösung dieses Ersatzproblems wird dann in Phase II zur Erzeugung eines dynamischen Produktionsplans verwendet, wobei verschiedene Varianten der Erzeugung eines Produktionsplans betrachtet werden.

In Phase I wird zunächst in einer ersten Stufe eine Basisproduktionspolitik bestimmt, die dann in einer weiteren Stufe iterativ verbessert wird. Die Basisproduktionspolitik beruht auf zwei Prämissen:

- Zwischen den **Produktionszyklen** von Erzeugnissen mit direkten Input-Output-

C.3.2 Lösungsverfahren – Verfahren von Heinrich

Beziehungen soll ein **ganzzahliges Verhältnis** bestehen. Außerdem soll der Produktionszyklus eines untergeordneten Produkts k nicht kleiner sein als der Produktionszyklus des übergeordneten Produkts j. Auf diese Weise wird eine Losteilung vermieden. Es gilt also die Bedingung:

$$\frac{t_k}{t_j} \geq 1 \text{ und ganzzahlig} \qquad k = 1, 2, ..., K;\ j \in \mathcal{N}_k \qquad \text{(C.316)}$$

Dabei ist $\mathcal{N}_k$ die Indexmenge der direkten Nachfolger des Produkts k. Durch Bedingung (C.316) wird erzwungen, daß die Auflage eines Produktionsloses für ein Erzeugnis k mit einer gleichzeitigen Produktion für die nachfolgenden (übergeordneten) Erzeugnisse zusammenfällt.

- Die **Produktionszyklen** der Erzeugnisse werden so festgelegt, daß sie einen **gemeinsamen Multiplikator** haben. Es gilt also:

$$t_k = b^{\beta_k} \qquad k = 1, 2, ..., K;\ b = 2, 3, ...,;\ \beta_k = 0, 1, 2, ... \qquad \text{(C.317)}$$

Ist z. B. der Basisfaktor[211] $b = 2$, dann sind die in Tabelle C.32 wiedergegebenen Kombinationen der Produktionszyklen zweier direkt miteinander in Verbindung stehender Erzeugnisse k und $j \in \mathcal{N}_k$ zulässig. Produktionspläne, die so aufeinander abgestimmt sind, nennt man gekoppelte Produktionspläne (nested schedules).

Tabelle C.32 Zulässige Kombinationen von Produktionszyklen

t_j	t_k				
2^0	2^0	2^1	2^2	2^3	...
2^1	2^1	2^2	2^3	2^4	...
2^2	2^2	2^3	2^4	2^5	...

Unter Berücksichtigung der getroffenen Annahmen formuliert *Heinrich* folgendes vereinfachte Problem mit stationärer Nachfrage und einem unendlichen Planungshorizont:

Modell NSP[212]

$$\text{Minimiere } Z = \sum_{k=1}^{K} \left[\frac{s_k}{t_k} + \frac{e_k \cdot D_k \cdot (t_k - 1)}{2} \right] \qquad \text{(C.318)}$$

- $\frac{s_k}{t_k}$: durchschnittliche Rüstkosten für Produkt k
- $\frac{e_k \cdot D_k \cdot (t_k - 1)}{2}$: durchschnittliche Lagerkosten für Produkt k

---

211 Der Basisfaktor b ist die Zeiteinheit, auf die sich die Endproduktnachfrage bezieht, z. B. eine Woche.
212 NSP = **N**ested **S**cheduling **P**roblem

u. B. d. R.

$$\frac{t_k}{t_j} \geq 1 \text{ und ganzzahlig} \qquad k = 1, 2, ..., K; j \in \mathcal{N}_k \quad \text{(C.319)}$$

$$t_k = b^{\beta_k} \qquad k = 1, 2, ..., K;\ b = 2, 3, ...;\ \beta_k = 0, 1, ... \quad \text{(C.320)}$$

Symbole	
b	Basisperiodenlänge
e_k	marginaler Lagerkostensatz des Produkts k
K	Anzahl der Produkte ($k = 1, 2, ..., K$)
D_k	durchschnittliche Bedarfsmenge des Produkts k
$\mathcal{N}_k$	Indexmenge der direkten Nachfolger des Produkts k
s_k	Rüstkostensatz des Produkts k
β_k	Potenz der Basiperiodenlänge des Produkts k
t_k	Produktionszyklus des Produkts k

Entscheidungsvariablen dieses stationären Ersatzmodells für die ursprüngliche dynamische Problemstellung sind die Produktionszyklen t_k aller Produkte. Die Zielfunktion beschreibt die durchschnittlichen Rüst- und Lagerkosten je Periode. Die Lagerdauer eines Erzeugnisses k beträgt $(t_k - 1)$ Perioden, da angenommen wird, daß alle Bedarfsmengen (auch die Periodenbedarfsmengen der Endprodukte) jeweils zu Beginn einer Periode vom Lager entnommen werden. Wie aus Bild C.33, S. 158, zu ersehen ist, fallen dann in der letzten Periode eines Produktionszyklus für ein Produkt keine Lagerkosten mehr an, da schon zu Beginn dieser Periode das Lager geräumt worden ist. Zur Bewertung des Lagerbestands werden die marginalen Lagerkostensätze verwendet.

Als produktbezogene **Nachfragemengen** D_k werden Durchschnittswerte der Periodenbedarfsmengen über alle Perioden des Planungshorizontes eingesetzt. Bei der Berechnung der durchschnittlichen Nachfragemengen für untergeordnete Erzeugnisse wird die Erzeugnisstruktur entsprechend berücksichtigt. Es gelten also die Beziehungen:[213]

$$D_k = \frac{1}{T} \cdot \sum_{t=1}^{T} D_{kt} \qquad k = 1, 2, ..., K; \mathcal{N}_k = \emptyset \quad \text{(C.321)}$$

$$D_k = \sum_{j \in \mathcal{N}_k} D_j \qquad k = 1, 2, ..., K; \mathcal{N}_k \neq \emptyset \quad \text{(C.322)}$$

Das Modell NSP ist zwar eine vereinfachte Form des ursprünglich betrachteten dynami-

---
[213] Heinrich unterstellt, daß alle Direktbedarfskoeffizienten einheitlich gleich 1 sind. Für generelle Erzeugnisstrukturen müssen bei der Berechnung der Sekundärbedarfsmengen auch die Direktbedarfskoeffizienten berücksichtigt werden.

schen mehrstufigen Mehrprodukt-Losgrößenproblems. Aber auch zur optimalen Lösung dieses stationären Ersatzmodells ist kein effizientes Verfahren bekannt. Daher schlägt *Heinrich* ein heuristisches Lösungsverfahren vor, in dessen Verlauf die Erzeugnisse jeweils entsprechend ihrer Dispositionsstufenzuordnung abgearbeitet werden. Die einzelnen Verfahrensschritte werden im Folgenden detailliert dargestellt:

Verfahren von Heinrich – Phase I – Stufe 1

Schritt A: Bestimmung einer Startlösung

In der Startlösung wird in jeder Periode ein Los aufgelegt. Als Basisfaktor wird $b = 2$ verwendet:

$$b = 2; \quad t_k = 1 \qquad k = 1, 2, ..., K$$

Die durchschnittlichen Kosten pro Periode für diese Startlösung betragen:

$$Z_{\text{alt}} = \sum_{k=1}^{K} s_k$$

Schritt B: Verlängerung der Produktionszyklen

Betrachte alle Produkte k in der Reihenfolge ihrer Dispositionsstufenzuordnung, d. h. für alle Dispositionsstufen u ($u = 0, ..., u_{max}$) und deren Mitglieder k ($k \in \mathcal{K}_u$):

Iteration ℓ:

a) Verlängere versuchsweise den Produktionszyklus des Erzeugnisses k, t_k, um den Faktor b, wobei für alle anderen Erzeugnisse j die Produktionszyklen unverändert bleiben:

$$t_{k\text{neu}} = t_k \cdot b; \quad t_{j\text{neu}} = t_j \qquad j = 1, 2, ..., K; j \neq k$$

b) Stelle für alle dem Produkt k direkt oder indirekt untergeordneten Erzeugnisse $j \in \mathcal{V}_k^*$ sicher, daß deren Produktionszyklen mindestens genauso lang sind wie der veränderte Produktionszyklus des Erzeugnisses k. Falls das für ein Produkt j nicht der Fall ist, passe dessen Produktionszyklus t_j wie folgt an:

$$t_{j\text{neu}} = t_{k\text{neu}} \qquad j \in \mathcal{V}_k^*; \ t_j < t_{k\text{neu}}$$

↳ Indexmenge aller direkten und indirekten Vorgänger des Produkts k

c) Bestimme die durchschnittlichen Kosten pro Periode für diesen neuen Lösungsvorschlag:

$$Z_{\text{neu}} = \sum_{k=1}^{K} \left[\frac{s_k}{t_{k\text{neu}}} + \frac{D_k \cdot e_k \cdot (t_{k\text{neu}} - 1)}{2} \right]$$

d) Prüfe, ob durch die in Betracht gezogene Modifikation des Produktionszyklus des Erzeugnisses k eine Verbesserung des Zielfunktionswertes erreicht wird:
falls $Z_{\text{neu}} < Z_{\text{alt}}$, setze $Z_{\text{alt}} = Z_{\text{neu}}$, $t_k = t_{k\text{neu}}$, $t_j = t_{j\text{neu}}$ und führe eine weitere Iteration ℓ für das Produkt k durch; andernfalls betrachte das nächste Produkt k.

Schritt C: Verkürzung der Produktionszyklen

Nachdem die Produktionszyklen aller Erzeugnisse so weit wie möglich verlängert worden sind, wird im Schritt C versucht, durch isolierte Verkürzung der Produktionszyklen eine weitere Reduktion des Zielfunktionswertes zu erreichen.

Betrachte alle Produkte k in der Reihenfolge ihrer Dispositionsstufenzuordnung, d. h. für $u = 0, ..., u_{max}; k \in \mathcal{K}_u$:

Iteration ℓ:

a) Falls der Produktionszyklus des Produkts k länger als 1 ist, verkürze t_k wie folgt:

$$t_{k\text{neu}} = \frac{t_k}{b}; \quad t_{j\text{neu}} = t_j \qquad t_k > 1;\ j = 1, 2, ..., K; j \neq k$$

b) Stelle bei der Verkürzung des Produktionszyklus des Erzeugnisses k sicher, daß für alle dem Erzeugnis k direkt oder indirekt übergeordneten Erzeugnisse $j \in \mathcal{N}_k^*$ die Produktionszyklen nicht länger sind als der veränderte Produktionszyklus des Erzeugnisses k. Falls das für ein Produkt j nicht der Fall ist, passe den Produktionszyklus t_j wie folgt an:

$$t_{j\text{neu}} = t_{k\text{neu}} \qquad j \in \mathcal{N}_k^*;\ t_j > t_{k\text{neu}}$$

↳ Indexmenge aller direkten und indirekten Nachfolger des Produkts k

c) Bestimme die durchschnittlichen Kosten pro Periode für diesen neuen Lösungsvorschlag:

$$Z_{\text{neu}} = \sum_{k=1}^{K} \left[\frac{s_k}{t_{k\text{neu}}} + \frac{D_k \cdot e_k \cdot (t_{k\text{neu}} - 1)}{2} \right]$$

d) Prüfe, ob durch die in Betracht gezogene Modifikation des Produktionszyklus des Erzeugnisses k eine Verbesserung des Zielfunktionswertes erreicht wird:
falls $Z_{\text{neu}} < Z_{\text{alt}}$, setze $Z_{\text{alt}} = Z_{\text{neu}}$, $t_k = t_{k\text{neu}}$, $t_j = t_{j\text{neu}}$ und führe eine weitere Iteration ℓ für das betrachtete Produkt k durch; andernfalls betrachte das nächste Produkt k.

☐ Ende der Phase I – Stufe 1

Nachdem in Schritt C die Produktionszyklen der Produkte – falls sich daraus eine Kostensenkung ergab – wieder verkürzt worden sind, ist die Stufe 1 des Verfahrens abgeschlossen.

In dieser Stufe werden also in einem ersten Durchgang die Produktionszyklen der Erzeugnisse isoliert solange verlängert, wie damit noch Kostensenkungen erreichbar sind. Dabei werden die evtl. auftretenden Beziehungen zu den untergeordneten Produkten berücksichtigt (Koppelung der Produktionspläne). Nach Abschluß des Schrittes B wird dann für jedes Erzeugnis isoliert überprüft, ob durch die Verkürzung seines Produktionszyklus eine weitere Reduzierung der Kosten erreicht werden kann, wobei auch hier die Beziehungen zu den jeweils übergeordneten Produkten berücksichtigt werden. Nach Abschluß der ersten Stufe des Verfahrens liegt oft schon eine recht gute Lösung vor, die u. U. jedoch in einer weiteren Stufe verbessert werden kann.

> Beispiel: www.produktion-und-logistik.de/Beispiele

Der bisher ermittelte stationäre Produktionsplan wurde unter der einschränkenden Bedingung erzeugt, daß die Produktion eines untergeordneten Erzeugnisses immer begleitet sein muß von der Produktion aller direkten Nachfolger des Erzeugnisses (Koppelung der Produktionspläne). In konvergierenden Erzeugnisstrukturen, d. h. wenn jedes Erzeugnis höchstens einen Nachfolger hat, ist die Einhaltung dieser Bedingung Voraussetzung einer optimalen Lösung. In generellen Erzeugnisstrukturen dagegen ist die Koppelungsbedingung nicht mehr in bezug auf alle Nachfolger, sondern nur noch bezüglich mindestens eines Nachfolgeprodukts gültig. Denn wird z. B. ein Einzelteil in mehrere Baugruppen eingebaut, dann ergibt sich die Notwendigkeit der Produktion dieses Einzelteils schon dann, wenn mindestens eine der übergeordneten Baugruppen produziert wird. Bei generellen Erzeugnisstrukturen stellt die Beschränkung der Lösungsmenge auf gekoppelte Produktionspläne damit u. U. eine zu enge Restriktion dar.

Heinrich hebt daher in der folgenden Stufe 2 der Phase I des Verfahrens diese Restriktion wieder auf und berechnet Approximationswerte (untere Schranken) für die tatsächlich möglichen Einsparungen, die dann entstehen, wenn die Produktionszyklen der Erzeugnisse verändert werden. Dabei sollen die Längen der Produktionszyklen weiterhin ein Vielfaches der Basisperiode betragen. Die Stufe 2 der Phase I des Verfahrens wird aus Platzgründen nicht dargestellt. Da bereits eine Lösung des Modells NSP vorliegt, kann direkt zur Phase II des Verfahrens übergegangen werden.

Aus den produktbezogenen Produktionszyklen muß nun eine Lösung für die ursprüngliche Problemstellung mit beschränktem Planungshorizont der Länge T und dynamisch schwankenden Bedarfsmengen der Produkte generiert werden. Dies geschieht in der **Phase II** des Verfahrens. Dabei können die Losgrößen zum einen (1.) direkt durch *Addition der Gesamtbedarfsmengen* der in einem Produktionszyklus liegenden Perioden bestimmt werden. Alternativ (2.) können die Kosten der Produkte nach dem oben beschriebenen Konzept der *Kostenanpassung* modifiziert werden. Unter Zugrundelegung dieser modifizierten Kosten wird dann für jedes Produkt ein Einprodukt-Losgrößenproblem gelöst. Während bei konvergierenden Erzeugnisstrukturen die Form der Proportionalisierung der Rüstkosten mit den Verhältnissen der Produktionszyklen eindeutig bestimmt war, ist dies bei einer generellen Erzeugnisstruktur nicht mehr der Fall. Zusätzlich zur produktionszyklusbezogenen Kostenverteilung müssen die Rüstkosten nun auf mehrere übergeordnete Erzeugnisse (Verursacher eines Rüstvorgangs) verteilt werden.

Heinrich schlägt hierzu zwei Varianten vor: a) Gleichmäßige Aufteilung und b) mengenproportionale Aufteilung. Damit ergeben sich drei Möglichkeiten zur Umsetzung der Lösung des Modells NSP in einen Produktionsplan. Diese können darüber hinaus auf der Grundlage der Ergebnisse der Stufe 1 (gekoppelte Produktionspläne) und auf der

Grundlage der Ergebnisse der Stufe 2 der Phase I (nicht gekoppelte Produktionspläne) realisiert werden.

Verfahren von Heinrich – Phase II

1. direkte Implementierung der in Phase I errechneten Produktionszyklen

   oder

2. Anpassung der Kostenparameter und Lösung von k unabhängigen dynamischen Einprodukt-Losgrößenproblemen vom Typ SIULSP[214].

   a) Proportionalisierung entsprechend der Anzahl der Nachfolger: die Rüstkosten des Produkts k werden proportional zur Anzahl der übergeordneten Produkte umgelegt

   oder

   b) Proportionalisierung entsprechend den Bedarfsmengen der Nachfolger: die Rüstkosten des Produkts k werden entsprechend den Bedarfsmengen auf die übergeordneten Produkte verteilt.

☐ Ende der Phase II

Beispiel: www.produktion-und-logistik.de/Beispiele

C.3.2.2.2.2 Das Verfahren von Graves

Graves[215] schlägt zur Lösung des mehrstufigen Losgrößenproblems ein iteratives Verfahren vor, in dessen Verlauf einstufige dynamische Einprodukt-Losgrößenprobleme vom Typ SIULSP unter Berücksichtigung von periodenspezifischen variablen Produktionskosten p_{kt} optimal gelöst werden. Dabei erfolgt die Abstimmung zwischen den direkt benachbarten Produkten über eine marginalanalytisch abgeleitete Modifikation der Kostenparameter. Das Verfahren von *Graves* wird in Bild C.37 für eine zweistufige lineare Erzeugnisstruktur mit dem übergeordneten Produkt j und einem direkt untergeordneten Produkt k sowie dem Direktbedarfskoeffizienten a_{kj} beschrieben.

Die marginalen Kosten der Erhöhung des Bedarfs für Produkt k in Periode t werden bestimmt durch den Anstieg der Lagerkosten für Produkt k (und evtl. der Produktionskosten, wenn diese periodenabhängig sind), der dadurch entsteht, daß die um eine Mengeneinheit erhöhte Nachfrage für Produkt k in Periode t durch Vergrößerung des zuletzt (in Periode τ) aufgelegten Loses für Produkt k befriedigt wird. Die marginale Kostenerhöhung des Erzeugnisses k beträgt somit $\pi_{kt} = p_{k\tau} + (t - \tau) \cdot h_k$.

---

215 vgl. *Graves* (1981)

> **Bild C.37**
> Struktur des Verfahrens von Graves

> **Iteration** 0
>
> > Löse für das Endprodukt j das dynamische Einprodukt-Losgrößenproblem[216]
> > SIULSP$[d_{jt}, s_j, h_j, p_{jt}\ (t = 1, 2, ...)]$
>
> **Iteration** i $(i = 1, 2, ...)$
>
> > Leite aus den Losgrößen für das Endprodukt j die Gesamtbedarfsmengen d_{kt} für das untergeordnete Produkt k ab und löse das Losgrößenproblem
> > SIULSP$[d_{kt}, s_k, h_k, p_{kt}\ (t = 1, 2, ...)]$
> >
> > Bestimme marginale Kosten π_{kt} der Erhöhung des Bedarfs für das untergeordnete Produkt k in Periode t unter der Voraussetzung unveränderter Produktionstermine für dieses Produkt.
> >
> > Erhöhe die variablen Kosten $p_{jt}\ (t = 1, 2, ...)$ des übergeordneten Produkts j um die periodenspezifischen marginalen Kosten π_{kt}, d. h., setze $p_{jt} = p_{jt} + a_{kj} \cdot \pi_{kt}\ (t = 1, 2, ...)$
> >
> > Löse das Problem SIULSP$[d_{jt}, s_j, h_j, p_{jt}\ (t = 1, 2, ...)]$.
> > Haben sich die Losgrößen für das übergeordnete Produkt j nicht verändert, STOP; andernfalls wiederhole Iteration i.

Wird durch Erhöhung der Losgröße des übergeordneten Produkts j in Periode t der Sekundärbedarf für das untergeordnete Produkt k in dieser Periode t um eine Mengeneinheit erhöht, dann muß die Sekundärbedarfsmenge zunächst einmal produziert werden. Das geschieht durch Erhöhung der Produktion des Erzeugnisses k in dessen letzter Produktionsperiode τ. Außerdem muß die zusätzlich produzierte Menge von Periode τ bis zur Bedarfsperiode t gelagert werden. Die Summe beider Kosten ergibt den marginalen Kostenanstieg für Produkt k bei Erhöhung der Produktionsmenge des übergeordneten Produkts j in Periode t.

Die marginalen Kosten der Erhöhung der Bedarfsmengen für das untergeordnete Produkt k in den einzelnen Perioden sollen die Auswirkungen quantifizieren, die sich aus der Erhöhung der Losgröße des übergeordneten Produkts j ergeben. Sie dienen damit der Abstimmung der Produktionspläne der Produkte in einer mehrstufigen Erzeugnisstruktur.

---

[216] Mit SIULSP[·] wird ein einstufiges dynamisches Losgrößenproblem mit den in eckigen Klammern angegebenen Daten bezeichnet. Vgl. Abschnitt C.1.1, S. 29 ff.

> Beispiel: www.produktion-und-logistik.de/Beispiele

In einem numerischen Test hat *Graves* die Lösungsqualität des Verfahrens für konvergierende Erzeugnisstrukturen mit den jeweils optimalen Lösungen verglichen. Dabei zeigte sich, daß in mehr als 90% der Fälle die optimale Lösung gefunden wurde. Die durchschnittliche Kostenerhöhung der gefundenen Lösungen lag unter 1%. *Heinrich* hat in seiner Untersuchung das Verfahren von *Graves* zur Erzeugung von Referenzlösungen eingesetzt. Dabei zeigte sich, daß das Verfahren (abgesehen von wenigen Ausnahmen) kostengünstigere Lösungen als das Verfahren von *Heinrich* generiert. In einer anderen Untersuchung vergleicht Rao das Verfahren von *Graves* mit einem exakten Verfahren, wobei anhand von 38 Beispielen alle Formen von Erzeugnisstrukturen betrachtet werden.[217] Die Ergebnisse bestätigen die Qualität des Verfahrens von *Graves* für konvergierende Erzeugnisstrukturen, geben aber gleichzeitig Anlaß zu der Vermutung, daß die Lösungsqualität mit wachsender Divergenz der Erzeugnisstruktur sinkt.

Schließlich sei erwähnt, daß die *Reihenfolge* der Behandlung der einzelnen Produkte im Verfahren von *Graves* vor allem für generelle Erzeugnisstrukturen nicht eindeutig definiert ist und damit Auswirkungen auf die Lösungsqualität haben kann. Betrachten wir z. B. einen Ausschnitt aus einer generellen Erzeugnisstruktur mit einem Vorprodukt 3 und zwei übergeordneten Produkten 1 und 2. Die marginalen Kosten π_{3t} für das Vorprodukt bei Bestimmung der Losgrößen für das übergeordnete Produkt $j = 2$ hängen dann davon ab, ob zuvor bereits das andere übergeordnete Produkt $j = 1$ betrachtet worden ist und ob dabei bereits ein Produktionsplan für das Vorprodukt 3 aufgestellt worden ist, und umgekehrt.

C.3.2.2.2.3 Stochastische Kostenanpassung

Wie oben ausgeführt, besteht das Grundkonzept der Kostenanpassung darin, bei einer Losgrößenentscheidung nicht nur die Rüstkosten des gerade betrachteten Produkts, sondern auch die Rüstkosten zu berücksichtigen, die durch die notwendig werdende Produktion der Vorprodukte entstehen.

In generellen Erzeugnisstrukturen allerdings kann die Produktion eines Vorprodukts in einer Periode nicht eindeutig auf eine Losgrößenentscheidung für ein einzelnes Nachfolgeprodukt zurückgeführt werden. Daher wird z. B. im Verfahren von *Heinrich* eine an der Anzahl bzw. an den Bedarfsmengen der Nachfolger eines Vorprodukts orientierte Proportionalisierung der Kosten vorgenommen. Aus der Sicht eines übergeordneten Produkts wird dabei sowohl die Menge der Vorprodukte, von denen Rüstkosten übernommen werden, als auch die Höhe der Rüstkosten deterministisch aus der Er-

---

217 vgl. *Rao* (1981), S. 256–265

zeugnisstruktur abgeleitet. Im Verfahren von *Graves* hat – wie erwähnt – zudem die Reihenfolge, in der die Produkte betrachtet werden, einen signifikanten Einfluß auf das Ausmaß der periodenspezifischen marginalen Kosten π_{kt} und damit auf die Höhe der Kostenanpassung.[218]

Dellaert und Jeunet[219] schlagen nun vor, die Anpassung der Kosten zu randomisieren. Im Verfahren von *Heinrich* verwenden sie hierzu einen zwischen 0 und 1 gleichverteilten Faktor, mit dem sie die Kumulation der Rüst- und Lagerkostensätze beeinflussen. Im Verfahren von *Graves* legen sie die Reihenfolge, in der die Produkte betrachtet werden, nach einem stochastischen Auswahlverfahren fest. In einem numerischen Experiment zeigen die Autoren, daß die Erweiterung der beiden genannten Verfahren um eine stochastische Komponente zu Lösungsverbesserungen führen kann.

C.3.2.2.2.4 Lagrange-Heuristiken

Bei Anwendung der Lagrange-Relaxation werden die „schwierigen" Nebenbedingungen eines Modells mit Strafkosten (**Lagrange-Multiplikatoren**) multipliziert, aus dem System der Nebenbedingungen entfernt und in die Zielfunktion aufgenommen. Ist man nun in der Lage, die vereinfachte (relaxierte) Modellformierung schnell zu lösen, dann besteht das Problem nur noch darin, die Werte der Lagrange-Multiplikatoren so festzulegen, daß die kritischen Nebenbedingungen eingehalten werden, obwohl sie nicht explizit im Restriktionssystem vorkommen. Es sind verschiedene Lösungsansätze vorgeschlagen worden, die nach dem Prinzip der Lagrange-Relaxation vorgehen.

Salomon[220] betrachtet das Modell MLCLSP$_{\text{Billington}}$[221] unter Vernachlässigung der Kapazitätsrestriktionen. Die Beziehungen zwischen den Produktionsmengen der Erzeugnisse werden dadurch berücksichtigt, daß die Nebenbedingungen, in denen die Lagervariablen vorkommen, mit Lagrange-Multiplikatoren multipliziert und in die Zielfunktion aufgenommen werden (Relaxation der Mehrstufigkeit). Auf diese Weise entsteht für jedes Erzeugnis ein (parametrisiertes) dynamisches Einprodukt-Losgrößenproblem, das mit einem geeigneten Verfahren gelöst werden kann. Zur Lösung des Gesamtproblems müssen allerdings die Werte der Lagrange-Multiplikatoren bekannt sein. *Salomon* schlägt ein iteratives Verfahren vor, in dem diese systematisch mit Hilfe eines Verfahrens der Subgradientenoptimierung aktualisiert werden.

---

[218] vgl. Bild C.37
[219] vgl. *Dellaert und Jeunet* (2003)
[220] vgl. *Salomon* (1991), S. 109–113
[221] vgl. Abschnitt C.3.1.1, S. 125 ff.

C.3.2.3 Periodenorientierte Dekomposition

Neben den bisher beschriebenen Verfahren sind in den vergangenen Jahren eine Reihe weiterer Lösungsansätze vorgeschlagen worden. Bei der bisher behandelten produktorientierten Dekomposition steht die Behandlung der dynamischen Komponente des Problems im Vordergrund des Interesses. Dies äußert sich darin, daß für ein Produkt zunächst ein Produktionsplan über den gesamten Planungshorizont aufgestellt wird, bevor zum nächsten Produkt übergegangen wird. Die Abstimmung zwischen den miteinander verbundenen Erzeugnissen in einer mehrstufigen Erzeugnisstruktur wird erst an zweiter Stelle berücksichtigt. Eine andere Auffassung liegt den Verfahren zugrunde, die eine periodenorientierte Dekomposition der dynamischen und mehrstufigen Problemstruktur vornehmen. Bei diesen Verfahren wird der Planungshorizont schrittweise um eine Periode erweitert, wobei in jedem Planungsschritt für alle Erzeugnisse aufeinander abgestimmte Losgrößen ermittelt werden. Diese Vorgehensweise hat den Vorteil, daß die sich mit zunehmender Länge des Planungshorizontes verschlechternde Prognosegenauigkeit besser berücksichtigt werden kann. Vor allem aber eröffnet sich dadurch die Möglichkeit, in einem Konzept der rollenden Planung immer nur die dem Planungszeitpunkt am nächsten liegenden Lose zur Produktion freizugeben. Veränderungen von Planungsdaten, die sich auf weiter in der Zukunft liegende Perioden beziehen, führen dann nicht zu veränderten Planvorgaben für bereits zur Produktion freigegebene Fertigungsaufträge.

Afentakis[222] schlägt ein heuristisches Verfahren zur Lösung des dynamischen Mehrprodukt-Losgrößenproblems bei konvergierender Erzeugnis- und Prozeßstruktur vor, in dessen Verlauf durch schrittweise Vergrößerung des Planungshorizonts von $\tau = 1$ bis $\tau = T$ mehrere aufeinander aufbauende Mehrprodukt-Losgrößenprobleme erzeugt werden. Bei der Behandlung eines τ-Perioden-Problems werden jeweils alle Produkte simultan betrachtet. Eine Lösung für ein τ-Perioden-Problem wird erzielt, indem die Lösungsmenge eines $(\tau - 1)$-Perioden-Problems unter Verwendung bestimmter heuristischer Konstruktionsregeln erweitert wird.

Afentakis geht von der Darstellung des Losgrößenproblems als Netzwerk aus. Für jedes Produkt wird ein solches Netzwerk aufgebaut und sukzessive um eine Periode erweitert. Bei der Bestimmung der produktbezogenen Losgrößen für den um eine Periode erweiterten Planungshorizont werden dann alle Produkte simultan betrachtet.

Das Verfahren läuft in zwei Abschnitten ab. Für einen gegebenen Planungshorizont τ werden zunächst zulässige Produktionsplanalternativen für die betrachteten Produkte generiert. Die Zulässigkeit bezieht sich vor allem auf die Abstimmung der Produktionstermine und Losgrößen der Erzeugnisse, die direkt durch Input-Output-Beziehungen

---
222 vgl. *Afentakis* (1982, 1987)

miteinander verbunden sind. Die Konstruktion der zulässigen Planalternativen für einen Planungshorizont der Länge $\tau + 1$ baut auf den in vorangegangenen Schritten gefundenen Lösungen für kürzere Planungshorizonte $1, 2, ..., \tau$ auf. Die grundlegende Heuristik dabei besteht darin, daß einmal festgelegte Produktionstermine aller Erzeugnisse in späteren Planungsphasen nicht mehr revidiert werden. In einem exakten Verfahren kann dagegen der Fall eintreten, daß aufgrund einer für einen späteren Zeitpunkt eingeplanten Losgröße eines Produkts sich auch die Vorteilhaftigkeit früherer Losgrößen anderer Produkte verändert. Aus der Menge der für einen Planungshorizont der Länge τ erzeugten zulässigen Produktionspläne für alle Erzeugnisse wird dann durch ein Verfahren der dynamischen Optimierung die optimale Kombination von erzeugnisbezogenen Produktionsplänen ermittelt.

Afentakis hat das beschriebene heuristische Verfahren einem numerischen Test unterzogen. Dabei wurden unterschiedliche konvergierende Erzeugnisstrukturen mit bis zu 200 Erzeugnissen auf maximal 45 Produktionsstufen betrachtet. Die Länge des Planungshorizonts variierte zwischen 6 und 18 Perioden. Die mittlere Abweichung der Zielfunktionswerte vom Optimum betrug 0.5%. Die Rechenzeit betrug etwa das Dreifache der Rechenzeit, die bei einem isoliertem Einsatz des *Wagner-Whitin*-Verfahrens zur Lösung der dynamischen Einprodukt-Losgrößenprobleme benötigt wurde.

Lambrecht, Vander Eecken und Vanderveken[223] schlagen ebenfalls eine periodenorientierte Dekomposition des dynamischen Mehrprodukt-Losgrößenproblems vor. Sie betrachten eine konvergierende Erzeugnisstruktur und erweitern schrittweise den Planungshorizont um jeweils eine Periode. Für jede zusätzlich in den Planungshorizont aufgenommene Bedarfsperiode τ des Endprodukts wird entschieden, ob dieser Bedarf in ein früher produziertes Los aufgenommen wird und wenn ja, für welches Erzeugnis die Losgröße zu erhöhen ist. Bei der Auswahl der Produkte wird ein modifiziertes Stückperiodenausgleichskriterium verwendet. Das Verfahren wurde von den Autoren anhand zahlreicher Beispiele überprüft und mit den in der betrieblichen Praxis üblichen Methoden sowie dem Verfahren von *Graves* verglichen. Dabei stellte sich heraus, daß das Verfahren bezüglich der Lösungsqualität dem Verfahren von *Graves* nur leicht unterlegen war, die Rechenzeiten aber erheblich unter den Werten des Verfahrens von *Graves* lagen.

Chiu und Lin[224] betrachten die in Abschnitt C.3.1.2, S. 147, beschriebene Modellformulierung MLCLSP$_{KONV_e}$ und entwickeln ein exaktes Verfahren der dynamischen Optimierung, bei dem auf die von *Afentakis* eingeführte graphentheoretische Interpretation des Problems zurückgegriffen wird. Weiterhin schlagen sie ein heuristisches Verfahren vor, in dessen Verlauf zunächst für jedes Produkt isoliert der optimale Produktionsplan (nach

---

223 vgl. *Lambrecht et al.* (1983)
224 vgl. *Chiu und Lin* (1989)

dem Modell SIULSP) bestimmt wird. Im Anschluß daran werden die Produktionspläne direkt benachbarter Produkte heuristisch aufeinander abgestimmt.

C.3.2.4 Das Verfahren von Simpson – Ein mehrstufiges globales Stückperiodenausgleichsverfahren

Simpson und Erenguc[225] schlagen ein einfaches iteratives Prioritätsregelverfahren vor, den sog. „Non-Sequential Incremental Part Period Algorithm" (NIPPA). Sie gehen von einer Startlösung aus, nach der jeder Nettobedarf zunächst in seiner Bedarfsperiode produziert wird („lot-for-lot"). Diese Lösung wird iterativ durch Zusammenfassung zeitlich benachbarter Produktionsmengen verbessert. Als Auswahlkriterium dient das Verhältnis aus dem Anstieg der Lagerkosten, der durch das Vorziehen der Produktionsmengen verursacht wird, und der Verringerung der Rüstkosten, die durch die Zusammenlegung der Lose entsteht. Bei der Berechnung der Kostenveränderungen werden jeweils alle in der Erzeugnisstruktur erforderlichen Produktionsmengenverschiebungen berücksichtigt.

Die Reihenfolge, nach der produkt- und periodenspezifische Produktionsmengen mit ihren jeweils unmittelbar vorgelagerten „Nachbarn" im zeitlich geordneten Produktionsplan zusammengelegt werden, richtet sich nach folgenden, in jeder Iteration ℓ aktualisierten und aufsteigend sortierten Prioritätswerten:

$$\rho_{kt}^{\ell} = \frac{q_{kt}^{\ell} \cdot e_k \cdot n_{kt}^{\ell} + \sum_{j \in \mathcal{V}_k^{*\ell h}} v_{jk} \cdot q_{kt}^{\ell} \cdot e_j \cdot n_{jt}^{\ell}}{s_k + \sum_{j \in \mathcal{V}_k^{*\ell s}} s_j \cdot \gamma_{jt}^{\ell}} \qquad \begin{array}{l} k = 1, 2, ..., K \\ t = 2, 3, ..., T \end{array} \qquad (C.323)$$

Dabei bezeichnen die Größen q_{kt}^{ℓ} die in der Iteration ℓ vorgesehenen Produktionsmengen. Mit v_{jk} wird der Verflechtungsbedarfskoeffizient zwischen dem Produkt j und dem Produkt k beschrieben, d. h. die Gesamtmenge des Produkts j, die benötigt wird, um eine Mengeneinheit des Produkts k zu produzieren. Die Größen s_k und e_k bezeichnen den Rüstkostensatz bzw. den marginalen Lagerkostensatz des Produkts k. Mit γ_{kt}^{ℓ} ($k = 1, 2, ..., K; t = 1, 2, ..., T$) wird das Rüstmuster beschrieben. Aus diesem können alle mit einem Vorziehen verbundenen Lagerdauern n_{kt}^{ℓ} errechnet werden. Bezeichnen wir mit τ_{kt}^{ℓ} die Produktionsperiode, in der die Bedarfsmenge des Produkts k aus Periode t produziert wird, dann ergibt sich die Lagerdauer n_{kt}^{ℓ} nach Gleichung (C.324).

$$n_{kt}^{\ell} = t - \tau_{k,t-1}^{\ell} \qquad k = 1, 2, ..., K; t = 2, 3, ..., T \qquad (C.324)$$

---

225 vgl. *Simpson und Erenguc* (1998a), *Simpson* (1994); vgl. zu einem ähnlichen Verfahren *Chiu* (1993)

Für das in Tabelle C.33 auf S. 182 dargestellte Rüstmuster würde das Vorziehen der Produktionsmenge q_{13} des Produkts 1 in die Periode 1 zu einer Lagerdauer von $n_{13} = 2$ führen, da die ursprünglich in Periode 3 produzierte Menge nun bereits in Periode 1 produziert und eingelagert wird. Im Nenner von (C.323) werden die Veränderungen der gesamten Rüstkosten infolge der Zusammenlegung der betroffenen Produktionsaufträge erfaßt.

Mit $\mathcal{V}_k^{*\ell h}$ wird die Indexmenge der durch das Produkt k betroffenen direkten und indirekten Vorgängerprodukte bezeichnet. In dieser Menge sind nur diejenigen Vorgängerprodukte zusammengefaßt, für die tatsächlich Sekundärbedarfsmengen vorgezogen produziert werden müssen. Dabei ist zu berücksichtigen, daß für einzelne untergeordnete Produkte (vor allem solche mit relativ hohen Rüstkosten) bereits in einer vorangegangenen Iteration so hohe Produktionsmengen vorgezogen worden sein können, daß der dadurch aufgebaute Lagerbestand für die vorgezogene Produktion des übergeordneten Produkts k ausreicht.

Mit $\mathcal{V}_k^{*\ell s}$ bezeichnen wir die Indexmenge der durch das Produkt k betroffenen direkten und indirekten Vorgängerprodukte, für die Rüstvorgänge entfallen. Während diese beiden Mengen in linearen und konvergierenden Erzeugnisstrukturen identisch sind, bestehen – wie das nachfolgende Beispiel zeigt – in generellen Erzeugnisstrukturen Unterschiede.

Die Verschiebung der Produktionsmenge des Produkts k aus Periode t in die nächstgelegene frühere Periode, in der bereits produziert wird, ist sinnvoll, wenn das Kriterium (C.323) kleiner als eins ist. In diesem Fall ist der Anstieg der Lagerkosten geringer als die Rüstkostenersparnis. Diese Überlegung liegt – bezogen auf ein isoliertes Produkt und ausgedrückt in absoluten Beträgen – auch dem Stückperiodenausgleichsverfahren[226] zugrunde.

| Beispiel: www.produktion-und-logistik.de/Beispiele |

In weiteren Arbeiten[227] modifizieren die Verfasser das Konzept für den Fall des Modells MLCLSP mit Rüstzeiten.

C.3.2.5 Lokale Suche

Betrachten wir das Modell MLCLSP[228] ohne die Kapazitätsrestriktionen genauer, dann zeigt sich, daß das wesentliche Problem die Festlegung der binären Rüstvariablen ist. Hierin liegt der kombinatorische Charakter des Problems. Sind die Produktionstermine

---

[226] siehe Abschnitt C.1.2.2, S. 48
[227] vgl. *Simpson* (1994); *Simpson und Erenguc* (1998b)
[228] vgl. Abschnitt C.3.1.1

gegeben, dann können die Losgrößen durch Lösung des folgenden LP-Modells bestimmt werden:

Modell MLULSP(γ)

$$\text{Minimiere } Z = \sum_{k=1}^{K} \sum_{t=1}^{T} \left[p_{kt}(\underline{\gamma}) \cdot q_{kt} + h_k \cdot y_{kt} \right] + \text{Rüstkosten} \tag{C.325}$$

u. B. d. R.

$$y_{k,t-1} + q_{k,t-z_k} - \sum_{i \in \mathcal{N}_k} a_{ki} \cdot q_{it} - y_{kt} = d_{kt} \quad \begin{array}{l} k = 1, 2, ..., K \\ t = 1, 2, ..., T \end{array} \tag{C.326}$$

$$q_{kt} \geq 0 \qquad k = 1, 2, ..., K; \ t = 1, 2, ..., T \tag{C.327}$$

$$y_{kt} \geq 0 \qquad k = 1, 2, ..., K; \ t = 1, 2, ..., T \tag{C.328}$$

$$y_{k0} = 0 \qquad k = 1, 2, ..., K \tag{C.329}$$

Dabei setzt man die variablen Produktionskosten p_{kt} in allen Perioden, in denen keine Produktion stattfindet, gleich unendlich. Alternativ könnte man für jede dieser Variablen eine Nebenbedingung mit der Obergrenze (upper bound) $q_{kt} \leq \widehat{q}_{kt} = 0$ fixieren.[229] Zur Lösung dieses Modells für ein gegebenes Rüstmuster (γ) steht ein effizientes Verfahren zur Verfügung, das einen Rechenaufwand von $O(K \cdot T)$ erfordert.[230]

Tabelle C.33
Rüstmuster

$k\backslash t$	1	2	3
1	1	0	1
2	1	0	1
3	1	0	0

Bisher wurden Lösungsverfahren zur Bestimmung der optimalen Kombination der binären Rüstvariablen (und der damit verknüpften Produktions- und Lagermengen) dargestellt, die direkt auf die Problemstruktur zugeschnitten sind. Prinzipiell lassen sich jedoch auch allgemeine heuristische Suchstrategien einsetzen, wie sie zur Lösung anderer kombinatorischer Optimierungsprobleme verwendet werden. Dies soll anhand des in Tabelle C.33 beschriebenen Rüstmusters erläutert werden.

---

[229] siehe Modell LPR$_\ell$, S. 235
[230] vgl. *Kuik und Salomon* (1990)

Die Produkte 1 und 2 werden in den Perioden 1 und 3 und das Produkt 3 wird in Periode 1 produziert. Insgesamt gibt es $2^{K \cdot T}$ verschiedene Produktionspläne (Rüstmuster), die auf ihre Zulässigkeit und ihren Zielfunktionswert hin untersucht werden können. Bei Einsatz eines deterministischen heuristischen Suchverfahrens[231] könnte man nun im Prinzip so vorgehen, daß man eine vorgegebene Startlösung, z. B. die Lösung in Tabelle C.33, sukzessive durch Veränderung einer oder weniger Rüstvariablen und bei entsprechender Anpassung der restlichen Variablen (Produktionsmengen) solange verändert, bis keine Verbesserung des Zielfunktionswertes mehr möglich ist. In diesem Fall ist eine (i. Allg. lokal optimale) Lösung gefunden, die nach der verfolgten deterministischen Suchstrategie eines derartigen Verfahrens nicht mehr verbessert werden kann.

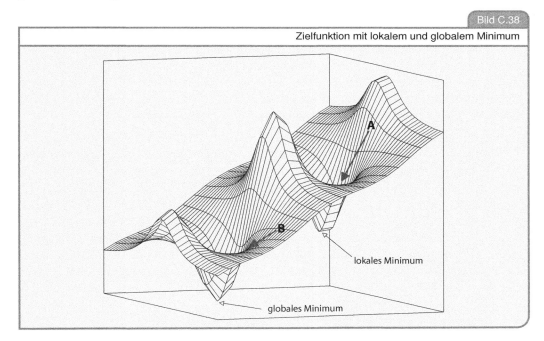

Bild C.38: Zielfunktion mit lokalem und globalem Minimum

Die Qualität einer solchen Lösung hängt offensichtlich vom Startpunkt (d. h. der vorgegebenen Anfangslösung) und dem durch die Suchstrategie und den Verlauf der Zielfunktion beeinflußten eingeschlagenen Weg (d. h. der Folge von Zwischenlösungen) ab. Verläuft die Zielfunktion z. B. wie in Bild C.38 dargestellt, dann führt ein deterministisches Suchverfahren von einer Startlösung im Punkt A in das lokale Minimum, wo das Verfahren beendet wird. Startet man dagegen im Punkt B, dann führt das Suchverfahren zum globalen Minimum der Zielfunktion.

---

231 Zu einer Übersicht über prinzipielle Vorgehensweisen zur Lösung kombinatorischer Probleme vgl. *Domschke und Drexl* (2007).

Ist man in einem lokalen Minimum der Zielfunktion angelangt (wobei man nicht weiß, daß es sich um ein lokales Minimum handelt), dann kann man dieses bei Anwendung einer Suchstrategie, die nur Verbesserungen des Zielfunktionswertes zuläßt, nicht mehr verlassen. Denn alle benachbarten Zwischenlösungen sind schlechter als die aktuelle Lösung. Man sitzt also „in der Falle". Zur Vermeidung dieses Problems bieten sich verschiedene Meta-Heuristiken an, die kurzzeitig auch eine Verschlechterung der Lösung zulassen.

Nach dem Konzept der **simulierten Abkühlung**[232] wird wie folgt vorgegangen. Solange beim Übergang von einer (Zwischen-)Lösung zu einer benachbarten Lösung eine Verbesserung des Zielfunktionswertes eintritt, wird in gleicher Weise wie bei einem deterministischen Suchverfahren vorgegangen: Die neue Lösung wird zur aktuellen Referenzlösung, und das Verfahren wird fortgesetzt. Ist aber mit der betrachteten Nachbarschaftslösung eine Verschlechterung des Zielfunktionswertes verbunden, dann wird diese nur mit einer bestimmten Annahmewahrscheinlichkeit akzeptiert und zur neuen Referenzlösung gemacht. Heuristische Verfahren, die nach dem Prinzip der simulierten Abkühlung vorgehen, gehören zur Gruppe der stochastischen Suchverfahren, da die ermittelte Folge von Zwischenlösungen vom Zufall beeinflußt wird.

Die Annahmewahrscheinlichkeit hängt dabei von dem Ausmaß der Verschlechterung des Zielfunktionswertes und von einem Parameter β ab, den man aufgrund einer Analogie zum Abkühlungsprozeß eines Stoffes als Kühlungsparameter bezeichnet. Üblicherweise wird dabei die Annahmewahrscheinlichkeit gleich $e^{-\beta \cdot \Delta Z}$ gesetzt, wobei ΔZ die Verschlechterung des Zielfunktionswertes bezeichnet. Der Parameter β wird im Verlaufe des Verfahrens derart verändert, daß die Annahmewahrscheinlichkeit systematisch kleiner wird und mit zunehmendem Fortschritt des Verfahrens immer seltener Lösungsverschlechterungen akzeptiert werden. Die konkrete Anwendung eines Verfahrens, das auf das Konzept der simulierten Abkühlung zurückgreift, wird maßgeblich durch folgende Größen beeinflußt:

- die Regel, nach der Nachbarschaftslösungen erzeugt werden,
- die Geschwindigkeit, mit der die Annahmewahrscheinlichkeit reduziert wird, und
- das Abbruchkriterium.

Kuik und Salomon[233] setzen die simulierte Abkühlung zur Lösung des mehrstufigen Mehrprodukt-Losgrößenproblems (ohne Kapazitätsbeschränkungen) ein. Sie verwenden verschiedene Regeln zur Erzeugung von Nachbarschaftslösungen. Eine Regel besteht z. B. darin, jeweils für ein Produkt in einer Periode die Rüstvariable zu verändern. In

---
232 vgl. *Eglese* (1990); *Kuhn* (1992) und die dort angegebene Literatur
233 vgl. *Kuik und Salomon* (1990); *Salomon et al.* (1993); vgl. auch *Jeunet und Jonard* (2005)

Tabelle C.33 entspricht das dem Umsetzen eines Wertes von 0 nach 1 oder von 1 nach 0. Dabei muß jeweils die Zulässigkeit der neuen Lösung geprüft werden. Dies kann – ebenso wie die Bestimmung der optimalen Werte der restlichen Variablen und des Zielfunktionswertes – durch Lösung des Modells MLULSP(γ) geschehen.

Aufgrund eines numerischen Experiments kommen *Kuik und Salomon* zu dem Schluß, daß mit dem betrachteten Verfahren zwar bessere Lösungen erzielbar sind als mit den in der Praxis eingesetzten isolierten Einprodukt-Losgrößenverfahren ohne Kostenanpassung. Sie gehen aber davon aus, daß mit problemspezifischen heuristischen Verfahren i. Allg. bessere Lösungen ermittelt werden können. Als Erschwernis für den praktischen Einsatz des Prinzips der simulierten Abkühlung ist die Vielzahl der festzulegenden Verfahrensparameter anzusehen, deren „optimale" Werte erst nach eingehender Analyse der Problemstruktur angegeben werden können. Auch die relativ hohen Rechenzeiten dürften einen Einsatz des Verfahrens in der betrieblichen Praxis verhindern.

Dellaert und Jeunet setzen **genetische Algorithmen**[234] zur Lösung des obigen Modells MLULSP ein. Dabei wird die in der biologischen Evolution zu beobachtende Entwicklung der Arten nachempfunden. Einem Individuum in der Natur entspricht eine konkrete Kombination der Rüstvariablen (Rüstmuster) im Modell MLULSP. Mehrere Rüstmuster bilden eine Population, aus der mit Hilfe bestimmter Operatoren neue Rüstmüster generiert werden.

Ergänzende Literatur zu den Abschnitten C.3.1–C.3.2:
Derstroff (1995)
Helber (1994)
Kimms (1997)

C.3.3 Lösungsverfahren für Probleme mit Kapazitätsbeschränkungen

In diesem Abschnitt werden verschiedene Lösungsansätze beschrieben, die nicht nur die Mehrstufigkeit der Erzeugnisstruktur, sondern auch die Knappheit der Ressourcen berücksichtigen. Bevor jedoch auf die einzelnen heuristischen Lösungsverfahren eingegangen wird, soll zunächst dargestellt werden, wie derartige Lösungsansätze mit einem konventionellen PPS-System gekoppelt werden können.

---
234 vgl. *Dellaert und Jeunet* (2000); *Dellaert et al.* (2000); *Helber* (1994)

C.3.3.1 Integration der Losgrößen- und Materialbedarfsplanung in ein PPS-System

In den bisher dargestellten Lösungsansätzen zur Behandlung des dynamischen mehrstufigen Mehrprodukt-Losgrößenproblems blieben die Kapazitäten der Ressourcen unberücksichtigt. Dies ist auch die Vorgehensweise der in der betrieblichen Praxis implementierten Systeme zur Produktionsplanung und -steuerung (PPS-Systeme; MRP II-Systeme). Diese nach dem **Sukzessivplanungskonzept** vorgehenden Planungssysteme zerlegen das Gesamtproblem der Produktionsplanung und -steuerung in die nacheinander zu durchlaufenden Planungsphasen der Hauptproduktionsprogrammplanung, der Mengenplanung, der Terminplanung sowie der Produktionssteuerung, welche wiederum aus der Auftragsveranlassung und der Kapazitäts- und Auftragsüberwachung besteht. Man kann diese Vorgehensweise als phasenbezogene Sukzessivplanung bezeichnen (siehe Bild C.39).

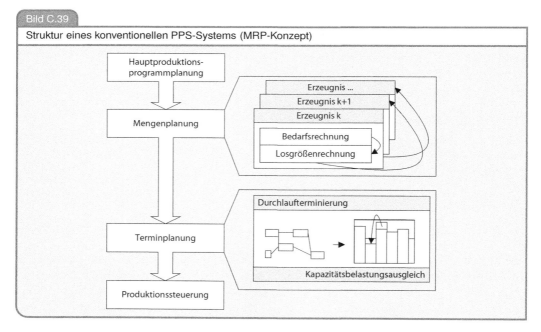

Bild C.39 Struktur eines konventionellen PPS-Systems (MRP-Konzept)

Innerhalb der **Mengenplanung** wird wiederum nach einem – jetzt produktbezogenen – Sukzessivplanungskonzept vorgegangen. Dabei werden zunächst die Produkte nach Dispositionsstufen sortiert. Für jedes Produkt werden dann in einem ersten Rechengang die Nettobedarfsmengen errechnet. Daran schließt sich die Phase der Losbildung an. Nach Abschluß dieser Phase wird zum nächsten Produkt (entweder auf derselben Dispositionsstufe oder – falls diese abgearbeitet ist – auf der nächsthöheren Dispositionsstufe) übergegangen.

Dabei bildet die **Bedarfsrechnung** den **Verfahrensrahmen**, innerhalb dessen die Losgrößen bestimmt werden. Die vergleichsweise einfache Bedarfsrechnung wird damit dem äußerst komplexen Losgrößenproblem hierarchisch übergeordnet. Bei genauerer Betrachtung des Modells MLCLSP[235] wird man jedoch feststellen, daß die Bedarfsauflösung einen relativ einfachen Teilaspekt des Problems der Losgrößen- und Bedarfsplanung darstellt.

Kapazitätsgesichtspunkte werden i. Allg. erst in einer nachgelagerten Planungsstufe im Rahmen der Terminplanung berücksichtigt. Die Struktur der phasenbezogenen Sukzessivplanung bringt es mit sich, daß die Ergebnisse der Mengenplanung (Bedarfs- und Losgrößenplanung) für die anschließende Planung der Termine und der Kapazitätsbelegungen als Daten zu betrachten sind.

Die beschriebene Vorgehensweise ist mit schwerwiegenden Mängeln verbunden. Vor allem die erzeugnisorientierte Trennung von Materialbedarfsrechnung und Losgrößenplanung wird der Problemstruktur, insb. den zwischen den Erzeugnissen bestehenden Interdependenzen, nicht gerecht.

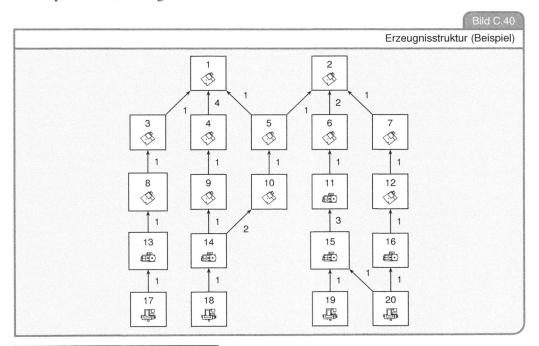

Bild C.40 Erzeugnisstruktur (Beispiel)

---

[235] siehe S. 126

Werden nun in der Bedarfs- und Losgrößenplanung die **Kapazitäten** nicht berücksichtigt und damit Produktionspläne fixiert, die nicht zulässig sind, dann ist offensichtlich, daß auch in der anschließenden Terminplanung erhebliche Probleme auftreten werden. Sind bereits die (aggregierten) Eingabedaten einer Planungsphase nicht zulässig, dann steht in dieser (detaillierteren) Planungsphase kein Spielraum zur Generierung einer zulässigen Lösung mehr zur Verfügung. Da sich der Lösungsraum durch Beachtung zusätzlicher Nebenbedingungen niemals vergrößert, sondern i. d. R. verkleinert, wird der bereits auf aggregierter Ebene unzulässige Produktionsplan bei detaillierterer Betrachtung noch „unzulässiger".

Zur Veranschaulichung dieses Problems sei die in Bild C.40 dargestellte Erzeugnisstruktur mit 20 Produkten betrachtet, die auf drei Ressourcen bearbeitet werden. Für die beiden Endprodukte liegen die in Tabelle C.34 angegebenen periodenbezogenen Primärbedarfsmengen vor. Die Kostensätze, Ressourcenzuordnungen sowie die Rüst- und Stückbearbeitungszeiten sind in Tabelle C.35 zusammengefaßt.

Tabelle C.34

Primärbedarfsmengen

$k \backslash t$	1	2	3	4	5	6	7	8	9	10	11	12
1	–	–	–	–	10	–	55	10	–	20	32	45
2	–	–	–	–	–	73	25	–	86	30	–	65

Die Periodenkapazitäten der Ressourcen betragen einheitlich 1000 ZE. Die Vorlaufzeiten betragen für die Endprodukte Null und für alle untergeordneten Produkte ($k = 3,...,20$) einheitlich eine Periode. Da die **Vorlaufzeiten** der Vorprodukte positiv sind, kann ein zulässiger Produktionsplan nur erzeugt werden, wenn entweder ausreichende Lageranfangsbestände aller Vorprodukte vorhanden sind oder wenn man in den ersten Perioden des Planungszeitraums, d. h. in der kumulierten Vorlaufzeit, keine Bedarfe der Endprodukte vorsieht. Im Beispiel wurde die zweite Alternative gewählt.[236]

Setzt man im PPS-Sukzessivplanungskonzept zur Lösung der Einprodukt-Losgrößenprobleme jeweils das *Silver-Meal-Verfahren* ein, dann erhält man den in Tabelle C.36 angegebenen Produktionsplan. Man erkennt die bei positiven Vorlaufzeiten regelmäßig auftretenden leeren Dreiecke im linken oberen und im rechten unteren Bereich der Tabelle. Die maximale horizontale Ausdehnung dieser Dreiecke wird durch die Länge der über alle Erzeugnisstufen kumulierten Vorlaufzeiten bestimmt.

---

[236] siehe hierzu auch Abschnitt C.3.3.4

Tabelle C.35
Produktbezogene Daten des Beispiels

Produkt	Rüstkosten	Lagerkosten	Rüstzeit	Zeit pro ME	Ressource
1	100	27	10	2	1
2	100	43	10	2	1
3	100	4	10	2	1
4	100	4	10	2	1
5	100	6	10	2	1
6	100	11	10	2	1
7	100	14	10	2	1
8	100	3	10	2	1
9	100	3	10	2	1
10	100	5	10	2	1
11	100	10	10	1	2
12	100	3	10	1	2
13	100	2	10	1	2
14	100	2	10	1	2
15	100	3	10	1	2
16	100	2	10	1	3
17	100	1	10	1	3
18	100	1	10	1	3
19	100	1	10	1	3
20	100	1	10	1	3

Tabelle C.36
Produktionsplan nach dem konventionellen PPS-Sukzessivplanungskonzept

$k \backslash t$	1	2	3	4	5	6	7	8	9	10	11	12
1	–	–	–	–	10	–	55	10	–	20	32	45
2	–	–	–	–	–	73	25	–	86	30	–	65
3	–	–	–	10	–	65	–	–	20	32	45	–
4	–	–	–	40	–	220	40	–	80	128	180	–
5	–	–	–	10	73	90	–	86	50	32	110	–
6	–	–	–	–	146	50	–	172	60	–	130	–
7	–	–	–	–	73	25	–	86	30	–	65	–
8	–	–	10	–	65	–	–	52	–	45	–	–
9	–	–	40	–	220	40	–	80	128	180	–	–
10	–	–	10	73	90	–	86	50	32	110	–	–
11	–	–	–	219	75	–	258	90	–	195	–	–
12	–	–	–	98	–	–	116	–	–	65	–	–
13	–	10	–	65	–	–	52	–	45	–	–	–
14	–	60	146	440	–	172	180	192	400	–	–	–
15	–	–	657	225	–	774	270	–	585	–	–	–
16	–	–	98	–	–	116	–	–	65	–	–	–
17	10	–	65	–	–	52	–	45	–	–	–	–
18	60	146	440	–	172	180	192	400	–	–	–	–
19	–	657	225	–	774	270	–	585	–	–	–	–
20	–	755	225	–	890	270	–	650	–	–	–	–

Die sich aus diesem Produktionsplan ergebenden Ressourcenbelastungen sind in Tabelle C.37 und Bild C.41 dargestellt.

Tabelle C.37
Ressourcenbelastungen nach dem konventionellen PPS-Sukzessivplanungskonzept

j/t	1	2	3	4	5	6	7	8	9	10	11	12
1	–	–	150	306	1424	1196	452	1142	1052	1234	1184	240
2	–	90	823	1097	85	966	926	302	1060	280	–	–
3	90	1588	1103	0	1866	938	202	1720	75	–	–	–

Da die Kapazitäten der Ressourcen im Rahmen der Losgrößenplanung vollständig vernachlässigt werden, überrascht es nicht, daß die Ressourcen in mehreren Perioden erheblich überlastet sind. Wird dieser Produktionsplan als Grundlage für die nachfolgende Feinplanung und Steuerung verwendet, dann wird es zu erheblichen Terminabweichungen bei der Fertigstellung der Vorprodukte kommen, die sich bis auf die Ebene der Endprodukte auswirken.

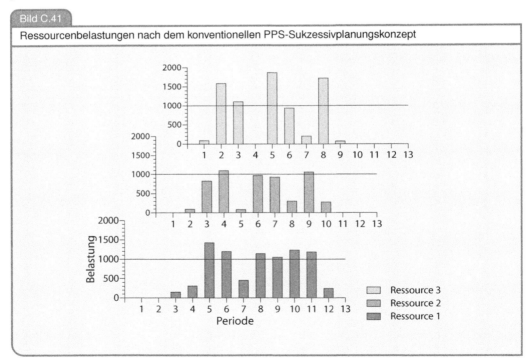

Bild C.41 Ressourcenbelastungen nach dem konventionellen PPS-Sukzessivplanungskonzept

Um dies zu veranschaulichen, wurde der Produktionsplan aus Tabelle C.36 mit Hilfe eines Simulationsmodells überprüft. Dabei wurden die terminierten Aufträge jeweils zu

Beginn der geplanten Produktionsperiode zur Bearbeitung freigegeben. Da jede der drei betrachteten Ressourcen immer nur einen Auftrag bearbeiten kann, bildeten sich Warteschlangen, deren Abarbeitung zu Verzögerungen in der Fertigstellung einzelner Aufträge führte. Von den 104 in dem Produktionsplan enthaltenen Aufträgen wurden insgesamt 24 Aufträge verspätet fertiggestellt. Von den 11 Aufträgen der Endprodukte 1 und 2 kam es bei 6 Aufträgen zu einer Terminabweichung von jeweils einer Periode. Diese Aufträge sind besonders kritisch, da ihre Verspätung – falls sie nicht durch Sicherheitsbestände abgefangen wird – direkt von den Kunden wahrgenommen wird.

Angesichts der Tatsache, daß die Erzeugung eines **zulässigen** Produktionsplans durch ein konventionelles PPS-System aufgrund der systemimmanenten konzeptionellen Mängel praktisch nahezu unmöglich ist, muß das geringe Problembewußtsein erstaunen, das sowohl bei Anwendern als auch bei den Entwicklern von PPS-Systemen besteht. Auch neuere Systementwicklungen lassen hier noch viele Fragen offen.

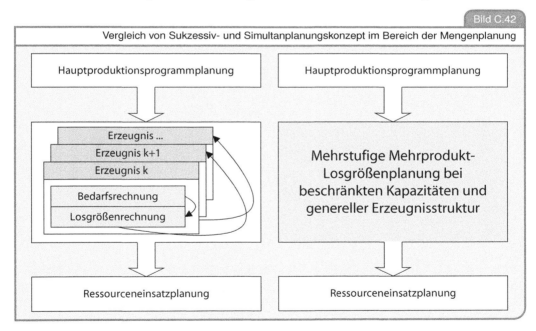

Bild C.42: Vergleich von Sukzessiv- und Simultanplanungskonzept im Bereich der Mengenplanung

Die beschriebenen Terminabweichungen lassen sich nur dann vermeiden, wenn bereits in der Phase der Bedarfs- und Losgrößenplanung ein zulässiger Produktionsplan erzeugt wird. Dies ist aber nur möglich, wenn bei der Losgrößenplanung die Kapazitäten der Ressourcen explizit durch geeignete Nebenbedingungen berücksichtigt werden. Ein dieser Anforderung entsprechendes PPS-System muß damit bei Einsatz für ein Werkstattproduktionssegment im Bereich der Losgrößen- und Bedarfsplanung die in Bild

C.42 skizzierte Grundstruktur eines erzeugnisbezogenen **Simultanplanungskonzepts** aufweisen.[237]

Soll das PPS-System für die Produktionsplanung eines Fließproduktionssegmentes eingesetzt werden, dann ist i. d. R. simultan mit der Losgrößenplanung die Reihenfolgeplanung durchzuführen. Hierzu stehen Modelle der mehrstufigen simultanen Losgrößen- und Reihenfolgeplanung zur Verfügung, die jedoch in diesem Buch nicht betrachtet werden.[238]

Tabelle C.38
Zulässiger Produktionsplan nach Einsatz des Modells MLCLSP

$k\setminus t$	1	2	3	4	5	6	7	8	9	10	11	12
1	–	–	–	–	10	–	55	10	–	20	32	45
2	–	–	–	–	–	73	25	–	86	30	–	65
3	–	–	–	75	–	–	–	–	95	2	–	–
4	–	–	–	40	–	220	40	–	80	170	138	–
5	–	–	–	93	20	50	68	110	–	–	110	–
6	–	–	–	34	112	50	–	172	60	–	130	–
7	–	–	–	–	–	73	25	–	86	30	–	65
8	–	–	75	–	–	–	–	97	–	–	–	–
9	–	–	40	–	260	–	131	–	119	138	–	–
10	–	–	93	86	–	52	110	–	–	110	–	–
11	–	–	34	185	75	–	258	90	–	195	–	–
12	–	–	–	98	–	–	86	30	–	65	–	–
13	–	75	–	–	–	–	97	–	–	–	–	–
14	–	226	172	260	249	206	–	119	358	–	–	–
15	–	102	555	225	–	774	270	–	585	–	–	–
16	–	–	98	–	–	86	30	–	65	–	–	–
17	75	–	–	–	–	97	–	–	–	–	–	–
18	398	–	389	326	–	–	119	358	–	–	–	–
19	144	513	225	–	774	270	–	585	–	–	–	–
20	288	467	225	654	206	300	650	–	–	–	–	–

Kern des in Bild C.42 dargestellten **kapazitätsorientierten Konzepts zur Mengenplanung** ist die Lösung eines mehrstufigen Mehrprodukt-Losgrößenproblems bei beschränkten Kapazitäten, dynamisch schwankenden Bedarfsmengen und genereller Erzeugnis- und Prozeßstruktur. In Abschnitt C.3.1, S. 126, wurde bereits das dynamische mehrstufige Mehrprodukt-Losgrößenmodell MLCLSP für eine generelle Erzeugnisstruktur formuliert, in dem die Kapazitäten der Ressourcen berücksichtigt werden. Setzt man dieses Modell für das obige Beispiel ein, dann erhält man den in Tabelle C.38 angegebenen Produktionsplan mit der in Tabelle C.39 und Bild C.43

---

[237] Ähnliche Überlegungen sind auch für den Bereich der Terminplanung anzustellen. Dies würde jedoch den Rahmen der vorliegenden Arbeit sprengen und soll daher unterbleiben.
[238] vgl. *Drexl und Kimms* (1997); *Grünert* (1998); *Tempelmeier und Buschkühl* (2009)

dargestellten Ressourcenbelastung. Die Unterschiede zum Produktionsplan aus Tabelle C.36 sind unterstrichen. Ein Vergleich beider Pläne zeigt erhebliche Abweichungen, z.B. Verschiebungen einzelner Lose (Produkt 20), simultane Losbildungen mehrerer Produkte (Produkte 3, 8, 13 und 17) und Restrukturierung von mehreren aufeinanderfolgenden Losen (Produkt 5). Einige dieser Veränderungen sind durch gestrichelte Linien markiert. Ein solcher Produktionsplan kann auch von einem erfahrenen Planer nicht erzeugt werden.

Tabelle C.39 Ressourcenbelastungen bei kapazitätsorienierter Losgrößenplanung

j/t	1	2	3	4	5	6	7	8	9	10	11	12
1	–	–	446	706	1000	1000	918	1000	1000	1000	1000	240
2	–	433	791	808	344	1000	751	269	963	280	–	–
3	945	1000	977	1000	1000	793	829	963	75	–	–	–

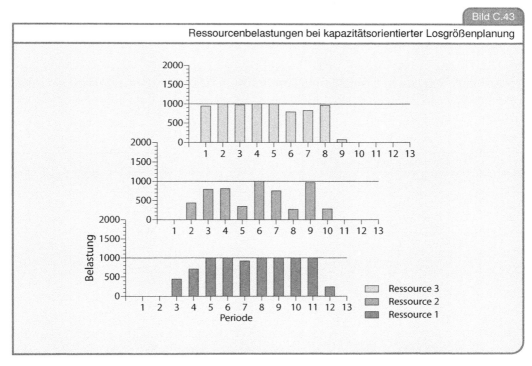

Bild C.43 Ressourcenbelastungen bei kapazitätsorientierter Losgrößenplanung

Der Einsatz des beschriebenen, auf die Losgrößenplanung bezogenen Simultanplanungskonzepts scheiterte bislang daran, daß weder exakte noch heuristische Verfahren zur Lösung des Modells MLCLSP existierten. In den letzten Jahren sind jedoch einige heuristische Konzepte entwickelt worden, mit denen kapazitierte Losgrößenprobleme für bestimmte Typen von Erzeugnis- und Prozeßstrukturen gelöst werden können. Diese sollen im Folgenden dargestellt werden.

C.3.3.2 Verfahren für konvergierende Erzeugnis- und Prozeßstrukturen

Maes[239] entwirft verschiedene heuristische Verfahren zur Lösung des mehrstufigen Mehrprodukt-Losgrößenproblems mit Kapazitätsbeschränkungen, die für konvergierende (und mehrere parallele lineare) Erzeugnisstrukturen einsetzbar sind. Grundlage dieser Verfahren ist das Modell $MLCLSP_{KONV_{Maes}}$[240], das zunächst mit einem Standard-Algorithmus zur linearen Optimierung unter Vernachlässigung der Ganzzahligkeitsbedingungen gelöst wird. Die einzelnen von *Maes* untersuchten Heuristik-Varianten bauen auf der Lösung des derart relaxierten Modells $MLCLSP_{KONV_{Maes}}$ auf und versuchen, auf systematische Weise zu einer zulässigen, d. h. ganzzahligen, Lösung zu gelangen.

Die prinzipielle Vorgehensweise der unterschiedlichen Heuristik-Varianten soll anhand eines einfachen Beispiels erläutert werden. Wir betrachten die in Bild C.44 wiedergegebene konvergierende Erzeugnis- und Prozeßstruktur mit drei Produkten. Für das Endprodukt 1 sind Bedarfsmengen für 3 Perioden gegeben. Sie betragen jeweils 1. Alle Direktbedarfskoeffizienten sind 1. Alle Kapazitätsinanspruchnahmekoeffizienten sind ebenfalls 1. Sämtliche Produkte müssen auf einer Maschine bearbeitet werden, deren Periodenkapazität 6 beträgt. Für die Rüst- und Lagerkostensätze wird für alle Produkte 100 bzw. 1 angenommen.

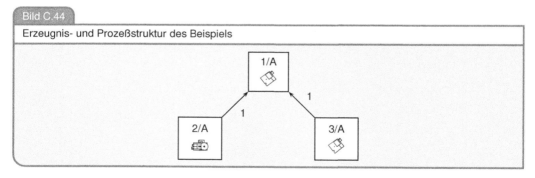

Bild C.44 Erzeugnis- und Prozeßstruktur des Beispiels

Zur graphischen Veranschaulichung der Lösungen greifen wir auf die Analogie zur Standortplanung zurück. Die obere Knotenreihe beschreibt jeweils die möglichen Produktionsperioden (potentielle Standorte), während die untere Reihe die Bedarfsperioden darstellt (Bedarfsorte). Ein grauer Knoten signalisiert eine Produktion in der betreffenden Periode. Ist ein Knoten nur teilweise grau, dann ist die entsprechende Rüstvaria-

---

239 vgl. *Maes* (1987); vgl. auch *Maes et al.* (1991); *Maes und Van Wassenhove* (1991)
240 vgl. Abschnitt C.3.1.2, S. 146 ff.

ble nicht-ganzzahlig. Die eingezeichneten Kanten markieren die Beziehungen zwischen Produktions- und Bedarfsperioden. Dabei beschreibt eine schräg von links oben nach rechts unten verlaufende Kante einen Lagervorgang.

Vernachlässigt man die Kapazitätsrestriktionen, dann ergeben sich aufgrund der relativ geringen Lagerkosten die in Bild C.45 dargestellten Produktionspläne, nach denen für jedes Produkt der Gesamtbedarf des Planungszeitraums bereits in der ersten Periode produziert wird.

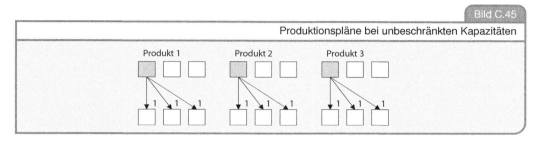

Bild C.45: Produktionspläne bei unbeschränkten Kapazitäten

Die relaxierte Lösung des Modells MLCLSP$_{KONV_{Maes}}$ für das Beispiel führt zu einem Kapazitätsbedarf von 9 Einheiten in Periode 1. Lösen wir nun das LP-Modell einschließlich der Kapazitätsrestriktion, aber unter Vernachlässigung der Ganzzahligkeitsbedingungen für alle Rüstvariablen γ_{kt}, dann entsteht der in Bild C.46 skizzierte Produktionsplan.

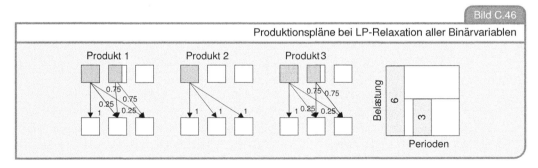

Bild C.46: Produktionspläne bei LP-Relaxation aller Binärvariablen

Die Kosten dieser (nicht zulässigen) Lösung betragen 456. Aufgrund der Kapazitätsrestriktion in Periode 1 sind nun Produktionsmengen in die Periode 2 verschoben worden. Das angegebene Kapazitätsbelastungsdiagramm zeigt, daß die Ressource in Periode 1 voll ausgelastet ist. Die Rüstvariablen der Produkte 1 und 3 in der Periode 2 sind nicht-ganzzahlig. *Maes* schlägt nun verschiedene Möglichkeiten vor, die noch nicht-ganzzahligen Rüstvariablen auf den Wert 0 oder 1 zu fixieren. Ein einfacher – aber i. Allg. ungünstiger – Weg könnte darin bestehen, alle von Null verschiedenen Werte der Rüstvariablen auf 1 **aufzurunden** und im Anschluß daran das LP-Modell erneut zu lösen. In unserem Beispiel würde das bedeuten: $\gamma_{12} = 1$ und $\gamma_{32} = 1$. Die mit dieser (zulässigen) Lösung verbundenen Kosten betragen 505.

Eine andere Möglichkeit besteht darin, in mehreren Schritten jeweils eine oder mehrere der nicht-ganzzahligen Rüstvariablen auf 1 zu fixieren und das resultierende LP-Modell zu lösen, wobei die Rechnung beendet werden kann, sobald alle Rüstvariablen in einer Lösung des LP-Modells ganzzahlig sind. Diese Vorgehensweise soll anhand des Beispiels erläutert werden. Da in der zuletzt errechneten Lösung des LP-Modells zwei Rüstvariablen γ_{12} und γ_{32} nicht-ganzzahlig sind, muß eine Entscheidung darüber getroffen werden, welche der beiden Variablen fixiert werden soll. Diese Variable wird auch in allen weiteren evtl. noch zu lösenden LP-Modellen den Wert 1 beibehalten. Daher hat die Reihenfolge, in der die Rüstvariablen fixiert werden, einen Einfluß auf die Qualität der besten erreichten Lösung des Losgrößenproblems. Im vorliegenden Fall entscheiden wir uns für die Fixierung von $\gamma_{12} = 1$. Nach Lösung des resultierenden LP-Modells erhalten wir die in Bild C.47 dargestellten Produktionspläne. In dieser Lösung ist nun nur noch die Rüstvariable des Produkts 2 in Periode 2 nicht-ganzzahlig. Die Kosten betragen 456.

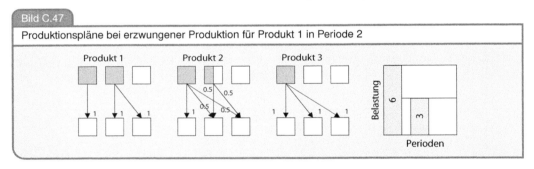

Bild C.47 Produktionspläne bei erzwungener Produktion für Produkt 1 in Periode 2

Im nächsten Schritt fixieren wir zusätzlich die Rüstvariable $\gamma_{22} = 1$ und lösen das resultierende LP-Modell erneut. Die – nun auch hinsichtlich der Ganzzahligkeitsbedingungen der Rüstvariablen zulässigen – Produktionspläne zeigt Bild C.48. Durch die erzwungene Produktion für Produkt 2 in Periode 2 hat sich die Kapazitätsbelastung von Periode 1 in Periode 2 verschoben. Die Kosten dieser Lösung betragen 505.

Die Struktur des Verfahrens von Maes ist in Bild C.49 dargestellt. Dabei sind einige von *Maes* formulierte Verfahrensvarianten aufgeführt, die sich dadurch unterscheiden, in welcher Weise die jeweils auf ganzzahlige Werte zu fixierenden Rüstvariablen ausgewählt werden.

C.3.3 Lösungsverfahren für Probleme mit Kapazitätsbeschränkungen

Bild C.48
Produktionspläne bei erzwungener Produktion für die Produkte 1 und 2 in Periode 2

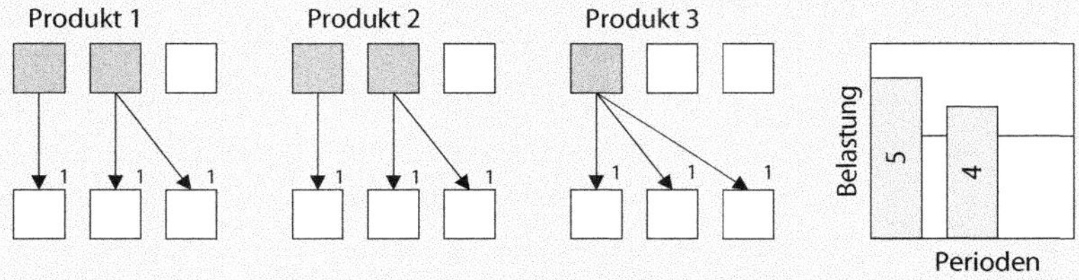

Bild C.49
Struktur des Verfahrens von Maes

Schritt 0: Vollständige Relaxation aller Rüstvariablen
Löse das bezüglich aller Rüstvariablen relaxierte Modell MLCLSP$_{KONV_{Maes}}$

Schritt 1: Fixierung von Rüstvariablen
Fixiere eine oder mehrere nicht-ganzzahlige Rüstvariable(n). Mehrere Strategien zur Auswahl der nächsten zu fixierenden Variablen sind denkbar:

Isolierte Variablenfixierung

- Periodenbezogen vorwärts: Es werden zunächst alle Rüstvariablen der Periode 1 fixiert, dann alle Rüstvariablen der Periode 2, usw.
- Periodenbezogen rückwärts: Es werden zunächst alle Rüstvariablen der Periode T fixiert, dann alle Rüstvariablen der Periode $T-1$, usw.
- Produktbezogen rückwärts: Für jedes Produkt wird zunächst die am weitesten in der Zukunft liegende nicht-ganzzahlige Rüstvariable ermittelt. Aus dieser Menge wird dann die Variable mit dem größten Wert fixiert.
- Globales Maximum: Es wird jeweils die größte nicht-ganzzahlige Rüstvariable fixiert.

Simultane Variablenfixierung

- Fixierung logisch zusammenhängender Variablen: Hier werden mehrere nicht-ganzzahlige Rüstvariablen simultan fixiert.

Schritt 2: Lösung des teilweise relaxierten LP-Modells
Löse das resultierende LP-Modell. Falls alle Rüstvariablen ganzzahlig sind, STOP; andernfalls gehe zu Schritt 1.

Maes hat diese Lösungsstrategien neben anderen, hier nicht diskutierten Varianten anhand einer großen Anzahl von numerischen Beispielen mit linearen Erzeugnisstrukturen getestet. Dabei zeigte sich, daß die Lösungsqualität der als „periodenbezogen rückwärts" bezeichneten Variante gute Ergebnisse brachte. Alle getesteten Verfahren benötigten aber schon für vergleichsweise kleine Probleme recht hohe Rechenzeiten.

Die beschriebene Rundungsheuristik wurde von *Maes* ursprünglich für das Modell MLCLSP$_{\text{KONV}_{\text{Maes}}}$ entwickelt. In der Zwischenzeit sind auch disaggregierte Formulierungen für generelle Erzeugnisstrukturen vorgeschlagen worden,[241] sodaß das Verfahren von *Maes* prinzipiell für alle Typen von Erzeugnisstrukturen eingesetzt werden kann. Löst man dagegen eine relaxierte Variante des (aggregierten) Modells MLCLSP, dann sind die nicht-ganzzahligen Werte der Rüstvariablen i. d. R. so klein, daß ein sinnvolles Auf- oder Abrunden kaum möglich ist.

Raturi und Hill[242] erweitern das von *Blackburn und Millen* formulierte Modell BM[243] um Kapazitätsrestriktionen für mehrere (J) Ressourcen, die in der Weise formuliert sind, daß die durchschnittliche Kapazitätsbelastung einer Ressource j, resultierend aus Rüst- und Bearbeitungszeiten, ihre Kapazität b_j nicht überschreiten darf. Das betrachtete statische Losgrößenmodell lautet:

Modell BMC

$$\text{Minimiere } Z = \sum_{k=1}^{K} \left[\frac{s_k}{t_k} + \frac{e_k \cdot D_k \cdot t_k}{2} \right] \tag{C.330}$$

u. B. d. R.

$$\sum_{k=1}^{K} \left[tb_{jk} \cdot D_k + \frac{tr_{jk}}{t_k} \right] \leq b_j \qquad j = 1, 2, ..., J \tag{C.331}$$

- durchschnittliche Rüstzeit für Produkt k an Ressource j
- durchschnittliche Bearbeitungszeit für Produkt k an Ressource j

$$t_k = m_k \cdot t_{n(k)} \qquad k = 1, 2, ..., K \tag{C.332}$$

$$m_k \geq 1 \quad \text{und ganzzahlig} \qquad k = 1, 2, ..., K \tag{C.333}$$

---

241 vgl. *Tempelmeier und Helber* (1994); *Stadtler* (1996). Siehe auch Modell MLCLSP$_{\text{Helber}}$ auf S. 140.
242 vgl. *Raturi und Hill* (1988)
243 siehe Abschnitt C.3.2.2, S. 161

C.3.3 Lösungsverfahren für Probleme mit Kapazitätsbeschränkungen

Symbole	
b_j	Periodenkapazität der Ressource j
D_k	durchschnittliche Periodenbedarfsmenge für das Produkt k
e_k	marginaler Lagerkostensatz des Produkts k
J	Anzahl der Ressourcen ($j = 1, 2, ..., J$)
K	Anzahl der Produkte ($k = 1, 2, ..., K$)
m_k	Verhältnis der Produktionszyklen der Produkte k und $n(k)$
$n(k)$	Index des einzigen Nachfolgers des Produkts k (direkt übergeordnetes Produkt)
s_k	Rüstkostensatz des Produkts k
tb_{jk}	Stückbearbeitungszeit des Produkts k an Ressource j
tr_{jk}	Rüstzeit des Produkts k an Ressource j
t_k	Produktionszyklus des Produkts k

Raturi und Hill multiplizieren die Kapazitätsrestriktionen (C.331) mit **Lagrange-Multiplikatoren** u_j und nehmen sie in die Zielfunktion auf. Unter Vernachlässigung der Ganzzahligkeitsbedingungen (C.333) und der durch die Nebenbedingungen (C.332) beschriebenen Interdependenzen zwischen den Produktionszyklen der Produkte entwickeln sie die Lagrange-Funktion (C.334).

$$\text{Minimiere } L(\underline{t}, \underline{u}) = \sum_{k=1}^{K} \left[\frac{s_k}{t_k} + \frac{e_k \cdot D_k \cdot t_k}{2} \right] + \sum_{j=1}^{J} u_j \cdot \left[\sum_{k=1}^{K} tb_{jk} \cdot D_k + \frac{tr_{jk}}{t_k} - b_j \right] \quad \text{(C.334)}$$

Durch Bildung der partiellen Ableitungen der Lagrange-Funktion (C.334) nach den Variablen t_k und u_j und einigen Umformungen ergibt sich unter der Annahme vernachlässigbarer Rüstkosten s_k folgende Approximation der optimalen Schattenpreise der Ressourcen:

$$u_{j\text{opt}} = \left[\frac{\sum_{k=1}^{K} \sqrt{\frac{tr_{jk} \cdot e_k \cdot D_k}{2}}}{b_j - \sum_{k=1}^{K} D_k \cdot tb_{jk}} \right]^2 \quad j = 1, 2, ..., J \quad \text{(C.335)}$$

Raturi und Hill schlagen vor, diese heuristisch abgeleiteten Schattenpreise zur Bestimmung der Rüstkostensätze zu verwenden:

$$s_k^* = \sum_{j \in \mathcal{J}_k} u_{j\text{opt}} \cdot tr_{jk} \qquad\qquad k = 1, 2, ..., K \tag{C.336}$$

↳ Indexmenge der Ressourcen, die durch das Produkt k in Anspruch genommen werden

Zur Vermeidung zu großer Schwankungen der Rüstkostensätze im Zeitablauf und der sich daraus ergebenden Nervosität des Planungssystems werden die zu einem Planungszeitpunkt τ ermittelten Rüstkostensätze mit Hilfe des Verfahrens der exponentiellen Glättung fortgeschrieben:

$$s_k(\tau) = \alpha \cdot s_k^* + (1 - \alpha) \cdot s_k(\tau - 1) \qquad k = 1, 2, ..., K \tag{C.337}$$

Diese Rüstkostensätze werden im Rahmen der isolierten produktbezogenen Losgrößen- und Materialbedarfsplanung verwendet, wobei nach dem Dispositionsstufenverfahren für jedes Produkt zunächst der Nettobedarf ermittelt wird und im Anschluß daran das Modell SIULSP durch Einsatz eines der beschriebenen heuristischen Verfahren gelöst wird. Zur Beurteilung der Leistungsfähigkeit ihres Vorschlags führen *Raturi und Hill* ein Simulationsexperiment für eine konvergierende Erzeugnisstruktur unter Berücksichtigung von drei Maschinen durch. Dabei wird auch der Fall der stufenübergreifenden Ressourcenkonkurrenz betrachtet, d. h., daß eine Maschine durch Produkte auf unterschiedlichen Dispositionsstufen in Anspruch genommen wird. Die referierten Simulationsergebnisse deuten darauf hin, daß bei Anwendung des beschriebenen Verfahrens im Vergleich zu der in der betrieblichen Praxis üblichen Vorgehensweise sowohl die durchschnittlichen Lagerbestände gesenkt werden können als auch eine Verbesserung der Liefertermineinhaltung möglich ist.

In einer anschließenden Arbeit weiten *Hill, Raturi und Sum*[244] die Betrachtung auf generelle Erzeugnisstrukturen aus. Sie schlagen verschiedene Heuristiken vor, in denen die Produktionszyklen der Produkte auf Zweier-Potenzen beschränkt werden und in ähnlicher Weise wie im Verfahren von *Heinrich*[245] iterativ aufeinander abgestimmt werden.

Toklu und Wilson[246] betrachten Losgrößenprobleme mit konvergierenden oder mehreren parallelen linearen Erzeugnis- und Prozeßstrukturen, wobei davon ausgegangen wird, daß ausschließlich die Endprodukte eine knappe Ressource in Anspruch nehmen. Rüstzeiten werden explizit berücksichtigt. Zur Lösung der Probleme schlagen *Toklu und Wilson* eine heuristische Vorgehensweise vor, nach der die knappe Kapazität sukzessive den einzelnen Produkten entsprechend den periodenbezogenen Bedarfsmengen zugewiesen wird. Für die untergeordneten Erzeugnisse wird eine aus dem klassischen (stationären) Losgrößenmodell abgeleitete Produktionspolitik eingesetzt. Die Ausführungen

---

244 vgl. *Hill et al.* (1997)
245 siehe Abschnitt C.3.2.2.2, S. 169
246 vgl. *Toklu und Wilson* (1992)

lassen jedoch nicht erkennen, inwieweit Lager- und Rüstkosten bei der Generierung einer Lösung berücksichtigt werden.

C.3.3.3 Verfahren für generelle Erzeugnis- und Prozeßstrukturen

Die bisher dargestellten Lösungsansätze eignen sich nur für lineare oder konvergierende Erzeugnis- und Prozeßstrukturen. Ihre praktischen Einsatzmöglichkeiten sind daher relativ begrenzt. Denn in der betrieblichen Praxis herrschen generelle Erzeugnisstrukturen vor. Im Folgenden werden verschiedene heuristische Ansätze zur Lösung des Modells MLCLSP vorgestellt, die auch bei generellen Erzeugnis- und Prozeßstrukturen anwendbar sind.

C.3.3.3.1 Das Verfahren von Helber – Ein Dekompositionsverfahren

Im Folgenden wollen wir einen Lösungsansatz für generelle Erzeugnis- und Prozeßstrukturen beschreiben, in dem ein Verfahren zur Lösung des einstufigen Mehrprodukt-Losgrößenproblems bei beschränkten Kapazitäten[247] mit verschiedenen Berechnungsvarianten der Rüst- und Lagerkostensätze kombiniert wird. Dabei greifen wir u. a. auch auf den Vorschlag von *Heinrich*[248] zurück, der die Mehrstufigkeit der Erzeugnis- und Prozeßstruktur durch Anpassung der Kosten berücksichtigt.[249] Da ein wichtiger Aspekt dieses Verfahrens die Zerlegung des mehrstufigen Losgrößenproblems in einfachere Teilprobleme ist, kann man das Verfahren auch als Dekompositionsverfahren bezeichnen.

Erinnern wir uns an das Grundprinzip des Verfahrens von *Heinrich*. Die Phase I dient der zeitlichen Abstimmung der Produktionsmengen der durch Input-Output-Beziehungen miteinander verbundenen Einzelteile, Baugruppen und Endprodukte. Nach Beendigung dieser Phase bestehen verschiedene Möglichkeiten, einen Produktionsplan zu erzeugen. Dem Vorschlag von *Heinrich* zufolge können die in Phase I ermittelten Produktionszyklen direkt übernommen oder zur Modifikation der Kostenparameter für anschließend zu lösende dynamische Einprodukt-Losgrößenprobleme eingesetzt werden. Diese zweite Möglichkeit ist für unsere weiteren Überlegungen von Bedeutung.

Heinrich löst in Phase II des Verfahrens Einprodukt-Losgrößenprobleme ohne Kapazitätsbeschränkungen. Geht man nun davon aus, daß die Produkte an Maschinen mit beschränkter Kapazität bearbeitet werden müssen, dann kann der Fall eintreten, daß ein in Phase II des Verfahrens ermittelter Produktionsplan nicht zulässig ist. Betrachten wir

---
247 vgl. Modell CLSP, Abschnitt C.2.1
248 vgl. Abschnitt C.3.2.2.2
249 vgl. *Tempelmeier und Helber* (1994)

z. B. den in Tabelle C.40 dargestellten Produktionsplan, der sich bei bedarfsproportionaler Aufteilung der Rüstkosten in dem Beispiel ergibt, das zur Veranschaulichung des Verfahrens von *Heinrich* verwendet wurde. Nehmen wir an, daß die Produkte 3 und 4 auf einer Ressource A mit einer Periodenkapazität von 160 Einheiten produziert werden.

Tabelle C.40
Produktionsplan für die Produkte 3 und 4 (ohne Berücksichtigung der Kapazitäten)

$k \backslash t$	1	2	3	4	5	6	7	8
3	118	79	–	82	–	83	–	38
4	38	79	–	82	–	83	–	38
Kapazitätsbedarf	156	158	–	164	–	166	–	76

Tabelle C.40 zeigt die sich aus dem Produktionsplan 3 ergebende Belastung der Ressource durch die Produkte 3 und 4. Der nach dem Verfahren von *Heinrich* ermittelte Produktionsplan ist im Hinblick auf die zusätzlich unterstellte Kapazitätsbeschränkung nicht zulässig, denn die Kapazität der Ressource wird in den Perioden 4 und 6 überschritten. Es bietet sich nun an, anstelle der isolierten dynamischen Einprodukt-Losgrößenprobleme in Phase II des Verfahrens von *Heinrich* für alle Erzeugnisse einer Dispositionsstufe, die dieselbe Ressource belegen, ein **dynamisches Mehrprodukt-Losgrößenproblem** (CLSP) mit beschränkter Produktionskapazität zu lösen. Dazu kann auf eines der in Abschnitt C.2, S. 55 ff., dargestellten Lösungsverfahren zurückgegriffen werden.

Tabelle C.41
Produktionsplan für die Produkte 3 und 4 (mit Berücksichtigung der Kapazitäten)

$k \backslash t$	1	2	3	4	5	6	7	8
3	118	79	–	82	–	83	–	38
4	40	81	–	78	6	77	–	38
Kapazitätsbedarf	158	160	–	160	6	160	–	76

Setzt man z. B. das Verfahren von *Dixon*[250] ein, dann erhält man den in Tabelle C.41 wiedergegebenen Produktionsplan für die Produkte 3 und 4, wenn man als Kostenparameter die gemäß der bedarfsbezogenen Proportionalisierung modifizierten Kostensätze nach dem Verfahren von *Heinrich* verwendet. Vergleicht man beide Produktionspläne, dann ist zu erkennen, daß die Produktionsmengen, die über die verfügbare Kapazität der Maschine hinausgehen, in frühere Perioden verschoben worden sind. Die überschüssige Bedarfsmenge der Periode 4 wird nicht bereits in Periode 3 produziert – dies wäre zwar im Hinblick auf die Lagerkosten günstig, würde aber zusätzliche Rüstkosten verursachen

---

[250] Vgl. Abschnitt C.2.2.2.1.1, S. 98. Die hier dargestellte Lösung kommt zustande, wenn man die mit dem Verfahren von Dixon ermittelte Lösung einer Nachoptimierung unterzieht.

C.3.3 Lösungsverfahren – Verfahren von Helber

– sondern in Periode 2 verschoben. Da in dieser Periode aber nur 2 ME zusätzlich produziert werden können, müssen die restlichen beiden ME bereits in Periode 1 hergestellt werden. Die durch die Verschiebung entstehenden zusätzlichen Lagerkosten könnten nur durch Inkaufnahme zusätzlicher Rüstkosten in Periode 3 vermieden werden. Für die Verschiebung der überschüssigen Bedarfsmenge der Periode 6 dagegen besteht wegen der allgemein knappen Kapazität in den Produktionsperioden nur noch die Möglichkeit, in einer freien Periode ein neues Los aufzulegen. Dies geschieht so spät wie möglich, d. h. in Periode 5.

Durch das einführende Beispiel wird bereits erkennbar, daß man das mehrstufige Mehrprodukt-Losgrößenproblem mit beschränkten Kapazitäten heuristisch in eine Folge von einstufigen Losgrößenproblemen vom Typ CLSP zerlegen kann, die aufeinander aufbauen und nacheinander gelöst werden.

Das oben betrachtete Beispiel ist bewußt einfach gehalten. So wird nur eine Ressource betrachtet und es wird unterstellt, daß diese nur durch Erzeugnisse derselben Dispositionsstufe in Anspruch genommen wird. In größeren Erzeugnis- und Prozeßstrukturen kann jedoch der Fall auftreten, daß **mehrere Ressourcentypen** zu berücksichtigen sind. Darüber hinaus kann nicht ausgeschlossen werden, daß eine Ressource durch Erzeugnisse bzw. Arbeitsgänge beansprucht wird, die unterschiedlichen Dispositionsstufen zugeordnet sind. Ein Produkt konkurriert dann u. U. mit seinen eigenen Komponenten (Vorgängern in der Erzeugnis- und Prozeßstruktur) um eine bestimmte Ressource. In Bild C.50 ist eine derartige Erzeugnis- und Prozeßstruktur mit stufenübergreifender Ressourcenkonkurrenz abgebildet. Ein Knoten (Produkt, Arbeitsgang) wird identifiziert durch die Produktnummer und die Kennung der betreffenden Ressource (Buchstabe bzw. Symbol). Auf der rechten Seite ist der Ressourcengraph dargestellt, der den Materialfluß zwischen den beiden Ressourcen wiedergibt.

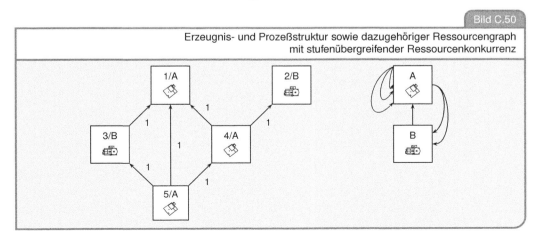

Bild C.50
Erzeugnis- und Prozeßstruktur sowie dazugehöriger Ressourcengraph mit stufenübergreifender Ressourcenkonkurrenz

Die Struktur des Verfahrens von Helber zur Lösung des mehrstufigen Mehrprodukt-Losgrößenproblems bei genereller Erzeugnis- und Prozeßstruktur und stufenübergreifender Ressourcenkonkurrenz ist in Bild C.51 wiedergegeben.[251]

Bild C.51
Struktur des Verfahrens von Helber

Phase I: Problemstrukturierung

Sortiere die Erzeugnis- und Prozeßstruktur
- nach Dispositionsstufen (ohne Berücksichtigung der Ressourcen) *oder*
- nach modifizierten Dispositionsstufen (mit Berücksichtigung der Ressourcen).

Verwende als Kostenparameter
- unmodifizierte Rüst- und Lagerkostensätze *oder*
- modifizierte Rüst- und Lagerkostensätze nach dem Verfahren von Heinrich.

Phase II: Losbildung

Für alle (modifizierten) Dispositionsstufen ($u = 0, 1, 2, ...$):

Weise alle Ressourcen, die durch ein Erzeugnis der Dispositionsstufe u in Anspruch genommen werden, der Menge $\mathcal{J}_u$ zu.

Für alle Ressourcen $j \in \mathcal{J}_u$:

Bestimme die Menge $\mathcal{K}_{ju}$ der Erzeugnisse, die die Ressource j belegen und zur aktuellen Dispositionsstufe u gehören.

Bestimme die Bedarfsmengen für alle Erzeugnisse $k \in \mathcal{K}_{ju}$.

Bestimme die (verbleibenden) periodenbezogenen Kapazitäten der Ressource j, b_{jt}.

Löse das Problem CLSP mit einer modifizierten Version des Verfahrens von Dixon für die Erzeugnisse $k \in \mathcal{K}_{ju}$ und die aktuelle Ressource j unter Berücksichtigung der noch verfügbaren Periodenkapazitäten.

Das Verfahren besteht aus zwei Phasen. In der ersten Phase werden die Problemdaten aufbereitet. Zunächst erfolgt eine Sortierung der Erzeugnis- und Prozeßstruktur. Hierbei kann alternativ auf die materialflußorientierte Sortierung nach Dispositonstufen oder

---

[251] vgl. *Helber* (1994); *Tempelmeier und Helber* (1994).

aber auf eine Strukturierung zurückgegriffen werden, die auch die Reihenfolge der Ressourcenbelegung durch die einzelnen Erzeugnisse berücksichtigt (**modifizierte Dispositionsstufen**). Darüber hinaus ist eine Entscheidung zu treffen, welche Kostensätze bei der Losgrößenplanung eingesetzt werden sollen. Hier bieten sich als Alternativen die Verwendung unmodifizierter Kostensätze oder der Einsatz von Kostensätzen an, die nach dem Verfahren von *Heinrich* modifiziert worden sind.

Die **zweite Phase** des Verfahrens umfaßt die eigentliche Losgrößenplanung. Hier werden Probleme des Typs CLSP unter Berücksichtigung unterschiedlicher Produkte, Ressourcen und Restkapazitäten gelöst. Für die im obigen Beispiel betrachtete Erzeugnis- und Prozeßstruktur sind nach dem Verfahren von *Helber* bei Sortierung der Erzeugnis- und Prozeßstruktur nach Dispositionsstufen nacheinander die in Tabelle C.42 zusammengestellten Losgrößenprobleme zu bearbeiten.

Tabelle C.42
Folge von Losgrößenproblemen

Problem Nr.	Produkt	Ressource	Kapazität
1	1	A	Gesamtkapazität
2	2	B	Gesamtkapazität
3	3	B	Restkapazität
4	4	A	Restkapazität
5	5	A	Restkapazität

Es entstehen hier nur Losgrößenprobleme mit einem Erzeugnis, weil keine Ressource durch mehrere Erzeugnisse derselben Dispositionsstufe beansprucht wird. In der betrieblichen Praxis, d. h. bei größeren Erzeugnis- und Prozeßstrukturen, wird dies aber nicht der Fall sein, so daß jeweils echte Modelle vom Typ CLSP zu lösen sein werden. Es besteht jedoch die Möglichkeit, durch eine geeignete Problemstrukturierung die Zahl der zu lösenden CLSP-Probleme u. U. erheblich zu verringern. Dies soll im Folgenden erläutert werden.

Vernachlässigen wir für einen Augenblick die Ressourcen und konzentrieren wir uns nur auf die mengenmäßigen Beziehungen zwischen den Erzeugnissen, dann stellen wir fest, daß die betrachtete Erzeugnis- und Prozeßstruktur zyklenfrei ist. Das bedeutet, wir können jedes Produkt einer Dispositionsstufe zuordnen und die Erzeugnisstruktur im Rahmen des Verfahrens von *Helber* schrittweise abarbeiten. In jedes behandelte Losgrößenproblem nehmen wir alle Produkte auf, für die wir den aus übergeordneten Produkten abgeleiteten Sekundärbedarf bereits kennen.

Betrachtet man dieselbe Erzeugnis- und Prozeßstruktur unter dem Aspekt der Ressourcenbelegung, dann ergibt sich der rechts in Bild C.50 dargestellte zyklische **Ressourcen-Graph**, in dem einige Pfeile von oben nach unten oder zu ihrem Startknoten zurückführen. Jeder Pfeil in der Erzeugnis- und Prozeßstruktur links im Bild C.50 entspricht einem Pfeil im Ressourcen-Graphen auf der rechten Seite des Bildes.

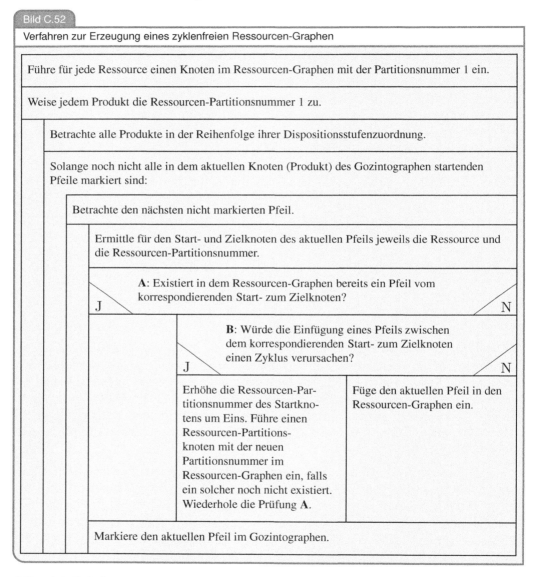

Bild C.52 Verfahren zur Erzeugung eines zyklenfreien Ressourcen-Graphen

Offensichtlich ist es wünschenswert, im Verfahren von *Helber* bei der Lösung eines Problems vom Typ CLSP möglichst alle Produkte zu erfassen, die die betrachtete Ressource in Anspruch nehmen. Im Idealfall wäre das Verfahren abgeschlossen, wenn für jede Ressource genau ein CLSP-Problem gelöst ist. Wie wir gesehen haben, werden bei einer Sortierung der Erzeugnis- und Prozeßstruktur nach Dispositionsstufen nur die mengenmäßigen Interdependenzen zwischen den Erzeugnissen erfaßt. Die ressourcenbezogenen Interdependenzen werden dabei nicht berücksichtigt.

Um möglichst große CLSP-Probleme zu erhalten, müssen wir die Erzeugnis- und Prozeßstruktur so sortieren, daß einerseits die aus Sicht der mengenbezogenen Bedarfsplanung erforderliche Dispositionsstufenordnung nicht zerstört wird, daß aber andererseits Produkte, die gemeinsam im Modell CLSP behandelt werden könnten, auch tatsächlich dort berücksichtigt werden. Um dies zu erreichen, kann man das in Bild C.52 wiedergegebene Verfahren einsetzen.

Beispiel: www.produktion-und-logistik.de/Beispiele

Als Ergebnis erhält man die in Bild C.53 dargestellte modifizierte Erzeugnis- und Prozeßstruktur, deren Analyse zeigt, daß nunmehr weniger CLSP-Probleme entstanden sind. So können die Produkte 2 und 3 im Rahmen *eines* Losgrößenproblems betrachtet werden (siehe Tabelle C.43).

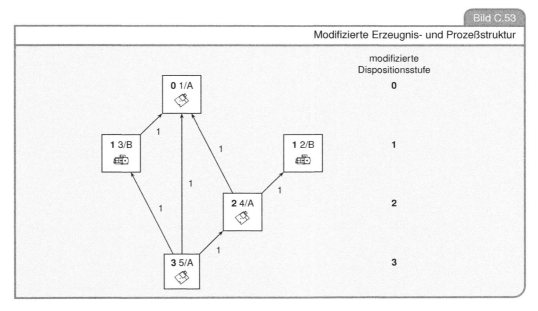

Bild C.53 Modifizierte Erzeugnis- und Prozeßstruktur

Die Problemstrukturierung unter Verwendung von modifizierten Dispositionsstufen führt also zu einem höheren Grad an „Simultaneität" der resultierenden Losgrößenprobleme und berechtigt zu der Hoffnung, daß dadurch auch eine bessere Lösungsqualität erreicht wird.

Tabelle C.43
Folge von Losgrößenproblemen

Problem Nr.	Produkt	Ressource	Kapazität
1	1	A/1	Gesamtkapazität
2	2,3	B	Gesamtkapazität
3	4	A/2	Restkapazität
4	5	A/3	Restkapazität

Allerdings ist mit der Mehrstufigkeit der Erzeugnisstruktur das Problem verbunden, daß ein Produktionsplan für ein Produkt nicht nur im Hinblick auf die verfügbare Kapazität des in Anspruch genommenen Betriebsmittels zulässig sein muß. Vielmehr ist zusätzlich bei der Verschiebung von Produktionsmengen in frühere Produktionsperioden zu berücksichtigen, daß die damit verbundenen Verschiebungen der Vorgänger-Erzeugnisse ebenfalls möglich sein müssen.

Die **Zulässigkeit einer Produktionsmengenverschiebung** hinsichtlich aller Vorprodukte eines Erzeugnisses kann prinzipiell mit einem LP-Modell überprüft werden, wenn – wie im vorliegenden Planungszusammenhang unterstellt wird – keine Rüstzeiten zu berücksichtigen sind. Dies soll anhand eines einfachen Beispiels erläutert werden. Wir betrachten den in Bild C.54 dargestellten Ausschnitt aus einer Erzeugnis- und Prozeßstruktur.

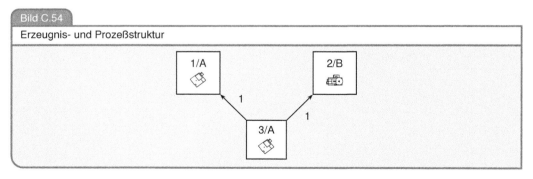

Bild C.54
Erzeugnis- und Prozeßstruktur

Die Produkte 1 und 3 werden auf der Ressource A und das Produkt 2 auf der Ressource B bearbeitet. Die Periodenkapazitäten der Ressource A betragen $b_{At} = 33$, während die Ressource B nur mit $b_{Bt} = 15$ zur Verfügung steht ($t = 1, ..., 4$). Alle Direktbedarfskoeffizienten und Kapazitätsinanspruchnahmefaktoren sind gleich 1. Für das Produkt 1 wurde bereits der in Tabelle C.44 angegebene Produktionsplan festgelegt.

Tabelle C.44
Produktionsmengen für Produkt 1

t	1	2	3	4
q_{1t}	10	10	10	10

Für das Produkt 2 mögen die in Tabelle C.45 aufgeführten Bedarfsmengen gelten.

Tabelle C.45
Bedarfsmengen für Produkt 2

t	1	2	3	4
d_{2t}	–	20	–	20

Da die Kapazität der Ressource B mit $b_{Bt} = 15$ nicht ausreicht, um die Periodenbedarfsmengen jeweils vollständig in einer Periode zu produzieren, wird jetzt die in Tabelle C.46 zusammengestellte Verteilung der Produktion auf mehrere Perioden angenommen.

Tabelle C.46
Produktionsplan für Produkt 2

t	1	2	3	4
q_{2t}	5	15	5	15

Es ist nun zu überprüfen, ob die vorliegenden Produktionspläne für die Produkte 1 und 2 noch genügend Kapazität der Ressource A übriglassen, damit auch die resultierenden Sekundärbedarfsmengen des Produkts 3 produziert werden können. Zur Beantwortung dieser Frage kann prinzipiell das in Bild C.55 angegebene LP-Modell[252] vom Typ MLCLSP eingesetzt werden.

Neben den Lagerbilanzgleichungen und den Kapazitätsrestriktionen werden die bereits bekannten Produktionspläne der Produkte 1 und 2 in den Nebenbedingungen definiert. Besitzt dieses LP-Modell eine *zulässige Lösung*, dann sind die beiden vorgegebenen Produktionspläne auch im Hinblick auf das untergeordnete Produkt 3 zulässig. Im vorliegenden Fall erhalten wir die in Tabelle C.47 wiedergegebene zulässige Lösung.

Prinzipiell müßte ein derartiges LP-Modell bei jeder Veränderung des Produktionsplans eines übergeordneten Produkts gelöst werden. Bedenkt man jedoch, daß diese mehrstufige Zulässigkeitsprüfung im Verfahren von *Dixon* zusätzlich zu der „normalen" einstufigen Zulässigkeitsprüfung bei jeder Vergrößerung eines Loses durchzuführen ist, dann ist offensichtlich, daß der LP-Ansatz aufgrund des zu hohen Rechenzeitbedarfs ausscheidet.

---

252 vgl. *Maes* (1987), S. 192; *Maes et al.* (1991)

Bild C.55

LP-Modell zur Überprüfung der Zulässigkeit eines Produktionsplans

$$\text{Minimiere } Z$$
$$\text{u. B. d. R.}$$
$$Q_{11} - Y_{11} = 10$$
$$Y_{11} + Q_{12} - Y_{12} = 10$$
$$Y_{12} + Q_{13} - Y_{13} = 10$$
$$Y_{13} + Q_{14} = 10$$
$$Q_{21} - Y_{21} = 0$$
$$Y_{21} + Q_{22} - Y_{22} = 20$$
$$Y_{22} + Q_{23} - Y_{23} = 0$$
$$Y_{23} + Q_{24} = 20$$
$$Q_{31} - Q_{11} - Q_{21} - Y_{31} = 0$$
$$Y_{31} + Q_{32} - Q_{12} - Q_{22} - Y_{32} = 0$$
$$Y_{32} + Q_{33} - Q_{13} - Q_{23} - Y_{33} = 0$$
$$Y_{33} + Q_{34} - Q_{14} - Q_{24} = 0$$
$$Q_{11} + Q_{31} \leq 33$$
$$Q_{12} + Q_{32} \leq 33$$
$$Q_{13} + Q_{33} \leq 33$$
$$Q_{14} + Q_{34} \leq 33$$
$$Q_{21} \leq 15$$
$$Q_{22} \leq 15$$
$$Q_{23} \leq 15$$
$$Q_{24} \leq 15$$
$$Q_{11} = 10$$
$$Q_{12} = 10$$
$$Q_{13} = 10$$
$$Q_{14} = 10$$
$$Q_{21} = 5$$
$$Q_{22} = 15$$
$$Q_{23} = 5$$
$$Q_{24} = 15$$

Tabelle C.47

Zulässige Lösung

Variable	Wert	Variable	Wert	Variable	Wert	Variable	Wert
Q11	10	Q21	5	Q31	17	Y21	5
Q12	10	Q22	15	Q32	23	Y23	5
Q13	10	Q23	5	Q33	23	Y31	2
Q14	10	Q24	15	Q34	17	Y33	8

Die Zulässigkeit der Erhöhung der Produktionsmenge für ein übergeordnetes Produkt in einer Periode kann aber auch mit Hilfe einer heuristischen **Rückwärtseinplanung** überprüft werden, indem man die abgeleiteten Bedarfsmengen der untergeordneten Erzeugnisse sukzessiv soweit vorzieht, bis für diese ein zulässiger Produktionsplan gefunden ist. Gelingt das nicht, dann wird davon ausgegangen, daß die zu überprüfende Losgrößenveränderung des übergeordneten Produkts aufgrund der daraus entstehenden Kapazitätsüberlastungen durch untergeordnete Erzeugnisse nicht zulässig ist.

Im obigen Beispiel erhält man nach dieser Strategie zunächst die abgeleiteten Bedarfsmengen für das Produkt 3 (Tabelle C.48).

Tabelle C.48
Sekundärbedarfsmengen für Produkt 3

t	1	2	3	4
d_{3t}	15	25	15	25

Diese Mengen können nicht unmittelbar in einen Produktionsplan übertragen werden, da die verbleibende Periodenkapazität der Ressource A nach Berücksichtigung der Produktion des Produkts 1 nur noch 23 beträgt. Es ist aber möglich, jeweils 2 ME aus den Perioden 2 und 4 bereits in den Perioden 1 und 3 zu produzieren, so daß festgestellt werden kann, daß der Produktionsplan des Produkts 2 auch im Hinblick auf das untergeordnete Produkt 3 zulässig ist. Wie Tabelle C.49 zeigt, hat sich bei der Rückwärtseinplanung eine andere Lösung ergeben als nach dem LP-Modell. Die Rückwärtseinplanung berücksichtigt implizit das Ziel der Lagerkostenminimierung, während im LP-Modell überhaupt keine Zielsetzung verfolgt wird, sondern nur nach einer beliebigen zulässigen Lösung gesucht wird.

Tabelle C.49
Produktionsplan für Produkt 3

t	1	2	3	4
q_{3t}	17	23	17	23

Hätte das Produkt 3 seinerseits weitere Vorgänger, dann müßte die beschriebene Vorgehensweise der Rückwärtseinplanung für diese Erzeugnisse fortgesetzt werden.

Kombiniert man die beiden Aspekte der Sortierung der Erzeugnis- und Prozeßstruktur und der Kostenparameter, dann lassen sich vier verschiedene **Varianten des Verfahrens von *Helber*** definieren:

- keine Kostenanpassung, Sortierung der Erzeugnis- und Prozeßstruktur nach Dispositionsstufen
- Kostenanpassung nach *Heinrich*, Sortierung nach Dispositionsstufen
- keine Kostenanpassung, Sortierung nach modifizierten Dispositionsstufen
- Kostenanpassung nach *Heinrich*, Sortierung nach modifizierten Dispositionsstufen

Tempelmeier und Helber[253] stellten in einem numerischen Experiment fest, daß keine dieser Verfahrensvarianten die anderen in der Weise dominiert, daß sie immer die beste heuristische Lösung findet. Für 300 Probleminstanzen mit jeweils 10 Produkten, 3 Ressourcen sowie 4 Perioden bei unterschiedlichen Bedarfsverläufen, Auslastungen und Verhältnissen von Rüst- und Lagerkostensätzen und unter Zugrundelegung verschiedener konvergierender und genereller Erzeugnis- und Prozeßstrukturen mit und ohne stufenübergreifende Ressourcenkonkurrenz wurden die in Tabelle C.50 angegebenen Ergebnisse erzielt. Es ist jeweils der Anteil von Probleminstanzen angegeben, für den eine Verfahrensvariante die beste heuristische Lösung gefunden hat. Bei den restlichen $(100 - x)\%$ verfehlte die jeweilige Variante die beste heuristische Lösung.

Tabelle C.50

Anteil der Probleme, bei denen die beste heuristische Lösung gefunden wurde

eingesetzte Variante	Kostenanpassung	
	ja	nein
unmodifizierte Dispositionsstufen	56.67%	47.33%
modifizierte Dispositionsstufen	57.33%	59.67%

Die relative Überlegenheit der einzelnen Varianten hängt offenbar von der jeweils betrachteten Problemstruktur ab. So kann davon ausgegangen werden, daß folgende Eigenschaften einer konkreten Problemstellung einen Einfluß auf die **Lösungsqualität** haben:

- die Form der Erzeugnis- und Prozeßstruktur,
- die Variabilität der Primärbedarfsmengen,
- die Verhältnisse der Rüst- und Lagerkosten,
- das Ausmaß der stufenübergreifenden Ressourcenkonkurrenz sowie
- die Auslastungen der Ressourcen.

Da es keine „optimale" Variante des heuristischen Lösungsverfahrens gibt, bietet es sich an, jeweils immer alle Varianten des Verfahrens von *Helber* einzusetzen und dann die beste Lösung zu implementieren. Diese Lösungsstrategie ist angesichts der geringen Rechenzeiten problemlos realisierbar. Auch eine Randomisierung der Kostenanpassung, wie von *Dellaert und Jeunet*[254] für das MLUSLP vorgeschlagen, wäre prinzipiell möglich.

---

253 vgl. *Tempelmeier und Helber* (1994)
254 siehe S. 177

C.3.3.3.2 Das Verfahren von Derstroff – Eine Lagrange-Heuristik

Derstroff [255] greift ein Konzept auf, das von *Billington* [256] zur Lösung des MLCLSP vorgeschlagen wurde und das daher kurz dargestellt werden soll. *Billington* entwickelt einen Branch&Bound-Ansatz zur Lösung des Modells MLCLSP$_{\text{Billington}}$, in dem auch Rüstzeiten berücksichtigt werden. In den einzelnen Knoten des Lösungsbaums werden jeweils zur Bestimmung einer heuristischen bzw. unechten unteren Schranke K relaxierte Versionen des Modells MLCLSP$_{\text{Billington}}$ gelöst. Die Relaxation bezieht sich auf die Kapazitätsrestriktionen und auf jeweils $(K-1)$ Lagerbilanzgleichungen, die unterschiedliche Produkte miteinander verknüpfen. Es erfolgt somit eine partielle Relaxation der Mehrstufigkeit, von der jeweils nur das gerade betrachtete Produkt j ausgeschlossen ist. Für dieses Produkt j wird die Einhaltung der Lagerbilanzgleichungen durch eine zusätzliche Nebenbedingung und eine dispositionsstufenorientierte Bedarfsauflösung erzwungen. Gewichtet man die Kapazitätsrestriktionen des Modells MLCLSP$_{\text{Billington}}$ mit Lagrange-Multiplikatoren u_t und die Lagerbilanzgleichungen aller Produkte – außer für das Produkt j – mit w_{kt} und nimmt man diese Restriktionen in die Zielfunktion auf, dann entsteht folgendes relaxierte Modell:

Modell MLCLSP$_{\text{Billington}}(LR_j)$

Minimiere Z

$$= \sum_{k=1}^{K} \sum_{t=1}^{T} [s_k \cdot \gamma_{kt} + e_k \cdot (T - t + 1) \cdot q_{kt}]$$

$$+ \sum_{\substack{k=1 \\ k \neq j}}^{K} \sum_{t=1}^{T} w_{kt} \cdot \left\{ \sum_{\tau=1}^{t} d_{k\tau} - y_{k0} - \sum_{\tau=1}^{t} \left[q_{k,\tau-z_k} - \sum_{i \in \mathcal{N}_k} a_{ki} \cdot q_{i\tau} \right] \right\} \quad \text{(C.338)}$$

⌞ Lagrange-Multiplikator der Lagerbilanzgleichung für Produkt k in Periode t

$$+ \sum_{\tau=1}^{T} u_t \cdot \left[\sum_{k=1}^{K} (tb_k \cdot q_{kt} + tr_k \cdot \gamma_{kt}) - b_t \right]$$

⌞ Lagrange-Multiplikator der Kapazitätsrestriktion in Periode t

u. B. d. R.

$$\sum_{\tau=1}^{t} \left[q_{j,\tau-z_j} - \sum_{i \in \mathcal{N}_j} a_{ji} \cdot q_{i\tau} \right] \geq \sum_{\tau=1}^{t} d_{j\tau} - y_{j0} \qquad t = 1, 2, ..., T \quad \text{(C.339)}$$

---

255 vgl. *Tempelmeier und Derstroff* (1993); *Derstroff* (1995); *Tempelmeier und Derstroff* (1996)
256 vgl. *Billington* (1983); *Billington et al.* (1986)

$q_{kt} - M \cdot \gamma_{kt} \leq 0$ $\qquad k = 1, 2, ..., K;\ t = 1, 2, ..., T$ (C.340)

$q_{kt} \geq 0$ $\qquad k = 1, 2, ..., K;\ t = 1, 2, ..., T$ (C.341)

$\gamma_{kt} \in \{0, 1\}$ $\qquad k = 1, 2, ..., K;\ t = 1, 2, ..., T$ (C.342)

Symbole	
a_{ki}	Direktbedarfskoeffizient bezüglich Produkt k und i
b_t	verfügbare Kapazität der Ressource in Periode t
d_{kt}	Primärbedarf für Produkt k in Periode t
e_k	marginaler Lagerkostensatz des Produkts k
K	Anzahl der Produkte ($k = 1, 2, ..., K$)
M	große Zahl
$\mathcal{N}_k$	Indexmenge der direkten Nachfolger des Produkts k (direkt übergeordnete Produkte bzw. nachfolgende Arbeitsgänge)
p_{kt}	variable Produktionskosten des Produkts k in Periode t (werden später verwendet)
s_k	Rüstkostensatz für Produkt k
T	Länge des Planungszeitraums in Perioden ($t = 1, 2, ..., T$)
tb_k	Stückbearbeitungszeit für Arbeitsgang k
tr_k	Rüstzeit für Arbeitsgang k
u_t	Lagrange-Multiplikator der Kapazitätsrestriktion in Periode t
w_{kt}	Lagrange-Multiplikator der Lagerbilanzgleichung für Produkt k in Periode t
z_k	Mindestvorlaufzeit eines Auftrags für Produkt k
q_{kt}	Losgröße des Produkts k in Periode t
γ_{kt}	binäre Rüstvariable für Produkt k in Periode t

Die nach dem generellen Konzept der Lagrange-Relaxation entstandene Formulierung enthält nur noch die Lagerbilanzgleichungen für das Produkt j. Sind die Werte der Lagrange-Multiplikatoren bekannt, dann erhält man für das Produkt j ein Ein-Produkt-Losgrößenproblem ohne Kapazitätsbeschränkungen vom Typ SIULSP[257] – mit periodenbezogenen Zielfunktionskoeffizienten. *Billington* löst ein derartiges Problem für jedes Produkt, wobei er die Erzeugnis- und Prozeßstruktur nach dem Dispositionsstufenverfahren abarbeitet.

Nach dem Konzept der Lagrange-Relaxation soll die Einhaltung der relaxierten Nebenbedingungen durch die Lagrange-Multiplikatoren sichergestellt werden. Im vorliegenden Fall kann dies aber nicht garantiert werden, denn es kann erforderlich werden, daß aufgrund der knappen Kapazität die Bedarfsmenge von Produkt k in Periode t auf mehrere Produktionsperioden verteilt werden muß. Dies wird aber durch Losgrößenverfahren, die keine Kapazitäten berücksichtigen, nicht geleistet. Zur Bestimmung einer oberen

---
257 siehe Abschnitt C.1.1, S. 30

Schranke, d. h. einer zulässigen Lösung des Modells MLCLSP$_{\text{Billington}}$, setzt *Billington* ein einfaches heuristisches Verfahren der Rückwärtseinplanung der Produktionsmengen ein.

Ein weiteres Problem entsteht durch die Notwendigkeit der **Bestimmung der Lagrange-Multiplikatoren**. Hierzu greift *Billington* u. a. auf das Verfahren der Subgradientenoptimierung zurück, wobei die Lagrange-Multiplikatoren so festgesetzt werden sollen, daß möglichst hohe (unechte) untere Schranken für den optimalen Zielfunktionswert erreicht werden.

Obwohl das Verfahren vom Konzept her auch für generelle Erzeugnis- und Prozeßstrukturen einsetzbar ist, beschränkt *Billington* sich in seinen numerischen Tests auf (parallele) lineare und konvergierende Erzeugnisstrukturen.

Derstroff entwickelt ein mehrstufiges iteratives Verfahren zur Lösung des MLCLSP, das im Folgenden beschrieben wird. Durch **Lagrange-Relaxation der Lagerbilanzgleichungen sowie der Kapazitätsrestriktionen** wird das kapazitierte mehrstufige Mehrprodukt-Losgrößenproblem in mehrere voneinander unabhängige unkapazitierte dynamische Einprodukt-Losgrößenprobleme zerlegt. Diese Probleme vom Typ des Modells SIULSP[258] werden isoliert optimal gelöst. Die zunächst vernachlässigten Nebenbedingungen, die die beschränkten Kapazitäten und die Mehrstufigkeit der Erzeugnisstruktur erfassen, werden implizit durch die Lagrange-Multiplikatoren berücksichtigt. Die Vernachlässigung der Mehrstufigkeit der Erzeugnisstruktur kann dazu führen, daß die für die Produktion eines Erzeugnisses in einer Periode benötigte Menge eines untergeordneten Produkts nicht rechtzeitig bereitgestellt wird. Es kommt dann zu Fehlmengen. Nachdem für alle Produkte das Modell SIULSP optimal gelöst worden ist, werden die produktbezogenen Produktionspläne zusammengefaßt und im Hinblick auf die vernachlässigten Restriktionen analysiert. Aus den entstandenen Überschreitungen der verfügbaren Kapazitäten sowie den aufgetretenen Fehlmengen werden Lagrange-Multiplikatoren (Strafkostensätze) abgeleitet, die in den Zielfunktionen der Teilprobleme berücksichtigt werden.

Aus den Lösungen der einstufigen unkapazitierten Losgrößenprobleme wird eine echte **untere Schranke** des optimalen Zielfunktionswertes ermittelt. Die Lagrange-Multiplikatoren werden mit Hilfe eines Verfahrens der Subgradientenoptimierung[259] aktualisiert. Zur Bestimmung **oberer Schranken** des optimalen Zielfunktionswertes wird ein heuristisches Verfahren eingesetzt, mit dem jeweils eine auch im Hinblick auf die Kapazitätsbeschränkungen zulässige Lösung des mehrstufigen Mehrprodukt-Losgrößenproblems bestimmt wird. Der prinzipielle Ablauf des Verfahrens ist in Bild C.56 dargestellt.

---

258 siehe Abschnitt C.1.1
259 vgl. *Nemhauser und Wolsey* (1988)

Grundlage des Verfahrens ist eine Umformung des Modells MLCLSP. Durch die Relaxation der Kapazitätsrestriktionen wird das Problem MLCLSP in ein unkapazitiertes mehrstufiges Mehrprodukt-Losgrößenproblem überführt. Die Lösung dieses Problems könnte im Prinzip durch ein beliebiges exaktes Verfahren erfolgen. Da hierfür aber derzeit kein effizientes Verfahren existiert[260], wird das Mehrprodukt-Losgrößenproblem durch zusätzliche Relaxation der Lagerbilanzgleichungen, welche die Materialflußbeziehungen zwischen den Erzeugnissen erfassen, in mehrere unkapazitierte dynamische Einprodukt-Losgrößenprobleme (Modell SIULSP) transformiert. Diese werden in Schritt 1 isoliert gelöst.

Im anschließenden Schritt 2 werden zunächst die mit den Ergebnissen aus Schritt 1 verbundenen Lagerbestände und Fehlmengen sowie Über- und Unterauslastungen der Ressourcen ermittelt und zur Veränderung der Lagrange-Multiplikatoren herangezogen.

Bild C.56

Verfahren von Derstroff

Schritt 0: Initialisiere die Lagrange-Multiplikatoren. Definiere ein Abbruchkriterium.

Schritt 1: Aktualisiere die untere Schranke des optimalen Zielfunktionswertes durch Lösung einer relaxierten Variante des Modells MLCLSP, d. h. durch Lösung der durch die Relaxation entstandenen unkapazitierten Einprodukt-Losgrößenprobleme.

Schritt 2: Bestimme aufgrund der in Schritt 1 ermittelten Lösung die Belastungen der Ressourcen sowie die Fehlmengen und aktualisiere die Lagrange-Multiplikatoren unter Rückgriff auf die aktuelle Belastungs- und Fehlmengensituation.

Schritt 3: Aktualisiere die obere Schranke des optimalen Zielfunktionswertes; falls das Abbruchkriterium nicht erfüllt ist, gehe zu Schritt 1; andernfalls STOP.

Schließlich wird in Schritt 3 eine zulässige Lösung des Problems ermittelt, mit der u. U. die obere Schranke des optimalen Zielfunktionswertes aktualisiert werden kann. Entstandene Fehlmengen werden durch Verwendung des Dispositionsstufenverfahrens beseitigt. Zum Abbau von Kapazitätsüberlastungen wird ein heuristischer Kapazitätsabgleich durchgeführt.

- **Bestimmung der unteren Schranke**

Die Lagrange-Relaxation ist ein Konzept zur Lösung von Problemen, nach dem „schwierige" Nebenbedingungen aus dem Restriktionssystem gestrichen und in der Zielfunktion implizit berücksichtigt werden. Dies geschieht durch Multiplikation der Nebenbedin-

---

260 vgl. hierzu Abschnitt C.3.2

gungen mit Lagrange-Multiplikatoren, deren Werte so festgelegt werden müssen, daß die Nebenbedingungen eingehalten werden. An die Stelle der direkten Berücksichtigung der schwierigen Nebenbedingungen tritt nun das Problem, „optimale" Werte der Lagrange-Multiplikatoren zu bestimmen, durch die die Nichteinhaltung der „schwierigen" Nebenbedingungen so stark bestraft wird, daß eine Einhaltung dieser Nebenbedingungen günstiger ist.

Die „schwierigen" Nebenbedingungen im Modell MLCLSP sind die **Kapazitätsrestriktionen** sowie die **Lagerbilanzgleichungen**, die in Verbindung mit den Nichtnegativitätsbedingungen des Lagerbestands Beziehungen zwischen den Produktions- und Bedarfsmengen der Erzeugnisse herstellen. Sie werden im Folgenden der Einfachheit halber als Fehlmengenrestriktionen bezeichnet.

Relaxation des Modells MLCLSP. Ziel der folgenden Überlegungen ist die Formulierung von unkapazitierten dynamischen Einprodukt-Losgrößenproblemen (Modell SIULSP). Zunächst werden die Lagerbestandsvariablen y_{kt} wie folgt eliminiert. Fehlmengen eines Produkts k können nicht auftreten, wenn für jeden Zeitraum von 1 bis t $(t = 1, 2, ..., T)$ die kumulierte Produktionsmenge größer ist als die kumulierte Gesamtbedarfsmenge (Primär- und Sekundärbedarf). Gehen wir davon aus, daß der Lagerbestand jedes Produkts zu Beginn des Planungszeitraums, y_{k0}, Null ist, dann kann der **Lagerbestand** des Produkts k am Ende der Periode t mit Gleichung (C.343) dargestellt werden.[261]

$$y_{kt} = \sum_{\tau=1}^{t} q_{k\tau} - \sum_{\tau=1}^{t} \left[d_{k\tau} + \sum_{i \in \mathcal{N}_k} a_{ki} \cdot q_{i\tau} \right] \qquad \begin{array}{l} k = 1, 2, ..., K \\ t = 1, 2, ..., T \end{array} \qquad \text{(C.343)}$$

↑ kumulierte Gesamtbedarfsmenge des Produkts k im Zeitraum $[1, t]$
↳ kumulierte Produktionsmenge des Produkts k im Zeitraum $[1, t]$

Ersetzt man nun die Variablen y_{kt} im Modell MLCLSP durch Gleichung (C.343), dann erhält man nach einigen Umformungen:

Modell MLCLSP$_{neu}$

Minimiere $Z = \sum_{k=1}^{k} \sum_{t=1}^{T} \left\{ \left[e_k \cdot (T - t + 1) + p_{kt} \right] \cdot q_{kt} + s_k \cdot \gamma_{kt} \right\} - F$ \hfill (C.344)

u. B. d. R.

$\sum_{\tau=1}^{t} q_{k\tau} \geq \sum_{\tau=1}^{t} \left[d_{k\tau} + \sum_{i \in \mathcal{N}_k} a_{ki} \cdot q_{i\tau} \right] \qquad k = 1, 2, ..., K; \ t = 1, 2, ..., T$ \hfill (C.345)

---

[261] Siehe auch Gleichung (C.209), S. 136. Im Folgenden werden die deterministischen Mindestvorlaufzeiten z_k vernachlässigt.

$$\sum_{k \in \mathcal{K}_j} (tb_k \cdot q_{kt} + tr_k \cdot \gamma_{kt}) \leq b_{jt} \qquad j = 1, 2, ..., J;\ t = 1, 2, ..., T \qquad \text{(C.346)}$$

$$q_{kt} - M \cdot \gamma_{kt} \leq 0 \qquad k = 1, 2, ..., K;\ t = 1, 2, ..., T \qquad \text{(C.347)}$$

$$q_{kt} \geq 0 \qquad k = 1, 2, ..., K;\ t = 1, 2, ..., T \qquad \text{(C.348)}$$

$$\gamma_{kt} \in \{0, 1\} \qquad k = 1, 2, ..., K;\ t = 1, 2, ..., T \qquad \text{(C.349)}$$

Symbole

a_{ki}	Direktbedarfskoeffizient bezüglich Produkt k und i
b_{jt}	verfügbare Kapazität der Ressource j in Periode t
d_{kt}	Primärbedarf für Produkt k in Periode t
e_k	marginaler Lagerkostensatz des Produkts k (dieser kann auch periodenabhängig definiert werden)
F	Konstante
J	Anzahl der Ressourcen ($j = 1, 2, ..., J$)
K	Anzahl der Produkte bzw. Arbeitsgänge ($k = 1, 2, ..., K$)
$\mathcal{K}_j$	Indexmenge der Arbeitsgänge, die durch die Ressource j vollzogen werden
M	große Zahl
$\mathcal{N}_k$	Indexmenge der Nachfolger des Produkts k (direkt übergeordnete Produkte bzw. nachfolgende Arbeitsgänge)
p_{kt}	variable Produktionskosten für Produkt k in Periode t
s_k	Rüstkostensatz des Produkts k (dieser kann auch periodenabhängig definiert werden)
T	Länge des Planungszeitraums in Perioden ($t = 1, 2, ..., T$)
tb_k	Stückbearbeitungszeit für Arbeitsgang k
tr_k	Rüstzeit für Arbeitsgang k
q_{kt}	Losgröße für Arbeitsgang k in Periode t
γ_{kt}	binäre Rüstvariable für Arbeitsgang bzw. Produkt k in Periode t

Der Term F in der Zielfunktion ist eine sich nach den Umformungen ergebende Konstante, die keinen Einfluß auf die Struktur der Lösung hat. F wird nur zur Berechnung der unteren Schranke des optimalen Zielfunktionswertes benötigt. Führt man nun Lagrange-Multiplikatoren der Kapazitätsrestriktionen, u_{jt}, und der Fehlmengenrestriktionen, v_{kt}, ein, dann erhält man unter Vernachlässigung der Konstanten F und nach einigen Umformungen für jedes Produkt k ein **dynamisches unkapazitiertes Einprodukt-Losgrößenproblem** (Modell SIULSP$_k$). Durch die Relaxation der Fehlmengenrestriktionen werden die Produktionsmengen über- und untergeordneter Produkte nur noch implizit durch die Lagrange-Multiplikatoren abgestimmt. Dazu müssen diese i. d. R. in mehreren Iterationen aktualisiert werden. Damit in jeder Iteration produktspezifische Produktionspläne ohne Fehlmengen entstehen, werden die relaxierten Probleme um Lagerbestandsbedingungen (C.351) erweitert, welche garantieren, daß die kumulierte Produktionsmenge eines untergeordneten Produkts zur Versorgung aller übergeordneten Produkte ausreicht. Das relaxierte unkapazitierte Einprodukt-Losgrößenproblem für das Produkt k $(k = 1, 2, \ldots, K)$ lautet somit:

Modell SIULSP$_k$

Minimiere $Z_k = \sum_{t=1}^{T} (c_{kt} \cdot q_{kt} + s_{kt} \cdot \gamma_{kt})$ \hfill (C.350)

u. B. d. R.

$$\sum_{\tau=1}^{t} q_{k\tau} \geq \sum_{\tau=1}^{t} D_{k\tau} \qquad t = 1, 2, \ldots, T \quad \text{(C.351)}$$

$$q_{kt} - M \cdot \gamma_{kt} \leq 0 \qquad t = 1, 2, \ldots, T \quad \text{(C.352)}$$

$$q_{kt} \geq 0 \qquad t = 1, 2, \ldots, T \quad \text{(C.353)}$$

$$\gamma_{kt} \in \{0, 1\} \qquad t = 1, 2, \ldots, T \quad \text{(C.354)}$$

mit

$$\begin{aligned} c_{kt} =\ & e_k \cdot (T - t + 1) \\ & + p_{kt} + \sum_{\tau=t}^{T} \left[\sum_{i \in \mathcal{V}_k} a_{ik} \cdot v_{i\tau} - v_{k\tau} \right] + tb_k \cdot u_{jt} \end{aligned} \qquad t = 1, 2, \ldots, T \quad \text{(C.355)}$$

$$s_{kt} = s_k + tr_k \cdot u_{jt} \qquad t = 1, 2, \ldots, T \quad \text{(C.356)}$$

$$D_{kt} = d_{kt} + \sum_{i \in \mathcal{N}_k} a_{ki} \cdot D_{it} \qquad t = 1, 2, \ldots, T \quad \text{(C.357)}$$

Symbole	
a_{ki}	Direktbedarfskoeffizient bezüglich Produkt k und i
D_{kt}	Gesamtbedarf des Produkts k in Periode t
e_k	marginaler Lagerkostensatz des Produkts k (dieser kann auch periodenabhängig definiert werden)
M	große Zahl
$\mathcal{N}_k$	Indexmenge der Nachfolger des Produkts k (direkt übergeordnete Produkte bzw. nachfolgende Arbeitsgänge)
p_{kt}	variable Produktionskosten für Produkt bzw. Arbeitsgang k in Periode t
T	Länge des Planungszeitraums in Perioden ($t = 1, 2, \ldots, T$)
tb_k	Stückbearbeitungszeit für Produkt bzw. Arbeitsgang k
tr_k	Rüstzeit für Produkt bzw. Arbeitsgang k

Symbole (Fortsetzung)	
u_{jt}	Lagrange-Multiplikator der Kapazitätsrestriktion der Ressource j in Periode t
v_{kt}	Lagrange-Multiplikator der Lagerbilanzgleichung für Produkt k in Periode t
$\mathcal{V}_k$	Indexmenge der Vorgänger des Produkts k (direkt untergeordnete Produkte bzw. vorangehende Arbeitsgänge)
q_{kt}	Losgröße für Produkt k in Periode t
γ_{kt}	binäre Rüstvariable für Arbeitsgang bzw. Produkt k in Periode t

Die Lösung dieser unkapazitierten dynamischen Einprodukt-Losgrößenprobleme kann mit Hilfe eines der bekannten exakten Verfahren[262] erfolgen, wobei die Reihenfolge, in der die einzelnen Produkte betrachtet werden, sich aus ihrer Dispositionsstufenzuordnung ergibt. Damit wird sichergestellt, daß die Gesamtbedarfsmengen D_{kt} bekannt sind. Aus den optimalen Lösungen kann dann die **untere Schranke** des Zielfunktionswertes des Modells MLCLSP$_{neu}$ wie folgt errechnet werden:

$$LB = \sum_{k=1}^{K} \sum_{t=1}^{T} \left\{ \left[e_k \cdot (T - t + 1) + p_{kt} \right] \cdot q_{kt} + s_k \cdot \gamma_{kt} \right\}$$
$$- \sum_{k=1}^{K} \sum_{t=1}^{T} v_{kt} \cdot \sum_{\tau=1}^{t} \left[q_{k\tau} - \sum_{i \in \mathcal{N}_k} a_{ki} \cdot q_{i\tau} - d_{k\tau} \right] \quad \text{(C.358)}$$
$$+ \sum_{j=1}^{J} \sum_{t=1}^{T} u_{jt} \cdot \left[\sum_{k \in \mathcal{K}_j} (tr_k \cdot \gamma_{kt} + tb_k \cdot q_{kt}) - b_{jt} \right] - F$$

Aktualisierung der Lagrange-Multiplikatoren. Zur Bestimmung der Lagrange-Multiplikatoren wird ein iteratives Verfahren der **Subgradientenoptimierung**[263] eingesetzt. In jeder Iteration ℓ werden die – nun mit dem Iterationszähler ℓ markierten – Vektoren der Lagrange-Multiplikatoren, $\underline{u}^\ell$ und $\underline{v}^\ell$, durch Addition eines mit einer Schrittweite λ^ℓ multiplizierten Richtungsvektors aktualisiert. Die Lagrange-Multiplikatoren der **Kapazitätsrestriktionen** in der Iteration ℓ werden nach Gleichung (C.359) aktualisiert.

$$u_{jt}^\ell = \max \left\{ 0,\ u_{jt}^{\ell-1} + \lambda^\ell \cdot \left[\underbrace{\sum_{k \in \mathcal{K}_j} (tr_k \cdot \gamma_{kt} + tb_k \cdot q_{kt}) - b_{jt}}_{\text{Über- oder Unterauslastung der Ressource } j \text{ in Periode } t} \right] \right\} \quad \begin{array}{l} j = 1, 2, ..., J \\ t = 1, 2, ..., T \end{array} \quad \text{(C.359)}$$

---
262 siehe Abschnitt C.1.2.1
263 vgl. *Nemhauser und Wolsey* (1988)

Die Lagrange-Multiplikatoren der **Fehlmengenrestriktionen** werden nach Gleichung (C.360) aktualisiert.

$$v_{kt}^{\ell} = \max\left\{0,\ v_{kt}^{\ell-1} - \lambda^{\ell} \cdot \sum_{\tau=1}^{t}\underbrace{\left[q_{k\tau} - \sum_{i \in \mathcal{N}_k} a_{ki} \cdot q_{i\tau} - d_{k\tau}\right]}_{\text{Lagerbestand bzw. Fehlmenge des Produkts } k \text{ in Periode } t}\right\} \quad \begin{matrix} k = 1, 2, ..., K \\ t = 1, 2, ..., T \end{matrix} \quad (C.360)$$

Die Schrittweite λ^{ℓ} wird in jeder Iteration ℓ unter Berücksichtigung des Parameters δ^{ℓ}, der Differenz zwischen der oberen Schranke UB und der unteren Schranke $LB(\underline{u}^{\ell-1}, \underline{v}^{\ell-1})$ und der euklidischen Norm der Abweichungen der kritischen Nebenbedingungen (Kapazitäts- und Fehlmengenrestriktionen) wie folgt angepasst:

$$\lambda^{\ell} = \delta^{\ell} \cdot \frac{UB - LB\left(\underline{u}^{\ell-1}, \underline{v}^{\ell-1}\right)}{\sqrt{\underbrace{\sum_{j=1}^{J}\sum_{t=1}^{T}\left[\sum_{k \in \mathcal{K}_j}(tr_k \cdot \gamma_{kt} + tb_k \cdot q_{kt}) - b_{jt}\right]^2}_{\text{Kapazitätsrestriktionen}} + \underbrace{\sum_{k=1}^{K}\sum_{t=1}^{T}\sum_{\tau=1}^{t}\left[d_{k\tau} + \sum_{i \in \mathcal{N}_k} a_{ki} \cdot q_{i\tau} - q_{k\tau}\right]^2}_{\text{Fehlmengenrestriktionen}}}} \quad (C.361)$$

Auf die Bestimmung der oberen Schranke UB des Zielfunktionswertes, die aus einer zulässigen Lösung des Modells MLCLSP$_{\text{neu}}$ resultiert, wird weiter unten eingegangen.

Der Parameter δ^{ℓ} wird wie folgt aktualisiert. Beginnend mit dem Startwert $\delta^{\ell}=2$ wird δ^{ℓ} in den folgenden Iterationen immer dann halbiert, wenn $LB(\underline{u}^{\ell-1}, \underline{v}^{\ell-1})$ während der jeweils letzten 4 Iterationen nicht verbessert werden konnte. Zur Stabilisierung des Konvergenzverhaltens der Subgradienten wird – wie von *Crowder*[264] vorgeschlagen – die exponentielle Glättung erster Ordnung eingesetzt.

Das Verfahren wird beendet, wenn eines der folgenden Abbruchkriterien erfüllt ist:

▷ **Maximale Anzahl Iterationen erreicht**

   Aufgrund des empirisch festgestellten Verlaufs der oberen Schranke als Funktion der Anzahl Iterationen wird das Verfahren nach 50 Iterationen abgebrochen.

▷ **Einhaltung der kritischen Restriktionen gesichert**

   Sobald die Kapazitätsrestriktionen und die Fehlmengenrestriktionen nur noch vernachlässigbar verletzt werden, wird das Verfahren beendet.

---

[264] vgl. *Crowder* (1976)

Diese Abruchbedingung lautet:

$$\sum_{j=1}^{J}\sum_{t=1}^{T}\left[\sum_{k\in\mathcal{K}_j}(tr_k\cdot\gamma_{kt}+tb_k\cdot q_{kt})-b_{jt}\right]^2 \\ +\sum_{k=1}^{K}\sum_{t=1}^{T}\sum_{\tau=1}^{t}\left[d_{k\tau}+\sum_{i\in\mathcal{N}_k}a_{ki}\cdot q_{i\tau}-q_{k\tau}\right]^2 \leq \varepsilon \quad\text{(C.362)}$$

Die Genauigkeitsschranke ε wird dabei gleich 0.001 gesetzt.

▷ **Werte der Lagrange-Multiplikatoren vernachlässigbar**

In engem Zusammenhang mit der Einhaltung der kritischen Restriktionen stehen die Werte der Lagrange-Multiplikatoren. Hier wird folgendes Abbruchkriterium verwendet:

$$u_{jt}\leq\varepsilon \wedge v_{kt}\leq\varepsilon \qquad j=1,2,\ldots,J;\ k=1,2,\ldots,K;\ t=1,2,\ldots,T \quad\text{(C.363)}$$

Bild C.57
Erzeugnis- und Prozeßstruktur

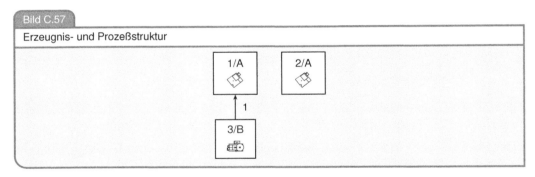

Betrachten wir ein Beispiel mit der in Bild C.57 wiedergegebenen Erzeugnis- und Prozeßstruktur. Drei Produkte werden auf zwei Ressourcen A und B bearbeitet. Das Einzelteil 3 wird mit einem Direktbedarfskoeffizienten von $a_{31}=1$ in das Endprodukt 1 eingebaut. Die Periodenkapazitäten der Ressourcen betragen $b_A=30$ und $b_B=20$. Die Rüstzeiten tr_k, Stückbearbeitungszeiten tb_k und marginalen Lagerkostensätze e_k der Produkte sind in Tabelle C.51 zusammengestellt. Rüstkosten fallen nicht an.

Tabelle C.51
Daten des Beispiels

k	tr_k	tb_k	e_k	s_k
1	5	1	1	0
2	5	1	2	0
3	5	1	1	0

C.3.3 Lösungsverfahren – Verfahren von Derstroff

Tabelle C.52 enthält die Bedarfsmengen der beiden Endprodukte für zwei Perioden.

Tabelle C.52
Bedarfsmengen

$k \setminus t$	1	2
1	10	5
2	5	20

Da die Rüstkosten Null sind, bestehen die optimalen Lösungen der Modelle SIULSP$_k$ ($k = 1, 2, 3$) darin, daß für jedes Produkt in jeder Periode produziert wird. Unter Beachtung der Rüstzeiten und der Stückbearbeitungszeiten ergibt sich dann der in Tabelle C.53 angegebene Kapazitätsbedarf.

Tabelle C.53
Kapazitätsbedarfe nach Iteration 1 (Startlösung)

$k \setminus t$	1	2
1	q_{11}=10: 5+10	q_{12}= 5: 5+ 5
2	q_{21}= 5: 5+ 5	q_{22}=20: 5+20
Kapazitätsbedarf A	25	35
3	q_{31}=10: 5+10	q_{32}= 5: 5+ 5
Kapazitätsbedarf B	15	10

Die Kapazität der Ressource A ($b_A = 30$) wird in Periode 2 um 5 Einheiten überschritten. Diese Lösung ist somit im Hinblick auf das Modell MLCLSP$_{neu}$ nicht zulässig. Daher erhöhen wir den Lagrange-Multiplikator der Ressource A für Periode 2, u_{A2} von 0 auf 0.57143 (dieser Wert ergibt sich aus den obigen Beziehungen zur Aktualisierung der Lagrange-Multiplikatoren) und lösen die Modelle SIULSP$_k$ ($k = 1, 2, 3$) erneut. Die Lösungen sind in Tabelle C.54 zusammengefaßt.

Tabelle C.54
Kapazitätsbedarfe nach Iteration 2

$k \setminus t$	1	2
1	q_{11}=15: 5+15	q_{12}= 0: 0+ 0
2	q_{21}= 5: 5+ 5	q_{22}=20: 5+20
Kapazitätsbedarf A	30	25
3	q_{31}=10: 5+10	q_{32}= 5: 5+ 5
Kapazitätsbedarf B	15	10

Die Verteuerung der Produktion des Produkts 1 in Periode 2 durch den Lagrange-Multiplikator u_{A2} hat es günstiger werden lassen, bereits den gesamten Bedarf in

Periode 1 zu produzieren. Dadurch wird die Verletzung der Kapazitätsrestriktion der Ressource A beseitigt. Allerdings entsteht jetzt eine Fehlmenge für das Erzeugnis 3, da die Produktionsmenge $q_{31} = 10$ nicht ausreicht, um den sich aus der Produktion des Produkts 1 ergebenden Sekundärbedarf (= 15) zu decken. Im nächsten Schritt erhöhen wir den Lagrange-Multiplikator der Fehlmengenrestriktion des Produkts 3 in Periode 1, v_{31}, passen u_{A2} den Gleichungen (C.359) und (C.361) entsprechend an und lösen alle Modelle SIULSP$_k$ erneut – soweit sich deren Parameter geändert haben.

- **Bestimmung der oberen Schranke**

Zur Aktualisierung des λ-Wertes [Gleichung (C.361)] wird in jeder Iteration die obere Schranke UB des optimalen Zielfunktionswertes benötigt. Aus diesem Grund wird in jeder Iteration eine zulässige Lösung des Modells MLCLSP$_{neu}$ ermittelt. Aufbauend auf den in Schritt 1 ermittelten (nicht-zulässigen) Produktionsplänen der Produkte werden nun zunächst Fehlmengen und dann Überlastungen der Kapazitäten beseitigt.

Berücksichtigung der Fehlmengenrestriktionen. Damit Fehlmengen vermieden werden, muß entsprechend den Lagerbilanzgleichungen und den Nichtnegativitätsbedingungen für die Lagerbestände sichergestellt werden, daß die Losgrößen für übergeordnete Produkte nicht zu Fehlmengen bei untergeordneten Produkten führen. Ein hinsichtlich dieser Bedingung zulässiger Produktionsplan wird auf einfache Weise dadurch erreicht, daß man die Produkte nach dem Dispositionsstufenverfahren abarbeitet.[265] Beginnend mit den Produkten der obersten Dispositionsstufe werden zunächst die sich ergebenden Einprodukt-Losgrößenprobleme vom Typ des Modells SIULSP$_k$ gelöst. Die erzeugten Produktionspläne der Produkte der Dispositionsstufe 0 dienen als Grundlage für die Bestimmung der Sekundärbedarfsmengen für die direkten Vorgänger dieser Produkte auf der Dispositionsstufe 1, für die dann ebenfalls Probleme vom Typ SIULSP$_k$ gelöst werden, usw. Nach Betrachtung aller Produkte liegt eine zulässige Lösung für das Modell MLCLSP$_{neu}$ – ohne die Kapazitätsrestriktionen – vor.

Berücksichtigung der Kapazitätsrestriktionen. Zunächst werden die resultierenden Kapazitätsbelastungen den verfügbaren Kapazitäten der Ressourcen, b_{jt} ($j = 1, 2, ..., J$; $t = 1, 2, ..., T$), gegenübergestellt. Überschreitungen der Kapazitäten werden der Einfachheit halber als **Überstunden** interpretiert. Diese lassen sich gegebenenfalls auch zur Definition „weicher" Kapazitätsrestriktionen einsetzen. Zur Bestimmung einer zulässigen Lösung des Problems MLCLSP$_{neu}$ wird nun sukzessive versucht, alle aufgetretenen Überstunden durch die Verschiebung von Produktionsmengen in andere Perioden abzubauen. Sobald dies oder eine vorgegebene maximale Iterationszahl (für den Kapazitätsabgleich) erreicht ist, wird der Kapazitätsabgleich abgebrochen.

---

265 vgl. *Günther und Tempelmeier* (2020)

Bei der Durchführung des **Kapazitätsabgleichs** bestehen zahlreiche Freiheitsgrade:[266]

▷ **Reihenfolge, in der Perioden mit Überstunden betrachtet werden**

Vorwärtsabgleich. Ein Vorwärtsabgleich beginnt in der ersten Periode, in der Überstunden aufgetreten sind, und verlagert Produktionsmengen aus Perioden mit Überstunden in Richtung Planungshorizont T.
Rückwärtsabgleich. Umgekehrt verschiebt der Rückwärtsabgleich Überstunden vom Planungshorizont in Richtung Periode 1. Zwischen diesen beiden Abgleichrichtungen wird solange abgewechselt, bis eine Lösung ohne Überstunden gefunden oder bis die maximale Iterationszahl für den Kapazitätsabgleich erreicht wurde. Das Grundprinzip dieser beiden Formen des Kapazitätsabgleichs zeigt Bild C.58.

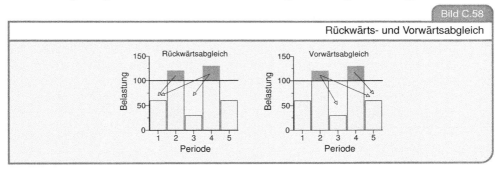

Bild C.58 Rückwärts- und Vorwärtsabgleich

▷ **Anzahl der bei einer Produktionsmengenverschiebung gemeinsam betrachteten Produkte**

Einfacher Abgleich. Hinsichtlich der Anzahl der von einem Verlagerungsschritt betroffenen Produkte besteht einmal die Möglichkeit, einzelne Lose bzw. Teillose von Produkten isoliert zu verlagern.
Strukturabgleich. Eine andere Möglichkeit ist die Betrachtung von Teilerzeugnisstrukturen, d. h. die simultane Verlagerung der Lose von Endprodukten und ihren Baugruppen oder Baugruppen und ihren Einzelteilen.[267]
Zunächst wird überprüft, ob es möglich ist, ein ganzes Los eines einzelnen Produkts in eine andere Produktionsperiode zu verschieben. Dabei wird nach einer Periode gesucht, in der bereits für das betreffende Produkt gerüstet wird. Durch die Verlagerung eines vollständigen Loses in eine Periode, in der bereits für dieses Produkt gerüstet wird, kann ein Rüstvorgang und damit die entsprechende Rüstzeit eingespart werden. Da diese Prüfung für ein einzelnes Produkt relativ schnell möglich

---

266 vgl. *Derstroff* (1995)
267 In ähnlicher Weise wird auch im NIPPA-Verfahren bei der Bestimmung der Prioritätswerte vorgegangen. Siehe Abschnitt C.3.2.4, S. 180 ff.

ist, wird die Form des Einfachabgleichs zunächst bevorzugt zum Abbau von Überstunden eingesetzt.

Konnten die Überstunden durch den einfachen Abgleich nicht abgebaut werden, wird zum Strukturabgleich übergegangen. Auch hier wird jeweils versucht, durch Verlagerung von ganzen Losen Rüstzeiten zu vermeiden.

▷ **Reihenfolge, in der die Ressourcen betrachtet werden**

Ein weiterer Freiheitsgrad besteht in der Reihenfolge, in der die überlasteten Ressourcen betrachtet werden. Damit möglichst viele einfache Abgleiche möglich sind, wird bei einer Verlagerung in Richtung der Periode T (*Vorwärtsabgleich*) versucht, zunächst an solchen Ressourcen Überstunden abzubauen, die durch viele Endprodukte in Anspruch genommen werden. Dadurch ist eher gewährleistet, daß auch ganze Lose verschoben werden können, ohne daß es zu Fehlmengen kommt. Umgekehrt werden bei einer Verlagerung in Richtung der Periode 1 (*Rückwärtsabgleich*) zuerst solche Ressourcen betrachtet, auf denen die meisten Einzelteile bearbeitet werden, da deren Lose vorgezogen werden können, ohne daß Fehlmengen verursacht werden. Dieser Aspekt wird berücksichtigt, wenn man die Ressourcen nach ihrer Position im Ressourcen-Graphen behandelt. Ist der Ressourcen-Graph zyklisch, dann richtet sich die Reihenfolge der Betrachtung der Ressourcen beim Kapazitätsabgleich nach der Differenz zwischen eingehenden und ausgehenden Pfeilen im Ressourcen-Graphen.

▷ **Reihenfolge, in der Ressourcen oder Perioden betrachtet werden**

Schließlich besteht – wie in Bild C.59 dargestellt – die Möglichkeit, entweder zuerst die Ressourcen und dann die Perioden zu betrachten oder umgekehrt.

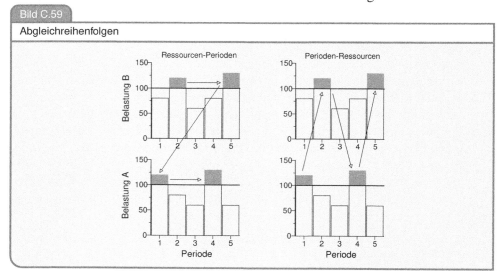

Bild C.59 Abgleichreihenfolgen

C.3.3 Lösungsverfahren – Verfahren von Derstroff

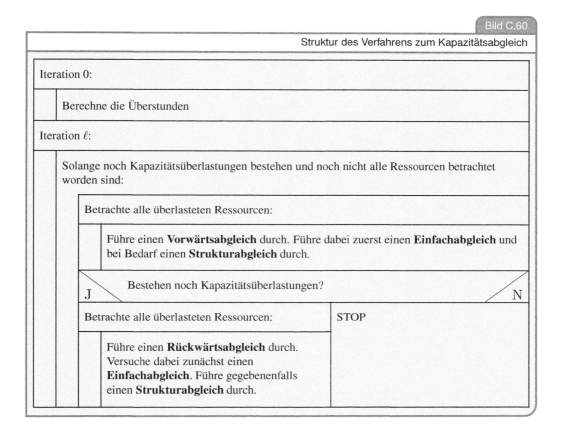

Bild C.60: Struktur des Verfahrens zum Kapazitätsabgleich

Insgesamt bestehen somit vier Freiheitsgrade zur konkreten Ausgestaltung des Verfahrens. Der Ablauf des Kapazitätsabgleichs ist in Bild C.60 zusammengefaßt.

Beim Kapazitätsabgleich wird nun im Prinzip wie folgt vorgegangen: Wir betrachten eine Ressource, deren Kapazität in der Periode τ durch die vorläufig eingeplanten Produktionsmengen überschritten wird. Zum Abbau dieser Überstunden wird über alle Produkte k und für alle Zielperioden t, in die Produktionsmengen verlagert werden können, diejenige Produktionsmengenverschiebung realisiert, die mit der größten Verringerung des Zielfunktionswertes verbunden ist. Dabei werden in Abhängigkeit von der Abgleichrichtung unterschiedliche Überlegungen angestellt.

Vorwärtsabgleich. Bei einem Vorwärtsabgleich ist zu berücksichtigen, daß durch die Verschiebung von Produktionsmengen des Produkts k in eine zukünftige Periode $t > \tau$ kein negativer Lagerbestand (Fehlmenge) für dieses Produkt entstehen darf. Wird die Menge $\Delta_{k\tau t}$ des Produkts k von der Produktionsperiode τ in die Zielperiode t verschoben, dann steht sie zur Versorgung der Bedarfsmengen in den Perioden τ bis $t-1$ nicht mehr zur Verfügung. Folglich reduziert sich der Lagerbestand in *allen* Perioden von τ bis $t-1$ um jeweils $\Delta_{k\tau t}$. Da der Lagerbestand in keiner Periode negativ werden darf, ergibt sich die maximal aus Periode τ in die Periode t isoliert verschiebbare Menge des Produkts k nach Gleichung (C.364).

$$\Delta_{k\tau t}^{\max} = \min\left\{q_{k\tau}, \min_{\tau \leq \ell \leq t-1}[y_{k\ell}]\right\} \qquad t = 1, 2, ..., T;\ \tau < t \qquad \text{(C.364)}$$

Betrachten wir ein Beispiel. In Tabelle C.55 wird ein Produktionsplan für ein Produkt angegeben, der zur Überlastung einer Ressource A führt. Aus der Produktionsmenge q_t ergibt sich der Kapazitätsbedarf KN_{At}. In Periode 1 entsteht eine Überlastung, die durch eine Verlagerung von Produktionsmengen aus Periode 1 in die Perioden 2 bis 4 beseitigt werden soll. Die Höhe der **maximal verschiebbaren Produktionsmenge** hängt davon ab, in welche Zielperiode die Verlagerung erfolgt. Wird die Zielperiode 2 betrachtet, dann können maximal $\min\{q_{k1}, y_{k1}\} = \min\{30, 20\} = 20$ ME verlagert werden. Die Verschiebung von 30 ME würde dazu führen, daß der Bedarf der Periode 1 nicht gedeckt wäre. Lediglich die in der Produktionsmenge q_{k1} enthaltene Bedarfsmenge der Periode 2 kann in die Periode 2 verschoben werden. In die Zielperiode 3 kann nichts verlagert werden, denn es gilt: $\min\{q_{k1}, y_{k1}, y_{k2}\} = \min\{30, 20, 0\} = 0$. Würde man z. B. 10 ME in Periode 3 verlagern, dann könnte der Bedarf in Periode 2 mit dem zu Beginn der Periode vorhandenen Bestand von 10 ME nicht erfüllt werden.

Tabelle C.55
Maximale Verlagerungsmenge beim Vorwärtsabgleich (Beispiel)

t	1	2	3	4
d_t	10	20	10	10
q_t	30	–	20	–
y_t	20	–	10	–
KN_{At}	30	–	20	–
b_{At}	20	20	20	20
$\Delta_{k1t}^{\max}$	–	20	–	–

↑ unzulässige Belastung

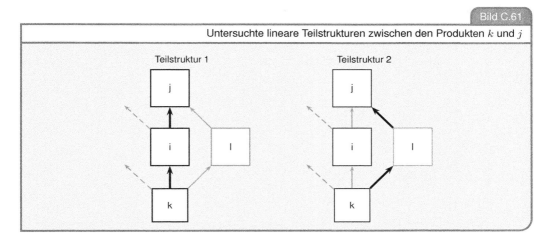

Bild C.61 Untersuchte lineare Teilstrukturen zwischen den Produkten k und j

Zur Verringerung der Lagerkosten werden bei der Verlagerung über das zum Abbau von Überstunden notwendige Maß hinaus weitere Produktionsmengen in die Zielperiode t verschoben, sofern die dort verbliebene Restkapazität dies zuläßt. Kann für keines der die Überlastung der betrachteten Ressource in Periode τ hervorrufenden Produkte eine isolierte Mengenverlagerung durchgeführt werden, dann wird zum Strukturabgleich in Richtung Zukunft übergegangen. Dabei wird für die direkten und indirekten Nachfolger j des Produkts k, für die die maximale Verlagerungsmenge nach Gleichung (C.364) positiv ist, ermittelt, welche Menge mitverlagert werden muß, um eine Verlagerung von Produktionsmengen des Produkts k zu ermöglichen. Es werden dabei nur die **linearen Teilstrukturen** zwischen den Produkten k und j untersucht (siehe Bild C.61). Die verlagerte Menge kann die zum Überstundenabbau notwendige Mindestmenge überschreiten, wenn die in der Zielperiode t verbliebene Restkapazität dies zuläßt.

Rückwärtsabgleich. Bei einem Rückwärtsabgleich wird die Produktionsmenge des Produkts k aus einer Periode τ in eine frühere Periode $t < \tau$ vorgezogen. Dabei sind die Auswirkungen auf die Sekundärbedarfsmengen und den Lagerbestand der direkt untergeordneten Produkte $j \in \mathcal{V}_k$ zu berücksichtigen. Die Menge des Produkts k, die isoliert aus der Produktionsperiode τ in die Zielperiode t vorgezogen werden kann, beträgt dann höchstens:

$$\Delta_{k\tau t}^{\max} = \min\left\{ q_{k\tau},\ \min_{\substack{\tau \leq \ell \leq t-1 \\ j \in \mathcal{V}_k}} \left[\frac{y_{j\ell}}{a_{jk}}\right] \right\} \qquad k = 1, 2, ..., K;\ \tau > t \qquad \text{(C.365)}$$

Betrachten wir als Beispiel die in Bild C.62 dargestellte Erzeugnis- und Prozeßstruktur. Wie der in Tabelle C.56 angegebene vorläufige Produktionsplan zeigt, ist die durch das

Produkt 1 – und andere hier nicht weiter angegebene Produkte – belegte Ressource A in Periode 4 überlastet.

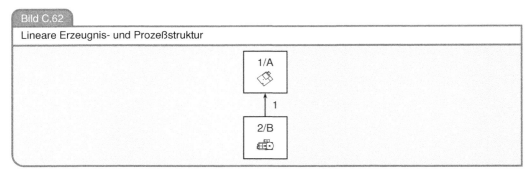

Bild C.62 Lineare Erzeugnis- und Prozeßstruktur

Die Überlastung der Ressource A in Periode 4 soll durch **Vorziehen** der Produktion des Produkts 1 beseitigt werden. Da pro vorgezogener ME des Produkts 1 auch eine ME des untergeordneten Produkts 2 früher benötigt wird, können bei unverändertem Produktionsplan für Produkt 2 höchstens 20 ME in Periode 3 produziert werden. Denn für diese Menge reicht der Lagerbestand des Produkts 2 in Periode 3 gerade aus. Eine Verlagerung der Produktion des Produkts 1 in eine noch frühere Periode, z. B. Periode 2, ist nicht möglich, da die Produktion in dieser Periode mangels Lagerbestand des Produkts 2 nicht durchführbar wäre.

Tabelle C.56 Maximale Verlagerungsmenge beim Rückwärtsabgleich (Beispiel)

t	1	2	3	4
d_t	20	20	20	20
q_t	20	20	20	20
y_t	20	–	10	–
KN_{At}	20	20	20	$\boxed{60}$
b_{At}	40	40	40	40
				unzulässige Belastung ↑
$q_{1t} \cdot a_{21}$	20	20	20	20
q_{2t}	40	–	40	–
y_{2t}	20	–	20	–
Δ_{14t}^{max}	–	–	20	–

Ist die maximale Verlagerungsmenge für alle Produkte, die in einer Periode eine Ressourcenüberlastung verursachen, gleich Null, dann wird versucht, durch die gemeinsame Verlagerung der Produktionsmengen mehrerer über- und untergeordneter Produkte eine zulässige Lösung herbeizuführen (Strukturabgleich).

Zwischen den Phasen des Vorwärts- und Rückwärtsabgleich wird solange abgewechselt, bis eine zulässige Lösung gefunden oder bis die maximale Anzahl Iterationen für den Kapazitätsabgleich erreicht worden ist. Auch wenn keine zulässige Lösung gefunden wurde, wird das Verfahren in Schritt 1 fortgesetzt und versucht, neue Werte der Lagrange-Multiplikatoren zu bestimmen.

Das Verfahren wurde anhand zahlreicher Beispiele ausführlich getestet.[268] Die mittlere Abweichung von der optimalen Lösung für 300 Probleminstanzen mit $K = 10$ Produkten und $T = 4$ Perioden und unterschiedlichen Erzeugnis- und Prozeßstrukturen sowie Bedarfsverläufen und Kostenparametern betrug bereits nach einer Iteration nur noch 3.54% und reduzierte sich nach 50 Iterationen (=1.3 Sek. Rechenzeit[269]) auf 1.48%.

Probleme mit $K = 100$ Produkten und $T = 16$ Perioden wurden ebenfalls gelöst. Für 20 Iterationen wurden dabei ca. 200 Sek. Rechenzeit benötigt.[270] Die Lösungsqualität war bei gleicher Rechenzeit für die weitaus überwiegende Mehrzahl der untersuchten Probleme besser als bei Einsatz des in Abschnitt C.3.3.3.1 beschriebenen Verfahrens von *Helber*. Vergleiche mit optimalen Lösungen sind derzeit allerdings nicht möglich, da diese aufgrund der hohen Problemkomplexität nicht bestimmt werden können. Für die Gruppe der $(K = 100, T = 16, J = 10)$-Probleme betrug der Abstand zwischen oberer und unterer Schranke nach 50 Iterationen (450 Sek. Rechenzeit) im Durchschnitt 17.76% der oberen Schranke.

Die durchgeführten Rechentests zeigen, daß die Lösungsqualität der Heuristik bei hohen Rüstkosten abnimmt. Dies ist allerdings kein schwerwiegender Mangel, da die Opportunitätskosten der Rüstzeitverluste bereits direkt über die Rüstzeiten in den Kapazitätsrestriktionen erfaßt sind und in der stückorientierten Produktion wohl kaum nennenswerte Rüstkosten (für Reinigungsmaterial, etc.) auftreten werden. Weitere Einflußfaktoren der Lösungsqualität sind die Variabilität der Nachfragemengen und die mittlere Kapazitätsauslastung.[271] Bei hohen Kapazitätsauslastungen kann die Heuristik Schwierigkeiten haben, eine zulässige Lösung zu finden. In diesem Fall endet sie mit der besten gefundenen Lösung und weist die noch fehlenden Kapazitäten aus.

Die Struktur der Heuristik bietet Raum für zahlreiche weitere Verbesserungen. So kann man zusätzliche Operationen zur Veränderung eines Produktionsplanes bei der Suche nach der optimalen bzw. nach einer zulässigen Lösung einführen. Auch die Restriktionen, die bei der Veränderung einer Zwischenlösung gelten, können variiert werden. So kann man z. B. auch die Reihenfolgen, in der die Ressourcen und Perioden betrachtet

---

268 vgl. *Tempelmeier und Derstroff* (1993, 1996); *Derstroff* (1995); *Helber* (1995)
269 Die Berechnungen wurden auf einem 80486/33MHz-PC unter MS-DOS 6.0 durchgeführt.
270 Auf einem modernen Standard-PC im Jahr 2007 benötigt man nur noch ca. 1 Sek. Rechenzeit.
271 vgl. auch *Stadtler* (2003)

werden, gegenüber der oben beschriebenen Form verändern. Hierzu müssen allerdings noch einige Untersuchungen angestellt werden.

Das prinzipielle Lösungskonzept der Lagrange-Relaxation kann (mit einigen Modifikationen) auch eingesetzt werden, wenn die einzelnen Produkte alternativ auf unterschiedlichen Ressourcen bearbeitet werden können (variable Arbeitsgang-Ressource-Zuordnung). *Derstroff*[272] erweitert das Modell MLCLSP für diese Situation und entwickelt die notwendigen Modifikationen zur Lösung der resultierenden Teilprobleme (Bestimmung der unteren und oberen Schranke).

Chen und Chu[273] betrachten das MLCLSP ohne Rüstzeiten und modellieren die Beziehung zwischen den Produktionsmengen- und den Rüstvariablen durch $q_{kt} \cdot (1 - \gamma_{kt}) = 0$ ($k = 1, 2, \ldots, K; t = 1, 2, \ldots, T$). Sie schlagen vor, anstelle der Kapazitätsrestriktionen und der Fehlmengenrestriktionen nur diese Nebenbedingungen zu relaxieren. Wegen der multiplikativen Verknüpfung der Variablen ist die Zielfunktion des resultierenden Lagrange-Problems nun nichtlinear. Zur (heuristischen) Lösung des Lagrange-Problems setzen *Chen und Chu* ein iteratives LP-basiertes Verfahren ein. Die Aktualisierung der Lagrange-Multiplikatoren erfolgt nach der „Surrogate Subgadient"-Methode, die ohne die exakte Lösung der relaxierten Teilprobleme auskommt.[274] Zulässige Lösungen werden durch eine Rundungsheuristik ermittelt.

C.3.3.3.3 Ein LP-basiertes Verfahren mit Anpassung der Modellkoeffizienten

Katok, Lewis und Harrison[275] betrachten das auf S. 143 dargestellte allgemeine Modell MIP und entwerfen die sog. „Cost Modification Heuristic with Cost Balancing and Setup Reduction (CMHBR)". Betrachtet man das Modell MIP genauer, dann erkennt man verschiedene Möglichkeiten, Lösungen zu erzeugen. Ein Weg besteht in der direkten Vorgabe eines Rüstmusters, indem man alle Binärvariablen $\gamma_j = \widehat{\gamma}_j$ fixiert. Dies führt zu folgendem linearem Optimierungsmodell:

Modell LPR($\widehat{\gamma}$)

$$\text{Minimiere } Z = \sum_{j \in \mathcal{V}_x} c_j^{(1)} \cdot x_j + \underbrace{\sum_{j \in \mathcal{V}_\gamma} c_j^{(2)} \cdot \widehat{\gamma}_j}_{\text{konstant}} \quad \text{(C.366)}$$

u. B. d. R.

---

272 vgl. *Derstroff* (1995)
273 vgl. *Chen und Chu* (2003)
274 vgl. *Zhao et al.* (1999)
275 vgl. *Katok et al.* (1998); *Harrison und Lewis* (1996)

C.3.3 Lösungsverfahren – LP-basiertes Verfahren

$$\sum_{j \in \mathcal{V}_x} a_{ij}^{(11)} \cdot x_j + \underbrace{\sum_{j \in \mathcal{V}_\gamma} a_{ij}^{(12)} \cdot \widehat{\gamma}_j}_{\text{konstant}} \leq b_i^{(1)} \qquad i \in \mathcal{NB}^{(1)} \tag{C.367}$$

$$\sum_{j \in \mathcal{V}_x} a_{ij}^{(21)} \cdot x_j = b_i^{(2)} \qquad i \in \mathcal{NB}^{(2)} \tag{C.368}$$

$$0 \leq x_j \leq \overline{x}_j \qquad j \in \mathcal{V}_x \tag{C.369}$$

Dieses Modell kann zur Bestimmung der optimalen Produktionsmengen und Lagerbestände bei **gegebenem Rüstmuster** eingesetzt werden. Die optimale Lösung des ursprünglich betrachteten Problems MLCLSP ergibt sich aber nur dann, wenn man als Vorgabe $\widehat{\gamma}_j$ die optimalen Werte γ^{opt} der Binärvariablen verwendet. Ist das Rüstmuster gegeben, dann sind die gesamten Rüstkosten als Komponente der Zielfunktion bekannt. Außerdem ist dann bekannt, wieviel Kapazität für Rüstvorgänge (Rüstzeiten) verwendet wird. Da die konstanten Rüstkosten in der Zielfunktion die Struktur der Lösung des LP-Modells nicht beeinflussen, kann man sie weglassen. Bezeichen wir nun mit

$$\widetilde{b}_i^{(1)} = b_i^{(1)} - \sum_{j \in \mathcal{V}_\gamma} a_{ij}^{(12)} \cdot \widehat{\gamma}_j \qquad i \in \mathcal{NB}^{(1)} \tag{C.370}$$

die **Nettokapazitäten**, die nach Abzug der durch das gegebene Rüstmuster verbrauchten Rüstzeiten übrigbleiben, dann kann das Modell LPR($\widehat{\gamma}$) auch in folgender Form geschrieben werden:

Modell LPR($\widehat{\gamma}$)_{neu}

Minimiere $Z = \sum_{j \in \mathcal{V}_x} c_j^{(1)} \cdot x_j$ \qquad (C.371)

u. B. d. R.

$$\sum_{j \in \mathcal{V}_x} a_{ij}^{(11)} \cdot x_j \leq \widetilde{b}_i^{(1)} \qquad i \in \mathcal{NB}^{(1)} \tag{C.372}$$

$$\sum_{j \in \mathcal{V}_x} a_{ij}^{(21)} \cdot x_j = b_i^{(2)} \qquad i \in \mathcal{NB}^{(2)} \tag{C.373}$$

$$0 \leq x_j \leq \overline{x}_j \qquad j \in \mathcal{V}_x \tag{C.374}$$

In diesem Modell kommen die ex ante festgesetzten binären Rüstvariablen nicht mehr vor. Für diejenigen x_j-Variablen, deren korrespondierende γ_j-Variablen in dem vorgebenenen Rüstmuster auf Null gesetzt wurden, kann durch Fixierung der oberen Schranken $\overline{x}_j$ in den Nebenbedingungen (C.374) erzwungen werden, daß sie ebenfalls Null werden. Man kann damit sicherstellen, daß ein Produkt in den Perioden nicht produziert wird, in denen kein Rüstvorgang eingeplant worden ist. Die Güte der Lösung hängt aber von der Qualität der Rüstvorgabe ab. Die Bedeutung dieses Modells liegt vor allem auch darin, daß man damit feststellen kann, ob ein gegebenes Rüstmuster im Hinblick auf die Kapazitäten **zulässig** ist.

Eine andere Möglichkeit zur Erzeugung einer (möglichst guten) Lösung des Modells MIP besteht darin, daß man ein äquivalentes LP-Modell (ausschließlich mit x_j-Variablen) konstruiert und versucht, die Rüstvorgänge **implizit** dadurch zu erfassen, daß man die **Koeffizienten** der x_j-Variablen in der Zielfunktion und den Nebenbedingungen $\mathcal{NB}^{(1)}$ in geeigneter Weise modifiziert. Dies ist die Grundidee von *Katok, Lewis und Harrison*. Würde man den optimalen Wert von x_j im Modell MIP kennen – leider ist das nicht der Fall –, dann könnte man daraus auch den optimalen Wert der korrespondierenden Rüstvariablen γ_j ableiten. Denn aus den Restriktionen $\mathcal{NB}^{(3)}$ folgt: $x_j > 0 \Rightarrow \gamma_j = 1$. In diesem Fall ließe sich dann auch feststellen, wieviel Kapazität insgesamt durch die Variablen x_j (Bearbeitungszeit) und γ_j (Rüstzeit) verbraucht wird. Dividiert man diesen Kapazitätsverbrauch durch den optimalen Wert der Variablen x_j (Losgröße), dann erhält man einen technologischen Koeffizienten $\widetilde{a}_{ij}^{(11)}$, der neben der Stückbearbeitungszeit auch einen proportionalisierten Rüstzeitzuschlag enthält. Für einen gegebenen Wert der Variablen x_j gilt dann:

$$\widetilde{a}_{ij}^{(11)} = a_{ij}^{(11)} + \frac{a_{ij}^{(12)}}{x_j} \tag{C.375}$$

Derart modifizierte Koeffizienten $\widetilde{a}_{ij}^{(11)}$ werden nun im LP-Modell verwendet, um den Losgrößenvariablen **proportionalisierte Rüstzeitanteile** zuzurechnen und damit den tatsächlichen Ressourcenverbrauch zu erfassen. In gleicher Weise wird der Einfluß des Rüstens über einen Rüstkostenzuschlag in der Zielfunktion erfaßt.

$$\widetilde{c}_j^{(1)} = c_j^{(1)} + \frac{c_j^{(2)}}{x_j} \tag{C.376}$$

Über die Proportionalisierung der Rüstkosten hinaus versuchen *Katok, Lewis und Harrison* auch für das Modell MIP die bekannte Eigenschaft des klassischen Losgrößenmodells zu erreichen, nach der in der optimalen Lösung die **Rüstkosten gleich den Lagerkosten** sind. Zu diesem Zweck nehmen sie eine weitere Modifikation der Zielfunktionskoeffizienten vor.[276] Nach Ermittlung einer Lösung wird das Verhältnis aus der absoluten Differenz zwischen den Rüst- und Lagerkosten $|S - H|$ einerseits und den Gesamtkosten $S + H$ andererseits bestimmt. Mit diesem Wert, $\epsilon = \frac{|S-H|}{S+H}$, werden dann alle Zielfunktionskoeffizienten $\widetilde{c}_j^{(1)}$ modifiziert. Während die Proportionalisierung der Rüstkosten ausschließlich die Zielfunktionskoeffizienten der Losgrößenvariablen beeinflußt, sind von diesem „cost balancing" auch die Lagerbestandsvariablen betroffen.

Im Idealfall führt die Vorgabe der „richtigen" Zuschläge auf die Modellkoeffizienten dazu, daß diejenigen Losgrößenvariablen in der optimalen Lösung des LP-Modells positive Werte annehmen, die auch bei exakter Lösung des Modells MIP positiv wären. Leider sind die richtigen Zuschlagssätze, deren Vorgabe ja die Kenntnis der optimalen Werte aller Variablen voraussetzt, nicht bekannt. Daher schlagen *Katok, Lewis und Harrison* ein iteratives Verfahren vor, bei dem in jeder Iteration ℓ zunächst das folgende LP-Modell mit modifizierten Koeffizienten gelöst wird:

__Modell LPR$_\ell$__

Minimiere $Z = \sum_{j \in \mathcal{V}_x} \widetilde{c}_j^{(1)} \cdot x_j$ (C.377)

u. B. d. R.

$\sum_{j \in \mathcal{V}_x} \widetilde{a}_{ij}^{(11)} \cdot x_j \leq b_i^{(1)}$ $\hspace{2cm} i \in \mathcal{NB}^{(1)}$ (C.378)

$\sum_{j \in \mathcal{V}_x} a_{ij}^{(21)} \cdot x_j = b_i^{(2)}$ $\hspace{2cm} i \in \mathcal{NB}^{(2)}$ (C.379)

$0 \leq x_j \leq \overline{x}_j$ $\hspace{2cm} j \in \mathcal{V}_x$ (C.380)

Zur Proportionalisierung der Koeffizienten des Modells LPR$_\ell$ wird auf die optimale Lösung des in der vorangegangenen Iteration betrachteten Modells LPR$_{\ell-1}$ zurückgegriffen. Das Verfahren wird initialisiert, indem in Iteration $\ell = 0$ alle Rüstvariablen auf Null gesetzt werden. In jeder Iteration ℓ wird dann zunächst die optimale Lösung $x_j^{*\ell}$ bestimmt. Aus den positiven $x_j^{*\ell}$-Werten werden aufgrund der in den Nebenbedingungen $\mathcal{NB}^{(3)}$ des Modells MIP beschriebenen eindeutigen Beziehungen[277] die Werte der Rüstvariablen γ_j abgeleitet, die als Grundlage für die Kostenmodifikation der nächsten Iteration dienen. Dies geschieht nach folgender heuristischer Vorschrift, wobei $\mathcal{V}_\gamma$ die Indexmenge der γ-Variablen und $\mathcal{V}_q$ die Indexmenge der Losgrößenvariablen bezeich-

---

276 Dies ist das „Cost Balancing" im Namen der Heuristik.
277 siehe Gleichung (C.238), S. 144

net:

$$\widehat{\gamma}_j^{\ell+1} = \begin{cases} 1 & x_k^{*\ell} > 0 \quad k \in \mathcal{V}_q, k = j \\ 0 & \text{sonst} \end{cases} \quad j \in \mathcal{V}_\gamma \quad \text{(C.381)}$$

Dieser Vorgehensweise liegt die Hoffnung zugrunde, daß die Struktur der optimalen Lösung des Modells LPR$_{\ell-1}$ der zu erwartenden Struktur der Lösung des Modells LPR$_\ell$ am nächsten kommt. Die Koeffizienten der (Kapazitäts-)Restriktionen $\mathcal{NB}^{(1)}$ sowie die Zielfunktionskoeffizienten der **(Losgrößen-)Variablen** x_j ($j \in \mathcal{V}_q$) werden dann im Modell LPR$_\ell$ wie folgt modifiziert:

$$\widetilde{a}_{ij}^{(11)} = a_{ij}^{(11)} + \frac{a_{ij}^{(12)} \cdot \widehat{\gamma}_j^\ell}{x_j^{*\ell-1}} \quad k \in \mathcal{V}_q,\ j \in \mathcal{V}_\gamma,\ k = j,\ i \in \mathcal{NB}^{(1)} \quad \text{(C.382)}$$

$$\widetilde{c}_j^{(1)} = c_j^{(1)} + \frac{c_j^{(2)} \cdot \widehat{\gamma}_j^\ell}{x_j^{*\ell-1}} \quad k \in \mathcal{V}_q,\ j \in \mathcal{V}_\gamma,\ k = j \quad \text{(C.383)}$$

Zur Erreichung einer Lösung, in der die gesamten Rüstkosten S_ℓ gleich den gesamten Lagerkosten H_ℓ sind, wird die in Gleichung (C.384) angegebene Kennziffer berechnet.

$$\epsilon_\ell = \frac{|H_\ell - S_\ell|}{H_\ell + S_\ell} \quad \text{(C.384)}$$

Ist $H_\ell \neq S_\ell$, dann werden die Zielfunktionskoeffizienten der **Losgrößen-** und der **Lagerbestandsvariablen** wie folgt modifiziert:

$$\widetilde{c}_j^{(1)} = \begin{cases} \widetilde{c}_j^{(1)} \cdot (1-\epsilon)^{m_j^c} & \text{wenn } H_\ell > S_\ell; j \in \mathcal{V}_q \\ \widetilde{c}_j^{(1)} \cdot (1+\epsilon)^{m_j^c} & \text{wenn } H_\ell \leq S_\ell; j \in \mathcal{V}_q \\ \widetilde{c}_j^{(1)} \cdot (1+\epsilon)^{m_j^c} & \text{wenn } H_\ell > S_\ell; j \in \mathcal{V}_y \\ \widetilde{c}_j^{(1)} \cdot (1-\epsilon)^{m_j^c} & \text{wenn } H_\ell \leq S_\ell; j \in \mathcal{V}_y \end{cases} \quad \text{(C.385)}$$

Der Exponent m_j^c ist ein Zähler, der angibt, wie oft der Zielfunktionskoeffizient der Variablen x_j bereits modifiziert worden ist. Zur Berechnung der Rüst- und Lagerkosten wird auf die Produktionsmengen und Lagerbestände $x_j^{*\ell}$ und die daraus abgeleiteten Werte der Rüstvariablen zurückgegriffen. Die Bewertung erfolgt mit unmodifizierten Kostensätzen.

C.3.3 Lösungsverfahren – LP-basiertes Verfahren

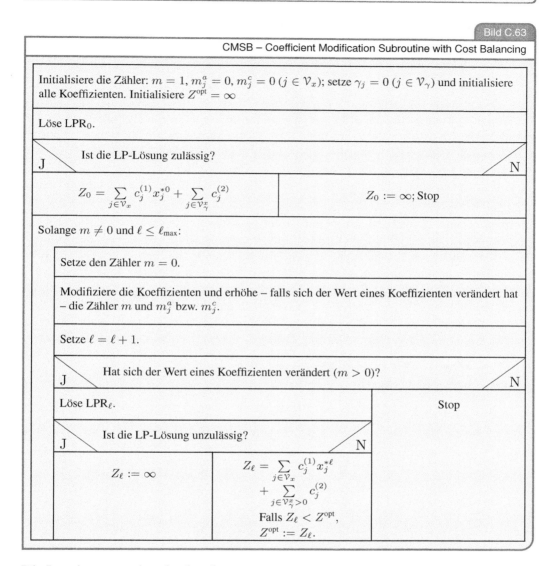

Bild C.63: CMSB – Coefficient Modification Subroutine with Cost Balancing

Die Iterationen werden abgebrochen, wenn

- eine maximale Anzahl $\ell_{\max}$ Iterationen erreicht ist *oder*
- die Lösung sich nicht mehr verändert *oder*
- jeder Restriktionenkoeffizient bereits einmal und jeder Zielfunktionskoeffizient bereits zweimal modifiziert wurde.

Bild C.63 stellt das heuristische Konzept im Überblick dar. Die Indexmenge $\mathcal{V}_\gamma^x$ beschreibt dabei die Rüstvariablen, deren korrespondierende Losgrößenvariablen größer als Null sind und die daher den Wert 1 annehmen müssen.

Falls mit der bisher beschriebenen Koeffizientenmodifikation (CMSB) keine zulässige Lösung gefunden wurde, wird das Verfahren abgebrochen. Für den Fall, daß eine zulässige Lösung gefunden wurde, schlagen *Katok, Lewis und Harrison* weitere **Verbesserungsschritte** vor. So fixieren sie z. B. in der „Simple-Setup-Reduction"-Heuristik (SSR) nacheinander alle positiven Losgrößenvariablen aus der mit der CMSB-Heuristik gefundenen Lösung isoliert auf Null und löst das entsprechende restringierte LP-Modell. Die beste gefundene zulässige Lösung kann dann als Basis für einen weiteren Verfahrensschritt dienen.

In diesem sog. „Restricted-Setup-and-Inventory-Reduction"-Schritt (RSR) behält man zunächst für alle Variablen, die bereits in der letzten Lösung Null waren, den aktuellen Wert bei. Dann werden nacheinander alle in der letzten Lösung positiven Losgrößenvariablen x_j isoliert auf Null gesetzt und die jeweils „benachbarten" Variablen werden freigegeben. Dies bewirkt die Verschiebung einer Losgröße aus Periode t in direkt benachbarte Perioden $t-1$ bzw. $t+1$. Ergibt sich auf diese Weise eine weitere Kostenreduktion, dann wird diese Lösung beibehalten, sofern sie zulässig ist. Auf die formale Spezifikation dieser Verfahrensschritte soll hier verzichtet werden.

Beispiel: www.produktion-und-logistik.de/Beispiele

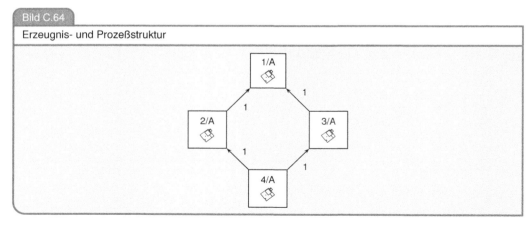

Bild C.64 — Erzeugnis- und Prozeßstruktur

Um einen Eindruck von der Leistungsfähigkeit der CMHBR-Heuristik zu erhalten, führen wir ein kleines **Rechenexperiment** durch. Wir betrachten die in Bild C.64 wiedergegebene Erzeugnis- und Prozeßstruktur. Der Planungszeitraum beträgt $T = 9$ Perioden. Die Bedarfsmengen des Endprodukts sind $\{6, 11, 15, 7, 28, 7, 6, 12, 5\}$. Wir variieren nun die Rüstkosten, die Rüstzeiten sowie die Periodenkapazitäten und bestim-

C.3.3 Lösungsverfahren – LP-basiertes Verfahren

men jeweils die optimale Lösung mit einem Standard-Solver. Tabelle C.57 stellt die Ergebnisse der Anwendung des Verfahrens von *Katok, Lewis und Harrison* (CMHBR) den Lösungen gegenüber, die mit der in Abschnitt C.3.3.3.2, S. 213 ff., dargestellten Lagrange-Heuristik von *Derstroff* (LR) bestimmt wurden. Die Kapazitäten sind so bemessen, daß jede Probleminstanz eine zulässige Lösung besitzt. Die Lagrange-Heuristik fand in jedem Fall eine zulässige Lösung. Die mit „Δ" überschriebenen Spalten enthalten die prozentualen Abweichungen der heuristischen Lösungen von den mit dem Standard-Solver ermittelten optimalen Lösungen.

Tabelle C.57 Ergebnisse eines Rechenexperiments

Nr.	Rüstzeit	Rüstkosten	Kapazität	Optimum	CMHBR	Δ_{CMHBR}	LR	Δ_{LR}
1	10	0	100	93.5	–	–	105.10	12%
2	10	0	110	56.35	69.55	23%	90.10	60%
3	10	0	120	40.15	50.65	26%	73.00	82%
4	10	5	100	251.70	299.37	19%	263.30	5%
5	10	5	110	224.55	224.55	0%	260.10	16%
6	10	5	120	207.65	–	–	242.20	17%
7	10	10	100	396.70	–	–	428.90	8%
8	10	10	110	366.40	381.20	4%	414.30	13%
9	10	10	120	347.65	352.15	1%	387.20	11%
10	10	20	100	650.50	–	–	666.60	2%
11	10	20	110	623.30	671.20	8%	638.30	2%
12	10	20	120	596.60	610.55	2%	666.80	12%
13	15	0	115	96.25	–	–	120.10	25%
14	15	0	120	79.00	–	–	90.70	15%
15	15	10	115	398.80	–	–	429.30	8%
16	15	10	120	382.20	–	–	439.10	15%
17	15	20	115	655.25	–	–	733.80	12%
18	15	20	120	635.30	677.73	7%	672.10	6%

Die mit „–" markierten Fälle, in denen die CMHBR-Heuristik keine zulässige Lösung finden konnte, sind in ihrer Struktur sehr unterschiedlich. So konnte – bis auf eine Ausnahme (Fall 4) – bei einer Kapazität von 100 keine zulässige Lösung gefunden werden. Im Fall 4 wurde die angegebene Lösung erst mit dem RSR-Verbesserungsschritt gefunden, während die in Bild C.63 angegebene „Cost Modification Subroutine with Cost Balancing" mit einer nicht zulässigen Lösung endete. Interessant ist, daß auch im Fall 6, in dem die Kapazität eigentlich nicht sehr knapp ist, keine zulässige Lösung gefunden wurde. Bei Probleminstanzen mit Rüstzeiten von 15 (Fälle 13 bis 18) versagte das Konzept der approximativen Berücksichtigung der Rüstzeiten durch die Verwendung von Rüstzeitzuschlägen vollständig.[278] Die in Fall 18 angegebene Lösung wurde erst im letzten Verfahrensschritt („Restricted Setup and Inventory Reduction") erreicht, während die beiden vorangehenden Phasen (CMSB und SSR) keine zulässige Lösung erbrachten.

Man erkennt aber auch, daß die Heuristik CMHBR bei relativ niedrigen Rüstkosten und nicht zu knappen Kapazitäten sehr gute Lösungen erreicht. In vielen Fällen ist sie dann auch besser als die LR-Heuristik.

Das Verfahren von *Katok, Lewis und Harrison* ist nicht auf das Modell MLCLSP beschränkt. Voraussetzung zu seiner Anwendbarkeit ist lediglich die prinzipielle Struktur der Koeffizientenmatrix, insb. die eindeutige Korrespondenz zwischen binären und kontinuierlichen Variablen. Während im Modell MLCLSP davon ausgegangen wird, daß jeder Arbeitsgang genau auf einer Ressource durchgeführt wird, können mit der CMHBR-Heuristik auch Problemvarianten gelöst werden, in denen zur Durchführung eines Arbeitsgangs mehrere unterschiedliche Ressourcentypen (z. B. Mitarbeiter und Maschinen) benötigt werden. Da die Heuristik auf der mehrfachen Lösung von LP-Problemen beruht, ist zu ihrer Anwendbarkeit ein leistungsfähiger LP-Solver erforderlich.

C.3.3.3.4 Das Verfahren von Sahling – Die „Fix-and-Optimize"-Heuristik

Sahling[279] weist darauf hin, daß die wesentliche Ursache der Komplexität des MLCLSP die Anzahl der binären Rüstvariablen ist und daß die Losgrößen- und Lagerbestandsvariablen nur eine untergeordnete Rolle spielen. Er entwickelt ein Konzept zur Zerlegung des MLCLSP in eine Menge von Subproblemen mit einer reduzierten Anzahl von Binärvariablen, die er mit einem Standard-Solver zur Lösung gemischt-ganzzahliger linearer Optimierungsprobleme löst. Die Subprobleme werden durch die systematische Zerlegung der Menge der Binärvariablen $\mathcal{V}$ in die Teilmengen

- $\mathcal{V}^{\text{fix}}$ (Binärvariablen mit fixierten Werten 0 oder 1) und
- $\mathcal{V}^{\text{opt}}$ (Binärvariablen, die in einem betrachteten Subproblem durch den Solver optimiert werden)

gebildet. Im Gegensatz zu anderen MIP-basierten Heuristiken sind hier alle Binärvariablen in jedem Subproblem binär und damit zulässig. Der Ablauf des Verfahrens ist in Bild C.65 wiedergegeben.

Ein Subproblem MLCLSP$_{\text{SUB}}$ entsteht dadurch, daß einige (oder auch alle) Binärvariablen mit Werten $\bar{\gamma}_{kt} = \{0, 1\}(k = 1, 2, \ldots, K; t = 1, 2, \ldots, T)$ vorbesetzt werden. Die

---

[278] Es sei angemerkt, daß für Periodenkapazitäten von 114 bereits keine zulässige Lösung mehr existiert.
[279] vgl. *Sahling* (2010); *Helber und Sahling* (2010)

$\bar{\gamma}_{kt}$-Werte werden im Laufe des Verfahren iterativ verändert und beeinflussen den Verfahrensablauf. Je größer die Menge $\mathcal{V}^{\text{fix}}$ der fixierten Binärvariablen ist, umso kleiner ist die verbleibende Anzahl der noch zu optimierenden Binärvariablen und umso schneller wird das betreffende Subproblem exakt gelöst. Damit ein Subproblems formal immer eine zulässige Lösung hat, werden die Kapazitätsrestriktionen um sehr teure Überstunden erweitert.

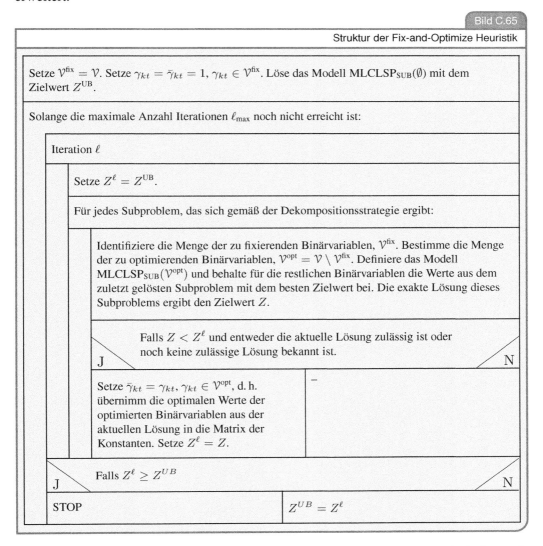

Bild C.65: Struktur der Fix-and-Optimize Heuristik

Das Verfahren startet mit einer trivialen Lösung, in der für jedes Produkt in jeder Periode gerüstet und produziert wird, d. h. alle $\bar{\gamma}_{kt}$-Werte werden gleich 1 gesetzt und die Menge $\mathcal{V}^{\text{fix}}$ enthält alle Binärvariablen. Der Zielwert dieser Lösung sei Z^{UB}. Enthält sie keine Überstunden, dann liegt bereits ein zulässiger Produktionsplan vor, der allerdings im Normalfall noch verbessert werden kann. Im weiteren Verlauf des Verfahrens wird nun iterativ eine Folge von aufeinander aufbauenden Subproblemen gebildet und optimal gelöst. Die Konstruktion der Subprobleme, d. h. die Auswahl der Menge $\mathcal{V}^{\text{opt}}$ der Binärvariablen, die optimiert werden, orientiert sich an einigen Strategien, die sich bereits bei der Lösung anderer Losgrößenprobleme bewährt haben. Hier sind zu nennen:

- *Produktorientierte Auswahl*: Alle Rüstvariablen eines Produkts über alle Perioden werden optimiert. Für die anderen Produkte werden die Binärvariablen auf die Werte aus der besten bisher bekannten Lösung fixiert.

- *Ressourcenorientierte Auswahl*: Alle Rüstvariablen, die sich auf eine Ressource beziehen, werden optimiert. Da dies i. d. R. immer noch zu viele Binärvariablen sind, wird die Optimierung zusätzlich auf ein Zeitfenster aus vier aufeinanderfolgenden Perioden beschränkt. Zur Abdeckung des gesamten Planungshorizontes werden mehrere überlappende Zeitfenster definiert.

- *Prozeßorientierte Auswahl*: Hier werden Rüstvariablen für Produkte fixiert, die in der Erzeugnisstruktur durch eine direkte Vorgänger-Nachfolger-Beziehung verbunden sind. Da die Subprobleme hier ebenfalls noch sehr groß werden können, wird der Planungszeitraum zusätzlich in zwei sich nicht überlappende Zeitfenster zerlegt.

Die Tabellen C.58 – C.60 zeigen für die in Bild C.64 auf S. 238 dargestellte Erzeugnisstruktur mit vier Produkten einige ausgewählte Möglichkeiten der Bildung von Subproblemen. Die Fragezeichen symbolisieren die Variablen, die vom MIP-Solver optimiert werden sollen. Die Nullen und Einsen sind die fixierten Werte der anderen Binärvariablen.

Tabelle C.58

Definitionen von Subproblemen: Produktorientierung

$k\backslash t$	1	2	3	4	5	6	7	8	9	10	$k\backslash t$	1	2	3	4	5	6	7	8	9	10	
1	?	?	?	?	?	?	?	?	?	?	1	1	1	1	1	1	1	0	0	1	1	*Produktorientierung*:
2	1	1	1	1	1	0	0	1	1		2	1	1	1	1	1	1	0	0	1	1	Subprobleme für die
3	1	0	1	0	1	1	0	0	1	1	3	?	?	?	?	?	?	?	?	?	?	Produkte 1 bzw. 3
4	1	0	1	0	1	1	0	0	1	1	4	1	0	1	0	1	1	0	0	1	1	

C.3.3 Lösungsverfahren – Fix-and-Optimize-Heuristik

Tabelle C.59
Definitionen von Subproblemen: Ressourcenorientierun

$k \backslash t$	1	2	3	4	5	6	7	8	9	10	$k \backslash t$	1	2	3	4	5	6	7	8	9	10
1	?	?	?	?	1	1	0	1	0	1	1	1	1	?	?	?	?	0	0	1	1
2	?	?	?	?	1	1	0	0	1	1	2	1	1	?	?	?	?	0	0	1	1
3	?	?	?	?	1	1	0	0	1	1	3	1	0	?	?	?	?	0	0	1	1
4	?	?	?	?	1	1	0	0	1	1	4	1	0	?	?	?	?	0	0	1	1

Ressourcenorientierung: Subprobleme für alle Produkte im Zeitraum 1 bis 4 bzw. 3 bis 6

Tabelle C.60
Definitionen von Subproblemen: Prozeßorientierung

$k \backslash t$	1	2	3	4	5	6	7	8	9	10	$k \backslash t$	1	2	3	4	5	6	7	8	9	10
1	1	1	1	1	1	?	?	?	?	?	1	1	1	1	1	1	?	?	?	?	?
2	1	1	1	1	1	?	?	?	?	?	2	1	1	1	1	1	1	0	0	1	1
3	1	0	1	0	1	1	0	0	1	1	3	1	0	1	0	1	?	?	?	?	?
4	1	0	1	0	1	1	0	0	1	1	4	1	0	1	0	1	1	0	0	1	1

Prozeßorientierung: Subprobleme für die Produkte 1 und 2 bzw. 1 und 3

Beispiel: www.produktion-und-logistik.de/Beispiele

Helber und Sahling[280] haben das Verfahren in einem umfangreichen Rechentest mit dem im folgenden Abschnitt angesprochenen Verfahren von *Stadtler* und der Lagrange-Heuristik von *Derstroff* verglichen. Die Ergebnisse zeigen, daß diese Heuristik eine höhere Lösungsqualität als die Lagrange-Heuristik erreicht und auch der Heuristik von *Stadtler* hinsichtlich Lösungsqualität und Rechenzeit überlegen ist. Für das in Tabelle C.57 wiedergegebene Rechenexperiment findet die Heuristik von *Sahling* in 13 von 18 Fällen das globale Optimum. Die Ergebnisse sind in Tabelle C.61 zusammengestellt.

Das Prinzip „Fix-and-Optimize" wurde in der Zwischenzeit zur Lösung zahlreicher dynamischer Losgrößenprobleme vorgeschlagen und getestet. Dabei zeigte sich, daß es für kleinere Probleme gute Lösungen erzeugt. Für Problemstellungen mit praxisrelevanten Größenordnungen stößt das Verfahren aufgrund der benötigten Rechenzeit allerdings an seine Grenzen.

---
[280] vgl. *Helber und Sahling* (2010)

Tabelle C.61

Ergebnisse eines Rechenexperiments

Nr.	Rüstzeit	Rüstkosten	Kapazität	Δ_{CMHBR}	Δ_{LR}	$\Delta_{Sahling}$
1	10	0	100	–	12%	0%
2	10	0	110	23%	60%	0%
3	10	0	120	26%	82%	0%
4	10	5	100	19%	5%	0%
5	10	5	110	0%	16%	0%
6	10	5	120	–	17%	1.9%
7	10	10	100	–	8%	0%
8	10	10	110	4%	13%	0%
9	10	10	120	1%	11%	0%
10	10	20	100	–	2%	0.15%
11	10	20	110	8%	2%	0.15%
12	10	20	120	2%	12%	0%
13	15	0	115	–	25%	0%
14	15	0	120	–	15%	0%
15	15	10	115	–	8%	0%
16	15	10	120	–	15%	0%
17	15	20	115	–	12%	0%
18	15	20	120	7%	6%	0.9%

C.3.3.3.5 Weitere Lösungsansätze

Clark und Armentano[281] schlagen ein heuristisches Verfahren vor, in dem zunächst die Kapazitätsrestriktionen vernachlässigt werden. Nach Lösung der resultierenden unkapazitierten dynamischen Einprodukt-Losgrößenprobleme vom Typ des Modells SIULSP liegt i. d. R. ein bezüglich der Kapazitätsrestriktionen unzulässiger Produktionsplan vor. Insoweit ähnelt das Verfahren dem Schritt 1 des Verfahrens von *Derstroff*.[282] Zur Beseitigung von unzulässigen Belastungen der Ressourcen führen *Clark und Armentano* einen Rückwärtsabgleich durch. Die Auswahl des Produkts, dessen Produktion vorgezogen wird, und der Zielperiode, in die Produktionsmengen verlagert werden, richtet sich nach den geschätzten zusätzlichen Kosten pro Einheit der reduzierten Kapazitätsbelastung.

Eine Schwäche des Verfahrens von *Clark und Armentano* besteht darin, daß lediglich ein Rückwärtsabgleich vorgenommen wird. Bei hohen Rüstkosten ist zu erwarten, daß

---

281 vgl. *Clark und Armentano* (1995)
282 Allerdings wird dieser Schritt im Verfahren von Clark und Armentano nur einmal durchgeführt.

der zu Beginn des Verfahrens ermittelte, im Hinblick auf die Kapazitäten nicht zulässige Produktionsplan bereits relativ hohe Produktionsmengen in den ersten Perioden vorsieht. In diesem Fall kann es sinnvoll oder sogar notwendig sein, wegen der beschränkten Kapazitäten diese Losbildungen teilweise wieder rückgängig zu machen. Das würde aber einen Vorwärtsabgleich erfordern, der in dem Verfahren von *Clark und Armentano* nicht vorgesehen ist. Die Konsequenz ist, daß das Verfahren nur in einfach strukturierten Problemen überhaupt eine zulässige Lösung findet. *França, Armentano, Berretta und Clark*[283] berichten in einer anschließenden Veröffentlichung von einem numerischen Experiment, in dem die Heuristik von *Clark und Armentano* nur in 22% der Probleminstanzen eine zulässige Lösung fand. In dieser Veröffentlichung schlagen sie eine Erweiterung des Verfahrens vor, in der zusätzlich zu einem Vorwärtsausgleich durch weitere Planungsschritte versucht wird, eine zulässige Lösung zu verbessern.[284] Es fällt allerdings schwer, die Leistungsfähigkeit dieser erweiterten Heuristik zu beurteilen, da sich die referierten numerischen Ergebnisse nur auf relativ kleine Probleminstanzen beziehen. *Beretta und Rodrigues*[285] setzen einen sog. memetischen Algorithmus, d. h. eine Kombination aus einem genetischen Verfahren mit einem lokalen Suchverfahren ein. *Berretta, França und Armentano*[286] schließlich kombinieren eine einfache Startheuristik mit einem Tabu-Suche-Verfahren sowie mit der simulierten Abkühlung.

Hung und Chien[287] betrachten ein MLCLSP mit erlaubten Fehlmengen. Sie zerlegen die Nachfrage in mehrere Nachfrageklassen mit unterschiedlichen Prioritäten (z. B. Kundenaufträge, prognostizierte Nachfragemengen) und zerlegen das MLCLSP in eine Folge von MLCLSP-Problemen, die nacheinander heuristisch gelöst werden. Dabei werden die in einer Planungsstufe verfügbaren Kapazitäten ähnlich wie im Verfahren von *Helber*[288] jeweils um die in den vorangegangenen Planungsstufen verbrauchten Kapazitäten vermindert.

Roll und Karni[289] schlagen bereits im Jahre 1991 ein heuristisches Verfahren für generelle Erzeugnis- und Prozeßstrukturen vor, das allerdings nur für Losgrößenprobleme mit einer Ressource einsetzbar ist. Sie entwickeln ein mehrstufiges Lösungskonzept, in dessen Verlauf durch systematisches Verschieben und Vertauschen von Produktionsmengen versucht wird, Unzulässigkeiten hinsichtlich der Kapazitätsbeanspruchung zu beseitigen sowie kostenungünstige Produktionspläne zu verbessern. Das Lösungskonzept ist so angelegt, daß nach jeder Stufe mit einem zulässigen Produktionsplan abgebrochen werden

---

283 vgl. *França et al.* (1997)
284 vgl. auch *Armentano et al.* (2001)
285 vgl. *Beretta und Rodrigues* (2004)
286 vgl. *Berretta et al.* (2005)
287 vgl. *Hung und Chien* (2000)
288 siehe S. 201
289 vgl. *Roll und Karni* (1991)

kann. Die von *Roll und Karni* angeführten Rechenergebnisse deuten darauf hin, daß mit dem Ansatz sehr gute Ergebnisse erzielt werden können. Allerdings ist angesichts der relativ hohen Rechenzeiten die Anwendbarkeit des Verfahrens für Probleme realistischer Größenordnungen zu bezweifeln.

Helber[290] hat untersucht, ob und in wieweit heuristische Suchverfahren[291] (simulierte Abkühlung, Tabu-Suche, genetischer Algorithmus, Evolutionsstrategie) zur Lösung des Modells MLCLSP einsetzbar sind. Seine Rechentests legen den Schluß nahe, daß diese Verfahren für Probleme praxisrelevanter Größenordnungen ungeeignet sind.

Özdamar und Barbarosoglu[292] setzen die simulierte Abkühlung im Rahmen einer Lagrange-Heuristik zur Verbesserung des Konvergenzverhaltens ein. Diese Idee wurde auch von *Derstroff*[293] untersucht. Er stellte allerdings fest, daß eine problemspezifisch eingesetzte Tabu-Suche der simulierten Abkühlung überlegen ist.

Simpson und Erenguc[294] verallgemeinern das in Abschnitt C.3.2.4, S. 180 ff., beschriebene mehrstufige Stückperiodenausgleichsverfahren so, daß auch das Modell MLCLSP damit gelöst werden kann. Während sich an der prinzipiellen Vorgehensweise der Sortierung der produkt- und periodenbezogenen Produktionsmengen nach dem Verhältnis des Lagerkostenzuwachses zu den Rüstkosteneinsparungen nichts ändert, sind die Berechnungen nun doch erheblich komplizierter. Während es bei unbeschränkten Kapazitäten ausreichte, nur ganze Periodenbedarfe zu einem Los zusammenzufassen, kann es bei beschränkten Kapazitäten auch sinnvoll sein, nur eine Teilmenge eines Periodenbedarfs in eine frühere Periode vorzuziehen. Dabei ist es u. U. auch erforderlich, bestimmte zu hohe Produktionsmengen nicht nur in eine andere Produktionsperiode zu verschieben, sondern auf mehrere Produktionsperioden zu verteilen.[295] Das Verfahren von *Simpson und Erenguc* beginnt wie im Fall ohne Kapazitätsbeschränkungen mit einer Lösung, in der jeder Bedarf so spät wie möglich produziert wird („lot-for-lot"). Da eine solche Lösung wegen der zu berücksichtigenden Rüstzeiten bei beschränkten Kapazitäten i. d. R. nicht zulässig ist, versuchen sie, in einem mehrstufigen Planungsprozeß Produktionsmengen aus Perioden mit Kapazitätsüberlastungen in frühere Perioden mit freier Kapazität zu verschieben. Gelingt es auf diese Weise, einen zulässigen Plan zu erzeugen, dann werden im weiteren Verlauf der Verfahren nur noch zulässige Planveränderungen vorgenommen.

Stadtler[296] setzt zur Lösung des Modells MLCLSP *ohne Vorlaufzeiten* die in Abschnitt

---

290 vgl. *Helber* (1994)
291 vgl. Abschnitt C.3.2.4
292 vgl. *Özdamar und Barbarosoglu* (2000)
293 vgl. *Derstroff* (1995)
294 vgl. *Simpson und Erenguc* (1998b); *Simpson und Erenguc* (2005)
295 Die Menge der Lösungsalternativen würde noch einmal ansteigen, wenn man vorsehen würde – was Simpson und Erenguc nicht tun – daß auch Verschiebungen in spätere Perioden zulässig sind.
296 vgl. *Stadtler* (2003)

C.2.2.1 diskutierte MIP-basierte „Relax-and-Fix-Strategie" mit überlappenden Planungsfenstern ein. Für jedes Planungsfenster wird eine erweiterte Version des Modells MLCLSP[297] formuliert. Die Erweiterung besteht u. a. darin, daß Kapazitätsrestriktionen in das Modell einbezogen werden, die auch zukünftige außerhalb des Planungsfensters liegende Perioden erfassen, allerdings unter Vernachlässigung der Rüstvorgänge. Die von *Stadtler* angeführten Rechenergebnisse zeigen, daß sich mit dem Verfahren sehr gute Ergebnisse erzielen lassen. Für die untersuchten Probleminstanzen mit signifikanten Rüstkosten konnte *Stadtler* zeigen, daß das Verfahren der in Abschnitt C.3.3.3.2, S. 213 ff., dargestellten Lagrange-Heuristik hinsichtlich der Lösungsqualität überlegen ist. In einem Rechentest haben *Helber und Sahling* das Verfahren von *Stadtler* mit der im vorangegangenen Abschnitt beschriebenen „Fix-and-Optimize"-Heuristik verglichen. Dabei zeigte sich, daß die letztgenannte Heuristik sowohl bezüglich der Rechenzeit als auch im Hinblick auf die Lösungsgüte dem Verfahren von *Stadtler* überlegen ist. Darüberhinaus ist zu berücksichtigen, daß das derzeitige Verfahrenskonzept im Gegensatz zur „Fix-and-Optimize"-Heuristik keine positiven Mindestvorlaufzeiten erfassen kann. Dies gefährdet die praktische Umsetzung ein Produktionsplanes – wie wir in Abschnitt C.3.1.1, S. 128f., gesehen haben.

Eine Heuristik, die ähnlich wie das Verfahren von *Stadtler* mit rollenden Planungsfenstern arbeitet, wird von *Akartunali und Miller* vorgeschlagen.[298] Sie zeigen anhand eines numerischen Rechentests für kleine Probleminstanzen, daß mit der Heuristik z. T. bessere Ergebnisse erreicht werden können als mit dem Verfahren von *Stadtler*.

Ertogral und Wu[299] benutzen das MLCSLP, um die Möglichkeiten eines auktionstheoretischen Ansatzes zu demonstrieren.

Pitakaso, Almeder, Doerner und Hartl[300] schlagen eine perioden- und produktorientierte Dekomposition des MLCLSP vor. Die Form der Dekomposition, d. h. welche Produkte und welche Ausschnitte des Planungszeitraums in ein Teilmodell einbezogen werden, wird durch eine Meta-Heuristik gesteuert. Zur Lösung der einzelnen Teilprobleme wird ein Standard-Solver eingesetzt. Die Koordination der Teilmodelle über die Zeitachse hinweg erfolgt durch aggregierte Kapazitätsrestriktionen. Zur Koordination zwischen den Produkten in der mehrstufigen Erzeugnisstruktur setzen die Verfasser die stochastische Variante der Kostenanpassung ein.[301]

Toledo, de Oliveira und França[302] entwickeln einen genetischen Algorithmus zur

---

297 Stadtler verwendet eine für den Fall mehrstufiger Erzeugnis- und Prozeßstrukturen angepaßte Version des auf S. 63 dargestellten Modells CLSP$_{SPL}$.
298 vgl. *Akartunali und Miller* (2009); *Akartunali* (2007)
299 vgl. *Ertogral und Wu* (2000)
300 vgl. *Pitakaso et al.* (2006)
301 vgl. hierzu Abschnitt C.3.2.2.2, S. 177.
302 vgl. *Toledo et al.* (2013)

Lösung des MLCLSP mit Fehlbeständen. *Wu, Shi, Geunes und Akartunali*[303] untersuchen verschiedene Modellierungsvarianten für dieses Problem und schlagen MIP-basierte Heuristiken vor.

Buschkühl[304] entwirft eine Lagrange-Heuristik zur Lösung des MLCLSP-L mit einfacher sowie mehrfacher Rüstzustandsübertragung. Die referierten Ergebnisse zeigen, daß die Heuristik hinsichtlich Rechenzeit und Lösungsqualität mit dem Verfahren von *Derstroff* vergleichbar ist. Dasselbe Modell wird von *Sahling, Buschkühl, Tempelmeier und Helber*[305] mit Hilfe einer Fix-and-Optimize Heuristik gelöst, die im Durchschnitt eine bessere Lösungsqualität erreicht.

Wu, Akartunali, Song und Shi[306] erweitern das Modell MLCLSP-L um die Option, für die Endprodukte Fehlbestände auf- und abzubauen und entwickeln eine MIP-basierte Heuristik.

Schließlich wenden *Caserta und Voß*[307] einen allgemeines Konzept zur Lösung kombinatorischer Optimierungsprobleme auf das MLCLSP-L an, bei dem die Lösung von Subproblemen mit einem MIP-Solver durch eine übergeordnete Meta-Heuristik gesteuert wird.

C.3.3.3.6 Anmerkungen

Unabhängig von der mit einem der dargestellten Verfahren erreichbaren Lösungsgüte ist festzustellen, daß die Verfügbarkeit von Planungsmethoden, die systematisch in der Lage sind, mit hoher Wahrscheinlichkeit **zulässige Lösungen** für mehrstufige Losgrößenprobleme bei beschränkten Kapazitäten und zu berücksichtigenden Rüstzeiten zu bestimmen, bereits einen erheblichen Fortschritt gegenüber der derzeitigen betrieblichen Planungspraxis darstellt. Auch die sog. „Advanced Planning Systems" bzw. „Advanced Planning & Scheduling Systems", die seit einigen Jahren zur Optimierung der „Supply Chain" eingesetzt werden, zeigen für den Bereich der kapazitätsorientierten Losgrößenplanung keinen erkennbaren Fortschritt. Allerdings wird deutlich, daß das Problem der „Machbarkeit" von Produktionsplänen zunehmend erkannt wird. So beinhaltet z. B. das ehemals als „Advanced Planner and Optimizer" (APO) vermarktete Planungsmodul der von der SAP AG angebotenen Supply Chain Management Software Warnfunktionen („Alert Monitor"), die dem Planner Unzulässigkeiten aufzeigen und ihm Möglichkeiten zur Planänderung offerieren.

---

303 vgl. *Wu et al.* (2011)
304 vgl. *Buschkühl* (2008); *Tempelmeier und Buschkühl* (2009)
305 vgl. *Sahling et al.* (2009)
306 vgl. *Wu et al.* (2013)
307 vgl. *Caserta und Voß* (2013)

Werden Rüstzeiten in den Kapazitätsrestriktionen erfaßt, dann verlieren die Rüstkosten ihre Lenkkostenfunktion. Sie können dann vernachlässigt werden. Die mit Hilfe des Modells MLCLSP erzeugten Produktionspläne sehen in diesem Fall eine Vorausproduktion nur dann vor, wenn Überschreitungen der verfügbaren Kapazitäten vermieden werden müssen.

Die Anwendung des Modells MLCLSP in der betrieblichen Praxis ist dann möglich, wenn man von einer Aufteilung des Produktionsbereichs in Produktionssegmente[308] ausgeht. Für ein **Produktionssegment**, das dem Organisationstyp der **Werkstattproduktion** folgt, könnte ein Losgrößenmodell vom Typ des Modells MLCSLP formuliert und für den anstehenden Planungszeitraum von wenigen Wochen gelöst werden. Bei geeigneter Einbettung der Losgrößenplanung in eine sinnvoll konzipierte hierarchische Planung würde das Losgrößenmodell eine Komplexität (mehrere Tausend aktive Arbeitsgänge) erlangen, die mit den verfügbaren Lösungsverfahren auf einem PC handhabbar wäre.

C.3.3.4 Einsatz der Losgrößenplanung in einem rollenden Planungsansatz

Die bisher dargestellten deterministischen Losgrößenmodelle gehen von einem gegebenen Planungszeitraum ($t = 1, 2, \ldots, T$) aus. Eine Einsatzmöglichkeit dieser Modelle könnte darin bestehen, im Rahmen einer sog. *Anschlußplanung* in den Planungszeitpunkten $(0, T, 2 \cdot T, \ldots)$ jeweils ein Losgrößenproblem mit einem Planungshorizont von T Perioden zu lösen. Dies hat jedoch den Nachteil, daß zwischenzeitlich eintreffende planungsrelevante Informationen, z. B. eine außergewöhnlich hohe Nachfrage, erst zum nächsten Planungszeitpunkt berücksichtigt werden können.

In der Praxis geht man daher nach dem Prinzip der *rollenden Planung* vor. In diesem Fall löst man mit einem Planungsabstand von r Perioden jeweils ein neues T-Perioden-Losgrößenproblem, wobei aktualisierte Nachfrageprognosen und aktualisierte Lagerbestände berücksichtigt werden. Sofern der Planungsabstand kleiner als der Planungshorizont ist ($r < T$), kommt es zu Überlappungen der Planungszeiträume und dem Effekt, daß wegen der im Zeitablauf aktualisierten Nachfrageprognosen die geplante Produktionsmenge einer Periode u. U. mehrfach geändert wird.

---

308 vgl. *Günther und Tempelmeier* (2020), Abschnitt 5.1

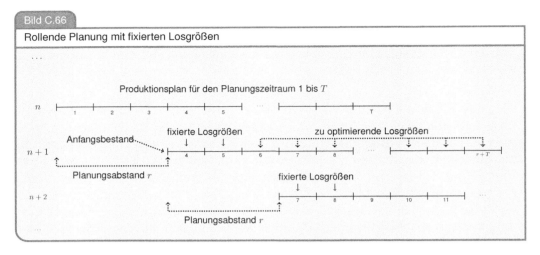

Bild C.66 Rollende Planung mit fixierten Losgrößen

Um diese *Nervosität der Planung* zu vermeiden, kann man für einige unmittelbar bevorstehende Perioden die im vorangegangenen Planungslauf optimierten Losgrößen als fixiert übernehmen. Das resultierende Losgrößenmodell optimiert dann nur noch die Entscheidungsvariablen für die verbleibenden Perioden des aktuellen Planungszeitraums. Dies ist in Bild C.66 veranschaulicht. Hier ist ein Planungsabstand $r = 3$ und ein Zeitraum mit fixierten Losen von 5 Perioden dargestellt. Die Losgrößen der Perioden 1 bis 3 werden realisiert, sind also Bestandteil des fixierten Produktionsplans, da der nächste Plan erst in Periode 4 erstellt wird. Bei der Erzeugung des Losgrößenmodells $(n + 1)$ werden die in der Zukunft liegenden Losgrößen der fixierten Perioden 4 und 5 aus dem vorangegangenen Plan n übernommen. Die Variablen der restlichen Perioden 6 bis $(3 + T)$ werden unter Berücksichtigung des aktuellen Nettobestands am Ende der Periode $r = 3$ und der geplanten Lagerzugangsmengen aus in den Vorperioden eingeplanten Losgrößen optimiert. Der nächste Planungslauf $(n + 2)$ wird dann in Periode 7 mit wiederum aktualisierten Werten (und fixierten Losgrößen der Perioden 7 und 8) durchgeführt.

Bei positiven minimalen Vorlaufzeiten z_k, wie sie im Modell MLCLSP auftreten, ist zu berücksichtigen, daß Produktionsmengen für übergeordnete Produkte (Baugruppen, Endprodukte) in den ersten Perioden des Planungszeitraums nur dann eingeplant werden können, wenn die dazu benötigten Mengen der untergeordneten Erzeugnisse zu Beginn der Produktionsperiode verfügbar sind. Wird nun z. B. ein Los für ein Endprodukt in Periode 1 eingeplant und werden hierzu Mengen eines Einzelteils benötigt, die mit einer Mindestvorlaufzeit von einer Periode produziert werden, dann muß die Sekundärbedarfsmenge des Einzelteils bereits zum Beginn des Planungszeitraums (Produktionsbeginn des Endprodukts) als disponibler Lagerbestand vorhanden sein. Von Bedeutung sind dabei der physische Lagerbestand und der zu Beginn der Periode 1, d. h. vor dem

Produktionsbeginn des Endprodukts, noch eintreffende Bestellbestand, dessen Produktion in einer vergangenen Periode eingeleitet worden ist. Bei längeren Mindestvorlaufzeiten (z. B. bei fremdbezogenen Teilen) müssen u. U. mehrere, zu Beginn unterschiedlicher Perioden verfügbar werdende Produktionsmengen (Lagerzugänge) berücksichtigt werden. So kann es bei einer Wiederbeschaffungszeit von z. B. 5 Perioden vorkommen, daß ein Wareneingang eines Produkts für Periode 2 und ein weiterer Zugang für Periode 4 vorgesehen ist.

Da die vorgelagerte Hauptproduktionsprogrammplanung, in der die Festlegung der Primärbedarfsmengen erfolgt, ebenfalls in das Konzept der rollenden Planung eingebettet ist, ist davon auszugehen, daß die **Primärbedarfsmengen** einer Periode von Planungslauf zu Planungslauf **aktualisiert** werden. Je nach Entwicklung der Nachfrageprognosen können die Primärbedarfsmengen in der kumulierten Vorlaufzeit eines Planungslaufs ℓ unverändert bleiben, sinken oder ansteigen.

Betrachten wir zunächst den Fall, daß die Primärbedarfsmengen in zwei aufeinanderfolgenden Planungsläufen **unverändert** bleiben. Damit die Primärbedarfe der am Anfang des Planungszeitraums ℓ liegenden Perioden erfüllt werden können, muß bereits im Planungslauf $(\ell - 1)$ mit der Produktion ausreichender Mengen begonnen worden sein. Diese werden als Bestellbestände in die disponiblen Lagerbestände einbezogen und bei der Nettobedarfsrechnung im Planungslauf ℓ berücksichtigt. Bei korrekter Planung reichen die disponiblen Lagerbestände aus, um sämtliche Primärbedarfsmengen über die kumulierte Vorlaufzeit zu erfüllen.

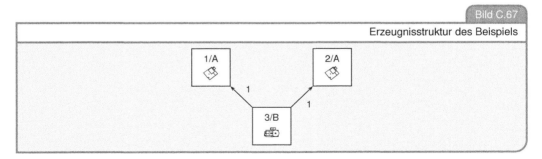

Bild C.67 — Erzeugnisstruktur des Beispiels

Dies sei anhand des in Bild C.67 dargestellten Beispiels mit deterministischen Primärbedarfsmengen[309] veranschaulicht, die über mehrere Planungsläufe unverändert bleiben. Die beiden Endprodukte 1 und 2 werden auf der Ressource A produziert, die mit einer Kapazität von 350 ZE/Periode zur Verfügung steht. Die Rüstkosten betragen für alle Produkte 400 GE/Rüstvorgang. Die Lagerkostensätze der Produkte 1 (2, 3) seien

---

[309] Auf die Probleme, die zusätzlich durch die stochastische Veränderung der Primärbedarfszeitreihen entstehen (Änderung der Bedarfsprognosen in der Hauptproduktionsprogrammplanung), wird in *Tempelmeier* (2018) eingegangen.

2 (2, 1) GE/(ME·ZE). Das untergeordnete Produkt 3 wird auf der Ressource B mit einer Kapazität von 500 ZE/Periode bearbeitet. Rüstzeiten werden nicht berücksichtigt. Die Stückbearbeitungszeiten sind für alle Produkte gleich 1. Die Mindestvorlaufzeit des Produkts 3 beträgt zwei Perioden, während beide Endprodukte mit vernachlässigbaren Vorlaufzeiten produziert werden können.

Tabelle C.62

Primärbedarfsmengen

t	1	2	3	4	5	6	7	8	9	10	11
d_{1t}	111	110	103	118	104	106	101	111	106	103	93
d_{2t}	166	152	148	156	125	116	139	153	131	154	139

Die erste Periode des aktuell betrachteten Planungsfensters sei Periode 1. Die Primärbedarfsmengen sind in Tabelle C.62 angegeben. Unterstellen wir nun, daß für das Produkt 3 in Periode -1 mit der Produktion von 292 ME begonnen wurde, die nach einer Durchlaufzeit von zwei Perioden zu Beginn der Periode 1 zur Bedarfsdeckung zur Verfügung stehen werden. Außerdem wurde in Periode 0 mit der Produktion von weiteren 350 ME begonnen, die wegen der zu berücksichtigenden Mindestvorlaufzeit jedoch erst zu Beginn der Periode 2 im Lager eintreffen werden.

Zur Erfassung dieser Planungssituation ersetzen wir die Lagerbilanzgleichungen des Modells MLCLSP wie folgt, wobei x_{kt} die zu Beginn der Periode t eintreffenden offenen Bestellungen und τ die letzte Periode, die nicht mehr in das aktuelle Planungsfenster einbezogen wird (Planungszeitpunkt), bezeichnen:[310]

$$y_{k,t-1} + \underbrace{x_{kt}}_{\substack{\text{zu Beginn der Periode } t \text{ eintreffende Mengen, die in der Vergangenheit} \\ \text{produziert bzw. bei einem Lieferanten bestellt wurden}}} - \sum_{i \in \mathcal{N}_k} a_{ki} \cdot q_{it} - y_{kt} = d_{kt} \qquad \begin{array}{l} k = 1, 2, ..., K \\ t = \tau + 1, \tau + 2, ..., \tau + z_k \end{array} \quad \text{(C.386)}$$

$$y_{k,t-1} + q_{k,t-z_k} - \sum_{i \in \mathcal{N}_k} a_{ki} \cdot q_{it} - y_{kt} = d_{kt} \qquad \begin{array}{l} k = 1, 2, ..., K \\ t = \tau + z_k + 1, \\ \tau + z_k + 2, ..., \tau + T \end{array} \quad \text{(C.387)}$$

Für das Produkt 3 des Beispiels erhalten wir zum Zeitpunkt $\tau = 0$:

$$y_{30} + 292 - q_{11} - q_{21} - y_{31} = 0 \qquad t = 1$$
$$y_{31} + 350 - q_{12} - q_{22} - y_{32} = 0 \qquad t = 2$$
$$y_{32} + q_{31} - q_{13} - q_{23} - y_{33} = 0 \qquad t = 3$$
usw.

---

310 vgl. *Tempelmeier* (1997)

C.3.3 Lösungsverfahren für Probleme mit Kapazitätsbeschränkungen – Rollende Planung

Die optimale Lösung des Modells MLCSLP für ein Planungsfenster der Länge $T = 8$ ist in Tabelle C.63 zusammengestellt.

Tabelle C.63 Lösung des ersten Planungslaufs

t	-1	0	1	2	3	4	5	6	7	8
d_{1t}			111	110	103	118	104	106	101	111
q_{1t}			126	198	0	328	0	0	212	0
y_{1t}		0	15	103	0	210	106	0	111	0
d_{2t}			166	152	148	156	125	116	139	153
q_{2t}			166	152	304	0	242	0	138	153
y_{2t}		0	0	0	156	0	117	1	0	0
Sekundärbedarf$_{3t}$			292	350	304	328	242	0	350	153
q_{3t}	292	350	377	500	0	0	500	0	–	–
y_{3t}			0	0	73	245	3	3	153	0

Die Pfeile zeigen, wie der Lagerbestand y_{34} des Produkts 3 am Ende der Periode 4 zustande kommt.

Es sei nun angenommen, daß nach $R = 3$ Perioden ein neuer Planungslauf durchgeführt wird. Die nächste Ausprägung des Modells MLCLSP bezieht sich dann auf das verschobene Planungsfenster (Perioden 4 bis 11) und berücksichtigt Anfangsbestände $y_{20} = 156$ und $y_{30} = 73$ und zu Beginn der Periode 4 (nach neuer Indizierung Beginn der Periode 1) eintreffende Bestellmengen des Einzelteils in Höhe von $x_{31} = 500$ – im letzten Planungslauf war dies die Variable q_{32}. Die optimale Lösung des resultierenden Problems zeigt Tabelle C.64.

Tabelle C.64 Lösung des zweiten Planungslaufs

t_{alt}	2	3	4	5	6	7	8	9	10	11
t_{neu}	-1	0	1	2	3	4	5	6	7	8
d_{1t}			118	104	106	101	111	106	103	93
q_{1t}			328	0	0	212	0	209	0	93
y_{1t}		0	210	106	0	111	0	103	0	0
d_{2t}			156	125	116	139	153	131	154	139
q_{2t}			0	242	0	138	284	0	293	0
y_{2t}		156	0	117	1	0	131	0	139	0
Sekundärbedarf$_{3t}$			328	242	0	350	284	209	293	93
x_{3t}	500	0	–	–	–	–	–	–	–	–
q_{3t}	–	–	0	347	493	0	386	0	–	–
y_{3t}		73	245	3	3	0	209	0	93	0

Aus den beiden dargestellten Produktionsplänen wird auch erkennbar, daß in den jeweils letzten beiden ($z_3 = 2$) Perioden eines Planungsfensters für das Produkt 3 keine Produktion mehr eingeplant wird, da für die jenseits des Planungshorizontes liegenden Perioden 9 und 10 bzw. 12 und 13 keine Endproduktbedarfsmengen angegeben sind.

Betrachten wir nun die Situation, daß die Primärbedarfsmengen in den ersten Perioden des aktuellen Planungsfensters gegenüber den im letzten Planungslauf angenommenen Werten **angestiegen** sind. In Abhängigkeit von der Höhe des Bedarfsanstiegs kann dann das Problem entstehen, daß der verfügbare Bestand eines Vorprodukts neu auf die übergeordneten Produkte verteilt werden muß. Bei einem extremen Anstieg der Bedarfsmengen kann es sogar dazu kommen, daß keine zulässige Lösung des Losgrößenproblems existiert, weil in der Vergangenheit zu wenig produziert worden ist.

Im obigen Beispiel stehen zu Beginn der Periode 1 des zweiten Planungsfensters 573 ME des Einzelteils zur Verfügung. Davon werden laut Plan in der Periode 1 328 ME für die Produktion des Loses $q_{11} = 328$ und in der Periode 2 242 ME für die Produktion des Loses $q_{22} = 242$ benötigt. Die restlichen 3 ME werden in den nachfolgenden Perioden verwendet. Tabelle C.65 stellt die Möglichkeiten der Reaktion auf verschiedene Erhöhungen der Primärbedarfsmenge des Produkts 1 in Periode 1 dar.

Tabelle C.65
Mögliche Reaktionen auf Veränderungen der Primärbedarfsmenge des Endprodukts 1 in Periode 1

Anstieg des Bedarfs	Mögliche Reaktion
Anstieg ≤ 3: $d_{11} \leq 121$	Verwendung des vorhandenen Bestands des Einzelteils 3: Erhöhe q_{11} von 328 auf 331; verwende den Restbestand von 3 ME des Einzelteils 3; y_{31} sinkt auf 242 und wird zur Produktion des Endprodukts 2 in Periode 2 benötigt.
$3 <$ Anstieg ≤ 109 $d_{11} \leq 118 + 109 = 227$	Veränderung der Reichweite des Loses für Produkt 1: Erhöhe q_{11} von 328 auf 331; verwende diese Menge zur Deckung der Bedarfsmengen $d_{11} = 227$ und $d_{12} = 104$. $d_{13} = 106$ wird nicht mehr in Periode 1 produziert.
$109 <$ Anstieg ≤ 226 $d_{11} \leq 118 + 109 + 117 = 344$	Reallokation des Bestands des Einzelteils 3 von Produkt 2 auf Produkt 1: Erhöhe q_{11} auf 448; reduziere q_{21} von 242 auf 125.
Anstieg > 226	Keine zulässige Lösung: Insgesamt stehen 573 ME des Einzelteils 3 zur Verfügung. Davon werden 104 ME für d_{12} und 125 ME für d_{22} benötigt. Die verbleibenden 344 ME können zur Produktion des Endprodukts 1 in Periode 1 vorgesehen werden. Darüber hinausgehende Veränderungen der Primärbedarfsmenge des Endprodukts 1 in Periode 1 führen zu einer Fehlmenge des Einzelteils.

Das Auftreten von Fehlmengen kann durch Bevorratung von Sicherheitsbestand abgefangen werden, der allerdings wieder nachproduziert werden muß.[311] Die in Tabelle C.65 dargestellten Möglichkeiten der Reaktion auf Veränderungen der Primärbedarfsmengen können teilweise alternativ eingesetzt werden. Es entsteht somit ein ökonomisches Allokationsproblem des verfügbaren Lagerbestands des Einzelteils 3, das durch Einsatz des Modells MLCLSP gelöst werden kann.

Ergänzende Literatur zu Abschnitt C.3.3
Buschkühl et al. (2008)
Dellaert und Jeunet (2005)
Derstroff (1995)
Helber (1994, 1995)
Quadt und Kuhn (2008)

C.3.4 Losgrößenplanung mit Produktsubstitution

Bei den bisher dargestellten einstufigen und mehrstufigen Losgrößenmodellen sind wir davon ausgegangen, daß für jedes Produkt ein produkt- und periodenspezifischer externer Bedarf zu decken ist. Durch Vernachlässigung der Kapazitätsbeschränkungen und der Input-Output-Beziehungen zwischen den Produkten war es möglich, ein (schwieriges) Mehrprodukt-Problem in mehrere (einfache) Einprodukt-Probleme zu zerlegen und diese isoliert optimal zu lösen. Die Input-Output-Beziehungen wurden bislang so interpretiert, daß ein untergeordnetes Produkt (z. B. eine Baugruppe) Bestandteil eines übergeordneten Produkts (z. B. eines Endprodukts) wird.

In vielen Unternehmen besteht die Möglichkeit, die Nachfrage nach einem Produkt B durch ein (höherwertiges) Produkt A zu decken. So findet man z. B. in einer PC-Produktlinie Geräte mit unterschiedlich leistungsfähigen Netzteilen. Tritt eine Nachfrage für das Netzteil mit der niedrigeren Leistungsstufe B auf, dann kann diese – oft sogar ohne daß der Abnehmer darüber informiert wird – durch ein Netzteil der höheren Leistungsstufe A gedeckt werden. Allerdings verursacht diese Produktsubstitution **Substitutionskosten**. Denn für das höherwertige Produkt fallen i. d. R. höhere Stückkosten an, die vom Abnehmer aber nicht durch einen höheren Preis honoriert werden. Damit die Produktsubstitution ökonomisch vorteilhaft ist, müssen den Substitutionskosten ausreichend hohe Einsparungen an anderer Stelle gegenüberstehen. Unter stochastischen Bedingungen besteht z. B. die Möglichkeit der Einsparung von Sicherheitsbestand.[312] Dies ist auch der Anwendungsbereich, für den man in der Literatur die meisten Veröffentlichungen zum Thema Produktsubstitution findet.

Aber auch in der Losgrößenplanung bietet die Option der Produktsubstitution Möglichkeiten zur Kostensenkung. So kann es ökonomisch sinnvoll sein, den Bedarf eines Pro-

---

311 siehe hierzu *Tempelmeier* (2018)
312 vgl. *Tempelmeier* (2018), Abschnitt E.1.5

dukts B durch ein Ersatzprodukt A zu decken, wenn dadurch ein Rüstvorgang für das Produkt B vermieden werden kann und die Substitutionskosten zwischen A und B und die evtl. zu berücksichtigenden Lagerkosten für A geringer sind als die entfallenden Rüstkosten für B.

Die Option der Produktsubstitution erzwingt die gemeinsame Betrachtung der Losgrößenentscheidungen für mehrere Produkte. Man kann prinzipiell alle in den vorangegangenen Abschnitten behandelten Varianten ein- und mehrstufiger Losgrößenmodelle mit und ohne Kapazitätsbeschränkungen um den Aspekt der Produktsubstitution erweitern. Im Folgenden betrachten wir den einfachsten Fall einer einstufigen Produktion ohne Kapazitätsbeschränkungen und erweitern das Makroperioden-Modell SPLP in dieser Hinsicht. Dabei wird unterstellt, daß es für jedes Produkt k eine Menge $\mathcal{P}_k$ von Produkten gibt, die zur Deckung des Bedarfs des Produkts k verwendet werden können. Der Einfachheit halber sei angenommen, daß zur Substitution des Produkts k genau eine Mengeneinheit des Produkts $i \in \mathcal{P}_k$ benötigt wird. Nimmt man nun Substitutionskosten c_{ik} an und bezeichnet man mit $\delta_{ikt\tau}$ den Anteil des Bedarfs des Produkts k aus Periode τ, der durch die Produktion des Produkts i in Periode t gedeckt wird, dann erhält man das folgende Losgrößenmodell[313]:

Modell SPLP-PS

$$\text{Minimiere } Z = \sum_{k=1}^{K} \sum_{t=1}^{T} s_k \cdot \gamma_{kt} + \sum_{k=1}^{K} \sum_{i \in \mathcal{P}_k} \sum_{t=1}^{T} \sum_{\tau=t}^{T} h_{ikt\tau} \cdot \delta_{ikt\tau}$$
$$+ \sum_{k=1}^{K} \sum_{i \in \mathcal{P}_k} \sum_{t=1}^{T} \sum_{\tau=t}^{T} c_{ik} \cdot d_{k\tau} \cdot \delta_{ikt\tau} \quad \text{(C.388)}$$

u. B. d. R.

$$\sum_{i \in \mathcal{P}_k} \sum_{t=1}^{\tau} \delta_{ikt\tau} = 1 \qquad k = 1, 2, \ldots, K; \tau = 1, 2, \ldots, T \quad \text{(C.389)}$$

$$\delta_{ikt\tau} \leq \gamma_{it} \qquad \begin{array}{l} k = 1, 2, \ldots, K; i \in \mathcal{P}_k; t = 1, 2, \ldots, T; \\ \tau = t, t+1, \ldots, T; d_{k\tau} > 0 \end{array} \quad \text{(C.390)}$$

$$\delta_{ikt\tau} \geq 0 \qquad k = 1, 2, \ldots, K; i \in \mathcal{P}_k; t = 1, 2, \ldots, T; \tau = t, t+1, \ldots, T \quad \text{(C.391)}$$

$$\gamma_{kt} \in \{0, 1\} \qquad k = 1, 2, \ldots, K; t = 1, 2, \ldots, T \quad \text{(C.392)}$$

---

313 vgl. *Balakrishnan und Geunes* (2000); *Lang und Domschke* (2007)

Symbole

c_{ik}	Kosten der Substition des Produkts k durch Produkt i (pro Mengeneinheit)
$d_{k\tau}$	Bedarfsmenge des Produkts k in Periode τ
$h_{ikt\tau}$	Kosten für die Lagerung der Bedarfsmenge des Produkts k aus Periode τ, die durch Produktion des Produkts i in der Periode t gedeckt wird
$\mathcal{P}_k$	Menge der Produkte, die zur Deckung des Bedarfs des Produkts k verwendet werden können
s_k	Rüstkostensatz für Produkt k
T	Länge des Planungszeitraums
γ_{kt}	binäre Rüstvariable für Produkt k in Periode t
$\delta_{ikt\tau}$	Anteil des Bedarfs des Produkts k aus Periode τ, der durch Produktion des Produkts i in der Periode t gedeckt wird

Die Zielfunktion (C.388) erfaßt neben den Rüst- und Lagerkosten nun auch die Substitutionskosten. Die Gleichungen (C.389) sichern, daß die gesamte externe Nachfragemenge des Produkts k in Periode τ durch Produktion des Produkts k oder eines seiner Substitutionsprodukte gedeckt wird. Die Menge $\mathcal{P}_k$ enthält auch das Produkt k selbst. Gibt es für ein Produkt k kein Substitutionsprodukt, dann ist $\mathcal{P}_k = \{k\}$. Die Nebenbedingungen (C.390) stellen den Zusammenhang zwischen den Rüstvariablen und den Produktionsmengenvariablen her.

Für den Fall, daß $\mathcal{P}_k = \{k\}$ ($k = 1, 2, \ldots, K$), zerfällt das Problem in mehrere Einprodukt-Losgrößenprobleme vom Typ SPLP. Man kann dann die Summationen über k und $i \in \mathcal{P}_k$ sowie die Indizes i und k streichen. Außerdem entfällt die letzte Summe in der Zielfunktion. Damit erhält man K Einprodukt-Losgrößenprobleme vom Typ SPLP.

Balakrishnan und Geunes[314] haben gezeigt, daß ebenso wie im SIULSP die optimale Lösung dadurch charakterisiert ist, daß für ein Produkt in einer Periode nur dann produziert wird, wenn der Lagerbestand am Periodenanfang gleich Null ist. Außerdem kann es nicht optimal sein, ein Produkt in einer Periode gleichzeitig zu produzieren und zu substituieren.[315] Auf der Grundlage dieser Eigenschaften entwickeln *Balakrishnan und Geunes* ein Verfahren der dynamischen Optimierung zur Lösung des Problems.

Tabelle C.66

Nachfragemengen

$k \setminus t$	1	2	3	4	5	6	7	8
1	30	10	80	0	40	0	20	10
2	50	0	30	0	70	10	0	0
3	10	0	0	20	0	0	10	30

---

314 vgl. *Balakrishnan und Geunes* (2000)
315 Diese Eigenschaft entspricht der Optimalitätsbedingung im klassischen einstufigen unkapazitierten Standortproblem, nach der jeder Abnehmer nur von einem Standort aus beliefert wird.

Betrachten wir ein Beispiel mit drei Produkten, acht Perioden und den in Tabelle C.66 angegebenen Nachfragedaten. Es sei angenommen, daß das Produkt 2 auch zur Deckung des Bedarfs für das Produkt 3 eingesetzt werden kann, wobei Substutitionskosten in Höhe von $c_{23} = 1$ pro Mengeneinheit anfallen. Damit gilt: $\mathcal{P}_1 = \{1\}$, $\mathcal{P}_2 = \{2\}$ und $\mathcal{P}_3 = \{2, 3\}$. Die Zielfunktionskoeffizienten der Lagerkosten sind definiert als $h_{ikt\tau} = h_i \cdot d_{k\tau} \cdot (t - \tau)$, wobei h_i den Lagerkostensatz für das Substitutionsprodukt i pro ME und ZE beschreibt. Im Beispiel seien alle $h_k = 1$. Die Rüstkosten seien $s_1 = 200$, $s_2 = 150$ und $s_3 = 100$.

Die optimale Lösung des Modells SPLP-PS ergibt den in Tabelle C.67 angegebenen Produktionsplan mit Gesamtkosten in Höhe von 1210, wobei die Rüstkosten 800, die Lagerkosten 380 und die Substitutionskosten 30 betragen. Die resultierende Bestandsentwicklung ist in Tabelle C.68 dargestellt. Man erkennt, daß der Bedarf des Produkts 3 aus den Perioden 1 und 4 durch das in Periode 1 aufgelegte Los des Produkts 2 gedeckt wird.

Tabelle C.67
Produktionsplan

$k \setminus t$	1	2	3	4	5	6	7	8
1	40	–	150	–	–	–	–	–
2	110	–	–	–	80	–	–	–
3	–	–	–	–	–	–	40	–

Tabelle C.68
Bestandsentwicklung

$k \setminus t$	1	2	3	4	5	6	7	8
1	10	–	70	70	30	30	10	–
2	50	50	20	–	10	–	–	–
3	–	–	–	–	–	–	30	–

Die Vorteilhaftigkeit der Produktsubstitution hängt vor allem davon ab, ob bei Wahl dieser Option Rüstkosten für das substituierte Produkt entfallen. Dies ist insb. bei sporadischem Bedarf zu erwarten.

Sind Ressourcen mit **beschränkten Kapazitäten** zu berücksichtigen, dann kann man das Modell SPLP-PS zum dynamischen einstufigen kapazitierten Mehrprodukt-Losgrößenproblem mit Produktsubstitution erweitern. Wir nehmen wie im CLSP$_{\text{SPL}}$[316] an, daß die Produkte durch J Ressourcen mit den Periodenkapazitäten b_{jt} bearbeitet werden, wobei $\mathcal{K}_j$ die Menge der Produkte bezeichnet, die der Ressource j zugeordnet

---

316 siehe S. 63

C.3.4 Losgrößenplanung mit Produktsubstitution

sind. Weiterhin seien tb_i und tr_i die Stückbearbeitungszeit bzw. Rüstzeit für Produkt $i \in \mathcal{P}_k$.

Das Modell lautet dann:

Modell CLSP$_{SPL}$-PS

$$\text{Minimiere } Z = \sum_{k=1}^{K} \sum_{t=1}^{T} s_k \cdot \gamma_{kt} + \sum_{k=1}^{K} \sum_{i \in \mathcal{P}_k} \sum_{t=1}^{T} \sum_{\tau=t}^{T} h_{ikt\tau} \cdot \delta_{ikt\tau}$$
$$+ \sum_{k=1}^{K} \sum_{i \in \mathcal{P}_k} \sum_{t=1}^{T} \sum_{\tau=t}^{T} c_{ik} \cdot d_{k\tau} \cdot \delta_{ikt\tau} \quad \text{(C.393)}$$

u. B. d. R.

$$\sum_{i \in \mathcal{P}_k} \sum_{t=1}^{\tau} \delta_{ikt\tau} = 1 \qquad k = 1, 2, \ldots, K; \tau = 1, 2, \ldots, T \quad \text{(C.394)}$$

$$\delta_{ikt\tau} \leq \gamma_{it} \qquad \begin{array}{l} k = 1, 2, \ldots, K; i \in \mathcal{P}_k; t = 1, 2, \ldots, T; \\ \tau = t, t+1, \ldots, T; d_{k\tau} > 0 \end{array} \quad \text{(C.395)}$$

$$\sum_{k \in \mathcal{K}_j} \sum_{i \in \mathcal{P}_k} \left[\sum_{\tau=t}^{T} tb_i \cdot d_{k\tau} \cdot \delta_{ikt\tau} + tr_i \cdot \gamma_{it} \right] \leq b_{jt} \qquad \begin{array}{l} j = 1, 2, \ldots, J; \\ t = 1, 2, \ldots, T \end{array} \quad \text{(C.396)}$$

$$\delta_{ikt\tau} \geq 0 \qquad k = 1, 2, \ldots, K; i \in \mathcal{P}_k; t = 1, 2, \ldots, T; \tau = t, t+1, \ldots, T \quad \text{(C.397)}$$

$$\gamma_{kt} \in \{0, 1\} \qquad k = 1, 2, \ldots, K; t = 1, 2, \ldots, T \quad \text{(C.398)}$$

Symbole

Siehe Modell SPLP-PS sowie Modell CLSP

Zur Veranschaulichung dieses Modells erweitern wir das obige Beispiel um eine Ressource, die die Produkte 2 und 3 produziert. Die Periodenkapazität sei in allen Perioden gleich 80. Weiterhin gilt $tb_2 = tb_3 = 1$ und $tr_2 = tr_3 = 10$. Tabelle C.69 zeigt den optimalen Produktionsplan für diese Datenkonstellation.

Tabelle C.69 Produktionsplan bei Berücksichtigung von Kapazitätsbeschränkungen

$k \setminus t$	1	2	3	4	5	6	7	8
1	40	–	150	–	–	–	–	–
2	60	–	50	–	60	–	–	–
3	–	–	–	30	–	–	–	30

Auch hier wird zur Deckung des Bedarfs des Produkts 3 auf das Produkt 2 zurückgegriffen – allerdings wegen der beschränkten Kapazität nur noch in der ersten Periode. Die Kosten dieses Produktionsplans betragen 1360. Es ist erkennbar, daß die an sich ökonomisch vorteilhafte Produktsubstitution wegen der beschränkten Kapazität der Ressource nicht zulässig ist.

 Ergänzende Literatur zu Abschnitt C.3:
Tempelmeier (1997, 1998)
Voß und Woodruff (2006)

C.4 Bestellmengenplanung

Bisher sind wir davon ausgegangen, daß für jedes der Produkte, die in einer mehrstufigen Erzeugnisstruktur zusammengefaßt sind, ein Losgrößenproblem entsteht. Wir haben damit implizit unterstellt, daß auch die auf der untersten Erzeugnisebene befindlichen Einzelteile – u. U. unter Einsatz knapper Ressourcen – eigenproduziert werden. Für Produkte, die nicht eigenproduziert, sondern von Fremdlieferanten zugekauft werden, entstehen Planungsprobleme, die zwar formal dieselbe Struktur haben wie ein Losgrößenproblem. Allerdings weisen deren Parameter einige Besonderheiten auf.

Wird ein Produkt fremdbezogen, dann sind vor allem folgende Tatbestände zu berücksichtigen:

- Es gibt oft mehrere alternative Lieferanten für ein Produkt. Dies führt zu einem Lieferantenauswahlproblem.

- Jeder Lieferant kann oft nur in bestimmten Perioden liefern. So gibt es z. B. in den deutschen Bundesländern unterschiedliche Feiertagsregelungen oder die Lieferanten haben unterschiedliche Werksferien.

- Es werden Mengenrabatte mit mehreren Rabattklassen gewährt. Die Rabattstaffelungen können als Stufenrabatte („all-units discounts"') oder als Blockrabatte („incremental discounts"') ausgelegt sein. Im ersten Fall wird anhand der Bestellmenge eine Rabattklasse bestimmt, deren Preis dann für alle bestellten Mengeneinheiten gilt. Im zweiten Fall wird die Bestellmenge in rabattklassenbezogene Teilmengen zerlegt, wobei für die Mengeneinheiten jeder Teilmenge der Preis der betreffenden Rabattklasse angesetzt wird.

- Die Beschaffungspreise und Nebenkosten können sich im Zeitablauf ändern (z. B. durch Preiserhöhungen oder zeitlich begrenzte Sonderangebote).

- Die einzelnen Lieferanten können nur bestimmte Mengen liefern (minimale und maximale Liefermengen).

Probleme der Bestellmengenplanung und der operativen Lieferantenauswahl werden in Zukunft beträchtlich an Bedeutung gewinnen. Mit der Entwicklung des eCommerce gehen viele Unternehmen dazu über, zumindest C-Produkte nicht mehr durch personalintensive Einkaufsprozeduren, sondern mit Hilfe von „Business-to-Business"-Softwaresystemen automatisiert zu bestellen. Die resultierende Ausschaltung des menschlichen Einkäufers als Träger der Kaufentscheidung (Bei welchem Lieferanten? Welche Bestellmenge?) verlangt nach einem softwaretechnischen Ersatz, der nur auf der Basis eines Entscheidungsmodells und eines geeigneten Lösungsverfahrens bereitgestellt werden kann.

In der Literatur finden sich relativ wenige Untersuchungen zur Optimierung von Bestellmengen unter *dynamischen* Bedingungen.[317] Es gibt zwar eine große Anzahl von Arbeiten, die mengenrabattspezifische Erweiterungen des statischen klassischen Bestellmengenmodells behandeln. Mit der in diesem Buch betrachteten dynamischen Situation beschäftigen sich trotz der hohen Praxisrelevanz erstaunlicherweise nur wenige Autoren.[318] *Prentis und Khumawala*[319] legen die bisher einzige Untersuchung vor, in der das Losgrößenproblem bei Eigenproduktion gemeinsam mit dem Bestellmengenproblem für fremdbezogene Produkte unter Berücksichtigung von Mengenrabatten in einer mehrstufigen Erzeugnisstruktur betrachtet wird. Im folgenden wollen wir ein heuristisches Verfahren zur simultanen Bestellmengenplanung und Lieferantenauswahl vorstellen, mit dem alle in der obigen Aufzählung genannten Problemaspekte berücksichtigt werden können.[320]

C.4.1 Modellformulierung

Wir betrachten ein Produkt, für das eine dynamische Zeitreihe von Nettobedarfen über einen Planungszeitraum von T Perioden vorliegt. Das Produkt kann bei mehreren Lieferanten in identischer Qualität bezogen werden. Die Lieferanten offerieren Mengenrabatte, die als Block- oder Stufenrabatte ausgelegt sein können. Dabei kann es vorkommen, daß ein Lieferant Blockrabatte und ein anderer Lieferant Stufenrabatte gewährt. Die Preise und die (ebenfalls lieferantenspezifischen) Beschaffungsnebenkosten können

---

317 Literaturübersichten zur Bestellmengenplanung geben *Benton und Park* (1996a) sowie *Munson und Rosenblatt* (1998).
318 vgl. *Benton* (1985, 1986); *Benton und Whybark* (1982); *Bregman* (1991); *Bregman und Silver* (1993); *Callarman und Whybark* (1981); *Christoph und LaForge* (1989); *Federgruen und Lee* (1990); *Chung et al.* (1987); *Chyr et al.* (1999); *LaForge und Patterson* (1985); *Tersine und Toelle* (1985)
319 vgl. *Prentis und Khumawala* (1989)
320 vgl. *Tempelmeier* (2003)

zeitabhängig sein. Für jeden Lieferanten sind Mindest- und Höchstbestellmengen bekannt.

Das betrachtete dynamische Einprodukt-Bestellmengenproblem mit alternativen Lieferanten, Mengenrabatten und zeitvariablen Parametern kann mit Hilfe der im Modell C.1.1, S. 39, verwendeten Analogie zur Standortplanung abgebildet werden. Die Problemstruktur ist in Bild C.68 veranschaulicht. Für jeden Lieferanten, jede Rabattklasse und jede Periode wird ein „potentieller Standort" (dargestellt durch ein Achteck) eingeführt. Potentielle Standorte, die Perioden zugeordnet sind, in denen der betreffende Lieferant nicht liefern kann, sind grau markiert. Ein gestricheltes Oval (nur für Periode 1 und Lieferant 1 eingezeichnet) symbolisiert die Bedingung, daß jede Bestellung nur in eine Rabattklasse fallen kann. Höchstens einer der durch das Oval erfaßten „potentiellen Standorte" darf demnach in der Lösung enthalten sein. Jeder Periodenbedarf wird durch einen „Nachfragerstandort" repräsentiert. Ein Pfeil von einem potentiellen Standort (Periode τ, Lieferant l, Rabattklasse r) zu einem Nachfragerstandort stellt die Lieferung (eines Anteils) des Bedarfs der Periode t in Periode τ durch den Lieferanten l bei Anwendung der Rabattstufe r dar.

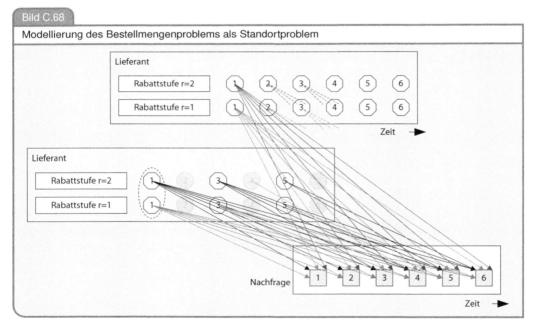

Bild C.68: Modellierung des Bestellmengenproblems als Standortproblem

Unter der Annahme, daß für alle Lieferanten *Stufenrabatte* gelten, erhält man das folgende Modell:

C.4.1 Modellformulierung

Modell UMSOQP$_{VAD}$[321]

$$\text{Minimiere } Z = \sum_{\tau=1}^{T} \sum_{t=\tau}^{T} \sum_{l=1}^{L} \sum_{r=1}^{R_\tau^l} h_{\tau t}^{lr} \cdot \delta_{\tau t}^{lr} + \sum_{\tau=1}^{T} \sum_{l=1}^{L} \sum_{r=1}^{R_\tau^l} \left(s_\tau^l \cdot \gamma_\tau^{lr} + q_\tau^{lr} \cdot p_\tau^{lr} \right) \quad \text{(C.399)}$$

u. B. d. R.

$$\sum_{\tau=1}^{t} \sum_{l=1}^{L} \sum_{r=1}^{R_\tau^l} \delta_{\tau t}^{lr} = 1 \qquad t = 1, 2, ..., T \quad \text{(C.400)}$$

$$\sum_{t=\tau}^{T} \delta_{\tau t}^{lr} \cdot d_t = q_\tau^{lr} \qquad \begin{array}{l} l = 1, 2, ..., L;\ \tau = 1, 2, ..., T \\ r = 1, 2, ..., R_\tau^l \end{array} \quad \text{(C.401)}$$

$$q_\tau^{lr} \leq g_\tau^{lr} \cdot \gamma_\tau^{lr} \qquad \begin{array}{l} l = 1, 2, ..., L;\ \tau = 1, 2, ..., T \\ r = 1, 2, ..., R_\tau^l \end{array} \quad \text{(C.402)}$$

$$q_\tau^{lr} \geq \left(g_\tau^{l,r-1} + 1 \right) \cdot \gamma_\tau^{lr} \qquad \begin{array}{l} l = 1, 2, ..., L;\ \tau = 1, 2, ..., T \\ r = 2, 3, ..., R_\tau^l \end{array} \quad \text{(C.403)}$$

$$\sum_{r=1}^{R_\tau^l} \gamma_\tau^{lr} \leq a_\tau^l \qquad l = 1, 2, ..., L;\ \tau = 1, 2, ..., T \quad \text{(C.404)}$$

$$\delta_{\tau t}^{lr} \leq \gamma_\tau^{lr} \qquad \begin{array}{l} l = 1, 2, ..., L;\ \tau = 1, 2, ..., T \\ t = \tau, \tau+1, ..., T;\ r = 1, 2, ..., R_\tau^l \\ d_t > 0 \end{array} \quad \text{(C.405)}$$

$$g_\tau^{l0} = 0 \qquad l = 1, 2, ..., L;\ \tau = 1, 2, ..., T \quad \text{(C.406)}$$

$$q_\tau^{lr} \geq 0 \qquad \begin{array}{l} l = 1, 2, ..., L;\ \tau = 1, 2, ..., T \\ r = 1, 2, ..., R_\tau^l \end{array} \quad \text{(C.407)}$$

$$\gamma_\tau^{lr} \in \{0, 1\} \qquad \begin{array}{l} l = 1, 2, ..., L;\ \tau = 1, 2, ..., T \\ r = 1, 2, ..., R_\tau^l \end{array} \quad \text{(C.408)}$$

$$\delta_{\tau t}^{lr} \geq 0 \qquad \begin{array}{l} \tau = 1, 2, ..., T;\ t = \tau, \tau+1, ..., T \\ l = 1, 2, ..., L;\ r = 1, 2, ..., R_\tau^l \end{array} \quad \text{(C.409)}$$

---

321 UMSOQP = **U**ncapacitated **M**ulti-**S**upplier **O**rder **Q**uantity **P**roblem; VAD = **V**ariable **A**ll-unit **D**iscounts

Symbole	
L	Anzahl Lieferanten
R_τ^l	Anzahl Rabattklassen des Lieferanten l in Periode t
T	Anzahl Bedarfsperioden
a_τ^l	$= \begin{cases} 1, & \text{wenn Lieferant } l \text{ in Periode } t \text{ liefern kann} \\ 0, & \text{sonst} \end{cases}$
d_t	Nettobedarf in Periode t
g_τ^{lr}	Obergrenze der Rabattklasse r für Lieferant l in Periode τ
$h_{\tau t}^{lr}$	Lagerkosten für den gesamten Bedarf der Periode t, falls dieser beim Lieferanten l in Periode τ mit Rabattklasse r beschafft wird
p_τ^{lr}	Stückpreis in Rabattklasse r für Lieferant l in Periode τ
q_τ^{lr}	Bestellmenge beim Lieferanten l in Periode τ mit Rabattklasse r
s_τ^l	fixe Bestellkosten für Lieferanten l in Periode τ
$\delta_{\tau t}^{lr}$	Anteil des Bedarfs in Periode t, der beim Lieferanten l in Periode τ mit Rabattklasse r beschafft wird
γ_τ^{lr}	Binärvariable zur Auswahl der Rabattklasse r in Periode τ für den Lieferanten l

Die Zielfunktionskoeffizienten $h_{\tau t}^{lr}$ beschreiben die Kosten für die Lagerung der gesamten Bedarfsmenge der Periode t, wenn diese in Periode τ durch den Lieferanten l mit Rabattstufe r geliefert wird. Für den betrachteten Fall einer Blockrabattstaffel gilt:

$$h_{\tau t}^{lr} = h \cdot p_\tau^{lr} \cdot d_t \cdot (t - \tau) \tag{C.410}$$

wobei h den Lagerzinssatz und $(t - \tau)$ die Lagerdauer beschreiben. Wie in allen in diesem Buch beschriebenen Losgrößenmodellen erfassen wir auch in diesem Modell die Bestandswirkungen einer Bestellmengenentscheidung durch einen Lagerkostensatz, der nun von dem Lieferanten und der Rabattstaffel abhängt. Es sei darauf hingewiesen, daß diese kostenorientierte Darstellung u. U. ökonomisch problematisch sein kann, da sie nicht die *Zahlungswirkungen* einer Bestellmengenentscheidung, sondern deren Approximation durch Kostengrößen erfaßt.[322] Wir wollen jedoch angesichts des relativ kurzen Planungszeitraums in Übereinstimmung mit der betrieblichen Praxis weiterhin auf der Basis von Kosten und nicht auf der Basis von Zahlungsströmen planen.

Lieferantenspezifische Lieferzeiten können durch die Fixierung der a_τ^l-Werte erfaßt werden. Hat z. B. der Lieferant l eine Lieferzeit von z^l Perioden (bezogen auf den Planungszeitpunkt 0), dann gilt $a_\tau^l = 0$, $\tau < z_l$. Unterschiede in den Lieferzeiten der einzelnen Lieferanten beeinflussen nur die ersten Perioden des Planungszeitraums.

Für den Fall von *Blockrabatten* kann das folgende *nichtlineare* gemischt-ganzzahlige Optimierungsmodell formuliert werden.

---
[322] Siehe hierzu *Helber* (1994); *Haase* (2001); *Fleischmann* (2001).

Modell UMSOQP$_{VID}$[323]

$$\text{Minimiere } Z = \sum_{\tau=1}^{T} \sum_{t=\tau}^{T} \sum_{l=1}^{L} \sum_{r=1}^{R_\tau^l} \underbrace{\left[h \cdot \frac{f_\tau^{lr} + v_\tau^{lr} \cdot p_\tau^{lr}}{q_\tau^{lr}} \cdot d_t \cdot (t-\tau) \right]}_{h_{\tau t}^{lr}} \cdot \delta_{\tau t}^{lr} \quad \text{(C.411)}$$

$$+ \sum_{\tau=1}^{T} \sum_{l=1}^{L} \sum_{r=1}^{R_\tau^l} \left[\left(s_\tau^l + f_\tau^{lr}\right) \cdot \gamma_\tau^{lr} + p_\tau^{lr} \cdot v_\tau^{lr} \right]$$

u. B. d. R.

$$v_\tau^{lr} = q_\tau^{lr} - g_\tau^{l,r-1} \cdot \gamma_\tau^{lr} \qquad \begin{array}{l} l = 1, 2, ..., L; \ \tau = 1, 2, ..., T \\ r = 1, 2, ..., R_\tau^l \end{array} \quad \text{(C.412)}$$

und (C.400) – (C.409)

Die Variable v_τ^{lr}, die zur korrekten kostenorientierten Bewertung des Lagerbestandes verwendet wird, beschreibt die Differenz zwischen der Bestellmenge in Periode τ beim Lieferanten l und der Untergrenze der Rabattklasse r. Der Koeffizient f_τ^{lr} bezeichnet den Beschaffungswert des Anteils der Bestellmenge, der bis zur Obergrenze der Rabattklasse $r-1$ reicht. Bei Blockrabatten erhält man

$$f_\tau^{lr} = \sum_{i=1}^{r-1} \left(g_\tau^{li} - g_\tau^{l,i-1} \right) \cdot p_\tau^{li} \quad \text{(C.413)}$$

Dagegen ergibt sich für Stufenrabatte: $f_\tau^{lr} = p_\tau^{lr} \cdot g_\tau^{l,r-1}$. Addiert man die Kosten für die auf die aktuelle Rabattklasse entfallende Menge $v_\tau^{lr} = q_\tau^{lr} - g_\tau^{l,r-1}$ hinzu, dann erhält man den Gesamtwert der Bestellmenge q_τ^{lr}. Im Hinblick auf den Beschaffungswert kann der Unterschied zwischen Stufen- und Blockrabattstaffeln somit durch eine einfache Aufbereitung der Daten modelliert werden. Beide Modellformulierungen können auch kombiniert werden, so daß man auch Probleme modellieren kann, in denen eine Gruppe von Lieferanten Stufenrabatte und eine andere Gruppe Blockrabatte anbietet. Tabelle C.70 zeigt die Unterschiede der f_τ^{lr}-Werte bei Blockrabatten und Stufenrabatten für unterschiedliche Bestellmengen q.

---

[323] UMSOQP = **U**ncapacitated **M**ulti-**S**upplier **O**rder **Q**uantity **P**roblem; VID = **V**ariable **I**ncremental **D**iscounts

Tabelle C.70
Parameterberechnung für Stufen- und Blockrabatte

r	g_τ^{lr}	p_τ^{lr}	Stufenrabatt	Blockrabatt
0	0	–	–	–
1	100	4.1	$f_\tau^{l1}(q=50) = 0$	$f_\tau^{l1}(q=50) = 0$
2	250	3.72	$f_\tau^{l2}(q=200) = 372$	$f_\tau^{l2}(q=200) = 410$
3	∞	3.55	$f_\tau^{l3}(q=400) = 887.5$	$f_\tau^{l3}(q=400) = 410 + 558 = 968$

Da der durchschnittliche Lagerkostensatz $h_{\tau t}^{lr}$ bei Blockrabatten eine Funktion der Bestellmenge ist, ist die Zielfunktion (C.411) *nichtlinear*. Dennoch kann das Modell UMSOQP$_{\text{VID}}$ sehr einfach exakt gelöst werden. Dazu stellen wir folgende Überlegungen an. Betrachten wir zunächst nur einen Lieferanten. In diesem Fall kann man nachweisen, daß für die optimale Bestellpolitik die Bedingung (C.15), S. 34, gilt, nach der eine Bestellung immer eine ganzzahlige Anzahl von Periodenbedarfen umfassen muß.[324] Man kann das Problem daher als **Kürzeste-Wege-Problem** formulieren und mit einem geeigneten Verfahren lösen. Für den Fall mehrerer Lieferanten kann man die Pfeilbewertungen des Netzwerks bzw. die Kostenmatrix der Teilpolitiken[325] in der Weise generieren, daß man jedem Pfeil die Gesamtkosten des für die betreffende Bestellmenge *günstigsten* Lieferanten zuordnet.

Beispiel: www.produktion-und-logistik.de/Beispiele

C.4.2 Lösungsverfahren

Das im folgenden vorgeschlagene Lösungsverfahren[326] besteht aus zwei Phasen. In Phase I (Konstruktionsphase) wird eine Startlösung erzeugt. Diese Lösung wird in Phase II (Verbesserungsphase) durch verschiedene lokale Suchprozeduren iterativ verbessert.

C.4.2.1 Phase I: Konstruktion einer Startlösung

Bild C.69 zeigt die formale Struktur der Phase I.

---

324 siehe *ter Haseborg* (1979)
325 siehe Gleichung (C.32) und Tabelle C.3 auf S. 42
326 vgl. *Tempelmeier* (2003)

Bild C.69
Konstruktion einer Startlösung

> Solange die aktuelle Bestellperiode τ kleiner als der Planungshorizont T ist:
>
>> Iteration τ: Ermittle die Bestellmenge der Periode τ
>>
>>> Iteration t ($t = \tau + 1, \tau + 2, ...$)
>>>
>>>> Berechne die Stückkosten für jeden Lieferanten und alle *ganzzahligen Reichweiten* zwischen $\tau + 1$ und T: $UC_{\text{int}}(l, t)$. Beende die Vergrößerung der Reichweite t, sobald die günstigste Rabattstufe erreicht ist und die Stückkosten wieder ansteigen.
>>>>
>>>> Berechne die Stückkosten für jeden Lieferanten und alle *nicht-ganzzahligen Reichweiten* $UC_{\text{frac}}(l, t)$, die den Untergrenzen der Rabattklassen der Lieferanten entsprechen.
>>>>
>>>> Wähle die Kombination Bestellmenge/Lieferant mit den geringsten Stückkosten aus allen berechneten $UC_{\text{int}}(l, t)$- und $UC_{\text{frac}}(l, t)$-Werten.
>>>>
>>>> Berücksichtige dabei nur solche Reichweiten t, bei denen mindestens ein Lieferant in Periode $t + 1$ liefern kann, sofern in Periode $t + 1$ Bedarf zu decken ist.
>>>>
>>>> Setze $\tau = t + 1$ und führe eine weitere Iteration τ durch.

Die Startlösung wird durch Anwendung des *Stückkostenkriteriums*[327] ermittelt. Für eine Bestellperiode τ werden zunächst für alle alternativen Lieferanten und alle *ganzzahligen* Reichweiten die stückbezogenen Durchschnittskosten errechnet. Da es nun auch sinnvoll sein kann, nur einen Teil eines Periodenbedarfs in eine Bestellung aufzunehmen, um gerade noch die nächste Rabattstufe zu erreichen, werden zusätzlich alle möglichen Bestellmengen an den jeweiligen Untergrenzen der Rabattklassen aller Lieferanten hinsichtlich ihrer Durchschnittskosten bewertet. Aus dieser Alternativenmenge wird dann die kostengünstigste Bestellung für die Bestellperiode τ ausgewählt. Zeitvariable Beschaffungskosten und -preise werden in der Phase I noch nicht berücksichtigt. Dies geschieht erst in der Phase II.

---

327 vgl. S. 47

C.4.2.2 Phase II: Verbesserungsschritte

Aufgrund der einfachen Struktur der Phase I wird es normalerweise noch möglich sein, die gefundene Lösung zu verbessern. So wurde z. B. in Phase I die Tatsache vernachlässigt, daß die Beschaffungskosten und -preise sich im Zeitablauf ändern können. Daher ist zunächst zu prüfen, ob die Verschiebung von Bestellungen aus „teuren" Bestellperioden in angrenzende „kostengünstige" Perioden günstig ist. Darüberhinaus werden lokale Veränderungen der Lösung durch die Zusammenlegung von Bestellungen, ihre Zerlegung oder ihre Zuordnung zu einem anderen Lieferanten im Hinblick auf ihre Vorteilhaftigkeit überprüft.

- **Verbesserungsschritt A: Berücksichtigung von Preisänderungen**
  Ändert sich die Preisstruktur im Zeitablauf derart, daß einzelne Lieferanten in bestimmten Intervallen niedrigere oder höhere Preise verlangen, dann wird getestet, ob die Verschiebung einer Bestellung in die „nächstgelegene" Periode mit dem günstigeren Preis vorteilhaft ist.
  Tritt ein *Preisrückgang* in Periode t auf, dann kann es günstig sein, eine oder mehrere Bestellungen, die bisher vor der Periode des Preisrückgangs eingeplant worden sind, in den kostengünstigeren Zeitraum zu verschieben. In diesem Fall suchen wir eine Bestellung in Periode $t_v < t$ (d. h. die der Periode mit dem Preisrückgang nächstgelegene Bestellung). Gibt es eine solche Bestellung, dann wird die maximal aus Periode t_v in die Periode t verschiebbare Menge bestimmt und die Verschiebung dieser Menge bewertet. Sinkt der Zielfunktionswert, dann wird die Verlagerung der Menge ausgeführt und zur nächsten Iteration übergegangen.
  Falls eine Bestellung beim Lieferanten l in Periode t_n nach einem *Preisanstieg* in Periode t eingeplant wurde, wird versucht, diese Bestellung aus der Periode t_n in die frühere Periode $t-1$ vorzuziehen.

- **Verbesserungsschritt B: Bestellmengenteilung**
  Auch dann, wenn die Preis- und Kostenstrukturen im Zeitablauf konstant bleiben, kann es möglich sein, durch lokale Veränderungen einer Lösung eine Reduktion des Zielfunktionswertes zu erreichen. Daher werden in einem zweiten Verbesserungsschritt die Zerlegung bzw. Zusammenlegung von Bestellungen geprüft. Betrachten wir z. B. die Bestellung q_τ^l beim Lieferanten l in Periode τ. Wird diese Bestellung vollständig gelöscht, dann führt dies zu einem Rückgang der bestellfixen Kosten in Höhe von s. Die Bestellung wird gelöscht, indem sie in zwei Teile zerlegt wird. Der erste Teil von x ME wird zeitlich vorgezogen und mit der letzten vor Periode τ eingeplanten Bestellung (bei demselben Lieferanten l oder einem anderen Lieferanten) zusammengefaßt. Die Zielperiode der Vorverlagerung wird wie folgt bestimmt:

$$t_v = \max\{j \mid q_j^i > 0;\ j = 1, 2, ..., \tau - 1; i = 1, 2, ..., L\} \qquad \text{(C.414)}$$

Die vorzuziehende Teilmenge x wird so festgelegt, daß im Zeitraum zwischen den Perioden τ und t_n (der nächsten möglichen Bestellperiode des Lieferanten l) keine Fehlmengen auftreten. Die Restmenge $q_\tau^l - x$ wird soweit wie möglich in die nächstmögliche zukünftige Bestellperiode t_n bei demselben Lieferanten l verschoben.

Der Verbesserungsschritt B wird iterativ so lange durchgeführt, bis keine Verringerung des Zielfunktionswertes mehr eintritt.

- **Verbesserungsschritt C: Zusammenlegung ganzer Bestellungen**
  In einem weiteren Verbesserungsschritt wird versucht, zeitlich benachbarte Bestellungen vollständig zusammenzulegen. Dies kann vor allem dann vorteilhaft sein, wenn Lösungen mit kleinen Bestellmengen bei relativ niedrigen Lagerkosten h und relativ hohen bestellfixen Kosten s auftreten.

- **Verbesserungsschritt D: Verschiebung von Teilmengen in die Zukunft**
  Für Bedarfszeitreihen, die eine hohe Variabilität mit vielen Perioden ohne Bedarf aufweisen (sporadischer Bedarf), kann der Fall auftreten, daß auf mehrere Perioden mit niedrigen Bedarfsmengen eine Periode mit sehr hohem Bedarf folgt. Die bisherigen Verfahrensschritte können dann dazu geführt haben, daß die große Bedarfsmenge bereits durch eine Bestellung in den Perioden mit niedrigem Bedarf beschafft und eingelagert wird. In diesem Fall kann es sinnvoll sein, die große Bedarfsmenge wieder aus der Bestellung herauszulösen und unter Inkaufnahme von zusätzlichen bestellfixen Kosten – aber mit geringeren Lagerkosten – später zu bestellen.

C.4.2.3 Gesamtstruktur des Verfahrens

Faßt man alle Verbesserungsschritte zusammen, dann ergibt sich die in Bild C.70 dargestellte Verfahrensstruktur.

In einem numerischen Test hat *Tempelmeier*[328] die mit dieser einfachen Heuristik erreichbare Lösungsqualität untersucht. Dabei wurden beide Formen von Rabattstrukturen (Block- und Stufenrabatte) bei jeweils drei alternativen Lieferanten betrachtet. Die verwendeten Bedarfszeitreihen mit jeweils 40 Perioden hatten Variationskoeffizienten zwischen 0.2 (regelmäßiger Bedarf) und 4 (extrem sporadischer Bedarf). Die verwendeten Rabattstaffeln wurden aus der Praxis entnommen und für einzelne Lieferanten so verändert, daß nicht ein Lieferant alle anderen dominierte. Die mit dem obigen Verfahren ermittelten Ergebnisse wurden jeweils mit den exakten Lösungen verglichen. Für die Beispiele mit Stufenrabatten wurde das Modell UMSOQP$_{\text{VAD}}$ mit einem Standard-MIP-Solver exakt gelöst.

---

[328] vgl. *Tempelmeier* (2003)

Bild C.70 Struktur des Verfahrens zur Bestellmengenplanung

Für die Beispiele mit Blockrabatten wurde das Modell $UMSOQP_{VID}$ mit Hilfe des beschriebenen Kürzeste-Wege-Modells exakt gelöst. Die Ergebnisse zeigen, daß das vorgestellte heuristische Lösungsverfahren recht gute Ergebnisse liefert. Für die Beispiele mit Stufenrabatten lagen die Abweichungen von den optimalen Lösungen im Durchschnitt unter 2%. Für die Beispiele mit Blockrabatten lagen die Abweichungen von den optimalen Lösungen im Durchschnitt unter 0.8%. Die Ergebnisse zeigen auch, daß die verschiedenen Verbesserungsschritte in Phase II des Verfahrens zu einer beträchtlichen Erhöhung der Lösungsqualität führen.

Das Lösungsverfahren ist so strukturiert, daß es leicht durch weitere Verbesserungsschritte ergänzt werden kann. Auch zusätzliche praxisrelevante Erweiterungen des zugrundeliegenden Entscheidungsproblems lassen sich in das Lösungsverfahren integrieren. So erweitert *Reith-Ahlemeier*[329] die beiden oben formulierten Modelle für den Fall mehrerer Produkte sowie um Lagerbestandsrestriktionen, um Kapazitätsrestriktionen der Lieferanten (produktbezogen und bestellungsbezogen) und um Handlingrestriktionen der bestellenden Unternehmung.[330] Zur Lösung dieser Problemvarianten entwickelt sie eine Erweiterung der obigen Heuristik sowie eine auf der Lagrange-Relaxation basierende Heuristik und eine Branch&Bound-Heuristik.

Stadtler[331] schlägt eine kompakte MIP-Modellformulierung des Problems der simultanen Bestellmengenplanung und Lieferantenauswahl für mehrere Produkte vor, mit der auch Probleme mittlerer Größenordnung durch einen Standard-Solver gelöst werden können.

Basnet und Leung[332] betrachten ein dynamisches Mehrprodukt-Bestellmengenproblem mit integrierter Lieferantenauswahl, bei dem die bestellfixen Kosten nicht nur unabhängig von den produktbezogenen Bestellmengen, sondern auch unabhängig von der Anzahl der bei einem Lieferanten in einer Periode gleichzeitig bestellten Produkte anfallen. Sie präsentieren ein exaktes Branch-and-Bound-Verfahren sowie ein zweistufiges heuristisches Lösungsverfahren, bei dem zunächst die Produkte den Lieferanten zugeordnet und die resultierenden Bestellpläne bestimmt werden. Anschließend wird in einer Verbesserungsphase nach Reduktionsmöglichkeiten der Kosten gesucht.

Einen umfassenden Literaturüberblick zu den Problemen der Bestellmengenplanung vermitteln *Aissaoui, Haouari und Hassini*.[333]

Wie oben erwähnt, dürfte die Bedeutung der Bestellmengenplanung in der Zukunft erheblich zunehmen. Es ist zu erwarten, daß mit dem Einzug von Business-to-Business-Konzepten[334] im Bereich der Beschaffung – zumindest bei C-Produkten – der Bestellvorgang einschließlich der Bestellentscheidung automatisch abläuft. Für diesen Fall wird ein Lösungsverfahren benötigt, das möglichst alle für die aktuelle Entscheidung relevanten Nebenbedingungen berücksichtigt und das so schnell ist, daß man es auch für eine größere Anzahl von Produkten einsetzen kann.

Ergänzende Literatur zu Abschnitt C.4:
Aissaoui et al. (2007)
Benton und Park (1996b)
Johnson und Whang (2002)

---

329 vgl. *Reith-Ahlemeier* (2002)
330 Sind Kapazitätsrestriktionen zu berücksichtigen, dann kann das Problem im Fall von Blockrabatten nicht mehr auf ein Kürzeste-Wege-Problem zurückgeführt werden.
331 vgl. *Stadtler* (2007)
332 vgl. *Basnet und Leung* (2005)
333 vgl. *Aissaoui et al.* (2007)
334 Siehe hierzu auch *Johnson und Whang* (2002).

Reith-Ahlemeier (2002)
Stadtler (2007)
Tempelmeier (2003)

Losgrößenplanung unter stochastischen Bedingungen

Kapitel D

D.1 Einführung

In den bisherigen Ausführungen zur Losgrößenplanung wurde davon ausgegangen, daß alle entscheidungsrelevanten Informationen zum Zeitpunkt der Aufstellung eines Produktionsplanes mit Sicherheit bekannt sind. Das bedeutet, daß nicht nur die **Primärbedarfsmengen**, sondern auch die **Durchlaufzeiten** (einschl. der ablaufbedingten Wartezeiten) als deterministische Größen behandelt werden können.

Die Ergebnisse empirischer Untersuchungen über die Häufigkeitsverteilung von Auftragsdurchlaufzeiten in Unternehmen legen den Schluß nahe, daß die Durchlaufzeit in vielen Fällen – zumindest aus der Sicht des Produktionsplaners – eine **Zufallsvariable** mit einer linkssteilen Verteilung und einer sehr hohen Varianz ist. Die Ursachen dafür sind externe Einflußfaktoren, die auf den Produktionsprozeß in unvorhersehbarer Weise einwirken, z. B. Verzögerungen in der Beschaffung von Material, Maschinenausfälle bei Engpaßmaschinen, und die zu nicht aufholbaren Verzögerungen im Produktionsprozeß führen.

Darüber hinaus werden die Schwankungen der Durchlaufzeit aber auch durch **Entscheidungen der Produktionsplanung und -steuerung** verursacht. So hat z. B. in der kurzfristigen Ablaufplanung die Anwendung einiger Prioritätsregeln zur Folge, daß bestimmte Aufträge vor einer Maschine länger warten müssen als andere, weil sie durch Anwendung dieser Prioritätsregeln mehrfach an das Ende der Warteschlange vor der Maschine gesetzt werden. Die wesentliche Ursache für die Unvorhersehbarkeit der tatsächlichen Durchlaufzeit eines Auftrags besteht aber darin, daß der in der Losgrößenplanung vernachlässigte Tatbestand **beschränkter Kapazitäten** zu nicht umsetzbaren Produktionsplänen führt. Übersteigt die geplante Produktionsmenge einer Periode die verfügbare Kapazität, dann ist dies oft mit einer Verschiebung von Produktionsmengen in die Zukunft verbunden. Dadurch ergeben sich ungeplante Verspätungen der Produktionsaufträge.

Da für die Vorlaufzeitverschiebung nach dem in der Praxis üblichen Sukzessivplanungskonzept aber ein konkreter Wert für die Durchlaufzeit eines Auftrags benötigt wird, bleibt dem Produktionsplaner vielfach nur die Möglichkeit, die Durchlaufzeit eines Auftrags (oder eines Arbeitsgangs) zu schätzen. Als grober Schätzwert wird dabei in einigen Fällen der um einen Risikozuschlag erhöhte Mittelwert vergangener Beobachtungswerte der Durchlaufzeit (für vergleichbare Aufträge) verwendet. Wird die tatsächliche Produktionsdauer überschätzt, dann werden Produktionsaufträge früher als notwendig zur Fertigung freigegeben. Das wiederum bewirkt, daß sich die Aufträge und das entsprechende Material im Produktionsbereich vor einzelnen Maschinen stauen. Dadurch können weitere Erhöhungen der zu beobachtenden Durchlaufzeiten entstehen. Wird dagegen die tatsächliche Durchlaufzeit unterschätzt, dann kann dies einen Produktionsstillstand bzw. die Überschreitung von Lieferterminen zur Folge haben, da evtl. zur Fertigstellung eines Auftrags benötigtes Material nicht rechtzeitig bereitsteht.

Zur Milderung der unerwünschten Auswirkungen von unvermeidbaren Fehlprognosen werden in der betrieblichen Praxis die Produktionspläne kurzfristig verändert. So kann man z. B. die Losgröße eines noch nicht fertiggestellten Produktionsauftrags reduzieren oder den Freigabetermin des Auftrags gegenüber dem geplanten Termin zeitlich vorziehen. Dadurch entsteht eine „**Nervosität**" des Planungssystems[1], die noch durch den Umstand verstärkt wird, daß die Aufträge der Erzeugnisse miteinander verflochten sind. Häufiges Verändern eines Produktionsplanes kann zu Akzeptanzproblemen auf Seiten der ausführenden Mitarbeiter führen, die dann die Prioritäten der Aufträge evtl. nicht mehr ernst nehmen. Parallel zur Umplanung von Mengen und Terminen der Aufträge werden oft mengenmäßige und zeitliche Puffer vorgesehen.

Während die durch die Vernachlässigung der Kapazitäten bedingte Unsicherheit durch eine kapazitätsorientierte Produktionsplanung beseitigt werden kann, muß die Unsicherheit bezüglich der Nachfrage weitgehend als gegeben hingenommen werden. Das Problem der Berücksichtigung der Unsicherheit in der dynamischen Losgrößenplanung, d. h. bei Bedarfsverläufen, die zeitdiskret, nicht-stationär und stochastisch sind, ist noch vergleichsweise unerforscht. Bei **stationärer Nachfrage** kann auf die Ergebnisse und Entscheidungsregeln der Lagerhaltungstheorie für einstufige stochastische Lagerprozesse zurückgegriffen werden. Im Rahmen dieser **Lagerhaltungspolitiken** wird jedes Pro-

---

1   Zum Problemkreis der Nervosität bzw. der mangelnden Planungsstabilität vgl. insb. *Jensen* (1996).

dukt isoliert betrachtet und durch einen periodenunabhängig festgelegten Sicherheitsbestand von den Einflüssen der stochastischen Größen, die sich auf die Bedarfsmengen und -zeitpunkte sowie die Produktionsmengen und Fertigstellungstermine auswirken, abgeschirmt. Bei **dynamischer Nachfrage** dagegen ist die Verwendung eines periodenunabhängigen Sicherheitsbestands mit erheblichen Kostennachteilen und unvorhersehbaren Auswirkungen auf die Lieferzeit verbunden.[2]

In den folgenden Ausführungen wird angenommen, daß die Periodennachfragemengen nicht-stationäre Zufallsvariablen D_t ($t = 1, 2, \ldots, T$) sind. In diesem Fall ist es unvermeidbar, daß in einzelnen Perioden der verfügbare Lagerbestand nicht zur Deckung der aktuellen Nachfrage ausreicht und es zu Fehlmengen B_t ($t = 1, 2, \ldots, T$) kommt. Diese äußern sich letztlich darin, daß Kunden ungeplante Wartezeiten bis zur Belieferung in Kauf nehmen müssen. Wir konzentrieren uns auf die Situation, daß die Nachfrage bei mangelnder Lieferfähigkeit nicht verlorengeht, sondern die Kunden bereit sind, zu warten.

D.2 Servicegrade und Reaktionsstrategien

Das Ausmaß der Fehlmengen kann man dadurch begrenzen, daß man sie mit Strafkosten bzw. Fehlmengenkosten belegt und dann in einem Optimierungsansatz z. B. die Summe aus Lager-, Rüst- und Fehlmengenkosten gemeinsam minimiert. Dieser elegante und daher in der Theorie häufig propagierte Ansatz scheitert in der Praxis daran, daß niemand die richtigen Werte der Fehlmengenkosten kennt. Daher hilft man sich in der Praxis mit Ersatzzielgrößen, die für den Anwender besser greifbar sind. Hier bieten sich folgende Kriterien an:

- α-**Servicegrad**

    Der α-Servicegrad ist eine **ereignisorientierte** Kennziffer. Er gibt die Wahrscheinlichkeit dafür an, daß ein eintreffender Bedarf vollständig aus dem bei seiner Ankunft vorhandenen physischen Lagerbestand erfüllt werden kann.

    Wählt man als Bezugszeitraum eine Nachfrageperiode, dann beschreibt α die Wahrscheinlichkeit, mit der ein zu einem beliebigen Zeitpunkt im Lager eintreffender Auftrag vollständig aus dem Lagerbestand erfüllt werden kann:

$$\alpha_p = P\{\text{Periodennachfragemenge} \leq \text{physischer Bestand zu Beginn einer Periode}\} \quad (D.1)$$

---

2 vgl. *Tunc et al.* (2011)

Wählt man als Bezugszeitraum einen Produktionszyklus, dann beschreibt α die Wahrscheinlichkeit dafür, daß innerhalb eines Zyklus keine Fehlmenge auftritt. Dieses Kriterium ist gleichbedeutend mit dem Anteil der Produktionszyklen, in denen keine Fehlmenge auftritt.

$$\alpha_c = P\{\text{Nachfragemenge in der Wiederbeschaffungszeit} \\ \leq \text{physischer Bestand zu Beginn der Wiederbeschaffungszeit}\} \quad \text{(D.2)}$$

α_p beschreibt die mittlere lagerbezogene Leistung, gemessen über den gesamten Planungszeitraum. Im Gegensatz dazu mißt α_c den minimalen Servicegrad, der in irgendeiner Periode des Planungszeitraums erreicht wird.[3] Ein mit α_c definiertes Serviceziel führt folglich zu wesentlich größeren Lagerbeständen als die gleich hohe Zielvorgabe mit α_p. Die Beziehung zwischen α_p und α_c kann wie folgt beschrieben werden. Es sei $Q^{(t)}$ die kumulierte Produktionsmenge in den Perioden 1 bis t, die zur Deckung der gesamten Nachfrage bis einschließlich der Periode t, $Y^{(t)}$, verfügbar ist. Dann gilt für α_c, gemessen am Ende der Periode t

$$\alpha_c(t) = P\{I_t^n \geq 0\} = P\{Y^{(t)} \leq Q^{(t)}\} \quad \text{(D.3)}$$

Dabei ist I_t^n der am Ende der Periode t vorhandene Netto-Lagerbestand.[4] Da sinnvollerweise die Produktionsmenge mindestens den Bedarf der Produktionsperiode t decken sollte, startet $\alpha_c(t)$ normalerweise mit dem Wert 1 für $t = 1$ und sinkt dann von Periode zu Periode. In der nächsten Produktionsperiode (nach dem Ende des aktuellen Produktionszyklus) macht $\alpha_c(t)$ einen Sprung nach oben, meistens wieder auf den Wert 1. Bildet man den Durchschnitt über alle möglichen, in Periode 1 beginnenden Zeitspannen der Länge t in einem Planungszeitraum von T Perioden, dann erhält man

$$\alpha_p = \frac{1}{T} \cdot \sum_{t=1}^{T} \alpha_c(t) \quad \text{(D.4)}$$

Betrachten wir zum Beispiel $T = 5$ Perioden mit identischen Nachfragemengen von 100 und drei Produktionslose $q_1 = 190$, $q_3 = 100$ und $q_4 = 210$. Hier ergibt sich $\alpha_c(1) = 1, \alpha_c(2) = 0, \alpha_c(3) = 0, \alpha_c(4) = 1$ und $\alpha_c(5) = 1$ sowie $\alpha_c = \frac{\alpha_c(2) + \alpha_c(3) + \alpha_c(5)}{3} = 0.33$, während $\alpha_p = \frac{1}{5} \cdot (1 + 0 + 0 + 1 + 1) = 0.6$.

---

[3] vgl. *Chen und Krass* (2001)
[4] vgl. *Tempelmeier* (2018)

- **β-Servicegrad**

  Der β-Servicegrad gibt als mengenorientierte Kennziffer den Anteil der Gesamtnachfragemenge an, der ohne eine lagerbedingte Lieferzeit ausgeliefert werden kann:

  $$\beta = 1 - \frac{\text{kumulierte Fehlmenge}}{\text{kumulierte Nachfragemenge}} = 1 - \frac{B_1 + B_2 + \cdots}{D_1 + D_2 + \cdots} \tag{D.5}$$

  Ex post kann man diese Größen für einen gegebenen Bezugszeitraum leicht messen. Da sowohl die Nachfragemengen D_t als auch die Fehlmengen B_t *Zufallsvariablen* sind, kann der β-Servicegrad wie folgt geschrieben werden:

  $$\beta = 1 - E\left\{\frac{B_1 + B_2 + \cdots}{D_1 + D_2 + \cdots}\right\} \tag{D.6}$$

  In der Literatur[5] wird Beziehung (D.6) im Zusammenhang mit Lagerhaltungspolitiken bei stationärer Nachfrage als langfristige stationäre Größe wie folgt geschrieben:

  $$\beta = 1 - \frac{E\left\{\text{Fehlmenge pro Periode}\right\}}{E\left\{\text{Periodennachfragemenge}\right\}} = 1 - \frac{E\{B\}}{E\{D\}} \tag{D.7}$$

  Da die Höhe der Fehlmenge in einer Periode von der Höhe der Nachfrage abhängt, ist der Erwartungswert des Quotienten dieser beiden Zufallsvariablen nicht generell gleich dem Quotienten ihrer Erwartungswerte. Dies gilt insb. dann nicht, wenn – wie in diesem Kapitel angenommen – der *Bezugszeitraum endlich* ist.

  Im stationären Fall, d. h. für $t \to \infty$, ist Beziehung (D.7) allerdings korrekt. Um dies zu erklären, greifen wir auf die Erneuerungstheorie zurück und beschreiben die Entwicklung der Nachfrage und der Fehlmengen im Zeitablauf als einen sog. „Renewal-Reward-Prozeß".[6] Betrachten wir einmal die Folge von $n \geq 1$ unabhängig und identisch verteilten Paaren von Zufallsvariablen $\{(L_n, R_n)\}$, wobei $P\{L_1 > 0\} = 1$. Man kann sich L_n als den zeitlichen Abstand zwischen dem $(n-1)$-ten und dem n-ten Ausfall einer Maschine vorstellen. R_n wären dann z. B. die mit diesem Ausfall verbundenen Kosten (rewards). Typischerweise hängt R_n von L_n ab. Zu einem beliebigen Betrachtungszeitpunkt t sind dann $N(t)$ Ereignisse (Maschinenausfälle mit den zugehörigen Kosten), d. h. Realisationen von (L_n, R_n) aufgetreten. Dabei gilt

  $$N(t) = \max\{n \geq 0 \,|\, S_n \leq t\} \qquad t \geq 0 \tag{D.8}$$

---

5 vgl. *Tempelmeier* (2018)
6 vgl. *Ross* (1997)

mit

$$S_n = L_1 + L_2 + \cdots + L_n \qquad n \geq 1 \tag{D.9}$$

Die bis zum Zeitpunkt t kumulierten Kosten $R(t)$ berechnen sich wie folgt:

$$R(t) = \sum_{n=1}^{N(t)} R_n \qquad t \geq 0 \tag{D.10}$$

Den stochastischen Prozeß $\{R(t), t \geq 0\}$ bezeichnet man als **Renewal-Reward-Prozeß**. Für einen solchen Prozeß gilt:[7]

$$\lim_{t \to \infty} \frac{R(t)}{t} = \frac{E\{R_1\}}{E\{L_1\}} \tag{D.11}$$

D. h. die langfristigen durchschnittlichen Kosten pro Zeiteinheit sind gleich dem Erwartungswert des Abstands zwischen zwei Ausfällen dividiert durch den Erwartungswert der Kosten pro Ausfall.

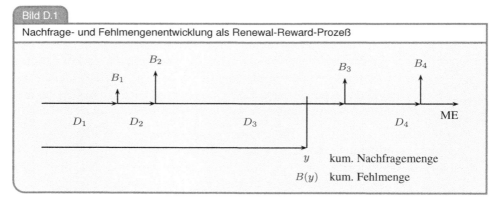

Bild D.1: Nachfrage- und Fehlmengenentwicklung als Renewal-Reward-Prozeß

Bild D.1 zeigt die Äquivalenz zwischen der betrachteten Nachfrage- und Fehlmengenentwicklung und einem Renewal-Reward-Prozess. Es sind 4 Perioden mit den Nachfragemengen D_1 bis D_4 dargestellt. Die Zufallsvariablen D_n entsprechen den Lebensdauern L_n. Am Ende jeder Periode kommt es zu einer Fehlmenge B_n, wobei B_n den Kosten (rewards) R_n entspricht. y ist die kumulierte Nachfragemenge, die dem Betrachtungszeitpunkt t aus der Erneuerungstheorie entspricht. Die kumulierte Fehlmenge $B(y)$, die bei einer kumulierten Nachfrage in Höhe von y auftritt, ist das Gegenstück zu $R(t)$. Überträgt man Beziehung (D.11) auf

---

[7] vgl. *Tijms* (1994), S. 33

D.2 Servicegrade und Reaktionsstrategien

die betrachtete Nachfrage- und Fehlmengenentwicklung, dann erhält man:

$$\lim_{t \to \infty} \frac{B(y)}{y} = \frac{E\{B_1\}}{E\{D_1\}} \quad \Rightarrow \quad \beta = 1 - \frac{E\{B\}}{E\{D\}} \tag{D.12}$$

Bei langfristiger Betrachtung kann man den β-Servicegrad also mit Hilfe des Quotienten der Erwartungswerte exakt bestimmen. Diese Vorgehensweise ist allerdings *nicht mehr exakt*, wenn man den β-Servicegrad auf eine *begrenzte Anzahl von Perioden* bezieht.[8] Die Begrenzung des Bezugszeitraums ist besonders dann von Interesse, wenn im Rahmen von Zielvereinbarungen zwischen Partnern in einer Supply Chain eine zeitraumbezogene Lagerleistung vereinbart werden soll. Dieser zeitraumbezogene Wert β_t ist eine Zufallsvariable, die – wie oben gezeigt – mit zunehmender Länge des Betrachtungszeitraums t gegen den stationären Wert β konvergiert.

Bezeichnet man mit $Y^{(t)}$ die kumulierte Nachfrage in den Perioden 1 bis t und mit $B^{(t)}$ die Fehlmenge in dieser Zeitspanne, dann gilt also:

$$E\{\beta_t\} = 1 - E\left\{\frac{B^{(t)}}{Y^{(t)}}\right\} \quad \neq \quad 1 - \frac{E\{B^{(t)}\}}{E\{Y^{(t)}\}} \tag{D.13}$$

Ungeachtet dieser Abweichung werden weiter unten die auf eine endliche Anzahl von Perioden bezogenen Servicegrade mit Hilfe der Quotienten der entsprechenden Erwartungswerte approximieren. Da $1 - \frac{E\{B^t\}}{E\{Y^t\}} \geq 1 - \frac{E\{B\}}{E\{Y\}}$,[9] wird bei dieser Approximation der tatsächliche Servicegrad unterschätzt.

Schließlich setzt der *zyklusbezogene* β_c-Servicegrad die in einem Produktionszyklus aufgetretene Fehlmenge ins Verhältnis zur gesamten in dem Zyklus aufgetretenen Nachfragemenge. Werden z. B. zwei Produktionslose in den Perioden 3 und 6 produziert, dann umfaßt der Produktionszyklus des ersten Loses die Perioden 3 bis 5. Man erfaßt dann die Fehlmengen in den Perioden 3 bis 5 und dividiert diese durch die in diesen Perioden aufgetretene Nachfragemenge. Eine mit dem β_c-Servicegrad definierte Nebenbedingung ist restriktiver als eine β_t-Restriktion, da β_c in jedem Produktionszyklus erreicht werden muß. Bei Anwendung von β_t dagegen könnte man einen unterdurchschnittlichen Servicegrad in einem Zyklus (mit hoher Nachfragevarianz) durch einen überdurchschnittlichen Servicegrad in einem anderen Zyklus (mit niedriger Nachfragevarianz) ausgleichen.

---

[8] vgl. *Chen et al.* (2003); *Thomas* (2005); *Banerjee und Paul* (2005)
[9] vgl. *Banerjee und Paul* (2005)

- γ-**Servicegrad**

    Mit dem γ-Servicegrad, einer zeit- und mengenorientierten Kennziffer, versucht man, sowohl die Höhe der Fehlmenge als auch die jeweiligen Wartezeiten der als Rückstandsaufträge vorgemerkten Bedarfe zu erfassen. Der γ-Servicegrad ist wie folgt definiert:

    $$\gamma = 1 - \frac{E\left\{\text{Fehlbestand pro Periode}\right\}}{E\left\{\text{Periodennachfragemenge}\right\}} \qquad (D.14)$$

    Während für den β-Servicegrad nur der Fehlbestand unmittelbar vor der Wiederauffüllung des Lagers relevant ist, erfaßt der γ-Servicegrad auch die Fehlbestandsentwicklung in den davorliegenden Perioden. Der γ-Servicegrad wird in der Theorie zwar ausführlich diskutiert, in der betrieblichen Praxis bislang aber kaum eingesetzt. Ein Problem dieses Servicekriteriums besteht darin, daß es negative Werte annimmt, wenn der durchschnittliche Fehlbestand größer ist als die durchschnittliche Nachfrage.

- δ-**Servicegrad**

    Der δ-Servicegrad vermeidet die Schwäche des γ-Servicegrades. Negative Werte werden verhindert, indem der durchschnittliche Fehlbestand anstatt auf die Nachfragemenge auf den *maximalen Fehlbestand* bezogen wird. Letzterer ergibt sich, wenn die gesamte Nachfrage in einem Produktionszyklus erst aus dem nächsten Produktionslos gedeckt wird.[10]

Der Unsicherheit der Nachfrage im Zeitablauf kann mit Hilfe verschiedener Strategien zur Festlegung der Produktionszeitpunkte und der jeweiligen Losgrößen begegnet werden:[11]

- „**Dynamic Uncertainty Strategy**": **Variable Produktionszeitpunkte, variable Losgrößen**

    Man kann zeigen, daß es für den Fall dynamischer Nachfrage bei Gültigkeit von Rüstkosten, linearen Lagerhaltungskosten, linearen Fehlmengenkosten und bei unbegrenzter Kapazität optimal ist, eine dynamische (s_t, S_t)-Politik zu verfolgen. In diesem Fall werden die Produktionszeitpunkte durch periodenspezifische Bestellpunkte s_t und die jeweiligen Produktionsmengen durch Bestellniveaus S_t bestimmt.[12] Man wartet in jeder Periode die aktuelle Realisation der Nachfrage ab

---

10 vgl. *Helber et al.* (2012)
11 vgl. *Bookbinder und Tan* (1988)
12 vgl. *Scarf* (1959); *Iglehart* (1963)

und legt dann fest, ob und gegebenenfalls wieviel produziert werden soll. Da die Produktionsmengen direkt von der Variabilität der Nachfrage abhängen, können sie sehr starken Schwankungen unterliegen. Dies ist allerdings in der Praxis i. allg. unerwünscht.

Darüberhinaus müssen die optimalen Werte der Entscheidungsvariablen (s_t, S_t) $(t = 1, 2, \ldots, T)$ ex ante bestimmt werden. Dies ist eine komplexe Optimierungsaufgabe. Eine Möglichkeit besteht in der Anwendung eines Ansatzes der dynamischen Programmierung, bei dem eine kontinuierliche Kostenfunktion rekursiv ausgewertet werden muß.[13] Ein alternativer Ansatz, der allerdings nur bei diskreten Nachfrageverteilungen einsetzbar ist, greift auf die Szenario-Technik zurück. Dabei formuliert man ein mehrstufiges stochastisches Optimierungsmodell, dessen Stufen den Perioden des Planungszeitraums entsprechen. Die Zielfunktion des dazugehörigen Optimierungsmodells beinhaltet die erwarteten Kosten aller Produktionsentscheidungen im Planungszeitraum.

Die Entwicklung der Periodennachfragemengen im Zeitablauf wird mit einem mehrstufigen Szenario-Baum (ein gerichteter Graph mit Baum-Struktur) abgebildet, wobei jede Stufe einer möglichen Produktionsperiode entspricht.[14] Die einzelnen Knoten sind den möglichen Realisationen der stochastischen diskreten Periodennachfragen zugeordnet. Es resultiert ein großes deterministisches MIP-Modell, welches prinzipiell, zumindest für sehr kleine Probleme, mit einem Standard-Solver lösbar ist. Mit zunehmender Anzahl von Planungsperioden und in Abhängigkeit von der Anzahl möglicher Realisationen der diskreten Nachfrageverteilungen nimmt die Modellgröße geradezu explosionsartig zu, sodaß der Szenario-Ansatz in der Praxis der Losgrößenplanung derzeit kaum anwendbar ist.

Obwohl die „Dynamic Uncertainty Strategy" unter den genannten, in der Praxis allerdings selten zutreffenden Annahmen kostenoptimal ist, hat sie den Nachteil, daß durch die Abhängigkeit der Produktionsmengen von der aktuellen Nachfrageentwicklung unerwünschte *Planungsnervosität* entstehen kann. Darüberhinaus ist es unmöglich, bei dieser Strategie die *Kapazitätsbelastungen* in den einzelnen Perioden zuverlässig vorherzusagen. Dies ist aber die Voraussetzung für eine kapazitätsorientierte Planung.

- **„Static-Dynamic Uncertainty Strategy": Fixierte Produktionszeitpunkte, variable Losgrößen**

    Hier wird mit der Entscheidung über die Produktionsmengen ebenfalls gewartet, bis die Realisationen der Nachfrage bekannt sind. Allerdings werden die Produk-

---

13 vgl. *Bollapragada und Morton* (1999), die auch einen heuristischen Lösungsansatz vorschlagen.
14 vgl. *Guan et al.* (2006)

tionsperioden bereits zu Beginn des Planungszeitraums festgelegt.[15] Für jede Produktionsperiode τ bestimmt man ein Bestellniveau S_τ, das zur Berechnung der Losgröße in Periode τ unter Beachtung der bis zur Vorperiode $\tau - 1$ beobachteten Nachfragemengen verwendet wird. Bei dieser Strategie gibt es keine Unsicherheit bezüglich der Produktionstermine. Allerdings besteht weiterhin eine erhebliche *Variabilität der Produktionsmengen*. Dadurch wird eine kapazitätsorientierte Losgrößenplanung erschwert bzw. unmöglich.

- „Static Uncertainty Strategy": Fixierte Produktionszeitpunkte, fixierte Losgrößen

  Schließlich kann man sowohl die *Produktionsperioden* als auch die jeweiligen *Losgrößen* bereits zu Beginn des Planungszeitraums festlegen und diesen Produktionsplan dann unabhängig von der tatsächlich eintretenden Nachfrage beibehalten. Diese Vorgehensweise wird als „Static Uncertainty Strategy" bezeichnet. Da der Produktionsplan für den gesamten Planungszeitraum fixiert ist, gibt es keine Planungsnervosität. Die Unsicherheit bezüglich der Nachfrage wird durch die Dimensionierung der Produktionsmengen berücksichtigt. Diese Strategie ist wegen ihrer geringeren Reaktionsfähigkeit auf ungewöhnliche Nachfrageereignisse zwar mit höheren Kosten als die oben genannten Strategien verbunden. Sie hat aber den großen Vorteil, daß sie zu *planbaren Kapazitätsbelastungen* führt. Diese Eigenschaft ist für eine kapazitätsorientierte Losgrößenplanung zwingend erforderlich. Wie weiter oben bereits mehrfach angesprochen wurde, sind kostengünstige Produktionspläne, die man wegen begrenzter Kapazitäten nicht umsetzen kann, wertlos.

- **Rollende Planung**

  Die bisher genannten „Strategien" kann man prinzipiell im Rahmen einer Anschlußplanung einsetzen. Dabei stellt man einen Plan für T Perioden auf und behält diesen unabhängig von den Realisationen der zufälligen Nachfrage bei. In Periode $T + 1$ stellt man einen neuen Plan für wiederum T Perioden auf und setzt diesen um, usw. Diese Vorgehensweise ist jedoch selten sinnvoll. Wie auch bei allen oben beschriebenen deterministischen Losgrößenmodellen wird man in der betrieblichen Praxis auf eine rollende Planung mit *überlappenden Planungszeiträumen* und teilweise *fixierten Planvorgaben* zurückgreifen. Dabei wird in regelmäßigen Abständen der Planungszeitraum auf der Zeitachse verschoben und auf der Grundlage der beobachteten Nachfrageentwicklung ein neuer Produktionsplan aufgestellt. Um allzu große Veränderungen des Produktionsplans in den unmittelbar bevorstehenden Perioden und die resultierende Planungsnervosität zu

---

15 vgl. *Bookbinder und Tan* (1988)

vermeiden, verwendet man ein Zeitfenster („frozen horizon"), in dem die im letzten Planungslauf festgelegten Losgrößen nicht mehr verändert werden. Da das Produktionssystem eine „Vergangenheit" hat, muß bei der Losgrößenplanung ein Anfangsbestand mit berücksichtigt werden. Hierauf wurde bereits in Abschnitt C.3.3.4 für den Fall einer mehrstufigen Erzeugnisstruktur mit deterministischer Nachfrage eingegangen.

In der Literatur gibt es zahlreiche Arbeiten, die die Wirkung von Heuristiken zur Lösung des deterministischen dynamischen unkapazitierten Einprodukt-Losgrößenproblems (Modell SIULSP) bei Unsicherheit der Nachfrage in einer rollenden Planungsumgebung untersuchen.[16] Diese Forschungsergebnisse sind nicht nur wegen der Schwächen des Modells SIULSP kritisch zu betrachten, sondern vor allem auch deshalb, weil sie den Einfluß der Losgrößen auf die Höhe des Sicherheitsbestands oft nur unzureichend berücksichtigen.

Im Folgenden stellen wir zunächst verschiedene Varianten von stochastischen dynamischen Einprodukt-Losgrößenmodellen ohne Kapazitätsbeschränkungen dar. Im Anschluß daran wird die Diskussion auf Probleme mit mehreren Produkten und einer Ressource mit begrenzter Kapazität erweitert.

D.3 Dynamische Einprodukt-Losgrößenmodelle mit stochastischer Nachfrage

Wir betrachten ein Produkt, für das in einem Planungszeitraum von T Perioden stochastische, periodenweise unkorrelierte Periodennachfragemengen D_t mit den Dichtefunktionen $f_{D_t}(d)$ ($t = 1, 2, \ldots, T$) auftreten. Für jede Periode ist die Wahrscheinlichkeitsverteilung der Periodennachfragemenge bekannt. Weiterhin sei angenommen, daß alle periodenspezifischen Nachfrageverteilungen von demselben Typ (z. B. gamma-verteilt, normalverteilt) sind. Die Parameter der Wahrscheinlichkeitsverteilungen werden prognostiziert und können periodenspezifisch variieren. Die Produktion geschieht jeweils am Ende der Perioden $(0, 1, \ldots, T - 1)$ mit Rüstkosten der Höhe s. Der Lagerzugang erfolgt zu Beginn der nächsten Periode. Pro gelagerter Mengeneinheit und Periode entstehen Lagerkosten der Höhe h. Fehlmengen werden vorgemerkt und gehen nicht verloren. Das Ausmaß, in dem es zu Fehlbeständen kommt, wird entweder durch Fehlbestandskosten π (GE pro ME und Periode) oder durch eine Servicegrad-Restriktion unter Kontrolle gehalten.

---

16 vgl. *DeBodt und Van Wassenhove* (1983); *Wemmerlöv und Whybark* (1984); *Sridharan et al.* (1987); *Sridharan und Berry* (1990); *Zhao und Lee* (1993); *Zhao et al.* (1995); *Yeung et al.* (1998)

Für den Fall mit Fehlbestandskosten ergibt sich folgendes Optimierungsmodell:

Modell SSIULSP$_\pi$[17]

$$\text{Minimiere } E\{C\} = \int\limits_{d_1} \ldots \int\limits_{d_T} \left[\sum_{t=1}^{T} s \cdot \gamma_t + h \cdot I_t^p + \pi \cdot I_t^f \right] f_{D_1} \ldots f_{D_T} \mathrm{d}d_1 \ldots \mathrm{d}d_T$$

$$= E\left\{ \sum_{t=1}^{T} \left(s \cdot \gamma_t + h \cdot I_t^p + \pi \cdot I_t^f \right) \right\} \quad \text{(D.15)}$$

u. B. d. R.

$$I_t^p - I_t^f = I_0^p - I_0^f + \sum_{j=1}^{t} (q_j - D_j) \qquad t = 1, 2, \ldots, T \quad \text{(D.16)}$$

$$q_t - M \cdot \gamma_t \leq 0 \qquad t = 1, 2, \ldots, T \quad \text{(D.17)}$$

$$q_t, I_t^p, I_t^f \geq 0 \qquad t = 1, 2, \ldots, T \quad \text{(D.18)}$$

$$\gamma_t \in \{0, 1\} \qquad t = 1, 2, \ldots, T \quad \text{(D.19)}$$

Symbole	
D_t	Nachfragemenge in Periode t (Zufallsvariable)
h	Lagerkostensatz
M	große Zahl
s	Rüstkosten
T	Länge des Planungszeitraums
π	Fehlbestandskostensatz
I_t^f	Fehlbestand am Ende der Periode t
I_t^p	physischer Lagerbestand am Ende der Periode t
q_t	Losgröße in Periode t
γ_t	binäre Rüstvariable

Die Zielfunktion (D.15) ist die Summe aus den Rüst-, Lager- und Fehlbestandskosten, die von den zufälligen Ausprägungen der Periodennachfragemengen abhängen. Die Nebenbedingungen (D.16) beschreiben die Entwicklung des physischen Lagerbestands und des Fehlbestands. Die Ungleichungen (D.17) stellen den Zusammenhang zwischen einem Rüstvorgang und der Produktionsmenge in einer Periode her. Dies bedeutet auch, daß es sich um ein Makroperioden-Modell handelt.

---

[17] SSIULSP – **S**tochastic **S**ingle-**I**tem **U**ncapacitated **L**ot**S**izing **P**roblem

Da die Nachfrage stochastisch ist, sind sowohl die physischen Lagerbestände I_t^p als auch die Fehlbestände I_t^f in den einzelnen Perioden Zufallsvariablen. Anstelle Fehlbestandskosten in der Zielfunktion zu berücksichtigen, kann man auch die Nebenbedingungen um eine Servicegrad-Restriktion ergänzen. Die Lösung des Modells erfordert die Auswahl einer der oben genannten Strategien.

D.3.1 Fixierte Produktionstermine, fixierte Produktionsmengen

In diesem Abschnitt wird angenommen, daß sowohl die Produktionstermine als auch die Produktionsmengen für den gesamten Planungszeitraum ex ante fixiert werden. Dieser Planungsansatz wird als *„Static Uncertainty Strategy"* bezeichnet.

Wir betrachten zunächst Losgrößenprobleme, bei denen nur die Nachfrage stochastisch ist. Alle anderen Einflußgrößen werden als deterministisch angenommen. Dabei werden Probleme mit Fehlbestandskosten und solche mit einer Servicegrad-Restriktion unterschieden. Im Anschluß daran behandeln wir den Fall, daß die Produktionsprozesse Zufallseinflüssen unterliegen. Dies äußert sich darin, daß die tatsächliche Produktionsmenge einer Periode von der geplanten Produktionsmenge abweicht.

D.3.1.1 Fehlbestandskosten

Bei Verwendung der *„Static Uncertainty Strategy"* bestimmt man einen Produktionsplan wie folgt. Es sei $Q^{(t)} = \sum_{i=1}^{t} q_i$ die kumulierte Produktionsmenge in den Perioden 1 bis t. Außerdem sei $Y^{(t)} = \sum_{i=1}^{t} D_i$ die kumulierte Nachfragemenge in den Perioden 1 bis t mit der Dichtefunktion $f_{Y^{(t)}}(y)$. Dann kann das folgende äquivalente deterministische Optimierungsmodell formuliert werden:[18]

Modell SSIULSP$_\pi^q$

$$\text{Minimiere } E\{C\} = \sum_{t=1}^{T} \left(s \cdot \gamma_t + h \cdot E\{I_t^p\} + \pi \cdot E\{I_t^f\} \right) \quad \text{(D.20)}$$

u. B. d. R.

$$Q^{(t-1)} \leq Q^{(t)} \qquad\qquad t = 1, 2, \ldots, T \quad \text{(D.21)}$$

$$Q^{(t)} - Q^{(t-1)} \leq M \cdot \gamma_t \qquad\qquad t = 1, 2, \ldots, T \quad \text{(D.22)}$$

$$\gamma_t \in \{0, 1\} \qquad\qquad t = 1, 2, \ldots, T \quad \text{(D.23)}$$

---
18 vgl. auch *Sox* (1997)

$$Q^{(t)} \geq 0 \qquad t = 1, 2, \ldots, T \qquad \text{(D.24)}$$

Dabei ist $I_t^p = \left[Q^{(t)} - Y^{(t)}\right]^+$ der physische Lagerbestand und $I_t^f = \left[Y^{(t)} - Q^{(t)}\right]^+$ bezeichnet den Fehlbestand am Ende der Periode t. Die Erwartungswerte dieser Größen lassen sich wie folgt berechnen:

$$\begin{aligned} E\{[Q-Y]^+\} &= \int_0^\infty (Q-y) \cdot f(y) \cdot dy - \int_Q^\infty (Q-y) \cdot f(y) \cdot dy \\ &= Q - \int_0^\infty y \cdot f(y) \cdot dy + \int_Q^\infty (y-Q) \cdot f(y) \cdot dy \\ &= Q - E\{Y\} + G_Y^1(Q) \end{aligned} \qquad \text{(D.25)}$$

und

$$E\{[Y-Q]^+\} = G_Y^1(Q) \qquad \text{(D.26)}$$

$G_Y^1(Q) = E\{[Y-Q]^+\}$ ist die sog. „Verlustfunktion erster Ordnung" der Zufallsvariablen Y in Bezug auf die Menge Q.[19] M ist eine große Zahl. Das Modell SSIULSP$_\pi^q$ ist ein gemischt-ganzzahliges Optimierungsmodell mit einer *nichtlinearen Zielfunktion*. Dieses Modell ist mit Standard-Methoden schwer lösbar. Daher greifen wir auf verschiedene äquivalente Umformulierungen zurück.

D.3.1.1.1 Kürzeste-Wege-Modell

Eine Alternative besteht darin, das Modell SSIULSP$_\pi^q$ wie folgt als Kürzeste-Wege-Modell abzubilden. Man beschreibt einen Produktionsplan als Folge kumulierter Produktonsmengen $Q^{(t)}$ am Anfang der Perioden $(t = 1, 2, \ldots, T)$, vor Eintreffen der Periodennachfragen. Gesucht ist die Folge mit den minimalen Kosten gemäß Zielfunktion (D.20). Aus den kumulierten Werten $Q^{(t)}$ kann man dann leicht die periodenbezogenen Losgrößen $q_t = Q^{(t)} - Q^{(t-1)}$ ableiten.

Betrachten wir nun zwei aufeinanderfolgende Produktionsperioden i und j. In Periode i wird die kumulierte Produktionsmenge auf den Wert $Q^{(ij)}$ erhöht. Die nächste Produktion erfolgt erst nach $(j-i)$ Perioden. Die erwarteten Rüst-, Lager- und Fehlbestandskosten im Zeitraum $(i, i+1, \ldots, j-1)$ sind dann[20]

---

19 vgl. *Tempelmeier* (2018)
20 vgl. *Vargas* (2009)

D.3.1 Fixierte Produktionstermine, fixierte Produktionsmengen – Fehlbestandskosten

$$E\{C(Q^{(ij)})\} =$$
$$s + \sum_{t=i}^{j-1} \left[h \cdot \int_0^{Q^{(ij)}} (Q^{(ij)} - y) \cdot f_{Y(t)} \cdot dy + \pi \cdot \int_{Q^{(ij)}}^{\infty} (y - Q^{(ij)}) \cdot f_{Y(t)} \cdot dy \right]$$
(D.27)

Diese Funktion hat die Struktur der Zielfunktion des Newsvendor-Problems.[21] Der optimale Wert von $Q^{(ij)}$ kann mit Hilfe der folgenden Optimalitätsbedingung bestimmt werden:

$$\sum_{t=i}^{j-1} F_{Y(t)}(Q_{\text{opt}}^{(ij)}) = (j - i) \cdot \frac{\pi}{h + \pi}$$
(D.28)

Dabei ist $F_Y(q) = P\{Y \leq q\}$ die kumulierte Verteilungsfunktion der Zufallsvariablen Y. Die optimale Produktionssequenz (Folge von Produktionsperioden, Rüstmuster) kann man bestimmen, indem man das Modell SSIULSP$_\pi^q$ als Modell zur Bestimmung des kürzesten Weges in einem Graphen formuliert. Der Graph hat $T + 1$ Knoten, wie in Bild D.2 dargestellt.

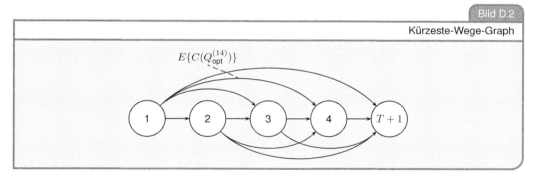

Bild D.2 Kürzeste-Wege-Graph

Ein Pfeil, der im Knoten i startet und im Knoten j ($i < j, 2 \leq j \leq T + 1$) endet, gibt an, daß die Produktionsmenge zu Beginn der Periode i ausreicht, um die Nachfrage der Perioden i bis $j - 1$ unter Berücksichtigung der sich aus der Bedingung (D.28) ergebenden Fehlmenge zu decken. Die nächste Produktion findet dann in Periode j statt. Das Kantengewicht des Pfeils ist der zugehörige optimale Wert von (D.27) und wird wie folgt berechnet:

---

21 vgl. *Tempelmeier* (2011b)

$$E\{C(Q_{\text{opt}}^{(ij)})\} = s + \sum_{t=i}^{j-1} \left[h \cdot \{Q_{\text{opt}}^{(ij)} - E\{Y^{(t)}\} + G_{Y^{(t)}}^1(Q_{\text{opt}}^{(ij)})\} + \pi \cdot G_{Y^{(t)}}^1(Q_{\text{opt}}^{(ij)}) \right] \quad \text{(D.29)}$$

Lagerbestand $E\{I_t^p\} = E\{[Q_{\text{opt}}^{(ij)} - Y^{(t)}]^+\}$ \quad (D.30)

Die optimale Lösung des Modells SSIULSP$_\pi^q$ wird in zwei Schritten ermittelt. Zunächst werden für jeden Pfeil (i,j) der optimale Wert der kumulierten Produktionsmenge am Beginn der Periode i, $Q_{\text{opt}}^{(ij)}$, – unter der Annahme, daß die nächste Produktion in Periode j erfolgt – und die zugehörigen Kosten $E\{C(Q_{\text{opt}}^{(ij)})\}$ bestimmt. Dies impliziert die Suche nach $\frac{(T+1)\cdot(T)}{2}$ optimalen $Q_{\text{opt}}^{(ij)}$-Werten. Danach wird das Kürzeste-Wege-Netzwerk konstruiert und der kürzeste Weg mit einen Standard-Algorithmus ermittelt.

Betrachten wir folgendes Beispiel mit $T = 6$ Perioden und normalverteilten Periodennachfragemengen. Die Erwartungswerte und Standardabweichungen sind in Tabelle D.1 wiedergegeben. Weiterhin sei: $s = 1000$, $h = 1$, und $\pi = 18$. Daraus folgt $\frac{\pi}{h+\pi} = 0.9474$.

Tabelle D.1

Beispieldaten

t	1	2	3	4	5	6
$E\{D_t\}$	200	50	100	300	150	300
σ_{D_t}	60	15	30	90	45	90

Tabelle D.2 zeigt die Werte der rechten Seite von (D.28) für alle Kombinationen von i und j.

Tabelle D.2

Werte der rechten Seite von (D.28)

$i \backslash j$	2	3	4	5	6	7
1	0.9474	1.8947	2.8421	3.7895	4.7368	5.6842
2	–	0.9474	1.8947	2.8421	3.7895	4.7368
3	–	–	0.9474	1.8947	2.8421	3.7895
4	–	–	–	0.9474	1.8947	2.8421
5	–	–	–	–	0.9474	1.8947
6	–	–	–	–	–	0.9474

D.3.1 Fixierte Produktionstermine, fixierte Produktionsmengen – Fehlbestandskosten

Tabelle D.3 Optimale kumulierte Produktionsmengen $Q_{\text{opt}}^{(ij)}$

$i \backslash j$	2	3	4	5	6	7
1	297.31	332.41	<u>420.02</u>	741.27	884.63	1173.26
2	–	350.21	436.62	763.76	903.53	1196.36
3	–	–	461.42	791.95	926.22	1222.15
4	–	–	–	833.54	955.11	<u>1252.24</u>
5	–	–	–	–	997.50	1289.83
6	–	–	–	–	–	1345.52

Mit Hilfe eines einfachen Suchverfahrens wird für jeden Pfeil (i,j) des Graphen die *kumulierte* Produktionsmenge $Q_{\text{opt}}^{(ij)}$ in Periode i nach Gleichung (D.28) berechnet. Die ermittelten Werte zeigt Table D.3. Tabelle D.4 enthält für jeden Pfeil die zugehörigen minimalen Kosten gemäß Gleichung (D.29).

Tabelle D.4 Kosten

$i \backslash j$	2	3	4	5	6	7
1	1122.47	1270.19	<u>1566.16</u>	2771.04	3522.11	5274.31
2	–	1126.24	1338.34	2219.01	2828.35	4289.80
3	–	–	1140.31	1691.97	2163.98	3330.92
4	–	–	–	1231.16	1574.19	<u>2444.34</u>
5	–	–	–	–	1248.74	1824.35
6	–	–	–	–	–	1309.23

Die optimale Lösung des Kürzeste-Wege-Modells ist $Q_{\text{opt}}^{(13)} = 420.02$ und $Q_{\text{opt}}^{(47)} = 1252.24$. Die *Losgrößen* sind dann $q_1 = 420.02$ und $q_4 = 1252.24 - 420.02 = 832.22$. Die erwarteten Gesamtkosten betragen $E\{C\} = 1566.16 + 2444.34 = 4010.50$. Mit einem Simulationsmodell erhält man nach 10000 Wiederholungen: Kosten $= 4009.57, \alpha_c = 0.8420, \alpha_p = 0.9466, \beta = 0.9835$.

Das Kürzeste-Wege-Modell kann auch für den Fall einer α_p-Servicegrad-Restriktion eingesetzt werden. In diesem Fall ersetzt man $\frac{\pi}{h+\pi} = \alpha_p$ in (D.28) und führt die obigen Berechnungen durch.

D.3.1.1.2 Stückweise lineares Modell

Man kann das Modell SSIULSP$_\pi^q$ auch als stückweise lineares Modell reformulieren und dann mit einem Standard-MIP-Solver lösen. Dabei linearisiert man die Funktionen des erwarteten physischen Lagerbestands und des erwarteten Fehlbestands wie folgt. Wie auf S. 286 gezeigt, ist der erwartete *physische Lagerbestand* am Ende der Periode t:

$$E\{I_t^p\} = Q^{(t)} - E\{Y^{(t)}\} + G^1_{Y(t)}(Q^{(t)}) \qquad t = 1, 2, \ldots \qquad (D.31)$$

Beziehung (D.31) ist eine nichtlineare Funktion, die mit beliebiger Genauigkeit durch lineare Segmente approximiert werden kann.[22] Dies zeigt Bild D.3 für den Fall, daß die Nachfragemenge in Periode $t = 1$ mit dem Mittelwert $\mu_1 = 10$ und der Standardabweichung $\sigma_1 = 3$ normalverteilt ist. Es wurden hier nur $L = 5$ Segmente definiert, damit die linearen Segmente noch erkennbar sind. In einem konkreten Optimierungsproblem reichen 24 Segmente i. d. R. aus.

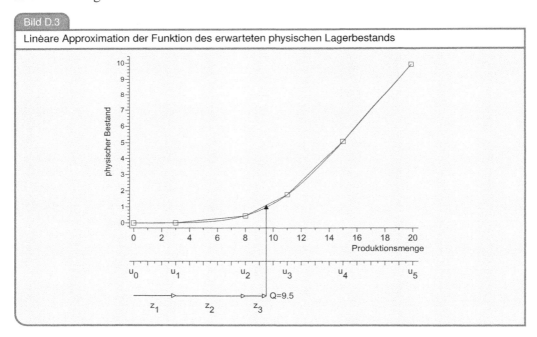

Bild D.3 Lineare Approximation der Funktion des erwarteten physischen Lagerbestands

Die Funktion des erwarteten physischen Lagerbestands am Ende der Periode t wird nun wie folgt approximiert. Wir definieren L Liniensegmente mit den Intervallgrenzen u_t^ℓ, welche die kumulierte Produktionsmenge von Periode 1 bis zur Periode t beschreiben. Es sei u_t^0 die untere Grenze der betrachteten Region.

Für das Liniensegment ℓ beträgt die Steigung der Funktion des *physischen Lagerbestands* dann:

---

22 vgl. *Helber et al.* (2012)

D.3.1 Fixierte Produktionstermine, fixierte Produktionsmengen – Fehlbestandskosten

$$\Delta^\ell_{I^p_t} = \frac{E\{I^p_t\}(u^\ell_t) - E\{I^p_t\}(u^{\ell-1}_t)}{u^\ell_t - u^{\ell-1}_t}$$

$$= \left\{ \left[u^\ell_t - E\{Y^{(t)}\} + G^1_{Y^{(t)}}(u^\ell_t) \right] \right. \tag{D.32}$$
$$\left. - \left[u^{\ell-1}_t - E\{Y^{(t)}\} + G^1_{Y^{(t)}}(u^{\ell-1}_t) \right] \right\} \cdot \frac{1}{u^\ell_t - u^{\ell-1}_t} \quad \begin{array}{l} \ell = 1, 2, \ldots, L \\ t = 1, 2, \ldots \end{array}$$

oder

$$\Delta^\ell_{I^p_t} = \frac{\left[u^\ell_t + G^1_{Y^{(t)}}(u^\ell_t) \right] - \left[u^{\ell-1}_t + G^1_{Y^{(t)}}(u^{\ell-1}_t) \right]}{u^\ell_t - u^{\ell-1}_t} \quad \begin{array}{l} \ell = 1, 2, \ldots, L \\ t = 1, 2, \ldots \end{array} \tag{D.33}$$

Tabelle D.5
Berechnung der linearisierten Bestandsfunktion

$Q^{(t)}$	$E\{I^p_t\}$	ℓ	u^ℓ_t	$E\{I^p_t\}(u^\ell_t)$	$\Delta^\ell_{I^p_t}$	Approximation	Abweichung
0	0.0003	0	0	0.0003		0.0003	0
1	0.0011					0.0035	0.0024
2	0.0035					0.0068	0.0032
3	0.0100	1	3	0.0100	0.0032	0.0100	0
4	0.0255					0.0986	0.0732
5	0.0595					0.1873	0.1278
6	0.1272					0.2760	0.1488
7	0.2499					0.3647	0.1147
8	0.4534	2	8	0.4534	0.0887	0.4534	0
9	0.7627					0.8898	0.1271
10	1.1968					1.3263	0.1294
11	1.7627	3	11	1.7627	0.4364	1.7627	0
12	2.4534					2.5869	0.1335
13	3.2499					3.4111	0.1611
14	4.1272					4.2353	0.1081
15	5.0595	4	15	5.0595	0.8242	5.0595	0
16	6.0255					6.0477	0.0222
17	7.0100					7.0358	0.0259
18	8.0035					8.0240	0.0204
19	9.0011					9.0122	0.0110
20	10.0003	5	20	10.0003	0.9882	10.0003	0

Tabelle D.5 zeigt die Berechnungen, die zur Erzeugung von Bild D.3 durchgeführt wurden. Die Grenzen der Liniensegmente, u^ℓ_t, wurden hier willkürlich gewählt. Man kann die Approximation der nichtlinearen Bestandsfunktion verbessern, wenn man möglichst viele und kurze Segmente dort plaziert, wo die Bestandsfunktion am stärksten gekrümmt ist.[23] Da die Bestandsfunktion konvex ist, nehmen die Steigungen $\Delta^\ell_{I^p_t}$ von Segment zu Segment zu.

Der erwartete physische Lagerbestand für eine gegebene Produktionsmenge Q wird dann wie folgt ermittelt. Man führt segmentspezifische Variablen z^ℓ_t ($t = 1, 2, \ldots, T; \ell = 1, 2, \ldots, L$) ein, wobei z^ℓ_t den Anteil an der die Produktionsmenge $Q^{(t)}$ bezeichnet, der dem Segment ℓ zugeordnet ist. Die kumulierte Produktionsmenge bis zur Periode t wird dann mit Hilfe dieser Variablen z^ℓ_t beschrieben: $Q^{(t)} = u^0_t + \sum^L_{\ell=1} z^\ell_t$. Das ist allerdings nur korrekt, wenn sichergestellt ist, daß z^ℓ_t nur dann positiv wird, wenn $z^{\ell-1}_t$ die gesamte Breite des Intervalls $\ell - 1$ ausschöpft, d. h. wenn $z^{\ell-1}_t = u^{\ell-1}_t - u^{\ell-2}_t$. Dies ist wegen der Konvexität der approximierten Bestandsfunktionen und der Form der Zielfunktion im folgenden Optimierungsmodell SSIULSP$^{q,\text{lin}}_\pi$ (Kostenminimierung) gesichert. So ergibt sich im obigen Beispiel die Produktionsmenge $Q^{(1)} = 9.5 = z^1_1 + z^2_1 + z^3_1 = 3 + 5 + 1.5$. Hier werden die Segmente 1 und 2 voll und Segment 3 zum Teil ausgeschöpft. Der approximierte erwartete Lagerbestand ist dann:

$$E\{I^p_t\}(Q^{(t)}) = \left[E\{I^p_t\}(u^0_1) + \sum^L_{\ell=1} \Delta^\ell_{I^p_t} \cdot z^\ell_t\right] \qquad t = 1, 2, \ldots \qquad (D.34)$$

Für die in Bild D.3 angenommene Produktionsmenge $q = 9.5$ beträgt der erwartete Lagerbestand:

$$E\{I^p_1\}(9.5) = \left[0.0003 + 0.0100 \cdot 3 + 0.0887 \cdot 5 + 0.4364 \cdot 1.5\right] = 1.1081 \qquad (D.35)$$

In gleicher Weise wird die Funktion des *erwarteten Fehlbestands* am Ende der Periode t approximiert, wobei die Steigungen der Liniensegmente sich wie folgt ergeben:

$$\Delta^\ell_{I^f_t} = \frac{G^1_{Y(t)}(u^\ell_t) - G^1_{Y(t)}(u^{\ell-1}_t)}{u^\ell_t - u^{\ell-1}_t} \qquad \begin{array}{l}\ell = 1, 2, \ldots, L \\ t = 1, 2, \ldots\end{array} \qquad (D.36)$$

Bezeichnen wir mit $\Delta^0_{I^p_t}$ den erwarteten physischen Lagerbestand und mit $\Delta^0_{I^f_t}$ den erwarteten Fehlbestand an der Stelle u^0_t, dann erhalten wir das folgende *lineare Optimierungsmodell*:

---

[23] Ein Verfahren hierzu beschreibt *Kirste* (2017), Abschn. 4.4.1.4.

D.3.1 Fixierte Produktionstermine, fixierte Produktionsmengen – Fehlbestandskosten

Modell SSIULSP$_\pi^{q,\text{lin}}$

$$\text{Minimiere } E\{C\} = \sum_{t=1}^{T} \left(s \cdot \gamma_t + h \cdot \left[E\{I_t^p\}(u_t^0) + \sum_{\ell=1}^{L} \Delta_{I_t^p}^{\ell} \cdot z_t^{\ell} \right] \right.$$

$$\left. + \pi \cdot \left[E\{I_t^f\}(u_t^0) + \sum_{\ell=1}^{L} \Delta_{I_t^f}^{\ell} \cdot z_t^{\ell} \right] \right) \quad \text{(D.37)}$$

u. B. d. R.

$$z_t^{\ell} \leq u_t^{\ell} - u_t^{\ell-1} \qquad t = 1, 2, \ldots, T; \ell = 1, 2, \ldots, L \quad \text{(D.38)}$$

$$\sum_{\ell=1}^{L} z_t^{\ell} - \sum_{\ell=1}^{L} z_{t-1}^{\ell} = q_t \qquad t = 1, 2, \ldots, T \quad \text{(D.39)}$$

$$q_t \leq u_t^L \cdot \gamma_t \qquad t = 1, 2, \ldots, T \quad \text{(D.40)}$$

$$\gamma_t \in \{0, 1\} \qquad t = 1, 2, \ldots, T \quad \text{(D.41)}$$

$$q_t \geq 0 \qquad t = 1, 2, \ldots, T \quad \text{(D.42)}$$

$$z_t^{\ell} \geq 0 \qquad t = 1, 2, \ldots, T; \ell = 1, 2, \ldots, L \quad \text{(D.43)}$$

Symbole	
$\Delta_{(\cdot)}^{\ell}$	Steigung der Funktion des Lagerbestands bzw. Fehlbestand im Segment ℓ
h	Lagerkostensatz
I_t^f	Fehlbestand in Periode t
I_t^p	Lagerbestand in Periode t
L	Anzahl Segmente der Bestands- und Fehlmengen-Funktionen
π	Fehlbestandskostensatz
s	Rüstkostensatz
T	Länge des Planungszeitraums
u_t^{ℓ}	Untere Segmentgrenze für Segment ℓ in Periode t
q_t	Losgröße in Periode t
z_t^{ℓ}	Produktionsmenge in Periode t im Segment ℓ
γ_t	binäre Rüstvariable in Periode t

Dies ist ein gemischt-ganzzahliges lineares Programm mit derselben optimalen Lösung wie Modell SSIULSP$_\pi^q$, vorausgesetzt, daß eine ausreichende Anzahl von Segmenten definiert wurde. Numerische Tests haben gezeigt, daß $L = 24$ i. allg. ausreicht, wenn die Segmentgrenzen in geeigneter Weise festgelegt werden. Die segmentspezifischen Parameter (Δ-Werte) müssen vorab für jede Periode t und jedes Segment ℓ ex ante berechnet werden. Die Periodennachfragemengen tauchen in dem Modell nicht mehr auf. Sie werden implizit bei der Approximation der Bestandsfunktionen berücksichtigt.

Obwohl die in Abschnitt D.3.1.1.1 dargestellte Modellierung als Kürzeste-Wege-Modell effizienter ist, hat Modell SSIULSP$_\pi^{q,\text{lin}}$ den Vorteil, daß es leicht für den Fall mehrerer Produkte und um Kapazitätsbeschränkungen erweitert werden kann. [24]

D.3.1.2 Servicegrade

Wie oben erwähnt, ist es in der industriellen Praxis oft unmöglich, die Fehlbestandskosten zu quantifizieren. Daher gibt man i. d. R. einen Servicegrad vor.

D.3.1.2.1 α_c-Servicegrad

Zahlreiche Autoren verwenden den α_c-Servicegrad, um das Ausmaß der Fehlmengen zu begrenzen. Hierzu werden folgende Restriktionen formuliert:[25]

$$P\{I_t^n \geq 0\} \geq \alpha_c \qquad t = 1, 2, \ldots, T \qquad (\text{D}.44)$$

Nach (D.44) muß die Wahrscheinlichkeit dafür, daß der Netto-Lagerbestand I_t^n in jeder Periode nicht-negativ ist, mindestens α_c betragen. Eine äquivalente Formulierung lautet

$$\sum_{j=1}^{t} q_j \geq F_{Y(t)}^{-1}(\alpha_c) \qquad t = 1, 2, \ldots, T \qquad (\text{D}.45)$$

wobei die Funktion $F_{Y(t)}^{-1}(\alpha_c) = F_{D_1+D_2+\ldots+D_t}^{-1}(\alpha_c)$ den kleinsten Wert y der kumulierten Nachfragemenge aus t Perioden angibt, bei dem $P\{Y^{(t)} \leq y\} \geq \alpha_c$. Darüberhinaus nehmen einige Autoren an, daß α_c so hoch festgelegt wird, daß der erwartete Fehlbestand (die negative Realisation des Netto-Lagerbestands I_t^n) bei der Berechnung der Lagerkosten vernachlässigt werden kann. Sie approximieren den physischen Lagerbestand folglich mit dem Netto-Lagerbestand, d. h. $E\{I_t^p\} = E\{[I_t^n]^+\} \approx E\{I_t^n\}$.

Unter diesen vereinfachenden Annahmen erhält man das folgende deterministische Losgrößenmodell bei Anwendung der „*Static Uncertainty Strategy*":

---

24 Anders als im deterministischen Fall (siehe Gleichung (C.55) auf S. 58) kann die große Zahl M hier nicht durch einfache Summation der Nachfragemengen von t bis T ersetzt werden.

25 vgl. *Bitran und Yanasse* (1984); *Lasserre et al.* (1985); *Bookbinder und Tan* (1988); *Tarim und Kingsman* (2004)

D.3.1 Fixierte Produktionstermine, fixierte Produktionsmengen – Servicegrade

Modell SSIULSP$_{\alpha_c}$

$$\text{Minimiere } E\{C\} = \sum_{t=1}^{T} \left(s \cdot \gamma_t + h \cdot E\{I_t^n\} \right) \quad \text{(D.46)}$$

u. B. d. R.

$$E\{I_t^n\} = I_0^n + \sum_{j=1}^{t} (q_j - E\{D_j\}) \qquad t = 1, 2, \ldots, T \quad \text{(D.47)}$$

$$q_t - M \cdot \gamma_t \leq 0 \qquad t = 1, 2, \ldots, T \quad \text{(D.48)}$$

$$\sum_{j=1}^{t} q_j \geq F_{Y^{(t)}}^{-1}(\alpha_c) - I_0^n \qquad t = 1, 2, \ldots, T \quad \text{(D.49)}$$

$$\gamma_t \in \{0, 1\} \qquad t = 1, 2, \ldots, T \quad \text{(D.50)}$$

$$q_t \geq 0 \qquad t = 1, 2, \ldots, T \quad \text{(D.51)}$$

Bookbinder und Tan[26] haben gezeigt, daß eine Analogie besteht zwischen dem Modell SSIULSP$_{\alpha_c}$ und dem deterministischen auf S. 30 dargestellten Modell SIULSP, wobei

$$d_t \Leftrightarrow \left[F_{Y^{(t)}}^{-1}(\alpha_c) - F_{Y^{(t-1)}}^{-1}(\alpha_c) \right] \qquad t = 1, 2, \ldots, T \quad \text{(D.52)}$$

Daher kann man Modell SIULSP mit deterministischen Periodennachfragemengen gemäß (D.52) einsetzen, um die optimalen Losgrößen nach Modell SSIULSP$_{\alpha_c}$ zu berechnen.

Tabelle D.6
Beispieldaten für die „*Static Uncertainty Strategy*"

t	$E\{D_t\}$	σ_{D_t}	$E\{Y^{(t)}\}$	$\text{Var}\{Y^{(t)}\}$	$\sigma_{Y^{(t)}}$	$F_{Y^{(t)}}^{-1}(\alpha_c = 0.95)$	d_t
1	200	60	200	3600	60	299	299
2	50	15	250	3825	62	352	53
3	100	30	350	4725	69	463	111
4	300	90	650	12825	113	836	373
5	150	45	800	14850	122	1000	164
6	200	60	1000	18450	136	1223	223
7	100	30	1100	19350	139	1329	105
8	50	15	1150	19575	140	1380	51
9	200	60	1350	23175	152	1600	220
10	150	45	1500	25200	159	1761	161

Wir illustrieren dies anhand eines Beispiels mit normalverteilten Periodennachfragemen-

---
26 vgl. *Bookbinder und Tan* (1988)

gen. Die Erwartungswerte $E\{D_t\}$ und Standardabweichungen σ_{D_t} der Periodennachfragemengen ($t = 1, 2, \ldots, 10$) sind in Tabelle D.6 angegeben. Der Lagerkostensatz ist $h = 1$ und der Rüstkostensatz ist $s = 2500$. Tabelle D.6 enthält auch die Werte für $F_{Y^{(t)}}^{-1}(\alpha_c)$ ($t = 1, 2, \ldots, 10$) für den angestrebten Servicegrad $\alpha_c = 0.95$. In der rechten Spalte sind die Periodennachfragemengen angegeben, die in dem äquivalenten deterministischen Modell SIULSP eingesetzt werden müssen.

Die optimale Lösung des deterministischen Modells SIULSP lautet: $q_1 = 463, q_4 = 1298$. Die erwarteten Kosten betragen $E\{C\} = 10370.93$. Simulationsergebnisse: Kosten $= 10384.85$, $\alpha_c = 0.9521, \alpha_p = 0.9901, \beta = 0.9970$.

D.3.1.2.2 β_t-Servicegrad – Stückweise lineares Modell

Wir betrachten nun den β-Servicegrad, der als mengenorientiertes Kriterium nicht nur das *Auftreten* einer Fehlmenge, sondern auch ihre *Höhe* erfaßt. Es sei angenommen, daß der Bezugszeitraum die Perioden 1 bis t umfaßt. β_t beschreibt dann das Verhältnis der gesamten Fehlmenge zur gesamten Nachfragemenge in diesem Zeitraum.[27]

Zur korrekten Erfassung der in einer Periode neu auftretenden Fehlmenge betrachten wir die in Bild D.4 dargestellten Zeitpunkte und unterscheiden nun den Bestand am Periodenende $I_t^{*,\text{End}}$ vom Bestand unmittelbar nach der Produktion $I_t^{*,\text{Prod}}$.[28]

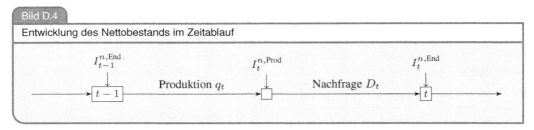

Bild D.4 Entwicklung des Nettobestands im Zeitablauf

Die *Fehlmenge* B_t, die in Periode t neu auftritt, wird mit Hilfe der Entwicklung des *Fehlbestands* und der kumulierten Produktionsmenge (einschl. eines evtl. vorhandenen Anfangs-Lagerbestands) $Q^{(t)}$ wie folgt berechnet. Ein Fehlbestand am Ende der Periode t tritt auf, wenn die kumulierte Nachfrage bis zur Periode t, $Y^{(t)}$, größer als $Q^{(t)}$ ist. Der Erwartungswert der Differenz $[Y^{(t)} - Q^{(t)}]^+$ beträgt:

$$E\{I_t^{f,\text{End}}\} = G_{Y^{(t)}}^1(Q^{(t)}) \qquad t = 1, 2, \ldots, T \qquad (D.53)$$

Der Fehlbestand unmittelbar nach der Produktion (bzw. der Bestandsauffüllung) am An-

---
[27] vgl. *Thomas* (2005); *Chen et al.* (2003); *Banerjee und Paul* (2005)
[28] Falls die Ergänzung Prod bzw. End im Superskript fehlt, ist der Bestand am Periodenende gemeint.

fang der Periode t, vor dem Auftreten der Nachfrage dieser Periode, ist gleich der (positiven) Differenz zwischen der kumulierten Nachfrage bis zur Periode $(t-1)$ und $Q^{(t)}$:

$$E\{I_t^{f,\text{Prod}}\} = G_{Y^{(t-1)}}^1(Q^{(t)}) \qquad t = 1, 2, \ldots, T \qquad \text{(D.54)}$$

mit $Y^{(0)} = 0$. $G_Y^1(Q)$ ist wieder die Verlustfunktion erster Ordnung der Zufallsvariablen Y in Bezug auf die Menge Q. Die in der Periode t *neu auftretende Fehlmenge* ist somit

$$E\{B_t(Q^{(t)})\} = G_{Y^{(t)}}^1(Q^{(t)}) - G_{Y^{(t-1)}}^1(Q^{(t)}) \qquad t = 1, 2, \ldots, T \qquad \text{(D.55)}$$

Gleichung (D.55) beschreibt die erwartete Fehlmenge der Periode t auch dann korrekt, wenn eine Produktionsmenge nicht ausreicht, um den gesamten Fehlbestand zu decken. Diese Situation kann bei stark schwankender Nachfrage auftreten.

Auch zur Berücksichtigung eines β_t-Servicegrades kann ein stückweise lineares Modell eingesetzt werden. Wie oben in Abschnitt D.3.1.1.2 beschrieben, definiert man wieder L Liniensegmente mit den Intervallgrenzen u_t^ℓ, welche die kumulierte Produktionsmenge bis zur Periode t beschreiben. Die Funktion der erwarteten Fehlmenge, die in Periode t neu auftritt, wird schließlich wie folgt linearisiert, wobei $\Delta_{B_t}^\ell$ die Steigung der Funktion der Fehlmenge in Abhängigkeit von der Produktionsmenge im Intervall ℓ bezeichnet:

$$\Delta_{B_t}^\ell = \frac{[G_{Y^{(t)}}^1(u_t^\ell) - G_{Y^{(t-1)}}^1(u_t^\ell)] - [G_{Y^{(t)}}^1(u_t^{\ell-1}) - G_{Y^{(t-1)}}^1(u_t^{\ell-1})]}{u_t^\ell - u_t^{\ell-1}} \qquad \text{(D.56)}$$
$$t = 1, 2, \ldots, T; \ell = 1, 2, \ldots, L$$

Die Funktion des *Fehlbestands* ($E\{I_t^{f,\text{Prod}}\}$ bzw. $E\{I_t^{f,\text{End}}\}$) ist konvex. Dies gilt jedoch nicht mehr für die Funktion der *Fehlmenge*, die sich – wie oben beschrieben – als Differenz der Fehlbestände aus mehreren aufeinanderfolgenden Perioden ergibt. Dies veranschaulicht Bild D.5.

Die gestrichelten Linien zeigen den erwarteten Fehlbestand nach 1, 2 und 3 Perioden in Abhängigkeit von der zu Beginn der Periode 1 produzierten Menge Q. Die mit gefüllten (leeren, gekreuzten) Punkten markierte Kurve gibt die Funktion der erwarteten Fehlmenge in Periode 2 (3, 4) an. Es wurden mit $\mu = 100$ und $\sigma = 30$ normalverteilte Periodenbedarfe angenommen. $E\{B\}$(Periode 3) ist die Differenz aus $E\{I^f\}$(Perioden 1 bis 3) und $E\{I^f\}$(Perioden 1 bis 2). Es ist erkennbar, daß der konkave Abschnitt der Fehlmengenfunktion mit der Anzahl Perioden größer wird. Für $Q < 200$ und $t = 3$ wird z. B. die gesamte Nachfrage der Periode 3 zu einer Fehlmenge. Erst bei größeren Werten von Q, die in vorliegenden Beispiel einem Servicegrad $\beta > 0.83$ entsprechen, verläuft die Funktion der Fehlmenge konvex.

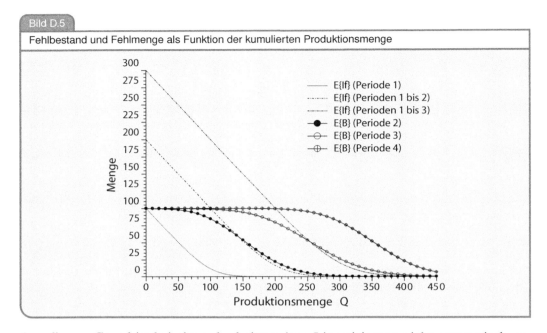

Bild D.5
Fehlbestand und Fehlmenge als Funktion der kumulierten Produktionsmenge

Aus diesem Grund ist bei einer abschnittsweisen Linearisierung nicht automatisch gesichert, daß z_t^ℓ erst dann größer 0 wird, wenn $z_t^{\ell-1} = u_t^{\ell-1} - u_t^{\ell-2}$. Es kann z. B. vorkommen, daß eine Lösung $z_t^1 = 0$ und $z_t^2 = 10$ enthält, was zu einer falschen Berechnung der Fehlmenge führt. Man kann das aber verhindern, indem man für jedes Segment ℓ eine Binärvariable λ_t^ℓ einführt, die anzeigt, ob $z_t^\ell > 0$ ist. Die Bedingung „Wenn $z_t^{\ell+1} > 0$, dann $z_t^\ell = u_t^\ell - u_t^{\ell-1}$." kann man dann wie folgt umsetzen:

$$z_t^\ell \leq (u_t^\ell - u_t^{\ell-1}) \cdot \lambda_t^\ell \qquad \ell = 1, 2, \ldots, L \qquad (D.57)$$

$$z_t^\ell \geq (u_t^\ell - u_t^{\ell-1}) \cdot \lambda_t^{\ell+1} \qquad \ell = 1, 2, \ldots, L-1 \qquad (D.58)$$

Beziehung (D.57) setzt λ_t^ℓ gleich 1, sobald $z_t^\ell > 0$ ist. Beziehung (D.58) stellt sicher, daß z_t^ℓ das gesamte Segment ℓ umfaßt, also gleich der Differenz $(u_t^\ell - u_t^{\ell-1})$ ist, wenn $\lambda_t^{\ell+1} = 1$ und damit $z_t^{\ell+1} > 0$ ist. Die optimalen Losgrößen können dann mit folgender Modifikation des Modells SSIULSP$_\pi^{q,\text{lin}}$ zur Berücksichtigung von β_t bestimmt werden:

 Modell SSIULSP$_{\beta_t}^{q,\text{lin}}$

Minimiere $E\{C\} = \sum_{t=1}^{T} \left(s \cdot \gamma_t + h \cdot \left[E\{I_t^p\}(u_t^0) + \sum_{\ell=1}^{L} \Delta_{I_t^p}^\ell \cdot z_t^\ell \right] \right)$ (D.59)

u. B. d. R.

$$z_t^\ell \leq u_t^\ell - u_t^{\ell-1} \qquad t=1,2,\ldots,T;\ell=1,2,\ldots,L \quad (\text{D.60})$$

$$\sum_{\ell=1}^{L} z_t^\ell - \sum_{\ell=1}^{L} z_{t-1}^\ell = q_t \qquad t=1,2,\ldots,T \quad (\text{D.61})$$

$$q_t \leq u_t^L \cdot \gamma_t \qquad t=1,2,\ldots,T \quad (\text{D.62})$$

$$z_t^\ell \leq (u_t^\ell - u_t^{\ell-1}) \cdot \lambda_t^\ell \qquad t=1,2,\ldots,T;\ell=1,2,\ldots,L \quad (\text{D.63})$$

$$z_t^\ell \geq (u_t^\ell - u_t^{\ell-1}) \cdot \lambda_t^{\ell+1} \qquad t=1,2,\ldots,T;\ell=1,2,\ldots,L-1 \quad (\text{D.64})$$

$$\frac{\sum_{i=1}^{T}\left(E\{B_i\}(u_i^0) + \sum_{\ell=1}^{L} \Delta_{B_i}^\ell \cdot z_i^\ell\right)}{\sum_{i=1}^{T} E\{D_i\}} \leq 1 - \beta_T \quad (\text{D.65})$$

$$q_t \geq 0 \qquad t=1,2,\ldots,T \quad (\text{D.66})$$

$$\gamma_t \in \{0,1\} \qquad t=1,2,\ldots,T \quad (\text{D.67})$$

$$\lambda_t^\ell \in \{0,1\} \qquad t=1,2,\ldots,T;\ell=1,2,\ldots,L \quad (\text{D.68})$$

$$z_t^\ell \geq 0 \qquad t=1,2,\ldots,T;\ell=1,2,\ldots,L \quad (\text{D.69})$$

Symbole – Ergänzung zu Modell SSIULSP$_\pi^{q,\text{lin}}$	
D_t	Nachfragemenge Periode t
B_t	Fehlmenge Periode t
λ_t^ℓ	binäre Hilfsvariable in Periode t im Segment ℓ

D.3.1.2.3 β_c-Servicegrad

Eine weitere Variante des β-Servicegrades unter dynamischen Bedingungen ergibt sich, wenn man als Bezugszeitraum einen Produktionszyklus wählt. Dieses Servicemaß wird als β_c-Servicegrad bezeichnet.[29] Ein Produktionszyklus umfaßt den gesamten Zeitraum von der Auflage eines Loses bis zur letzten Periode vor der Auflage des nächsten Loses. Der β_c-Servicegrad ist vergleichsweise restriktiv, da er für jeden Produktionszyklus einzuhalten ist. Man kann also nicht planen, einen niedrigen Servicegrad in einem Produktionszyklus mit hoher Nachfragevarianz durch einen hohen Servicegrad in einem Produktionszyklus mit niedriger Nachfragevarianz auszugleichen. Der β_c-Servicegrad

---

[29] vgl. *Tempelmeier* (2007)

entspricht am ehesten dem β-Servicegrad, den man in stationären Lagerhaltungsmodellen betrachtet.

D.3.1.2.3.1 Nichtlineare Modellformulierung

Da β_c auf die Fehlmenge und die Nachfrage in einem Produktionszyklus zurückgreift, muß man wissen, wann ein Produktionszyklus anfängt und wann er endet. Dieser Aspekt wird in der folgenden nichtlinearen Modellformulierung berücksichtigt:[30]

Modell SSIULSP$^q_{\beta_c}$

$$\text{Minimize } Z = \sum_{t=1}^{T} (s \cdot \gamma_t + h \cdot E\{I_t^p\}) \tag{D.70}$$

u. B. d. R.

$$I_{t-1}^n + q_t - D_t = I_t^n \qquad t = 1, 2, \ldots, T \tag{D.71}$$

$$q_t - M \cdot \gamma_t \leq 0 \qquad t = 1, 2, \ldots, T \tag{D.72}$$

$$I_t^{f,\text{Prod}} = \underbrace{- \left[I_{t-1}^n + q_t\right]^-}_{\text{Fehlbestand unmittelbar nach der Produktion in Periode } t} \qquad t = 1, 2, \ldots, T \tag{D.73}$$

$$I_t^{f,\text{End}} = \underbrace{- [I_t^n]^-}_{\text{Fehlbestand am Ende der Periode } t} \qquad t = 1, 2, \ldots, T \tag{D.74}$$

$$B_t = \underbrace{I_t^{f,\text{End}} - I_t^{f,\text{Prod}}}_{\text{neue Fehlmenge in Periode } t} \qquad t = 1, 2, \ldots, T \tag{D.75}$$

$$l_t = (l_{t-1} + 1) \cdot (1 - \gamma_t) \qquad t = 1, 2, \ldots, T \tag{D.76}$$

$$l_0 = -1 \tag{D.77}$$

$$\omega_t = \gamma_{t+1} \qquad t = 1, 2, \ldots, T-1 \tag{D.78}$$

$$\omega_T = 1 \tag{D.79}$$

---

[30] vgl. *Tempelmeier und Herpers* (2011); *Tempelmeier* (2011a)

D.3.1 Fixierte Produktionstermine, fixierte Produktionsmengen – Servicegrade

$$\frac{E\left\{\sum_{j=t-l_t}^{t} B_j\right\}}{E\left\{\sum_{j=t-l_t}^{t} D_j\right\}} \leq 1 - \beta_c \qquad t \in \{t \mid \omega_t = 1\} \quad \text{(D.80)}$$

$$q_t \geq 0 \qquad t = 1, 2, \ldots, T \quad \text{(D.81)}$$

$$\gamma_t \in \{0, 1\} \qquad t = 1, 2, \ldots, T \quad \text{(D.82)}$$

Symbole	
β_c	Servicegrad
D_t	Nachfragemenge in Periode t
B_t	Fehlmenge in Periode t
γ_t	binäre Rüstvariable t
h	Lagerkostensatz
I_t^n	Netto-Lagerbestand am Ende der Periode t
I_t^p	physischer Lagerbestand am Ende der Periode t
$I_t^{f,\text{End}}$	Fehlbestand am Ende der Periode t
$I_t^{f,\text{Prod}}$	Fehlbestand nach der Bestandsauffüllung am Anfang der Periode t
l_t	Anzahl Perioden seit der letzten Produktion vor Periode t
M	große Zahl
s	Rüstkosten
T	Länge des Planungszeitraums
$[x]^+$	$= \max\{0, x\}$
$[x]^-$	$= \min\{0, x\}$
q_t	Losgröße in Periode t
ω_t	Indikatorvariable: $\begin{cases} \omega_t = 1, \text{wenn in Periode } t+1 \text{ produziert wird;} \\ \omega_t = 0, \text{sonst.} \end{cases}$

Die Zielfunktion (D.70) umfaßt die Summe aus Rüstkosten und den erwarteten Lagerkosten. Die Gleichungen (D.71) sind die aus den deterministischen Losgrößenmodellen bekannten Lagerbilanzgleichungen. Allerdings ist der Netto-Lagerbestand I_t^n ($t > 0$) nun eine Zufallsvariable. Bedingung (D.72) sichert, daß nur dann produziert wird, wenn auch gerüstet wurde. Gleichung (D.73) beschreibt den verbleibenden Fehlbestand zu Beginn der Period t unmittelbar nach Wiederauffüllung des Lagers. Gleichung (D.74) definiert den Fehlbestand am Ende der Periode t. Gleichung (D.75) beschreibt die Fehlmenge, die in Periode t neu aufgetreten ist.

Zur Berechnung des Servicegrades in einem Produktionszyklus wird der zeitliche Abstand seit der letzten Produktion mit Hilfe der Variablen l_t bestimmt. Dies geschieht mit den Gleichungen (D.76) und (D.77). l_t wird auf Null zurückgesetzt, wenn $\gamma_t = 1$, d. h. wenn in Periode t gerüstet wird. Andernfalls wird l_t auf $l_{t-1} + 1$ erhöht. Die Gleichungen (D.78) und (D.79) setzen die Variable ω_t gleich 1, wenn entweder in Periode $t + 1$ gerüstet wird oder wenn das Ende des Planungszeitraums erreicht ist. Gleichung (D.80) definiert den β_c-Servicegrad. Der erwartete Lagerbestand am Ende der Periode t, $E\{I_t^p\}$, wird mit Gleichung (D.31) beschrieben.

D.3.1.2.3.2 Exakte Lösung

Das Modell SSIULSP$^q_{\beta_c}$ ist ein nichtlineares Optimierungsmodell, das als eine spezielle Form des Kürzeste-Wege-Modells von S. 287 modelliert werden kann. Der zugehörige Graph ist nochmals in leicht veränderter Form in Bild D.6 wiedergegeben. Ein Pfeil vom Knoten τ zum Knoten t repräsentiert die Produktion in Periode τ, mit der die Nachfrage bis zur Periode $t - 1$ gedeckt wird.

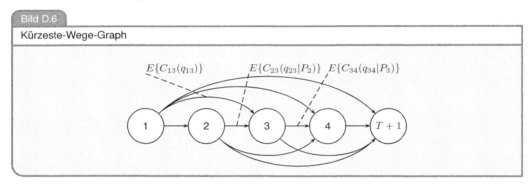

Bild D.6 Kürzeste-Wege-Graph

Die **minimale Losgröße** $q^{\text{opt}}_{\tau t}$, die zur Sicherstellung des Servicegrades β_c in den Perioden τ bis $t - 1$ benötigt wird, beträgt:

$$q^{\text{opt}}_{\tau t}(\beta_c) = \min \left\{ q_{\tau t} \middle| \frac{E\left\{\sum_{i=\tau}^{t-1} B_i(q_{\tau t})\right\}}{E\left\{\sum_{i=\tau}^{t-1} D_i\right\}} \leq 1 - \beta_c \right\}$$
$$\tau = 1, 2, \ldots, T; t = \tau + 1, 2, \ldots, T + 1 \qquad \text{(D.83)}$$

Diese Losgröße kann mit einem Suchverfahren zur Bestimmung der Nullstelle einer nichtlinearen Funktion bestimmt werden. Betrachten wir z. B. ein Produkt mit normalverteilten Periodennachfragemengen, deren Erwartungswerte und Standardabweichungen in Tabelle D.7 angegeben sind.

D.3.1 Fixierte Produktionstermine, fixierte Produktionsmengen – Servicegrade

Tabelle D.7
Nachfrageparameter

t	1	2	3	4	5	6
$E\{D_t\}$	200	50	100	300	150	200
σ_{D_t}	60	15	30	90	45	60

Es sei angenommen, daß in den Perioden 1 und 2 produziert wird. Bei einem angestrebten Servicegrad von $\beta_c = 0.95$ darf die Fehlmenge in *Periode 1* nicht größer sein als $(1 - 0.95) \cdot 200 = 10$. Tabelle D.8 zeigt einige Zwischenergebnisse der Suche nach der optimalen Losgröße in Periode 1. Sie beträgt $q_1 = 236.44$.

Tabelle D.8
Bestimmung der optimalen Losgröße für Periode 1

q_1	$Q^{(1)}$	$G^1_{Y(1)}$	β_c
230	230	11.87	0.9407
231.87	231.87	11.30	0.9435
233.17	233.17	10.92	0.9454
$\vdots$	$\vdots$	$\vdots$	
236.44	236.44	10.00	0.9500

Die Produktion in *Periode 2* deckt die Nachfrageperioden 2 bis 6 ab. Tabelle D.9 zeigt einige Zwischenergebnisse. Für $\beta_c = 0.95$ darf die gesamte Fehlmenge in den Perioden 2 bis 6 den Wert $(1 - 0.95) \cdot 800 = 40$ nicht überschreiten. Dies wird mit der Losgröße $q_2 = 794.81$ sichergestellt. Die zugehörige Fehlmenge in dem Produktionszyklus findet man durch Summation der periodenspezischen Werte in der letzten Spalte (für $t = 2, 3, \ldots, 6$). Man beachte, daß in $Q^{(t)}$ die optimale Losgröße der Periode 1, $q_1 = 236.44$ aus Tabelle D.8 enthalten ist.

Verglichen mit den weiter unten dargestellten Losgrößenmodellen für die „*Static-Dynamic Uncertainty Strategy*", bei denen ein Bestellniveau eingesetzt wird, ist die Berechnung der Lagerkosten leicht verändert. Betrachten wir den Pfeil vom Knoten 2 zum Knoten 4 in Bild D.6. Die nach der Produktion in Periode 2 verfügbare Menge muß ausreichen, um den angestrebten Servicegrad in den Perioden 2 und 3 zu sichern. Bei Einsatz der „*Static Uncertainty Strategy*" ist der Lagerbestand nach der Produktion in einer Rüstperiode τ gleich der Losgröße *plus dem Lagerbestand am Ende der Vorperiode* $\tau - 1$. Letztere hängt jedoch von der Nachfrageentwicklung und den Produktionsmengen in der Zeitspanne von Periode 1 bis Periode $\tau - 1$ ab. In Bild D.6 zeigt die Beschriftung des Pfeils von Knoten 3 zum Knoten 4, $E\{C_{34}(q_{34}|P_3)\}$, daß die Losgröße q_{34} von dem Pfad P_3 abhängt, auf dem der Knoten 3 auf dem kürzesten Weg erreicht wird. Enthält der kürzeste Weg den Pfeil vom Knoten 1 zum Knoten 3, dann ergibt sich ein anderer physischer Lagerbestand am Ende der Periode 2 als wenn der Knoten 2 auf dem kürzesten Weg liegen würde. Daher kann man die Pfeilbewertungen (insb. die Lagerkosten) nicht vorab bestimmen, sondern muß sie während des Lösungsverfahrens aktualisieren.

Tabelle D.9

Bestimmung der optimalen Losgröße für Periode 2

t	q_2	$Q^{(t)}$	$E\{Y^{(t)}\}$	$\sigma_{Y^{(t)}}$	$G^1_{Y^{(t)}}$	$E\{Y^{(t-1)}\}$	$\sigma_{Y^{(t-1)}}$	$G^1_{Y^{(t-1)}}$	$E\{B_t\}$	β_c
2	920	1156.44	250	61.85	0	200	60	0	0	
3	920	1156.44	350	68.74	0	250	61.85	0	0	
4	920	1156.44	650	113.25	0	350	68.74	0	0	
5	920	1156.44	800	121.86	0.06	650	113.25	0	0.06	
6	920	1156.44	1000	135.83	8.41	800	121.86	0.06	8.35	0.9895
2	888.41	1124.85	250	61.85	0	200	60	0	0	
3	888.41	1124.85	350	68.74	0	250	61.85	0	0	
4	888.41	1124.85	650	113.25	0	350	68.74	0	0	
5	888.41	1124.85	800	121.86	0.14	650	113.25	0	0.14	
6	888.41	1124.85	1000	135.83	13.18	800	121.86	0.14	13.04	0.9835
⋮	⋮	⋮	⋮	⋮	⋮	⋮	⋮	⋮	⋮	
2	794.81	1031.25	250	61.85	0	200	60	0	0	
3	794.81	1031.25	350	68.74	0	250	61.85	0	0	
4	794.81	1031.25	650	113.25	0.01	350	68.74	0	0.01	
5	794.81	1031.25	800	121.86	1.36	650	113.25	0.01	1.35	
6	794.81	1031.25	1000	135.83	39.99	800	121.86	1.36	38.63	0.9500

Tabelle D.10 zeigt für die normalverteilten Periodennachfragemengen aus Tabelle D.7 die Bestandsentwicklung für zwei unterschiedliche Produktionspläne.

Tabelle D.10

Bestandsentwicklung für unterschiedliche Produktionspläne

t	$E\{D_t\}$	σ_{D_t}	Plan 1		Plan 2	
			q_t	$E\{I_t^p\}$	q_t	$E\{I_t^p\}$
1	200	60	372.85	172.89	236.44	46.44
2	50	15	–	123.40	172.28	158.82
3	100	30	–	40.35	–	66.22
4	300	90	678.06	400.92	642.18	400.92
5	150	45	–	251.78	–	251.78
6	200	60	–	83.41	–	83.41

Der Lagerbestand am Ende der Periode 3 beträgt für den Plan 1 40.35 und für den Plan 2

D.3.1 Fixierte Produktionstermine, fixierte Produktionsmengen – Servicegrade

66.22. Daraus folgt, daß die Losgröße in Periode 4 bei Einsatz des Plans 2 niedriger ist als bei Anwendung des Plans 1.

Ist die optimale Losgröße in Periode τ bekannt, dann können die erwarteten Kosten des Pfeils vom Knoten τ zum Knoten t unter der Voraussetzung, daß der Knoten τ über den Pfad P_τ erreicht wurde, wie folgt berechnet werden:

$$E\{C_{\tau t}\} = s + h \cdot \sum_{\ell=\tau}^{t-1} E\left\{\left[\underbrace{I^p_{\tau-1}(P_\tau) + q^{\text{opt}}_{\tau t}}_{\substack{\text{Verfügbare Menge in Periode } \tau \\ (=\text{Anfangsbestand + Produktionsmenge})}} - \sum_{i=\tau}^{\ell} D_i\right]^+\right\} \tag{D.84}$$

Die Summation umfaßt die erwarteten physischen Lagerbestände am Ende aller Perioden ℓ, die durch die Produktion in Periode τ gedeckt werden. Diese hängen vom Lagerbestand am Ende der Periode $(\tau - 1)$ ab, welcher wiederum durch den optimalen Produktionsplan für die Perioden 1 bis $(\tau - 1)$ beeinflußt wird.

Der optimale Produktionsplan kann mit einem Ansatz der dynamischen Programmierung bestimmt werden. Wir bezeichnen mit f_i die Kosten des optimalen Produktionsplans für die ersten i Nachfrageperioden, wobei $f_0 = 0$. Dann gilt:

$$f_i = \min_{1 \leq \tau \leq i} \{f_{\tau-1} + E\{C_{\tau i}\}\} \qquad i = 1, 2, \ldots, T \tag{D.85}$$

Die optimale Lösung für T Perioden kann mit einer Vorwärtsrekursion bestimmt werden, indem man zuerst f_1 berechnet, dann f_2 usw. Das folgende Beispiel mit $T = 4$ Periodennachfragen, deren Parameter in Tabelle D.11 angegeben sind, zeigt die Vorgehensweise. Wir nehmen an: $s = 50$, $h = 1$ und $\beta_c = 0.95$.

	Tabelle D.11 Beispieldaten			
t	1	2	3	4
$E\{D_t\}$	20	10	30	20
σ_{D_t}	6	3	9	6

In den Berechnungen bezeichnen wir mit P^{opt}_i den optimalen Produktionsplan für die Perioden 1 bis i. Außerdem sei $q_{\tau j}$ die Produktionsmenge der Periode τ für die Nachfrageperioden τ bis j. Die Tabellen D.12 – D.15 zeigen die Ergebnisse für die nacheinander betrachteten Zeithorizonte $i = \{1, 2, 3, 4\}$. Bei der Bestimmung der Losgrößen und der zugehörigen Bestandsentwicklung in den Perioden $i > 1$ muß der erwartete physische Lagerbestand am Ende der Periode $(i - 1)$ bekannt sein. Dieser hängt, wie oben erläutert, vom optimalen Produktionsplan P^{opt}_{i-1} ab. Die optimale Lösung ist $q_{12} = 32.82$ und $q_{34} = 53.60$. Die minimalen Kosten sind 152.55.

Tabelle D.12
Berechnung von f_1

	Kosten	Losgrößen			
	t	1	2	3	4
(q_{11})	54.64	23.64			
$P_1^{opt} = (q_{11})$	54.64	23.64			

Tabelle D.13
Berechnung von f_2

	Kosten	Losgrößen			
	t	1	2	3	4
(q_{12})	67.17	32.82			
(P_1^{opt}, q_{22})	112.21	23.64	13.43		
$P_2^{opt} = (q_{12})$	67.17	32.82			

Tabelle D.14
Berechnung von f_3

	Kosten	Losgrößen			
	t	1	2	3	4
(q_{13})	133.06	63.35			
(P_1^{opt}, q_{23})	149.35	23.64	42.71		
(P_2^{opt}, q_{33})	126.97	32.82		35.48	
$P_3^{opt} = (q_{12}, q_{33})$	126.97	32.82		35.48	

Tabelle D.15
Berechnung von f_4

	Kosten	Losgrößen			
	t	1	2	3	4
(q_{14})	193.40	82.33			
(P_1^{opt}, q_{24})	192.39	23.64	61.26		
(P_2^{opt}, q_{34})	152.55	32.82		53.60	
(P_3^{opt}, q_{44})	191.06	32.82		35.48	24.79
$P_4^{opt} = (q_{12}, q_{34})$	152.55	32.82		53.60	

D.3.1.2.3.3 Heuristische Lösung

Prinzipiell besteht auch die Möglichkeit, auf die bekannten, für deterministische Nachfrage vorgeschlagenen, dynamischen Losgrößenheuristiken aus Abschnitt C.1.2.2 zurückzugreifen. Allerdings muß die Berechnung der Kostenkriterien modifiziert werden. Bei deterministischer Nachfrage erhöht man die Losgröße in Periode τ, $q_{\tau t}$, um noch nicht berücksichtigte zukünftige Nachfragemengen so lange, bis $C_{\tau,t+1} > C_{\tau t}$. Dabei bezeichnet $C_{\tau t}$ ein Kostenkriterium, das sich ergibt, wenn das in Periode τ produzierte Los die Nachfrage der Perioden τ bis t umfaßt.

Bei stochastischer Nachfrage bleibt diese Vorgehensweise prinzipiell unverändert. Es muß lediglich das deterministische Kriterium $C_{\tau t}$ durch den Erwartungswert $E\{C_{\tau t}\}$ ersetzt werden. Falls das **Silver-Meal-Kriterium** zum Einsatz kommt, verwenden wir folgende modifizierte Version:

$$C_{\tau t} = \frac{s + h \cdot \sum_{\ell=\tau}^{t} E\left\{\left[I_{\tau-1}^p(P_{\tau-1}) + q_{\tau t}^{\text{opt}} - \sum_{i=\tau}^{\ell} D_i\right]^+\right\}}{t - \tau + 1}$$

$$\tau = 1, 2, \ldots; t = \tau+1, \tau+2, \ldots \quad \text{(D.86)}$$

Die Summe im Zähler von (D.86) beschreibt die erwarteten Lagerbestände. $P_{\tau-1}$ bezeichnet den Produktionsplan in den Perioden 1 bis $(\tau - 1)$, der zu dem physischen Lagerbestand am Ende der Periode $\tau - 1$, $I_{\tau-1}^p$, geführt hat. Die Losgröße $q_{\tau t}^{\text{opt}}$ wird nun nicht mehr — wie im deterministischen Fall — durch Addition der Perioden-Nachfragemengen bestimmt, sondern sie muß auch Sicherheitsbestand enthalten.

Zur Berechnung des Silver-Meal-Kriteriums wird die Entwicklung des physischen Lagerbestands und des Fehlbestands als Funktion der *kumulierten Produktionsmenge* der Perioden 1 bis t, $Q^{(t)}$, (bzw. der Losgrößen) beschrieben. Der physische Lagerbestand am Ende der Periode t ist die Differenz zwischen der kumulierten Produktionsmenge $Q^{(t)} = \sum_{i=1}^{t} q_i$ und der kumulierten Nachfragemenge in den Perioden 1 bis t, $Y^{(t)} = \sum_{i=1}^{t} D_i$. Die neu in einer Periode aufgetretene Fehlmenge ist die Differenz aus dem Fehlbestand am Ende und dem Fehlbestand am Anfang einer Periode. Es sei $I_t^{\text{f,Prod}}$ der Fehlbestand am Anfang der Periode t, nach einer evtl. Produktion, und $I_t^{\text{f,End}}$ der Fehlbestand am Ende der Periode t, wobei gilt:

$$E\{I_t^{\text{f,Prod}}\} = E\{[Y^{(t-1)} - Q^{(t)}]^+\} = G_{Y^{(t-1)}}^1(Q^{(t)}) \qquad t = 1, 2, \ldots, T \quad \text{(D.87)}$$

und

$$E\{I_t^{\text{f,End}}\} = E\{[Y^{(t)} - Q^{(t)}]^+\} = G_{Y^{(t)}}^1(Q^{(t)}) \qquad t = 1, 2, \ldots, T \quad \text{(D.88)}$$

$G_Y^1(X)$ ist die Verlustfunktion erster Ordnung der Zufallsvariablen Y and der Stelle X. Die in der Periode t neu aufgetretene Fehlmenge ist die Differenz

$$E\{B_t\} = E\{I_t^{\text{f,End}}\} - E\{I_t^{\text{f,Prod}}\} \qquad t = 1, 2, \ldots, T \qquad (D.89)$$

Fehlbestand unmittelbar nach der Produktion tritt auf, wenn die Losgröße nicht ausreicht, um den aus dem vorherigen Produktionszyklus angesammelten Fehlbestand abzubauen. Dies kann vorkommen, wenn die Varianz der Nachfrage hoch, der Servicegrad niedrig und die Losgrößen ebenfalls niedrig sind.

Der erwartete Lagerbestand am Ende der Periode t ist

$$E\{I_t^{\text{p}}\} = Q^{(t)} - E\{Y^{(t)}\} + E\{I_t^{\text{f,End}}\} \qquad t = 1, 2, \ldots, T \qquad (D.90)$$

Die kumulierte Produktionsmenge $Q^{(t)}$ wird jeweils so festgelegt, daß im Zeitraum von τ bis t der angestrebte Servicegrad eingehalten wird. Grundlage der Berechnung ist die Nachfrage in den Perioden τ bis t, $Y^{(\tau,t)} = \sum_{i=\tau}^{t} D_i$. Wegen der Beziehung $q_t = Q^{(t)} - Q^{(t-1)}$ ($t = 1, 2, \ldots$) kann dann die Losgröße der Periode τ ermittelt werden.

Als Beispiel betrachten wir die Nachfragedaten aus Tabelle D.16 mit $\beta_c = 0.99$, $s = 500$, und $h = 1$.

Tabelle D.16
Beispieldaten

t	1	2	3	4	5	6
$E\{D_t\}$	20	80	160	85	120	100
σ_{D_t}	6	24	48	25.5	36	30

Der Ablauf der modifizierten Silver-Meal-Heuristik ist wie folgt:

$\overline{\tau = 1, t = 1:}$

$E\{Y^{(1)}\} = 20;\ \sigma\{Y^{(1)}\} = 6$

$Q^{(1)}(\beta_c = 0.99) = 28.66$ \qquad kumulierte Produktionsmenge

$q_{11}^{\text{opt}} = 28.66$ \qquad Losgröße

$E\{I_1^{\text{f,Prod}}\} = 0$ \qquad Fehlbestand am Anfang der Periode 1

$E\{I_1^{\text{f,End}}\} = \Phi^1(v = \frac{28.66 - 20}{6}) \cdot 6$

$\qquad = 0.0334 \cdot 6 = 0.20$ \qquad Fehlbestand am Ende der Periode 1

D.3.1 Fixierte Produktionstermine, fixierte Produktionsmengen – Servicegrade

$E\{I_1^p\} = 28.66 - 20 + 0.20 = 8.86$ physischer Lagerbestand am Ende der Periode 1

$C_{11} = \frac{500 + 8.86}{1} = 508.86$ erwartete Kosten pro Periode für $t = 1$

$\overline{\tau = 1, t = 2:}$

$E\{Y^{(2)}\} = 100; \sigma\{Y^{(2)}\} = 24.74$

$Q^{(2)}(\beta_c = 0.99) = 133.52$ kumulierte Produktionsmenge

$q_{12}^{\text{opt}} = 133.52$ Losgröße

$E\{I_1^{\text{f,Prod}}\} = 0$ Fehlbestand am Anfang der Periode 1

$E\{I_1^{\text{f,End}}\} = \Phi^1(v = \frac{133.52 - 20}{6}) \cdot 6 = 0$ Fehlbestand am Ende der Periode 1

$E\{I_1^p\} = 133.52 - 20 + 0.0 = 113.52$ physischer Lagerbestand am Ende der Periode 1

$E\{I_2^{\text{f,End}}\} = \Phi^1(v = \frac{133.52 - 100}{24.74}) \cdot 24.74$

$\qquad = 0.0405 \cdot 24.74 = 1.0$ Fehlbestand am Ende der Periode 2

$E\{I_2^p\} = 133.52 - 100 + 1.0 = 34.52$ physischer Lagerbestand am Ende der Periode 2

$C_{12} = \frac{500 + (113.52 + 34.52)}{2} = 324.02$ erwartete Kosten pro Periode für $t = 2$

Die Erweiterung der Reichweite des Loses in $\tau = 1$ auf $t = 3$ führt zu einem Anstieg des Silver-Meal-Kriterums auf $C_{13} = 369.61$. Wir verzichten auf die detaillierte Protokollierung und machen weiter mit

$\overline{\tau = 3, t = 3:}$

$E\{Y^{(3)}\} = 260; \sigma\{Y^{(3)}\} = 54$

$Q^{(3)}(\beta_c = 0.99) = 340.72$ kumulierte Produktionsmenge

$q_{33}^{\text{opt}} = 340.72 - 133.52 = 207.20$

$E\{I_3^{\text{f,Prod}}\} = \Phi^1(v = \frac{340.72 - 100}{24.74}) \cdot 24.74 = 0$ Fehlbestand am Anfang der Periode 3

$E\{I_3^{\text{f,End}}\} = \Phi^1(v = \frac{340.72 - 260}{54}) \cdot 54 = 1.6$ Fehlbestand am Ende der Periode 3

$E\{I_3^p\} = 340.72 - 260 + 1.6 = 82.32$ physischer Lagerbestand am Ende der Periode 3

$C_{33} = \frac{500 + 82.32}{1} = 582.32$ erwartete Kosten pro Periode für $t = 3$

Tabelle D.17
Ergebnisse der modifizierten Silver-Meal-Heuristik

τ	t	$E\{D_t\}$	$C_{\tau t}$	q_t	Erwartete Kosten pro Zyklus
1	1	20	508.86	28.66	
	2	80	324.02	133.52	648.04
	3	160	369.61		
3	3	160	582.32	207.20	
	4	85	374.24	291.99	
	5	120	362.20	417.47	1086.61
	6	100	370.21		
6	6	100	639.86	152.87	639.86

Tabelle D.17 faßt die Ergebnisse zusammen. Die erwarteten Kosten des mit dieser Heuristik ermittelten Produktionsplans betragen 2374.52. Sie liegen ca. 11% über dem exakten Minimum (2128.87). Auch die anderen heuristischen Losgrößenverfahren, z. B. das Stückkostenverfahren, können für den Fall stochastischer Nachfrage angepaßt werden. In einem numerischen Test konnte gezeigt werden, daß das (modifizierte) Silver-Meal-Kriterium zu sehr guten Ergebnissen führt.[31]

D.3.1.2.3.4 Stückweise lineares Modell

Ersetzt man in dem in Abschnitt D.3.1.2.2 dargestellten Modell SSIULSP$_{\beta_t}^{q,\text{lin}}$ die Fehlmengenrestriktion (D.65) durch eine β_c-Servicegrad-Restriktion, dann erhält man das folgende stückweise lineare MIP-Modell:[32]

Modell SSIULSP$_{\beta_c}^{q,\text{lin}}$

$$\text{Minimiere } E\{C\} = \sum_{t=1}^{T} \left(s \cdot \gamma_t + h \cdot \left[E\{I_t^p\}(u_t^0) + \sum_{\ell=1}^{L} \Delta_{I_t^p}^{\ell} \cdot z_t^{\ell} \right] \right) \quad \text{(D.91)}$$

$\overset{\llcorner}{}$ Lagerbestand am Ende der Periode t (D.92)

u. B. d. R.

$$z_t^{\ell} \leq u_t^{\ell} - u_t^{\ell-1} \qquad t = 1, 2, \ldots, T; \ell = 1, 2, \ldots, L \quad \text{(D.93)}$$

$$\sum_{\ell=1}^{L} z_t^{\ell} - \sum_{\ell=1}^{L} z_{t-1}^{\ell} = q_t \qquad t = 2, 3, \ldots, T \quad \text{(D.94)}$$

---
31 vgl. *Tempelmeier und Herpers* (2011)
32 vgl. *Tempelmeier und Hilger* (2015), *Tempelmeier et al.* (2018)

$$q_t \leq u_t^L \cdot \gamma_t \qquad\qquad t = 1, 2, \ldots, T \qquad (D.95)$$

$$z_t^\ell \leq (u_t^\ell - u_t^{\ell-1}) \cdot \lambda_t^\ell \qquad\qquad t = 1, 2, \ldots, T; \ell = 1, 2, \ldots, L \qquad (D.96)$$

$$z_t^\ell \geq (u_t^\ell - u_t^{\ell-1}) \cdot \lambda_t^{\ell+1} \qquad\qquad t = 1, 2, \ldots, T; \ell = 1, 2, \ldots, L-1 \qquad (D.97)$$

$$\underbrace{\frac{\sum_{i=\tau}^{t}(E\{B_i\}(u_i^0) + \sum_{\ell=1}^{L} \Delta_{B_i}^\ell \cdot z_i^\ell)}{\sum_{i=\tau}^{t} E\{D_i\}}}_{\text{Fehlmenge im Zyklus, der in Periode } \tau \text{ beginnt}} \leq 1-\beta_c+(1-\gamma_\tau) \quad \begin{array}{l} \tau = 1, 2, \ldots, T \\ t = \tau, \tau+1, \ldots, T \\ \sum_{i=\tau}^{t} E\{D_i\} \geq 0 \end{array} \quad (D.98)$$

$$\sum_{i=1}^{t} \gamma_i \geq 1 \qquad\qquad t = 1, 2, \ldots, T | \sum_{i=1}^{t} E\{D_{ki}\} > 0 \qquad (D.99)$$

$$q_t \geq 0 \qquad\qquad t = 1, 2, \ldots, T \qquad (D.100)$$

$$\gamma_t \in \{0, 1\} \qquad\qquad t = 1, 2, \ldots, T \qquad (D.101)$$

$$\lambda_t^\ell \in \{0, 1\} \qquad\qquad t = 1, 2, \ldots, T; \ell = 1, 2, \ldots, L \qquad (D.102)$$

$$z_t^\ell \geq 0 \qquad\qquad t = 1, 2, \ldots, T; \ell = 1, 2, \ldots, L \qquad (D.103)$$

Im Vergleich zu Modell SSIULSP$_{\beta_t}^{q,\text{lin}}$ wurden die Nebenbedingungen (D.65) durch die Restriktionen (D.98) ersetzt. Für jeden Zeitraum, der in τ beginnt und in t endet (und in dem positive Nachfrage auftritt), beschreibt die linke Seite den Anteil der Fehlmenge an der Nachfrage. Dieser Anteil ist immer ≤ 1. Beginnt ein Produktionszyklus in τ ($\gamma_\tau = 1$), dann wird die rechte Seite zu $(1-\beta_c)$. Beginnt in τ kein Produktionszyklus ($\gamma_\tau = 0$), dann ist die Nebenbedingung ohnehin erfüllt. Die Restriktionen (D.99) verhindern, daß überhaupt nichts produziert wird. Ohne sie gäbe es eine zulässige Lösung, in der alle γ-Variablen Null sind und damit die Servicegrad-Restriktionen (D.98) immer erfüllt sind.

Falls in einer zukünftigen Periode $\tau^\star > \tau$ neu gerüstet wird, ist für diesen Zyklus (ab Periode $\tau^\star$) die Servicegradrestriktion ebenfalls einzuhalten. Wegen des Kostenminimierungsziels kann es dann nicht sinnvoll sein, daß im Zyklus τ weniger Fehlmengen verursacht werden (bzw. mehr produziert wird) als unbedingt nötig. Damit wird β_c korrekt definiert.

D.3.2 Fixierte Produktionstermine, variable Produktionsmengen

Wir betrachten wieder das stochastische dynamische Losgrößenmodell SSIULSP$_\pi$ aus Abschnitt D.3. Allerdings nehmen wir nun an, daß die *„Static-Dynamic Uncertainty*

Strategy" verfolgt wird. In diesem Fall werden zu Beginn des Planungszeitraums *Produktionsperioden* τ_j (und damit auch die entsprechenden Produktionszyklen) sowie *Bestellniveaus* S_{τ_j} ($j = 1, 2, \ldots, m$) ex ante festgelegt. In der Produktionsperiode τ_j ermittelt man die *aktuelle Losgröße* q_{τ_j} erst nachdem die Nachfragen bis zur Periode $\tau_j - 1$ eingetroffen sind.

D.3.2.1 Fehlbestandskosten

Wenn Fehlbestandskosten in der Zielfunktion berücksichtigt werden, dann wird das Optimierungsproblem durch das Modell SSIULSP$_\pi$ von S. 284 abgebildet. Die q_j-Werte sind nun allerdings die *aktuellen Produktionsmengen*, die sich aus dem Vergleich mit den Bestellniveaus ergeben.[33] Wenn eine Produktion in der Periode τ_j geplant ist, dann errechnet man die Losgröße q_{τ_j} als Differenz zwischen dem ex ante festgelegten Bestellniveau S_{τ_j} und dem Netto-Lagerbestand zu Beginn dieser Periode. Wie oben erwähnt, sind in diesem Fall die *aktuellen Losgrößen Zufallsvariablen*, die von der seit der letzten Produktion beobachteten Nachfragemenge abhängen.

Unter normalen Bedingungen wird das ex ante festgelegte Bestellniveau S_{τ_j} größer sein als der Netto-Lagerbestand am Ende der Periode $\tau_j - 1$, $I^n_{\tau_j - 1}$, sodaß die aktuelle Losgröße positiv ist. Jeder Produktionszyklus beginnt dann mit dem Lagerbestand S_{τ_j} und die Zyklen können unabhängig voneinander analysiert werden. Es kann aber nicht ausgeschlossen werden, daß in manchen Perioden so wenig Nachfrage auftritt, daß der Netto-Lagerbestand am Ende der Periode $\tau_j - 1$, $I^n_{\tau_j - 1}$, größer als das Bestellniveau S_{τ_j} ist. In diesem Fall würde die aktuelle Losgröße negativ, was einer Vernichtung des überschüssigen Lagerbestands oder einer Rücksendung an den Lieferanten entsprechen würde. Dies ist normalerweise unakzeptabel. Daher wird man in der Praxis für den Fall $S_{\tau_j} < I^n_{\tau_j - 1}$ den Bestand nicht verändern und den nächsten Produktionszyklus mit dem Bestand $I^n_{\tau_j - 1}$ anstelle S_{τ_j} beginnen. Theoretisch gibt es also Beziehungen zwischen den Bestandsentwicklungen in verschiedenen Produktionszyklen und die Zyklen können nicht unabhängig voneinander analysiert werden.

Die beschriebene Situation tritt allerdings nur selten auf und kann daher vernachlässigt werden. In diesem Fall können die verschiedenen Produktionszyklen als unabhängig voneinander betrachtet werden, wobei der Lagerbestand (nach der Produktion) zu Beginn des Zyklus j exakt S_{τ_j} beträgt. Daraus folgt, daß man das Problem der Bestimmung der optimalen Bestellniveaus als ein Kürzeste-Wege-Problem interpretieren kann. Wir führen wieder $T + 1$ Knoten ein, wie in Bild D.7 dargestellt. Ein Pfeil zwischen den Knoten i und j ($i < j, j \leq T + 1$) bezeichnet wieder eine Produktion in Periode i, die

---
[33] vgl. *Tarim und Kingsman* (2006)

D.3.1 Fixierte Produktionstermine, fixierte Produktionsmengen – Servicegrade

zur Deckung des Bedarfs der Perioden i bis $j-1$ vorgesehen ist. Die nächste Produktion findet dann in Periode j statt.

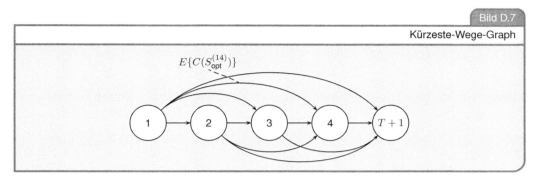

Bild D.7 Kürzeste-Wege-Graph

Für jeden Pfeil von i nach j ($i < j$) werden das optimale Bestellniveau S_{ij}^{opt} und die zugehörigen minimalen Kosten wie folgt berechnet. Die erwarteten Kosten im Zeitraum $(i, i+1, \ldots, j-1)$ sind:[34]

$$E\{C(S_{ij})\} = s + \sum_{t=i}^{j-1} \left[h \cdot \int_0^{S_{ij}} (S_{ij} - y) \cdot f_{Y^{(i,t)}} \cdot dy + \pi \cdot \int_{S_{ij}}^{\infty} (y - S_{ij}) \cdot f_{Y^{(i,t)}} \cdot dy \right]$$
(D.104)

Dabei ist $Y^{(i,t)} = \sum_{k=i}^{t} D_k$. Diese Funktion hat dieselbe Struktur wie die Zielfunktion des Newsvendor-Problems. Daher kann der optimale Wert des Bestellniveaus S_{ij} mit Hilfe der folgenden Bedingung abgeleitet werden:

$$\sum_{t=i}^{j-1} (h + \pi) \cdot F_{Y^{(i,t)}}(S_{ij}^{\text{opt}}) = \sum_{t=i}^{j-1} \pi$$
(D.105)

oder

$$\sum_{t=i}^{j-1} F_{Y^{(i,t)}}(S_{ij}^{\text{opt}}) = (j - i) \cdot \frac{\pi}{h + \pi}$$
(D.106)

Dabei ist $F_Y(S) = P\{Y \leq S\}$, d.h. $F_Y(S)$ ist die kumulierte Verteilungsfunktion von Y. Bezeichnet man mit S_{ij}^{opt} den optimalen Wert des Bestellniveaus, dann betragen die

---

[34] vgl. *Askin* (1981)

dem Pfeil von i nach j zuzuordnenden Kosten:

$$E\{C(S_{ij}^{\text{opt}})\} = s + \sum_{t=i}^{j-1}\left[h\cdot\underbrace{\{S_{ij}^{\text{opt}} - E\{Y^{(i,t)}\} + G_{Y^{(i,t)}}^{1}(S_{ij}^{\text{opt}})\}}_{\text{Lagerbestand am Ende der Periode }j-1} + \pi\cdot G_{Y^{(i,t)}}^{1}(S_{ij}^{\text{opt}})\right]$$
(D.107)

Dabei ist $G_Y^1(S)$ die sog. „Verlustfunktion erster Ordnung" der Zufallsvariablen Y in Bezug auf die Menge S.[35] Die optimale Folge von Produktionsperioden kann wieder mit einem Standard-Algorithmus zur Lösung des Kürzeste-Wege-Modells erfolgen.

Die Vorgehensweise wird wieder anhand eines Beispiels mit $T = 6$ und normalverteilten Nachfragemengen veranschaulicht. Die Nachfrageparameter sind in Tabelle D.18 zusammengefaßt. Außerdem gilt: $s = 1000$, $h = 1$ und $\pi = 18$.

Tabelle D.18
Beispieldaten

t	1	2	3	4	5	6
$E\{D_t\}$	200	50	100	300	150	300
σ_{D_t}	60	15	30	90	45	90

Tabelle D.19
Werte der rechten Seite von (D.106)

$i\backslash j$	2	3	4	5	6	7
1	0.9474	1.8947	2.8421	3.7895	4.7368	5.6842
2	–	0.9474	1.8947	2.8421	3.7895	4.7368
3	–	–	0.9474	1.8947	2.8421	3.7895
4	–	–	–	0.9474	1.8947	2.8421
5	–	–	–	–	0.9474	1.8947
6	–	–	–	–	–	0.9474

Tabelle D.19 enthält die Werte der rechten Seite von (D.106) für alle Kombinationen von i und j.

Mit einem numerischen Suchverfahren wird nun für jeden Pfeil (i,j) des Kürzeste-Wege-Graphen das optimale Bestellniveau S_{ij}^{opt} berechnet. Siehe Tabelle D.20.

---

35 siehe Gleichung (D.25) auf S. 286

Tabelle D.20
Optimale Bestellniveaus S_{ij}^{opt}

$i\backslash j$	2	3	4	5	6	7
1	297.31	332.41	<u>420.02</u>	741.37	884.73	1173.36
2	–	74.40	192.10	546.41	687.98	988.41
3	–	–	148.70	518.92	656.89	961.51
4	–	–	–	445.92	576.71	<u>885.63</u>
5	–	–	–	–	223.00	576.21
6	–	–	–	–	–	445.92

Tabelle D.21 zeigt die zugehörigen Kosten gemäß Gleichung (D.107). Die optimale Lösung lautet $S_{14}^{\text{opt}} = 420.02$ und $S_{47}^{\text{opt}} = 885.83$ mit Kosten in Höhe von $E\{C\} = 1465.63 + 2168.04 = 3633.67$. Simulationsergebnisse nach 100000 Replikationen: Kosten $= 3639.52$, $\alpha_c = 0.8479$, $\alpha_p = 0.9490$, $\beta = 0.9854$.

Tabelle D.21
Kosten der Pfeile (i, j)

$i\backslash j$	2	3	4	5	6	7
1	1098.64	1217.74	<u>1465.63</u>	2528.92	3192.00	4720.91
2	–	1024.73	1185.88	1997.19	2514.22	3814.17
3	–	–	1049.36	1542.60	1929.21	2962.49
4	–	–	–	1147.91	1408.43	<u>2168.04</u>
5	–	–	–	–	1074.00	1557.46
6	–	–	–	–	–	1147.91

Für das betrachtete Beispiel sind die minimalen Kosten wesentlich niedriger als die minimalen Kosten, die sich bei Verfolgung der „*Static Uncertainty Strategy*" (Kosten = 4010.50) aus Abschnitt D.3.1.1.1 ergeben. Wie bereits erwähnt, wird dieser Kostenvorteil aber damit erkauft, daß die Produktionsmengen und die resultierenden Kapazitätsbelastungen nicht vorhersehbar sind.

Das Kürzeste-Wege-Modell ist nur dann eine exakte Abbildung des betrachteten Losgrößenproblems, wenn negative Produktionsmengen ausgeschlossen sind. Für den Fall, daß diese Bedingung nicht erfüllt ist, schlagen *Tarim und Kingsman*[36] eine nichtlineare gemischt-ganzzahlige Modellformulierung vor, in der eine Nebenbedingung negative Produktionsmengen verhindert. Für die Lösung dieses Modells unterstellen sie normalverteilte Periodennachfragemengen, approximieren die Verlustfunktion erster Ordnung

---
36 vgl. *Tarim und Kingsman* (2006)

mit einer geschlossenen Formel und verwenden dann stückweise lineare Approximationen für die Funktionen des Fehlbestands und des physischen Lagerbestands.

D.3.2.2 β_c-Servicegrad

Wie erwähnt, sind Fehlbestandskosten schwer quantifizierbar. Zur Vermeidung dieses Problem kann man wie bei der „*Static Uncertainty Strategy*" auf verschiedene Servicegrad-Definitionen zurückgreifen. Neben dem α_c-Servicegrad[37] und dem α_p-Servicegrad bietet sich der zyklusbezogene β_c-Servicegrad an.[38] Diesen wollen wir genauer betrachten. Dabei greifen wir wieder zurück auf die in Bild D.7 dargestellte Kürzeste-Wege-Repräsentation des stochastischen Losgrößenproblems (einschl. der Annahme, daß die Zyklen voneinander unabhängig sind). Bei Anwendung eines β_c-Servicegrades darf die erwartete Fehlmenge im Zeitraum von Periode i bis Periode $j-1$ nicht größer als $(1-\beta_c) \cdot E\{Y^{(i,j-1)}\}$ sein. Zur Bestimmung der Höhe des Bestellniveaus S_{ij}^{opt}, mit der diese Bedingung eingehalten wird, greifen wir auf die Inverse der Verlustfunktion erster Ordnung $[G^1_{Y^{(i,j-1)}}]^{-1}(\beta_c)$ zurück. Diese definiert die Menge, die benötigt wird, damit die zu β_c gehörende Fehlmenge nicht überschritten wird. Für den Fall normalverteilter Periodennachfragemengen kann $[G^1]^{-1}(\beta_c)$ leicht numerisch ausgewertet werden, da geschlossene Approximationsformeln für diese Funktion verfügbar sind.[39]

Für das Beispiel aus Tabelle D.6 erhalten wir für einen angestrebten Servicegrad von $\beta_c = 0.95$ die in Tabelle D.22 angegebenen optimalen Bestellniveaus S_{ij}^{opt} ($i = 1, 2, \ldots, T; j = 2, 3, \ldots, T+1$). Wenn z. B. in Periode 1 nur für diese Periode produziert wird, dann erhält man $S_{12}^{\text{opt}} = [G^1_{Y^{(1,1)}}]^{-1}(0.95) = 236.44$. Für einen gegebenen Wert des Bestellniveaus S_{ij}^{opt} werden die erwarteten Lagerkosten wie folgt berechnet. Ein neuer Produktionszyklus startet in Periode i annahmegemäß mit einem physischen Lagerbestand in Höhe von S_{ij}^{opt}. Wir betrachten nun die Entwicklung des Lagerbestands von Periode i bis Periode $(j-1)$. Für eine beliebige Periode t im Zeitraum $[i, i+1, \ldots, j-1]$ ist der physische Lagerbestand:[40]

$$E\{I_t^p\} = S_{ij}^{\text{opt}} - E\{Y^{(i,t)}\} + G^1_{Y^{(i,t)}}(S_{ij}^{\text{opt}}) \qquad \text{(D.108)}$$

---

37 *Bookbinder und Tan* (1988); *Tarim und Kingsman* (2004)
38 vgl. *Tempelmeier* (2007)
39 vgl. *Tempelmeier* (2011b)
40 siehe Gleichung (D.25) auf S. 286

D.3.1 Fixierte Produktionstermine, fixierte Produktionsmengen – Servicegrade

Tabelle D.22
Bestellniveaus S_{ij}^{opt}

$i \setminus j$	2	3	4	5	6	7	8	9	10	11
1	236.44	280.07	<u>372.85</u>	678.15	818.35	1008.62	1101.02	1146.69	1336.94	1477.92
2	–	59.11	164.09	487.36	627.46	818.35	910.50	955.98	1146.69	1287.71
3	–	–	118.22	443.52	582.85	773.29	865.17	910.50	1101.02	1241.86
4	–	–	–	354.66	492.27	681.94	773.29	818.35	1008.62	<u>1149.20</u>
5	–	–	–	–	177.33	379.38	471.79	516.95	711.73	853.83
6	–	–	–	–	–	236.44	328.18	372.85	569.46	711.73
7	–	–	–	–	–	–	118.22	164.09	372.85	516.95
8	–	–	–	–	–	–	–	59.11	280.07	424.02
9	–	–	–	–	–	–	–	–	236.44	379.38
10	–	–	–	–	–	–	–	–	–	177.33

Durch Summation über alle Perioden im betrachteten Produktionszyklus erhalten wir den erwarteten Lagerbestand:

$$E\{I^p\left(S_{ij}^{\text{opt}}\right)\} = \sum_{t=i}^{j-1}\left(S_{ij}^{\text{opt}} - E\{Y^{(i,t)}\} + G_{Y^{(i,t)}}^1(S_{ij}^{\text{opt}})\right) \qquad \text{(D.109)}$$

Addiert man schließlich die Rüstkosten s hinzu, dann erhält man die gesamten Kosten des Pfeils vom Knoten i zum Knoten j.

Für das Beispiel sind die mit den optimalen Bestellniveaus korrespondierenden physischen Lagerbestände in Tabelle D.23 wiedergegeben.

Damit liegen alle Zwischenergebnisse vor, die für die Ermittlung der den Pfeilen zugeordneten Kosten benötigt werden. Die mit einem Kürzeste-Wege-Algorithmus berechnete optimale Lösung lautet: $S_{14} = 372.85$ und $S_{4,11} = 1149.20$ mit Kosten in Höhe von 8347.96 ($= 2836.64 + 5511.32$). Simulationsergebnisse: Kosten $= 8358.97$, $\alpha_c = 0.5709$, $\alpha_p = 0.8980$, $\beta = 0.9508$.

Tabelle D.23
Physische Lagerbestände ($\beta_c = 0.95$)

$i \setminus j$	2	3	4	5	6	7	8	9	10	11
1	46.44	125.17	<u>336.64</u>	1295.08	1885.15	2853.89	3430.40	3776.04	5258.69	6521.81
2	–	11.61	135.68	834.59	1291.04	2082.50	2570.16	2872.13	4185.52	5316.53
3	–	–	23.22	407.05	727.03	1331.28	1729.40	1988.42	3116.10	4108.70
4	–	–	–	69.66	257.56	678.67	989.49	1207.27	2154.60	<u>3011.32</u>
5	–	–	–	–	34.83	276.25	489.51	652.37	1443.77	2168.38
6	–	–	–	–	–	46.44	171.71	290.82	905.35	1495.02
7	–	–	–	–	–	–	23.22	85.85	536.06	992.98
8	–	–	–	–	–	–	–	11.61	272.63	592.09
9	–	–	–	–	–	–	–	–	46.44	226.28
10	–	–	–	–	–	–	–	–	–	34.83

D.4 Dynamische Einprodukt-Losgrößenplanung mit stochastischer Ausbeute

D.4.1 Einführung

Während die in den vorangegangenen Abschnitten beschriebenen Losgrößenmodelle nur die Periodennachfragemenge eines Produkts als Zufallsvariable erfassen, können in der Praxis auch andere Einflußgrößen des Produktionsgeschehens zufälligen Schwankungen unterworfen sein. So kann es z. B. zu **stochastischer Ausbeute** infolge von *Produktionsfehlern* bzw. *Ausschuß* kommen. In diesem Fall ist die tatsächliche Produktionsmenge kleiner als die geplante Losgröße. In der englischsprachigen Literatur wird dieses Phänomen als „random yield" (stochastische Ausbeute) bezeichnet. Ein anderer Fall liegt vor, wenn die verfügbare Produktionskapazität aufgrund von Werkzeugbruch oder **Maschinenausfällen** stochastisch ist. Falls die Losgröße bei einem Maschinenausfall in einer Periode nicht angepaßt wird, muß ein geplantes Los u. U. in der nächsten Periode zu Ende produziert werden. Schließlich können die **Bearbeitungszeiten** der einzelnen Werkstücke eines Loses zufällig schwanken. Auch in diesem Fall kann ein geplantes Los u. U. nicht rechtzeitig fertiggestellt werden.

Im Folgenden wird der Fall **stochastischer Ausbeute** betrachtet. In der Praxis versucht man, den erwarteten Produktionsverlust durch einen Zuschlag auf die Nachfragemengen zu berücksichtigen. Betrachten wir zum Beispiel die in Tabelle D.24 angegebenen Nachfragemengen, die wegen erwarteter Produktionsfehler um einen Zuschlag von 25% erhöht worden sind.

D.4.1 Einführung

Tabelle D.24 Nachfrage

Periode	1	2	3	4	5	6	7	8	9	10
Nachfrage	10	100	40	60	20	60	100	40	80	80
Nachfrage incl. Zuschlag	12.5	125	50	75	25	75	125	50	100	100

Löst man das Einprodukt-Losgrößenproblem mit diesen erhöhten Nachfragemengen und Rüstkosten $s = 250$ sowie Lagerkosten $h = 1$ optimal, dann erhält man den in Tabelle D.25 angegebenen Produktionsplan.

Tabelle D.25 Produktionsplan nach der Zuschlagsmethode

Periode	1	2	3	4	5	6	7	8	9	10
Losgröße	187.5	–	–	175	–	–	175	–	200	–

Ist die Produktionsausbeute in der Realität nun stochastisch, z. B. binomialverteilt (s. u.), dann kann die Nachfrage trotz der erhöhten Losgrößen nicht vollständig gedeckt werden. Es treten Fehlmengen in Höhe von 2.2% der Nachfrage auf ($\beta_c = 97.8\%$). Unterstellt man diesen Servicegrad und berechnet man die optimale Lösung mit dem weiter unten dargestellten Lösungsansatz, dann erhält man den in der ersten Zeile der Tabelle D.26 angegebenen Produktionsplan mit drei anstatt vier Losen, der geringfügig (0.6%) kostengünstiger ist.

Tabelle D.26 Optimale Produktionspläne für unterschiedliche β_c

β_c	Periode 1	2	3	4	5	6	7	8	9	10
0.978	282.65	–	–	–	–	253.18	–	–	203.86	–
0.99	288.59	–	–	–	–	254.12	–	–	204.17	–
0.95	273.27	–	–	–	–	252.67	–	–	203.99	–
0.70	253.75	–	–	–	–	–	371.24	–	–	–

Die weiteren Zeilen der Tabelle D.26 zeigen, daß die optimalen Produktionsmengen *und die Produktionsperioden* von der Höhe des angestrebten Servicegrades abhängen. Dieser Einfluß kann durch die in der Praxis verwendete Zuschlagsmethode nicht erfaßt werden, da letztere den stochastischen Charakter der Produktionsausbeute nicht korrekt berücksichtigt.

Man unterscheidet folgende Ausprägungen stochastischer Ausbeute:

1. **Prozentuale Ausbeute**: Aufgrund nicht perfekt kontrollierbarer Produktionsbedingungen ist nur ein zufälliger Prozentsatz $0 \leq Z \leq 1$ (mit dem Erwartungswert μ_Z und der Standardabweichung σ_Z) der geplanten Produktionsmenge brauchbar. Dieser Prozentsatz ist unabhängig von der Losgröße. Die erwartete Ausbeute ist eine lineare Funktion der Losgröße q: $E\{Q\} = \mu_Z \cdot q$

2. **Binomialverteilte Ausbeute**: In diesem Fall kann die Produktion der einzelnen Werkstücke eines Loses als ein Bernoulli-Prozeß interpretiert werden, wobei die einzelnen Produkteinheiten unabhängig voneinander sind und dieselbe Erfolgswahrscheinlichkeit p haben. D. h. auf ein gutes Werkstück kann ein schlechtes folgen und umgekehrt. Dieser Fall tritt z. B. auf, wenn Materialfehler die Qualität der Produkte beeinflussen. Die Wahrscheinlichkeit dafür, daß man bei einer Losgröße q eine Ausbeute von x guten Produkteinheiten erhält, folgt dann einer Binomialverteilung:

$$P\{Q = x\} = \binom{q}{x} \cdot p^x \cdot (1-p)^{n-x} \qquad x = 0, 1, 2, \ldots, q \qquad (D.110)$$

Der Erwartungswert der Ausbeute Q ist dann eine lineare Funktion der geplanten Produktionsmenge (Losgröße) q: $E\{Q\} = q \cdot p$. Auch die Varianz der Ausbeute ist linear von q abhängig: $V\{Q\} = q \cdot p \cdot (1-p)$. Die Binomialverteilung kann bei hinreichend großem q durch eine Normalverteilung approximiert werden.

3. **Geometrisch verteilte Ausbeute**: Hier sind nach dem erstmaligen Auftreten eines Produktionsfehlers alle *nachfolgend produzierten Werkstücke* ebenfalls fehlerhaft. Dies ist z. B. der Fall, wenn eine Störung des Produktionsprozesses nicht rechtzeitig bemerkt wird oder wenn die Produktionsqualität erst nach Abschluß der Produktion eines Loses überprüft wird:

$$P\{Q = x\} = \begin{cases} p^x \cdot (1-p), & 0 \leq x \leq q-1; \\ p^q, & x = q. \end{cases} \qquad (D.111)$$

In diesem Fall ist die erwartete Ausbeute eine nicht-lineare Funktion der Losgröße.[41]

Probleme mit stochastischer Produktion wurden bisher vorwiegend in stationären Lagerhaltungs- bzw. Losgrößenmodellen behandelt.[42] Diese erfassen jedoch die dynamische

---
41 vgl. *Helber et al.* (2017)
42 Einen Überblick geben *Yano und Lee* (1995) sowie *Kirste* (2017)

Struktur der Nachfrage und deren Auswirkungen auf die Losgrößen nur unzureichend. Im Folgenden wird daher ein Losgrößenmodell für den Fall dynamischer stochastischer Nachfrage und stochastischer binomialverteilter Ausbeute dargestellt.

D.4.2 Fixierte Produktionstermine und -mengen und binomialverteilte Ausbeute

Im Folgenden wird das Modell $\text{SSIULSP}^{q}_{\beta_c}$ für den Fall erweitert, daß die Ausbeute **binomialverteilt** ist.[43] Dabei wird angenommen, daß die Periodennachfragemengen mit den Mittelwerten μ_{D_t} und den Standardabweichungen σ_{D_t} *normalverteilt* sind.[44] Für die numerischen Berechnungen nutzen wir die Tatsache, daß die Binomialverteilung für hinreichend große Werte der Produktionsmengen durch eine Normalverteilung approximiert werden kann. Wir nennen das neue Modell $\text{SSIULSP}^{q,Y}_{\beta_c}$ und beschreiben im Folgenden nur die Änderungen gegenüber dem Ausgangsmodell.[45] Wir bezeichnen mit $Q_t(q_t, p)$ die **Ausbeute** des Loses mit der geplanten Losgröße q_t, die jetzt eine Zufallsvariable ist. p ist die Wahrscheinlichkeit dafür, daß ein produziertes Werkstück fehlerfrei ist. Zunächst wird die Definition (D.71) des *Netto-Lagerbestands* (am Periodenende) wie folgt ersetzt:

$$I^n_{t-1} + \underbrace{Q_t(q_t, p)}_{\text{zufällige Ausbeute}} - D_t = I^n_t \qquad t = 1, 2, \ldots, T \qquad \text{(D.112)}$$

und

$$I^n_0 = \text{Anfangsbestand} \qquad \text{(D.113)}$$

Außerdem wird die Definition des *Fehlbestands unmittelbar nach der Produktion* (D.73) (vor der Nachfrage) angepaßt:

$$I^{f,\text{Prod}}_t = -\left[I^n_{t-1} + Q_t(q_t, p)\right]^{-} \qquad t = 1, 2, \ldots, T \qquad \text{(D.114)}$$

Zur Erinnerung: Ein Fehlbestand tritt auf, wenn der Nettobestand nach Beendigung der Produktion (der Term in der eckigen Klammer) negativ ist. Da wir den Fehlbestand als positive Größe definieren, multiplizieren wir den negativen Nettobestand mit -1. Alle anderen Komponenten des Modells $\text{SSIULSP}^{q,Y}_{\beta_c}$ werden unverändert übernommen.

---

43 vgl. *Kirste* (2017)
44 Die folgenden Ausführungen gelten auch für deterministische Nachfragemengen.
45 vgl. S. 300

Nimmt man einen deterministisch bekannten *Netto-Anfangsbestand* i_0^n zum Planungszeitpunkt an, dann ist der *Netto-Lagerbestand unmittelbar nach der Produktion* in der Periode t

$$I_t^{n,\text{Prod}} = i_0^n + Q_t(q_t, p) \qquad\qquad t = 1$$
$$I_t^{n,\text{Prod}} = I_{t-1}^{n,\text{Prod}} + Q_t(q_t, p) - D_{t-1} \qquad\qquad t = 2, \ldots, T$$
(D.115)

Der *Netto-Lagerbestand am Periodenende* beträgt

$$I_t^{n,\text{End}} = i_0^n \qquad\qquad t = 0$$
$$I_t^{n,\text{End}} = I_{t-1}^{n,\text{End}} + Q_t(q_t, p) - D_t \qquad\qquad t = 1, 2, \ldots, T$$
(D.116)

Die Wahrscheinlichkeitsverteilungen von $I_t^{n,\text{Prod}}$ bzw. $I_t^{n,\text{End}}$ können durch Faltung der Verteilungen der beteiligten Zufallsvariablen bestimmt werden. Da diese annahmegemäß normalverteilt sind, sind auch die Lagerbestände $I_t^{n,\text{Prod}}$ und $I_t^{n,\text{End}}$ normalverteilt. Die in Periode t neu aufgetretene **Fehlmenge** B_t, die für die Berechnung des β_c-Servicegrades benötigt wird, erhält man, wenn man den Fehlbestand unmittelbar nach der Produktion vom Fehlbestand am Ende der Periode t subtrahiert:

$$E\{B_t\} = E\left\{I_t^{f,\text{End}}\right\} - E\left\{I_t^{f,\text{Prod}}\right\} \qquad t = 1, 2, \ldots, T \quad \text{(D.117)}$$

Dabei gilt

$$I_t^{f,\text{End}} = -\left[I_t^{n,\text{End}}\right]^- = -\min[0, I_t^{n,\text{End}}] \tag{D.118}$$

und

$$I_t^{f,\text{Prod}} = -\left[I_t^{n,\text{Prod}}\right]^- = -\min[0, I_t^{n,\text{Prod}}] \tag{D.119}$$

Der erwartete physische **Lagerbestand** unmittelbar nach der Produktion ist gleich dem erwarteten positiven Netto-Lagerbestand:

$$E\left\{I_t^{p,\text{Prod}}\right\} = E\{\max[0, I_t^{n,\text{Prod}}]\} \qquad t = 1, 2, \ldots, T \quad \text{(D.120)}$$

Entsprechendes gilt für den erwarteten physische **Lagerbestand** am Periodenende:

$$E\left\{I_t^{p,\text{End}}\right\} = E\{\max[0, I_t^{n,\text{End}}]\} \qquad t = 1, 2, \ldots, T \quad \text{(D.121)}$$

Da im vorliegenden Fall die Normalverteilung gilt, können wir auf die sog. Verlustfunktion erster Ordnung („first-order loss function") der Normalverteilung $\Phi^1(v) = \phi(v) - v \cdot (1 - \Phi(v))$ zurückgreifen.[46]

$$E\left\{I_t^{p,\text{End}}\right\} = \Phi^1\left(\frac{0 - \mu_{I_t^{n,\text{End}}}}{\sigma_{I_t^{n,\text{End}}}}\right) \cdot \sigma_{I_t^{n,\text{End}}} \qquad t = 1, 2, \ldots, T \quad \text{(D.122)}$$

sowie

$$E\left\{I_t^{p,\text{Prod}}\right\} = \Phi^1\left(\frac{0 - \mu_{I_t^{n,\text{Prod}}}}{\sigma_{I_t^{n,\text{Prod}}}}\right) \cdot \sigma_{I_t^{n,\text{Prod}}} \qquad t = 1, 2, \ldots, T \quad \text{(D.123)}$$

mit

$$\begin{aligned}
\mu_{I_t^{n,\text{End}}} &= \mu_{I_{t-1}^{n,\text{End}}} + \mu_{Q_t} - \mu_{D_t} & t &= 1, 2, \ldots, T \\
\sigma^2_{I_t^{n,\text{End}}} &= \sigma^2_{I_{t-1}^{n,\text{End}}} + \sigma^2_{Q_t} + \sigma^2_{D_t} & t &= 1, 2, \ldots, T \\
\mu_{I_t^{n,\text{Prod}}} &= \mu_{I_{t-1}^{n,\text{Prod}}} + \mu_{Q_t} - \mu_{D_{t-1}} & t &= 1, 2, \ldots, T \\
\sigma^2_{I_t^{n,\text{Prod}}} &= \sigma^2_{I_{t-1}^{n,\text{Prod}}} + \sigma^2_{Q_t} + \sigma^2_{D_{t-1}} & t &= 1, 2, \ldots, T
\end{aligned} \quad \text{(D.124)}$$

Berücksichtigt man einen zum Planungszeitpunkt gegebenen (positiven) *Anfangsbestand* bzw. (negativen) *Fehlbestand* i_0^n, dann verändert sich der erwartete Endbestand in allen Perioden um diesen Betrag:

$$E\left\{I_t^{p,\text{End}}\right\} = \Phi^1\left(\frac{0 - \left[i_0^n + \mu_{I_t^{n,\text{End}}}\right]}{\sigma_{I_t^{n,\text{End}}}}\right) \cdot \sigma_{I_t^{n,\text{End}}} \qquad t = 1, 2, \ldots, T \quad \text{(D.125)}$$

Zur Bestimmung des **Fehlbestands** (negativer Nettobestand) kann folgende Beziehung für den Erwartungswert einer reellwertigen Zufallsvariablen X mit der Verteilungsfunktion $F_X(x)$ genutzt werden:

$$E\{X\} = \int_0^\infty [1 - F_X(x)] \cdot dx - \int_{-\infty}^0 F_X(x) \cdot dx \quad \text{(D.126)}$$

---

[46] vgl. *Tempelmeier* (2018).

Wendet man diese Beziehung auf den Nettobestand *am Periodenende* an, dann ergibt sich

$$E\{I_t^{n,\text{End}}\} = E\{I_t^{p,\text{End}}\} - E\{I_t^{f,\text{End}}\} \tag{D.127}$$

und man erhält als erwarteten *Fehlbestand am Periodenende:*

$$E\{I_t^{f,\text{End}}\} = E\{I_t^{p,\text{End}}\} - E\{I_t^{n,\text{End}}\} \tag{D.128}$$

Entsprechend beträgt der erwartete *Fehlbestand unmittelbar nach der Produktion*:

$$E\{I_t^{f,\text{Prod}}\} = E\{I_t^{p,\text{Prod}}\} - E\{I_t^{n,\text{Prod}}\} \tag{D.129}$$

Ein Beispiel veranschaulicht die Berechnungen. Wir betrachten zwei Perioden mit normalverteilten Nachfragemengen und den Parametern $\mu_{D_1} = 80$, $\mu_{D_2} = 40$, $\sigma_{D_1} = 20$ und $\sigma_{D_2} = 10$. Weiterhin sei $p = 0.8$ und $q_1 = 100$ sowie $q_2 = 70$. Der Anfangsbestand sei $i^n = 0$. Zur Bestimmung der erwarteten physischen Lager- bzw. Fehlbestände und der Fehlmengen werden folgende Rechenschritte durchgeführt:

$\underline{t = 1}$

$$\begin{aligned}
E\{Q_1\} &= q_1 \cdot p = 100 \cdot 0.8 & &= 80 \\
\mu_{I_1^{n,\text{Prod}}} &= \mu_{Q_1} = 0 + 80 & &= 80 \\
\sigma^2_{I_1^{n,\text{Prod}}} &= q_1 \cdot p \cdot (1-p) = 100 \cdot 0.8 \cdot (1-0.8) & &= 16 \\
E\{I_1^{n,\text{Prod}}\} &= i_0^n + E\{Q_1\} = 0 + 80 & &= 80 \\
E\{I_1^{p,\text{Prod}}\} &= \Phi^1\left(\frac{0 - \left[i_0^n + \mu_{I_1^{n,\text{Prod}}}\right]}{\sigma_{I_1^{n,\text{Prod}}}}\right) \cdot \sigma_{I_1^{n,\text{Prod}}} = \Phi^1\left(\frac{0 - [0+80]}{\sqrt{16}}\right) \cdot \sqrt{16} & &= 80 \\
\mu_{I_1^{n,\text{End}}} &= \mu_{I_0^{n,\text{End}}} + \mu_{Q_1} - \mu_{D_1} = 0 + 80 - 80 & &= 0 \\
\sigma^2_{I_1^{n,\text{End}}} &= \sigma^2_{Q_1} + \sigma^2_{D_1} = 16 + 400 & &= 416 \\
E\{I_1^{n,\text{End}}\} &= i_0^n + E\{Q_1\} - E\{D_1\} = 0 + 100 \cdot 0.8 - 80 & &= 0 \\
E\{I_1^{p,\text{End}}\} &= \Phi^1\left(\frac{0 - \left[i_0^n + \mu_{I_1^{n,\text{End}}}\right]}{\sigma_{I_1^{n,\text{End}}}}\right) \cdot \sigma_{I_1^{n,\text{End}}} = \Phi^1\left(\frac{0 - [0+0]}{\sqrt{416}}\right) \cdot \sqrt{416} & &= 8.1369 \\
E\{I_1^{f,\text{Prod}}\} &= E\{I_1^{p,\text{Prod}}\} - E\{I_1^{n,\text{Prod}}\} = 80 - 80 & &= 0
\end{aligned}$$

D.4.2 Fixierte Produktionstermine und -mengen und binomialverteilte Ausbeute

$$E\left\{I_1^{f,\text{End}}\right\} = E\left\{I_1^{p,\text{End}}\right\} - E\left\{I_1^{n,\text{End}}\right\} = 8.1369 - 0 \qquad = 8.1369$$

$$E\{B_1\} \quad = 8.1369 - 0 = 8.1369 \rightarrow \beta_c = 1 - \frac{8.1369}{80} \qquad = 0.8983$$

$\underline{t = 2}$

$$E\{Q_2\} \quad = q_2 \cdot p = 70 \cdot 0.8 \qquad = 56$$

$$\mu_{I_2^{n,\text{Prod}}} = \mu_{I_1^{n,\text{Prod}}} + \mu_{Q_2} - \mu_{D_1} = 80 + 56 - 80 \qquad = 56$$

$$\sigma^2_{I_2^{n,\text{Prod}}} = \sigma^2_{I_1^{n,\text{Prod}}} + \sigma^2_{Q_2} + \sigma^2_{D_1} = 16 + 11.2 + 400 \qquad = 427.2$$

$$E\left\{I_2^{n,\text{Prod}}\right\} = E\left\{I_1^{n,\text{Prod}}\right\} + E\{Q_2\} - E\{D_1\} = 80 + 56 - 80 \qquad = 56$$

$$\mu_{I_2^{n,\text{End}}} = \mu_{I_1^{n,\text{End}}} + \mu_{Q_2} - \mu_{D_2} = 0 + 56 - 40 \qquad = 16$$

$$\sigma^2_{I_2^{n,\text{End}}} = \sigma^2_{I_1^{n,\text{End}}} + \sigma^2_{Q_2} + \sigma^2_{D_2} = 416 + 11.2 + 100 \qquad = 527.2$$

$$E\left\{I_2^{n,\text{End}}\right\} = E\left\{I_1^{n,\text{End}}\right\} + E\{Q_2\} - E\{D_2\} = 0 + 70 \cdot 0.8 - 40 \qquad = 16$$

$$E\left\{I_2^{p,\text{Prod}}\right\} = \Phi^1\left(\frac{0 - \left[i_0^n + \mu_{I_2^{n,\text{Prod}}}\right]}{\sigma_{I_2^{n,\text{Prod}}}}\right) \cdot \sigma_{I_2^{n,\text{Prod}}} = \Phi^1\left(\frac{0-[0+56]}{\sqrt{427.2}}\right) \cdot \sqrt{427.2} \quad = 56.0212$$

$$E\left\{I_2^{p,\text{End}}\right\} = \Phi^1\left(\frac{0 - \left[i_0^n + \mu_{I_2^{n,\text{End}}}\right]}{\sigma_{I_2^{n,\text{End}}}}\right) \cdot \sigma_{I_2^{n,\text{End}}} = \Phi^1\left(\frac{0-[0+16]}{\sqrt{527.2}}\right) \cdot \sqrt{527.2} \quad = 19.2982$$

$$E\left\{I_2^{f,\text{Prod}}\right\} = E\left\{I_2^{p,\text{Prod}}\right\} - E\left\{I_2^{n,\text{Prod}}\right\} = 56.0212 - 56 \qquad = 0.0212$$

$$E\left\{I_2^{f,\text{End}}\right\} = E\left\{I_2^{p,\text{End}}\right\} - E\left\{I_2^{n,\text{End}}\right\} = 19.2982 - 16 \qquad = 3.2982$$

$$E\{B_2\} \quad = 3.2982 - 0.0212 = 3.2770 \rightarrow \beta_c = 1 - \frac{3.2770}{40} \qquad = 0.9181$$

Tabelle D.27 faßt die Ergebnisse zusammen und zeigt, welchen Einfluß ein positiver bzw. negativer Anfangsbestand auf die Ergebnisse hat.

Tabelle D.27
Ergebnisse für unterschiedliche Anfangsbestände i_0^n

t	$E\{I_t^{p,\text{Prod}}\}$	$E\{I_t^{p,\text{End}}\}$ bzw. I_0^n	$E\{I_t^{f,\text{Prod}}\}$	$E\{I_t^{f,\text{End}}\}$	$E\{B_t\}$	β_c
0		0				
1	80.0000	8.1369	0.0000	8.136858	8.1369	89.83%
2	56.0212	19.2982	0.0212	3.298229	3.2770	91.81%
0		10				
1	90.0000	14.0957	14.0957	4.0957	4.0957	94.88%
2	66.0039	27.4773	27.4773	1.4773	1.4734	96.32%
0		-10				
1	70.0000	4.0957	0.0000	14.0957	14.0957	82.38%
2	46.0939	12.4710	0.0939	6.4710	6.3771	84.06%

Tempelmeier und Hilger[47] erweitern das obige stückweise lineare Modell für den Fall der Rüstzustandsübertragung.

D.4.3 Lösungsverfahren

Das Modell SSIULSP$_{\beta_c}^{q,Y}$ kann in gleicher Weise wie das Modell SSIULSP$_{\beta_c}^{q}$ aufgrund seiner Analogie zu einem Kürzeste-Wege-Problem exakt gelöst werden. Für die Bewertungen der Kanten in dem Kürzeste-Wege-Graphen berechnet man die Lagerbestände nach Gleichung (D.122) und zur Bestimmung der jeweiligen Losgrößen unter Berücksichtigung des β_c-Servicegrades verwendet man Beziehung (D.117). Die Losgröße $q_{\tau t}^{\text{opt}}$ in Periode τ hängt dabei vom Anfangsbestand zu Beginn der Periode τ ab. Dieser wiederum wird durch den optimalen Weg P_τ zum Knoten τ bestimmt. Die erwarteten Kosten der Kanten vom Knoten τ zum Knoten t betragen:

$$E\{C_{\tau t}\} = s + h \cdot \sum_{\ell=\tau}^{t-1} E\left\{\left[I_{\tau-1}^{p,\text{End}}(P_\tau) + Q_\tau\left[q_{\tau t}^{\text{opt}}, p\right] - \sum_{i=\tau}^{\ell} D_i\right]^+\right\} \quad (D.130)$$

Mit diesen Kantenbewertungen kann dann das Kürzeste-Wege-Problem – wie in Abschnitt D.3.1.2.3.2 beschrieben – gelöst werden.

Anstelle der exakten Lösung kann man auch hier eine **Heuristik** einsetzen. Das im Hinblick auf die stochastische Ausbeute modifizierte **Silver-Meal-Kriterium** lautet:[48]

---
47 vgl. *Tempelmeier und Hilger* (2015); *Hilger* (2015)
48 Zur Groff-Heuristik vgl. *Kirste* (2017)

$$C_{\tau t} = \frac{s + h \cdot \sum_{\ell=\tau}^{t-1} E\left\{\left[I_{\tau-1}^{p,\text{End}}(P_\tau) + Q_\tau\left[q_{\tau t}^{\text{opt}}, p\right] - \sum_{i=\tau}^{\ell} D_i\right]^+\right\}}{t - \tau + 1} \qquad (\text{D.131})$$

Kirste hat in einem numerischen Test beide Lösungsverfahren miteinander verglichen.[49] Es zeigte sich, daß das Silver-Meal-Verfahren auch bei stochastischer Ausbeute sehr gute Lösungen findet.

Da die tatsächlichen Produktionsmengen bei stochastischer Ausbeute von den geplanten Losgrößen abweichen, sind diese größer als im Fall deterministischer Ausbeute. Tabelle D.28 zeigt den Vergleich der geplanten Losgrößen für das Beispiel von Seite 308, wobei in beiden Fällen die exakt optimalen Losgrößen berechnet wurden.

Tabelle D.28
Optimale Losgrößen bei deterministischer und stochastischer Ausbeute

Periode	Losgröße $p = 1.0$	Losgröße $p = 0.8$
1	133.52	168.12
3	519.26	649.20

D.5 Stochastische dynamische Mehrprodukt-Losgrößenplanung mit beschränkten Kapazitäten

Im Folgenden wird die Betrachtung auf den Fall mehrerer Produkte erweitert, die um eine Ressource mit begrenzter Kapazität konkurrieren.[50] In Abhängigkeit von der Modellierung der Zeitachse lassen sich hier zwei Gruppen von Losgrößenansätzen unterscheiden. *Modelle in kontinuierlicher Zeit* sind das stochastische Gegenstück zum sog. *Economic Lot Scheduling Problem* (ELSP). Sie unterstellen stationäre, periodenunabhängige Nachfragemengen bzw. -raten für alle Produkte, wobei alle Losgrößen- und Reihenfolgeentscheidungen simultan getroffen werden. Die meisten *Modelle in diskreter Zeit* bauen auf dem *Capacitated Lot Sizing Problem* (CLSP) aus Abschnitt C.2.1.1.1, einem Makroperioden-Modell, auf.

Weiter oben wurde bereits hervorgehoben, daß die Produktionsmengen bei Verfolgung der „*Static-Dynamic Uncertainty Strategy*" Zufallsvariablen sind. Wenn Kapazitäten

---
49 vgl. *Kirste* (2017)
50 vgl. *Sox et al.* (1999); *Winands et al.* (2011)

berücksichtigt werden müssen, dann benötigt man ein Planungskonzept, nach dem die zukünftigen Kapazitätsbelastungen präzise vorhergesagt werden können. Die Fähigkeit, einen mit Sicherheit und nicht nur möglicherweise zulässigen Produktionsplan zu erzeugen, ist für die Praxis wesentlich bedeutsamer als ein kostengünstiger Produktionsplan, den man aber nicht oder nur vielleicht realisieren kann. Von den oben genannten Planungsstrategien kann nur mit der „*Static-Uncertainty Strategy*" ein mit Sicherheit zulässiger Produktionsplan aufgestellt werden.[51] Daher konzentrieren wir uns im Folgenden auf diese Strategie.

D.5.1 Ein dynamisches Mehrprodukt-Losgrößenmodell mit stochastischer Nachfrage

Die Modellformulierungen, die abschnittsweise linearisierte Funktionen der Lagerkosten und Fehlbestände enthalten, z. B. das Modell SSIULSP$^{q,\text{lin}}_{\beta_t}$ von S. 298, können mit einigen Anpassungen für den Mehrprodukt-Fall erweitert werden. Eine linearisierte Formulierung des „**S**tochastic **M**ulti-**I**tem **C**apacitated **L**ot**S**izing **P**roblem" lautet:[52]

Modell SMICLSP$^{q,\text{lin}}$

$$\text{Minimiere } E\{C\} = \sum_{k=1}^{K}\sum_{t=1}^{T}\left(s_k \cdot \gamma_{kt} + h \cdot [E\{I^p_{kt}\}(u^0_t) + \sum_{\ell=1}^{L}\Delta^\ell_{I^p_{kt}} \cdot z^\ell_{kt}]\right) \quad \text{(D.132)}$$

u. B. d. R.

$$\sum_{k=1}^{K} tb_k \cdot q_{kt} + tr_k \cdot \gamma_{kt} \leq b_t \qquad t=1,2,\ldots,T \quad \text{(D.133)}$$

$$\sum_{\ell=1}^{L} z^\ell_{kt} - \sum_{\ell=1}^{L} z^\ell_{k,t-1} = q_{kt} \qquad k=1,2,\ldots,K; t=1,2,\ldots,T \quad \text{(D.134)}$$

$$q_{kt} \leq u^L_{kt} \cdot \gamma_{kt} \qquad k=1,2,\ldots,K; t=1,2,\ldots,T \quad \text{(D.135)}$$

$$z^\ell_{kt} \leq (u^\ell_{kt} - u^{\ell-1}_{kt}) \cdot \lambda^\ell_{kt} \qquad \begin{array}{l} k=1,2,\ldots,K; t=1,2,\ldots,T \\ \ell = 1,2,\ldots,L \end{array} \quad \text{(D.136)}$$

$$z^\ell_{kt} \geq (u^\ell_{kt} - u^{\ell-1}_{kt}) \cdot \lambda^{\ell+1}_{kt} \qquad \begin{array}{l} k=1,2,\ldots,K; t=1,2,\ldots,T \\ \ell = 1,2,\ldots,L-1 \end{array} \quad \text{(D.137)}$$

(Servicegrad-Restriktionen; siehe unten) \hfill (D.138)

---

51 vgl. Abschnitt D.2
52 vgl. *Helber et al.* (2012); *Tempelmeier et al.* (2018)

D.5.1 Mehrprodukt-Losgrößenmodell mit stochastischer Nachfrage

$q_{kt} \geq 0$ $\qquad k = 1, 2, \ldots, K; t = 1, 2, \ldots, T$ (D.139)

$\gamma_{kt} \in \{0, 1\}$ $\qquad k = 1, 2, \ldots, K; t = 1, 2, \ldots, T$ (D.140)

$\lambda_{kt}^{\ell} \in \{0, 1\}$ $\qquad k = 1, 2, \ldots, K; t = 1, 2, \ldots, T; \ell = 1, 2, \ldots, L$ (D.141)

$z_{kt}^{\ell} \geq 0$ $\qquad k = 1, 2, \ldots, K; t = 1, 2, \ldots, T; \ell = 1, 2, \ldots, L$ (D.142)

Symbole	
B_{kt}	Fehlmenge von Produkt k in Periode t
b_t	Kapazität der Ressource in Periode t (in Zeiteinheiten)
d_{kt}	Nachfragemenge des Produkts k in Periode t
h_k	Lagerkostensatz für Produkt k
I_{kt}^p	Lagerbestand für Produkt k in Periode t
K	Anzahl der Produkte
L	Anzahl Segmente der Bestands- und Fehlmengen-Funktionen
s_k	Rüstkostensatz für Produkt k
T	Länge des Planungszeitraums
tb_k	Stückbearbeitungszeit für Produkt k
tr_k	Rüstzeit für Produkt k
u_{kt}^{ℓ}	Untere Segmentgrenze für Segment ℓ des Produkts k in Periode t
q_{kt}	Losgröße für Produkt k in Periode t
z_{kt}^{ℓ}	Produktionsmenge für Produkt k in Periode t im Segment ℓ
λ_{kt}^{ℓ}	binäre Hilfsvariable für Produkt k in Periode t im Segment ℓ
γ_{kt}	binäre Rüstvariable für Produkt k in Periode t

Die im Einprodukt-Modell SSIULSP$_{\beta_t}^{q,\text{lin}}$ verwendeten Symbole sind nun auf das Produkt k ($k = 1, 2, \ldots, K$) bezogen. Die Periodennachfragemengen D_{kt} sowie der physische Lagerbestand I_{kt}^p und die Fehlmengen B_{kt} sind produktspezifische Zufallsvariablen. tb_k ist die Stückbearbeitungszeit für Produkt k und tr_k ist die Rüstzeit. b_t bezeichnet die Periodenkapazität der Ressource in Periode t. q_{kt} ist die Losgröße des Produkts k in Periode t. z_{kt}^{ℓ} und λ_{kt}^{ℓ} sind die Variablen, mit denen die Funktionen linearisiert werden.

Die Formulierung der *Servicegrad-Restriktion* hängt von dem verwendeten Kriterium ab:[53]

β_t-**Servicegrad**. Wird der Servicegrad auf alle Teil-Zeiträume von Periode 1 bis t ($t = 1, 2, \ldots, T$) im Planungszeitraum T bezogen, dann kann Bedingung (D.138) wie folgt

---

[53] Es sei nochmals darauf hingewiesen, daß die im Folgenden verwendeten Quotienten der Erwartungswerte für den betrachteten endlichen Bezugszeitraum lediglich Approximationen der Servicegrade (Erwartungswerte der Quotienten) sind.

spezifiziert werden:

$$\frac{\sum_{i=1}^{t}\left(E\{B_{ki}\}(u_i^\ell) + \sum_{\ell=1}^{L} \Delta_{B_{ki}}^\ell \cdot z_{ki}^\ell\right)}{\sum_{i=1}^{t} E\{D_{ki}\}} \leq 1 - \beta_t \qquad \begin{matrix} k = 1, 2, \ldots, K \\ t = 1, 2, \ldots, T \end{matrix} \qquad \text{(D.143)}$$

Weniger restriktiv wird diese Bedingung, wenn nur der gesamte Zeitraum von 1 bis T betrachtet wird, d. h. $t = T$. Diesen Servicegrad nennen wir β_T.

β_c-**Servicegrad.** Die folgende Nebenbedingungen erweitern die Restriktionen (D.98) für den Fall mehrerer Produkte:

$$\frac{\sum_{i=\tau}^{t}(E\{B_{ki}\}(u_i^\ell) + \sum_{\ell=1}^{L} \Delta_{B_{ki}}^\ell \cdot z_{ki}^\ell)}{\sum_{i=\tau}^{t} E\{D_{ki}\}} \leq 1 - \beta_c + (1 - \gamma_{k\tau}) \qquad \begin{matrix} k = 1, 2, \ldots, K; \\ \tau = 1, 2, \ldots, T; \\ t = \tau, \tau+1, \ldots, T; \\ \sum_{i=\tau}^{t} E\{D_{ki}\} \geq 0 \end{matrix}$$

(D.144)

$$\sum_{i=1}^{t} \gamma_{ki} \geq 1 \qquad k = 1, 2, \ldots, K; t = 1, 2, \ldots, T | \sum_{i=1}^{t} E\{D_{ki}\} > 0 \quad \text{(D.145)}$$

Die Nebenbedingungen (D.145) stellen sicher, daß bei positiver Nachfrage auch produziert wird. Die sonst üblichen Nachfragerestriktionen sind in diesem Modell nicht vorhanden.

Ist die Kapazität in einer Periode beschränkt, dann muß – wie auch bei deterministischer Nachfrage – ein Teil der Nachfragemenge dieser Periode bereits in einem vorausgehenden Produktionszyklus produziert werden. Durch den Aufbau des Lagerbestands wird dann der angestrebte *Servicegrad in diesem Produktionszyklus überschritten*. Betrachten wir ein Beispiel mit normalverteilten Nachfragemengen und zwei Perioden mit den Parametern $\mu_1 = 50$, $\mu_2 = 60$, $\sigma_1 = 20$ und $\sigma_2 = 20$. Die Kapazität sei in der ersten Periode unbegrenzt und in Periode 2 gleich 50. Es wird in beiden Perioden produziert, wobei $q_2 = 50$. Wenn in Periode 2 ein Servicegrad in Höhe von $\beta_c = 0.9$ erreicht werden soll, dann muß in dem vorausgehenden Produktionszyklus (Periode 1) die Produktionsmenge mindestens $q_1 = 73$ betragen.

Im Ergebnis erhält man dann für den zweiten Produktionszyklus $\beta_c = 0.9008$, während der Servicegrad im ersten Produktionszyklus mit 0.9752 beträchtlich überschritten wird. Würde man die Produktionsmenge $q_1 = 57$ setzen, um in dieser Periode genau den Servicegrad von 0.9 zu erreichen, dann würde sich im zweiten Zyklus wegen der kapazitätsbedingten Beschränkung von $q_2 = 50$ nur ein Servicegrad von 0.7861 ergeben. Bei beschränkten Kapazitäten muß folglich in Kauf genommen werden, daß in einzelnen Produktionszyklen der angestrebte *Servicegrad überschritten* wird.

δ-Servicegrad. *Helber et al.*[54] schlagen eine Modellformulierung vor, bei der die Einhaltung eines δ-Servicegrades angestrebt wird. In diesem Fall wird (D.138) ersetzt durch

$$\sum_{t=1}^{T} \left(E\{I_{kt}^f\}(u_t^\ell) + \sum_{\ell=1}^{L} \Delta_{I_{kt}^f}^\ell \cdot z_{kt}^\ell \right)$$
$$\leq (1-\delta) \cdot \sum_{t=1}^{T} (T-t+1) \cdot E\{D_{kt}\} \qquad k = 1, 2, \ldots, K \qquad \text{(D.146)}$$

Bei Verwendung dieses Servicekriteriums werden die Binärvariablen λ_{kt}^ℓ und die Nebenbedingungen (D.136) und (D.137) nicht benötigt, da die Funktion des Fehlbestands I_{kt}^f konvex ist. Dieser Servicegrad wird auch von *Hilger et al.*[55] in einem stochastischen Losgrößenmodell, in dem zurückgeschickte Produkte wiederaufgearbeitet werden können, verwendet.

D.5.2 Lösungsverfahren

Das linearisierte Modell SMICLSP$^{q,\text{lin}}$ kann prinzipiell mit einem Standard-Solver gelöst werden. Allerdings steigt die Rechenzeit mit zunehmender Anzahl Perioden und Produkten so stark an, daß Probleme mit praxisrelevanten Größenordnungen nicht mehr in vertretbarer Rechenzeit exakt lösbar sind. Daher muß man für praktische Anwendungen auf heuristische Lösungskonzepte zurückgreifen. Bevor wir diese darstellen, wird zunächst ein kleines Referenzbeispiel mit einem Standard-MIP-Solver exakt gelöst.

D.5.2.1 Einsatz eines Standard-MIP-Solvers

Da das Modell SMICLSP$^{q,\text{lin}}$ ein gemischt-ganzzahliges lineares Optimierungsmodell ist, kann man im Prinzip einen beliebigen MIP-Solver (z. B. CPLEX) einsetzen. Die dazu nötigen Schritte werden anhand der in Tabelle D.29 angegebenen Beispieldaten erläutert. Die Kapazität der Ressource sei 240 ZE pro Periode. Die Periodennachfragemengen sind für alle Produkte mit den Variationskoeffizienten $CV_k = 0.3$ normalverteilt und der angestrebte Servicegrad ist $\beta_c = 0.95$.

---

54 vgl. *Helber et al.* (2012)
55 vgl. *Hilger et al.* (2016)

Tabelle D.29
Beispieldaten

$k\backslash t$	1	2	3	4	s_k	h_k	tr_k	tb_k
1	20	10	30	20	50	1	0	1
2	30	10	30	30	50	1	0	1
3	0	30	10	60	50	1	0	1
4	20	20	0	10	50	1	0	1
5	20	10	30	20	50	1	0	1
6	30	10	50	30	50	1	0	1
7	10	20	10	40	50	1	0	1
8	20	0	30	20	50	1	0	1

Zur Vorbereitung der Optimierung werden zunächst für jedes Produkt der erwartete Lagerbestand und die erwartete Fehlmenge als Funktionen der kumulierten Produktionsmenge in den Perioden 1 bis t ($t = 1, 2, 3, 4$) linearisiert. Hierzu werden die Funktionen (D.25) sowie (D.26) auf Seite 286 eingesetzt. Eine möglichst genaue Approximation dieser Funktionen wird erreicht, wenn man die Segmentgrenzen u^ℓ_{kt} so wählt, daß die Segmente in den gekrümmten Funktionsbereichen schmaler sind als in den linearen Bereichen.

Bild D.8
Lineare Approximation der Funktion der erwarteten Fehlmengen

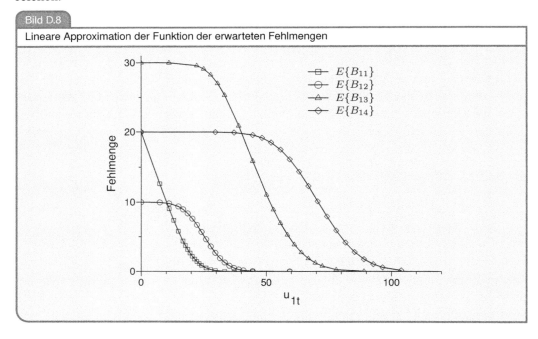

D.5.2 Lösungsverfahren – Einsatz eines Standard-MIP-Solvers

Tabelle D.30
Optimale Losgrößen und Servicegrade

$k \setminus t$	1	2	3	4	Kosten
1	33.68 (0.96)	–	52.99 (0.95)	–	154.41
2	35.49 (0.95)	71.47 (0.95)	–	–	221.32
3	–	44.38 (0.95)	–	69.89 (0.95)	138.13
4	52.50 (0.95)	–	–	–	113.00
5	33.40 (0.96)	–	53.27 (0.95)	–	153.94
6	46.39 (0.96)	–	83.46 (0.95)	–	178.05
7	11.85 (0.95)	31.74 (0.95)	–	46.42 (0.95)	183.04
8	25.98 (0.97)	–	50.28 (0.95)	–	147.92
Kapazitätsbedarf	239.29	147.59	240.00	116.31	1289.81

Bild D.8 zeigt die mit dem von *Kirste*[56] vorgeschlagenen Verfahren ermittelten Segmentgrenzen für das Produkt 1, wobei jeweils 24 Segmente erzeugt wurden. Bei einer kumulierten Produktionsmenge von $u_{1t} = 0$ ist die erwartete Fehlmenge in Periode t genau der Nachfragemenge der Periode t.

Führt man diese Linearisierungen auch für die anderen sieben Produkte durch und setzt man CPLEX zur Lösung des betrachteten Problems mit diesen Stützstellen ein, dann erhält man die in Tabelle D.30 wiedergegebene optimale Lösung mit einem Zielwert von 1289.81.

Die Zahlen in Klammern sind die zyklusbezogenen Servicegrade. Die Kapazität der Ressource ist in Periode 3 erschöpft. Daher kommt es z. B. für Produkt 1 zu einer Vorverlagerung der Produktion. Die optimale Lösung ohne Kapazitätsbeschränkungen für dieses Produkt wäre $q_{11} = 32.82$ und $q_{13} = 53.60$. Dies würde aber zu einer Überschreitung des Kapazität in Periode 3 führen. Daher wird das Los in Periode 1 auf $q_{11} = 33.68$ erhöht und β_c wird für diesen Produktionssyklus überschritten. Durch die kapazitätsbedingte Vorausproduktion erhöht sich bei mehreren Produkten der Servicegrad.

CPLEX benötigt zur Lösung dieses kleinen Beispiels 1 Sek. CPU-Zeit. Für größere Probleme muß allerdings auf heuristische Lösungsverfahren zurückgegriffen werden.

---
56 vgl. *Kirste* (2017)

D.5.2.2 ABC$_\beta$-Heuristik

Tempelmeier und Herpers[57] schlagen einen heuristischen Lösungsansatz vor, der die Grundidee der für das deterministische CLSP entwickelten ABC-Heuristik[58] auf den Fall stochastischer Nachfrage überträgt. Diese Heuristik wurde ausführlich in Abschnitt C.2.2.2.1.2 dargestellt. Die Modifikationen im Hinblick auf die stochastische Nachfrage betreffen vor allem die Kostenkriterien. Für das Silver-Meal-Kriterium wurden die diesbezüglichen Anpassungen im Abschnitt D.3.1.2.3.3 dargestellt.

D.5.2.3 Spaltengenerierungs-Heuristik

In gleicher Weise wie für den Fall deterministischer Nachfrage[59] kann auch das dynamische Mehrprodukt-Losgrößenproblem bei stochastischer Nachfrage durch das Set Partitioning-Modell approximiert werden. Für jedes Produkt k werden wieder P_k ($k = 1, 2, \ldots, K$) alternative Produktionspläne generiert, die den Planungshorizont T vollständig abdecken. Die Produktionspläne eines Produkts unterscheiden sich durch ihre Rüstmuster und die jeweiligen Losgrößen. Letztere werden so festgelegt, daß der angestrebte β_c-Servicegrad erreicht wird.

Da alle Losgrößen ex ante fixiert werden, können sowohl die erwarteten Rüst- und Lagerkosten c_{kn} als auch die periodenspezifischen Kapazitätsbeanspruchungen κ_{knt} des Produktionsplans n für Produkt k bestimmt werden ($k = 1, 2, \ldots, k; n = 1, 2, \ldots, P_k; t = 1, 2, \ldots, T$). Das Problem besteht dann darin, für jedes Produkt *genau einen Produktionsplan* auszuwählen, wobei die Kapazitäten nicht überschritten werden dürfen. Das resultierende Set-Partitioning-Modell lautet:

Modell SMICLSP$_{SPP}$[60]

$$\text{Minimiere } Z = \sum_{k=1}^{K} \sum_{n=1}^{P_k} c_{kn} \cdot \delta_{kn} \tag{D.147}$$

u. B. d. R.

$$\sum_{k=1}^{K} \sum_{n=1}^{P_k} \kappa_{knt} \cdot \delta_{kn} \leq b_t \qquad t = 1, 2, \ldots, T \quad (\pi_t) \tag{D.148}$$

---

57 vgl. *Tempelmeier und Herpers* (2010)
58 vgl. *Maes und Van Wassenhove* (1986)
59 siehe Abschnitt C.2.1.1 auf S. 64
60 SPP = **S**et-**P**artitioning **P**roblem.

$$\sum_{n=1}^{P_k} \delta_{kn} = 1 \qquad k = 1, 2, \ldots, K \quad (\sigma_k) \quad (D.149)$$

$$\delta_{kn} = \{0, 1\} \qquad k = 1, 2, \ldots, K; n = 1, 2, \ldots, P_k \quad (D.150)$$

Die Zielfunktion (D.147) minimiert die Summe der erwarteten Kosten für alle ausgewählten Produktionspläne. δ_{kn} ist eine binäre Auswahlvariable für den Produktionsplan n des Produkts k. Die Nebendingungen (D.148) sichern, daß die Periodenkapazitäten nicht überschritten werden. Dabei bezeichnet κ_{knt} den Kapazitätsbedarf des Produktionsplans n des Produkts k in Periode t. Die Gleichungen (D.149) verlangen, daß für jedes Produkt genau ein Produktionsplan ausgewählt wird. In der Modellformulierung haben wir den Nebenbedingungen (D.148) und (D.149) bereits die Dualvariablen π_t und σ_k zugeordnet. Diese werden für das Lösungsverfahren benötigt.

Das Modell SMICLSP$_{SPP}$ hat dieselbe Struktur wie das Modell CLSP$_{SPP}$ für den deterministischen Fall. Der wesentliche Unterschied ist in den Zielfunktionskoeffizienten c_{kn} verborgen. Der Koeffizient c_{kn}, der die erwarteten Kosten für Produktionsplan n des Produkts k beschreibt, ist das Ergebnis eines eingebetteten Optimierungsproblems. Dieses besteht darin, daß für jede Produktionsperiode in dem betrachteten Plan die minimale Losgröße bestimmt werden muß, die den angestrebten Servicegrad in dem zugehörigen Produktionszyklus garantiert.

Betrachten wir ein Produkt mit den in Tabelle D.31 angegebenen Nachfrageparametern sowie $\beta_c = 0.99$, $s = 50$ und $h = 1$.

Tabelle D.31 Nachfrageparameter

t	1	2	3	4	5	6
$E\{D_t\}$	200	50	100	300	150	200
σ_{D_t}	60	15	30	90	45	60

Für dieses Produkt gibt es $2^6 - 1$ alternative Produktionspläne, wenn man nur die Pläne berücksichtigt, die jeweils eine ganzzahlige Anzahl von Periodenbedarfen abdecken. Tabelle D.32 zeigt die Kosten (c_{kn}) und die Kapazitätsbedarfe pro Periode für sechs mögliche Produktionspläne.[61]

---

61 Rüstzeiten wurden vernachlässigt und alle Stückbearbeitungszeiten sind gleich 1.

D.5 Stochastische dynamische Mehrprodukt-Losgrößenplanung mit beschränkten Kapazitäten

Tabelle D.32 Alternative Produktionpläne für ein Produkt

		n					
		1	2	3	4	5	6
	c_{kn}	3487.18	2214.59	2601.19	2225.15	2688.98	2807.74
t	1	28.40	132.46	641.64	326.39	132.46	28.40
	2	106.65	–	–	–	–	386.39
	3	203.52	290.51	–	–	206.06	–
	4	111.73	–	–	338.52	228.11	–
	5	132.29	253.26	–	–	–	167.85
	6	118.47	–	–	–	–	–

Jede Spalte beschreibt einen Produktionsplan. Plan $n = 1$ ist eine „lot-for-lot" Produktion, während für Plan $n = 2$ in jeder zweiten Periode produziert wird. Die Produktionsmengen orientieren sich an dem Ziel-Servicegrad $\beta_c = 0.99$.

Das Modell SMICLSP$_{SPP}$ kann mit dem Spaltengenerierungsverfahren gelöst werden, das in Abschnitt C.2.2.2.1.3 für das deterministische Gegenstück CLSP$_{SPP}$ eingesetzt wurde. Der grundsätzliche Ablauf des Verfahrens zur Lösung des Modells SMICLSP$_{SPP}$ ist in Bild D.9 zusammengefaßt.

Bild D.9 Spaltengenerierungsverfahren

a) Löse die LP-Relaxation des Hauptproblems.
   Es seien σ_k ($k = 1, 2, \ldots, K$) und π_t ($t = 1, 2, \ldots, T$) die optimalen Schattenpreise.
b) **for** $k = 1, 2, \ldots, K$ (Subproblem k)
   Löse das stochastische unkapazitierte Losgrößenproblem für Produkt k.
   Es sei $\overline{c}_k^{opt}$ der minimale Zielwert.
   if $\overline{c}_k = \overline{c}_k^{opt} - \sigma_k < 0$ **then**
      Erweitere das Hauptproblem um eine Spalte für
      den optimalen Produktionsplan des Produkts k.
   endif
   endfor
   Wenn mindestens eine neue Spalte erzeugt wurde, gehe zu Schritt a);
   sonst gehe zu Schritt c).
c) Fixiere den Produktionsplan für alle Produkte mit ganzzahligen Werten der
   δ-Variablen und aktualisiere die verbleibenden Periodenkapazitäten.
   Löse das Restproblem mit der ABC_β-Heuristik.

Im vorliegenden Fall bildet die LP-Relaxation des Modells SMICLSP$_{SPP}$ das Hauptproblem. Diese wird erzeugt, indem man die Restriktionen (D.150) durch:

D.5.2 Lösungsverfahren – Spaltengenerierungs-Heuristik

$$\delta_{kn} \geq 1 \qquad\qquad k = 1, 2, \ldots, K; n = 1, 2, \ldots, P_k \quad \text{(D.151)}$$

ersetzt. Das korrespondierende Subproblem besteht aus K produktspezifischen unkapazitierten dynamischen stochastischen Einprodukt-Losgrößenproblemen mit einer β_c-Servicegrad-Restriktion. Diese werden mit dem in Abschnitt D.3.1.2.3.2 beschriebenen, exakten Verfahren gelöst.

Zur Lösung des Subproblems für Produkt k wird das Kürzeste-Wege-Modell aus Abschnitt D.3.1.2.3.2 verwendet. Die Kosten eines Pfeils zwischen den Knoten τ und j betragen:

$$c_{\tau j} = E\{C_{\tau j}(P_\tau^{\text{opt}})\} - \pi_\tau \cdot tb_k \cdot q_{\tau j} \qquad\qquad \text{(D.152)}$$

Dabei bezeichnet tb_k die Stückbearbeitungszeit für Produkt k. Die Größe $E\{C_{\tau j}(\cdot)\}$ beschreibt die korrespondierenden Rüst- und Lagerkosten.

Es sei $\bar{c}_k^{\text{opt}}$ der zum optimalen Produktionsplan gehörende Zielwert nach Lösung des Kürzeste-Wege-Problems für Produkt k. Dann betragen die reduzierten Kosten dieses Produktionsplans:

$$\bar{c}_k = \bar{c}_k^{\text{opt}} - \sigma_k \qquad\qquad \text{(D.153)}$$

Wenn $\bar{c}_k < 0$, dann wird für den betrachteten Produktionsplan des Produkts k eine Variable in das Hauptproblem aufgenommen. Nachdem das Subproblem für jedes Produkt k gelöst und das Hauptproblem gegebenenfalls entsprechend erweitert wurde, wird die neue Instanz des Hauptproblems (bzw. deren LP-Relaxation) gelöst. Die optimale Lösung ergibt neue Werte der Dualvariablen π_t und σ_k, welche wiederum bei der Berechnung der Pfeilbewertungen in den Subproblemen berücksichtigt werden. Das Verfahren endet, sobald kein weiterer Produktionsplan mehr generiert wurde.

An diesem Punkt werden alle produktspezifischen Produktionspläne mit ganzzahligen Werten der δ_{kn}-Variablen fixiert und deren Kapazitätsbelastungen von den Periodenkapazitäten abgezogen. Es bleiben i. d. R. einige Produkte übrig, deren δ_{kn}-Variablen noch gebrochene Werte haben. Zur Bestimmung der Produktionspläne dieser Produkte wird die ABC$_\beta$-Heuristik[62] eingesetzt, wobei als verfügbare Kapazitäten die noch verbliebenen Restkapazitäten in den einzelnen Perioden berücksichtigt werden.

Wir betrachten wieder das Beispiel aus Abschnitt D.5.2.1 mit $\beta_c = 0.95$, $s = 50$ und $h = 1$. Man startet mit einem ersten Hauptproblem, in dem für jedes Produkt ein Dummy-Produktionsplan mit prohibitiv hohen Kosten ($c_{kn} = 1000$) definiert wird. Die optimale

---
[62] siehe Abschnitt D.5.2.2.

Lösung der LP-Relaxation dieses Modells (relaxiertes Hauptproblem) ergibt $\pi_t = 0$ ($t = 1, 2, 3, 4$), sowie $\sigma_k = 1000$ ($k = 1, 2, \ldots, 8$). Der optimale Zielwert ist 8000. Aus der Theorie der linearen Optimierung ist bekannt, daß die Aufnahme der Nicht-Basis-Variablen j in die Basis nur dann vorteilhaft ist, wenn ihre reduzierten Kosten $\bar{c}_j = c_j - \sum_{i=1}^{m} a_{ij} \cdot y_i$ negativ sind. Dabei ist c_j der Zielfunktionskoeffizient der Variablen j, y_i ist die Dualvariable der Restriktion i und die a_{ij}-Werte sind die Koeffizienten der Nebenbedingungen. Im vorliegenden Zusammenhang bedeutet das:

$$\bar{c}_{kn} = c_{kn} - 1 \cdot \sigma_k - \sum_{t=1}^{T} \kappa_{knt} \cdot \pi_t \tag{D.154}$$

Anhand dieses Kriteriums wird nun entschieden, ob es vorteilhaft ist, einen neu generierten Produktionsplan des Produkts k (d. h. eine zusätzliche δ_{kn}-Variable) in das relaxierte Hauptproblem aufzunehmen. Der beste Kandidat ist offensichtlich der Produktionsplan mit dem geringsten $\bar{c}_{kn}$-Wert. Dieser Plan kann ermittelt werden, wenn man für Produkt k das stochastische **unkapazitierte Einprodukt-Problem** löst. Dies geschieht mit Hilfe des Kürzeste-Wege-Modells aus Abschnitt D.3.1.2.3.2. Dabei werden die dem Pfeil zwischen den Knoten τ und j zugeordneten Kosten nach Gleichung (D.152) berechnet. Die reduzierten Kosten des optimalen Produktionsplans für Produkt k ergeben sich nach Gleichung (D.153).

Wir lösen nun für jedes Produkt das stochastische unkapazitierte Einprodukt-Problem, wie in Abschnitt D.3.1.2.3.2 beschrieben, und erhalten die in Tabelle D.33 angegebenen neuen Produktionspläne.

Tabelle D.33

Optimale produktspezifische Produktionspläne

$t \backslash k$	1	2	3	4	5	6	7	8
1	32.82	44.35	–	52.44	32.82	44.35	42.10	23.64
2	–	–	44.35	–	–	–	–	–
3	53.60	64.05	–	–	53.60	85.39	–	52.29
4	–	–	69.51	–	–	–	47.79	–
c_k^{opt}	152.54	170.72	137.78	112.81	152.54	174.48	160.29	143.84
$\bar{c}_{kn}$	-847.46	-829.28	-862.22	-887.19	-847.46	-825.52	-839.71	-856.16

Da die reduzierten Kosten $\bar{c}_{kn}$ für alle Produkte negativ sind, wird für jedes Produkt der Produktionsplan aus Tabelle D.33 in das relaxierte Hauptproblem aufgenommen. Tabelle D.34 zeigt das resultierende LP-Tableau in komprimierter Form.

D.5.2 Lösungsverfahren – Spaltengenerierungs-Heuristik

Tabelle D.34 LP-Tableau (Iteration 1)

c_{kn}	δ_{11}	δ_{12}	δ_{21}	δ_{22}	...	δ_{81}	δ_{82}		
	1000	152.54	1000	170.72	...	1000	143.84		
	1	1	0	0	...	0	0	$=$	1
	0	0	1	1	...	0	0	$=$	1
					$\ddots$			$=$	1
	0	0	0	0	...	1	1	$=$	1
	0	32.82	0	44.35	...	0	23.64	$\leq$	240
	0	0	0	0	...	0	0	$\leq$	240
	0	53.60	0	64.05	...	0	52.37	$\leq$	240
	0	0	0	0	...	0	0	$\leq$	240

Die optimale Lösung dieses LP-Modells ergibt den Zielwert 1872.16 und folgende Werte der Dualvariablen:

$\pi_1 = 0$ $\sigma_1 = 670.726$ $\sigma_5 = 670.726$
$\pi_2 = 0$ $\sigma_2 = 1000$ $\sigma_6 = 1000$
$\pi_3 = -9.6676$ $\sigma_3 = 137.78$ $\sigma_7 = 1000$
$\pi_4 = 0$ $\sigma_4 = 1000$ $\sigma_8 = 650.134$

Der Wert $\pi_3 = -9.6676$ zeigt an, daß die Kapazität in Periode 3 voll ausgeschöpft wird. Daher wird eine weitere Iteration duchgeführt und zunächst für jedes Produkt das stochastische dynamische unkapazitierte Losgrößenproblem gelöst. Dabei werden für die Bestimmung der Kosten der Teillösungen die aktuellen π_τ-Werte nach Gleichung (D.152) berücksichtigt. Für Produkt 1 z. B. wurden bereits im Abschnitt D.3.1.2.3.2 auf S. 306 die optimalen Losgrößen mit Hilfe der dynamischen Optimierung bestimmt. Durch die Berücksichtigung der π-Werte in der Optimierung ergeben sich nun die in den Tabellen D.35 und D.36 angebenen Änderungen.

Tabelle D.35 Berechnung von f_3

	Kosten	Losgrößen			
	t	1	2	3	4
(q_{13})	133.06	63.35			
$(P_1^{\text{opt}}, q_{23})$	149.35	23.64	42.71		
$(P_2^{\text{opt}}, q_{33})$	$126.97 + 9.6676 \cdot 35.48 = 498.98$	32.82		35.48	
$P_3^{\text{opt}} = (q_{13})$	133.06	63.35			

Tabelle D.36

Berechnung von f_4

	Kosten	Losgrößen			
	t	1	2	3	4
(q_{14})	193.40	82.33			
(P_1^{opt}, q_{24})	192.39	23.64	61.25		
(P_2^{opt}, q_{34})	$152.55 + 9.6676 \cdot 53.60 = 670.76$	32.82		53.60	
(P_3^{opt}, q_{44})	197.14	63.35			29.72
$P_4^{opt} = (q_{11}, q_{24})$	192.39	23.64	61.25		

Der Wert der Dualvariablen $\pi_3 = -9.6676$ führt zu einer Verteuerung der Produktion in Periode 3. Dadurch kommt es zu einer Verschiebung der Produktion in die weniger belastete Periode 2. Da sich dadurch die Produktionszyklen verändern, ändern sich auch die optimalen Produktionsmengen, die zur Erreichung des angestrebten Servicegrades benötigt werden. Die reduzierten Kosten des neuen Produktionsplans für Produkt 1 sind $192.39 - 670.726 = -478.336$. Daher ist es vorteilhaft, für diesen Plan eine neue Spalte im relaxierten Hauptproblem zu erzeugen. Für die anderen Produkte wird entsprechend vorgegangen. Nach zwei weitere Iterationen wird das Verfahren beendet. Tabelle D.37 zeigt die Entwicklung der Werte der Dualvariablen und der Kosten.

Tabelle D.37

Entwicklung der Werte der Dualvariablen und der Kosten

Iteration	0	1	2	3
Zielwert	8000	1872.16	1462.33	1271.71
π_1	0	0	-16.9182	-0.7441
π_2	0	0	-0.8467	0
π_3	0	-9.6676	0	-0.616
π_4	0	0	0	0
σ_1	1000	670.726	644.197	209.979
σ_2	1000	1000	921.042	243.176
σ_3	1000	137.78	175.331	1000
σ_4	1000	1000	1000	160.359
σ_5	1000	670.726	644.197	209.979
σ_6	1000	1000	924.802	272.582
σ_7	1000	1000	1000	191.615
σ_8	1000	650.134	543.786	193.691

Tabelle D.38
Optimale Losgrößen nach Abschluß des Spaltengenerierungsverfahrens

		t	1	2	3	4	Kosten
q_{1t}	$\delta_{13} = 1$		23.64	61.25	–	–	192.39
q_{2t}	$\delta_{22} = 1$		44.35	–	64.05	–	170.72
q_{3t}	$\delta_{32} = 1$		–	44.35	–	69.51	137.78
q_{4t}	$\delta_{42} = 1$		52.44	–	–	–	112.82
q_{5t}	$\delta_{52} = 0.7125$		23.38	–	38.19	–	
q_{5t}	$\delta_{53} = 0.2875$		6.8	17.61	–	–	
q_{6t}	$\delta_{62} = 1$		44.35	–	85.39	–	174.49
q_{7t}	$\delta_{72} = 0.316356$		13.32	–	–	15.12	
q_{7t}	$\delta_{73} = 0.683644$		8.08	21.67	–	31.7	
q_{8t}	$\delta_{82} = 1$		23.64	–	52.37	–	143.84
Summe							932.04

Die bisher ermittelte Lösung des relaxierten Hauptproblems ist in Tabelle D.38 zusammengestellt. Für die Produkte 1, 2, 3, 4, 6 und 8 sind die δ-Werte ganzzahlig. Für die Produkte 5 und 7 dagegen konnten keine zulässigen ganzzahligen Werte der δ-Variablen gefunden werden.

Tabelle D.39
Lösung des Restproblems

	t	1	2	3	4	Kosten
Kapazitätsbedarfe (alle Produkte)		240.00	100.53	240.00	46.82	
Kapazitätsbedarfe (Produkte 1,2,3,4,6,8)		188.42	105.60	201.81	69.51	932.04
Restkapazitäten		51.58	134.40	38.19	170.49	
q_{5t}		23.65	61.25	–	–	192.39
q_{7t}		11.82	31.70	–	46.37	182.82
Kapazitätsbedarf (gesamt)		223.89	198.55	201.81	115.88	
Gesamtkosten						1307.21

Tabelle D.39 zeigt, daß die Kapazität in den Perioden 1 und 3 voll ausgelastet ist, wenn man alle Produkte berücksichtigt (Zeile 1). Wir fixieren jetzt die Produktionspläne der Produkte 1, 2, 3, 4, 6, und 8 und ziehen deren Kapazitätsbedarfe von den Periodenkapazitäten ab. Nur die Restkapazitäten werden noch für die Produkte 5 und 7 genutzt. Zur Lösung dieses Restproblems wird die ABC_β-Heuristik eingesetzt. Im vorliegenden Beispiel kann eine zulässige Lösung auch durch einfaches Ausprobieren gefunden werden.

D.5.2.4 Fix-and-Optimize-Heuristik

Helber et al.[63] schlagen zur Lösung des Modells SMICLSP$^{q,\text{lin}}$ mit einer δ-Servicegrad-Restriktion eine Fix-and-Optimize-Heuristik vor, die bereits erfolgreich für deterministische dynamische Losgrößenmodelle eingesetzt wurde.[64] Zur Lösung desselben Modells unter Berücksichtigung einer β-Servicegrad-Restriktion setzen *Tempelmeier et al.*[65] ebenfalls eine Fix-and-Optimize-Heuristik ein und vergleichen diese in einem numerischen Test mit dem Spaltengenerierungsverfahren. Dabei zeigt sich, daß das Spaltengenerierungsverfahren bei kleinen Problemen mit knappen Kapazitäten der Fix-and-Optimize-Heuristik unterlegen ist. Bei größeren Problemen dagegen führt das Spaltengenerierungsverfahren zu wesentlich besseren Lösungen.

D.5.2.5 Vorgehensweisen der Praxis

In Abschnitt C.3.2.1 haben wir bereits die Planungsdefizite der in der Praxis eingesetzten Standard-Systeme zur Produktionsplanung und -steuerung sowie der APS-Systeme angesprochen. Dabei wurde von einer deterministischen Planungssituation ausgegangen und vor allem auf die mangelhafte Losgrößenplanung hingewiesen, in der die Kapazitäten der Ressourcen weitgehend vernachlässigt werden. In der betrieblichen Realität werden die genannten Probleme nun noch dadurch verschärft, daß die als deterministisch angenommenen Nachfragedaten mit (stochastischen) **Prognosefehlern** behaftete Prognosewerte sind. In vielen Fällen wird versucht, dies durch die exogene Vorgabe eines Sicherheitsbestands zu berücksichtigen, der mit einfachen Faustregeln bestimmt wird.[66] Im Folgenden wird anhand des Beispiels aus Abschnitt D.5.2.1 gezeigt, wie sich verschiedene Vorgehensweisen, die man in der Praxis antreffen kann, auf die Planungsergebnisse auswirken.

D.5.2.5.1 MRP-Ansatz: Vernachlässigung der Kapazität und der Unsicherheit

Sieht man einmal vom vollständigen Verzicht auf eine Planung ab, dann besteht die einfachste – und in der Praxis auch anzutreffende – Vorgehensweise darin, sowohl die Unsicherheit als auch die Kapazitätsbeschränkungen zu vernachlässigen und für jedes Produkt die Losgrößen mit dem in Abschnitt C.1 dargestellten Losgrößenmodell SIULSP

---

63 vgl. *Helber et al.* (2012)
64 vgl. *Sahling et al.* (2009); siehe auch Abschnitt C.3.3.3.4
65 vgl. *Tempelmeier et al.* (2018)
66 Siehe hierzu auch *Tempelmeier* (2018); *Neale und Willems* (2015).

(Wagner-Whitin-Modell) zu bestimmen. In diesem Fall erhält man für das Beispiel aus Abschnitt D.5.2.1 den in Tabelle D.40 wiedergebenen Produktionsplan.

Tabelle D.40
Produktspezifische SIULSP-Lösungen

$k \setminus t$	1	2	3	4
1	30	–	50	–
2	40	–	60	–
3	–	40	–	60
4	50	–	–	–
5	30	–	50	–
6	40	–	80	–
7	40	–	–	40
8	20	–	50	–
Kapazitätsbedarf	250	40	290	100

Dieser Plan ist nicht nur bezüglich der Kapazitäten *unzulässig*, sondern er führt auch zu *unkontrollierten Servicegraden*. Ist die Nachfragemenge nämlich tatsächlich – wie oben angenommen – normalverteilt mit einem Variationskoeffizienten $CV = 0.3$, dann erhält man z. B. für Produkt 1: $\beta_c(q_{11} = 30) = 91.08\%$ und $\beta_c(q_{13} = 50) = 89.84\%$. Bei einem Variationskoeffizienten $CV = 0.1$ betragen die Servicegrade dagegen $\beta_c(q_{11} = 30) = 97.03\%$ und $\beta_c(q_{13} = 50) = 96.61\%$.

D.5.2.5.2 Modell CLSP mit Sicherheitsbestand

In der Praxis wird die Unsicherheit oft durch einen *Sicherheitsbestand* bzw. Mindestbestand berücksichtigt, der unter deterministischen Bedingungen niemals angegriffen wird. In diesem Fall erweitert man das Modell CLSP aus Abschnitt C.2.1.1.1 um die Nebenbedingungen (D.155), nach denen der Lagerbestand für Produkt k in Periode t auch unter deterministischen Bedingungen mindestens die vorab festgelegte Höhe $y_{kt}^{\min}$ haben muß.[67]

$$y_{kt} \geq y_{kt}^{\min} \qquad k = 1, 2, \ldots, K;\ t = 1, 2, \ldots, T \quad \text{(D.155)}$$

Löst man das Modell CLSP für das obige Beispiel mit einem für alle Produkte und Perioden identischen Mindestbestand von 5 ME, dann erhält man den in Tabelle D.41 wiedergegebenen Produktionsplan.

---

67 Auf diese Weise wird auch die Unsicherheit in der Produktionsprogrammplanung berücksichtigt. Siehe hierzu Gleichung (B.7) in Abschnitt B.1.2.

Tabelle D.41

CLSP-Lösung mit $y_{kt}^{\min} = 5$

$k \setminus t$	Losgrößen				Lagerbestände			
	1	2	3	4	1	2	3	4
1	35	–	50	–	15	5	25	5
2	35	40	–	30	5	35	5	5
3	5	40	–	60	5	15	5	5
4	45	–	–	10	25	5	5	5
5	35	–	50	–	15	5	25	5
6	45	–	80	–	15	5	35	5
7	15	30	–	40	5	15	5	5
8	25	–	50	–	5	5	25	5
Kapazitätsbedarf	240	110	230	140				

Ist die Nachfragemenge nun tatsächlich normalverteilt mit einem Variationskoeffizienten $CV = 0.3$, dann ergeben sich die Servicegrade $\beta_c(q_{11} = 35) = 97.04\%$ und $\beta_c(q_{13} = 50) = 94.07\%$. Problematisch ist die *exogene Festlegung des Mindestbestands*. Bekanntlich hängt der Sicherheitsbestand von der Losgröße ab. Wird z. B. die gesamte Nachfragemenge in Periode 1 produziert, dann benötigt man vermmutlich überhaupt keinen Sicherheitsbestand. Die Losgrößen sind aber erst nach der Lösung des Optimierungsmodells bekannt. In der Praxis wird vorgeschlagen, als Mindestbestand ein Vielfaches der mittleren Periodennachfragemenge zu verwenden. Dies ist problematisch, da der benötigte Sicherheitsbestand von der Streuung der Nachfrage und nicht von ihrem Mittelwert abhängt.[68] Da die *Streuung der Nachfrage* bei dieser Vorgehensweise aber nicht berücksichtigt wird, ist der Servicegrad auch hier eine zufällige, unkontrollierte Größe.

D.5.2.5.3 Modell CLSP mit Ziel-Sicherheitsbestand und Fehlbestand

Während bei der im vorgegangenen Abschnitt verfolgten Vorgehensweise die Nachfrage unter deterministischen Bedingungen bei ausreichender Kapazität mit Sicherheit erfüllt wird, treten Probleme auf, wenn die Kapazität nicht ausreicht, um die Mindestbestände bereitzustellen. Nimmt man im Beispiel die in Tabelle D.42 angegebenen mittleren Periodennachfragen als produktbezogene Mindestbestände, dann gibt es bei einer Periodenkapazität von 240 ZE keine zulässige Lösung.

---

[68] vgl. hierzu *Tempelmeier* (2018)

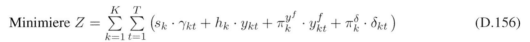

Tabelle D.42 Mittelwerte der Periodennachfragemengen

k	1	2	3	4	5	6	7	8
$E\{D\}$	20	25	25	12.5	20	30	20	17.5

Um dieses Problem zu vermeiden, kann man das Modell CLSP aus Abschnitt C.2.1.1.1 in der Weise erweitern, daß man negative Lagerbestände und die Möglichkeit zuläßt, daß der vorgegebene *Mindestbestand* in einigen Perioden unterschritten wird. Darüberhinaus kann man auch vorsehen, daß es in einzelnen Perioden zu *Fehlbestand* kommt.

In diesem Fall erweitert man das Modell CLSP wie folgt. Zum einen führt man Variablen y_{kt}^f zur Erfassung von Fehlbestand ein, der mit einem Kostensatz $\pi_k^{y^f}$ bestraft wird. Zum anderen definiert man einen Ziel-Mindestbestand y_{kt}^{Ziel} und erlaubt, daß es in einzelnen Perioden zu Unterschreitungen δ_{kt} dieses Bestands kommt. Auch hierfür verwendet man einen Strafkostensatz π_k^{δ}. Damit entsteht das folgende Modell:

Modell CLSP$_{\text{Fb}}$[69]

$$\text{Minimiere } Z = \sum_{k=1}^{K} \sum_{t=1}^{T} \left(s_k \cdot \gamma_{kt} + h_k \cdot y_{kt} + \pi_k^{y^f} \cdot y_{kt}^f + \pi_k^{\delta} \cdot \delta_{kt} \right) \quad \text{(D.156)}$$

u. B. d. R.

$$y_{k,t-1} - y_{kt} + y_{kt}^f - y_{k,t-1}^f + q_{kt} = d_{kt} \qquad \begin{array}{l} k=1,2,\ldots,K \\ t=1,2,\ldots,T \end{array} \quad \text{(D.157)}$$

↑ Erhöhung des Fehlbestands
└ Verringerung des physischen Lagerbestands

$$y_{kt} \geq y_{kt}^{\text{Ziel}} - \delta_{kt} \qquad k=1,2,\ldots,K; t=1,2,\ldots,T \quad \text{(D.158)}$$

$$q_{kt} - M \cdot \gamma_{kt} \leq 0 \qquad k=1,2,\ldots,K; t=1,2,\ldots,T \quad \text{(D.159)}$$

$$\sum_{k=1}^{K} \left(tb_{jk} \cdot q_{kt} + tr_{jk} \cdot \gamma_{kt} \right) \leq b_{jt} \qquad j=1,2,\ldots,J; t=1,2,\ldots,T \quad \text{(D.160)}$$

$$q_{kt} \geq 0 \qquad k=1,2,\ldots,K; t=1,2,\ldots,T \quad \text{(D.161)}$$

$$y_{kt}, \delta_{kt}, y_{kt}^f \geq 0 \qquad k=1,2,\ldots,K; t=1,2,\ldots,T \quad \text{(D.162)}$$

$$\gamma_{kt} \in \{0,1\} \qquad k=1,2,\ldots,K; t=1,2,\ldots,T \quad \text{(D.163)}$$

[69] Fb = **F**ehl**b**estand

Symbole	
h_k	Lagerkostensatz für Produkt k
s_k	Rüstkostensatz für Produkt k
$\pi_k^{y^f}$	Strafkostensatz für Fehlbestand des Produkts k
π_k^{δ}	Strafkostensatz für Abweichungen von Mindestbestand des Produkts k
T	Länge des Planungszeitraums
δ_{kt}	Abweichung vom Ziel-Lagerbestand für Produkt k am Ende der Periode t
y_{kt}	Lagerbestand Produkt k am Ende der Periode t
y_{kt}^f	Fehlbestand am Ende der Periode t
y_{kt}^{Ziel}	Ziel-Lagerbestand bzw. Mindestbestand
q_{kt}	Losgröße in Periode t
γ_{kt}	binäre Rüstvariable

Gleichung (D.157) besagt, daß die Nachfrage mit einer Reduktion des physischen Lagerbestands ($y_{k,t-1} - y_{kt}$), einer Erhöhung des Fehlbestands ($y_{kt}^f - y_{k,t-1}^f$) oder einem produzierten Los (q_{kt}) korrespondiert. Eine Nachfrage kann durch Produktion oder aus dem physischen Lagerbestand erfüllt werden. Sie kann aber auch als Fehlbestandserhöhung für eine spätere Belieferung vorgemerkt werden. Gleichung (D.158) definiert die Abweichung δ_{kt} des Lagerbestands von dem vorgegebenen Ziel-Mindestbestand. Mit den Strafkostensätzen $\pi_k^{y^f}$ (Fehlbestand) und π_k^{δ} (Abweichung vom Ziel-Mindestbestand) kann Einfluß auf die Lösung genommen werden. In Abhängigkeit von der relativen Höhe der exogen festgelegten Strafkostensätze wird bei knapper Kapazität zunächst vom Ziel-Mindestbestand abgewichen und erst danach die Möglichkeit des Fehlbestands genutzt.

Auch wenn mit dem Modell CLSP$_{Fb}$ die Kapazitäten berücksichtigt werden, kann der Servicegrad nicht kontrolliert werden. Darüberhinaus ist die Vorgabe eines konstanten Sicherheitsbestands kritisch zu betrachten. Da Prognosen für weiter in der Zukunft liegende Ereignisse i. d. R. unsicherer sind als Prognosen für unmittelbar bevorstehende Ereignisse, müßte der Sicherheitsbestand ansteigen. Andererseits wird man ein solches Planungsmodell bestenfalls in einem rollenden Planungsansatz anwenden.[70] In diesem Fall können die Losgrößen späterer Perioden nach der Anpassung der Prognosewerte u. U. angepaßt werden, was wiederum zu einem geringeren Bedarf an Sicherheitsbestand führen kann.

---

70 siehe hierzu die Abschnitt C.3.3.4 und D.6

Tabelle D.43

CLSP$_{Fb}$-Lösung mit $\pi^{y^f_k} = 3$ und $\pi^{\delta}_k = 2$

	Losgrößen				Lagerbestände			
$k \setminus t$	1	2	3	4	1	2	3	4
1	40	–	40	–	20	10	20	–
2	62.5	–	37.5	0	32.5	22.5	30	–
3	–	55	–	70	–	25	15	25
4	–	52.5	–	–	0	12.5	12.5	2.5
5	40	–	40	–	20	10	20	–
6	60	–	60	–	30	20	30	–
7	–	60	–	40	–	30	20	20
8	37.5	–	32.5	–	17.5	17.5	20	–
Kapazitätsbedarf	240	168	210	110				
	Fehlbestände				Abweichungen			
$k \setminus t$	1	2	3	4	1	2	3	4
1	–	–	–	–	–	10	–	20
2	–	–	–	–	–	2.5	–	25
3	–	–	–	–	25	–	10	–
4	20	–	–	–	12.5	–	–	10
5	–	–	–	–	–	10	–	20
6	–	–	–	–	–	10	–	30
7	10	–	–	–	20	–	–	–
8	–	–	–	–	–	–	–	17.5

Wir ergänzen das obige Beispiel, indem wir als Ziel-Mindestbestände y^{Ziel}_{kt} die in Tabelle D.42 angegebenen Werte einsetzen. Für die Strafkosten werden die Werte $\pi^{y^f}_k = 3$ und $\pi^{\delta}_k = 2$ gewählt, damit vor der Einplanung von Fehlbestand bei Bedarf zunächst vom Ziel-Mindestbestand abgewichen wird. Die optimale Lösung des Modells CLSP$_{Fb}$ für $\pi^{y^f}_k = 3$ und $\pi^{\delta}_k = 2$ zeigt Tabelle D.43. Ist die Nachfrage für Produkt 1 nun wieder mit einem Variationskoeffizienten $CV = 0.3$ normalverteilt, dann ergeben sich für dieses Produkt die unkontrollierten Servicegrade $\beta_c(q_{11} = 40) = 99.33\%$ und $\beta_c(q_{13} = 40) = 89.84\%$.

D.5.3 Servicegrad und Kapazitätsbedarf

Die obigen Ausführungen zur dynamischen Losgrößenplanung unter deterministischen ebenso wie unter stochastischen Bedingungen haben gezeigt, daß es in einzelnen Perioden zu Kapazitätsproblemen kommen kann, obwohl die gesamte verfügbare Kapazität im Planungszeitraum zur Deckung der gesamten Nachfrage ausreicht. Unter deterministischen Bedingungen kann man bei kapazitätsorientierter Planung zukünftige Nachfragemengen oft rechtzeitig auf Lager produzieren, um eine Kapazitätsüberlastung zu vermeiden.

Bei stochastischer Nachfrage gibt das Management oft ein anzustrebendes Servicegradziel vor. Dieses wird üblicherweise so festgelegt, daß man die positiven Wirkungen einer hohen Lieferfähigkeit gegenüber den Abnehmern der Produkte mit den damit verbundenen Lagerkosten zum Ausgleich bringt. Unter stationären Nachfragebedingungen können die Lagerkosten als Funktion der Nachfrage vergleichsweise leicht quantifiziert werden.[71] Unter dynamischen stochastischen Bedingungen und bei knapper Kapazität ist dies nicht mehr so einfach.

 Betrachten wir noch einmal das Beispiel aus Abschnitt D.5.2.1 mit Rüstkosten $s_k = 50$, Lagerkosten $h_k = 1$, Stückbearbeitungszeiten $tb_k = 1$ und Rüstzeiten $tr_k = 0$. Tabelle D.44 zeigt die optimale Verteilung der Produktionsmengen auf die Perioden, die Gesamtproduktionsmenge und den Gesamtbestand für unterschiedliche β_c-Servicegrade.

Es zeigt sich, daß die Produktionsmenge und damit der Kapazitätsbedarf mit zunehmendem Servicegrad ansteigt. Dies gilt in der Tendenz auch für den Lagerbestand. Allerdings gibt es Einflüsse durch die kapazitätsbedingte unterschiedliche Verteilung der Gesamtproduktionsmenge auf die Perioden.

Tabelle D.44
Produktionsmengen versus Servicegrad

$\beta_c \setminus t$	1	2	3	4	Produktionsmenge	Bestand
0.85	216.05	90.85	231.59	106.37	644.86	282.71
0.90	237.58	97.07	240.00	110.72	685.37	366.27
0.91	216.40	128.51	240.00	110.25	695.15	366.00
0.92	223.64	130.48	240.00	111.52	705.64	393.35
0.93	222.21	142.68	239.22	112.82	716.93	419.46
0.94	229.76	145.04	240.00	114.07	728.88	450.99
0.95	239.29	147.59	240.00	116.31	743.18	490.37
0.96	231.20	203.15	205.02	118.30	757.67	551.59
0.97	239.54	207.66	209.81	120.62	777.63	602.99
0.98	231.03	182.52	240.00	159.53	813.08	585.08

 Ergänzende Literatur zu Kapitel D
Alouloua et al. (2014)
Herpers (2009)
Kirste (2017)

---

[71] vgl. *Tempelmeier* (2018)

Mula et al. (2006)
Stadtler und Meistering (2019)
Vargas (2009)
Winands et al. (2011)

D.6 Rollende Planung

Die bisher dargestellten Losgrößenmodelle – sowohl die deterministischen als auch die stochastischen – gehen von einem gegebenen Planungszeitraum $(t = 1, 2, \ldots, T)$ aus. Eine Einsatzmöglichkeit dieser Modelle könnte darin bestehen, im Rahmen einer sog. *Anschlußplanung* in den Planungszeitpunkten $(0, T, 2 \cdot T, \ldots)$ jeweils ein Losgrößenproblem mit einem Planungshorizont von T Perioden zu lösen. Dies hat jedoch den Nachteil, daß zwischenzeitlich eintreffende planungsrelevante Informationen, z. B. eine außergewöhnlich hohe Nachfrage, die den aktuellen Servicegrad beeinträchtigt, erst zum nächsten Planungszeitpunkt berücksichtigt werden können.

In der Praxis geht man daher nach dem Prinzip der *rollenden Planung* vor.[72] In diesem Fall löst man mit einem Planungsabstand von r Perioden jeweils ein neues T-Perioden-Losgrößenproblem, wobei aktualisierte Nachfrageprognosen und aktualisierte Bestandsdaten berücksichtigt werden. Sofern der Planungsabstand kleiner als der Planungshorizont ist $(r < T)$, kommt es zu Überlappungen der Planungszeiträume und dem Effekt, daß wegen der im Zeitablauf aktualisierten Nachfrageprognosen die geplante Produktionsmenge einer Periode u. U. mehrfach geändert wird.

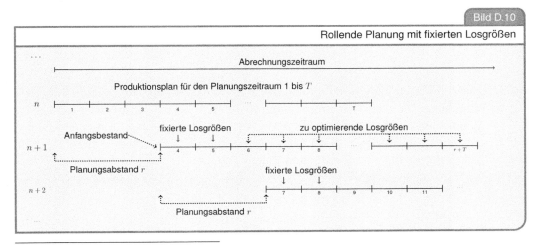

Bild D.10 Rollende Planung mit fixierten Losgrößen

---

72 vgl. *Gebhard* (2009)

Um diese *Nervosität der Planung* zu vermeiden, kann man für einige unmittelbar bevorstehende Perioden die im vorangegangenen Planungslauf optimierten Losgrößen als fixiert übernehmen. Das resultierende Losgrößenmodell optimiert dann nur noch die Entscheidungsvariablen für die verbleibenden Perioden des aktuellen Planungszeitraums. Dies ist in Bild D.10 veranschaulicht. Hier ist ein Planungsabstand $r = 3$ und ein Zeitraum mit fixierten Losen von 5 Perioden dargestellt. Die Losgrößen der Perioden 1 bis 3 werden realisiert, sind also Bestandteil des fixierten Produktionsplans, da der nächste Plan erst in Periode 4 erstellt wird. Bei der Erzeugung des Losgrößenmodells $(n+1)$ werden die in der Zukunft liegenden Losgrößen der fixierten Perioden 4 und 5 aus dem vorangegangenen Plan n übernommen. Die Variablen der restlichen Perioden 6 bis $(3+T)$ werden unter Berücksichtigung des aktuellen Nettobestands am Ende der Periode $r = 3$ optimiert. Der nächste Planungslauf $(n + 2)$ wird dann in Periode 7 mit wiederum aktualisierten Werten (und fixierten Losgrößen der Perioden 7 und 8) durchgeführt. Der in Bild D.10 oben mit einer Pfeil angedeutete *Abrechnungszeitraum* soll darauf hinweisen, daß in der Praxis Servicegrade nicht für einen unendlichen Planungszeitraum, sondern nur für eine begrenzte Anzahl von Perioden aufgrund der tatsächlichen Beobachtungen gemessen werden. Der Servicegrad ist dann ebenfalls eine Zufallsvariable, die von den im Betrachtungszeitraum realisierten Periodennachfragemengen abhängt.[73]

In der Praxis setzt man zur Lösung des jeweiligen Losgrößenproblems i. d. R. ein deterministisches Modell ein. Im einfachsten Fall verwendet man das Einprodukt-Modell SIULSP[74] und berücksichtigt dabei einen extern festgelegten periodenunabhängigen Sicherheitsbestand, der vom disponiblen Lagerbestand abgezogen wird und damit die zu deckende Periodennachfrage (Nettobedarf) erhöht.[75] Diese Form der Berücksichtigung der Unsicherheit vernachlässigt den Zusammenhang zwischen den Losgrößen bzw. den daraus resultierenden Zykluslängen, der Varianz der Nachfrage und der Höhe des Sicherheitsbestands. Denn bei einem großen Los wird man einen geringeren Sicherheitsbestand benötigen als bei einem kleinen Los.[76] Da man die Losgrößen aber erst bestimmen will, kann man den Sicherheitsbestand nicht ex ante als Datum für die Losgrößenplanung vorgeben.

Angesichts der oben dargestellten Möglichkeiten zur direkten Berücksichtigung dieses Zusammenhangs bietet es sich an, ein **stochastisches Losgrößenmodell** in einer rollenden Planungsumgebung zu verwenden. Einen ersten Schritt machen *Vargas und Metters*, die vorschlagen, das Modell SSIULSP$_\pi^q$ aus Abschnitt D.3.1.1.1 einzusetzen.[77] Anstatt das Losgrößenmodell für den gesamten Planungszeitraum $(1, 2 \ldots, T)$ zu lösen, gehen

---

73 vgl. *Thomas* (2005)
74 siehe S. 30
75 vgl. *Günther und Tempelmeier* (2020), S. 169
76 vgl. *Tempelmeier* (2018)
77 siehe z. B. *Vargas und Metters* (2011)

sie iterativ vor und führen eine „deterministische Simulation" der rollenden Planung durch. Bezeichnet man mit SSIULSP$_\pi^q(i,j)$ das Losgrößenmodell für den Planungszeitraum (i,j), dann kann das Verfahren wie folgt beschrieben werden.

In Iteration $\ell = 1$ wird das Modell SSIULSP$_\pi^q(1,T)$ optimal gelöst. Der resultierende Produktionsplan sieht Losgrößen $(q_{\tau_1^1}, q_{\tau_2^1}, \ldots)$ vor. Die erste Losgröße $q_{\tau_1^1}$ wird nun in den endgültigen Produktionsplan übernommen und es wird der Lagerbestand am Ende der Periode $(\tau_2^1 - 1)$, also unmittelbar vor dem zweiten geplanten Produktionstermin ermittelt. In Iteration $\ell = 2$ wird das Modell SSIULSP$_\pi^q(\tau_2^{\ell-1}, T)$ für den Planungszeitraum $(\tau_2^{\ell-1}, T)$ mit dem aktualisierten Anfangsbestand gelöst und das erste Los $q_{\tau_1^2}$ in den endgültigen Produktionsplan übernommen. Die Iterationen werden so lange fortgesetzt, bis die Lösung des Losgrößenmodells nur noch einen Produktionstermin enthält. Tabelle D.45 veranschaulicht den Ablauf des Verfahrens.

Tabelle D.45
Verfahren von Vargas und Metters

Iteration	Anfangsbestand	Planungszeitraum	Lösung	Produktionsplan
1	I_0^n	$(1, T)$	$(q_{\tau_1^1}, q_{\tau_2^1}, \ldots)$	$(q_{\tau_1^1}, ?)$
2	$I_{\tau_2^1 - 1}^n$	(τ_2^{2-1}, T)	$(q_{\tau_1^2}, q_{\tau_2^2}, \ldots)$	$(q_{\tau_1^1}, q_{\tau_1^2}, ?)$
…	…	…	…	

Das Verfahren nutzt das Konzept der periodenorientierten Dekomposition, das auch von den MIP-basierten Heuristiken aus Abschnitt C.2.2.1 eingesetzt wird, allerdings dort mit dem Ziel der Komplexitätsreduktion der resultierenden Optimierungsmodelle. Sämtliche Iterationen werden zum Planungszeitpunkt 0 mit denselben Nachfrageprognosen durchgeführt. Es handelt sich demzufolge *nicht um eine echte rollende Planung*, bei der an den aufeinanderfolgenden Planungszeitpunkten die aktuellen Nachfragerealisationen bekannt sind und berücksichtigt werden.

Die Autoren haben in einem numerischen Experiment festgestellt, daß ihr Lösungsansatz im Vergleich zur herkömmlichen Vorgehensweise der Praxis (mit extern vorgegebenen Sicherheitsbeständen) wesentlich bessere Ergebnisse liefert. Die beobachteten guten Ergebnisse resultieren vor allem aus dem Umstand, daß die Stochastik der Nachfrage nicht durch einen extern festgelegten Sicherheitsbestand, sondern modellintern durch die Losgrößen berücksichtigt wird.

Im Folgenden wird anhand eines Beispiels gezeigt, wie man ein stochastisches Losgrößenmodell in einer **rollenden Planung** einsetzen kann. Zunächst betrachten wir nur den Fall, daß in jedem Planungslauf die bisherigen Nachfragebeobachtungen und deren Auswirkungen auf den *aktuellen Netto-Lagerbestand* bei der Bestimmung der Losgrößen berücksichtigt werden. Im Anschluß daran wird gezeigt, wie man darüberhinaus die jeweils aufgetretenen *Abweichungen vom angestrebten Servicegrad* berücksichtigen kann. Dazu wird auf das Modell SSIULSP$^q_{\beta_c}$ zurückgegriffen, das dem von *Vargas und Metters* verwendeten Modell entspricht, allerdings mit einem angestrebten zyklusbezogenen Servicegrad $\beta_c^\star$.

Wir betrachten ein Produkt mit $T = 12$ normalverteilten Periodennachfragemengen und den in Tabelle D.47 angegebenen Parametern. Weiterhin gilt: $s = 200$, $h = 1$, $\beta_c^\star = 0.95$. Die letzte Zeile enthält eine Zeitreihe mit Beobachtungswerten.

Tabelle D.46

Beispieldaten zur rollenden Planung

t	1	2	3	4	5	6	7	8	9	10	11	12
$E\{D_t\}$	69	67	115	45	118	33	81	109	96	116	88	132
σ_{D_t}	20.7	20.1	34.5	13.5	35.4	9.9	24.3	32.7	28.8	34.8	26.4	39.6
d_t (beob.)	68.39	89.99	116.47	41.79	111.05	31.51	131.32	107.62	124.50	139.56	124.52	123.99

Der Servicegrad wird immer nur über einen endlichen Abrechnungszeitraum, d. h. jeweils von Periode 0 bis zum aktuellen Planungszeitpunkt, gemessen. Wir gehen nun wie folgt vor. Zunächst wird ein Produktionsplan für den gesamten Planungszeitraum $(1, 2, \ldots, T)$ ermittelt. Dieser ist zusammen mit den *erwarteten* Lagerbeständen in Tabelle D.47 wiedergegeben.

Tabelle D.47

Produktionsplan 1 (Perioden 1 bis 12)

t	$E\{D_t\}$	σ_{D_t}	q_t	$E\{I_t^p\}$	$E\{F_t\}$	β_c
1	69	20.7	147.11	78.11	0.0004	1
2	67	20.1	-	17.91	6.7984	0.95
3	115	34.5	176.77	73.88	0.9959	0.99
4	45	13.5	-	35.88	7.0055	0.95
5	118	35.4	240.14	150.12	0.1005	1
6	33	9.9	-	117.58	0.4594	1
7	81	24.3	-	47.62	11.038	0.95
8	109	32.7	227.06	154.50	0.4258	1
9	96	28.8	-	68.33	9.8262	0.95
10	116	34.8	335.25	277.34	0.0128	1
11	88	26.4	-	189.87	0.5286	1
12	132	39.6	-	74.12	16.2555	0.95

Bewertet man diesen Produktionsplan *ohne eine rollende Planung* mit den realisierten **Beobachtungswerten** aus Tabelle D.46, dann erhält man am Ende der Periode 12 (Abrechnungszeitraum) einen Servicegrad in Höhe von $\beta = 0.8730$.

D.6 Rollende Planung

In der folgenden rollenden Planung basiert die *Losgrößenplanung* auf den Erwartungswerten und Standardabweichungen aus Tabelle D.46.[78] Die Netto-Lagerbestände i_t^n und die Fehlmengen f_t dagegen werden jeweils mit Hilfe der beobachteten Nachfragemengen d_t aus Tabelle D.46 bestimmt. Wie Tabelle D.48 zeigt, ist nach Ablauf des ersten Produktionszyklus (Periode 2) der aktuelle Servicegrad $\beta_c = 0.9288$. Dieser ist wesentlich geringer als der geplante Wert (0.95).

Tabelle D.48

Bestandsentwicklung gemäß Produktionsplan 1 (Perioden 1 bis 12)

t	d_t	q_t	i_t^n	f_t	β_t
0			0		
1	68.39	147.11	78.72	0.00	
2	89.99	–	-11.27	11.27	0.9288
3	116.47	176.78	49.04	0.00	
4	41.79	–	7.25	0.00	
5	111.05	240.13	136.33	0.00	
6	31.51	–	104.82	0.00	
7	131.32	–	-26.50	26.50	
8	107.62	227.08	92.96	0.00	
9	124.50	–	-31.54	31.55	
10	139.56	335.23	164.13	0.00	
11	124.52	–	39.62	0.00	
12	123.99	–	-84.38	84.38	

Man kann auf diese beobachtete Abweichung reagieren, indem man im nächsten Planungslauf den aktuellen Netto-Lagerbestand der Periode 2 berücksichtigt.

Für den *Zeitpunkt der Aufstellung des nächsten Produktionsplans* gibt es mehrere Alternativen:

- Neuplanung am Ende des aktuellen Produktionszyklus, d. h. abwarten bis zum nächsten Produktionstermin.
- Neuplanung mit einem festen Planungsabstand von r Perioden (evtl. auch $r = 1$).
- Neuplanung, wenn ein Kriterium erfüllt ist, z. B. wenn der realisierte Servicegrad zu stark vom angestrebten Servicegrad abweicht.

Der Einfachheit halber wird im folgenden die erste Alternative gewählt, d. h. wir warten bis zum Ende des aktuellen Produktionszyklus (Periode 2) und planen dann neu. Zu

---

[78] In der Praxis würde man auch diese Verteilungsparameter vor jedem Planungslauf mit einem Prognoseverfahren aktualisieren.

diesem Zeitpunkt sind die Nachfragemengen der Perioden 1 und 2 bekannt. Für alle zukünftigen Perioden kennen wir nur die Verteilungsparameter.

Das zweite Losgrößenmodell für den verbleibenden Planungszeitraum $(3, 4, \ldots, T)$ startet mit dem Anfangsbestand -11.27. Als Ziel-Servicegrad wird weiterhin $\beta = 0.95$ verwendet. In der Praxis würde man nun den Planungshorizont um zwei Perioden in die Zukunft verschieben und weitere Nachfrageprognosen bereitstellen. Darauf wird hier verzichtet. Der zweite Produktionsplan ist in Tabelle D.49 wiedergegeben. Da der am Ende der Periode 2 *realisierte* Netto-Lagerbestand negativ ist, ist die Produktionsmenge q_3 von ursprünglich 176.77 auf 187.68 erhöht und der zuvor aufgetretene Fehlbestand wieder ausgeglichen worden. Der in der rechten Spalte angegebene Servicegrad bezieht sich auf die Perioden 1 bis t $(1 - \frac{11.27}{316.64} = 0.9644)$.

Tabelle D.49

Bestandsentwicklung gemäß Produktionsplan 2 (Perioden 3 bis 12)

t	d_t	q_t	i_t^n	f_t	β_t
2			-11.27		
3	116.47	187.68	59.94	0.00	
4	41.79		18.15	0.00	0.9644
5	111.05	243.69	150.79	0.00	
6	31.51		119.28	0.00	
7	131.32		-12.04	12.04	
8	107.62	227.72	108.06	0.00	
9	124.50		-16.44	16.44	
10	139.56	337.29	181.29	0.00	
11	124.52		56.78	0.00	
12	123.99		-67.22	67.22	

Tabelle D.50

Bestandsentwicklung gemäß Produktionsplan 3 (Perioden 5 bis 12)

t	d_t	q_t	i_t^n	f_t	β_t
4			18.15		
5	111.05	227.48	134.58	0.00	
6	31.51		103.07	0.00	
7	131.32		-28.25	28.25	0.9331
8	107.62	229.3	93.43	0.00	
9	124.50		-31.07	31.07	
10	139.56	341.23	170.60	0.00	
11	124.52		46.09	0.00	
12	123.99		-77.90	77.90	

In Periode 5 wird der nächste Produktionsplan 3 mit dem Netto-Lagerbestand der Periode 4 als Anfangsbestand (18.15) aufgestellt (siehe Tabelle D.50). Es geht weiter mit dem Produktionsplan 4 für den Planungszeitraum $(8, 9, \ldots, T)$ mit einem Anfangsbestand von -28.25.

Tabelle D.51
Bestandsentwicklung gemäß Produktionsplan 4 (Perioden 8 bis 12)

t	d_t	q_t	i_t^n	f_t	β_t
7			-28.25		
8	107.62	250.07	114.20	0.00	
9	124.50		-10.30	10.30	0.9394
10	139.56	348.78	198.93	0.00	
11	124.52		74.41	0.00	
12	123.99		0.00	49.58	

Schließlich folgt Produktionplan 5 für den Planungszeitraum $(10, 11, T)$ mit einem Anfangsbestand von -10.30.

Tabelle D.52
Bestandsentwicklung gemäß Produktionsplan 5 (Perioden 10 bis 12)

t	d_t	q_t	i_t^n	f_t	β_c
9			-10.30		
10	139.56	361.25	211.39	0	1
11	124.52		86.87	0	61
12	123.99		0	37.118	60.9044

Tabelle D.53 stellt die Entwicklung der Produktionspläne und der realisierten Servicegrade im Überblick dar.

Tabelle D.53
Vergleich der Produktionspläne

t	Plan 1	Plan 2	Plan 3	Plan 4	Plan 5
1	147.11				
3	176.78	187.68			
5	240.13	243.69	227.48		
8	227.08	227.72	229.3	250.07	
10	335.23	337.29	341.23	348.78	361.25
Periode 1 bis	2	4	7	9	12
β	0.9288	0.9644	0.9331	0.9394	0.9282

Die geplanten Produktionsmengen sind im Zeitablauf mehrfach verändert worden. Man sieht auch, daß dies einen Einfluß auf den von Periode 1 bis zum Ende des aktuellen Produktionszyklus realisierten β-Servicegrad hat. Zur Erinnerung: Bei Verzicht auf die rollende Planung ergibt sich ein Servicegrad nach $T = 12$ Perioden in Höhe von $\beta = 0.8730$.

Das Beispiel zeigt, daß man mit einer rollenden Planung auf die jeweils neu hinzugekommenen Beobachtungen der Nachfrage reagieren kann und daß man damit offensichtlich flexibler ist als mit einer Anschlußplanung.[79]

Da in dem Beispiel mit der Neuplanung jeweils bis zum Ende des aktuellen Produktionszyklus gewartet wird, kommt es zu keiner Änderung von bereits begonnenen Losen. Nervosität der Planung tritt also nicht auf. Allerdings steigt die Länge des Riskozeitraums mit den Losgrößen.

Die Ergebnisse der rollenden Planung werden vor allem durch den *Planungsabstand* r und den *Zeitraum mit fixierten Planvorgaben* beeinflußt. Die Länge des Riskozeitraums hängt direkt vom Planungsabstand ab. Ist dieser kurz, dann kann es zu häufigen Änderungen bereits begonnener Lose kommen und es entsteht Planungsnervosität. Um diese zu reduzieren, kann man die Losgrößen für einen bestimmten Zeitraum $> r$ fixieren. *Meistering und Stadtler*[80] schlagen vor, zwar fixierte Planvorgaben zu verwenden, diese aber unter bestimmten Bedingungen wieder zu flexibilisieren. Sie setzen das um untere Schranken für den Lagerbestand erweiterte *deterministische dynamische kapazitierte Mehrprodukt-Losgrößenmodell CLSP*[81] in einer rollenden Planung mit überlappenden Planungszeiträumen ein. Dabei werden für einige jeweils unmittelbar bevorstehende Perioden (frozen horizon) die Losgrößen vorläufig fixiert. In regelmäßigen Abständen von $r = 1$ Perioden wird dann ein neuer Plan mit festen Losgrößen und festen Produktionsterminen aufgestellt. Dabei wird überprüft, ob die Erreichung des angestrebten β-Servicegrades für den gesamten Abrechnungszeitraum zu erwarten ist. Ist dies der Fall, dann werden die fixierten Losgrößen beibehalten. Ist dies nicht der Fall, dann werden sie flexibilisiert und als Entscheidungsvariablen in das aktuell zu lösende Optimierungsmodell einbezogen.

Im Unterschied zur Praxis, in der die Sicherheitsbestände unabhängig von den Losgrößen extern vorgegeben werden, bestimmen die Autoren *ex ante* für jede[82] mögliche

---

79 Da sich der Planungszeitraum und auch die Planungsdaten nicht verändert haben, bleiben die optimalen Produktionstermine konstant. Dies kann sich ändern, wenn bei jedem Planungslauf das Zeitfenster verschoben wird und neue Daten für zukünftige Perioden hinzukommen oder wenn die Verteilungsparameter jeweils neu geschätzt werden.
80 vgl. *Meistering und Stadtler* (2017)
81 siehe Abschnitt C.2.1.1
82 Zur Reduktion der Komplexität des Modells werden nur Produktionszyklen bis zu einer vorgegebenen maximalen Länge berücksichtigt.

Kombination von aufeinanderfolgenden Rüstperioden i und j die Höhe des dem betreffenden Zyklus zuzuordnenden Sicherheitsbestands. Dabei wird mit dem in Abschnitt D.3.1.2.3.2 auf S. 302 dargestellten Suchverfahren die minimale Losgröße in Periode i bestimmt, welche die Erreichung des angestrebten Servicegrades in dem Zyklus von i bis $(j-1)$ sichert. Der Sicherheitsbestand ist dann die Differenz aus der Losgröße q_{ij} und der erwarteten Nachfragemenge $\sum_{t=i}^{j-1} E\{D_t\}$ in dem Zyklus. Dieser Sicherheitsbestand wird als untere Schranke des Lagerbestands in Periode $(j-1)$, d.h. am Ende des betrachteten Zyklus im *deterministischen* Modell CLSP extern vorgebenen.

Tabelle D.54

Beispielrechnung

t bzw. j	$E\{D_t\}$	σ_{D_t}	q_{ij}	SB_t
1	200	40.00	$q_{12} = 282.78$	82.78
2	50	10.00		32.78
3	100	20.00	$q_{34} = 118.04 - 32.78 = 85.27$	18.05
4	...			

Das in Tabelle D.54 dargestellte Beispiel illustriert die Vorgehensweise. Mit der Losgröße $q_{12} = 282.78$ wird am Ende des Zyklus, d.h. in Periode $j = 2$ der angestrebte Servicegrad $\beta_c = 0.98$ erreicht. Zieht man die erwartete Nachfrage in diesem Zyklus (250) ab, dann ist der Sicherheitsbestand gleich 32.78. Es sei angenommen, daß die Zykluslänge in Periode 3 eine Periode beträgt (d.h. nächste Produktion in Periode 4). Um die Nachfrage mit einem Servicegrad $\beta_c = 0.98$ am Ende der Periode 3 zu decken, benötigt man eine verfügbare Menge von insgesamt 118.04 ME. Da die Autoren davon ausgehen, daß der Bestand am Ende der Periode 2 gleich dem *Sicherheitsbestand* ist, wird dieser von der Zielmenge abgezogen und es ergibt sich als Losgröße $q_{33} = 118.04 - 32.78 = 85.26$.[83] Damit der Sicherheitsbestand einem Produktionszyklus korrekt zugeordnet werden kann, führen *Meistering und Stadtler* Binärvariablen V_{kij} in das Modell CLSP ein, die den Wert 1 annehmen, wenn für das Produkt k in Periode i und danach erst wieder in Periode j produziert wird.

Wie erwähnt, wird ein Teil der Losgrößen fixiert. Allerdings ist die Fixierung nicht endgültig. Stattdessen wird zu jedem Planungszeitpunkt in der rollenden Planung nach der Aktualisierung der Daten geprüft, ob die *Einhaltung des angestrebten Servicegrades am Ende des Abrechnungszeitraums* gefährdet ist. Ist dies für ein Produkt der Fall, dann wird die Fixierung des produktspezifischen Produktionsplans aufgehoben und die entsprechenden Perioden werden in die Neuplanung einbezogen. Um die Erreichung des

---

[83] Prinzipiell dürfte nicht der Sicherheitsbestand, sondern es müßte der erwartete Lagerbestand berücksichtigt werden. Dies ist aber in dem vorgeschlagenen Konzept nicht möglich, da letzterer von den Losgrößen abhängt und daher nicht ex ante als Datum für die Optimierung vorgegeben werden kann.

Servicegrades am Ende der Abrechnungsperiode zu beeinflussen, passen *Meistering und Stadtler* die Sicherheitsbestände dynamisch an.

Um das Prinzip dieser dynamischen Überwachung des realisierten Servicegrades zu verdeutlichen, betrachten wir noch einmal den Produktionsplan aus Tabelle D.48. Am Ende der Periode 2 beträgt der erreichte Servicegrad in den Perioden 1 bis 2, $\beta = 0.9288$. Damit am Ende des Abrechnungszeitraums (Periode 12) der Servicegrad $\beta = 0.95$ ist, muß im verbleibenden Planungszeitraum 3 bis 12 ein Servicegrad > 0.95 realisiert werden. Es ist daher ratsam, bei der Aufstellung des Produktionsplans für die Perioden 3 bis 12 einen höheren Ziel-Servicegrad zu verwenden, so daß die bis zur Periode 2 aufgetretene Unterschreitung möglicherweise wieder *kompensiert* wird. Die Höhe dieses Mindest-Servicegrades $\beta_c^{\min}$ zum Planungszeitpunkt $\tau = 3$ kann wie folgt berechnet werden:

Erlaubte Fehlmenge in T Perioden:	$(1-\beta) \cdot \sum_{t=1}^{T} E\{D_t\}$	$= 0.05 \cdot 1069 = 53.45$
Bereits realisierte Fehlmenge:	$\sum_{t=1}^{\tau-1} f_t$	$= 11.27$
Verbleibende Fehlmenge:	$(1-\beta) \cdot \sum_{t=1}^{T} E\{D_t\} - \sum_{t=1}^{\tau-1} f_t$	$= 53.45 - 11.27 = 42.18$
Nachfrage in $(\tau, \tau+1, \ldots, T)$:	$\sum_{t=\tau}^{T} E\{D_t\}$	$= 933$
Ziel-Servicegrad:	$\dfrac{(1-\beta) \cdot \sum_{t=1}^{T} E\{D_t\} - \sum_{t=1}^{\tau-1} f_t}{\sum_{t=\tau}^{T} E\{D_t\}}$	$= \dfrac{42.18}{933} = 0.9548$

Verwendet man in der vorliegenden Situation einen Ziel-Servicegrad von 0.9548, dann ergibt sich die optimale Losgröße $q_3 = 190.10$ und der realisierte Servicegrad am Ende der Periode 4 beträgt unverändert 0.9644. In den folgenden Planungsläufen werden dann die Ziel-Servicegrade 0.9454, 0.9793 und 0.9667 vorgegeben. Am Ende der Periode $T = 12$ beträgt dann der tatsächlich erreichte Servicegrad $\beta = 0.9477$. Falls der den Ziel-Servicegrad definierende Quotient größer als 1 wird, kann man den ursprünglich angestrebten Wert verwenden.

Die von *Meistering und Stadtler* vorgeschlagenen Modifikationen sollen dazu führen, daß die Produktionsplanung trotz fixierter Planvorgaben auf ungewöhnlich hohe Nachfrageschwankungen reagieren kann, ohne daß es zu wesentlich erhöhter Nervosität der Planung kommt. Daher nennen die Autoren ihr Konzept „*Stabilized-Cycle Strategy*". In einem umfangreichen Simulationsexperiment zeigen sie auch, daß mit der vorgeschlagenen Form der rollenden Planung mit aktualisierten Plänen Zielvorgaben des Servicegrades auch für endliche Abrechnungszeiträume besser als bei einer Anschlußplanung eingehalten werden können.

Allgemein ist jedoch festzuhalten, daß bei einem endlichen Abrechnungszeitraum ein angestrebter Servicegrad selten punktgenau getroffen wird, da der Servicegrad in diesem Fall selbst eine Zufallsvariable ist.[84] Mit den beschriebenen Konzepten der rollenden Planung können die Servicegrad-Schwankungen aber reduziert werden.

Ergänzende Literatur zu Abschnitt D.6
Meistering und Stadtler (2017)
Tavaghof-Gigloo (2018)

---

84 vgl. *Thomas* (2005)

Literaturverzeichnis

Afentakis, P. (1982). *Issues in Material Requirements Planning Systems.* Ph. D. thesis, Graduate School of Management, University of Rochester.

Afentakis, P. (1987, March). A parallel heuristic algorithm for lot-sizing in multistage production systems. *IIE Transactions 19*, 34–42.

Afentakis, P. und B. Gavish (1986). Optimal lot-sizing algorithms for complex product structures. *Operations Research 34*, 237–249.

Afentakis, P., B. Gavish und U. S. Karmarkar (1984). Computational efficient optimal solutions to the lot-sizing problem in multistage assembly systems. *Management Science 30*, 222–239.

Aissaoui, A., M. Haouari und E. Hassini (2007). Supplier seclection and order lot sizing modeling: A review. *Computers & Operations Research 34*, 3516–3540.

Akartunali, K. (2007). *Computational Methods for Big Bucket Production Planning Problems: Feasible Solutions and Strong Formulations.* Ph. D. thesis, Industrial Engineering, University of Wisconsin-Madison.

Akartunali, K. und A. J. Miller (2009). A heuristic approach for big bucket multi-level production planning problems. *European Journal of Operational Research 193*, 396–411.

Alfieri, A., P. Brandimarte und S. D'Orazio (2002). LP-based heuristics for the capacitated lot-sizing problem: The interaction of model formulation and solution algorithm. *International Journal of Production Research 40*, 441–458.

Almada-Lobo, B., D. Klabjan, M. A. Carravilla und J. F. Oliveira (2007). Single machine multi-product capacitated lot sizing with sequence-dependent setups. *International Journal of Production Research 45*, 4873–4894.

Almada-Lobo, B., J. F. Oliveira und M. A. Carravilla (2008). A note on „the capacitated lot-sizing and scheduling problem with sequence-dependent setup costs and setup times. *Computers & Operations Research 35*, 1374–1376.

Almeder, C., D. Klabjan, R. Traxler und B. Almada-Lobo (2015). Lead time considerations for the multi-level capacitated lot-sizing problem. *European Journal of Operational Research 241*, 727–738.

Alouloua, M. A., A. Dolgui und M. Y. Kovalyovc (2014). A bibliography of non-deterministic lot-sizing models. *International Journal of Production Research 52*, erscheint demnächst.

Aquilano, N. und D. Smith (1980). A formal set of algorithms for project scheduling with Critical Path Scheduling/Material Requirements Planning. *Journal of Operations Management 1*(2), 57–67.

Armentano, V., R. Berretta und P. França (2001). Lot-sizing in capacitated multi-stage serial systems. *Production and Operations Management 10*, 68–86.

Askin, R. (1981). A procedure for production lot sizing with probabilistic dynamic demand. *AIIE Transactions 13*, 132–137.

Bahl, H. und L. Ritzman (1984a). A cyclical scheduling heuristic for lot sizing with capacity constraints. *International Journal of Production Research 22*, 791–800.

Bahl, H. und L. Ritzman (1984b). An integrated model for master scheduling, lot sizing and capacity requirements planning. *Journal of the Operational Research Society 35*(5), 389–399.

Bahl, H. und S. Zionts (1986). Lot sizing as a fixed-charge problem. *Production and Inventory Management 27*(1), 1–10.

Balakrishnan, A. und J. Geunes (2000). Requirements planning with substitutions: Exploiting Bill-of-Materials flexibility in production planning. *Manufacturing & Service Operations Management 2*, 166–185.

Banerjee, A. und A. Paul (2005). Average fill rate and horizon length. *Operations Research Letters 33*, 525–530.

Barany, I., T. van Roy und L. Wolsey (1984). Strong formulations for multi-item capacitated lot-sizing. *Management Science 30*, 1255–1261.

Basnet, C. und J. Leung (2005). Inventory lot-sizing with supplier selection. *Computers & Operations Research 32*, 1–14.

Bellman, R. (1957). *Dynamic Programming*. Princeton: Princeton University Press.

Belvaux, G. und L. A. Wolsey (2000). bc–prod: a specialized branch-and-cut system for lot-sizing problems. *Management Science 46*, 724–738.

Belvaux, G. und L. A. Wolsey (2001). Modelling practical lot-sizing problems as mixed-integer programs. *Management Science 47*, 993–1007.

Benton, W. C. (1985). Multiple price breaks and alternative purchase lot-sizing procedures in material requirements planning systems. *International Journal of Production Research 23*, 1025–1047.

Benton, W. C. (1986). Purchase lot sizing research for MRP systems. *Operations & Productions Management 6*(1), 5–14.

Benton, W. C. und S. Park (1996a). A classification of literature on determining the lot size under quantity discounts. *European Journal of Operational Research 92*, 219–238.

Benton, W. C. und S. Park (1996b). A classification of literature on determining the lot size under quantity discounts. *European Journal of Operational Research 92*, 219–238.

Benton, W. C. und D. C. Whybark (1982). Material requirements planning (MRP) and purchase discounts. *Journal of Operations Management 2*, 137–143.

Beretta, R. und L. F. Rodrigues (2004). A memetic algorithm for a multistage capacitated lot-sizing problem. *International Journal of Production Economics 87*, 67–81.

Berretta, R., P. M. França und V. A. Armentano (2005). Metaheuristic approaches for the multi-level resource-constrained lot-sizing problem with setup and lead times. *Asia-Pacific Journal of Operational Research 22*, 261–286.

Billington, P. (1983). *Multi-Level Lot-Sizing with a Bottleneck Work Center.* Ph. D. thesis, Cornell University.

Billington, P., J. McClain und L. Thomas (1983). Mathematical programming approaches to capacity-constrained MRP systems: Review formulation and problem reduction. *Management Science 29*, 1126–1141.

Billington, P., J. McClain und L. Thomas (1986). Heuristics for multilevel lot-sizing with a bottleneck. *Management Science 32*, 989–1006.

Bitran, G. und H. Yanasse (1984). Deterministic approximations to stochastic production problems. *Operations Research 32*, 999–1018.

Blackburn, J. und R. Millen (1982). Improved heuristics for multi-stage requirements planning systems. *Management Science 28*, 44–56.

Blackburn, J. und R. Millen (1985). An evaluation of heuristic performance in multi-stage lot-sizing systems. *International Journal of Production Research 23*, 857–866.

Bollapragada, S. und T. Morton (1999). Simple heuristic for computing nonstationary (s, S) policies. *Operations Research 47*, 576–584.

Bookbinder, J. und J.-Y. Tan (1988). Strategies for the probabilistic lot-sizing problem with service-level constraints. *Management Science 34*, 1096–1108.

Bradley, S., A. Hax und T. Magnanti (1977). *Applied Mathematical Programming.* Reading, Mass.: Addison-Wesley.

Brahimi, N., S. Dauzere-Peres und N. M. Najid (2006). Capacitated multi-item lot-sizing problems with time windows. *Operations Research 54*(5), 951–967.

Brahimi, N., S. Dauzere-Peres, N. M. Najid und A. Nordli (2006). Single item lot sizing problems. *European Journal of Operational Research 168*, 1–16.

Bregman, R. L. (1991). An experimental comparison of MRP purchase discount methods. *Journal of the Operational Research Society 42*, 235–245.

Bregman, R. L. und E. A. Silver (1993). A modification of the silver-meal heuristic to handle MRP purchase discount situations. *Journal of the Operational Research Society 44*, 717–723.

Briskorn, D. (2006). A note on capacitated lot sizing with setup carry over. *IIE Transactions 38*, 1045–1047.

Briskorn, D. (2020). *Operations Research – Eine (möglichst) natürlichsprachige und detaillierte Einführung in Modelle und Verfahren.* Berlin: Springer.

Brown, R. G. (1967). *Decision Rules for Inventory Management.* Hinsdale: Dryden Press.

Buschkühl, L. (2008). *Multi-Level Capacitated Lotsizing with Setup Carryover*. Köln: Kölner Wissenschaftsverlag.

Buschkühl, L., F. Sahling, S. Helber und H. Tempelmeier (2008). Dynamic capacitated lotsizing – A classification and review of the literature on „big bucket" problems. Technical report, University of Cologne, Department of Supply Chain Management.

Callarman, T. E. und D. C. Whybark (1981). Determining purchase quantities for MRP requirements. *Journal of Purchasing and Materials Management 17*(Fall), 25–30.

Caserta, M. und S. Voß (2013). A MIP-based framework and its application on a lot sizing problem with setup carryover. *Journal of Heuristics 19*, 295–316.

Catrysse, D., M. Salomon, R. Kuik und L. Van Wasssenhove (1993). A dual ascent and column generation heuristic for the discrete lotsizing and scheduling problem with setup times. *Management Science 39*, 477–486.

Cattrysse, D., J. Maes und L. Van Wassenhove (1990). Set partitioning and column generation heuristics for capacitated dynamic lotsizing. *European Journal of Operational Research 46*, 38–47.

Chakravarty, A. (1984). Multi-stage production/inventory deterministic lot size computations. *International Journal of Production Research 22*, 405–420.

Chen, F. und D. Krass (2001). Inventory models with minimal service level constraints. *European Journal of Operational Research 134*, 120–140.

Chen, H. und C. Chu (2003). A Lagrangian relaxation approach for supply chain planning with order/setup costs and capacity constraints. *Journal of Systems Science and Systems Engineering 12*(1), 98–110.

Chen, J., D. Lin und D. Thomas (2003). On the single item fill rate for a finite horizon. *Operations Research Letters 31*, 119–123.

Chen, W.-H. und J.-M. Thizy (1990). Analysis of relaxations for the multi-item capacitated lot-sizing problem. *Annals of Operations Research 26*, 29–72.

Chiu, H. N. (1993). A cost saving technique for solving capacitated multi-stage lot-sizing problems. *Computers & Industrial Engineering 24*, 367–377.

Chiu, H.-N. und T.-M. Lin (1989). An optimal model and a heuristic technique for multi-stage lot-sizing problems: Algorithms and performance tests. *Engineering Costs and Production Economics 16*, 151–160.

Christoph, O. B. und R. L. LaForge (1989). The performance of MRP purchase lot-size procedures under actual multiple purchase discount conditions. *Decision Sciences 20*, 348–358.

Chung, C.-S., D. T. Chiang und C.-Y. Lu (1987). An optimal algorithm for the quantity discount problem. *Journal of Operations Management 7*, 165–177.

Chyr, F., S.-T. Huang und S. de Lai (1999). A dynamic lot-sizing model with quantity discount. *Production Planning & Control 10*, 67–75.

Clark, A. und V. Armentano (1995). A heuristic for a resource-capacitated multi-stage lot-sizing problem with lead times. *Journal of the Operational Research Society 46*, 1208–1222.

Clark, A., R. Morabito und E.A.V.Toso (2010). Production setup-sequencing and lot-sizing at an animal nutrition plant through ATSP subtour elimination and patching. *Journal of Scheduling 13*, 111–121.

Copil, K., M. Wörbelauer, H. Meyr und H. Tempelmeier (2017). Simultaneous lotsizing and scheduling problems: a classification and review of models. *OR Spectrum 39*, 1–64.

Crowder, H. (1976). Computational improvements for subgradient optimization. *Symposia Mathematica 19*, 357–372.

Crowston, W. und M. Wagner (1973). Dynamic lot size models for multi-stage assembly systems. *Management Science 20*, 14–21.

de Araujo, S., M. Arenales und A. Clark (2007). Joint rolling-horizon scheduling of materials processing and lot-sizing with sequence-dependent setups. *Journal of Heuristics 13*, 337–258.

DeBodt, M., L. Gelders und L. Van Wassenhove (1984). Lot sizing under dynamic demand conditions: A review. *Engineering Costs and Production Economics 8*, 165–187.

DeBodt, M. und L. Van Wassenhove (1983). Cost increases due to demand uncertainty in MRP lot sizing. *Decision Sciences 14*, 345–362.

Dellaert, N., J. Jeunet und N. Jonard (2000). A genetic algorithm to solve the general multi-level lot-sizing problem with time-varying costs. *International Journal of Production Economics 68*, 241–257.

Dellaert, N. P. und J. Jeunet (2000). Solving large unconstrained multilevel lot-sizing problems using a hybrid genetic algorithm. *International Journal of Production Research 38*, 1083–1099.

Dellaert, N. P. und J. Jeunet (2003). Randomized multi-level lot-sizing heuristics for general product structures. *European Journal of Operational Research 148*, 211–228.

Dellaert, N. P. und J. Jeunet (2005). An alternative to safety stock policies for multi-level rolling schedule MRP problems. *European Journal of Operational Research 163*, 751–768.

DeMatteis, J. (1968). An economic lot-sizing technique I - the part-period algorithm. *IBM Systems Journal 7*(1), 30–39.

Denizel, M. und H. Süral (2006). On alternative mixed integer programming formulations and LP-based heuristics for lot-sizing with setup times. *Journal of the Operational Research Society 57*, 389–399.

Derstroff, M. (1995). *Mehrstufige Losgrößenplanung mit Kapazitätsbeschränkungen*. Heidelberg: Physica.

Diaby, M., H. Bahl, M. Karwan und S. Zionts (1992a). Capacitated lot-sizing and scheduling by Lagrangean relaxation. *European Journal of Operational Research 59*, 444–458.

Diaby, M., H. Bahl, M. Karwan und S. Zionts (1992b). A Lagrangean relaxation approach for very-large-scale capacitated lot-sizing. *Management Science 38*, 1329–1340.

Dillenberger, C., L. Escudero, A. Wollensak und W. Zhang (1993). On solving a large-scale resource-allocation problem in production planning. In: G. Fandel, T. Gulledge und A. Jones (Hrsg.), *Operations Research in Production Planning and Control*. Berlin: Springer. S. 105–119.

Dixon, P. und C. Poh (1990). Heuristic procedures for multi-item inventory planning with limited storage. *IIE Transactions 22*(2), 112–123.

Dixon, P. und E. Silver (1981). A heuristic solution procedure for the multi-item single-level limited capacity lot-sizing problem. *Journal of Operations Management 2*(1), 23–39.

Domschke, W. und A. Drexl (2007). *Einführung in Operations Research* (7. Aufl.). Berlin: Springer.

Domschke, W., A. Scholl und S. Voss (1997). *Produktionsplanung* (2. Aufl.). Berlin: Springer.

Drexl, A., B. Fleischmann, H.-O. Günther, H. Stadtler und H. Tempelmeier (1994). Konzeptionelle Grundlagen kapazitätsorientierter PPS-Systeme. *Zeitschrift für betriebswirtschaftliche Forschung 46*, 1022–1045.

Drexl, A. und K. Haase (1995). Proportional lotsizing and scheduling. *International Journal of Production Economics 40*, 73–87.

Drexl, A. und A. Kimms (1997). Lot sizing and scheduling - survey and extensions. *European Journal of Operational research 99*, 221–235.

Dzielinski, B. und R. Gomory (1965). Optimal programming of lot sizes, inventory and labour allocation. *Management Science 11*, 874–890.

Eglese, R. (1990). Simulated annealing: A tool for operational research. *European Journal of Operational Research 46*, 271–281.

Eppen, G. und R. Martin (1987). Solving multi-item capacitated lot-sizing problems using variable redefinition. *Operations Research 35*, 832–848.

Ertogral, K. und S. Wu (2000). Auction-theoretic coordination of production planning in the supply chain. *IIE Transactions 32*, 931–940.

Evans, J. (1985). An efficient implementation of the Wagner-Whitin algorithm for dynamic lot-sizing. *Journal of Operations Management 5*(2), 229–235.

Evans, J. R. (2017). *Business Analytics* (2. Aufl.). Hoboken: Pearson.

Federgruen, A. und C.-Y. Lee (1990). The dynamic lot size model with quantity discounts. *Naval Research Logistics 37*, 707–713.

Federgruen, A., J. Meissner und M. Tzur (2007). Progressive interval heuristics for multi-item capacitated lot-sizing problems. *Operations Research 55*, 490–502.

Federgruen, A. und M. Tzur (1991). A simple forward algorithm to solve general dynamic lot sizing models with n periods in O(n log n) or O(n) time. *Management Science 37*, 909–925.

Ferreira, D., R. Morabito und S. Rangel (2009). Solution approaches for the soft drick integrated production lot sizing and scheduling problem. *European Journal of Operational Research 196*, 697–706.

Fleischmann, B. (1990). The discrete lot-sizing and scheduling problem. *European Journal of Operational Research 44*, 337–348.

Fleischmann, B. (1994). The discrete lot-sizing and scheduling problem with sequence-dependent set-up costs. *European Journal of Operational Research 75*, 395–404.

Fleischmann, B. (2001). On the use and misuse of holding cost models. In: P. Kischka, U. Leopold-Wildburger, R. H. Möhring und F.-J. Radermacher (Hrsg.), *Models, Methods and Decision Support for Management – Essays in Honor of Paul Stähly*. Heidelberg: Physica Verlag. S. 147–164.

Fleischmann, B. und H. Meyr (1997). The general lotsizing and scheduling problem. *OR Spektrum 19*, 11–21.

Florian, M., J. Lenstra und A. R. Kan (1980). Deterministic production planning: algorithms and complexity. *Management Science 26*, 669–679.

França, P., V. Armentano, R. Berretta und A. Clark (1997). A heuristic method for lot-sizing in multi-stage systems. *Computers and Operations Research 24*, 861–874.

Gardiner, S. und J. Blackstone (1995). Setups and effective capacity: The impact of lot sizing techniques in an MRP environment. *Production Planning & Control 6*(1), 26–38.

Gebhard, M. (2009). *Hierarchische Produktionsplanung bei Unsicherheit*. Wiesbaden: Gabler.

Gicquel, C. (2008). *MIP models and exact methods for the Discrete Lot-sizing and Scheduling Problem with sequence-dependent changeover costs and times*. Ph. D. thesis, École Centrale Paris.

Günther, H.-O. (1987). Planning lot sizes and capacity requirements in a single stage production system. *European Journal of Operational Research 31*, 223–231.

Günther, H.-O. (1988). Numerical evaluation of heuristics for the multi-item single-level capacitated lot-size problem. *Engineering Costs and Production Economics 14*, 233–243.

Günther, H.-O. (1991). Bestellmengenplanung aus logistischer Sicht. *Zeitschrift für Betriebswirtschaft 61*, 641–666.

Günther, H.-O. und H. Tempelmeier (2020). *Supply Chain Analytics – Operations Management und Logistik* (13. Aufl.). Norderstedt: Books on Demand.

Gopalakrishnan, M., K. Ding, J.-M. Bourjolly und S. Mohan (2001). A tabu-search heuristic for the capacitated lot-sizing problem with set-up carryover. *Management Science 47*, 851–863.

Gopalakrishnan, M., D. Miller und C. Schmidt (1995). A framework for modelling setup carryover in the capacitated lot sizing problem. *International Journal of Production Research 33*, 1973–1988.

Graves, S. (1981). Multi-stage lot-sizing: An iterative procedure. In: L. Schwarz (Hrsg.), *Multi-Level Production/Inventory Controls Systems: Theory and Practice*. New York: North Holland.

Grünert, T. (1998). *Multi-Level Sequence-Dependent Dynamic Lotsizing and Scheduling*. Aachen: Shaker-Verlag.

Groff, G. (1979). A lot sizing rule for time-phased component demand. *Production and Inventory Management 20*(1), 47–53.

Gruson, M., J.-F. Cordeau und R. Jans (2016). The impact of service level constraints in deterministic lot sizing with backlogging. Technical report, HEC Montrél, GERAD.

Guan, Y., S. Ahmed, A. Miller und G. Nemhauser (2006). On formulations of the stochastic uncapacitated lot-sizing problem. *Operations Research Letters 34*, 241–250.

Guimaraes, L., D. Klabjan und B. Almada-Lobo (2014). Modeling lotsizing and scheduling problems with sequence dependent setups. *European Journal of Operational Research 239*, 644–662.

Gupta, D. und T. Magnusson (2005). The capacitated lot-sizing and scheduling problem with sequence-dependent setup costs and setup times. *Computers & Operations Research 32*, 727–747.

Haase, K. (1994). *Lotsizing and Scheduling for Production Planning*. Berlin: Springer.

Haase, K. (1996). Capacitated lot-sizing with sequence-dependent setup costs. *OR Spektrum 18*, 51–59.

Haase, K. (1998). Capacitated lot-sizing with linked production quantities of adjacent periods. In: A. Drexl und A. Kimms (Hrsg.), *Beyond Manufacturing Resource Planning (MRP II) – Advanced Models and Methods for Production Planning*. Berlin: Springer. S. 127–146.

Haase, K. (2001). Beschaffungs-Controlling – Kapitalwertorientierte Bestellmengenplanung bei Mengenrabatten und dynamischer Nachfrage. *Zeitschrift für Betriebswirtschaft 71*(Ergänzungsheft 2), 19–30.

Haase, K. (2005). Solving large-scale capacitated lot-sizing problems close to optimality. Technical report, Technische Universität Dresden.

Haase, K. und A. Kimms (2000). Lot sizing and scheduling with sequence-dependent setup costs and times and efficient rescheduling opportunities. *International Journal of Production Economics 66*, 159–169.

Harris, F. (1913). How many parts to make at once. *Factory 10*, 135–136,152.

Harrison, T. und H. Lewis (1996). Lot sizing in serial assembly systems with multiple constrained resources. *Management Science 42*, 19–36.

Heinrich, C. (1987). *Mehrstufige Losgrößenplanung in hierarchisch strukturierten Produktionsplanungssystemen*. Berlin: Springer.

Heinrich, C. E. und C. Schneeweiß (1986). Multi-stage lot-sizing for general production systems. In: S. Axsäter, C. Schneeweiß und E. Silver (Hrsg.), *Multi-Stage Production Planning and Inventory Control*. Berlin: Springer.

Helber, S. (1994). *Kapazitätsorientierte Losgrößenplanung in PPS-Systemen*. Stuttgart: M&P, Verlag für Wissenschaft und Forschung.

Helber, S. (1995). Lot sizing in capacitated production planning and control systems. *OR Spektrum 17*, 5–18.

Helber, S. und F. Sahling (2010). A Fix-and-Optimize approach for the multi-level capacitated lot sizing problem. *International Journal of Production Economics 123*, 247–256.

Helber, S., F. Sahling, K. Inderfurth und K. Schimmelpfeng (2017). Flexible vs. robust lot scheduling subject to random production yield and deterministic dynamic demand. *IISE Transactions*.

Helber, S., F. Sahling und K. Schimmelpfeng (2012). Dynamic capacitated lot sizing with random demand and dynamic safety stocks. *OR Spektrum*.

Herpers, S. (2009). *Dynamische Losgrößenplanung bei stochastischer Nachfrage*. Köln: Kölner Wissenschaftsverlag.

Hilger, T. (2015). *Stochastic Dynamic Lot-Sizing in Supply Networks*. Ph. D. thesis, Wiso-Fakultät, Universität zu Köln.

Hilger, T., F. Sahling und H. Tempelmeier (2016). Capacitated dynamic production and remanufacturing planning under demand and return uncertainty. *OR Spectrum*, 1–28.

Hill, A. V., A. S. Raturi und C.-C. Sum (1997). Capacity-constrained reorder intervals for materials requirements planning systems. *IIE Transactions 29*, 951–963.

Hung, Y.-F. und K.-L. Chien (2000). A multi-class multi-level capacitated lot sizing model. *Journal of the Operational Research Society 51*, 1309–1318.

Hwang, H.-C. und W. Jaruphongsa (2008). Dynamic lot-sizing model for major and minor demands. *European Journal of Operational Research 184*, 711–724.

Iglehart, D. (1963). Dynamic programming and stationary analysis of inventory problems. In: H. Scarf, D. Gilford und M. Shelley (Hrsg.), *Multistage inventory models and techniques*. Stanford, CA: Stanford University Press.

Ingold, T. (1998). *Multi-Level Lot Sizing: Feasible Sequential Decisions and Flexible Lagrangean-Based Heuristics*. Ph. D. thesis, Institut für Informatik, Universität Freiburg, Freiburg (Schweiz).

Jacobs, F. und B. Khumawala (1982). Multi-level lot sizing in material requirements planning: An empirical investigation. *Computers & Operations Research 9*(2), 139–144.

Jaehn, F. und E. Pesch (2019). *Ablaufplanung – Einführung in Scheduling* (2. Aufl.). Springer-Verlag.

Jans, R. (2002). *Capacitated Lot Sizing Problems: New Applications, Formulations and Alogorithms*. Ph. D. thesis, Katholieke Universiteit Leuven.

Jans, R. und Z. Degraeve (2004). An industrial extension of the discrete lot-sizing and scheduling problem. *IIE Transactions 36*, 47–58.

Jans, R. und Z. Degraeve (2007). Meta-heuristics for dynamic lot sizing: A review and comparison of solution approaches. *European Journal of Operational Research 177*, 1855–1875.

Jensen, T. (1996). *Planungsstabilität in der Material-Logistik*. Heidelberg: Physica.

Jeunet, J. und N. Jonard (2005). Single-point stochastic search algorithms for the multi-level lot-sizing problem. *Computers & Operations Research 32*, 985–1006.

Johnson, M. und S. Whang (2002). E-business and supply chain management: An overview and framework. *Production and Operations Management 11*, 413–423.

Kaczmarczyk, W. (2009). Modelling multi-period set-up times in the proportional lot-sizing problem. *Decision Making in Manufacturing and Services 3*(1–2), 15–35.

Karimi, B., S. M. T. Fatemi Ghomi und J. M. Wilson (2003). The capacitated lot sizing problem: A review of models and algorithms. *Omega 31*, 365–378.

Karimi, B., S. M. T. Fatemi Ghomi und J. M. Wilson (2006). A tabu search heuristic for solving the CLSP with backlogging and set-up carry-over. *Journal of the Operational Research Society 57*, 140–147.

Karimi, B., S. F. Ghomi und J. Wilson (2006). A tabu search heuristic for solving the CLSP with backlogging and set-up carry-over. *Journal of the Operational Research Society 57*, 140–147.

Katok, E., H. S. Lewis und T. P. Harrison (1998). Lot sizing in general assembly systems with setup costs, setup times, and multiple constrained resources. *Management Science 44*, 859–877.

Khumawala, B. (1973). An efficient heuristic procedure for the uncapacitated warehouse location problem. *Naval Research Logistics Quarterly 20*, 109–121.

Kimms, A. (1997). *Multi-Level Lot Sizing and Scheduling*. Heidelberg: Physica.

Kiran, A. (1989). A combined heuristic approach to dynamic lot sizing problems. *International Journal of Production Research 27*, 2063–2074.

Kirca, O. (1990). An efficient algorithm for the capacitated single item dynamic lot size problem. *European Journal of Operational Research 45*, 15–24.

Kirca, O. und M. Kökten (1994). A new heuristic approach for the multi-item dynamic lot sizing problem. *European Journal of Operational Research 75*, 332–341.

Kirste, M. (2017). *Dynamic lot-sizing models with stochastic production output*. Norderstedt: Books on Demand.

Knolmayer, G. (1987). The performance of lot sizing heuristics in the case of sparse demand patterns. In: A. Kusiak (Hrsg.), *Modern Production Management Systems*, S. 265–279. New York: North-Holland.

Koçlar, A. und H. Süral (2005). A note on 'The general lot sizing and scheduling problem'. *OR Spektrum 27*, 145–146.

Kovacs, A., K. Brown und A. Tarim (2009). A efficient MIP model for the capacitated lot-sizing and scheduling problem with sequence-dependent setups. *International Journal of Production Economics 118*, 282–291.

Krarup, J. und O. Bilde (1977). Plant location set covering and economic lot sizing: An O(nm) algorithm for structured problems. In: L. Collatz (Hrsg.), *Numerische Methoden bei Optimierungsaufgaben, Band 3, Optimierung bei graphentheoretischen und ganzzahligen Problemen*. Basel: Birkhäuser.

Kuhn, H. (1992). Heuristische Suchverfahren mit simulierter Abkühlung. *WiSt 21*, 387–391.

Kuik, R. und M. Salomon (1990). Multi-level lot-sizing problem: Evaluation of a simulated annealing heuristic. *European Journal of Operational Research 45*, 25–37.

Kuik, R., M. Salomon, L. N. Van Wassenhove und J. Maes (1993). Linear programming, simulated annealing and tabu search heuristics for lotsizing in bottleneck assembly systems. *IIE Transactions 25*, 62–72.

LaForge, R. L. und J. W. Patterson (1985). Adjusting the part-period algorithm for purchase quantity discounts. *Production and Inventory Management Journal 1*, 138–150.

Lambrecht, M., J. V. Eecken und H. Vanderveken (1983). A comparative study of lot sizing procedures for multi-stage assembly systems. *OR Spektrum 5*, 33–43.

Lambrecht, M. und H. Vanderveken (1979). Heuristic procedures for the single operation multi-item loading problem. *IIE Transactions 11*(4), 319–326.

Lang, J. C. und W. Domschke (2007). Efficient reformulations for dynamic lot-sizing problems with product substitution. Technical report, Technische Universität Darmstadt.

Lasdon, L. und R. Terjung (1971). An efficient algorithm for multi-item scheduling. *Operations Research 19*, 946–969.

Lasserre, J., C. Bes und F. Roubellat (1985). The stochastic discrete dynamic lot size problem: An open-loop solution. *Operations Research 33*, 684–689.

Lee, C.-Y., S. Çetinkaya und A. P. M. Wagelmans (2001). A dynamic lot-sizing model with demand time windows. *Management Science 47*, 1384–1395.

Lee, H. und S. Nahmias (1993). Single-product, single-location models. In: S. Graves, A. R. Kan und P. Zipkin (Hrsg.), *Logistics of Production and Inventory*. Amsterdam: North-Holland. S. 3–55.

Lozano, S., J. Larraneta und L. Onieva (1991). Primal-dual approach to the single level capacitated lot-sizing problem. *European Journal of Operational Research 51*, 354–366.

Maes, J. (1987). *Capacitated lotsizing techniques in manufacturing resource planning*. Ph. D. thesis, Katholieke Universiteit Leuven.

Maes, J., J. McClain und L. Van Wassenhove (1991). Multilevel capacitated lotsizing complexity and LP-based heuristics. *European Journal of Operational Research 53*, 131–148.

Maes, J. und L. Van Wassenhove (1986). A simple heuristic for the multi item single level capacitated lotsizing problem. *OR Letters 4*, 265–273.

Maes, J. und L. Van Wassenhove (1991). Capacitated dynamic lotsizing heuristics for serial systems. *International Journal of Production Research 29*, 1235–1249.

Manne, A. (1958). Programming of economic lot sizes. *Management Science 4*, 115–135.

McClain, J., W. Maxwell, J. Muckstadt, L. Thomas und E. Weiss (1982). On MRP lot sizing. *Management Science 28*, 582–584.

McLaren, B. (1977). *A Study of Multiple Level Lotsizing Procedures for Material Requirements Planning Systems*. Ph. D. thesis, Purdue University.

Meistering, M. und H. Stadtler (2017). Stabilized-cycle strategy for capacitated lot sizing with multiple products: Fill-rate constraints in rolling schedules. *Production and Operations Management 26*, 2247–2265.

Meyr, H. (1999). *Simultane Losgrößen- und Reihenfolgeplanung für kontinuierliche Produktionslinien*. Wiesbaden: Deutsche Universitäts-Verlag.

Meyr, H. (2002). Simultaneous lotsizing and scheduling on parallel maschines. *European Journal of Operational Research 139*, 277–292.

Miller, C., A. Tucker und R. Zemlin (1960). Integer programming formulation of traveling salesman problems. *Journal of the ACM 7*, 326–329.

Minner, S. (2009). A comparison of simple heuristics for multi-product dynamic demand lotsizing with limited warehouse capacity. *International Journal of Production Economics 118*, 305–310.

Moily, J. (1982). *Optimal and Heuristic Lot-Sizing Procedures for Multi-Stage Manufacturing Systems*. Ph. D. thesis, University of Wisconsin.

Moily, J. (1986). Optimal and heuristic procedures for component lot-splitting in multi-stage manufacturing systems. *Management Science 32*, 113–125.

Mula, J., D. Peidro, M. Díaz-Madroñero und E. Vicens (2010). Mathematical programming models for supply chain production and transport planning. *European Journal of Operational Research 204*, 370–390.

Mula, J., R. Poler, J. Garcia-Sabater und F. Lario (2006). Models for production planning under uncertainty: A review. *International Journal of Production Research 103*, 271–285.

Munson, C. L. und M. J. Rosenblatt (1998). Theories and realities of quantity discounts: An exploratory study. *Production and Operations Management 7*, 352–369.

Neale, J. J. und S. Willems (2015). The failure of practical intuition: How forward-coverage inventory targets cause the landslide effect. *Production and Operations Management 24*, 535–546.

Nemhauser, G. und L. Wolsey (1988). *Integer and Combinatorial Optimization*. New York: Wiley.

Pitakaso, R., C. Almeder, K. Doerner und R. Hartl (2006). Combining population-based and exact methods for multi-level capacitated lot sizing problems. *International Journal of Production Research 44*(22), 4755–4771.

Pochet, Y. und L. Wolsey (1991). Solving multi-item lot-sizing problems using strong cutting planes. *Management Science 37*, 53–67.

Pochet, Y. und L. A. Wolsey (2006). *Production Planning by Mixed Integer Programming*. New York: Springer.

Porkka, P., A. Vepsäläinen und M. Kuula (2003). Multiperiod production planning carrying over set-up time. *International Journal of Production Research 41*, 1133–1148.

Prentis, E. L. und B. M. Khumawala (1989). MRP lot sizing with variable production/purchasing costs: Formulation and solution. *International Journal of Production Research 27*, 965–984.

Quadt, D. (2004). *Lot-Sizing and Scheduling for Flexible Flow Lines*. Berlin: Springer.

Quadt, D. und H. Kuhn (2005a). Capacitated lot-sizing and scheduling with parallel machines, back-orders and setup carry-over. Technical report, Department of Production, Logistics and Operations Management, Catholic University of Eichstätt-Ingolstadt.

Quadt, D. und H. Kuhn (2005b). Conceptual framework for lot-sizing and scheduling of flexible flow lines. *International Journal of Production Research 43*, 2291–2308.

Quadt, D. und H. Kuhn (2008). Capacitated lot-sizing with extensions: A review. *4OR: A Quarterly Journal of Operations Research 6*(1), 61–83.

Rao, V. (1981). *Optimal Lot Sizing for Acyclic Multi-Stage Production Systems*. Ph. D. thesis, School of Industrial and Systems Engineering, Georgia Institute of Technology.

Raturi, A. und A. Hill (1988). An experimental analysis of capacity-sensitive setup parameters for MRP lot sizing. *Decision Sciences 19*, 782–800.

Reith-Ahlemeier, G. (2002). *Ressourcenorientierte Bestellmengenplanung und Lieferantenauswahl*. Norderstedt: Books On Demand.

Robrade, A. (1991). *Dynamische Einprodukt-Lagerhaltungsmodelle bei periodischer Bestandsüberwachung*. Heidelberg: Physica.

Roll, Y. und R. Karni (1991). Multi-item multi-level lot-sizing with aggregate capacity constraint. *European Journal of Operational Research 51*, 73–87.

Rosling, K. (1984). The dynamic inventory model and the uncapacitated facility location problem. Technical Report 102, Linköping Institute of Technology, Department of Production Economics.

Rosling, K. (1986). Optimal lot-sizing for dynamic assembly systems. In: S. Axsäter, C. Schneeweiß und E. Silver (Hrsg.), *Multi-Stage Production Planning and Inventory Control*, S. 119–131. Berlin: Springer.

Ross, S. M. (1997). *Introduction to Probability Models* (6. Aufl.). San Diego: Academic Press.

Sahling, F. (2010). *Mehrstufige Losgrößenplanung bei Kapazitätsrestriktionen*. Wiesbaden: Gabler.

Sahling, F., L. Buschkühl, H. Tempelmeier und S. Helber (2009). Solving a multi-level capacitated lot sizing problem with multi-period setup carry-over via a fix-and-optimize heuristic. *Computers & Operations Research 36*(9), 2546 – 2553.

Sahling, F., L. Buschkühl, S. Helber und H. Tempelmeier (2009). Solving a multi-level capacitated lot sizing problem with multi-period setup carry-over via a fix-and-optimize heuristic. *Computers & Operations Research 36*, 2546–2553.

Salomon, M. (1991). *Deterministic Lotsizing Models for Production Planning*. Berlin: Springer.

Salomon, M., L. Kroon, R. Kuik und L. Van Wassenhove (1991). Some extensions of the discrete lotsizing and scheduling problem. *Management Science 37*, 801–812.

Salomon, M., R. Kuik und L. Van Wassenhove (1993). Statistical search methods for lotsizing problems. *Annals of Operations Research 41*, 453–468.

Sambasivan, M. und S. Yahya (2005). A Lagrangean-based heuristic for multi-plant, multi-item, multi-period capacitated lot-sizing problems with inter-plant transfers. *Computers & Operations Research 32*, 537–555.

Scarf, H. (1959). The optimality of (S, s) policies in the dynamic inventory problem. In: K. Arrow, S. Karlin und P. Suppes (Hrsg.), *Mathematical Methods in the Social Sciences*, S. 196–202. Stanford, CA: Stanford University Press.

Seeanner, F. (2013). *Multi-Stage Simultaneous Lot-Sizing and Scheduling*. Springer Gabler.

Silver, E. und H. Meal (1969). A simple modification of the EOQ for the case of a varying demand rate. *Production and Inventory Management 10*, 51–55.

Silver, E. und H. Meal (1973). A heuristic for selecting lot size quantities for the case of a deterministic varying demand rate and discrete opportunities for replenishment. *Production and Inventory Management 14*(2), 64–74.

Silver, E. und J. Miltenburg (1984). Two modifications of the silver-meal lot sizing heuristics. *INFOR 22*(1), 56–69.

Simpson, N. und S. Erenguc (1998a). Improved heuristic methods for multiple stage production planning. *Computers & Operations Research 25*, 611–623.

Simpson, N. und S. Erenguc (1998b). Production planning in multiple stage manufacturing environments with joint costs, limited resources and set-up times. Technical report, University of Florida, Gainesville, Fl.

Simpson, N. und S. Erenguc (2005). Modeling multiple stage manufacturing systems with generalized costs and capacity issues. *Naval Research Logistics 52*, 560–570.

Simpson, N. C. (1994). *Improved Methods for Production Planning in Multiple Stage Manufacturing Systems*. Ph. D. thesis, University of Florida, College of Business Administration.

Simpson, N. C. (2001). Questioning the relative virtues of dynamic lot sizing rules. *Computers & Operations Research 28*, 899–914.

Smith, D. (1980). *A Combined Critical Path Method-Material Requirements Planning Model For Project Scheduling Subject To Resource Constraints*. Ph. D. thesis, University of Arizona Graduate School of Management.

Souza, G. C. (2014). Supply chain analytics. *Business Horizons 57*, 595–605.

Sox, C. (1997). Dynamic lot sizing with random demand and non-stationary costs. *Operations Research Letters 20*, 155–164.

Sox, C., P. Jackson, A. Bowman und J. Muckstadt (1999). A review of the stochastic lot scheduling problem. *International Journal of Production Economics 62*, 181–200.

Sox, C. R. und Y. Gao (1999). The capacitated lot sizing problem with setup carry-over. *IIE Transactions 31*, 173–181.

Sridharan, V. und W. Berry (1990). Master production scheduling make-to-stock products: a frameworks for analysis. *International Journal of Production Research 28*, 541–558.

Sridharan, V., W. Berry und V. Udayabhanu (1987). Freezing the master production schedule und rolling planning horizons. *Management Science 33*, 1137–1149.

Stadtler, H. (1996). Mixed integer model formulations for dynamic multi-item multi-level capacitated lotsizing. *European Journal of Operational Research 94*, 561–581.

Stadtler, H. (1997). Reformulations of the shortest route model for dynamic multi-item multi-level capacitated lotsizing. *OR Spektrum 19*, 87–96.

Stadtler, H. (2000). Improved rolling schedules for the dynamic single-level lot-sizing problem. *Management Science 46*, 318–326.

Stadtler, H. (2003). Multi level lot sizing with setup times and multiple constrained resources: Internally rolling schedules with lot-sizing windows. *Operations Research 51*(3), 487–502.

Stadtler, H. (2005). Supply chain management and advanced planning–basics, overview and challenges. *European Journal of Operational Research 163*, 575–588.

Stadtler, H. (2007). A general quantity discount and supplier selection mixed integer programming model. *OR Spectrum 29*(4), 723–744.

Stadtler, H. (2011). Multi-level single machine lot-sizing and scheduling with zero lead times. *European Journal of Operational Research 209*, 241–252.

Stadtler, H., B. Fleischmann, M. Grunow, H. Meyr und C. Sürie (Hrsg.) (2012). *Advanced Planning in Supply Chains*. Berlin: Springer.

Stadtler, H., C. Kilger und H. Meyr (Hrsg.) (2015). *Supply Chain Management and Advanced Planning* (5. Aufl.). Berlin: Springer.

Stadtler, H. und M. Meistering (2019). Model formulations for capacitated lot-sizing with service-level constraints. *OR Spectrum 41*, 1025–1056.

Suerie, C. (2005a). Campaign planning in time-indexed model formulations. *International Journal of Production Research 43*, 49–66.

Suerie, C. (2005b). *Time Continuity in Discrete Time Models - New Approaches for Production Planning in Process Industries*. Lecture Notes in Economics and Mathematical Systems. Berlin: Springer.

Suerie, C. und H. Stadtler (2003). The capacitated lot-sizing problem with linked lot sizes. *Management Science 49*, 1039 – 1054.

Tarim, S. und B. Kingsman (2004). The stochastic dynamic production/inventory lot-sizing problem with service-level constraints. *International Journal of Production Economics 88*, 105–119.

Tarim, S. und B. Kingsman (2006). Modelling and computing (R^n, S^n) policies for inventory systems with non-stationary stochastic demands. *European Journal of Operational Research 174*, 581–599.

Tavaghof-Gigloo, D. (2018). *Essays on dynamic production and safety stock planning*. Ph. D. thesis, Technische Universität München.

Tempelmeier, H. (1997). Resource-constrained materials requirements planning - MRP^{rc}. *Production Planning & Control 8*, 451–461.

Tempelmeier, H. (1998). MRP^{rc} - Ein Ansatz zur Auftragsgrößenplanung bei Werkstattproduktion. In: H. Wildemann (Hrsg.), *Innovationen in der Produktionsplanung und -steuerung*. München: TCW-Publikationen.

Tempelmeier, H. (2003). A simple heuristic for dynamic order sizing and supplier selection with time-varying data. *Production and Operations Management 11*, 499–515.

Tempelmeier, H. (2007). On the stochastic uncapacitated dynamic single-item lotsizing problem with service level constraints. *European Journal of Operational Research 181*, 184–194.

Tempelmeier, H. (2011a). A column generation heuristic for dynamic capacitated lot sizing with random demand under a fill rate constraint. *Omega 39*, 627–633.

Tempelmeier, H. (2011b). *Inventory Management in Supply Networks – Problems, Models, Solutions* (2. Aufl.). Norderstedt: Books on Demand.

Tempelmeier, H. (2018). *Bestandsmanagement in Supply Chains* (6. Aufl.). Norderstedt: Books on Demand.

Tempelmeier, H. und L. Buschkühl (2008). Dynamic multi-machine lotsizing and sequencing with simultaneous scheduling of a common setup resource. *International Journal of Production Economics 113*, 401–412.

Tempelmeier, H. und L. Buschkühl (2009). A heuristic for the dynamic multi-level capacitated lotsizing problem with linked lotsizes for general product structures. *OR Spectrum 30*, 385–404.

Tempelmeier, H. und K. Copil (2016). Capacitated lot sizing with parallel machines, sequence-dependet setups, and a common setup operator. *OR Spectrum 38*, 819–847.

Tempelmeier, H. und M. Derstroff (1993). Mehrstufige Mehrprodukt-Losgrößenplanung bei beschränkten Ressourcen und genereller Erzeugnisstruktur. *OR Spektrum 15*, 63–73.

Tempelmeier, H. und M. Derstroff (1996). A Lagrangean heuristic for multi-item multi-level constrained lotsizing with setup times. *Management Science 42*, 738–757.

Tempelmeier, H. und S. Helber (1994). A heuristic for dynamic multi-item multi-level capacitated lotsizing for general product structures. *European Journal of Operational Research 75*, 296–311.

Tempelmeier, H. und S. Herpers (2010). ABC$_\beta$ – a heuristic for dynamic capacitated lot sizing with random demand under a fill rate constraint. *International Journal of Production Research 48*, 5181–5193.

Tempelmeier, H. und S. Herpers (2011). Dynamic uncapacitated lot sizing with random demand under a fillrate constraint. *European Journal of Operational Research 212*(3), 497–507.

Tempelmeier, H. und T. Hilger (2015). Linear programming models for a stochastic dynamic capacitated lot sizing problem. *Computers & Operations Research 59*, 119–125.

Tempelmeier, H., T. Hilger und M. Kirste (2018). Corrigendum – linear programming models for a stochastic dynamic capacitated lot sizing problem. *Computers & Operations Research 91*, 258–259.

ter Haseborg, F. (1979). *Optimale Lagerhaltungspolitiken für Ein- und Mehrproduktläger-Strukturen. Algorithmen und Planungshorizonte bei verschiedenen Mengenrabatten und deterministisch schwankendem Bedarf*. Göttingen: Vandenhoeck & Ruprecht.

Tersine, R. J. und R. A. Toelle (1985). Lot size determination with quantity discounts. *Production and Inventory Management Journal 1*, 1–23.

Thizy, J. und L. Van Wassenhove (1985). Lagrangean relaxation for the multi-item capacitated lot-sizing problem: A heuristic implementation. *IIE Transactions 17*(4), 308–313.

Thomas, D. (2005). Measuring item fill-rate performance in a finite horizon. *Manufacturing & Service Operations Management 7*, 74–80.

Tijms, H. (1994). *Stochastic Models - An Algorithmic Approach*. Chichester: Wiley.

Toklu, B. und J. Wilson (1992). A heuristic for multi-level lot-sizing problems with a bottleneck. *International Journal of Production Research 30*, 787–798.

Toledo, C. F. M., R. R. R. de Oliveira und P. M. França (2013). A hybrid multi-population genetic algorithm applied to solve the multi-level capacitated lot sizing problem with backlogging. *Computers & Operations Research 40*, 901–919.

Toledo, F. und V. Armentano (2006). A Langrangian-based heuristic for the capacitated lot-sizing problem in parallel maschines. *European Journal of Operational Research 175*, 1070–1083.

Trigeiro, W. (1987). A dual-cost heuristic for the capacitated lot sizing problem. *IIE Transactions 19*(3), 67–72.

Tunc, H., O. Kilic, S. A. Tarim und B. Eksioglu (2011). The cost of using stationary inventory policies when demand is non-stationary. *Omega 39*, 410–415.

van den Heuvel, W. und A. P. Wagelmans (2005). A comparison of methods for lot-sizing in a rolling horizon environment. *Operations Research Letters 33*, 486–496.

Vanderbeck, F. (1998). Lot-sizing with start-up times. *Management Science 44*, 1409–1425.

Vargas, V. (2009). An optimal solution for the stochastic version of the Wagner-Whitin dynamic lot-size model. *European Journal of Operational Research 198*, 447–451.

Vargas, V. und R. Metters (2011). A master production scheduling procedure for stochastic demand and rolling planning horizons. *International Journal of Production Economics 132*(2), 296 – 302.

Voß, S. und D. Woodruff (2006). *Introduction to Computational Optimization Models for Production Planning in a Supply Chain* (2. Aufl.). Berlin: Springer.

Wagelmans, A., S. V. Hoesel und A. Kolen (1992). Economic lot sizing: An O n log n algorithm that runs in linear time in the Wagner-Whitin case. *Operations Research 40*(Supp. No. 1), 145–156.

Wagner, H. und T. Whitin (1958). Dynamic version of the economic lot size model. *Management Science 5*, 89–96.

Wemmerlöv, U. (1981). The ubiquitous EOQ - its relation to discrete lot sizing heuristics. *International Journal of Operations & Production Management 1*, 161–179.

Wemmerlöv, U. (1982). A comparison of discrete single stage lot-sizing heuristics with special emphasis on rules based on the marginal cost principle. *Engineering Costs and Production Economics 7*, 45–53.

Wemmerlöv, U. und D. Whybark (1984). Lot-sizing ander uncertainty in a rolling schedule environment. *International Journal of Production Research 22*, 467–484.

Winands, E., I. Adan und G. van Houtum (2011). The stochastic economic lot scheduling problem: A survey. *European Journal of Operational Research 210*, 1–9.

Wu, T., K. Akartunali, J. Song und L. Shi (2013). Mixed integer programming in production planning with backlogging and setup carryover: modeling and algorithms. *Discrete Event Dynamic Systems 23*, 211–239.

Wu, T., L. Shi, J. Geunes und K. Akartunali (2011). A optimization framework for solving capacitated multi-level lot-sizing problems with backlogging. *European Journal of Operational Research 214*, 428–441.

Wu, T., L. Shi und J. Song (2012). An MIP-based interval heuristic for the capacitated multi-level lot-sizing problem with setup times. *Annals of Operations Research*, to appear.

Yano, C. und H. Lee (1995). Lot sizing with random yields: A review. *Operations Research 43*, 311–334.

Yeung, J., W. Wong und L. Ma (1998). Parameters affecting the effectiveness of MRP systems: A review. *International Journal of Production Research 36*, 313–331.

Zangwill, W. (1969). A backlogging model and a multi-echelon model of a dynamic economic lot size production system - a network approach. *Management Science 15*, 506–527.

Özdamar, L. und G. Barbarosoglu (2000). An integrated Lagrangean relaxation-simulated annealing approach to the multi-level multi-item capacitated lot sizing problem. *International Journal of Production Economics 68*, 319–331.

Özdamar, L. und S. I. Birbil (1998). Hybrid-heuristics for the capacitated lot sizing and loading problem with setup times and overtime decisions. *European Journal of Operational Research 110*, 525–547.

Özdamar, L., S. I. Birbil und M.-C. Portmann (2002). Technical note: New results for the capacitated lot sizing problem with overtime decisions and setup times. *Production Planning & Control 13*(1), 2–10.

Özdamar, L. und M. A. Bozyel (2000). The capacitated lot sizing problem with overtime decisions and setup times. *IIE Transactions 32*, 1043–1057.

Zhao, X., J. Goodale und T. Lee (1995). Lot-sizing rules and freezing the master production schedule in material requirements planning systems under demand uncertainty. *International Journal of Production Research 33*, 2241–2276.

Zhao, X. und T. Lee (1993). Freezing the master production schedule for material requirements planning systems under demand uncertainty. *Journal of Operations Management 11*, 185–205.

Zhao, X., P. B. Luh und J. Wang (1999). Surrogate gradient algorithm for lagrangian relaxation. *Journal of Optimization Theory and Applications 100*, 699–712.

Zhu, X. und W. Wilhelm (2006). Scheduling and lot sizing with sequence-dependent setup: A literature review. *IIE Transactions 38*, 987–1007.

Zoller, K. und A. Robrade (1987). Dynamische Bestellmengen- and Losgrößenplanung - Verfahrensübersicht und Vergleich. *OR Spektrum 9*, 219–233.

Index

Modelldefinitionen

BM	161
BMC	198
CLSP	57, 60, 345, 356
CLSP_{SPP}	64
CLSP_{SPL}	63, 114
CLSP_{SPL}-PS	259
CLSP-L_{SPL}	66
CLSP-L-PM_{SPL}	73, 75
CLSP-L-SD_{SPL}	70
GLSP	91
LPR_ℓ	235
$\text{LPR}(\widehat{\gamma})$	232
$\text{LPR}(\widehat{\gamma})_{\text{neu}}$	233
MIP	143
MLCLSP	126
MLCLSP_e	132
$\text{MLCLSP}_{\text{Billington}}$	138
$\text{MLCLSP}_{\text{Billington}}(LR_j)$	213
$\text{MLCLSP}_{\text{Helber}}$	139
$\text{MLCLSP}_{\text{KONV}_e}$	147
$\text{MLCLSP}_{\text{KONV}_{\text{Maes}}}$	152
$\text{MLCLSP}_{\text{KONV}_{\text{eLR}}}$	152
$\text{MLCLSP}_{\text{KONV}}$	146
$\text{MLCLSP}_{\text{neu}}$	217
MLCLSP-L	145
$\text{MLULSP}(\gamma)$	182
NSP	169
PLSP	80
PLSP_{SPL}	89
SIULSP	30
SIULSP_k	219
$\text{SMICLSP}^{q\,\text{lin}}$	328
$\text{SMICLSP}_{\text{SPP}}$	334
SNP	13, 17, 18, 20
SPLP	39
SPLP-PS	256
SPP_{LP}	110
SRP	35, 112
SRP_G	37
SSIULSP_π^q	285, 350
$\text{SSIULSP}_{\beta_c}^q$	300, 352
$\text{SSIULSP}_{\beta_c}^{q,Y}$	321
$\text{SSIULSP}_\pi^{q,\text{lin}}$	293
$\text{SSIULSP}_{\beta_c}^{q,\text{lin}}$	310
$\text{SSIULSP}_{\beta_t}^{q,\text{lin}}$	298
SSIULSP_π	284
$\text{SSIULSP}_{\alpha_c}$	295
$\text{UMSOQP}_{\text{VAD}}$	263
$\text{UMSOQP}_{\text{VID}}$	265

Im Text erwähnte Autoren

Özdamar	77, 115, 246
Çetinkaya	41
Afentakis	178
Aissaoui	271
Akartunali	97, 248
Alfieri	117
Almada-Lobo	77, 128
Almeder	128, 247
Araujo	93
Arenales	93
Armentano	244, 245
Bahl	40
Balakrishnan	257
Barbarosoglu	246
Basnet	271
Belvaux	117
Beretta	245
Bilde	38
Billington	136, 213
Birbil	77
Blackburn	165
Bourjolly	115

Bozyel 77, 115	Harrison 142, 232
Brahimi 77	Hartl 247
Brandimarte 117	Hassini 271
Brown 77, 165	Heinrich 167, 201
Buschkühl 146, 248	Helber . 97, 139, 154, 201, 240, 243, 245, 246, 248, 331, 342
Carravilla 77	
Caserta 248	Hilger 326, 331, 342
Catrysse 79	Hill 198
Chen 232	Hung 245
Chien 245	Hwang 41
Chiu 179	Jans 77, 79
Chu 232	Jaruphongsa 41
Clark 93, 244, 245	Jeunet 177, 185, 212
Copil 78, 123	Kökten 115
Cordeau 77	Karimi 77, 117
D'Orazio 117	Karni 245
Dauzere-Peres 77	Katok 142, 232
de Oliveira 247	Kimms 76
Degraeve 79	Kiran 51
Dellaert 177, 185, 212	Kirca 115
Denizel 117	Kirste 108, 327, 333, 342
Derstroff 46, 213, 246, 248	Klabjan 77, 128
Dillenberger 65	Knolmayer 52
Ding 115	Kolen 46
Dixon 98, 115	Kovacs 77
Doerner 247	Krarup 38
Drexl 79	Kuhn 77
Eppen 117	Kuik 79, 184
Erenguc 180, 246	Lambrecht 115, 179
Ertogral 247	Lee 41
Escudero 65	Leung 271
Fatemi Ghomi 117	Lewis 142, 232
Federgruen 46, 97	Lin 179
Ferreira 93	Maes 108, 152, 194, 195
Fleischmann 79, 80	Manne 63
França 245, 247	Martin 117
Günther 78, 115	Meal 50
Gao 116	Meissner 97
Geunes 248, 257	Meistering 356
Ghomi 77	Metters 350
Gicquel 79	Meyr 80, 90, 123
Gopalakrishnan 115	Millen 165
Graves 174	Miller 97
Groff 52, 53	Miltenburg 51
Gruson 77	Mohan 115
Haase 68, 76, 79, 90, 114, 115, 118, 119, 122	Morabito 93
Haouari 271	Najid 77

Sachverzeichnis

Oliveira 77
Pitakaso 247
Portmann 77
Quadt 77
Rangel 93
Raturi 198
Reith-Ahlemeier 271
Robrade 54
Rodrigues 245
Roll 245
Süral 117
Sürie 90, 117
Sahling 97, 240, 243, 248, 331
Salomon 79, 177, 184
Schimmelpfeng 331
Seeanner 94
Shi 97, 248
Silver 50, 51
Simpson 180, 246
Song 97, 248
Sox 116
Stadtler . 2, 45, 46, 96, 117, 142, 154, 231, 243,
    246, 271, 356
Suerie 96
Sum 200
Tarim 77
Tempelmeier 78, 123, 146, 248, 269, 326, 331,
    342
Toklu 200
Toledo 247
Traxler 128
Tzur 46, 97
Van Hoesel 46
Van Wassenhove 79, 108
Vander Eecken 179
Vanderveken 115, 179
Vargas 350
Voß 248
Wörbelauer 123
Wagelmans 41, 46
Wagner 34, 41
Wemmerlöv 53
Whitin 34, 41
Wilson 77, 117, 200
Wollensak 65
Wolsey 117
Wu 97, 247, 248

Zhang 65
Zionts 40
Zoller 54

A

α-Servicegrad 275
α_c-Servicegrad 294
α_p-Servicegrad 289
Ablaufplanung 7
Advanced Planner and Optimizer . . 124, 248
Advanced Planning Systems 248
Anfangsbestand 283
Annahmewahrscheinlichkeit 184
Anschlußplanung 249, 349
APS-System 28
Arbeitsgang 125, 203
Arbeitsplan 125
Ausbeute
    stochastische 318
Ausschuß 318

B

β-Servicegrad 277
β_c-Servicegrad 279, 316
β_t-Servicegrad 279, 296
Bedarf
    sporadischer 27, 269
Big-Bucket-Modell 56, 125
Blockrabatt 260
Blockrabatte 264
Bullwhip-Effekt 27
Business-to-Business 271

C

CLSP 98, 116, 202, 357
CLSP-L 115, 116
CLSP-L$_A$ 68, 116
CLSP-L$_{SPL}$ 258
CLSP-L-SD 77
Common Setup Operator 78
CSLP 79

D

δ-Servicegrad 280, 342
Dekomposition
    periodenorientierte 178

produktorientierte 155
Dispositionsstufe 171, 186, 202, 220
   modifizierte 205
Dispositionsstufenverfahren 154, 224
DLSP 79
Dreiecksungleichung 69
Durchlaufzeit 274
Durchlaufzeiten 273

E

echelon stock 130
eCommerce 261
Einprodukt-Losgrößenproblem 29
Erzeugnis- und Prozeßstruktur 5, 125
Erzeugnisstruktur
   generelle 154, 167, 200
   konvergierende 160
   lineare 156

F

Fehlbestand 285
Fix-and-Optimize-Heuristik   97, 240, 247, 342

G

γ-Servicegrad 280
genetischer Algorithmus 115, 185
GLSP 80
Grenzlagerkosten 155
Groff-Verfahren 52

H

Haltbarkeit 78
Handlingrestriktionen 271
Hauptproduktionsprogramm 5
Hybrid-Modell 56

K

Kürzeste-Wege-Problem 35, 141, 266
Kürzeste-Wege-Modell 117, 286, 337
Kampagne 83
Kapazität 25, 54, 155, 194, 274
Kapazitätsabgleich 225
Kapazität 271
klassisches Losgrößenmodell 47
Kostenanpassung 156, 201, 211
Kostenausgleichsverfahren 48

Kundenklassen 41

L

Lagerbestand
   physischer 159
   systemweiter 130, 147, 159
Lagerbestandsrestriktionen 271
Lagerdauer 180
Lagerhaltungspolitiken 274
Lagerkapazität 78
Lagerkosten
   marginale 130
Lagerkostensatz 156
   marginaler 157
Lagrange-Funktion 199
Lagrange-Multiplikator 151, 177, 199, 213, 217
Lagrange-Relaxation 116, 177, 271
Leitstand 7
Lieferfenster 41
Lokale Suche 181
Losgrößenprobleme 25
Losgrößenpolitik 44
Losgrößen- und Transportplanung 61
Losgrößenprobleme
   stochastische 6
Losreihenfolge 79
LP-Modell 210
LP-Relaxation 336

M

Makroperioden-Modelle 56, 57
   Lösungsverfahren 98
Manufacturing Execution System 7
Maschinengruppe 60
Mehrprodukt-Losgrößenproblem 123
Mengenplanung 186
   kapazitätsorientierte 192
Mengenrabatte 261
Meta-Heuristik 247
Mikroperioden-Modelle 56, 78
   Lösungsverfahren 118
MLCLSP 143, 192, 201, 246
MLCLSP$_{Helber}$ 62
MLCLSP$_{KONV_{Maes}}$ 194
MLCLSP-L 248
MRP-Konzept 186

Sachverzeichnis

N
Nervosität 274
NIPPA 180

O
Opportunitätskosten 24, 129

P
Part-Period-Verfahren 48
Planung
    rollende 45, 129, 249, 282, 349
Planung, Nervosität 250, 350
PLSP 79
PPS-System 28
Preisanstieg 268
Preisrückgang 268
Primärbedarf 273
Primal-Dual-Verfahren 116
Produktionsfehler 318
Produktionsplanung
    kapazitätsorientierte 2
Produktionssegment 249
Produktionstermin 179
Produktionszyklus 64
Produktsubstitution 255
    Kapazitätsbeschränkungen 259
Prozeßstruktur 28

R
Rückwärtsabgleich 225, 229, 244
Rückwärtseinplanung 210, 215
Rüstkosten 129, 249
Rüstkostenzuschlag 234
Rüstmuster 144, 180, 182, 233
Rüstzeitzuschlag 234
Rüstzeit 122, 129, 233, 249
    reihenfolgeabhängig 70, 87
Rüstzustand 65, 67, 79, 145
random yield 318
Reihenfolgeplanung 192
Relax-and-Fix 94, 95
Renewal-Reward-Prozeß 278
Ressourcen 57
Ressourcen-Graph 205
Ressourcenkonkurrenz 25
Rundungsheuristik 198

S
Sekundärbedarf 24
Servicegrad
    α_c 276, 294
    α_p 289
    β_c 299
    β_t 296
Set-Partitioning-Modell 63, 64, 109
Silver-Meal-Verfahren 50, 98, 188
simulierte Abkühlung 115, 184
Simultanplanungskonzept
    erzeugnisbezogen 192
SIULSP 174, 180, 216
$SIULSP_k$ 218
Small-Bucket-Modell 56, 78
Spaltengenerierung 109, 334
SPLP 62, 256
SRP_G 62, 117, 139
Stückperioden 179
Stückperiodenausgleichsverfahren . . . 48, 181
Stückkostenkriterium 47, 267
Standortplanung 194
Standortproblem 38, 262
Strategy
    Dynamic Uncertainty 280
    Stabilized-Cycle 358
    Static Uncertainty 282
    Static-Dynamic Uncertainty 281
Stufenrabatt 260
Sukzessivplanung
    phasenbezogene 187
    produktbezogene 186
Supply Chain Optimization 248

T
Tabu-Suche 246
Terminplanung 187

U
Ungleichungen
    (ℓ, S)- 32
Unsicherheit 6, 273

V
Verfahren
    von Derstroff 213

    von Haase 121
    von Sahling 240
    von Dixon 98
    von Helber 204
    von Maes 106
Verspätungen 155
Vollkosten 155
Vorwärtsabgleich 225

W

Werkstattproduktion 28